한국사

43

국권회복운동

국사편찬위원회

자문위원

신 용 하　　유 영 익　　정 창 렬

편찬위원

권 태 억　　유 영 렬　　최 창 희

집필(국권회복운동)

강 재 언　　김 대 길　　김 상 기
김 주 용　　박 민 영　　박 성 수
박 희 호　　유 영 렬　　윤 경 로
이 송 희　　조 동 걸　　최 창 희

기획 · 편집

이 해 준　　강 영 철　　이 근 택

고 성 훈　　고 숙 화　　윤 병 희

이 상 일

복간 간행 : 김 용 곤 · 장 득 진

한국사 간행취지

우리 겨레가 앞으로 어떻게 살아갈 것인가 하는 문제는 우리들은 물론 우리와 더불어 살아가는 세계인들의 관심사일 것이다. 이에 대한 해답은 과거에 어떻게 살아왔는가 하는 우리 역사에 대한 인식을 통해 찾을 수 있을 것이라고 생각된다.

본 위원회에서는 이미 1970년대에 『한국사』 25권을 간행하여 해방 이후 한국사의 연구성과를 집대성함으로써 한국사에 대한 인식을 새롭게 한 바 있다. 그 이후 한국사회는 놀라운 성장과 발전을 이루었고 역사학계도 상당한 연구성과를 축적하였다. 이러한 변화에 발맞추어 한국사학계는 새로운 『한국사』 편찬의 필요를 느끼게 되었다.

이에 본 위원회는 일차적으로 한국사 연구지원비를 마련하여 역사학계로 하여금 1980년대 중반까지 연구성과가 미진하다고 생각되는 분야를 연구할 수 있도록 하였다. 이어서 1989년부터 1990년까지의 준비를 거쳐 1991년에는 '신편 한국사 편찬위원회'를 따로 구성하고 총 60권에 달하는 새로운 『한국사』를 편찬하기로 하였다. 그리고 다음과 같은 『한국사』 편찬의 목표를 세웠다.

① 한국의 역사와 문화에 대한 객관적 인식의 토대를 제공할 수 있는 한국사를 편찬한다.

② 민족의 창조적 문화활동과 민족사의 내재적 발전을 드러내는 한국사를 편찬한다.

③ 최근까지의 연구성과를 체계화하고 새로운 영역을 개척함으로써 한국사 연구의 지평을 넓힌다.

④ 한국사 연구와 관련하여 고고학·인류학·사회학·경제학 등 인접학문의 연구성과를 수용하여 한국사 인식의 폭을 넓히는 데 기여한다.

새로운 『한국사』를 펴내면서 우리 모두가 바라는 바는, 민족의 통일에 대비해야 하고 급격히 변화하는 시대상황 속에서, 한국사 연구자의 깊이 있는 연구를 도와주고 독자들의 역사인식을 드높일 수 있는 길잡이 구실을 할 수 있었으면 하는 것이다.

국사편찬위원회 위원장

목 차

Ⅳ. 항일의병전쟁

개 요

I

일본은 1868년 明治維新으로 혁신정부를 세우고 근대화에 매진한 결과, 명치유신 26년만에 청일전쟁(1894)을 도발하여 아시아의 대국 청국을 제압하고, 러일전쟁(1904)을 도발하여 유럽의 강국 러시아를 제압함으로써 세계 열강의 대열에 끼게 되었다.

일본은 1876년 조선의 문호를 개방시킬 때부터, 한반도에서 타국의 세력을 밀어내고 대신 이를 지배하려는 韓半島支配政略을 견지했다. 청일전쟁 당시에는 한반도뿐만 아니라, 요동반도 등 청국 영토의 일부까지 점유하려는 대륙침략정책을 추진했다. 러시아는 삼국간섭(1895)을 통하여 일본의 대륙진출정책을 견제하고, 아관파천(1896)을 계기로 한반도에 강력한 영향력을 가지게 되었으며, 義和團事件(1900)을 계기로 만주를 점령하여 극동진출정책을 강화했다. 이에 일본은 영국·미국과 삼각협조체제를 구축하고 露佛同盟을 배경으로 하는 러시아에 도전하게 되었다.

1902년 英日同盟을 계기로 외교적 입지가 강화된 일본은 만주와 한반도에서 '이익범위'를 둘러싼 러시아와의 협상이 결렬되자, 1904년 2월 러일전쟁을 도발했다. 일본 정부는 이미 1903년 12월에 의결한 對韓방침에서, 한국을 '실력으로' 일본의 지배하에 둘 것을 결정했고, 1904년 5월에 의결한 대한방침에서는 적당한 시기에 한국을 일본의 '보호국'으로 하던가, 또는 일본에 '병합'할 것을 결정했다. 따라서 일본은 러일전쟁 개전 즉시, 한국에 군대를 파견하여 서울을 점령했으며, 韓日議定書를 강요하여 표면적으로는 대한제국의 독립과 영토보전을 약속하면서, 한국의 시정개선에 대한 충고권과 한반도 내의 군사작전지 사용권을 탈취해 갔다. 나아가 9월까지에는 한국주차군을 2개 사단으로 증원 배치하여 사실상 한국을 군사적으로 점령했다.

일본은 1905년 초에 여순과 봉천을 함락시키고, 5월에는 러시아의 발틱함대를 격파하여 러일전쟁의 승세를 굳혀 갔다. 이러한 상황에서 일본 정부는 한국을 보호국으로 만들 것을 확정하고, 열강의 양해를 얻기 위한 외교적 교섭을 추진했다. 일본은 1905년 7월에 태프트(William H. Taft)·가츠라(桂太郞)密約을 맺어, 미국의 필리핀 지배를 인정해 주는 대신 일본의 한반도 지배를 인정받았다. 또한 일본은 1905년 8월에 제2차 영일동맹을 맺어, 영국의 인도에 대한 특별한 이익을 보장해 주는 대신 한국에 대한 지도·보호·감리의 권리를 인정받았다. 나아가 러시아와도 1905년 9월에 러일강화조약을 맺어, 한국에 대한 지도·보호·감리의 권리를 인정받게 되었다. 이러한 열강의 인정하에서 일본은 '한국의 보호국화'를 서둘렀다.

일본 정부는 1905년 9월에 보호조약 체결 계획안을 결정했다. 그 내용은 한국의 외교권을 일본의 수중에 넣을 것과, 한국 정부의 동의를 얻지 못하면 "일방적으로 한국에 보호조치를 단행"할 것 등이었다. 이 계획안에 의거하여 주한 일본공사 하야시 곤스케(林權助)와 특파대사 이토 히로부미(伊藤博文) 및 한국주차군 사령관 하세가와 요시미치(長谷川好道) 3인이 협동하여, 군대로서 궁궐을 포위하고, 1905년 11월 17일에 이른바 '을사보호조약'을 강제로 체결했다. 이로써 한국은 일본의 보호국이 되었으며, 영국·미국·프랑스·독일·러시아 등 열강은 한국에서 공사관을 철수시켜 일본의 한국 보호국화를 사실상 승인했다.

나아가 일본은 고종을 퇴위시키고 한국군대를 해산시킨 1907년에, 英日軍事協定을 맺어 영국과 동맹관계를 더욱 강화했고, 佛日協約을 맺어 프랑스로부터 일본의 한반도 지배권을 인정받았다. 그리고 '러일협약'을 맺어 외몽고에 있어서 러시아의 특수 이권을 인정해 주는 대신, 한국에 있어서 일본의 현실적인 지배를 승인받았다. 미국도 이미 한국에 대한 일본의 보호권을 인정했다. 따라서 1910년 '한일합방조약'에 대하여, 열강은 아무런 이의를 제기하지 않았고, 환영·인정·묵인의 형태로 한국의 식민지화를 승인했다.

이처럼 일본은 러일전쟁 이후 국제관계를 유리하게 이끌면서, 한민족의 반일투쟁을 억압하고 한국을 식민지화함으로써, 그들의 대륙침략정책의 기본과제를 달성할 수 있었다. 이러한 일본의 침략에 대하여 한국민은 다양한 구국민족운동을 전개했다.

II

일제 침략에 대응하여, 한국의 왕실을 중심으로 한반도중립화운동과 밀사파견활동 등 외교적인 국권회복운동을 전개했다.

한반도중립화론은 일본에 의하여 처음으로 제기되었다. 1882년 임오군란을 계기로 강화된 청국의 조선에 대한 지배권을 견제하기 위하여, 일본은 조선을 '벨지움식으로 중립화'할 것을 제의했으나 열강의 호응을 받지 못했다. 1885년 거문도점령사건을 전후하여 조선의 안전 보장을 위하여, 조선주재 독일 부영사 부들러(H. Budler)는 '스위스를 모델'로 하는 한반도중립화안을 제안했고, 유길준은 '벨지움과 불가리아를 모델'로 하는 한반도중립화안을 안출했으나 정책에 반영되지는 못했다.

한반도와 만주를 둘러싸고 러일간의 이권경쟁이 첨예화해 가는 가운데, 1899년 고종은 미국공사 알렌(Horace N. Allen)을 통하여 미국 대통령과 국무장관에게 한국중립화문제를 거론케 했고, 고종의 고문 샌즈(William F. Sands)는 '스위스 또는 벨지움식의 한국영세중립화안'을 제시했으나, 열강으로부터 외면당했다. 러시아는 1900년 이래 만주독점정책으로 열강의 견제를 받게 되자, 일본과 타협의 필요성에서 1901년과 1902년에 한국중립화안을 제시했으나, 적어도 "만주는 러시아에, 한반도는 일본에"라는 韓滿交換을 당면 정책으로 삼고 있던 일본에 의해 거부되었다.

1903년에 고종은 러시아와 일본의 전쟁에 대비하여 '한국의 전시중립'을 인정하도록 러일 양국에 교섭해 시도했으나, 일본외상은 "자위력도 없는 한국이 국제법만 내세워 국외중립을 선포하는 것은 용인될 수 없다"고 거부했고, 러시아 당국자는 일본과의 전쟁 가능성을 부인하여 문제의 핵심에 접근하지 못했다.

그 후 러일간의 개전이 임박하자, 고종은 1904년 1월에 일본의 방해공작을 피하여 청국의 개항장 芝罘에 파견한 밀사 李學均을 통하여, 한국 정부는 러일 양국간의 분쟁에 있어 '엄정 중립'을 지킬 것이라는 내용의 칙령을 선포했다. 한국의 국외중립선언은 영국·프랑스·독일·덴마크·이탈리아·청국 등의 의례적인 승인을 받았으나, 러일 양국은 이를 외면했다.

일본 정부는 이미 1903년 12월에 한국을 '실력으로' 지배한다는 방침을 결정했으므로, 1904년 2월 러일전쟁 도발 즉시 인천과 서울을 점령하여 한국의 중립선언을 유린했고, 한일의정서를 강제로 조인케 함으로써 한국의 국외중립선언을 사실상 백지화시켰다.

고종은 러일전쟁 중에 한미수호조약에 의거 미국의 거중조정으로 한국의 독립보전을 기대하고, 1904년 12월에 주미 한국공사관 고문이던 니덤(C. W. Needham)을 통하여, 1905년 8월에는 이승만을 미국에 파견하여 한국의 독립을 지원해 주도록 요청했으나 성과를 거두지는 못했다.

한편 1905년 러일강화조약이 체결될 무렵, 고종은 한국독립의 지원을 요청하려는 밀사를 프랑스와 미국에 파견했으나, 상해와 인천에서 일본측에 탐지되어 도중에 좌절되었다. 이에 고종은 궁중고문인 헐버트(H. B. Hulbert)를 통하여 미국 대통령에게 친서를 전달하여, 일본의 한국 보호국화 획책을 비난하고, 한국의 독립을 지원해 줄 것을 요청했고, 을사조약이 체결된 직후에도 헐버트를 통하여 한일간의 소위 보호조약이 무효라는 전보를 미국 정부에 전달케 했으나 냉담한 반응을 받았을 뿐이다.

결국 고종은 일본의 불법적인 한국침략과 을사조약의 부당성을 국제여론에 호소하여 국권을 회복하려는 최후의 기대를 걸고, 1907년 李相卨·李儁·李瑋鍾 3인의 밀사를 헤이그(Hague) 만국평화회의에 파견했다. 밀사들은 일본측의 방해공작으로 본회의에 참석이 거부되었으나, 각국 신문기자 모임인 국제협회에 초청되어, 한국의 입장을 국제여론에 환기시켰다.

고종이 밀사를 파견한 1907년 전후 시기에, 일본은 강대국의 위치에 있었으므로, 어느 나라도 일본의 반대를 무릅쓰고 한국의 독립을 지원하려고 하지 않았다. 따라서 고종의 한국독립을 위한 외교활동은 당시 국제관계에서 볼 때 전혀 성공을 기대할 수 없는 것이었다. 오히려 고종은 헤이그 밀사사건의 책임을 지고 강제로 퇴위당했다.

Ⅲ

일제의 침략에 대응하여, 한국사회의 각계각층에서 다양한 구국운동을 전개했다.

1904년 2월 러일전쟁을 일으킨 일본은 즉각 한국을 군사적으로 점령하고, 한국에서 정치적·군사적으로 '보호'의 실권을 거두고, 경제적 권익을 확대한다는 〈對韓方針〉을 결정했다. 그에 따라 6월에, 일본은 한국 정부에 전국 황무지 개간권을 50년 동안 일본인에게 넘기라고 요구해 왔다. 전 국토의 3할에 해당되는 방대한 황무지를 강탈해 가려는 일본의 만행에 대하여, 전국 각지에 궐기의 격문이 나붙고, 상소문이 쉬지 않고 올라갔다. 宋秀萬·元世性 등은 輔安會를 조직하여 황무지 개간권 양도에 반대하는 구국민중운동을 전개했다. 일본 관헌들은 보안회의 간부들을 납치해 가고 그 활동을 무력화시켰으나, 한국 민중의 강력한 저항운동은 일본의 황무지 강탈 음모를 좌절시켰다.

을사조약이 강제로 체결되자, 유생들과 전직 관료들이 상소투쟁을 전개했다. 참정대신 韓圭卨은 고종황제로 하여금 이토 히로부미를 불러 직접 을사조약을 반대하도록 上奏했으며, 李相卨은 고종에게 "社稷과 같이 殉死하기로 결심하고 을사조약을 거절"하도록 상소했다. 전 의정대신 趙秉世는 李根命·閔泳煥 등 관료들과 함께 매국 5적의 처단과 조약의 폐기를 주청한 뒤, 일본공사에게 을사조약을 철회토록 공문을 보내고, 英·美·佛·獨·伊 등 5개국 공사에게는 을사조약의 무효화를 위한 지원을 호소했다. 전 찬정 崔益鉉은 을사 5적의 죄상을 규탄하고, 조약 취소를 요구하는 상소를 올렸다. 이후 을사조약의 폐기와 매국노의 주살을 주장하는 수많은 유생들의 상소가 이어져 전국적으로 배일감정을 크게 자극했다.

한편, 전 참판 洪萬植을 시초로 하여 순국항쟁이 이어졌다. 시종무관장 민영환과 전 의정대신 조병세의 자결은 온 국민에게 큰 충격을 주었다. 이후 전 참판 李明宰, 진위대 병사 金奉學, 학부주사 李相哲 등 많은 열사들이 죽음으로써 을사조약에 반대했다.

일본은 을사조약 체결 이후, 한국경제를 일본경제에 예속시키고자 시정개선을 명목으로 한국에 高利의 차관을 들여왔다. 1907년 2월까지 한국 정부가 일본에 진 외채는 당시 한국의 1년 예산에 맞먹는 1,300여 만원에 달했다. 이에 金光濟·徐相敦 등의 발의에 의하여 국채보상운동이 전국적으로 전개되었다. 1907년 4월말까지 4만여 명의 국민들이 모금에 참여했으며, 5월말까지 230여 만원의 기금이 모금되었다. 일본 관헌들은 국채보상운동이 한국의 국권회복을 위한 排日運動이라고 간주하고, 비열한 수단을 동원하여 한국민의 거국적인 경제구국운동을 좌절시켰다.

한편, 1907년 7월 헤이그 밀사파견을 구실로 일본의 강요에 의한 고종의 양위가 결정되자, 양위를 반대하는 민중항쟁이 전개되었다. 고종양위를 반대하는 성난 민중들이 일진회 회원들과 유혈충돌을 벌였고, 친일적인 국민신보사를 습격했다. 대한문 앞에서는 민중들이 일본 순사 헌병들과 충돌하여 투석전을 벌였으며, 종로 민중집회소에서는 병영을 뛰쳐나온 시위대 병정 수십 명이 일본 경찰과 총격전을 벌여 많은 사상자를 냈다. 賊臣 타도와 양위 반대의 민중시위는 평양·개성·대구·대전·안성·동래·초량 등 지방에서도 격렬하게 일어났다.

일제의 한국침략에 항거하는 의사·열사의 구국항쟁도 잇따랐다. 1908년 3월, 친일적인 한국 外部 고문 스티븐스(D. W. Stevens)이 미국 샌프란시스코에서 일본의 한국에 대한 '보호'정치를 찬양하고, 한국인은 독립할 자격이 없다고 폭언을 하자, 田明雲과 張仁煥이 그를 사살했다. 이 사건은 미국내의 한국 독립운동 전선에 전환점을 마련했고, 해외 항일운동이 연합전선을 펴는 분위기를 조성했다. 한편 1909년 7월에 일본 각의는 〈한일병합 실행에 관한 방침〉을 통과시켰다. 10월에는 한국병합과 연계되어 있는 만주문제의 해결을 위하여, 만주를 여행중인 이토 히로부미를 의병 지휘관 安重根이 사살했다. 안중군의 의거는 일본의 제국주의적 침략에 대한 한국민족의 강력한 저항의식을 온 세계에 보여주었다.

Ⅳ

일제 침략에 대응하여, 신지식층을 중심으로 하는 한국인들은 실력양성에 의한 국권회복운동, 곧 애국계몽운동을 전개했다.

1904년 일본이 러일전쟁을 도발하고 을사조약(1905. 11)을 통하여 한국을 보호국화한 시기에 무수한 애국계몽단체가 출현했다. 그 중 애국계몽운동을 주도한 전국 규모의 대표적인 단체는 大韓自强會(1906. 4)와 大韓協會(1907. 11) 그리고 新民會(1907. 4)였다. 대한자강회는 "교육의 확장과 산업의 발달을 연구 실시하여 자강 독립의 기초를 만들 것"을 목적으로 하여, 전국에 33개의 지회와 2,000명 이상의 회원을 확보하고 국권회복을 위한 실력양성운동을 전개했다. 대한협회는 대한자강회의 후신으로 조직되어, 전국에 87개의 지회와 8,000명 이상의 회원을 확보하고 회세를 확장해 갔다. 비밀결사 신민회는 국권회복과 더불어 공화정체의 국민국가수립을 궁극적인 목표로 하고, 국민의 문화적·경제적 실력양성과 더불어 독립군기지 건설에 의한 민족의 군사적 실력양성 등 구국운동을 전개했다.

한편 국권회복을 위한 실력양성을 위하여 전국 각지에 무수한 학회들이 설립되었다. 서울에 본부를 둔 대표적인 지역학회로는 평안도·황해도 지역의 西友學會(1906. 10), 함경도 지역의 咸北興學會(1906. 10), 이 두 학회를 통합한 서북학회(1908. 1), 전라도 지역의 호남학회(1907. 7), 경기·충청도 지역의 嶠南敎育會(1908. 3), 그리고 강원도 지역의 관동학회(1908. 3) 등이 있었다. 이들 학회의 명칭은 교육단체였으나, 실제로는 사회·정치단체와 마찬가지로 국권을 회복할 목적으로 정치와 교육을 결합시킨 구국운동단체였다.

한말 애국계몽인사들의 국권회복 논리는 약육강식·침략경쟁의 국제사회에서 실력의 부족으로 상실된 국권의 회복은 실력의 양성만으로 가능하다는 실력양성에 의한 국권회복 논리, 곧 사회진화론에 기초한 自强獨立論이었다.

그러나 그것은 타력에 의존하는 외교독립론을 부정하고, "우리 나라의 독립은 우리의 자력으로 해야 한다"는 자력에 의한 자강독립론이었으며, 의병투쟁처럼 실력을 갖추지 않은 무장투쟁 노선을 무모한 것으로 비판하고, 장기적 실력양성으로 국권을 회복해야 한다는 점진적 자강독립론이었다.

비밀결사인 新民會는 국외에 독립군을 양성하여 적절한 기회에 일본과 독립전쟁을 벌여 독립을 쟁취한다는 독립전쟁론을 제기했다. 신민회의 독립전쟁론은 항일의병의 즉각적인 무장투쟁론과는 달리, 일본과 근대전을 수행할 수 있는 독립군을 서북간도 등지에 양성한 다음에, 일본이 러시아나 청국 또는 미국과 침략전쟁을 벌이는 기회를 택하여 일본과 독립전쟁을 벌인다는 독립전쟁준비론이었다.

애국계몽운동 가운데, 국민계몽운동은 신문·잡지의 발간과 강연회·토론회의 개최를 통하여, 사회일반에 널리 애국심과 교육열 그리고 독립의지를 일깨워 주었다. 교육구국운동은 근대학교의 설립, 교과서의 편찬, 의무교육의 실시, 실업·상무교육의 실시운동을 통하여, 근대적 민족교육의 발흥에 기여했고, 근대적 민족운동의 지도자 양성에 기여했다. 경제구국운동은 황무지개간권 양도반대, 국채의 보상, 일제의 부동산침탈 반대, 민족경제의 건설운동을 통하여, 일제의 경제침탈에 대한 경각심을 일깨워 주었고, 근대적 경제의식의 발흥에 기여했다. 정치구국운동은 정치제도의 개혁, 을사조약의 반대, 고종양위의 반대, '한일합방'의 반대운동을 통하여, 사회일반에 근대적 정치의식을 고취하고, 국권회복과 동시에 국민국가 건설이라는 민족운동의 올바른 방향을 정립했다. 한편 비밀결사 신민회의 독립전쟁론은 애국계몽파의 실력양성과 항일의병의 무장투쟁을 발전적으로 종합하여, '합방' 이후 여러 민족운동 단체의 기본적인 독립운동 전략이 되었다.

애국계몽운동은 大衆性과 抗日性 그리고 革命性의 결여가 지적되기도 한다. 그러나 애국계몽운동은 국권회복과 동시에 국민국가수립이라는 민족운동의 올바른 이념을 제시했고, 신민회의 독립전쟁론은 독립운동의 올바른 전략을 제시했으며, 애국계몽가들의 근대적 민족교육과 민족산업의 진흥 및 독립군기지의 건설은 일제하 무장투쟁의 기반을 마련했다.

V

일제 침략에 대응하여, 구지식층을 중심으로 하는 한국인들은 항일의병투쟁을 전개했다.

초기 단계의 의병운동은 일본 침략자들이 민비를 살해한 을미사변과 친일내각이 강행한 단발령을 계기로 일어난 을미의병운동을 말한다. 그 지도부는 柳麟錫·奇宇萬 등 위적척사사상을 가진 양반 유생들이었고, 그 구성원은 일반농민과 동학농민의 잔여세력이었다. 을미의병운동은 중화적 가치를 지키려는 주자학적 윤리관과, 단발로 상징되는 개화를 야만시하는 반개화의식, 그리고 국모의 살해에 대한 對日 복수의식을 포괄하는 반개혁·반침략적인 무장투쟁이었다. 을미의병은 주로 친일 관리들과 조선 군경들을 대상으로 투쟁했으며, 아관파천으로 친일내각이 붕괴된 후 대부분 해산했고, 나머지는 화적과 활빈당으로서 투쟁을 지속했다.

재기 단계의 의병운동은 러일전쟁(1904)과 을사조약(1905)을 계기로 다시 일어난 을사의병운동을 말한다. 을사의병은 을사조약 반대와 친일내각 타도를 목표로 하여 반개혁·반침략 노선을 견지했다. 그리고 을미의병의 國讐報復에 대신하여 을사의병은 國權恢復을 전면에 내세웠다. 이 시기에도 閔宗植·崔益鉉 등 양반 유생이 의병의 지도부를 형성했으나, 申乭石 등 일부 평민 의병장이 출현했으며, 守城戰에서 遊擊戰 형태로 전투형태가 변화되어 갔다.

고조 단계의 의병운동은 일제가 강요한 고종퇴위·정미7조약·군대해산 등을 계기로 더욱 치열해진 정미의병운동을 말한다. 군대해산 당일 시위대 소속 군인 1,600여 명이 일본군과 시가전을 벌였고, 이어서 원주진위대·강화·홍주·진주·안동분견대 등이 일본군과 전투를 벌이고 항일 의병에 합류했다. 해산군인의 합류로 의병부대는 우수한 지휘관과 새로운 무기를 확보하게 되었다. 한편 의병투쟁이 전국적으로 확대되고, 의병부대의 연합작전이 활발하게 되어 李麟榮을 총대장, 許蔿를 군사장으로 하는 13도 의병이 서울 진공작전을 시도하기도 했다. 군대해산 이후 평민 의병장의 수가 양반 의병장의 수를 능가했고, 일제의 군경이 의병의 직접적인 교전의 상대로 부각되어 의병운동은 '국권방위 전쟁'의 성격을 띠게 되었다.

퇴조·전환 단계의 의병운동은 일본군의 소위 '남한대토벌'과 일본의 한국병합을 계기로 의병세력이 퇴조하여 독립군으로 전환되어 간 '합방' 전후의 의병을 말한다. 1909년 9월과 10월, 일본군의 남한지역에 대한 잔인한 진압작전으로 큰 타격을 받은 의병은, 대거 만주지역으로 근거지를 옮겨갔으며, 잔여세력은 황해도·경상도의 산악지대에 분산되어 항일투쟁을 계속했다. 만주지역에 옮겨간 의병세력은 애국계몽세력과 제휴하여 근대적 독립군부대로 재편성되어 항일 무장투쟁을 계속했다.

한말의 항일의병은 전국을 포괄하여 양반 유생·군인·농민·포수·화적 등 광범한 사회계층을 망라했으나, 러일전쟁에 승리할 정도의 막강한 일본의 근대적 무력을 극복할 수는 없었다. 또한 항일의병은 당시 弱肉强食·침략경쟁의 국제사회에서, 衛正斥邪의 반근대적 성향과 일본의 국제적 위상 때문에 외부의 지원을 받을 수가 없었다. 그리하여 항일의병전쟁은 실패하고 말았으나 실패로 그친 것만은 아니었다. 항일의병은 국가 멸망의 시기에 우리 민족의 강인한 저항정신과 자주정신을 잘 보여 주었다. 또한 항일의병은 소위 보호국 체제하에서 국권회복을 위한 무장투쟁을 주도했고, 식민지체제하에서 무장독립운동의 기반을 마련했다.

〈柳永烈〉

Ⅰ. 외교활동

1. 한반도 중립화 운동
2. 보호국화 저지 외교
3. 특사의 헤이그 평화회의 파견

Ⅰ. 외교활동

1. 한반도 중립화 운동

1) 한반도 중립화론의 대두

19세기 이후의 朝鮮은 이른바 西勢東漸으로 표현되는 열강의 개방압력에 직면하게 되면서 일본을 비롯한 구미열국과의 불평등조약을 체결하는 등 본격적으로 국제무대에 모습을 드러내더니, 뒤이어 전개된 청일전쟁 결과 전통적인 對淸事大外交의 와해와 새로운 국제질서에의 재편입을 경험하게 되었다. 그런데 이러한 상황변화가 현실적으로 조선의 상대적인 약체를 증명하는 것으로 전개됨에 따라 이제 약체 조선의 존재방식은 국내외적으로 초미의 관심사로 부각되어 갔다. 이 시기에 제기된 淸에 의한 屬邦化論, 일본에 의한 保護國化論, 러시아・일본 등 외세에 의한 領土分割論, 국내외로부터의 中立化論 그리고 주체적인 完全自主論 등이 바로 그 구체적인 표현이었다

이 가운데서 한반도 중립화론은 이 당시 조선의 처리방안 중에서 외세나 조선정부당국 또는 개인에 이르기까지 가장 폭 넓은 범위에서 제기되었으며, 유럽의 경우를 보더라도 '약소국의 중립화'는 당시의 보편화된 세계질서인 약육강식 현상 가운데서도 오히려 이들 제국주의 열강의 역학관계를 적절히 활용한 결과로서의 성공사례로 종종 등장하였다. 스위스는 그들의 주체적인 노력과 나폴레옹전쟁의 전후처리를 위한 열강의 비엔나협약(1815)에 따라 무장중립국이 되었고 벨기에는 런던조약(1831, 1839)에 의해 비무장중립국으로 되었는가하면, 룩셈부르그도 런던협약(1867)으로 중립국이 되었다.

(1) 임오군란 후 일본에서의 한반도 중립화론

한반도 중립화문제가 맨처음 제기된 곳은 일본에서였다. 일본은 조선과 이미 '江華島條約'(1876. 2. 27)을 성사시켜 조선진출에 적극성을 보여 왔으나 壬午軍亂(1882. 7. 23)이라는 뜻하지 않은 돌출변수로 淸에게 우위를 빼앗겨 위기를 맞게 되자 임오군란의 사후처리에 정치적 관심을 집중시켜 東京에서 청과의 회담을 가졌다. 이 때의 쟁점은 다름아닌 淸韓宗屬關係였다. 주일청국공사 黎庶昌은 "일본공사관이 우리의 屬邦 때문에 暴擧를 받았으므로 청국이 파병하여 공사관을 보호할 것이다"라고 하면서 파병과 정치개입의 명분으로 屬邦論을 주장하였고 일본의 外務大輔 요시다 키오나리(吉田淸成)는 "조선과 조약을 체결하여 該國을 대함에 자주국으로서 함으로, 사후처리도 조약에 바탕을 두어 행하고 공사관 보호도 자국에 의함이 당연하다"고 하면서 獨立論을 제기하였다.[1] 조선을 둘러싼 이러한 양국간의 상반된 주장은 급기야 日本朝野의 초미의 관심사로 부각되었고, 이를 논의하는 과정에서 청의 속방론을 부정하는 하나의 방편으로 일본이 제기한 것이 한반도 중립화 구상이었다.

이 당시 일본에서 제기된 한반도 중립화론의 대표적인 경우는 이노우에 코와시(井上毅)의 案이다. 그는 임오군란 발발 직후인 1882년 9월 17일에 〈朝鮮政略〉[2]을 저술하고 10월 29일에 〈擬與馬觀察書〉[3]를 저술하여 자신의 중립화론을 비교적 자세히 소개하였다. 이를테면, 청이 비록 조선의 上國이고 조선은 淸의 貢國이지만 屬國은 아니며 하나의 독립국이므로 淸·日·美·英·獨 5개국이 공동보호하는 벨기에·스위스 형의 중립국을 만들 것을 회의로서 정할 것을 제안하였다. 그의 이러한 제안은 청·한종속관계의 부정에서 출발한 것이었을 뿐만 아니라 시기적으로 베트남문제의 재연이라는 좋은 기회를 틈타 한반도의 중립화를 거론함으로써 琉球문제를 해결해보겠다는

---

1) 日本外務省 編,《日本外交文書》15(東京 : 日本國際連合會, 1947~1954), No. 102~107, 163~176쪽.

2) 井上毅傳記編纂委員會 編,《井上毅傳》－史料編 1(國學院大學圖書館, 1966), 312~313쪽.

3)《梧陰文庫(井上毅文書)》マイクロフイルム No. A－856(원본은 國學院大學圖書館 소장).

저의에서 비롯된 것이기도하였다.[4)]

한편 프랑스의 법학자로서 1873년에 渡日하여 일본의 국가자문역으로 활약하고 있던 보아쏘나드(Gustave Emil Boissonade de Fontarable)가 임오군란 후 한반도 중립화론을 제기하였음이 이노우에 코와시가 이토 히로부미(伊藤博文)에게 보낸 서간을 비롯한 몇몇 사료에서 확인되고 있다. 보아쏘나드는 원래 조선에 대한 청의 종주권보다도 러시아의 조선침략을 더욱 우려하여 朝·淸·日 3국동맹론을 주장한 바 있지만,[5)] 1882년 9월 22일에 쓴 〈영구중립에 관한 의견서〉[6)]와 10월 29일에 쓴 〈恒守局外中立新論〉[7)]이라는 글에서, 특히 러시아를 경계하여 청·러시아·일본 3국을 중심으로 한 관련국가들의 인정에 따라 한반도가 영세중립화하는 방법을 구체적으로 제시하였다.

이와 같은 이노우에 코와시와 보아쏘나드로 대표되는 일본정가의 한반도 중립화론이 어느 정도 국제외교에 반영되었을까 하는 문제는 결과론적 측면에서 볼 때 부정적인 대답 밖에 없겠지만 국제간의 현안타결과정에서 외교실무진들의 고려대상이 되었던 것은 사실이다. 이러한 증거는 이 당시 일본에서 대조선정책을 직접 담당하고 있던 이노우에 카오루(井上馨) 외무경과 다케조에 신이치로(竹添進一郎) 주조선일본공사의 저간의 외교행각에서 찾을 수 있다. 다케조에는 1884년 10월 30일자로 재부임하면서 "나는 조선을 장차 영구 국외중립국으로 할 것이다. 조선으로 하여금 스위스·벨기에와 같은 하나의 영구 국외중립국으로 하려는 것은 이노우에 외무경이 항상 희망하는 바였다"[8)]라고 하는가 하면, 같은 해 11월 2일 고종을 알현한 자리에서 淸佛

---

4) 《井上毅傳》 – 史料編 4(1971), 617~619쪽, 明治 15년 7월 7일부 書簡.
5) 《日本外交文書》 15, №. 107, 165~173쪽.
市川正明 編, 《日韓外交史料(二) : 壬午事變》(原書房, 1979), 177~179쪽.
6) 平塚篤 校訂, 伊藤博文 編, 《秘書類纂 – 外交篇》 上(秘書類纂刊行會, 1934), 618~620쪽.
이 문서 자체에는 의견서라는 기록이 없지만 이를 설명하기 위한 별도 문서에 '영구중립에 관한 의견서 가운데 미심쩍은 점에 붙이는 응답'(같은 책, 620쪽)이라는 표현이 있는 것으로 보아, 이 문제에 대하여 보아쏘나드가 무언가의 의견을 구하려고 쓴 것임을 알 수 있다(長谷川直子, 〈壬午軍亂後の日本の朝鮮中立化構想〉 《朝鮮史硏究會論文集》 32, 東京 : 綠蔭書房, 1944, 148쪽의 주 57).
7) 《秘書類纂 – 朝鮮交涉資料》 中(1936), 223~229쪽.
8) 井上角五郎, 〈漢城之殘夢〉(한상일 역·해설, 《서울에 남겨둔 꿈》, 건국대출판

戰爭(1884~1885)의 대요를 설명하면서 "만약 조선이 프랑스에 기울어지면 청국과 싸우지 않으면 안되고 청국에 기울어지면 프랑스와 싸우게되므로 서양의 예를 본받아 국외중립을 해야한다"[9]고 설득한 일이 있다.

이노우에 카오루가 한반도 중립화 방안을 구체적으로 제시했다는 기록은 없으나 주일 영·독 외교관들의 본국 보고서를 보면 임오군란 직후에 한반도 중립화를 염두에 둔 적이 있고,[10] 특히 갑신정변(1884. 12. 4) 후 일본특명전권으로 조선에 왔을 때 '조선이 일방적으로 중립화를 선언한 다음 관계열국이 승인하는 방식'을 취해야 한다거나 '此法甚妙'라는 등의 언급을 하였음이 주조선 독일영사 부들러(Hermann Budler)와의 대화에서 확인되고 있다.[11]

임오군란 후 일본 정가에 한반도 중립화론이 한창 일고 있던 시점에 언론계에서도 이와 유사한 논의가 잇따랐다.

조선문제에 대한 구상을 가장 구체적으로 밝혀 준 신문은 立憲改進黨의 기관지인 《郵便報知新聞》이었다. 이 신문은 조선이 유럽 大國들 사이에서 자주독립을 유지하고 있는 스위스·벨기에와 같은 지위를 가지기를 바라며 이러한 독립자주의 실력을 갖는데 있어서 명의상 貢國 또는 屬邦으로 칭하더라도 朝·淸·日 3국관계에 아무런 영향은 없다고 한 다음,[12] 이를 위한 방책으로써 조선과 청 및 영국·미국·독일·프랑스에 의한 列國會議를 東京에서 개최하여 조선의 '虛名所屬實勢獨立'의 위치를 확정할 것을 제시하였다.[13]

역시 입헌개진당계 신문인 《東京橫濱每日新聞》도 베를린회의(1878)에서 불

부, 1993), 44쪽.

9) 《秘書類纂－朝鮮交涉資料》 上, 260쪽.

10) British Foreign Office, Japan : General Correspondence, 1856~1905, Microfilm F.O. 46, 288 Vols. (Great Britain Public Record Office), Parkes to Granville, No. 128, Secret, Sep. 12. 1882.
Akten des Auswärtigen Amtes. A. 7168 Pr. 독일외무성문서 1882년 12월 1일.

11) 《日本外交文書》 18, No. 202 附記. 357~369쪽.
《秘書類纂－外交篇》 上, 621~624쪽.
高麗大學校亞細亞問題硏究所 編, 《舊韓國外交文書》 15 : 德案 Ⅰ(1966) No. 95, 49~50쪽, No. 98, 51쪽.

12) 《郵便報知新聞》, 1882년 9월 13일 사설 〈日淸兩國ハ向後如何ニ朝鮮ヲ處置スベキカ 第一〉·9월 14일 같은 사설 〈第二〉·9월 19일 같은 사설 〈第六〉.

13) 《郵便報知新聞》, 1882년 9월 20일, 위의 사설 〈第七〉.

가리아가 터키의 朝貢國이면서도 내치·외교는 자주권을 가질 것을 명확히 한 것처럼 청·영국·미국이 공동으로 협의하여 조선도 불가리아와 같은 권리를 가질 것을 인정해야 한다고 주장하였다.14)

이처럼 임오군란 이후 일본의 각계에서 제기된 한반도 중립화론에 대하여 그 성격을 종합 검토해 보면, 한결같이 패권주의를 추구하는 국가가 자력으로 조선을 지배하기가 어렵게 되었을 때 경쟁관계에 있는 세력들과 제휴하여 어느 단일 세력에 의하여 독점지배되는 것을 방지하려고 중립화를 활용하는 경우라고 볼 수 있다. 이러한 일본에서의 한반도 중립화론에 대하여 '그것은 오로지 열강의 세력균형으로써 조선의 독립을 실현시키고자 한 일본의 1880년대 대조선 정책의 주류적 위치였다'라는 소수의 반론이 있지만,15) 실제에 있어서는 침략의도를 대전제로 한 일시적인 제안으로 조선의 안전보장과 독립을 근본적으로 부정하였을 뿐이다.

(2) 거문도사건 전후기의 한반도 중립화론

갑신정변 후의 '天津條約'(1885. 4. 18)으로 청·일간의 패권경쟁이 일정한 거리유지하의 물밑 경쟁으로 들어간데다가, '朝露修好條約'(1884. 7. 7)과 '朝露密約說'(1885. 2)에 자극받은 영국이 거문도를 불법 점령함으로써(1885~1887), 바야흐로 조선사정은 청·일본·러시아·영국이라는 다극체제하의 국제분쟁지로 변하였다. 이러한 상황에서 국내외적으로 제기된 한반도 중립화론은 그야말로 百家爭鳴이었다.

독일외교관으로서 당시 조선에 건너와 활동하고 있던 외아문협판 묄렌도르프(P. G. Von Moellendorff)와 부영사 부들러는 거문도사건 이전부터 이미 조선의 중립화를 위한 그들 나름대로의 구상을 전개하고 있어 주목된다.

《묄렌도르프文書》16)에 의하면, 묄렌도르프는 조선이 중립화해야 할 이유

---

14) 《東京橫濱每日新聞》, 1882년 9월 10일 사설 〈日韓及ビ清國ノ關係ヲ論ズ 第二〉·9월 17일 같은 사설 〈第五〉.

15) 大澤博明, 〈朝鮮永世中立化構想と近代日本外交〉(《青丘學術論集》 12, 東京 : 韓國文化硏究振興財團, 1998), 179~229쪽.

16) 1930년에 라이프찌히에서 첫 출판된 이 문서는 흔히 '묄렌도르프自傳'으로 불려지지만 사실은 그가 조선에 재직하던 당시에 남긴 일기와 그의 아내에게

로서 청·일 양국의 정치세력이 너무나 강대하여 조선으로서는 사실상 독립할 능력이 없음을 들고 청·일 이외의 제3국인 러시아를 끌어들여 보호를 받도록하는 것이 良策이라고 한 다음,[17] 러시아가 주도하는 조선중립화규정은 구체적으로 다음과 같아야 한다고 주장하였다.

첫째, 조선의 중립 및 불가침에 대하여 청과 일본이 공동으로 보장하고 청·일에 대한 상호보장관계의 유지, 둘째, 군사적 방위관계의 명시, 셋째, 조선영토불가침에 대한 일반적 관계의 보장 등이었다.[18]

이와 같은 묄렌도르프의 조선중립화 구상은 다른 문서에서도 "묄렌도르프가 조선이 러시아·청·일본의 공동보장하에 벨기에와 같은 중립국이 되도록 할 것을 제안했다"고 기록되어 있다.[19]

한편 부들러는 1885년 2월 7일 金允植 외아문독판에게 제출한 〈淸·日交戰에 조선이 中立傍觀하기를 勸告하는 意見書〉[20]라는 글을 통하여, 약소국이 중립화하면 당사국의 안전보장은 물론 그 受惠가 실로 크다는 것을 말하고 역사상의 예로서 프로이센·프랑스전쟁(1870~1871) 당시의 스위스를 떠올리면서 조선도 지리적 여건이 이와 유사하므로 청·러시아·일본이 보장하는 영세중립을 제안하고 아울러 국가자위력의 확보와 열국과의 수호통상도 병행해야 할 것을 주장하였다.

이들 독일인들이 제기한 한반도 중립화론의 공통된 성격은 수개 세력이 조선을 둘러싸고 각축을 벌임으로써 조선의 안전이 우려되고 있을 때 안전보장 방법의 하나로서 패권주의를 추구하지 않는 제3국 출신이 중립화를 권고하는 경우라고 할 수 있다. 이들의 안은 청·일 양국에 의한 조선의 주권

보낸 편지를 대본으로 하여 그와 꼭 같은 체험을 나눈 아내 로잘리(Rosalie von Moellendorff)가 회상의 형식으로 쓴 傳記이다(묄렌도르프夫婦 지음, 申福龍·金雲卿 옮김, 《묄렌도르프文書》, 평민사, 1987, 1쪽).

17) 위의 문서, 67~68·85쪽.

18) 위의 문서, 85쪽.

19) Politisches Archiv des Auswärtigen Amts, Acta betreffend Korea(이하 Pol.Arch.A.A., Korea로 약칭) I, Bd.4 A 1559 pr.9.März 1885(Söul, den 14.Januar 1885), A3016, pr.21. April 1885(Peking, den 18. Februar 1885), Korea 2, Bd.2 A6926 pr.24. August 1885 p.m.(Söul,den 29,Juni 1885).

20) 《舊韓國外交文書》 15 : 德案 Ⅰ, №. 95, 49~50쪽.

침해가 되풀이되지 않도록 한다는 취지하에 제3국을 끌어들이거나 국제조약에 의한 보장을 중시하면서 자위력의 구비도 고려하였다. 그러나 본국 정부가 조선에서 實益을 갖지 못하였기 때문에 이를 공식 견해로 채택하지 않았고 따라서 외면당하고 말았다.

조·러수교로 러시아의 조선 진출이 현저해질 뿐만 아니라 영국·러시아간의 아프간 분규가 1885년 10월에 이르러 양국의 충돌 없이 수습됨에 따라 영국이 거문도를 계속 점령하고 있었으므로 청은 영국 정부에 철수 문제를 거론하여 담판하게 되었고,[21] 이러한 상황을 배경으로 하여 영국측에서 그들의 거문도 철수조건으로 내 놓은 것이 한반도의 중립화였다.

영국 외상 로오즈베리(Archibald Philip Primrose Rosebery)는 1886년 4월 중순경에 거문도 철수조건으로서 러시아를 비롯한 관계 제국과 조선독립을 보증하는 국제조약을 체결하자고 제의했는데,[22] 이러한 제의는 영국 외무차관 커어즌(Ceorge Nathaniel Curzon)이 언급한바 "영국은 어느나라든지 조선국을 침략하거나 병탄한다면 벨기에를 정복하는 것과 동일시하여 결코 묵과할 수 없다"[23]고 한 내용과 유사한 것이었다.

이러한 영국측의 논의들은, 조선에 직접적인 이해관계를 가지고 있지 않는 국가가 다른 지역에서 경쟁관계에 있는 어느 특정국이 조선으로의 세력팽창을 시도할 때 이를 견제하기 위하여 제기한 경우이다. 이를테면, 영국이 러시아의 남하저지라는 그들의 세계전략에 따라 한반도 중립화를 거론한 것인데, 이 경우도 이해관계 당사국간의 세력균형에 중점이 있을 뿐이고 한반도 중립화 자체는 부차적인 것이라 할 수 있다.

거문도사건을 계기로 한반도 사정이 청·일본·러시아·영국 등의 4강에 포위당하는 듯한 형국을 보이게 되자 조선의 조야에서도 중립론이 조심스럽게 대두되기 시작하였다.

외아문독판 김윤식은 1885년 5월 20일 주조선독일총영사 젬부쉬(Otto Zembsch)를 찾아가서 거문도사건에 대처하여 "조선은 강한 이웃 나라의 침

21) 渡邊勝美, 〈巨文島外交史〉(《普專學會論集》 1, 1935), 40~41쪽.
22) 渡邊修二郞, 《東邦關係》, 325쪽.
23) 《秘書類纂－朝鮮交涉資料》 中, カルソン氏 抄譯 〈極東問題〉, 176쪽.

해에 대해 스스로 보호할 수 없는 약소국이므로 묄렌도르프가 오래 전부터 구상해온 바와 같이, 조선을 유럽에서의 벨기에와 같은 지위를 만들고자 한다"는 뜻을 말하더니,[24] 6월 25일과 27일에는 조선 정부의 공식적인 의사표시 차원에서 김윤식 자신의 명의로 조약관계를 맺고 있는 모든 국가들에게 다음과 같은 내용의 공한을 보냈다.

> 다른 나라들 사이에 분쟁이 생겼을 때는 조선은 중립을 지켜야 하며, 또한 조선은 어떠한 국가에도 국토를 빌려주든가 일시적인 점령을 허용할 수 없다. 이러한 일은 국제법에서 전혀 허용되지 않는다. … (《舊韓國外交文書》 15 : 德案 1, No. 147, 73쪽, 고종 22년 음력 5월 13일).

이와 같이 김윤식을 중심으로 한 조선 정부측의 중립화 구상은 국가자위력을 바탕으로 직접 중립화를 이룬 스위스의 예를 택한 것이 아니고 조선의 현실을 직시한 바탕 위에서 강대국들의 합의에 의하여 비무장중립이 보장된 벨기에의 예를 택하려 한 것이었다.

1880년대에 한반도 중립화를 제시한 내국인 가운데 대표적인 인물은 兪吉濬이다. 그는 〈中立論〉을 비롯한 몇 편의 글을 통하여 한반도 중립화를 위한 구체적인 방안으로서, 첫째, 청이 조약의 주창자가 되어 영국·프랑스·일본·러시아 등 아시아지역과 관계가 있는 열강들을 회동하도록하고 그 자리에 조선을 참여시켜 공동으로 조약문을 작성하면 되고,[25] 둘째, 조선의 중립화 모델로는 조선의 대내외적 상황이나 국제정치적 위치가 비슷한 벨기에 형과 불가리아 형의 절충형이 되어야한다고 설명하였다.[26] 또한 그는 이렇게하여 조선이 중립화되면 러시아의 남하를 막는 큰 계기가 될 뿐만 아니라 아시아 강대국들의 相保政略도 되는 이중효과가 있다고 하였으며,[27] 그 실현시기로는 조·러밀약설과 天津條約 체결, 거문도사건 등 한반도를 둘러싼 청·일본·러시아·영국의 각축이 절정에 달하던 1885년 이후야말로 최적의 시기이

24) Pol.Arch.A.A., Korea 2, Bd.2 A 6926 pr.24. August 1885 p.m.(Söul, den 29. Juni 1885).
25) 兪吉濬, 〈中立論〉(《兪吉濬全書 Ⅳ : 政治經濟編》, 一潮閣, 1971), 327쪽.
26) 〈中立論〉, 320~321쪽.
27) 〈中立論〉, 321쪽.

고 분위기도 무르익었다고 보았다.[28]

유길준의 한반도 중립화 주장과 거의 비슷한 시기에 개화파 金玉均도 한반도 중립화를 구상하였다. 그가 1886년 7월에 망명지인 일본에서 쓴 〈與李鴻章書〉라는 글을 보면, 조선을 중립국화하여 萬全無危의 땅으로 만들어야하며 이를 위해서는 당시 조선에 영향력을 갖고 있던 청국이 주도하여 구미열강들과 공론을 형성, 외교적으로 상호간의 합의를 도출할 것을 요청하고 있다. 또한 그는 이렇게 하여 조선이 중립국이 된다면 이는 조선 단독만의 幸일 뿐만 아니라 청에게도 得策이 된다고 하였다.[29] 이처럼 김옥균은 열강간의 세력균형이라는 현실의 사태를 깊이 통찰하여 그것을 적극적으로 이용할 것을 생각한 다음 한반도 중립화구상을 전개하였던 것이다.

이상과 같은 조선의 조야에서 제기된 중립화론의 동기 구조를 보면, 결론적으로 조선의 입지가 경쟁적 양대세력 사이에 개재하였기 때문에 양대세력의 개전으로 국토가 유린되는 것을 방지해야겠다는 순수한 동기에서 제안되었음을 알 수 있다. 그러나 조선 스스로가 선호하여 상정한 중립화 협의 주도국들이 이해관계가 상충되는 국가들임으로 해서 그 발상 자체가 국제적 상황판단에 대한 미숙성을 드러내는 결과가 되었을 뿐만 아니라 본래의 제안동기마저 퇴색시켜버리는 아쉬움을 남겼다. 특히 유길준과 김옥균은 조선이 침략을 당하면 淸도 脣亡齒寒의 위기를 당할 것이기 때문에 청이 중립화를 주도해야 한다고 주장하였다. 하지만 청·한 종속관계를 고집하는 청이 이에 응할 까닭이 없었다. 따라서 이들의 구상은 단순히 급박한 상황을 탈피해보고자 하는 도피적인 제안 내지는 국제체계의 변모에 따라 급조한 미봉책일 뿐이었다.

(3) 청일전쟁 전후기의 한반도 중립화론

1894년의 청일전쟁으로 일본이 승리했으나 '下關條約'(1895. 4. 17)에 의한 일본의 遼東 할양이 이미 중국분할을 준비하고 있던 서구열강에게는 충격파

---

28) 姜萬吉, 〈兪吉濬의 韓半島中立化論〉(《分斷時代의 歷史認識》, 創作과 批評社, 1979), 916쪽.
29) 金玉均, 〈與李鴻章書〉(《金玉均全集》, 亞細亞文化社, 1979), 152쪽.

가 됨으로써, 1895년 4월 23일 일본에 주재한 러시아·독일·프랑스의 3국공사는 일본 정부에 "일본의 요동반도 영유는 청국의 수도를 위태롭게 하고 조선의 독립을 유명무실하게 하며 동아시아의 영구적 평화에 장애가 되므로 포기하라"30)고 제의하였다. 이러한 '3국간섭'에 직면한 일본은 하는 수 없이 5월 4일 "3국 정부의 우호적인 권고대로 요동반도의 영구점령을 포기한다"31)고 선언한데 이어 청과 '遼東還附條約'(9. 22)을 체결, 3천만 냥의 배상금을 받고 요동을 포기하고 말았다.

그러나 3국간섭의 결과 러시아의 대조선 발언권이 강해지면서 한반도에는 러·일간의 대립이라는 새로운 갈등구조가 고착화되어 갔다. 이와 같은 러·일 양국의 패권경쟁에 조선 정부는 한동안 친일적 또는 친러적 성향으로 표류하다가 고종의 俄館播遷期(1896. 2~1897. 2)에 이르러 친러적 성격이 더욱 두드러지게 되었다.

이처럼 조선을 둘러싼 열강들의 패권경쟁은 청일전쟁과 3국간섭을 기점으로 하여 기존의 청·일 대결구도에서 러·일 대결구도로 전환되었는데 이 과정에서 또다시 한반도 중립화론이 대두되었다.

일본의 군부실력자인 야마가타 아리토모(山縣有朋)는 청일전쟁을 앞둔 1890년의 제1회 제국의회에서 발표한 그의 〈外交政略論〉32)에서 우선 "조선을 청의 속국화하는 일은 불가능하지만 청이 이미 획득한 거대한 세력은 용인할 것"이라고 하여 청의 대조선 지배강화를 기정사실화함으로써 일본의 조선지배를 단념하는 듯한 표현을 쓰는 대신 그 반대급부로 청·일 양국의 연대를 통한 공동보호로 조선의 영세중립화를 도모하려 했다.33)

---

30) 《日本外交文書》 28-2, No. 671 附記·672, 14~18쪽.

31) 《日本外交文書》 28-2, No. 1173, 515~518쪽.

32) 山縣有朋의 〈外交政略論〉 正本은 흔히 《陸奧宗光文書》에 수록되어 있는 山縣의 〈軍備意見〉을 말하는 바, 《梧陰文庫 : 井上毅文書》 가운데 그 起草稿本이 있는 것으로 보아 井上毅가 기초한 것임을 짐작케 한다. 그러나 餘他 〈外交政略論〉을 보면 〈軍備意見〉과 조선중립화에 관한 부분에 있어서 문장의 순서 등 약간의 차이가 있다. 특히 《井上毅文書》에 있는 〈軍備意見〉은 〈山縣首相自衛議〉로 되어 있는데 생략 부분이 많다(《井上毅傳》 -史料編 6, 206·204~206쪽 및 《梧陰文庫》 A-339, A-463 및 梅溪昇, 〈教育勅語成立の歷史的背景〉, 《明治前期政治史の硏究》, 未來社, 1963, 292~293쪽).

33) 大山梓 編, 《山縣有朋意見書》(原書房, 1966).

그러나 그의 중립화론은 외견상으로 러시아의 시베리아철도 건설에 불안을 느껴 일시적으로 天津條約을 파기, 청·일 연대를 통한 조선중립화를 구상해 본 것 같지만 실제에 있어서는 러일전쟁의 緖戰格인 청일전쟁의 준비를 위한 은폐수단이거나 일시적 속임수 내지 음흉한 이중성 외에는 아무 것도 아니었다.

드디어 청일전쟁이 발발하였으나 일본 정부는 열국과의 외교관계와 불투명한 戰局의 장래 등 여러 가지 사정으로 인하여 확고부동한 대조선 정책을 채택하지 못하고 있었다.[34] 이에 무츠 무네미츠(陸奧宗光) 외무대신은 8월 17일에 '조선문제에 관한 장래 일본의 정책결정을 위한 閣議案'[35]이라는 제목으로 조선의 장기적 내지 근본적 처리방안을 거론, '4개의 案'[36]을 이토 수상에게 제출하면서 그 제4안으로 한반도 중립화를 구상해보기도 했다. 하지만 일본 정부로서는 전쟁수행을 위한 〈暫定合同條款〉과 〈大朝鮮·大日本兩國盟約〉의 배경이 되는 '保護國化案'(제2안)의 채택 밖에는 다른 대안이 있을 수 없었다.

한편 청일전쟁 직전 청·일 양국군의 조선진주로 양국간에 전운이 감돌 때 조선주재 영국부영사 폭스(Harry H. Fox)와 제물포 주재 영국부영사 윌킨슨(W. H. Wilkinson)이 仁川港의 戰時局外中立을 제의하여 열국 영사들의 주목을 받은 일이 있다. 그러나 이것 역시 러시아·일본의 반대로 성사될 수 없었다.[37]

청일전쟁 후 한반도 중립화론이 국제적으로 각광을 받은 것은 1896년의 국면에 들어와서였으며 이 당시 이를 주도한 나라는 영국이었다.[38] 영국은

高橋秀直, 〈1880年代の朝鮮問題と國際政治－日清戰爭への道をめぐって－〉(《史林》 71-6, 1988. 11), 48~57쪽.

34) 陸奧宗光, 《蹇蹇錄》(東京 : 岩波書店, 1933), 130쪽.
柳永益, 《甲午更張硏究》(一潮閣, 1990), 14쪽.

35) 《日本外交文書》 27-1, No. 438, 646~649쪽
《日本外交文書》 28-1, No. 298, 440~441쪽.
《秘書類纂－朝鮮交涉資料》 下, 91~96쪽.

36) 四個案은 '자주독립안' '일본의 보호국화안' '청·일공동보장안' '영세중립화안'으로 되어 있다.

37) 仁川府廳 編纂, 《仁川府史》(京城 : 近澤商店, 1933), 411~412쪽.

38) 梶村秀樹, 〈러일전쟁과 조선의 중립화론〉(梁尙弦 編, 《韓國近代政治史硏究》, 사

아관파천 시기인 1896년 5월 1일에 주일영국공사관을 통하여 일본 외무대신 무츠에게 다음과 같은 전문을 보냈다.

> 금일 조선의 형세는 러시아로 하여금 그 보호권을 선언하도록 만들거나 조선국왕 스스로 청국의 속방임을 선언해야 할 처지에 놓여 있다. 이에 일본은 조선을 중립국으로 또는 열강담보하의 독립국으로 선언하는 제안에 동의할 것인가(《日本外交文書》 29, №. 300, 582쪽).

이와 같은 영국측의 제안을 검토해 보면, 조선에 있어서의 아관파천이라는 새로운 국면 곧 러시아에 절대적으로 유리할 것 같은 국면이 전개됨에 따라 영국으로서는 조선이 혹시 러시아의 보호국으로 전락되는 것이 아닌가하는 의구심이 생긴데다가, 더욱이 러시아 황제 니콜라이 2세의 대관식에 즈음한 일본 정계의 원로 야마가타의 모스코바 행이 러·일협상의 가속화를 예감케 하는 것이어서 동아시아 정세의 함수관계상 결코 좌시할 수만은 없는 입장이었음을 알 수 있다. 재론하자면 영국은 조선으로 하여금 어느 일방에 기울어지지 않는 현상 그 자체를 유지토록하기 위하여 러·일협상을 저지하는 대신 일본을 끌어들인 열강보장하의 한반도 중립화구상이 필요했던 것이다.

2) 대한제국의 영세중립화 시도

1897년 2월 20일 러시아공사관에서 환궁한 고종은 동년 8월에 연호를 光武로 고친 다음 10월에는 황제즉위식을 거행하고 국호를 大韓帝國으로 바꾸어 이를 선포함으로써, 한편으로는 한국이 전통적으로 자주독립국임을 대내외에 과시하고, 또 한편으로는 임오군란 이래로 국가의 주권을 위협해 오던 淸·日本·러시아 등의 외세를 더 이상 허용하지 않겠다는 민족의 열망을 상징적으로 표현하였다.

더욱이 이 시기는 1896년에 체결된 '베베르-고무라 각서'(5. 14)와 '로바노프-야마가타 의정서'(6. 9)의 영향으로 한반도를 둘러싼 국제간의 세력균형이 모처럼 이루어진 이후여서 주한미국공사 알렌(Horace N. Allen)의 지적처

계절, 1985), 342쪽.

럼 적어도 외견상으로는 유일하게 한국에 종주국이 없었던 시기였다.[39] 따라서 대한제국은 특히 대외관계에 있어서 이러한 열강간의 세력균형이 유지될 수 있도록 국제간의 관계정상화를 무엇보다도 중요한 과제로 삼았다.

그러나 1900년 청에서 義和團事件이 발발함에 따라 한국의 이러한 기대는 일시에 무너져 위기의식에 사로잡히게 되었다. 그것은 의화단사건을 계기로 심화된 열국의 중국분할을 주목하면서 그와 같은 民亂이 한국 내에 일어날 경우 이의 진압을 이유로 열국이 출병하게 되고 그것이 한반도 분할의 발단이 될 가능성이 있었기 때문이다.

사실인즉, 1900년 7월에 주한러시아공사 파블로브(Alexandre I. Pavlov)가 주한일본공사 하야시 곤스케(林權助)에게 한반도에 있어서의 러·일간의 세력범위 획정과 각자의 세력범위 내에서의 질서보존을 제안하였을 뿐만 아니라,[40] 이러한 제의는 동경에서도 동시에 행하여져 주일 러시아공사 이즈볼스키(A. P. Iswolskii)가 아오키 슈조(青木周藏) 외상을 위시하여 야마가타 수상과 이토에게도 같은 내용의 제안을 내놓았다.[41] 러시아 외교관들의 이 같은 움직임은 한국 북부에 대한 그들의 관심이 얼마나 지대했던가를 단적으로 표명한 것이었다.

러시아가 내어 놓은 한국에 있어서의 세력범위획정안은 일본측에 다양한 반응을 불러일으켰다. 야마가타는 1900년 8월 20일자의 '北淸事變善後策'이라고 題한 의견서에서 한국에서의 러·일 양국의 세력범위로써 서쪽으로는 대동강, 동쪽으로는 원산항을 연결하는 선을 경계로 함이 적당하다고 논하였고,[42] 외무대신 아오키와 주러공사 고무라 쥬타로(小村壽太郎)는 한국을 분할하는 것보다는 오히려 滿·韓 交換을 주장하였다.[43] 일본의 육·해군

39) 알렌은 1896년부터 1904년 러일전쟁 발발 이전까지를 유일하게 한국에 종주국이 없었던 시기라고 하였다(뉴욕시립도서관 소장, 〈알렌文書〉 The Horace Newton Allen Manuscript Collection 중 미국해군대학 강연내용, 1906년 6월).
40) 《日本外交文書》 33 별책 2 : 北淸事變(中), №. 1326, 385~386쪽.
41) 《日本外交文書》 33 별책 2 : 北淸事變(中), №. 1328~1330, 389~392쪽.
淺野長武外 編, 《近衛篤麿日記》 第3卷(鹿島硏究所出版會, 1968), 247쪽.
42) 德富蘇峰 編述, 《公爵山縣有朋》 下卷(山縣有朋公記念事業會, 1933, 原書房 復刻, 1969), 486쪽.
大山梓 編, 《山縣有朋意見書》(原書房, 1966), 262~264쪽.

내부에서도 의화단사건을 기회로 한국에 출병하여 한국을 보호국화해야 한다는 강경론과, 한국을 三分하여 북부 2道를 러시아의, 남부 3道를 일본의 영토로 하고 중부 3道는 한국의 고유 영토로 하자는 새로운 협상안을 생각하는 자가 있었고,[44] 고노에 아츠마로(近衛篤麿)처럼 '韓·日國防同盟'의 체결을 통한 '朝鮮扶植論'을 주장하는 자도 있었다.[45]

대한제국정부는 머지 않아 닥치게 될 위기를 예방하는 방안으로써 일찍부터 미국을 이용하는 방책을 강구하고 있었다. 왜냐하면 러시아가 이미 재정고문 및 군사교관을 한국에 파견하여 내정간섭을 시도한 적이 있고 일본이 '로젠-니시협약'(1898. 4. 25)에 따라 한국에서의 상공업상의 우월한 위치를 차지하고 있는 현실에서, 미국은 비교적 중립적인 위치를 유지해 오고 있을 뿐만 아니라 '朝·美修好通商條約'(1882. 5. 22) 제1조에 따라 한국에 정치적 지원을 해 줄 것으로 여겨졌기 때문에 한국으로서는 특히 외교적인 면에서 미국에 의존하는 수 밖에 없다는 결론에 도달하였던 것이다.[46]

대한제국정부는 이미 1890년 11월부터 주일조선대리공사 金嘉鎭의 명의로 알렌을 통한 對美中立化外交를 시도한 적이 있는데,[47] 이번에도 역시 알렌을

43) British Foreign Office, Japan : Correspondence, 1856~1905, Microfilm F. O. 46, № 528, Despatch 1900 (August October), pp. 15~21, Satow to Salisbury, August 6, 1900(№ 122).
《日本外交文書》 33, № 525, 700~701쪽.
角田順, 《滿洲問題と國防方針》(原書房, 1967), 36~37쪽.

44) 《近衛篤麿日記》 제3권, 1900년 7월 4일, 207~209쪽.
日本國立國會圖書館憲政資料室 所藏, 《齋藤實關係文書》 1, 海軍關係書類, 2005~2025, 2029 〈1900年日記〉 卷末.

45) 《近衛篤麿日記》 제3권, 207~209쪽(1900년 7월 4일), 243쪽(1900년 7월 19일), 289~290쪽(1900년 8월 29일).
坂井雄吉, 〈近衛篤麿と明治三十年代の對外硬派-《近衛篤麿日記》によせて-〉(《國家學會雜誌》 83권 3·4호, 1970. 8), 73~88쪽.

46) 愼鏞廈, 〈光武改革論의 問題點〉(《創作과 批評》 49, 1978 가을), 143~183쪽.

47) 당시 주일조선대리공사 金嘉鎭은 주조선미국공사관 서기관 알렌에게 "청국과 러시아의 위협으로부터 조선의 독립이 위태롭기 때문에 조선을 구제하는 유일한 방책은 여러 열강들간에 협정을 맺어 스위스와 같은 형태로 중립화함으로써 조선의 독립을 보호하고 조선으로 하여금 조용히 발전에 힘쓸 수 있도록 허용해야 한다"고 제안하면서 "미국은 조선의 사심 없는 친구이므로 미국이 앞장 서서 프랑스·이탈리아·독일·일본과 손을 잡은 뒤 청국·러시아·

중개자로 하여 미국 주도의 한반도중립화 실현을 기대하였다.

1899년 봄 주한미국공사 알렌이 賜暇歸國次 미국으로 출발하기 직전 고종을 알현했을 때, 고종은 '미국이 한국에 대해서도 열강의 협조를 얻어 영토를 보전하고 중립화를 보장하겠다는 약속을 해줄 것'을 희망하면서 이를 알렌공사가 직접 미국 정부에 교섭하도록 요청하였다.[48] 이에 알렌은 미국의 래이크 챔프레인(Lake Champlain)으로 가서 맥킨리(W. Mckinley) 대통령과 헤이(John Hay) 국무장관을 만나 '이 문제에 미국이 솔선하여 다른 열강과 협약을 체결해 줄 것'을 요청한 고종의 친서를 전달하였다. 그러나 맥킨리 대통령과 헤이 국무장관은 그들의 전통적인 불간섭·중립주의를 이유로 내세워 이 요청을 거절하였다.[49] 따라서 주한미국공사를 통한 고종의 대미중립화 추진외교는 이번에도 실효를 거두지 못하고 말았다.

한편 한국 정부는 미국공사관을 통해서 뿐만 아니라 미국인 고문관 샌즈(William F. Sands)를 통해서도 미국에 의한 한국의 중립화 실현을 기대하고 있었다.[50]

샌즈는 1899년 10월 21일 宮內府顧問官에 취임하자마자 구체적으로 정부의 고관들을 향하여, 한국이 러·일 양국의 대립의 장으로 화하는 것을 방지하려면 중립화를 위한 열강간의 평화조약을 체결해야 하며, 이의 성취를 위해서는 무엇보다도 먼저 그 추진력의 원천이 되는 국가자위력을 길러야 하기 때문에 미국으로부터 借款을 도입하여 내정개혁과 교육개혁을 선행해야 한다고 설득하였다.[51]

영국에게 이 일의 성사를 위하여 협조를 구해보라"고 요청하였다. 알렌은 이러한 사실을 1891년 6월 3일 자로 미국 국무성에 보내는 비밀 서한에서 자세히 밝혔다(F. H. 해링튼 著, 李光麟 譯,《開化期의 韓美關係》, 一潮閣, 1983, 339~340쪽 및 具永祿·裵永洙 編,《韓美關係 : 1882~1982》, 서울大 美國學硏究所, 1982, 24쪽).

48) Despatches from U. S. Consul to Korea : Communications to the Secretary of State from the U. S. representatives in Korea, 1883~1905, Allen to the Secretary of State, October 2, 1900, Enclosure, Allen to Mr. Buck.

49) Ibid., Allen to the Secretrary of State, October 2, 1900.
F. H. 해링튼, 앞의 책, 340쪽.

50) 文一平 著, 李光麟 校註,《韓美五十年史》(探求堂, 1975), 249~251쪽.

51) 金正明 編,《日韓外交資料集成》 제8권, (巖南堂書店, 1964), 402~405쪽.

샌즈가 구상한 개혁요강은 그가 1900년 1월 15일 황제 직속의 法規校正所 議定官에 임명되면서[52] 구체화됐는데, 내정개혁으로는 國立銀行을 설립하여 재정기반을 조정하고 그것에 기초해서 군대를 신설하며, 또한 警務廳을 內務로 이전시키는 등의 행정기구를 개편하는 일이었고,[53] 교육제도의 개편으로는 각국 공사관 관할하의 외국어학교를 정부 산하로 통합시킴으로써 정부 재정에 기여한다는 것이었다.[54] 그는 이러한 과업을 추진하기 위하여 같은해 9월에 들어 헌트(Leigh Hunt)·콜브란(Henry Collbran)·보스트윅(Harry Bostwick) 등으로 구성된 미국인 신디게이트(Syndicate)로부터 海關稅收入을 담보로 1,000만 달러(1000만원)라는 거액의 차관을 도입하려 하였다.[55]

그러나 샌즈의 내정개혁은 벽에 부딪혔다. 우선 宮廷內에서부터 부정이득에 관심이 많았으며 특히 嚴淳妃는 종래부터의 친미파와의 대립 때문에 차관도입에 비판적이었고, 샌즈가 동조자로 기대했던 주한 외국공관들마저 프랑스 영사관을 제외하고는 모두 자국의 이익과 결부시켜 미국차관에 의한 개혁추진에 찬성하지 않았다. 이렇게 하여 미국차관은 결국 실현되지 못하였으며 따라서 샌즈의 내정개혁은 추진될 수가 없었다.

샌즈는 그의 내정개혁안이 수포로 돌아감에 따라 그의 지론인 선 내정개혁 후 중립화기도가 어렵게 되었지만 이에 좌절하지 않고 이제는 중립화만의 실현을 향한 외교적 노력을 시도하였다. 그는 한국을 스위스·벨기에와

W. F. Sands, *Undiplomatic Memories*(New York : Whittlesey House McGrow-Hill Book Co. Inc, 1930), pp. 122~124.

52) 《日省錄》, 광무 3년 12월 15일.
《承政院日記》, 광무 3년 12월 15일.
《高宗實錄》, 광무 4년 1월 15일.

53) 尹致昊, 《尹致昊日記》(國史編纂委員會, 1977), 1900년 12월 14일, 250~251쪽.
澁澤青淵記念財團龍門社 編, 《澁澤榮一傳記資料》 16(澁澤榮一傳記資料刊行會, 1957), 98·107쪽.
W. F. Sands, op.cit., pp. 120~124.

54) W. F. Sands, ibid., 121쪽.

55) United States Department of State, Despatch from United States Ministers to Korea, 1883~1905. Microcopy No. 134(이하 U.S.Ministers' Despatches), Roll No. 15, Allen to Hay, November 18, 1899. Roll No. 16, Allen to Hay, June 6, 1900, Roll No. 16, Allen to Hay, August 31, September 25, 1900.

같은 영세중립국으로 만들려는 생각으로 한국의 중립화 문제를 제기하여 한국과 관계 열국과의 조약체결을 서둘렀다.[56] 그러나 이에 대한 러시아공사 파블로브와 일본공사 하야시의 즉각적인 반응은 자국의 이익과 관련하여 부정적이었다. 그래서 샌즈는 영국의 지원을 얻기 위해 런던으로 직행하기에 앞서 주한 영국공사 조단(Sir John N. Jordan)을 만나 자신의 영세중립안을 설득시켜 보았으며 다시 이토와도 만나 자신의 案에 대하여 협조를 요청했다. 하지만 이 안을 지지하는 관계 열강은 하나도 없었다.

샌즈는 마지막 단계로 자신의 영세중립안에 대하여 가장 이해를 잘 해줄 것으로 기대했던 미국 정부에게 지지를 요청하였다.[57] 이에 대해 미국 국무장관 헤이는 샌즈에게 "미리 明言하여 둘 것은 귀하 개인으로 인하여 如何한 분규가 일어나든지간에 미국 정부에서는 결코 거기에 간섭하지 않겠다는 것이다. 귀하는 어떤 의미에서든지 미국을 대표하지 못한다. 다시 明言하여 둘 것은 정부로서는 귀하를 다만 一 冒險者로 간주할 뿐이다"라는 내용으로 샌즈를 미국 정부와는 아무런 관계도 없는 일 개인으로 간주한다는 絶緣狀을 보냄으로써 그의 제안을 가차 없이 일축시켜버렸다. 샌즈는 국무장관 헤이가 보낸 이러한 서신에 대하여 "한국측에서 이 서신의 내용을 알았으면 낙망하였으리라. 한국 정부의 요구는 미국인 개인의 고문관이 아니요, 미국 정부의 원조였었다"라고 푸념을 늘어놓았을 뿐 별 도리가 없었다.[58]

이처럼 샌즈의 중립화안은 러시아 공사 파블로브와 일본공사 하야시의 강력한 반대뿐만 아니라 미국으로부터도 철저히 외면당하였다.[59]

한국 정부는 이에 좌절하지 않고 탁지부대신 趙秉式을 1900년 8월 7일자로 駐箚日本國特命全權公使로 임명하여[60] 일본 주도의 한국중립화를 모색하였다.

---

56) 徐仲錫, 〈近代極東國際關係와 韓國永世中立國論에 對한 硏究〉(《慶熙大論文集》 4, 1965), 307쪽.
57) W. F. Sands, op.cit., 225~232쪽.
58) 文一平, 앞의 책, 250~251쪽.
59) W. F. Sands, ibid., p.123.
60) 《日省錄》, 광무 4년 7월 13일.
《承政院日記》, 광무 4년 7월 13일.
《舊韓國官報》, 광무 4년 8월 7일 號外.

조병식이 일본에 도착했을 때 일본측은 그의 渡日에 일본이 협력했기 때문에 그들의 뜻대로 움직여줄 것으로 기대했으나 이후 그의 정반대되는 행동은 일본 조야를 몹시 경악케하고 당황하도록 만들었다. 고노에 등이 한·일 국방동맹의 필요성을 설득했는데도 그는 이에 관해서 아무런 제안도 행하지 않았던데 비해 중립화안에 관해서는 극히 열심이었다. 우선 그는 8월 29일의 고노에와의 회견에서 "中立의 件을 유일한 문제로 命받았다"고 하면서 "한·일국방동맹은 무의미하다"고 하는가 하면,[61] 아오키 외상과의 회견에서는 오히려 일본측이 한국중립화안을 제기해줄 것을 요청하였다.[62]

일본 정부는 한국의 중립화 주장을 정식으로 거절하였다. 특히 東亞同文會의 고노에 등은 중립화안의 배후에 러시아를 상정하여 러시아가 만주를 장악한 다음 반드시 한국에 진출하려면 시간이 필요하기 때문에 시간을 얻는 수단으로서 조병식을 사주하여 한국중립화를 제안한 것으로 생각하였다.[63]

조병식은 다시 주일미국공사 버크(Alfred. E. Buck)를 만나 그에게 한반도 중립화문제를 거론, 서로 협의를 가졌다.[64] 버크가 알렌에게 보낸 문서에 의하면, 조병식이 자신을 방문했을 때 한국중립화 문제에 관하여 함께 이야기를 나누었던바, 조병식은 한국이 스위스와 같은 형태의 중립국이 되어 독립과 영토보전을 보장받기를 원하며 이는 열강의 보장만 있으면 가능하므로 이 문제에 있어서 미국의 주선을 받고자 자신의 도움을 원한다고 提言하였다는 것이다. 이에 버크 자신은 이 문제를 워싱턴 주재 한국공사관을 통하여 미국 정부에 직접 요청하는 것이 바람직하다고 말했으며, 또한 자신은 이 문제의 적임자가 아니라고 생각되기 때문에 다만 자신의 한국에 대한 호감을 표현할 수 있을 뿐 다른 방법은 없다고 말했다는 것이다. 이 때 조병식은 일본이 장차 한국을 병합하려고 획책할 뿐만 아니라 러·일간의 대립이 격화하고 있어 곧 전쟁이 발발할 것 같다고 하는가하면, 일본은 우선 한국 황실

---

61) 《近衛篤麿日記》 3권, 1900년 8월 29일, 282~290쪽.
62) 《外務省マイクロフイルム》, 1900년 9월 14일 林宛靑木 電報, Tel.1900, 1,383쪽.
63) 《近衛篤麿日記》 3권, 1900년 8월 29일, 289~290쪽.
坂井雄吉, 앞의 글, 84~85·87쪽.
64) Despatches, Allen to the Secretary of State, October 2, 11, 1900.
森山茂德, 《近代日韓關係史硏究》(東京大學出版會, 1987), 125~126쪽.

내에서의 세력부식을 위하여 정략적으로 한국중립화 문제를 제의하고 있으나 실제로는 한국중립화 문제에 부정적인 태도를 나타내고 있다는 말도 했다는 것이다.65)

버크는 조병식과의 회담 내용 곧 한국중립화 문제에 대한 조병식의 협조 요청, 이에 대한 대미 직접 접촉의 권고, 그리고 일본의 한국 병합획책에 대한 조병식의 豫見 등을 1900년 10월 3일자로 미국 국무장관 셔먼(John Sherman)에게 보고하였다. 그러나 결국 한국중립화 요청은 미국 정부로부터 묵살당하였다.66)

조병식의 대일·대미 중립화 외교에 대한 러시아측의 반대도 만만치 않았다. 러시아측은 주한공사 파블로브와 주일공사 이즈볼스키 사이에 공조체제를 형성하여 조선 정부의 움직임을 견제하고 있었다.67) 이를테면 파블로브는 9월 26일 고종을 알현한 자리에서 중립화안의 불가를 논하였는데 일본측 정보에 의하면 "이것은 아마도 헛 수고에 속할 뿐이다. 현금과 같은 한국의 상황에서 어떻게 중립국이 될 수 있겠는가. 이것은 말로는 가능하나 실행이 불가능한 議論이다. 이 같은 문제는 차라리 철회하는 것이 좋을 것이다" 라고 권고하였다는 것이다.68) 파블로브는 1900년 10월 19일 이후 수차례에 걸쳐 고종을 알현하여 러시아의 입장을 설명한 다음, 한국과 타 열강간의 정치·외교적 문제에 있어서 사전에 러시아에 통고되지 않은 사안에 대해서는 러시아가 일체 동의할 수 없다는 것을 분명히 밝혔다. 곧 한국의 정치적 문제에 관한 제의는 우선적으로 러시아 정부로부터의 사전 양해를 얻어서 이루어져야 한다는 것이었다.69)

이처럼 한국의 대일·대미 중립화 추진 외교는 미·일·러 3국이 보인 부정적인 반응과 그들 상호간의 의심 때문에 아무런 실효를 거둘 수 없었다.

---

65) Ibid., October 11, Enclosure №. 1, Buck to Allen, October 1, 1900.
66) 具永祿·裵永洙 編, 앞의 책, 26~27쪽.
67) 《日本外交文書》 33-別冊 2, №. 1361, 425쪽.
《駐韓日本公使館記錄マイクロ》 81호, 8월 20일, 靑木宛林 機密信, 198~203쪽.
68) 《駐韓日本公使館記錄マイクロ》 81호, 1900년 9월 26일, 靑木宛林 機密信, 228~229쪽.
69) Despatches Allen to Hay, October 20, 1900.

3) 러·일 개전기 대한제국의 전시국외중립 선언

(1) 전시국외중립 외교

1900년 7월 의화단사건의 재발을 계기로 러시아는 16만 대군으로 만주를 재점령하였으나 점차 파병 명분이 퇴색되고 국제적인 여론도 불리하여 마침내 청과 '滿洲撤兵條約'을 체결하였다(1902. 4. 8).[70] 그러나 러시아가 이 조약에 따라 1차 철병(1902. 10. 8)을 단행한 다음 돌연 2차철병(1903. 4. 8 예정)을 이행하지 않음은 물론 오히려 압록강 연안에서의 활동을 활발히 함으로써 그들의 동아시아 정책이 더욱 적극적이고 돌발적인 성격을 띠어 갔다. 그들은 이미 1903년 3월경부터 森林會社의 보호라는 구실 아래 군대를 파견하여 압록강을 건너, 의주를 거쳐 한국의 항의를 무시하고 용암포에 주둔시키더니(4. 21~), 이어 砲臺를 구축하고 電線을 가설하고 7월 20일에는 한국을 협박, 租借地 25만 평을 획득하는 조약을 체결하였다.

이러한 러시아의 동향에 대하여 일본의 대응은 신속하였다. 한국 정부에 대해서는 러시아의 활동에 대항하여 용암포의 對岸에 해당하는 의주를 開市할 것과 용암포와 함께 의주를 각국 거류지로 해야할 것을 요구하고,[71] 러시아에 대해서는 1903년 8월 12일 協商基礎案을 제출하였는데 이 안에 의하면 한국에 있어서의 일본, 만주에 있어서의 러시아의 우세 또는 특수 이익을 제안하고 있다.[72]

이 협상기초안을 접수한 러시아 정부는 10월 3일에 주일 공사 로젠(B. R. Rosen)을 통하여 그 代案을 제출하였다. 러시아측 대안은 한국을 일본의, 만주

70) 이 조약에 의하면 "본 협약 조인 후 6개월 간에 盛京省 西南部 遼河에 이르는 지방의 러시아 군대를 철수하고 또 철도를 淸에 반환할 것, 다음 6개월 간에 盛京省 殘部 및 吉林省에 있어서의 러시아 군대를 철수할 것, 또 다음 6개월 간에 黑龍江 所在의 러시아 군대를 철수할 것"으로 되어 있다(《日本外交文書》 35, No. 78~81, 96, 99~100, 203~233쪽).

71) 《日本外交文書》 36-1, No. 410, 458쪽.

72) 《日本外交文書》 36-1, No. 9~12, 11~14쪽.
沼田市郎, 《日露外交史》(大阪 : 屋號書店, 1943), 161~162쪽.

를 러시아의 각자 세력범위로 하면서도 북위 39° 선 이북의 한국영토를 중립지대화하자는 새로운 제안을 추가한 것이다.[73]

일본은 러시아의 중립지대 설정 제안을 일본에 대한 중대한 도전으로 간주하고 10월 14일의 수정안 제출에 이어 10월 30일 다시 확정수정안을 주일 러시아공사 로젠에게 제출하였다. 이 확정수정안에 의하면 한국에 관한 제안은 8월 12일자 원안 거의 그대로이며 다만 만·한 경계에서 그 양측에 폭 50km의 중립지대를 설정하여 비무장화한 다음, 러·일이 각자 청·한과 이미 체결한 조약에 따라 그 안에서의 상업상 이익 및 거주권을 상호 인정한다는 것이었다. 또한 일본은 만주에 있어서의 러시아의 특수이익과 필요조치를 승인함으로써 만주는 일본의 특수 이익에서 제외되고 그 대신 한국은 러시아의 특수이익에서 제외된다고 하였다.[74]

이와 같이 러·일 양국은 만주와 한국을 둘러싸고 이권의 내용과 관할지역의 범위설정에 있어서 한치의 양보도 없이 갈수록 더욱 팽팽한 줄다리기를 함으로써 동아시아 지역에 戰雲이 감돌게 하였다.

평시에 있어서 영세중립 등 항구적인 중립화가 곤란하였고 더구나 러·일 개전 임박이라는 다급한 상황에서 군비충실책의 조급한 실현마저 불가능하게 되자 대한제국은 남겨둔 최후의 수단으로써 '戰時局外中立案'을 채용하지 않을 수 없었다.

러·일협상을 전후하여 러일전쟁의 풍설이 점차 유포되어 가자 고종은 만주문제가 발단이 되어 러·일이 개전한다면 한국영토는 반드시 戰場化하여 러·일 兩軍으로부터 유린될 것이므로 이를 예방하기 위하여 러·일 양국에게 한국의 중립을 보장하도록 요청하기로 하였다. 이러한 의도에서 1903년 8월 18일자로 주일·주러 양 공사에게 내린 외부대신 李道宰 명의의 훈령에는 러일전쟁의 경우 한국의 중립을 파괴하지 않고 영토를 유린하지 않겠다는 보장을 각국 정부로부터 속히 얻어내도록 盡力하라는 명령으로 되어있다.[75]

---

73) 《日本外交文書》 36-1, No. 25, 22~23쪽.
沼田市郞, 위의 책, 162~163쪽.

74) 《日本外交文書》 36-1, No. 28~31, 25~28쪽.
沼田市郞, 위의 책, 163~164쪽.

이에 따라 한국은 국외중립의 의지를 관철시키고자 비상한 노력을 기울이기 시작하였다. 주한일본공사 하야시가 자국의 고무라 외상에게 연속적으로 보고한 내용을 보면, 1903년 8월 18일자 보고에는 한국 황제가 宮內官으로서 프랑스어에 능통한 玄尙健을 密旨를 휴대시켜 프랑스에 파견하였으며, 그 밀지의 내용은 러·일 관계가 파경에 이르면 프랑스에게 한국의 보호를 의뢰하겠다는 것으로 되어 있다.[76] 19일자 보고에는 현상건의 사명이 프랑스에서 현지 한국공사와 합류한 후 네덜란드로 동행, 만국평화회의 회원과 회견하는 것으로 되어 있는데, 회견 안건은 '러·일 개전의 경우에 한국이 자주독립과 중립유지가 어려워 러·일 양국군에게 국내를 유린당한다면 어떻게 해야할지 그 대책을 미리 강구한다'는 것이고, 그 밖에 주프랑스한국공사 자신도 밀지를 휴대하고 있다고 하였다.[77]

8월 21일자에는 역시 현상건에 대한 정보보고인바, 현상건이 사명을 띠고 러시아 汽船 편으로 旅順으로 향발, 다시 시베리아 철도로 러시아 수도에 도착할 예정인데 그 사명은 19일자 정보보고와 동일하며 특히 웨베르(K. I. Waeber)에게 전달할 고종의 밀서를 휴대했을 뿐만 아니라 러시아의 태도를 정탐하라는 것도 명령되어 있다고 하며, 이러한 모든 것은 玄暎運의 渡日목적과 같다고 덧 붙혔다.[78]

한국은 일본에 대해서도 똑 같은 노력을 기울였던바, 8월에 접어 들어 우선 황실의 신임을 받고 있던 鐵道院會計課長 현영운 부부를 일본에 파견하여 이토·고노에 등과 접촉, 외부대신 명의의 밀서를 전달하게 하고 그들을 통하여 歐亞情勢의 추이와 일본의 입장을 탐지하도록하는 한편,[79] 8월 25일에는 禮式院參書官 高義誠을 파견하여 주일공사로 하여금 중립실현을 위한 교섭을 개시하도록 명령하였다.[80]

---

75) 《日本外交文書》 36-1, No. 695 附屬書, 720~723쪽.
76) 《日本外交文書》 36-1, No. 690, 718쪽.
77) 《日本外交文書》 36-1, No. 691, 718쪽.
78) 《日本外交文書》 36-1, No. 692, 719쪽.
79) 市川正明 編, 《日韓外交史料》 9(東京 : 原書房, 1981), 256~259쪽.
80) 《日本外交文書》 36-1, No. 694, 720쪽.
중립보장 요청을 위하여 주러·주일 양공사에게 내린 훈령은 고종의 비밀 명령으로 總稅務司에서 기초되었다는 사실이 주한 영국 공사를 통하여 주한 일본공

정부의 훈령에 따라 주일공사 高永喜는 9월 3일 한국중립문제에 관하여 일본 정부의 보장을 요구하는 공문을 고무라 외상에게 수교하였는데,81) 그는 "이는 중대한 안건이기 때문에 진지하게 숙고한 후에 회답하겠다"고 얼버무리다가82) 드디어 9월 26일 "帝國政府는 그 傳來의 政綱을 따라 평화유지와 修睦增進에 진력하는 外에 餘念이 없으므로 지금 兵戍나 중립을 말하는 것은 不吉하며 또 시기에 不適한 것으로 알고 있다"라는 내용의 회답을 고영희 공사에게 보내왔다.

러시아 정부도 역시 한국 정부의 전시중립보장 요청을 완전히 무시하였다. 주러한국공사 李範晋은 10월 21일 러시아 외무차관 오보렌스키(Obolensky)를 방문하여 한국중립 문제를 최종적으로 논의하였던 바 오보렌스키가 러·일간의 전쟁 가능성을 완강히 부인함에 따라 회담은 아무런 결론을 얻지 못하였고,83) 金仁洙로 하여금 旅順의 極東總督 알렉세에프(E. I. Alekseev)에게 宮內大臣 명의의 밀서를 전달토록 한 것도 아무런 실효를 거두지 못하였다.

전시국외중립을 보장받기 위한 한국 정부의 외교적 시도는 끝내, 러·일 양국에 의해 무산되고 말았지만, 11월 23일 한국 정부는 "장차 러일전쟁이 발발하면 본국은 국외중립을 선언하겠다"고 표명하였고,84) 이에 대한 보장을 요청하는 고종의 친서가 1904년 1월 16일 이전에 이탈리아 국왕에게 전달되었음이 (이탈리아 외상의 제보로) 駐伊 일본공사 大山綱介에 의해 확인되었다.85) 이것이 국외중립보장을 사전에 요청한 한국 정부의 마지막 외교활동이었다.

고종을 중심으로 한 한국 정부의 공식적인 전시국외중립 외교가 거의 무위로 끝날 즈음에 영국 주재 한국공사관에서 국외중립을 시도한 사례가 있어 주목된다. 주영한국서리공사 李漢應86)은 1904년 1월 13일·19일 두 차례

사 하야시에게 탐지되었다(같은 문서 694의 附記, 695 및 附屬書).

81) 《日本外交文書》 36－1, №. 697, 723쪽.

82) 《日本外交文書》 36－1, №. 698, 723～724쪽.

83) 《日本外交文書》 36－1, №. 702, 726쪽.

84) 《高宗實錄》, 1903년 11월 23일.

85) 《日本外交文書》 37－1, №. 331, 310쪽, №. 359, 324쪽.
梶村秀樹, 앞의 글, 344쪽.

86) 李漢應(1874～1905)은 官立英語學校를 졸업한 후 成均館進士·漢城府主事·관

에 걸쳐 영국 외무성을 방문, 한반도 정세에 관한 長文의 메모와 각서를 수교하였다.[87]

특히 각서에는 "한국의 독립과 주권·영토 및 특권 보존을 위한 새로운 보장을 해 줄 것을 요망한다"라고 大綱을 전제한 다음, 새로운 보장을 포함한 구체적인 요청사항을 다음과 같이 정리하였다. 첫째, 영·일동맹에 의거하여 한국의 독립·주권 및 영토보존을 보장할 것, 둘째, 어떠한 침략적인 국가가 어떠한 수단으로든지 한국 정부를 지배하려는 기도를 할 경우 이를 방지할 것, 셋째, 어떠한 침략적인 국가가 한국 내에 있는 외국인의 생명과 재산을 위협할 만한 소요가 발생하지 않는 경우에도 불구하고 韓國 內地로 군대를 파병하는 행위를 금지할 것, 넷째, 만약 한국 내에 소요나 폭동 사태가 발생하면 한국 정부가 먼저 그 주권행사에 의거하여 질서를 회복하는 의무를 다할 것, 다섯째, 러일전쟁이 발발할 경우 영국 정부는 어느 쪽이 승리하든 전쟁의 결과에 관계 없이 열강과의 양해를 통하여 한국의 독립·주권 및 영토보존을 유지할 수 있도록 노력을 기울일 것 등이었다.[88] 이와 같이 이 각서 내용은 정부의 공식입장과 거의 같은 전시국외중립안이었다.

이에 대한 영국의 반응은 회의적이었다. 영국은 1902년의 영·일동맹에 따라 이미 한반도에 있어서의 일본의 우월적 지위를 인정하였으며, 그 결과 한반도에 관한 중요한 결정은 일본에게 미루어 왔다. 이것은 영국이 한반도 문제를 두고 주도적인 역할을 하지 않을 것임을 의미하는 것이었다.

립영어학교 교관 등을 거쳐 1901년 3월에 駐箚英義兩國公使館 3등 參書官으로 런던에 부임하였다. 1904년에는 서리공사로서 동년 8월에 체결된 '제1차 한·일 협약'의 내용이 외교고문·재정고문 등의 초빙협정으로 되어 있는 데에 반발, 각국 주재 한국공사들에게 공동 대책의 강구를 호소하였고, 1905년에는 영·일 동맹의 갱신 움직임에 반발하여 영국정부에 항의하였다. 그러나 대세가 이미 기울어져 국권의 상실이 불가피함을 예견하고서는 유서를 남기고 동년 5월 12일 현지에서 음독 자결하였다(孫世昌 編, 《殉國烈士李漢應先生遺史》, 文藝弘報社, 1959, 27~42쪽).

87) Yi Haneung to Foreign Office, 1904. 1. 13, 1904. 1. 9, F.O. 17/1662.
具汰列, 〈李漢應과 韓·英관계-그의 韓半島中立化案을 中心으로-〉(《省谷論叢》 16, 省谷學術文化財團, 1985), 511쪽.

88) 具汰列, 위의 글, 511쪽.

(2) 전시국외중립 선언

러・일협상이 점차 결렬로 치닫고 開戰이 필연적인 사실로 되어가자 한국은 독자적인 국외중립 선언을 서둘렀다.

한국의 국외중립을 선언하게 한 주동 인물은 고종을 직접 움직인 李容翊・姜錫鎬를 비롯하여 李學均・玄尙健・李寅榮・프랑스인 교사 마르텔(Martel) 및 벨기에인 고문 델코안뉴(M. Delcoigne) 등이었다고 한다.[89] 그러나 당시 朝野에서는 전시국외중립안과 한・일비밀공수동맹안(한・일밀약안)이 팽팽히 맞서 있었을 뿐만 아니라 주한일본공사 하야시의 중립 선언 저지를 위한 정탐활동이 또한 만만치 않은 상황이었으므로 전시국외중립 선언을 극비리에 결정하지 않을 수 없었다.

이를 국제적으로 공포하는 일도 쉽지 않았다. 한반도의 전신업무가 이미 일본의 실질적인 통제 아래 놓여 있었으며 왕궁 내부에까지 諜者가 많이 침투해 있는 상황에서 발표 직전까지의 보안유지가 어렵고 외부로부터의 방해공작도 우려되었기 때문이다. 이에 고종의 직접 명령을 받은 特使가 해외에 나가 기습적으로 각국에 타전하는 방법을 택하기로 하였던바, 이것이 곧 1904년 1월 21일자로 발표된 중국의 '芝罘 宣言'이었다.

한국 외부대신 李址鎔의 명의로 각국에 타전된 전시국외중립 선언의 내용은 다음과 같다.

> 러・일간에 발생하고 있는 미묘한 관계를 보거나 또는 그 문제를 평화적으로 해결하려면 당면하지 않으면 안될 것 같이 보이는 어려운 문제들을 생각할 때에 한국 정부는 그 두 국가와 한국과의 사전 협의가 어떻게 되든지를 불문하고 엄정 중립을 지킬 확고한 결심을 하였음을 황제폐하의 어명을 받들어 선언하는 바이다(《日本外交文書》 37-1, No. 332, 310~311쪽).

한국의 전시국외중립 선언은 일본에 커다란 충격을 주었다. 평소 중립 선

---

89) 《日本外交文書》 37-1, No. 340, 314~316쪽.
주한 영국공사 조단에 의하면 국외중립 선언 발표문안은 델코안뉴의 도움으로 만들어졌다고 한다(Jordan to Landsdowne, 1904. 2, F.O. 17/1659, No. 26 및 具汰列, 위의 글, 508쪽).

언을 반대하고 한·일밀약체결에 진력하던 외부대신 이지용조차 자기 명의가 도용당하였을 뿐, 이 聲明을 전혀 모르고 있었다는 사실이 일본을 더욱 놀라게 했기 때문이다.[90]

이제 일본은 현실적으로 한국의 전시국외중립 선언에 대하여 어떻게 대처해야할 것인가 하는 과제를 안게 되었다. 일본은 한국이 혹시 러시아와 가까워지려는 것이 아닐까하고 날카로운 반응을 보이면서 만약 한국이 전시국외중립을 표방하면서도 압록강 연안에서의 實例처럼 러시아 한 쪽에만 편의를 준다면 이를 오히려 韓國中立 不承認의 구실로 삼겠다고 하는가하면, 중립파는 일시적인 현상에 불과할 뿐 오래 계속될 것 같지 않다는 전망도 하였다.[91] 또한 일본은 심지어 이용익조차도 중립선언에 당혹해한 나머지 후회하고 있다는 판단을 하다가 마침내 한국의 중립을 승인할 필요가 없다는 평가를 내렸다.[92] 고무라 외상은 주한 하야시 공사와 사전에 긴밀한 담합을 거친 후에 전년도와 마찬가지로, '중립을 논할 경우가 아니라고 생각한다'는 식으로 일본 정부의 공식 입장을 밝히고 말았다.[93]

러시아측의 반응은 모호하였다. 한국의 전시국외중립 선언이 러시아에 통고되었을 때 러시아 정부는 의외로 방관적인 태도를 취한 반면에,[94] 러시아의 疆界事務官은 함경남북도 관찰사에게 오히려 한국의 국외중립 선언을 지지하면서 한일의정서 체결을 맹비난, '이 의정서로써 한국 인민은 일본인의 노예가 될 것이므로 러시아는 이러한 사정에 대하여 列國을 상대로 항의할 뿐만 아니라 한국인이 만약 일본군의 명령에 복종하면 일본과 마찬가지로 仇敵視할 것임'을 경고하기도 하였다.[95]

미국은 필리핀의 영유와 중국의 문호개방을 위하여 러일전쟁 발발시의 중립을, 그것도 일본에 호의적인 중립을 이미 선언한 상태였다.[96] 때문에 주한

---

90) 李址鎔은 다음 날인 22일 아침에 처음으로 고종의 명에 따라 이 훈령에 加印했을 뿐이다(《日本外交文書》 37-1, No. 340, 314~316쪽).
91) 《日本外交文書》 37-1, No. 343, 317쪽.
92) 《日本外交文書》 37-1, No. 345, 317~318쪽.
93) 《日本外交文書》 37-1, No. 339, 314쪽.
94) 《舊韓國外交文書》 6, 日案 Ⅳ. No. 7855, 731쪽.
《日本外交文書》 37-1, No. 353, 321~322쪽.
95) 《日本外交文書》 37-1, No. 360, 324~325쪽.

공사 알렌이 본국 정부에 대하여 '한국의 전시국외중립 선언'에 대한 회답을 자기 자신을 경유하지 않고 직접 한국 정부에 보낼 것인지의 여부를 수차 질의하였는데도 러일전쟁이 발발할 때까지 아무런 회답을 하지 않았다. 사실이 당시 루즈벨트(Theodore Roosevelt) 대통령은 그가 대통령이 되기 전부터 "일본이 한국을 차지하는 것을 보고싶다"고 언급할 정도로 한국에 대해서는 일본에 의한 통제가 한국인의 惡政·청의 간섭·러시아의 관료적 독선보다 오히려 유리하다고 믿고 있었으며,[97] 국무장관 헤이도 '중국의 중립과 독립 보전·전쟁의 局地化'를 주일공사 그리스콤(Lloyd Carpenter Griscom)과 주러대사 맥코믹(Robert S. McCormick)을 통하여 러·일 양국에 요청하면서도 한국을 제외시켰다.[98] 전쟁 발발에 즈음하여 미국 정부가 이처럼 중국에는 관심을 보이면서도 스스로 중립을 선언한 한국에는 전혀 언급하지 않았다는 사실은 당시 미국의 입장을 잘 대변하는 것이었다.[99] 이러한 미국의 불공평한 태도를 목격한 주미러시아대사 카시니(Arturo Cassini)가 헤이에게 "미국은

96) Despatches, Allen to John Hay, January 30, 1904.
Froeign Relations of the United States[이하 FRUS] (Washington : Government Printing Office 1904), pp. 32~35, Proclamation by the President, February 11, 1904.
Thomas A. Bailey, *America Faces Russia–Russian American Relations from early times to our day*–(New York, Ithaca : Cornell University Press, 1950) p. 196.
長田彰文, 《セオドア·ルーズベルトと韓國–韓國保護國化と米國–》(東京 : 未來社, 1992), 43~44쪽.
루즈벨트 대통령은 러·일전에 대비하여 일본에게 對日本 중립을 선언하면서도 만약에 獨·佛 양국 중 어느 한 나라가 러시아에 가담할 때 일본을 원조하겠다는 약속을 하는가 하면, 開戰과 동시에 독·불 양국에 대하여 "1895년에 러·독·불 3국이 일본에 간섭했던 것과 같은 對日敵對를 목적한 연합을 꾀한다면 나는 즉각 일본편을 들어 두 나라에 대항하여 필요한 모든 조치를 취하겠다"고 경고까지 했다(A.W. Griswold, *The Far Eastern Policy of the United States*, New Haven : Yale University Press, 1966, p. 92 및 Tyler Dennett, *John Hay : From Poetry to Politics*, New York : 1933, p. 2).

97) Tyler Dennet, *Roosevelt and Russo–Japanese War*, (Glousester, Mass : Peter Smith, 1959, New York : Double day, Page & Co., 1925) p. 97.
Griswold, ibid., p. 69.

98) FRUS, 1904, p. 418. Hay to Griscom, February 10, pp. 722~723, Hay to McCormick, February 10.

99) Tyler Dennett, op·cit., pp. 27~28.

러시아로부터 만주를 빼앗으면서 어째서 일본으로부터는 한국을 빼앗으려 하지 않는가"라고 했으며, "중국과 마찬가지로 한국도 중립을 선언했는데 한국이 빠진 것은 기이한 일이다"라고 은근히 비판한 것은 시사하는 바가 크다.100)

이와는 대조적으로 다른 열강들은 저마다 반응을 보여왔다. 前述한바 주영한국서리공사 이한응의 제의가 런던에서 무위로 끝나는 것과 거의 같은 시각에 한국 정부의 공식 선언인 전시국외중립 성명이 1월 22일 서울의 영국공사관에 수교되었다. 그러나 영국은 이를 단순히 외교적 관행에 따라 접수하였을 뿐 아무런 보장을 해주지않았다. 주한영국공사 조단은 도리어 "러·일간에 전쟁이 발발할 경우 한국 정부는 서울을 먼저 점령하는 측의 지배하에 들어가게 될 것이며 따라서 한국은 이들의 지시에 따라 움직일 것이 분명하므로 한국의 중립선언이란 중요성이 없다"거나, "… 러·일 양군의 한반도 상륙을 한국이 저지하려 할 때는 오히려 한국에 불리해진다"는 등101)의 부정적 반응만 되풀이하였다.

한국의 중립 선언 통고에 대하여 독일공사는 1월 22일, 프랑스공사는 25일, 이탈리아공사는 29일 각각 이를 접수하였음을 회신하여 왔던바, 이탈리아는 영국처럼 한국주재공사를 통하여,102) 그 밖의 국가들은 자국내 한국공사를 통해서였다.103) 한국은 이 회신들을 매우 호의적인 승인(보장)으로 받아들였지만 공식적으로 지지를 표명한 국가는 없었다.104)

한국 정부의 국외중립 선언이 이처럼 국제적 승인을 얻어내기가 어려울 뿐만 아니라 러·일협상 역시 서로의 주장만 되풀이됨으로써 空轉되는 가운

---

100) Von Alvensleben to the German Ministry of Foreign Affairs, February 12, 1904, Die Grosse Politik der Europäischen Kabinette, 1871~1914(Deutsche Auswärtigen Amt, Berlin, 1927), 19. Band, Vol. I, p.106.
Griswold, op·cit., p. 97.

101) Jordan to Landsdowne, 1904. 2. 25, F.O. 17/1659(No. 56).
Jordan to Landsdowne, 1904. 2. 10, F.O. 17/1659(No. 36).

102) 《舊韓國外交文書》 14 : 英案 Ⅱ, No. 2549~2550, 618~619쪽.
같은 문서 21 : 義案, No. 271~272, 117~118쪽.

103) Despatches, Allen to John Hay, 1904년 1월 30일.

104) 《日本外交文書》 37-1, No. 339, 314쪽, No. 347, 318~319쪽.

데 점차 戰雲이 짙어지게되자, 한국 정부는 태도를 바꾸어 이번에는 '京城中立'을 모색하기 시작하였다. 1904년 2월 8일자로 주한 하야시 공사가 고무라 외상에게 보고한 내용을 보면, 현상건이 고종의 명령으로 프랑스공사를 설득, 러시아공사 또는 프랑스공사로 하여금 경성중립을 제의하도록 시도한 것으로 되어 있는데,[105] 이것은 한국의 전시국외중립 선언이 영국・미국・일본 체제로부터 사실상 거부되자 러시아・프랑스 동맹체제에 한가닥 희망을 걸고 경성중립이나마 성사시키려고 프랑스공사관에 매달려 본 것으로 이해된다.

그동안 진행되어 오던 러・일협상이 결렬됨에 따라 드디어 러일전쟁이 2월 8일에 발발, 한국은 최악의 국면을 맞게 되었다. 2월 9일 일본군이 인천해전에서 승리한 후 당일부로 서울에 입성, 다음 날에 선전포고를 반포하자 러시아공사 파블로브는 12일에 황급히 서울을 철수하였다. 이제 서울은 일본의 천지로 되었다.[106] 이어서 일본은 한국 정부에 강압하여 攻守同盟을 전제로 한 '한일의정서'를 체결하였는데 2월 23일자로 조인된 의정서를 보면, '한국 정부는 일본 정부로부터의 시설개선에 관한 충고를 용인할 것이며 일본 정부는 군략상 필요한 지점을 隨機收用할 수 있고 양국 정부는 상호간의 승인 없이는 본 협정에 배치되는 협약을 제3국과 맺을 수 없다.'는 내용으로 되어 있다.[107] 이에 따라 한국의 토지와 제반 시설이 일본군의 軍用으로 접수당하였으니 이는 중립국으로서의 의무인 '防止의 의무'－중립국은 중립국의 영역이 교전국의 군사기지로 사용되지 않도록 방지할 의무[108]－를 한국 스스로 위반한 꼴이 되었다. 일이 이쯤 되면 굳이 5월 18일자로 선포된, '한・러간에 체결되었던 일체의 조약과 협정을 폐기한다'는 한・러간 국교단절의 詔勅[109]이 없었더라도 한국의 중립 선언은 불과 1개월만인 이 때에 이미 좌절되었음을 알 수 있다. 이러한 판국에 戰禍에 위협을 느낀

105) 《日本外交文書》 37－1, №. 349, 319~320쪽.

106) 위의 문서 37・38의 別冊 : 日露戰爭 I, №. 192의 附屬書・宣戰詔勅, 83~88쪽. Denis and Peggy Warner, 妹尾作太男・三谷庸雄 共譯, 《日露戰爭全史》(東京 : 時事通信社, 1976), 16~20쪽.

107) 《日本外交文書》 37－1, №. 376, 339~340쪽.

108) 石本泰雄, 《中立制度の史的硏究》(東京 : 有斐閣, 1958), 26~32쪽.

109) 《日本外交文書》 37－1, №. 450, 389쪽.

독일인 볼터(Carl Wolter)가 전쟁 중에 '仁川各國居留地會議'의 議員 자격으로 '仁川居留地의 국외중립'을 제의하였지만 소용 없는 일이었음은 물론이다.[110)]

〈朴熙琥〉

2. 보호국화 저지 외교

1) 한국의 일본보호국화 과정

일본은 러시아와의 전쟁을 결정한 직후인 1903년 12월 30일에 이미, 전쟁 개시 후의 청과 한국에 대한 방침도 확정하였는데 그 중 한국에 대한 방침은 한국을 그들의 영향력 아래 둔다는 전제하에 명분상으로는 보호적 협약을 선택하고 실제에 있어서는 군사적 실력행사를 한다는 것이었다.[1)]

이러한 방침에 따라 일본은 1904년 2월 8일 전쟁 개시와 동시에 미리 편성된 '韓國臨時派遣隊'라는 부대를 한국에 상륙시켜 9일에 서울을 점령하게 하고 이어서 전국 요지에 주둔시켜 나갔다.[2)] 이와 같은 군사적 점령을 선행한 다음 일본은 같은 해 2월 23일에 한국의 국외중립 선언을 일방적으로 묵살하고 이러한 불법적인 한반도 점령을 합법화하는, 곧 軍略上 필요한 지점을 隨機收用할 수 있는 '韓日議定書'를 체결함으로써 한국에 대한 정치·군사적 간섭과 지배의 일정한 근거를 갖게 되었다. 이 한일의정서는 일본이 한국과 강압적 수단에 의하지 않고 체결한 마지막 조약일 뿐만 아니라 일본이 명의상이나마 한국의 독립과 보전을 약속한 최후의 조약이기도 하였다.[3)] 일본은 이처럼 침략의 안전 장치를 갖춘 다음 더 많은 병력을 한국에 배치하더니 3월 11일자로 한국임시파견대를 '韓國駐箚軍'으로 개칭하여 영구주둔태

110) 《日本外交文書》 37-1, No. 355, 322~323쪽.

1) 《日本外交文書》 36-1, No. 50, 41~45쪽.
《駐韓日本公使館記錄》 1903년 〈日韓密約附韓國中立〉, 15~23쪽.

2) 《日本外交文書》 37·38 別冊 : 日露戰爭 1, No. 192, 83~88쪽.

3) 《日本外交文書》 37-1, No. 368~387, 333~349쪽.

세를 갖추었다.[4)]

또한 일본은 같은 해 5월 31일에 보다 체계적인 침략지침으로 '對韓方針'을 내각회의에서 통과시켰는데, 그 내용은 적당한 시기에 한국을 일본의 보호국으로 하든가 또는 일본에 병합한다는 것이었고 이를 위하여 우선 '한국에 대하여 政事上 및 軍事上에 있어서 보호의 실권을 거두고 經濟上에 있어서는 더욱 더 일본 利權의 발전을 도모한다'는 것이었다. 일본은 이러한 기본 방침 아래 '對韓施設綱領'과 '對韓施設細目'을 규정하여 군사점령의 영구화, 외교업무의 감독, 재정권 탈취를 통한 군대해산, 재외공관 철수, 교통·통신의 강점, 농업·임업·광업·어업에 관한 拓殖事業 등 6개항의 식민지화 방안을 마련하였다.[5)]

이에 따라 일본은 각 분야별로 한국을 침략·지배해 나갔다. 우선 군사면에서 살펴보면, 한반도 점령과 함께 일방적으로 '軍令'을 발포하여 이를 한국인에게 적용해 오다가 7월에 들어와서는 輔安會 해산을 구실로 서울에서부터 '軍事警察制'를 시행하기 시작했다. 그들 주차군사령관의 군령에 근거한 군사경찰제의 규정을 보면 한국 민간인들도 이를 위반하면 사형을 비롯한 무거운 처벌을 받을 수 있도록 되었는데, 1904년 말에는 전쟁상황을 내세워 그 적용범위를 수도권 일원에까지 확대하였다. 그러나 실제에 있어서는 철도와 전신선의 보호를 이유로 거의 전국에 걸쳐 시행되었기 때문에 한국인의 반일행동을 억압하는 구실을 하였다.[6)]

외교적으로, 일본은 1904년 5월 18일에 이미 한국으로 하여금 한·러 양국간에 체결된 일체의 조약과 협정의 폐기를 선언케 하고,[7)] 같은 해 여름에는 한국이 파견한 외교사절을 외국으로부터 철수할 것을 제의하였으며,[8)] 8월 22일에는 한일의정서의 시정개선에 관한 충고조항에 근거하여 '韓日協約書'

4) 《駐韓日本公使館記錄》, 1904년 陸海軍往復.
5) 《日本外交文書》 37−1, №. 390, 351~356쪽.
6) 《駐韓日本公使館記錄》, 1904년 陸海軍往復, 〈韓國ニ於ケル 軍事的經營要領〉, 1905년 外部往·本省往.
金正明, 《朝鮮駐箚軍歷史》(東京 : 巖南書店, 1967), 181~183쪽.
7) 國會圖書館, 《舊韓末條約彙纂》 下(1965), 82~84쪽, 廢棄勅宣書 및 理由書.
8) H. B. Hulbert, *The Passing of Korea*(New York, Double day & Co., 1906), p. 211.

(外國人 顧問傭聘에 관한 協定書)[9]를 체결하였다. 이 협약에 의하면 한국 정부는 일본 정부가 추천하는 일본인 재정고문과 제3국인 외교고문을 고용해야만 하였으므로, 재정고문에는 일본 대장성의 主稅局長 메가타 다네타로(目賀田種太郎)가 채용되었고 외교고문에는 20여 년간 일본 외무성에서 일해 온 미국인 스티븐스(D. W. Stevens)가 고용되었다. 특히 친일 미국인 고문 스티븐스가 외교고문에 기용됨에 따라 일본은 스티븐스를 배후에서 조종하여 한국의 외교를 마음대로 요리할 수 있었다. 이로써 일본은 한국 정부에 압력을 가하여 각국에 설치되어 있는 재외공관을 폐지하도록 거듭 촉구함으로써 1904년 12월 14일 한국 정부는 칙령을 내려 미국·청·독일·일본·프랑스 등에 주재하는 공관원들에게 철수를 명령하였으며 향후 여권발급을 비롯한 제반 업무는 현지의 일본 영사관에서 대신 맡게 되었다. 따라서 한국 정부의 외교권은 한일협약서에 의해 사실상 일본의 손으로 넘어갔다. 뿐만 아니라 일본은 한국 정부에 대하여 외교·재정 이 외의 '규정에 없는' 일본인 고문을 자진 초빙의 형식으로 채용할 것을 요구하여 주한일본공사관 부무관 耶津鎭武를 군부고문으로, 일본 경시청 경시 丸山重俊을 경무고문으로, 영사 출신 加藤增雄을 궁내부고문으로, 동경고등사범학교 교수 幣原坦을 학부의 學政參與官으로 배치하였다.[10]

경제적으로, 일본은 7월에 한국을 일본인의 식민지와 식량공급지로 만들기 위하여 50년간 일본에 위임하는 황무지 개척권을 요구하고[11] 경부·경의 철도를 부설하였으며 일본인 전용의 경찰·우편·전신·전화제도를 설치하였다.[12] 이어서 1905년 4월 1일에는 〈通信管理 協定書〉를, 그리고 8월 13일에

---

9) 《舊韓末條約彙纂》 上, 70~71쪽.
《日本外交文書》 37-1, No. 417~418, 368~371쪽.
《舊韓國官報》, 1904년 9월 9일.

10) 《日本外交文書》 37-1, No. 405~432, 362~381쪽, No. 563~564, 471~472쪽.
같은 책, 38-1, No. 696~738, 827~860쪽, No. 739~754, 861~879쪽.

11) 《日本外交文書》 37-1, No. 644~689, 569~612쪽.
F. A. McKinzie, *The Tragedy of Korea*(London, Hodder and Stoughton 1908).

12) Angus Hamilton, *Korea*(New York, Charles & Scribner's Son's 1904), pp. 152~158.

는 〈한국연안 및 內河의 항해에 관한 약정서〉를 체결하여 한국의 통신관리권과 연해 및 내하 항해권을 장악하게 됨으로써 한국에서의 그들의 경제 이권의 발전을 성공적으로 진행시키고 있었다.[13]

이처럼 각 분야별로 한국 정부를 지배해 나가고 있던 일본은 전황의 우세에 편승하여 1905년 4월 8일 내각회의를 소집, 한국을 개혁하여 일본 방어에 기여하도록한다는 구실을 내세워 한국을 실질적으로 지배할 수 있도록 '한국의 외교권을 박탈하여 그들의 보호국으로 만들 것'을 결의함과 아울러 '한국정부의 내정을 감독하고 재한 일본인의 보호를 맡을 駐箚官을 파견하겠다'는 내용의 보호권 확립에 관한 방침을 확정하였는데[14] 이는 이미 추진해 오고 있던 보호국화 방침을 거듭 확인한 것이었다.

한편 7월 27일에는 동경에서 일본 수상 가츠라 타로(桂太郎)와 미국 육군장관 태프트(William H. Taft) 사이에 이른바 '태프트-가츠라 밀약'(The Taft Katsura Agreement)이라는 한국문제에 관한 쌍방의 합의각서가 이루어졌다. 7월 31일에 미국 대통령 루즈벨트(Theodore Roosevelt)가 추인한[15] 이 합의각서에서 일본은 '미국 식민지인 필리핀에 대하여 어떤 종류의 침략적 기도도 가지지 않는다는 것'을 말하고, 미국은 '일본군대가 조선으로 하여금 일본의 허락 없이는 여하한 대외조약도 체결할 수 없도록 하는 요구를 할 수 있는 정도의 보호를 수립하는 것은 현재의 전쟁의 논리적 결과이며 따라서 극동에서의 항구적 평화에 공헌하는 것'이라는 취지를 말하였다.[16] 곧 미국은 일

---

13) 《舊韓末條約彙纂》 上, 186~195쪽.
Carnegie Endownment for International Peace, *Korea : Treaties and Agreements*, Washington(1921), pp. 39~45.

14) 《日本外交文書》 38-1, No. 250, 519~520쪽.

15) Tyler Dennett, "President Roosevelt's Secret Pact with Japan", *Current History 21*(1924), pp. 15~21.
유영익, 《이승만의 삶과 꿈-대통령이 되기까지-》(중앙일보사, 1996), 44쪽.

16) 《日本外交文書》 38-1, No. 193, 450~451쪽.
《舊韓末條約彙纂》 中, 213~214쪽.
Tyler Dennet, *Roosevelt and the Russo-Japanese War*(Garden City, Double day, Page and Co., 1925), pp. 112~114.
이 악명 높은 '태프트-가츠라밀약'은 미국 존스홉킨스 대학의 外交史家인 덴네트에 의해 1924년에 처음으로 폭로되었다(유영익, 위의 책, 44쪽).

본의 한국지배를 승인하고, 대신 일본이 필리핀을 침략하지 않겠다는 약속을 받은 것이다.

일본은 미국뿐만 아니라 영국과도 한국지배를 위한 외교적 양해가 필요하였다. 그래서 일본은 영국과 교섭하여 1905년 8월 12일 토요일, 바로 러시아가 한국문제를 포함한 平和代案을 강화회의에 제출한 날에 '제2차 영일동맹조약'을 체결하였다. 이 조약 제3조에서 '일본은 한국에서 정치상·군사상 및 경제상의 卓絶한 이익을 가지는 고로 영국은 일본이 그 이익을 옹호 증진하기 위하여 정당하며 필요로 인정하는 지도·감리 및 보호의 조치를 한국에서 집행하는 권리를 승인함. 단 이와 같은 조치는 언제나 열국의 상공업에 대한 기회균등주의에 위반하지 아니함을 요한다'라고 하여 영국은 일본의 한국지배를 승인하는 대신 제4조에서 일본은 '영국이 인도 국경의 안전에 관계되는 일체의 사항에 관하여 특별 이익을 가지고 있으므로 인도 국경의 부근에서 印度 領地를 옹호하기 위하여 필요하다고 인정하는 조치를 취할 권리'를 승인하였다.[17] 이 새로운 영일동맹조약에서 일본은 영국에 관한 한 한국을 마음대로 지배할 수 있게 되었으며, 영국은 인도 영지를 옹호하기 위하여 한국의 주권을 회생시켰다.

8월에 접어들면서 러일전쟁의 전황은 러시아 국내에서 일어난 파업과 반란으로 러시아로서는 전쟁을 계속할 수 없게 되었다. 이러한 상황 속에서 미국 루즈벨트의 주선에 의하여 러일전쟁을 종결지을 강화회의가 미국의 군항 포오츠머드(Portsmouth)에서 일본 외상 고무라·주미일본공사 다카히라 코고로(高平小五郎)·러시아 대신회의의장 위테(S. Y. Witte)·주미러시아공사 로오젠(B. R. Rosen) 등이 참석한 가운데 개최되었다. 승자도 패자도 없는 강화회의는 전반적으로 순탄하지 못했지만, 특히 한국문제를 둘러싸고 양국은 9월 5일에 그 타협안으로서 일본측의 결의안을 조약 본문에 기재하지않고 회의록에 기입하기로하여 공식 성명의 형식을 취하였는데, 내용인즉 '일본 전권위원은 일본국이 장래 한국에 있어서 취할 필요가 있다고 인정되는 조치가

17) *Korea : Treaties and Agreements*, pp. 40~42.
《日本外交文書》 38-1, №. 1~78, 1~96쪽.
《皇城新聞》, 1907년 7월 12일.

한국의 주권을 침해하게 될 경우에는 한국 정부와 합의한 후에 이를 집행할 것을 성명함'18)이라고 되어있다.

러시아는 한국에서 일본의 지배를 승인하면서 이와 같은 내용으로 된 일본측의 공식성명을 받아내긴했으나 한국 정부를 이미 지배하고있던 일본이 어떤 명목이건 한국과의 합의를 이끌어낸다는 것은 별로 문제가 되지 않았다. 러시아로서는 한·러 국경선의 안전과 동북만주에 있어서의 그들의 이권을 유지하기 위하여 한국의 주권을 타협하는 것이 패전국의 입장으로서는 필요하였으므로 결국 이런 식으로 미국·영국 양국에 이어 일본의 한국 지배를 승인하고 말았던 것이다.

또한 이 회담을 알선한 루즈벨트가 독일 정부와도 사전 연락을 취하였으므로 당시의 5대 강국이 일본의 한국침략을 인정한 것이나 다름 없었다.

포오츠머드조약을 성공적으로 체결하여 한국문제에 대한 국제적 장애를 없앤 일본은 곧 이어서 한국을 보호국화하는 작업에 박차를 가하였다. 일본측 대표인 고무라가 조약문 교환도 보지않고 서둘러서 9월 16일 귀국하고 주한일본공사 하야시도 이에 맞추어 본국에 돌아가는 등 바쁜 행보를 보이더니, 이들 양자는 한국에 대한 보호조약체결에 합의를 도출하였고, 일본 정부 閣議는 이들의 합의내용을 정부의 '8개 방침'으로 정리하여 공식 결정을 본 다음 천황으로부터 재가를 받아냈다.19) 8개 방침의 주 내용인즉, 한국에 대한 보호권의 확립은 11월 초순에 성사시키는데(3조) 만일 한국 정부의 동의를 얻을 가망이 없을 때에는 한국에 대하여 일방적인 보호권 확립을 통고한다는 것이고, 열국에 대해서는 이 방면으로 나아가지 않을 수 없는 이유를 설명하고 열국과 한국과의 모든 조약은 유지될 뿐만 아니라 한국에 있어서의 상공업상의 이익도 보장한다(8조)는 것이었다.

이와 같은 면밀한 계획하에 하야시 공사는 11월 2일 임지인 서울에 돌아와 조선주둔군사령관 하세가와 요시미치(長谷川好道)와 협력하면서 만반의 준

---

18) John A, White, *The Diplomacy of the Russo-Japanese War*(Princeton Univ. Press, 1964) Appendices, I, p. 270.
日本外務省編, 《小村外交史》(東京 : 原書房, 1952), 526쪽.

19) 《日本外交文書》 38-1, No. 259, 526~527쪽.

비를 갖추었다. 一進會로 하여금 보호 찬성의 선언서를 발표하게하여 조작된 민의를 선동하고 沈相薰 등 원로 대신들을 교묘하게 조종하여 고종의 의사를 떠보는가하면 이완용 등 5적을 사전에 매수하였다.[20)]

이러한 가운데 일본 추밀원의장 이토가 일본천황의 친서를 가진 勅使로서 11월 9일 서울에 도착, 孫鐸호텔에 여장을 풀고 본격적인 행동에 나섰다. 그는 다음날 10일 고종을 알현하여 일본천황의 '짐이 동양평화를 유지하기 위하여 대사를 특파하오니 대사의 지휘를 一從하여 조치하소서'라는 내용의 친서를 전하고 위협을 가한 다음, 15일에 고종에게 비로소 조약 원문을 제시, 이의 체결을 강요하였다. 곤경에 처한 고종은 이는 매우 중대한 일인만큼 관료들의 의견을 묻고 백성들의 뜻도 살펴야겠다고하여 승낙을 거부하였다. 이에 이토는, 정부대신들의 의견을 묻는다는 것은 이해할 수 있지만 전제군주국가의 국왕이 백성들의 뜻을 살피겠다는 것은 인민을 선동하여 일본에 저항하려는 저의로 볼 수 밖에 없다고 위협하였다. 이토의 항의에 따라 결국 민의를 살핀다는 부분은 기각되고 대신들의 의견을 묻는다는 데는 양해가 이루어졌다.[21)]

하야시 공사도 16일 아침 외부대신 朴齊純을 공사관에 초치하여 정식공문과 조약 원문을 내놓고 조약체결을 강박하였다. 한편 이토도 16일 박제순을 제외한 한국 정부 각 대신과 원로대신을 그의 숙소에 납치하여 놓고 조약체결을 강권하였다.

이러던 중 학부대신 李完用, 내부대신 李址鎔, 외부대신 박제순, 군부대신 李根澤, 농상공부대신 權重顯 등 을사 5적은 찬반의 의사표시보다는 불가피하다는 것을 시인함으로써 대세는 기울어졌다. 이에 이토와 하야시는 다음날 11월 17일 하세가와로 하여금 일본군을 동원, 궁궐을 포위하도록 한 다음 궁궐내 翠玉軒에서 군신회의를 개최하도록하였다.

이러한 공포 분위기 속에서 오후 3시부터 8시까지 회의가 진행되었으나

---

20) 《日本外交文書》 38－1, №. 238, 484～485쪽.
《日本公使館記錄》, 1905년 〈保護條約〉 I, 27～28쪽, 〈一進會宣言文〉, 114～117쪽.

21) 《皇城新聞》, 광무 9년 11월 20일, 〈五件條約請締顚末〉.
《日本外交文書》 38－1, №. 249 附記 1, 496～513쪽.
강재언, 《한국근대사연구》(한밭, 1982), 252～253쪽.

아무런 결론도 얻지 못하고 일본의 제안을 거부한다는 뜻으로 기울어졌다. 이를 알아차린 이토와 하세가와는 폐회하고 돌아가는 각 대신을 위협하여 다시 회의를 열도록하고 특히 이토는 대신들 개개인을 호명해가며 즉석에서 가부를 묻는 방식으로 동의를 강요하였다. 강경한 태도로 반대의 뜻을 표했던 참정대신 韓圭卨이 헌병들에게 끌려나가 감금당한 가운데 탁지부대신 閔泳綺와 법부대신 李夏榮도 반대의 뜻을 밝혔다. 이에 이토는 8명의 대신 가운데 5명이 찬성하였으므로 보호조약이 통과되었다고 일방적으로 선포하고 회의를 종결시킨 다음 고종의 윤허도 받지않고 외부에서 印章을 강탈하여 날인을 마치고 11월 18일 오후 2시를 기하여 효력을 발생하도록했다.[22] 이때 체결된 '韓日協商條約'(이른바 乙巳保護條約)의 전문은 다음과 같다.

> 한국 정부 및 일본 정부는 양 제국을 결합하는 이해 공통의 主義를 공고히 하기 위하여 한국의 富强之實을 인정할 수 있는 때에 이르기까지 이 목적을 위하여 다음 條款을 약정함.
>
> 제1조 일본 정부는 동경에 있는 외무성을 거쳐 이후 한국의 외국에 대한 관계 및 사무를 감리·지휘함이 可하며, 일본의 외교대표자 및 영사는 외국에 있는 한국의 신민과 이익을 보호함.
>
> 제2조 일본 정부는 한국과 타국간에 현존하는 조약의 실행을 완수하는 책임을 지고, 한국 정부는 이후 일본국 정부의 중개를 거치지 않고는 국제적 성질을 갖는 어떤 조약이나 약속을 하지않을 것을 약속함.
>
> 제3조 일본 정부는 그 대표자로서 한국 황제폐하 아래에 한 명의 統監을 두되, 통감은 오직 외교에 관한 사항을 관리하기 위해 京城에 주재하고 직접 한국 황제폐하에게 內謁하는 권리를 가짐. 일본 정부는 또 한국의 각 개항장 및 기타 일본 정부가 필요하다고 인정하는 곳에 理事官을 두는 권리를 갖되, 이사관은 통감의 지휘 아래 일본 영사에게 속하던 일체 직권을 집행하고 더불어 본 협약의 조관을 완전히 실행하기 위해 필요로 하는 일체 사무를 관장함.
>
> 제4조 일본국과 한국간에 현존하는 조약 및 약속은 본 협약의 조관에 저촉되는 것을 제외하고는 모두 그 효력을 계속하는 것으로 함.
>
> 제5조 일본 정부는 한국 황실의 안녕과 존엄을 유지할 것을 보증함(《舊韓國官報》, 1905년 12월 16일).

---

22) 《皇城新聞》, 광무 9년 11월 25일.
《日本外交文書》 38-1, No. 287, 550~551쪽.

보호조약의 강제체결에 성공한 일본은 후속조치로 1905년 12월 20일 統監府 및 理事聽官制를 제정하여 공포했다. 한국에 대한 보호통치의 실행기관으로 서울에 통감부를 설치하고 지방의 주요 지점에는 이사청을 둔다는 것이었다. 이에 따라 외부청사는 통감부 청사로 바뀌었고, 1906년 1월 17일에 외부관제마저 개편되어 한국 외부사무는 의정부로 이속, 각종 외교문서·조약원문·공문서의 보존만을 맡게 되는 외사국으로 전락함으로써 한국의 외교권은 완전히 박탈되고말았다. 뿐만 아니라 통감에게는 한국 정부에 고용되어 있는 재정·외교·궁내부·군부·경무 등의 외국인 고문을 감독할 수 있는 권한까지 부여해 주어[23] 한국의 내정까지 지배할 수 있게하였으며, 그 밖에도 통감부 관제 제4조에 따라 주차군사령관에 대해 군대 사용을 명령할 수 있는 권한도 주어졌다.

이렇게하여 설치된 조선통감부는 1906년 2월 1일 한국주차군사령관 하세가와를 임시통감으로하여 총무부·농상공부·경무부를 비롯한 3부 16과의 중앙부서와 24개의 지방이사청(13개 본청, 11개 지청)으로 구성되어 업무를 개시하다가 3월 2일 이토가 초대 통감으로 부임해 오면서 본격적으로 가동되었다.[24]

또한 일본은 그들의 재외공관에 훈령하여 주한각국공사관의 철수를 교섭하도록 하였다. 이에 벨기에공사는 을사조약 체결 전에 이미 휴가라는 명목으로 서울을 떠나고 없었으며, 영국공사가 1905년 11월 30일 제1착으로 귀국하였고, 청국·미국·독일의 공사도 서울을 떠난 후 각각 공문으로서 철수한다는 통첩을 보내왔다. 홀로 남아있던 프랑스공사 플랑시(C. de Plancy)마저 마지막으로 본국 정부의 명령으로 1906년 1월 21일에 떠났으며, 공사를 철수시킨 각국은 그대신 서울에 총영사 또는 영사를 설치하였다. 이로써 한국은 일본의 보호국이 된 것이다.[25]

---

23) 朝鮮總督府,《朝鮮の保護と併合》(1917), 26~31쪽.
24)《舊韓末條約彙纂》下, 501~504쪽.
李瑄根,《韓國史：現代篇》(乙酉文化社, 1963), 937~940쪽.
25) 國史編纂委員會,《韓國獨立運動史》Ⅰ(1965), 170쪽.

2) 정부 주도의 보호국화 저지 외교

일본의 보호국화에 대한 한국 국민의 정서가 어떠하였던가는 한국측 기록은 말할 것도 없거니와 일본측 기록을 보아도 그 정도를 가늠할 수 있다. 일본측 기록에 의하면, 한국 민족이 '보호국민이 된 것을 분개하여 백방의 술책을 논하고 策을 써서' 일본으로부터 벗어나기를 힘썼으며 '위는 황실에서부터 아래의 민중에 이르기까지' 일본에 저항했을 뿐만 아니라 특히 '1907년 전반에는 排日의 무리가 아닌 한국민이 없었다'고 할 정도로 격앙된 한국민의 감정을 기록하고있다.[26]

이에 고종은 한국의 일본보호국화를 한국 정부나 국민의 힘만으로는 도저히 저지할 수 없음을 알고 미국 유럽 등 여러 나라에 밀사를 보내어 일본의 침략적 행위를 폭로하는 동시에 국제적 정의와 신의에 호소하여 열강의 여론이나 간섭으로 한국의 독립을 보전하려 기도하였다. 이는 당시 급변하는 국제정세 속에서 비록 소극적이기는 하나 한국의 주권회복을 위해서 고종이 할 수 있는 최선의 방법이었다.

(1) 반침략 자주 외교의 전개

고종의 밀사외교는 을사조약이 체결되기 만 1년 전부터 신임하는 朝臣과 더불어 추진되었다. 고종의 첫 밀사는 1904년 12월 처음으로 미국에 파견된 당시 동경 주재 한국 공사였던 趙民熙였다. 그는 고종의 칙명을 받아 "미국 정부가 현재 조약과 저촉되지않는 범위에서 동양문제의 해결에 임하여 한국의 독립유지에 진력하여주기 바란다"[27]라는 요지의 밀서를 휴대하고 미국에 건너갔다. 그는 이 밀서를 주미한국공사관 고문 니이담(C. Needham)에게 위탁하였고, 니이담은 이를 미국 국무장관 헤이(J. Hay)에게 전달하였다. 그러나 이 밀서는 미국 국무장관의 개인적인 동정을 받았을 뿐, 미국 정부의 공식적인 태도는 불분명한 채 넘겨지고 말았다.[28]

---

26) 日本友邦協會, 《朝鮮の保護及び併合》(明治 31), 40쪽.
27) 《駐韓日本公使館記錄》, 1905년 本省往電.

李承晩이 밀사로 파견된 것도 이 무렵의 일이었다. 한성감옥에서 풀려난 전 中樞院 議官 이승만은 11월 4일 오후 1시에 밀지를 받들고 서울을 떠나 미국으로 갔다. 이승만을 미국에 파견하도록 주선한 사람은 고종황제 주변의 개혁파 총신 閔泳煥과 한규설이었으며, 그의 파견 목적은 머지않아 러일전쟁이 끝나고 강화회의가 열릴 때 미국 국무장관과 대통령이 1882년에 체결된 朝美修好條約의 '居中調停條項'에 따라 한국의 독립을 도와줄 것을 요청하기 위해서였다.[29] 1904년 11월 29일에 하와이의 호놀룰루에 도착한 이승만은 하와이 감리교 선교부의 와드맨(John W. Wadman) 감리사와 배재학당 동창인 尹炳求 목사, 그리고 교포들의 따뜻한 영접을 받고 특히 윤병구와 밤새도록 나라 일을 걱정하면서 의논한 끝에 장차 미국에서 열릴 강화회의에 '해외에 있는 한국인들'의 의사를 전달하기로 약속하고 다음날 미국 본토로 떠났다.[30] 12월 6일 샌프란시스코에 도착한 이승만은 로스안젤레스 및 시카고를 거쳐 1904년 제야의 밤(12. 31)에 미국 수도 워싱턴 D.C에 도착하여, 그곳에서 우선 《워싱턴 포스트》(The Washington Post)지 사무소를 방문하여 1905년 1월 15일자 신문에 일본의 한국 침략 음모를 폭로하는 인터뷰 기사를 게재토록 하는 한편 주미한국공사관을 찾아가 참서관 金潤晶 등을 만나 자기 使行에 대한 협조를 부탁하였다. 그러나 주미한국공사관은 대리공사 申泰茂와 김윤정간의 불화가 빚어지는 가운데 신태무 공사가 비협조적이므로 이승만은 민영환에게 건의서를 보내어 애국적인 태도를 보이는 김윤정으로 공사를 대치하도록 요청하였다. 그리하여 신태무는 곧 소환되고 김윤정이 대리공사로 되었다.[31]

한편 이승만은 민영환과 한규설이 지시한 대로 친한파 하원의원 딘스모어(Hugh A. Dinsmore)를 접촉, 그를 통해 미국 국무장관 헤이의 면담을 서둘렀다. 결국 이승만은 1905년 2월 20일에 딘스모어 의원과 함께 국무부에서 헤

---

28) 《日本外交文書》 38-1, No. 460, 655~656쪽.

29) 鄭 喬, 《大韓季年史》 下(國史編纂委員會, 1957), 광무 8년 11월, 138쪽.

30) 로버트 T. 올리버 지음, 朴瑪利亞 譯, 《리승만박사전-신비에 싸인 인물-》(合同圖書株式會社, 1956), 138~139쪽.

31) 위의 책, 140~149쪽.

이 장관을 만나 1시간 반 동안 면담할 수 있었고 이 자리에서 한국독립을 위해 힘써 줄 것을 부탁하였더니, 헤이는 미국이 한국에 대한 조약상의 의무를 다하도록 개인적으로나 미국 정부를 대표해서나 최선을 다하겠노라고 약속했다.[32] 회담결과에 만족한 이승만은 이 사실을 한규설과 민영환에게 보고하고, 한국의 독립을 구하기 위해 미국이 힘써줄 것을 믿었다. 그러나 그 해 7월 1일에 헤이가 사망하고 루우트(E. Root)가 국무장관에 취임함으로써 이승만의 노력은 허사가 되고 말았다.[33]

고종은 러시아에 밀사를 파견하려는 노력도 하였다. 주한일본공사에게 탐지된 정보에 의하면, 1905년 2월 초에 고종은 일본에게 압박당하고 있는 사정을 열강에 호소하려는 내용의 밀서를 모 외국인 편으로 上海까지 휴대케 한 다음, 그 곳에서 李學均·玄尙健과 협의하도록 한다는 계획을 갖고 있었다.[34] 이와 같은 일본 정보망의 진위 여부는 차치하고라도 실제에 있어서 직물상 金聖之라는 사람은 고종의 밀사가 되어, "러·일 개전으로 러시아 병사가 한국 국경을 떠나감에 따라 일본의 한국에 대한 내정장악과 주권침탈·국제공법 무시 현상이 날로 심해지니 러시아의 恩背에 의하여 일본병을 구축하거나 혹은 정책으로써 일본의 暴戾를 峻拒할 수단에 대한 稟議를 러시아 황제폐하에게 호소한다"는[35] 요지의 밀서를 내용도 모르는 매약상 金裕皓에게 신발 속에 감추어 휴대하도록한 다음 그와 함께 부산에서 배편으로 일본 長崎를 경유하여 상해로 건너갔으며, 그들은 다시 상해에서 주한 러시아공사 파블로브의 중간 역할에 힘입어 3월 25일 러시아 육군소장 데시노(Dessino)에게 이 밀서를 전달하는데 성공했다. 이에 러시아 정부는 파블로브에게 훈령하여 한국황제에게 회답하도록 하였다. 파블로브는 "러시아가 한국황제를 도와 일본의 暴戾를 억압 배제함도 멀지 않을 것이다"라는 奉答書를 보내기로 결정하고, 이를 상해에서 인천에 가는 독일 기선 룬문호 선장에게

---

32) Syngman Rhee, "Auto-Biographical Notes"(이화장 소장).
이승만이 민영환에게 쓴 1905년 8월 일자 한글편지(이화장 소장).
유영익, 앞의 책, 40쪽.

33) 《리승만박사전》, 147~149쪽.

34) 《駐韓日本公使館記錄》, 1905년 各館來機密.

35) 國史編纂委員會, 《韓國獨立運動史》 1, 180~181쪽.

의탁하여 인천의 프랑스 영사를 경유, 다시 한국 중추원 某人을 거쳐 고종에게 전달하도록 하였다. 그러나 이 계획은 실패하고, 다시 프랑스 군함 게루상호에 기탁하려한 듯한데, 이것이 고종에게 전달되었는지의 여부는 확인할 수 없다.[36]

고종은 러일전쟁이 종전되고 한국의 국운이 더욱 간난해지자 밀사외교를 재개하였다. 곧 그는 9월과 10월에 李容翊과 李起鉉을 각각 프랑스에 밀사로 보내어 한국에 대한 협조를 청하려 하였다. 그러나 이들은 上海와 仁川에서 일본공사 하야시에게 탐지되어 결국은 도중에서 좌절되고말았다.[37]

10월 중순에는 당시 중학교 교사이며 《코리아 리뷰》(《The Korea Review》) 편집자이던 미국인 헐버트(H. B. Hulbert)가 고종의 또 다른 밀서를 가지고 서울을 떠났다. 그가 휴대한 밀서는 '전통적인 한·미 우호관계를 강조하면서 일본의 침략행위와 그 부당성을 주장하고 이에 대한 미국 정부의 거중조정을 기대한다'는 내용으로 되어있었다.[38] 그는 을사조약이 조인되기 직전인 11월 17일 워싱턴에 도착하여 고종의 밀서를 미국 정부에 전달하려 노력하였다. 그러나 출발하기 전 자신의 사명이 주한일본공사 하야시에게 누설되었으므로 일본 당국은 이 친서가 전달되지 못하도록 갖은 방해공작을 다하여 결국 그는 대통령과 국무장관 모두에게 면회를 거절당하고 냉대를 받았다. 백악관에서는 외교문제이므로 국무성에 밀서를 접수시키라는 것이었고, 국무성에서는 시간이 없다면서 거절하였고, 다시 백악관에 가서 비서에게 통사정을 하고 친구인 스태포드(W. P. Stafford) 대법원 판사와 함께 국무성에 가서도 통사정을 했으나 역시 같은 이유로 면회가 거절되었다. 상원외교위원회에 서신을 보내어 상원의원들을 움직여 보려고도 애썼으나 그것도 그들의 동정을 받는데 그쳤다. 헐버트가 겨우 국무장관 루우트와의 회견을 허용받은 것은 11월 20일이었는데 그때는 이미 일본이 보호조약의 체결을 미국에 통고해 놓은 뒤였다. 11월 25일 루우트는 고종의 친서를 대통령에게 수교하고 이

36) 《駐韓日本公使館記錄》, 1905년 各館機密.
37) 《駐韓日本公使館記錄》, 1905년 本省來電 第211號.
鄭 喬, 《大韓季年史》 하, 권 7, 광무 9년 11월.
38) F. A. 맥켄지 著, 李光麟 역, 《韓國의 獨立運動》(一潮閣, 1977), 60~67쪽.

를 검토한 다음, 헐버트에게 "밀서를 귀하에게 위탁한 황제가 그후 일본과 전혀 새로운 조약을 체결함으로써 밀서의 내용이 모두 처리되어 버렸으니 이제 어떠한 조치도 취할 수 없다"는 이유를 들어 밀서 내용을 묵살하는 답서를 보내고 말았다.39)

(2) 을사조약 무효화 외교

미국에 체류중인 헐버트는 11월 26일 고종으로부터 중국의 芝罘발 전보를 받았다. 그것은 일본의 감시를 피해 비밀리에 발송된 다음과 같은 내용의 전보였다.

> 朕은 최근 한국과 일본 사이에 체결된 소위 보호조약이 총검과 공갈하에 勒定된 것이므로 전혀 무효임을 선언한다. 짐은 이에 동의한 일이 없으며 앞으로도 동의하지 않을 것이니 이 뜻을 미국 정부에 전달하기 바란다(A. J. Gradjanzev, *Modern Korea,* The Institute of Pacific Relation, New York, 1944, p. 33).

그러나 이 전보는 너무 시기가 늦은 것이었다. 루즈벨트 대통령이 열강중에서 가장 먼저 한국주재미국공사관을 폐쇄할 것을 결정하고 한국주재공사관에 그 임무를 동경주재공사관에 이첩할 것을 명령한 뒤였기 때문에 헐버트가 다음날 국무차관 베이컨(Robert Bacon)에게 이 전문을 제출해봐도 아무런 응답을 받을 수 없었다.40)

한편 고종은 12월 11일 주프랑스한국공사 閔泳瓚에게 밀지를 가지고 미국에 건너가 조미수호통상조약(제1조)의 취지에 따르는 지원을 재삼 미국 정부에 청원하도록 하였는데, 이 일 역시 미국 국무장관 루우트가 '정당한 절차를 밟지 않은 것'이라 하여 냉정하게 거절함으로써 끝내 실효를 거두지못하

---

39) 山邊健太郎, 《日本の韓國併合》(東京 : 太平出版社, 1966), 301~302쪽.
Homer B. Hulbert, "American Policy in the Case of Korea and Belgium" New York Times, March 5, 1916.
Clarence N. Weems, ed, *Hulbert's History of Korea, Vol.* I, (Hillary House Publishers LTD. New York, 1962) p. 47.

40) The Korea Review, June 22, 1919.

고말았다.[41]

그러나 이와 같은 한국 정부 밀사들의 을사조약 무효화 외교가 공식적으로는 번번이 묵살당했지만, 이러한 사실들이 극적으로 세계 각국에 알려지게 됨으로써 동정론이 일기도하였다. 다음해 1월 13일 《런던타임스》지는 이토의 협박하에 강압적으로 조인된 을사조약의 내용을 자세히 보도하였으며, 프랑스의 公法學者인 레이도 《국제공법잡지》 1906년 2월호에 〈한국의 국제법상 지위〉라는 제목의 글을 기고하여 을사조약은 일본이 한국 정부에 정신적 육체적 강제를 가하여 얻은 것이라 하여 무효임을 주장하였다. 같은 논리로 미국인 학자 허쉬(Amos S. Hershey)도 《러일전쟁에 있어서의 국제법과 외교》라는 저서를 통하여 을사조약이 일본의 강압과 협박에 의한 결과인만큼 국제법상 무효화 선언의 충분한 근거를 갖고있다고 지적하였다.[42]

이러한 사사로운 동정론도 아랑곳 없이, 현실은 보호국화 저지를 위한 한국 정부 차원의 노력을 무위로 끝나가게 하고 있었다. 특히 미국의 경우에 있어서, 태산같이 믿었던 조미수호통상조약 제1조의 '거중조정' 내용 그 자체에 대한 '존재여부'도 모르고 있는 루우트 국무장관이나[43] 부통령 시절부터 '한국의 일본 보호국화'를 보고 싶어 하는 루즈벨트 대통령이[44] 재임하는 한 고종이 파견한 밀사들은 뜻을 이룰 수 없었고, 그만큼 일본은 미국의 묵인하에 더욱 완전한 한국침략의 길로 내달을 수 있었다.

3) 민간인의 보호국화 저지 외교

일본 보호국화의 저지를 위한 투쟁은 고종이 파견한 공식적인 밀사활동이 외에도 개별 또는 민간단체별로도 전개되었다. 이들 민간에서 전개된 외

41) 獨立運動史編纂委員會, 《獨立運動史》 1(1970), 325쪽.
42) 有賀長雄, 〈保護國論〉, 203~204쪽.
《舊韓末條約彙纂》 上, 76쪽.
徐仲錫, 《美國의 對極東 政策 : 1900~1905》(大韓公論社, 1973), 168쪽.
43) Homer B.Hulbert, (New York Times, March 5, 1916) op. Cit.,
44) The letter of Theodore Roosevelt, IV, pp. 1241~1242, 1221~1233, Roosevelt to Lodye, June 16, 1905.

교활동은 정부 주도의 외교체널을 통한 순수 외교활동에 그치는 것이 아니고 민심을 대변하는 속성상 탄원·청원 방식으로 이루어지기 때문에 그 성패여부에 따라 자유로운 후속행동 즉, 자결이나 의병항쟁 등으로 곧잘 연결되는 복합적인 양상을 띠는 것이 그 특징이었다.

(1) 대영·대미 보호국화 저지 외교

주영대리공사 李漢應은 제1차 한일협약으로 인하여 우리의 주권이 흔들리게되자, 비록 공인이지만 아무런 정부의 훈령도 받지않고 전혀 개별적으로 각국에 주재하는 우리 나라 공사들에게 電信으로 연락하여 재외한국공관이 공동 노력하여 한국주권수호에 매진할 것을 호소하였다. 이러던 중 1905년에 들어와 영국과 일본간에, 일본의 한국에서의 지도·감독·보호를 인정하는 새로운 영일동맹을 체결함으로써 일본의 한국침략을 승인하려는 비밀 외교가 진행되었다. 이에 이한응은 이 조약이 동양의 평화를 침해하는 것이라하여 영국 정부에 엄중항의를 하였다.[45]

이한응 공사의 외교활동에 대하여 영국 정부의 태도는 지극히 냉담한 반응을 보이면서 일본과 비밀리에 연락하여 이한응 공사의 축출을 기도하였다. 뿐만 아니라 영국 시민도 이한응 공사를 망국 외교관이라 하여 公使交際에서 노골적으로 냉대하였다. 고립무원의 상태에 빠진 이 공사는 급기야 제1차 한일협약과 침략적인 영일동맹개정조약에 죽음으로써 항쟁하기로 결심하고 조국동포에게 피 끓는 유서를 남기고 그해 5월 12일 음독자결을 하였다.[46]

한편 하와이에서는 한국독립을 이룩하기 위한 교포들의 또 하나의 노력이 이루어졌다. 러일전쟁 종전을 위한 포오츠머드 러·일강화회의를 앞두고 이 회의의 중재자인 미국 루즈벨트 대통령이 일본과의 미·일 현안에 관한 사

45) 孫世昌 編,《殉國烈士李漢應先生遺史》(文藝弘報社, 1959), 38~42쪽.
國史編纂委員會,《韓國獨立運動史》I, 109~110쪽.

46)《殉國烈士李漢應先生遺史》, 57~63쪽.
《高宗太皇帝實錄》권 46, 44쪽.
朴殷植,《韓國痛史》(三乎閣, 1946) 제3편 32장, 272~273쪽.
黃 玹,《梅泉野錄》권 4, (國史編纂委員會, 1955), 337쪽.
宋相燾,《騎驢隨筆》(國史編纂委員會, 1955), 李漢應條, 68쪽.
《日本外交文書》38-1, No. 367·368, 599~600쪽.

전 협의가 필요하여 미국 육군장관 태프트를 일본에 파견하게 되었다. 이에 윤병구를 중심으로 하는 하와이 한국 교민들은 동년 7월 12일 태프트 일행의 일본행 중간 경유지인 호놀룰루 기항에 때 맞춰 하와이群島 교민 '특별회의'를 소집, 미국 대통령에게 제출할 청원서를 채택하고 강화회의에 파견할 대표로 윤병구와 이승만을 선출한 다음, 와드맨 감리사를 태프트에게 보내 두 사람의 한국대표를 루즈벨트에게 소개하는 소개장을 받아내는데 성공했다.[47]

하와이 교포들이 특별회의에서 채택한 청원서에서 윤병구와 이승만은, 자신들은 고종황제의 사신이 아니라 '8,000명' 하와이 교포들의 대표라고 자처하고 또한 자신들은 조국에 있는 '1,200만' 백성의 민의를 대변한다고 주장하였다. 이어서 그들은 일본이 러일전쟁 중에 한국에서 자행한 각종 침략과 배신행위를 열거하여 규탄하면서 미국 대통령이 포오츠머드 회담을 계기로 조미조약 정신에 입각하여 한국의 독립을 지켜주기를 바란다고 호소하였다.[48]

윤병구 목사는 이 청원서를 휴대하고 7월 31일에 워싱턴에 도착하여 이승만과 합류하였고, 그들 일행은 필라델피아에 거주하는 徐載弼을 찾아가 청원서의 문장을 다듬은 다음, 호놀룰루에서 얻어낸 태프트 장관의 소개장을 가지고 루즈벨트 대통령을 만나기 위해 그가 머무는 뉴욕 롱아일랜드의 오이스터베이(Oyster Bay) 소재 '하계 백악관'을 찾아갔다. 때마침 루즈벨트는 러시아 강화회의 대표단을 맞고있었지만 한국 대표단을 만나주었고, 이 회견에서 이승만은 루즈벨트에게 하와이 교포들이 작성한 청원서를 제출하면서 "언제든지 기회 있는대로 한·미간의 약조를 돌아보아 불쌍한 나라의 위태함을 건져주기 바라노라"고 부탁했다. 이에 루즈벨트는 사안이 워낙 중요하므로 정식 외교채널을 통해 이 청원서를 제출하면 자기는 그것을 강화회의에 내놓겠다고 대답했다. 이에 윤병구와 이승만은 루즈벨트의 지시대로 하겠다고 다짐하고 면회장을 물러나왔다.[49]

---

47) Channing Liem, *Philip Jaisohn : The First Korean－American－A Forgotten Hero*(Elkins Park, Penn. : The Philip Jaisohn Memorial Foundation, Inc., 1984), pp. 215~216.

48) 《舊韓末條約彙纂》 中, 241~243쪽.

49) 《뉴욕타임즈》 1905년 8월 4일·8월 5일, 기사("Will Ask Roosevelt to Protect Koreans" 및 "Koreans See the President").

윤병구와 이승만은 루즈벨트의 정중한 태도에 고무되어 워싱턴의 한국공사관을 찾아가 김윤정을 붙들고 당장 필요한 조치를 취하자고 졸랐다. 그러나 김윤정 공사가 의외로 자기는 본국 정부의 훈령을 받지않았기 때문에 요구를 들어줄 수 없노라고 딱 잡아 떼는 바람에 모든 것이 허사가 되고 말았다.[50] 결국 하와이 교포들의 청원서는 미국 국부무에 정식으로 제출되지 못한 채 死文書가 되고 말았으며 포오츠머드 강화회의에서 한국인의 목소리가 대변되지 못한 것은 물론이다. 이승만은 8월 9일 민영환 앞으로 쓴 한글 편지에서 청원 실패의 원인은 김윤정의 협조거부, 즉 배신에서 찾았다. 그러나 김윤정이 주미일본공사관측에 매수된 건 사실이었지만, 더 큰 원인은 루즈벨트가, 윤병구 일행을 만나기 4일전인 7월 31일에 이미 '일본이 장차 미국의 식민지인 필리핀을 공격하지않는다는 조건하에 미국도 일본이 군사력을 동원하여 한국에 대하여 종주권을 수립하는 것을 승인한다'는 동경에서의 태프트·가츠라 밀약(7. 29)을 추인했기 때문이다.[51]

(2) 대일 보호국화 저지 외교

러일전쟁의 종결과 사후처리를 위한 강화회의가 포오츠머드에서 열린다는 소식이 전해지자 前注書 羅寅永·前主事 吳基鎬·李沂는 이 회담에서 한국에 관한 논의가 있을 것으로 예측하고 미국 조야에 한국의 독립을 보장하도록 호소하기 위하여 渡美하려고하였다. 그러나 일본공사 하야시의 방해로 끝내 뜻을 이루지 못한 이들은 1905년 6월 일본에 건너가서 이토를 비롯한 일본정계 요인들에게 동양평화를 위하여 한국·청·일본 3국이 동맹하고, 일본은 한국에 대한 善隣의 交誼로서 독립을 보장하라고 역설했다. 이들은 일본정부에도 서한을 보내어 한국의 독립과 영토 보전에 대한 모든 조약과 선언을 신의로써 지키라고 요구하는 한편 일본 황제에게 致書하여 역시 한·일간의 제조약을 준수할 것과 양국간의 상호 이해를 說諭하였다.[52]

方善柱,《在美韓人의 獨立運動》(한림대 아시아문화연구소, 1989), 228~229쪽.

50) 《리승만박사전》, 149, 158~160쪽.

51) 유영익, 앞의 책, 43~44쪽.

52) 鄭 喬,《大韓季年史》하, 권 7, 광무 9년 11월.

黃 玹,《梅泉野錄》, 광무 9년 을사.

그러나 이토가 특파전권 대사로 渡韓하기 때문에 한국의 외교권이 일본에 넘어갈 것이라는 기사가 그곳 신문에 게재되었다. 이에 나인영·이기 등은 11월 3일 다시 이토에게 서한을 보내어 "한국에 대하여, 밖으로는 유지시킨다는 명분을 내걸고 안으로는 흡수할 계략을 꾸며 우리를 자멸시켜 서서히 삼키는 일로써 長技로 삼는다면, … 그 응보의 속도는 그림자와 소리보다 더 빨라 반드시 人禍 아니면 天災가 있을 것이다"라는 내용으로 그의 한국 침략의 간교를 규탄하면서 진심으로 양국간의 평화를 위하여 노력해줄 것을 강력히 촉구하였다.[53]

마침내 동경의 여러 신문에서 을사조약의 내용이 보도되자 나인영은 외부대신 朴齊純에게 急電을 보내어 "목을 베일지언정 한일협약에 동의해서는 안된다"고 경고하고 오기호와 부모상을 당한 이기와 함께 다음 해 2월에 귀국하여 이전보다 격렬한 민족 항쟁을 전개하였다.

한편 '大韓十三道儒約所'의 유생대표 金東弼·金錫洌·李佽 등 26명은 1905년 음력 9월 주한각국공사관에 公函을 보내어 그동안 일제가 저질러 놓은 14개 죄목을 낱낱이 열거하면서 이는 국제공법에 어긋나는 것임을 논박하고, 일본에게 欺淩과 억압을 당하고 있는 한국에 대하여 후원해줄 것을 탄원했다.[54] 또 이들은 11월 10일 이토에게도 서한을 보내어 한·일간의 제조약에 명시된 조항을 상기시키는 동시에 "馬關條約 제1조에서 조선이 자주국임을 분명히 확인하였고, 일본의 러시아에 대한 宣戰詔書에서는 한국의 독립유지를 선언하였으며, 일본의 러시아에 대한 通牒辨明書에서는 한국의 독립이 공고하다고하였으므로 이제 일본은 이를 마땅히 지켜야한다"고 주장하였다. 이어 유생대표는 일본공사 하야시의 횡포를 꼬집어 통박하고 그 시정을 촉구하면서 한·일 양국의 항구적인 평화를 위해서도 일본이 한국을 보호국화하려는 것은 부당하다고 역설하였다.[55]

이와 같이 유생들은 공함이나 서한을 통하여 일본의 침략상을 폭로하고,

---

53) 黃 玹, 《梅泉野錄》 권 4, 광무 9년 을사.
54) 國史編纂委員會, 《韓國獨立運動史》 1, 90~92쪽.
55) 鄭 喬, 《大韓季年史》 하, 권 7, 167~169쪽, 광무 9년 11월.
《大韓每日申報》, 11월 14일.

한·일간의 여러 조약에서 명시된 한국의 독립을 보장한다는 조항을 일본은 실천할 것이며, 일본의 한국에 대한 보호권 확립이란 것은 이에 위배된다는 것[56] 등 일본의 만행을 세계만방에 알리고 또한 강대국들에게 한국의 지원을 호소함으로써 닥쳐 올 보호조약에 대하여 저지하려하였다.

前議政大臣 趙秉世는 11월 27일 일본공사 하야시에게 "을사조약이 일본군사력의 위협 아래 강제적으로 勒結된 것이므로 이러한 조약 체결 방식은 국제공법에 없는 것이니 정의·公理에 입각하여 동 조약의 자진 철회를 요구한다"는 내용의 公翰을 보내고, 영국·독일·미국·프랑스·이탈리아 등 5개국 공사에게도 공한을 보내어 을사조약이 무효임을 성명할 것을 호소하였다. 그러나 이러한 조병세의 활동은 아무런 회답도 받지 못하였을 뿐만 아니라 오히려 이 일로써 일본헌병들에게 체포당하게 되자, 그는 국민과 각국 공사에게 보내는 유서를 남기고 12월 1일 음독 자결하였다.[57]

〈朴熙琥〉

3. 특사의 헤이그 평화회의 파견

1) 제2차 헤이그 평화회의

19세기 말 20세기 초의 국제정세를 보면, 사르데냐 중심의 이탈리아 통일(1861)과 프로이센 중심의 독일 통일(1871)이 완성된 후부터 제1차 세계대전 발발(1914)까지 약 반세기간에는 열국의 공동목표 또는 국제협조가 존재하지 않았다. 따라서 열강은 각자의 국가 이익을 노골적으로 추구하면서도 전체적으로는 세력균형이 유지되는 국제질서를 형성하지 않으면 안되었으므로, 세력균형을 도모하되 자국에 유리하게 전개시키기 위해 비밀외교를 행하고, 동맹과 협상을 다투어 체결하였다.

56) 崔永禧, 〈乙巳條約締結을 前後한 韓國民의 抗日鬪爭〉(《史叢》 12·13, 1968), 610쪽.

57) 國史編纂委員會, 《韓國獨立運動史》 1, 102·109쪽.

비스마르크 체제(Bismarckian System, 1871~1890) 때는 독일을 추축으로 하는 일원적인 동맹·협상체계, 즉 독일·오스트리아·러시아 3帝同盟(1872), 독일·오스트리아 2국동맹(1879), 독·오·러 3帝協商(1881), 독·오·이탈리아 3국동맹(1882~) 등으로써 프랑스 고립화정책하의 국제평화가 유지되었으나 그가 실각한 후에는 이들 3국동맹에 대한 반작용으로써 러시아·프랑스 2국동맹(1891), 영국·프랑스 협상(1904), 영국·러시아 협상(1907) 등의 빈번한 이합집산을 거쳐 급기야 영·프·러 3국협상(1907)이라는 대항체제가 완성됨으로써 독일 포위체계가 형성되었다.

바야흐로 국제정국은 먼로선언(Monroe Doctrine)의 실천자로서 유럽으로부터는 이탈하여 태평양 세력으로서의 자리를 굳혀가고 있던 미국이 제외된 채, 3국동맹과 3국협상간의 힘의 대치 상태라는 국면으로 치닫고 있었다. 이처럼 양분된 대결구도하에서는 갖은 군사 협정을 통한 군사블록 형성에서 보듯이, 피차 군비를 경쟁적으로 강화하면서 평화를 추구하는 지극히 위험스러운 '무장평화'(Armed Peace)가 유지되기 때문에 항상 파국의 위험에 직면할 수밖에 없는 실정이었다. 이러한 군비경쟁에 제동을 걸기 위한 이상론의 시험이 곧 1899년과 1907년에 네덜란드 헤이그에서 개최되었던 이른바 '헤이그 평화회의'(Hague Peace Conference)였다.

제1차 헤이그 평화회의는 당시 독일 대 프랑스라는 두 적대 진영 사이를 비교적 자유롭게 넘나들던 러시아 황제 니콜라이 2세가 1898년 8월 24일 외상 무라비요프(M. N. Muraviev)에게 세계 각국의 군비확장을 제한하고 전운을 잠재우고자 평화회의를 개최할 것을 각국에 제안하도록 명령한 데서 시작되었다. 이처럼 러시아의 제의가 각국의 동의를 얻어 성립된 제1차 헤이그 평화회의는 1899년 5월 18일부터 7월 29일까지 26개국 대표가 네덜란드 헤이그에 모여 개최되었는데 아메리카 대륙에서는 미국과 멕시코 2개국만이 참가했다. 뮤라비요프가 1899년 1월 11일의 回章을 통하여 이미 제안한 이번 회의의 특별의제는 병력증강의 제한, 신무기 배치의 감축안, 1864년에 체결된 제네바조약의 원칙을 海戰에 적용하는 안, 陸戰의 법규와 관례에 관하여 1874년에 공포된 후 아직 비준을 기다리는 브뤼셀 선언에 대한 수정안 등이었다.

그러나 각국의 이해관계가 워낙 상충되어 주 목적인 군비축소를 실현하는데는 아무런 진전을 볼 수 없었다. 다만 교전상태의 조건 및 육전과 해전에 관한 그 밖의 관례를 정의하는 협정들을 채택하는데 만족해야 했다. 이 밖에 질식가스의 사용금지 선언, 덤덤탄(명중하면 퍼지는 탄환)의 사용금지 선언, 氣球로부터의 투사물이나 폭탄투하금지 선언 등 3개 선언이 승인되었으며, 특히 중요한 성과는 '국제분쟁의 평화적 해결에 관한 조약'의 채택으로 상설중재재판소가 1901년에 네델란드 헤이그에 설치될 수 있었다는 점이다.

그러나 이후의 각국간에는 오히려 군비확장이 경쟁적으로 실시되어 점점 전운이 짙어가다가 드디어 1904년에 러일전쟁이 폭발하였다. 러일전쟁을 겪고 나자 다시 전쟁의 위기를 막아보려는 국제여론이 비등하여 강대국들은 또다시 평화회의를 모색하게 되었다. 구체적으로, 제2차 헤이그 평화회의는 '해군력의 증강을 위해 서로 경쟁하고 있던 영국과 독일의 대립을 완화하고 군비제한에 의한 각국간의 세력균형을 도모해보겠다'는 러시아·프랑스 및 미국의 의도에 따라 성사된 것이다.[1] 때문에 미국의 루즈벨트(Theodore Roosevelt) 대통령이 제2차 헤이그 평화회의를 제안하게 되었고 이 회의가 정식으로 1907년 헤이그에서 소집되기는 역시 니콜라이 2세의 주창에 의해서였다.

제2차 헤이그 평화회의는 44개국 대표 225명이 참석한 가운데 1907년 6월 15일부터 10월 18일까지 개최되었다. 이번 회의의 구체적인 결정들을 살펴보면, 결과적으로 군비축소안은 또다시 부결되었지만 국가간에 계약상의 채무를 회복하기 위한 수단으로서의 폭력의 사용, 육전과 해전에 있어서의 중립국과 그 국민들의 권리·의무, 自動觸發海底水雷의 부설, 敵國 商船의 지위, 전시 해군에 의한 포격, 국제포획심판소의 설치 등의 문제에 관한 여러 조약을 체결했다. 뿐만 아니라 제1차 회의에서 승인되었던 선언 중에서 기구에서 발사물을 투하하는 행위를 금지하는 선언도 이때에 갱신했으나 질식가스와 덤덤탄의 사용을 금지하는 선언을 재확인하지는 않았다. 마지막으로 強制仲裁의 원칙을 만장일치로 인정하고 의결방식의 다수결(voeux)도 채택하였다.

1) 劉孝鐘, 〈ハーグ密使事件と韓國軍解散〉(《季刊三千里》 49, 東京 : 1987 春), 40쪽.

이와 같은 두 차례의 헤이그 평화회의는 결과적으로, 이름은 평화회의였지만 강대국들의 군비축소라는 본래 목적에서 빗나가, 육전규칙·해전규칙 및 분쟁의 '평화적' 조정 등을 심의하기 위한, 이를테면, 식민지쟁탈 관련 국제법회의였다.[2] 그러한 가운데서도 국제문제를 처리하는 최상의 방법은 일련의 연속적인 회의를 통하는 것 뿐이라는 관념이 구체화 될 수 있었다는 점은 하나의 성과로 볼 수 있으며 이에 따라 이후 8년 안에 회의를 다시 소집하기로 하였다.

그러나 1915년에 예정되었던 제3차 헤이그 평화회의는 무산되고 말았다. 그것은, 제2차 평화회의가 1906년에 예정되었던 것이 독일·오스트리아의 참가 거부로 1907년으로 연기되었던 사실이나, 정작 회의가 개최되었어도 영국의 대 프랑스 지원에 대항하여 해군력 증강에 힘을 쏟고 있던 독일이 소극적인 태도를 보임으로써 처음부터 회의에 거는 기대치를 낮게 했던 사실에서도 알 수 있듯이, 현실적으로 동맹체제와 협상체제라는 힘의 대치상태를 배경으로 하여 쉴새 없이 빚어지고 있던 일련의 사태, 즉 '3B정책'과 '3C정책'으로 표현되는 독일·영국간의 식민지 쟁탈전, '모로코사건'이나 '알사스 로렌'을 둘러싼 영토분쟁에서 보여준 독일·프랑스간의 역사적 대립, 발칸에서 비화되고 있던 범 게르만 민족주의와 범 슬라브 민족주의의 대립 등이 끝내 제1차 세계대전(1914~1918)으로 귀결되었기 때문이다.

2) 고종의 3특사

제2차 헤이그 평화회의가 개최된다는 소식이 로이터 통신을 타고 한국에 전해져 일간지에 보도되었다. 회의는 6월 15일부터 개최되며, 러시아의 군축안이 평화회의의 의제로 상정되지 못했지만 특별위원회에서 이를 考査할 터인데 독일·오스트리아가 동 위원회에 대한 대표자의 출석여부를 아직 결정하지 않고 있다는 등의 내용이었다.[3]

을사조약으로 외교권을 박탈당한 한국으로서는 이처럼 세계 각국의 대표

---

2) 위와 같음.
3) 《大韓每日申報》, 1907년 4월 10·11일.

가 참여하는 국제회의는 일본이 한국의 주권을 강제로 침탈했다는 것을 폭로할 수 있는 좋은 기회로 생각되었다. 이에 고종은 헤이그 평화회의에 '特使'[4]를 파견하기로 결심하고 참정대신 朴齊純에게 미리 상의를 하였던바, 이때 박제순이 "일본이 자신을 완전히 신임하고 있으므로 특사파견 사실이 발각되지 않을 것"[5]이라는 매우 고무적인 발언을 하여 고종은 더욱 결심을 굳히고 곧 인선에 착수하였다. 극비리에 '재야인사들'[6]과 숙의한 결과, 을사조약에 대하여 체결의 전말을 누구보다도 소상하게 알 뿐 아니라 '황제의 조약 파기 선언과 殉社稷'을 주장하는 상소까지 올렸던 전 의정부 참찬 李相卨을 正使로, 원로법관으로서 '황제가 반대하고 수상이 감금되고 抑勒으로 결정된 조약'이 과연 국제법상 합당한 것인지 따질 수 있는 전 평리원 검사 李儁을

---

4) 第2회 헤이그 평화회의에 파견된 한국대표들을, 당시 일본측 정보자료나 이후의 여러 저술에서, 이들이 일본의 감시망을 피하여 密行한 사실을 중시하여 대개 '密使'로 표현하였으나, 고종이 대표들에게 휴대시킨 委任狀을 보면, 1906년 4월 18일의 이상설에게는 '特使'(《大韓每日申報》, 1907년 7월 9일), 6월 22일의 헐버트에게는 '特別使節'(Clarence N. Weems 博士著, 이재승 抄譯, 《Homer B. Hulbert 博士傳記草稿》, 李觀熙 소장), 1907년 4월 20일의 3특사에게는 '特派'라 표현하였고, 또한 이들의 사명이 을사조약 체결의 부당성을 폭로하려는 특수목적이 있었을 뿐만 아니라 투숙한 호텔에 태극기를 게양하고 평화회의의 참석을 위하여 공개적인 활동을 했으므로 '特使'로 표현하는 것이 타당하다고 본다.

5) 《魚潭少將回顧錄》 2, (謄寫印本, 1930).
뒷날 고종이 "박제순을 믿었는데 그것은 짐의 완전한 착각이었고 속은 것이어서 실로 억울하기 짝이 없는 일이다"라고 실토한 사실을 증거로, 박제순의 그와 같은 조언이 일본의 사주를 받아 고종을 궁지에 빠뜨리려는 사전 계획에서 또는 고종의 밀사 파견 사실을 일본측에 제보하려는 속셈에서 나온 것으로 보는 견해가 있다(申芝鉉, 〈世界에 呼訴하다－高宗의 密使〉, 《民族의 抵抗－韓國現代史》 3, 新丘文化社, 1972, 210쪽).

6) 제2차 헤이그 평화회의가 원래 1906년 여름에 개최예정이었기 때문에 그 당시부터 재야에서는 특사파견 계획이 李儁·이상설·徐正淳·李道宰·李容翊·李種浩·박상궁·베델·헐버트·맨함 등에 의해 은밀히 추진되어 왔다고 한다(柳子厚, 《李儁先生傳》, 東邦文化社, 1947, 305~306쪽). 그러나 崔南善은 특사파견의 맨처음 계획이 全德基·李儁·李東輝·李甲·李昇薰·金九 등 서북출신의 YMCA 회원들에 의해서 이루어졌다고 증언하였다(전택부, 《한국기독교청년회 운동사》, 정음사, 1978, 100·244쪽).
특히 이상설이 1906년 4월 18일에 출국한 것은 평화회의와 관련된 고종의 密命에 의한 것으로 보는 견해가 많다(柳子厚, 《李儁先生傳》, 306~307쪽 및 주요한, 《秋汀 李甲》, 民衆書館, 1964, 20쪽 및 李相稷, 《韓末雜報》 草藁本 등 다수).

副使로, 러시아어 · 불어 · 영어에 능통한 전 주러시아공사관 참서관 李瑋鍾을 역시 副使로 하는 3特使가 확정되었다.[7)]

3밀사 중 유일하게 국내 재야단체에서 활동하던 이준은 '한국이 자주독립국이므로 열국회의에 대표를 파견하는 것은 이치에 웅당하다'[8)]는 내용의 고종의 전권 위임장과 '러시아는 한국이 무고하게 화를 입고 있음을 생각하여 만국평화회의에 한국 대표를 참석시켜 한국정세를 설명토록 한 다음 만국의 공의와 정론을 일으켜 한국이 권리회복을 얻도록 도와달라'[9)]라는 내용의 러시아 황제에게 보내는 고종의 친서를 휴대하고 1907년 4월 22일 서울을 출발하여 블라디보스톡에 도착한 다음 북간도에서 달려 온 이상설과 합류하였다.

이와 전후하여 고종은 헐버트를 파견하여 밀사들의 활동을 측면 지원할 계획도 세웠다. 고종의 당초 계획은 1906년 여름 헐버트를 미리 보내어 각국의 수도를 방문케함으로써 다음해 헤이그에서 활동할 기반을 준비시키려는 것이었으나 비밀이 탄로나는 것을 막기 위하여 1907년으로 연기하였던 것이다. 이에 헐버트는 3특사가 헤이그에 도착하는대로 현지에서 합류할 것에 합의하고 4월초 3특사의 출발에 앞서 가족과 함께 스위스로 떠났었다.[10)]

이상설 · 이준 일행이 한국 교민 2세인 車니콜라이의 안내로 시베리아 횡단 철도를 타고 러시아 수도 페테르부르그에 도착한 것은 1907년 6월 중순경이었다. 여기서 이들은 이위종과 합류하여 평화회의에 제출할 長文의 '控告詞'와 일본의 불법행위를 폭로한 '부속문서'를 정리하는 한편, 이위종의 아버지이며 러시아 공사를 지낸 李範晋의 소개로 전 주한러시아공사 웨베르(K. I. Waeber)와 파블로브를 만나 자신들이 헤이그 평화회의에 참석할 고종황제의 특사로 파견되었음을 알렸다. 이 자리에서 이상설 · 이준 두 사람은 파블로브에게 니콜라이 2세에게 보내는 고종의 친서를 전달할 수 있도록 알현을

7) 특사의 인선은 '당시 블라디보스톡에 망명중이던 李容翊의 추천에 의해서 되었고 원래는 4명이었다'는 설도 있다(《魚潭少將回顧錄》)..

8) The Independent, 1907년 5월호.

9) 朝鮮總督府 編, 《日韓合併秘史》, 제5장 〈韓皇廢位及日韓新條約の成立〉 278~282쪽.

10) H. B. Hulbert, *The History of Korea*(The Methodist Publishing House, Seoul, 1905 : Hillary House, New York, 1962), pp. 52~53.

주선해 줄 것을 요청하였더니 수일 후 알현이 성사되어 친서를 전달할 수 있었고, 러시아 외무대신과도 만나 한국의 입장과 주장을 협의하였다.[11)]

이상설·이준은 이위종을 대동하고 페테르부르그를 떠나 베를린에 도착하여 준비서류를 인쇄한 다음 6월 24일 헤이그에 도착하였다.[12)] 이들의 헤이그 도착 사실은 페테르부르그 주재 네덜란드 신문사 특파원이 6월 28일자로 보도함으로써 유럽 각국에 널리 알려지게 되었다. 3특사는 헤이그 시내 바겐슈트라街 124번지에 있는 레용이라는 사람이 경영하는 용스(de Jongs) 호텔에 여장을 풀고 호텔 앞에 태극기를 게양하여 밀행에서 공개활동으로 전환했음을 보인 다음,[13)] 28일에는 일본을 제외한 각국 대표들에게 불어로 번역된 長書를 배포하고, 29일에는 러시아의 수석대표이며 헤이그 평화회의 의장인 넬리도프(A. I. Nelidov)를 방문하여 일본의 강압에 의해 을사조약을 체결당한 사정을 설명하고 헤이그 평화회의에 참가시켜 줄 것을 요청하였다. 그러나 넬리도프는 회의 참가에 대한 결정권이 형식상의 초청국인 네덜란드 정부에 있다고 책임을 회피하였다.[14)]

넬리도프와의 교섭에 실패한 특사들은 네덜란드 외상과 각국 사절을 歷訪하면서 한국의 입장을 호소하고 회의 참석권을 얻기 위해 백방으로 노력을 하였다. 그러나 네덜란드 후온데스 외상의 한국에 대한 태도는 완강한 것이었다. 그는 영일동맹·영일공수동맹 및 포오츠머드 강화조약에 의해서 한국은 일본의 보호하에 들어갔음이 국제적으로 인정되었고, 아울러 "을사조약에 의해 외교권이 일본에게 위임되어 2년간이나 외국과 斷交되었으므로 한국은 독자적인 외교권 행사가 불가능하여 회의 참가 자격이 없다"고 하면서 한국

---

11) 姜相遠,《李溥齋先生略史草案》.
《日本公使館記錄》,〈1907~1909년 在露韓人〉機密第六號.
尹炳奭,《李相卨－海牙特使李相卨의 獨立運動論－》(一潮閣, 1984), 62~63쪽.
그 당시 일본측의 정보 보고에 의하면 러시아 외무대신이 한국특사들을 만나주지 않았고 고종의 친서도 전달여부가 불명인 것으로 되어 있다(《日本外交文書》 40－1, No. 438, 428쪽).

12) H. B. Hulbert, op. cit., p. 53.

13) Haagsche Courant, Friday 6 Sept. 1907.
田保橋潔,《朝鮮統治史論稿》(成進文化社, 1972 영인간행), 27쪽.

14) Haagsche Courant, Set 29 June, 1907.

대표의 참석을 거부하였다. 특사들은 열강들간의 일방적 약조와 황제의 승낙이 없는 을사조약은 효력을 발생할 수 없으며, 헤이그 평화회의에 참가하려는 목적도 을사조약이 무력의 위협하에 강제로 체결된 것임을 세계만방에 고하고자 하는 것이라고 강조하였다. 그러나 네덜란드 외상은 한국은 이미 외교권을 상실하였고, 그 증거로 주한 각국 외교관들이 철수했다는 사실을 들면서 끝내 한국측의 요구를 묵살해 버렸다.[15] 이에 특사들은 중재 재판을 다루는 제1분과위원회에 출석하여 "일본이 한국을 침략하여 외교권을 빼앗고 자유권을 손상하니 서로 교호하는 우의와 약소국을 부축하는 뜻으로, 이를 각 우방에 알려서 법을 세우고 한국의 독립을 보전하도록 힘써달라"[16]는 내용의 황제의 평화회의에 보내는 공개서한을 제출하려 했지만, 그것조차 정치적인 문제는 제1분과위원회의 심의사항이 아니라는 이유로 거부됨으로써 아무런 효력을 발하지 못하였다.[17]

특사들은 영국·미국·프랑스·독일 대표들을 개별 방문하여 그들에게 "1905년 11월 17일 일본이 체결한 을사조약은 황제의 동의가 없었고, 무력을 행사하였을 뿐만 아니라 국가의 법률과 관습을 무시해서 행동한 사실 등 국제법을 위반한 것이므로 우리 일행은 이처럼 억울한 사정을 호소하기 위해서 황제의 특사로 파견되었는데도 일본에 의해 회의참석이 어려우니 여러분들의 호의적 배려가 있기를 바란다"[18]는 요지의 호소문을 배포하여 각국의 동정을 얻어내고 여론을 환기시켜 회의에 참석하려는 노력도 해보았다. 특사들의 이와 같은 노력은 의장인 넬리도프와 네덜란드 외상과의 교섭이 모두 실패로 끝났기 때문에 취해진 유일한 수단이었다.

그러나 특사의 노력에 못지 않게 일본의 방해공작도 치열하게 전개되었다. 6월 27일 경에 한국사절의 존재를 확인한 헤이그 주재 일본대사 츠즈키 케이로쿠(都築馨六)가 急電으로 이를 본국 정부에 알렸고, 이에 일본 정부는 당

---

15) Clarence N. Weems, ed, *Hulbert's History of Korea*, Vol. I (Hillary House Publishers Ltd. New York, 1962), pp. 52~54.
柳子厚, 《李儁先生傳》, 356~358쪽.

16) The Independent, 1907년 8월호.

17) 《Homer B. Hulbert 博士傳記草稿》, 1~24쪽.

18) 《日本外交文書》 40-1, №. 453, 435~436쪽.

황을 감추지 못한 채 즉각 헤이그의 츠즈키, 동경의 수상 사이온지 킨모치(西園寺公望)와 외상 하야시 타다스(林董), 그리고 서울의 조선통감 이토 사이의 3각 통신망을 구축하여 특사의 회의 참석과 그 밖의 행동을 갖은 수단을 다 동원하여 방해하기 시작하였다.[19] 츠즈키는 특사들이 가지고 온 신임장과 친서가 모두 위조이고 한국에 대한 외교권은 자기들이 장악하고 있으며, 자치능력이 없는 이 미개 민족에 대해 일본이 그 보호를 담당하고 있다고 선전하였다. 이러한 일본의 선전이 효력을 발휘하여 특사들은 번번이 각국대표들로부터 면회를 거절당했고, 설사 면회가 이루어졌다하더라도 그들로부터 냉담한 반응을 받아야 했다.[20] 더욱이 미국은 '태프트-가츠라 밀약'(1905. 7. 29)에 따라, 영국은 '영일동맹'(1902. 1. 30)에 따라 이미 한국에 있어서의 일본의 특수권익을 인정했고, 프랑스는 청국과 프랑스령 인도차이나 문제로 일본과 '佛日協定'을 막 체결한 상태였고(1907. 6. 10), 믿었던 러시아조차 '외몽골에 있어서의 러시아의 특수권익을 일본이 인정하고 한국에 있어서의 일본의 정치상 권익을 러시아가 승인하는' '제1차 러·일협약' 체결(1907. 7. 30 예정)을 목하 일본과 진행하고 있던 중이었으므로, 이들 열강들이 공식적으로는 일본을 무시할 수 없는 입장이었다.[21]

3) 특사의 장외 언론활동

특사들은 평화회의에 참석하는 데는 실패했지만, 언론을 통한 활약으로 한국의 억울한 사정과 일본의 침략을 세계에 알릴 수는 있었다. 이에는 헐버트의 활동이 크게 작용했다.

헐버트는 특사 일행에 앞서 4월 초 한국을 출발하여 일본과 중국을 경유, 다시 시베리아 횡단철도로 러시아를 거쳐 스위스에 도착하였다. 그는 이상설 등의 특사 파견 계획이 탄로나는 것을 사전에 방지하기 위하여 자신이 고종

19) 《日本外交文書》 40-1, No. 433~472, 425~449쪽.
《日本公使館記錄》, 〈1907年 海牙密使事件及韓日協約締結〉.

20) 《大韓每日申報》, 1907년 7월 3·7·14일.

21) 《日本外交文書》 40-1, No. 123, 120쪽, No. 436, 427쪽.
國會圖書館立法調查局編, 《舊韓末條約彙纂》 上中, (新書苑, 1989), 244~255쪽.

으로부터 밀명을 받아 헤이그 평화회의에 참석하게 되었다고 발설함으로써, 소문이 꽤 널리 퍼져 나갔고 이 때문에 일본은 헐버트가 평화회의에 참석한다는 사실에만 신경을 곤두세우고 있었다.[22] 헐버트는 스위스·프랑스 등지에서 언론인들과 접촉하면서 한국을 위해 선전활동을 전개하였는데, 특히 뒷날 한국 특사들의 활동에 다대한 도움을 준 영국의 언론인 스태드(W. T. Stead)를 베를린에서 만나 한국의 처지를 호소하여 그의 협력을 얻는데 성공했다. 스태드는, 1898년 제1차 헤이그 평화회의 때는 저명한 신문기자로서 활약하였고, 제2차 헤이그 평화회의에 즈음해서는 헤이그에서 출판되는《꾸리에 드 라 꽁페랑스》(Courrier de la Confèrence)라는 일간신문을 편집하고 있던 사람인데, 특사들의 언론을 통한 활약은 주로 이 사람의 도움으로 행하여졌다.[23]

한국 특사들에 관하여 외국신문들이 보도하기 시작한 것은 6월 30일부터였다. 동일자《꾸리에 드 라 꽁페랑스》에는 특사들이 각국 대표들에게 보낸 호소문의 全文이 게재되었다. 또 스테드는 편집자 주석 기사를 통하여 특사들의 신임장은 의심할 여지 없이 황제 자신으로부터 받은 것이며, 따라서 한국대표들은 공식초청을 받지 않았다하더라도 회의에 참석해야 한다고 주장하였다.[24] 이것을 시발점으로 해서《꾸리에 드 라 꽁페랑스》이외의 여러 신문들도 한국의 특사에 관한 기사를 보도하기 시작했다. 이러한 신문의 보도는 일본 당국을 몹시 당황하게 만들고 그들에게 커다란 충격을 주었으며,[25] 특사들이 평화회의에 참석할 수 있을 정도의 대단한 효과는 가져다주지 못했다하더라도 세계에 일본의 침략상을 폭로하고 한국의 입장을 주지시키는 역할은 할 수 있었다.

특사들의 언론을 통한 활약의 절정은 평화회의를 기회로 개최되었던 각국 기자단의 '국제협회'(The Foundation of Internationalism)에서 행한 이위종의 연설이었다. 이 협회를 주재하던 스태드의 협력을 얻어 7월 8일 밤 이상설과

---

22)《日本外交文書》40-1, №. 436, 427쪽.
23) H. B. Hulbert., op. cit., pp. 52~53.
Clarence N. Weems, ed, op. cit., pp. 52~53.
24) Courrier de la Conférence, Sunday 30th June, 1907.
25) The New York Herald, 1907년 7월 15일.

이위종은 귀빈으로 초대되었는데, 이위종은 많은 세계 각국의 기자들이 모인 석상에서 유창한 불어로 일장의 연설을 하였다.[26] 이위종은 오랫동안 러시아에 머물러 영·불·러시아어 등에 능통한 인물이었다. 스태드의 소개에 이어 등단한 이위종은 다음과 같은 요지의 연설을 통하여 일본의 침략에 희롱당한 조국의 처지를 절규하였다.

〈한국을 위하여 호소함(A Plea for Korea)〉(요지)

러일전쟁 중 일본이 공언한 전쟁목적의 두 가지는 첫째, 한국독립의 유지와 영토보전, 둘째, 극동의 교역을 위한 지속적인 문호개방의 유지였다. 또한 일본의 정치가들은 이번 전쟁이 일본 자신만이 아닌 모든 민족의 문명을 위한 싸움이라고 선전하였으므로 동양에 파견된 영·미인 모두가 일본의 언명에 대한 이행을 믿었으며, 특히 한국은 일본과 동맹관계를 맺고 전쟁 수행에 필요한 모든 수단을 동원하여 지원했을 뿐만 아니라 우리들 한국인들은 오랫동안 장기집정으로 인한 부패, 과도한 세금징수와 가혹한 행정에 허덕여왔으므로 일본인들을 애원과 희망으로 환영하였다. 그당시 우리들은 일본이 부패한 정부관리들을 처벌해주고, 일반 백성에게는 정의감을 북돋워주고, 정부 당국의 정치·행정에 대해서는 진실한 조언자가 되고, 한국민들의 개혁운동을 잘 인도하여 줄 것으로 확신하였다. 일본인들은 거듭하여 그들의 한국진출을 한국의 문호개방과 모든 백성을 위한 기회균등의 보존을 공고히하기 위함이라고 극구 강조하였다.

그러나 일본은 연승을 거두게 되자 태도를 바꾸어 추잡하고 불공평하고 비인간적이고 이기적이고 가혹한 처사를 감행하였고 지금도 여전하다. 그들의 맨처음 요구는 한국영토의 대부분을 점하고 있는 미개간지를 하등의 보상도 없이 50년간 그들에게 양도하라는 것이었고, 두 번째의 요구는 일본황제 특사인 이토가 저들 군마보포병을 동원하여 궁궐을 애워 싼 가운데서 11월 15일에 제시한, 그들에 의해서 꾸며진 조약체결 내용을 황제가 동의하라는 것이었다. 특히 이 조약의 초안은 첫째, 한국의 대외적 문제의 관할 및 지휘는 일본에게 위임할 것, 둘째, 한국 정부는 국제적 성격의 어떠한 회합이나 약정일지라도 일본의 중개 없이는 결정짓지 않는다는 것을 서약할 것, 셋째, 서울에 일본통감을 배치할 것, 넷째, 한국 내에 일본 주재관을 임명할 것 등 네 가지로 되어 있다.

한국황제와 대신들은 이 제안을 받아들이지 않을 것을 결심했는데도 불구하고 이토가 이를 고집했기 때문에 황제는 이에 동의하느니보다는 오히려 죽음을 택하겠다고 선언하였다. 그러나 17일 저녁까지도 결론을 짓지 못하자 일본은

---

26) 《日本外交文書》 40-1, No. 455, 436~437쪽.

"이를 수락하지 않으면 만사에 있어서 즉각적인 파괴를 의미할 뿐이다"라고까지 위협해 왔다. 공포에 질린 대신들은 주변에서 나뭇 잎이 바스락거리는 소리만 들더라도 일본군인들이 살그머니 옆에 접근해 오는 것으로 상상할 정도였다.

급기야 완강히 거부하는 참정대신 한규설을 체포하여 감금한 상태에서 을사조약이 체결되었음에도 불구하고 일본의 정치평론가나 선전가들은 세계만방에 대하여 이 조약이 마치 한국측의 선의적이며 자진적인 양보에 의한 것이라고 주장하였다. 이와 같이 가장 우의적이며 형제적인 우호관계를 가진 체 하면서 슬쩍 상대방의 호주머니를 터는 위선가는 공개적인 강도 행위보다도 더욱 경멸해야 할 일이며 잔인한 일일 것이다.

1905년 11월 17일 이후 일본은 공식적 비공식적으로 강탈·강도 또는 잔인한 흉계 등을 감행하였으니 이로 인한 3년간의 실질적인 손해는 구체제하 정부의 가장 잔혹한 정치가 50년간 저지른 해독보다 더욱 심한 것이었다. 이토가 일본에서 1억원(500만불)을 차관해 온 돈으로, 재한 일본인 관리들은 본토 봉급의 3~4배를 받았고, 수도공사는 일인들의 거주지인 제물포와 서울의 日本人街에만 시설되었으며, 교육기관의 설치는 한국어를 根滅시키고 일본어를 대신 가르치려는 것이었고, 한국인의 해외유학은 반일주의를 호소·선전할 우려가 있다고 불허하였으며, 행정개혁은 유능하고 신망 있는 한국인 정치가를 축출하고 일본화한 사람들로 대치한 것에 불과하였다. 뿐만 아니라 일본정권은 개인 소유지를 군사상의 필요에서 아무런 보상 없이 박탈하였으며 화폐제도를 개혁하여 한국상인들을 파산상태로 몰아넣었다. …

일본인들은 항상 평화를 말하지만 어찌 사람이 기관총구 앞에서 평화롭게 살 수 있겠는가. 한국민이 모두 죽어 없어지면 모르겠지만 그렇지 않은 상태에서는 한국의 독립과 한국민의 자유가 이루어지지 못하는 한 극동의 평화는 있을 수 없다. 한국 국민들은 독립과 자유라는 공동 목표에 대하여 정신적으로 결합되어 있으며, 이 목적을 위하여 한국 국민은 죽음을 무릅쓰고 일본인의 잔인하고 비인도적이며 이기적인 침략에 대항하고 있다. 여하한 행동을 해서라도 일본인과 싸우려고 결심한 2천만의 한국 국민을 대량 학살한다는 것은 일본인에게 있어서 그다지 흥미 있거나 쉬운 일이 아니라는 것은 사실이다. 일본은 한국의 독립과 문호개방에 대한 엄숙한 공약을 배반하였다(YE WE CHONG, "A Plea for Korea" The Independent, Vol. LXIII, New York, 1907년 8월호).

이러한 이위종의 열정적인 호소는 참석한 세계 각국의 많은 기자들을 감동시켜 폴란드 기자의 제안에 따라 한국의 입장을 동정하는 결의안을 만장의 박수로써 채택하게 하였을 뿐 아니라, 여러 신문에도 보도되어 세계의 이목에 한국의 입장을 알리는 효과를 발휘하였다.[27]

헐버트는 특사들보다 15일 늦게 7월 10일 헤이그에 도착하였다. 그 동안 그는 파리 등지에서 활약하면서 "일본이 서구인들과 한국인들을 배제하고 한국의 모든 재산을 독점하려고 하는 때에 유럽국가들이 한국문제에 이처럼 무관심하다면 다음에 후회하게 될 것이다"라고 선전·선동하여 특사들을 측면지원하였다.[28] 그는 헤이그에 도착한 그날 저녁 스태드의 요청으로 기자회의에서 이위종의 연설취지와 같은 내용의 연설을 하여 한국 특사들의 호소를 뒷받침하였다.[29]

이처럼 특사들의 장외활동이 활발하였으나 회의 참석은 끝내 좌절되고 말았다. 한국 특사들의 호소가 비록 절절하여 열국 기자들의 심금을 울릴 수 있었고 소수이긴 하나 회원국 대표들의 개인적인 동정도 얻을 수 있었다 하더라도, 그것은 어디까지나 '커피포트 안에서의 소동'에 불과할 뿐 국제여론을 바꿀 수는 없었다.[30] 헤이그 평화회의의 근본 취지가 강대국간의 군비경쟁의 수위를 상호 조절하는데 있는 이상 식민지 경략에 여념이 없었던 세계열강들이 한국과 같은 약소국의 입장에 아무런 협조의 손길도 뻗치지 않았던 것은 당연하다. 만약 러일전쟁 직전에 한국이 선언했던 국외중립이 성공했더라면 제2차 헤이그 평화회의에서 목하 논의되어 결정되었던 중립국의 권리·의무 조항에 따라 어느 정도 혜택을 입었을런지도 모르지만 그것이 실패한 한국으로서는 이 회의 회원국들의 관심 밖일 수밖에 없었다. 제2차 헤이그 평화회의의 이러한 성격을 朴殷植은 다음과 같이 표현하였다.

> 헤이그의 만국평화회의가 만약 그 이름과 같다면, 무기를 녹여서 玉帛으로 만들고 쟁투를 종식시켜 겸양으로 변하게 하고 강권 횡포를 억눌러 약자의 원통함과 억울함을 풀어주고 지구상에 和氣를 가득채워 중생들에게 복락을 가져다 줄 수 있으니 어찌 人道의 旗幟와 公理의 표준이 되지 않겠는가. 그러나 이 회의를 제창하고 주도권을 행사하는 자는 누구이며 여기에 참석하여 조약문을 낭독하는 자는 누구이더냐. 모두가 매와 호랑이 눈빛처럼 위협하고 원숭이처럼

27) Haagsche Courant, Wed. 10, July, 1907.
28) 《日本外交文書》 40－1, №. 441, 429～430쪽.
29) 《日本外交文書》 40－1, №. 459, 438～439쪽.
30) Hilary Conroy, *The Japanese Seizure of Korea, 1868～1910*(Philadelphia : Univ. of Pensylvania Press), pp. 347.

속이고 이리처럼 탐욕하여 날로 약소국을 침략 병탄하고 남은 종족을 박멸하는 것이 그들이 마땅히 행해야할 버릴 수 없는 의무인 양 생각하고 있으니, 어찌 이른바 평화주의라는 이름으로 약소국을 구휼하고 횡포를 억제하고, 멸망하여 단절되어 가는 국가를 일으켜 계승시키는 일들을 하여 公法을 밝히고 正道를 지킨다고 할 수 있으리오. … (朴殷植,《韓國痛史》, 三乎閣, 1946, 114쪽).

이로써 한국 특사들의 헤이그 활동은 약소국으로서의 통한을 뼈저리게 느끼면서 막을 내려야 했다. 이위종은 국제협회 연설 직후 페테르부르그로 떠났고, 이준은 7월 14일 갑작스럽게 殉國하였으며,[31] 이상설은 이위종과 다시 합류하여 7월 19일 헤이그를 출발, 영국을 거쳐 미국으로 떠났다.[32] 그 뒤 이들 일행은 9월 6일에 잠시 헤이그에 다시 들러 그 동안 假葬해두었던 이준의 유해를 현지의 '청년기독협회'(The Christian Union of Young Men)의 도움을 받아 '뉴브 아이큰다우'(Nieuw Eikenduinen) 공동묘지에 안장한 다음[33] 프랑스·독일·이태리·러시아·영국 등지로 순방외교에 나섰다.[34] 특히 이상설은 각국의 국가원수나 정치지도자를 만나 을사조약의 불법성을 폭로함은 물론 동아시아의 영구평화를 위한 한국의 永世中立을 주장하였다.[35] 이들은 다시 미국을 거쳐 블라디보스톡으로 건너가 독립운동에 전념하다가 이상설은 1917년 3월 2일에 시베리아 니콜리스크에서 사망하였고,[36] 이위종은 페테르부르그로 떠난 후 생사가 묘연해져 버렸다. 이처럼 제2차 헤이그 평화회의 참석차 조국을 떠났던 특사들이 끝내 귀국하지 못하고 국제적인 迷兒가

---

31) 현지 소식통들은 이준의 死因을 안면의 腫氣 제거수술 후유증 때문으로 보도하였다(Haagsche Courant, July 7. 1907 및 Courrier de la Conférence, July 7. 1907 및《日本外交文書》40－1, №. 462, 439쪽).

32)《日本外交文書》40－1, №. 463, 440쪽.
김원용,《재미한인오십년사》(Readley Calif. U. S. A., 1958), 313쪽.

33) Haagsche Courant. Sept 5, 6, 1907.

34)《大韓每日申報》, 1907년 12월 11일 外報.
김원용, 앞의 책, 313~314쪽.

35) Haagsche Courant, Sept, 6, 1907.
《大韓每日申報》, 1907년 7월 27일·8월 27일.
《日本外交文書》40－1, №. 466, 446쪽.

36) 姜相遠,《李溥齋先生略史草稿》.
李完熙,《溥齋李相卨先生傳記抄》.

되어버린 것은, 이들의 밀파사실이 알려진 직후 조선통감부가 한국 法部를 강압하여 특사들을 '使命을 띤 官人詐稱罪'로 기소하고, 이에 따라 1907년 7월 20일 平理院(재판장 趙民熙)이 궐석재판을 개정하여 正使 이상설에게는 主犯으로서 사형을, 副使 이준·이위종에게는 從犯으로서 종신형을 각각 선고했기 때문이다.[37]

4) 특사 파견의 파문

고종을 축출할 계기만을 노리고 있던 일본에게 제2차 헤이그 평화회의에의 특사 파견 사건은 절호의 기회가 아닐 수 없었다.

통감 이토가 일본 외무성으로부터 韓皇特派使節에 관한 전문을 받았던 것은 1907년 7월 3일이었다. 이토가 이 중대정보를 받고 '이제야말로 稅權·兵權 또는 재판권 등 한국의 주권을 탈취할 수 있는 좋은 기회로 인정한다'는 답전을 보낸 다음 한국 황제에게 특사파견에 대한 책임을 강박적으로 추궁하였는데, 그는 고종에게 특사파견은 일본에 대한 적대행위이고 협약위반이므로 "이와 같은 음험한 수단으로써 일본의 보호권을 거부하려 하기보다는 차라리 일본에 대하여 당당히 선전포고를 하라"고 협박했다. 난처한 처지에 빠진 고종은 자신은 모르는 일이라고 부인했지만 미봉책에 불과하였다. 이토는 같은 날 참정대신 이완용에게도 "황제가 조약을 무시하고 일본에 대해 공공연히 적대행위를 했으므로 선전을 포고할 충분한 이유가 있다. 귀하가 적의하게 수상된 책임으로서 韓皇에 주청하여 처결을 촉구해야 한다"[38]고 위협하였다. 이에 7월 6일 소집된 어전회의에서 이토에 의해서 등용된 농상공부대신 宋秉畯 역시 고종에게 특사파견의 책임을 추궁하면서 사태수습책으로써 황제가 친히 일본에 건너가서 日皇에게 사죄를 하든지, 아니면 大漢門에 나가서 주한일본주차군 사령관 하세가와를 맞이하여 항복하든지의 두 가지 굴욕적인 방안을 제시하고 협박했다.[39]

---

37) 《舊韓國官報》, 1907년 8월 12일.
38) 春畝公追頌 編, 《伊藤博文傳》 下, (1940), 751쪽.
39) 朴殷植, 《韓國痛史》, 117쪽.

이토의 침략행위는 그 혼자만의 구상이 아니었다. 뒷 날 가츠라 타로가 야마가타 아리토모에게 보낸 편지 속에서도 "황제 및 정부 당국자들로 하여금 과실을 범하게 할 수 있다면 이는 대 한국 정책상 가장 좋은 구실이 될 것이다"[40]라고 언급하고 있듯이 이토의 행위는 일본 정부 당국자들의 한국에 대한 보편적인 정서를 잘 실천하고 있을 뿐이었다. 일본 정부는 7월 12일자로 조선통감부에 '이 기회를 놓치지 말고 한국 정부에 관한 전권을 장악할 것을 희망하며, 만일 그것이 뜻대로 되지 않는다면 적어도 내각 대신 이하 중요 관리를 통감이 추천한 일본인으로 채울 수 있도록 할 것이며, 이 문제는 극히 중요하므로 일본 외무대신을 직접 한국에 보낼 터이니 통감과 협의하여 신중히 진행하도록 하라'는 훈령을 내리고 있다.[41]

일본 정부는 이러한 침략 목적의 수행을 위하여 외무대신 하야시 타다스를 7월 18일에 서울에 파견하고, 도착 당일에 한국의 어전회의를 소집토록 하여 고종에게 특사파견에 대한 책임을 또 다시 추궁하면서 퇴위를 강요하였다. 이 날 회의에 참석한 친일 각료들 가운데서 고종의 퇴위를 가장 강력하게 주장한 사람은 역시 송병준이었다.

안팎으로 궁지에 몰린 고종은 결국 7월 18일 밤 황실과 국가의 대사를 황태자에게 대리시킨다는 詔勅을 발표하였다. 이는 어디까지나 자신의 복귀를 전제로 한 일시적 후퇴로써 당장의 사태를 수습해 보겠다는 고육책이었다.[42] 그러나 헤이그 사건 발생 한 달 전인 5월 22일에 출범한 이완용 내각은 워낙 고종의 퇴위와 친일파 중심의 정계재편을 주장한 공로로 이토에 의해 조각된 정부였기 때문에 고종의 일시적 후퇴를 항구적 퇴진으로 몰아갔다.[43] 드디어 7월 20일, 홀로 고종의 양위를 반대하던 궁내부대신 朴泳孝가 파면되고 고종과 황태자가 모두 불참한 가운데 참정대신 이완용, 내부대신 任善準, 탁지부대신 高永喜, 군부대신 李秉武, 학부대신 李載崑, 법부대신 趙重應, 농

40) 山邊健太郎, 《日韓併合小史》(東京 : 岩波書店, 1966), 219쪽.
41) 《駐韓日本公使館記錄》, 1907년 〈海牙密使事件及日韓協約締約〉.
釋尾東邦, 《朝鮮併合史》(京城 : 朝鮮及滿洲社, 1926), 347~348쪽.
42) 《日本外交文書》 40-1, No. 486, 465~466쪽.
鄭 喬, 《大韓季年史》 하, 광무 11년 7월 16일.
43) 《駐韓日本公使館記錄 마이크로필름》 No. 253, 〈明治39년 統監府報告〉.

상공부대신 송병준 등 이른바 '七賊'[44]과 몇몇 원로만이 모인 자리에서 고종의 양위가 선포되고 말았다.[45]

일본의 온갖 위협과 압력에도 불구하고 가능한 데까지는 저항을 해 왔던 강력한 배일주의자였던 고종의 퇴위는 결과적으로 일제의 침략을 용이하게 만들었다는 점에서 그 영향은 즉각적으로 나타났다. 그것은 고종 퇴위 4일만인 7월 24일에 조인된 '韓日新協約(丁未七條約)'이었다. 이 조약은 일본이 한국의 입법권・행정권・관리임용권의 탈취를 통한 內政 장악을 위해 체결된 것으로서, 이토는 우유부단한 신황제 순종을 협박하여 아무런 반발 없이 순조롭게 조약체결에 성공한 것이다. 이에 따라 향후 한국 정부의 운명은, 親日大臣들의 虛像 아래 國事의 실질적인 책임자로서 1908년 1월에 임명된 일본인 次官들, 즉 궁내부차관 小宮三保松 내부차관 木內重四郎 농상공부차관 岡喜七郎 학부차관 俵孫一 탁지부차관 荒井賢太郎 법부차관 倉富勇三郎 경무국장 松井茂 경시총감 丸山重俊 총세무사서 永濱盛三 등에 의해 좌지우지 되어가는 꼴이었다.[46] 설상가상으로 고종의 양위를 반대하여 발생된 한국군의 궐기는 일본으로 하여금 한국 군대의 해산을 서두르게 하였다. 이리하여 순종이 즉위한지 10일 이후인 8월 1일에는 한국 군대의 해산이 단행되어 한국은 군대 없는 국가로 전락하고 말았다.[47]

특사사건을 계기로 한국은 제국주의적인 세계질서 속에서 고립무원의 국가임을 확인받게 된 셈이며, 그 결과로 초래된 고종의 양위로 한국은 통치자를 잃고 일본의 내정간섭하에 들어가게 되었다. 제2차 헤이그 평화회의가 한국에 가져다 준 이와 같은 결과에 대하여 朴殷植은 "한국이 평화회의 밀사문제로 거꾸로 일본인에게 구실을 주고 禍를 촉진케 하였으니, 이는 소위 평화라는 名詞 때문에 우리 나라를 크게 그릇되게 한 것이다"라고 評하였다.[48]

〈朴熙琥〉

---

44) 柳子厚, 《李儁先生傳》, 384~386쪽.
45) 《高宗實錄》, 광무 11년 7월 18~20일.
46) 《純宗實錄》, 광무 11년 7월 24일.
《日本外交文書》 40-1, №. 525~528, 488~493쪽.
47) 《舊韓國官報》, 1907년 8월 1일.
48) 朴殷植, 《韓國痛史》, 114쪽.

Ⅱ. 범국민적 구국운동

1. 유생의 상소 투쟁
2. 시민의 투쟁
3. 황무지개척권 반대운동
4. 국채보상운동
5. 의사・열사의 항쟁

Ⅱ. 범국민적 구국운동

1. 유생의 상소 투쟁

1) 을사조약 체결 이전의 상소운동

한국에서 淸國과의 종주권 쟁탈을 전개한지 20여 년만에 청일전쟁에서 승리하고, 다시 러시아와 대결 10년만에 러일전쟁을 도발하여 승리한 제국주의 일본은 마침내 열강들의 묵인 아래 한국의 주권 침탈을 노골화하였다. 이러한 일제의 침탈에 따라 한국민은 거족적인 항쟁을 벌여 나갔다. 이와 같은 강인한 항일투쟁의 이면에는 침략자 일제에 대한 역사적이고 전통적인 우리 민족의 우월 의식과 배일 사상, 민족적인 자긍심이 잠재하고 있었다.

그리고 실제적인 항일운동은 그들의 대한침략의 변천에 따라 때로는 열강에 탄원서를 제출하고 정부 당국에 상소문을 올리는 것과 같은 소극적인 저항에서부터, 때로는 자주 자립을 위한 自强運動으로, 요인의 암살이나 의병운동과 같은 적극적인 투쟁으로 다양하게 전개되었다. 이중 상소운동은 전·현직 관리 내지는 유생들에 의해 전개된 것으로, 방법상으로는 가장 소극적인 투쟁일지 모르나 일제의 압박 속에서 당시 최고 지식인들에 의해 가장 먼저 이루어졌으며, 다른 운동의 이론적 근거를 제공했다는 점에서 의의가 크다고 하겠다.

1904년 2월 조인된 한일의정서는 실질적으로 한국의 주권이 유명무실하게 된 1905년 을사조약의 길을 열었고, 1910년 한국병탄의 기반을 다져 놓은 첫 걸음이라고 할 수 있을 것이다. 주한일본공사 하야시 곤스케(林權助)는 2월 5일 전국의 유생을 회유하기 위하여 기밀비 1천원을 대여하여 抵當期限이 만료된 儒生集合所의 가옥을 찾아주고 家券과 賣渡證書를 받아두기도 하였으며,[1] 한일의정서를 조인하기 전날인 22일에는 조약체결에 반대하던 度支部大臣 李容翊을 일본으로 압송하여 조약체결에 따른 부작용을 완화하려 했다. 그러나 굴욕적인 의정서의 체결에 격분한 국민들은 단연코 이를 반대하고 나섰다.

한일의정서가 조인된지 나흘 뒤, 공포되기 하루 전인 2월 26일 前議官 呂永祚, 前都事 李學宰, 前參奉 尹敎求 등은 國是建議所를 만들고 건의서를 中樞院과 정부에 상정하고 종로와 남대문에도 내걸었다.[2] 다음날인 2월 27일에는 議政府參贊 權重奭을 위시하여 中樞院副議長 李裕寅 등은 여러 議官들과 함께 한일의정서를 반대하고, 그 체결에 앞장섰던 李址鎔에게 글을 보내 힐문하였다. 3월 1일에는 역시 이유인과 여러 의관들이 이지용과 具完喜를 탄핵하는 상소문을 올려 그들의 매국죄를 조속히 다스려 줄 것을 청원하였다.[3] 이러한 분위기 속에서 3월 2일에는 한일의정서 체결에 관여한 外部交涉局長 구완희와 磚洞 康洪大의 집에 폭탄이 투척되기도 했으며,[4] 보부상 조직인 商務社를 중심으로 연설회의 개최 등의 반대 운동으로 이어졌다.

한일의정서 체결 이후 일제는 이를 근거로 각종 협약 체결, 일본인 고용, 차관 제공, 이권 침탈을 노골화하였다. 특히 6월 6일에 이르러 일본공사가 '경영에 착수한 各部에 대하여 경영 완성 후 50년간'의 계약기간을 가지는 황무지의 개척권을 외부대신에게 手交하고, 동월 18일 이 사실이 《皇城新聞》에 보도되자 일제의 무모한 요구에 대해 전국의 여론이 물끓듯 하였다. 6월 중순 경부터 전국에서는 일본의 對韓政策이 오로지 利益壟斷主義에 있다고 논하면서 철도·어업·은행권·울릉도 벌목 등의 數條目을 들어 일제를 배척하는 궐기 격문이 나붙기 시작했고, 상소문이 끊이지 않아 일제는 외부대신에게 조회하고 법부대신과 警務使에게 조사 처분할 것을 요구할 정도였다.[5]

6월 19일 儒生 金箕祐, 進士 鄭東時 등은 철도 役夫의 작폐, 北進軍의 폭

1) 《駐韓日本公使館記錄》, 1904년 機密本省往.
2) 《皇城新聞》, 1904년 2월 26일.
3) 鄭 喬, 《大韓季年史》 하(國史編纂委員會, 1957), 권 7, 1904년 2월.
4) 《皇城新聞》, 1904년 3월 4일.
5) 《日本外交文書》 37-1, No. 654, 명치 37년 6월 18일, 儒生一派ノ排日檄文ニ關スル.

행, 銀行券 發用, 不通 內地에 불법거주, 바다의 어업권 침탈, 울릉도 삼림벌목, 제주도 어업기지 불법 점유 등을 거론하며 13도에 發通하다가 일본공사관의 照請으로 경무청에 피체되었다.[6] 이튿날에는 前議官 鄭耆朝, 前監察 崔東植 등 10여 명이 일제의 황무지 勒借에 대한 격앙된 배일통문을 전국에 배포하여 항의하였고,[7] 22일에는 종2품 李相卨이 황무지 개간권 요구에 반대하는 상소문을 올렸으며, 前議官 洪肯燮은 황무지 개간권 요구의 부당함을 극론하면서 御供院의 철폐 등 17개 조목을 들어 정부에 청원하였다. 또한 從1品 李乾夏, 從2品 朴箕陽·李相高, 奉常司副提調 宋奎憲, 前議官 安鍾惠 등 宰臣들과 李舜範을 필두로 한 경향 각지 유생들의 반대 상소와 建白書가 끊이지 않았다. 그리고 前秘書丞 尹秉, 前郡守 洪弼周, 前承旨 李範昌, 前主事 李沂 등은 선언서를 발표하여 국민들의 각성을 호소하였다.[8] 이렇듯 상소를 통하여 황무지 개척권 이양에 반대하던 조신과 유생들은 좀더 강력하고 조직적인 반대운동을 펼치기 위하여 輔安會를 조직하였다. 심지어 7월에는 平理院判事 許蔿 이하의 이름으로 된 일본 배척의 격문이 寧邊·安州 등지에 나붙었는데 특히 영변에서는 야간에 일본군을 향해 발포하는 사태에까지 이르렀다. 이에 일본공사는 집회를 금할 필요를 느꼈으나 우리 정부에서는 격문의 주모자를 곧 방면하고 궁중에서 금전을 하사하여 집회의 기세를 돋우고 있었다.[9]

1905년에 들어서도 각지에서 소요사태가 계속되자 일본 헌병대는 경성과 부근의 치안권을 장악하였고, 1월 말에는 경무청이 고등경찰제를 도입하기에 이르렀다. 그러나 실제 이 제도는 서울 지역에 국한하는 것이 아니라 전국에 걸쳐 시행되었다.[10] 이 가운데 崔益鉉은 일본의 경찰사무 집행을 비난하면서 臺諫制度 부활, 內藏院의 세금 축소, 輪對制度의 복구를 요구하였다.[11] 그는

6) 《皇城新聞》, 1904년 6월 20일·23일.
7) 黃 玹, 《梅泉野錄》 권 4(國史編纂委員會, 1955), 1904년 4월.
《皇城新聞》, 1904년 6월 21·22일.
8) 金允植, 《續陰晴史》 하(國史編纂委員會, 1960), 권 11, 1904년 7월 12일.
9) 《日本外交文書》 37-1, No. 676, 명치 37년 7월 17일, 排日檄文ノ張本人處理ノ件.
10) 《舊韓國外交文書》 7(日案 7), 397~401쪽.
11) 《高宗實錄》, 광무 9년 정월 14일, 議政府贊政崔益鉉疏略.

계속하여 "借款이 반드시 나라를 망하게 하고 외국에 의탁하는 것이 반드시 화를 초래하리라"고 하였고,[12] 李址鎔 등 매국 역적 5, 6명을 사형에 처하라는 상소를 올렸다. 이 疏本이 《皇城新聞》에 게재되니 일본공사 하야시는 최익현과 秘書院丞 허위를 엄중 처벌하고 이같은 행동이 전국으로 전파되는 것을 방지할 것을 요구하였다.[13] 정2품 金鶴鎭은 "지금 시국이 날로 변하여 강한 이웃 나라가 우리를 대신하여 나라 일을 처리하는 판인데, 옛날을 돌아보나, 오늘날을 살펴보나 지금처럼 남의 통제를 받은 적이 언제 있었겠습니까. … 8~9년 이래로 중요 철도를 다른 사람에게 양여하고, 온 나라 광산의 이권도 다른 나라에 소속되었으며, 관제를 고쳐 바로잡고 화폐를 바로 고치는 일까지도 자체로 작정하여 실행하지 못하고 있습니다"라고 개탄하면서, 외국 차관과 일본화폐 유통의 폐해, 일본군사령부의 한국인 소송 수리와 재판운영의 부정을 지적하고 그 개혁방안을 건의하였다.[14] 이에 일본 헌병대는 11일 일본을 배척하고 한일의정서를 비난하여 경성의 안녕 질서를 파괴하였다는 구실 아래 최익현·김학진·허위를 헌병대에 구금하고, 궁성을 호위한다는 명목으로 이날 오후 10시 경부터 헌병 25명을 궁성에 파견하였다.[15] 이후 최익현은 일본 헌병에 의해 抱川으로 강제 호송되었다. 이후 3월 22일 재차 상소를 위해 상경하였다가 일본 헌병에게 연행되어 定山으로 퇴거당했다.[16]

7월 29일에는 미국의 육군장관 태프트(William H. Taft)와 일본 수상 가츠라 타로(桂太郞) 간에 覺書가 성립되고 8월 12일 런던에서 제2차 英日同盟이 조인되었다. 또 9월 5일에는 포오츠머드(Portsmouth)에서 러시아와 일본간에 강화조약이 체결되었다. 이 무렵 한국은 구미 열강에게 일본의 침략을 견제해 줄 것을 호소하였다. 특히 제2차 영일동맹조약이 공포된 후로 유생들은 일제가 강제로 보호조약을 체결할 것을 예견하고 이에 대한 저지운동을 국내외에서 전개하고자 했다.

12) 《高宗實錄》, 광무 9년 2월 3일, 待罪臣崔益鉉疏略.
13) 《舊韓國外交文書》 7(日案 7), 453~454쪽.
14) 《高宗實錄》, 광무 9년 3월 7일, 正二品金鶴鎭疏略.
15) 《皇城新聞》, 광무 9년 3월 14일.
16) 《皇城新聞》, 광무 9년 3월 24·25·27일.

러일전쟁의 종결과 사후 처리를 위한 강화회담이 미국 포오츠머드에서 열린다는 소식이 전해지자 前注書 羅寅永과 前主事 吳基鎬·李沂는 이 회담에서 한국에 관한 논의가 있을 것으로 예측하고 미국 조야에 한국의 독립을 보장하도록 호소하기 위하여 도미하려고 하였다. 그러나 이들은 일본공사 하야시의 방해로 끝내 뜻을 이루지 못하게 되자 1905년 6월 일본으로 건너가 이토 히로부미(伊藤博文)를 비롯한 일본 정계 요인들에게 동양 평화를 위하여 한·청·일 3국이 동맹하고, 일본은 한국에 대한 선린의 交誼로서 독립을 보장하라고 역설하였다. 한편 이들은 일본 정부에도 서한을 보내 한국의 독립과 영토 보전에 대한 모든 조약과 선언을 신의로 지키라고 요구하는 한편,[17] 日皇에게 致書하여 한·일간의 여러 조약을 준수할 것을 요구하고 양국간의 이해를 說諭하였다.[18] 마침내 동경의 여러 신문에서 을사조약의 내용을 보도하자 나인영은 외부대신 朴齊純에게 급전을 보내 "목을 베일지언정 韓日協約에 동의해서는 안된다"고 경고하고, 오기호 및 부모상을 당한 이기와 함께 다음해 2월 귀국하여 한층 격렬한 대일항쟁을 전개하였다.

한편 大韓十三道儒約所의 유생 대표 金東弼·金錫恒·宋鍾潤·李佖 등 26명은 1905년 음력 9월 주한 각국 공사관에 公函을 보내어 그 동안 일제가 저지른 14개 죄목을 낱낱이 열거하면서, 이는 國際公法에 어긋나는 것임을 논박하고, 일본에게 억압을 당하고 있는 한국을 후원해 줄 것을 탄원하였다.[19] 또 이들은 11월 10일 이토에게도 서한을 보내 한·일간의 여러 조약에 명시된 조항을 상기시키는 동시에 시모노세키(馬關)條約 제1조에서 조선은 자주국임을 분명히 확인하였고, 일본의 러시아에 대한 宣傳詔書에서는 한국의 독립 유지를 선언하였으며, 일본의 러시아에 대한 通牒辨明書에서도 한국의 독립이 공고하다고 하였으므로 일본은 이를 지켜야 한다고 주장하였다. 이어 유생 대표는 일본공사 하야시의 횡포를 꼬집어 통박하고 시정을 요구하면서 한·일 양국의 항구적인 평화를 위해서도 일본이 한국을 보호국화하려는 것은 부당하다고 역설하였다.[20]

---

17) 鄭 喬,《大韓季年史》하, 1905년 11월.
18) 위와 같음.
19) 國史編纂委員會,《韓國獨立運動史》1(1965), 90~92쪽.

前參贊 郭鍾錫은 고종황제에게 올린 장문의 상소를 통하여 일제의 이권침탈과 전횡, 이토의 방한을 경계하고 한국의 처지를 "정사에 관한 지시를 내리는 것이 몽땅 주재한 大使와 顧問에게 달려 있고, 이른바 一進會의 패거리라는 것들이 또 그에 추종해서 상호 비호해 주고, 서로 배짱이 맞아 끝없이 명분을 어지럽히고 법을 문란하게 만들어도, 폐하와 정부의 각 부에서는 스스로 가타부타할 수 없다"고 전제하고, 국가의 기강을 세우고 內治를 다질 것, 신의를 가지고 萬國·日本 등과 담판하여 화친에 관한 약조를 중하게 만들고 굳게 다져 동양의 안정을 보장하는 큰 계책을 강구할 것을 건의하였다.[21] 이와 같이 을사조약의 체결 전, 유생들은 공함이나 서한을 통하여 일본의 침략상을 폭로하고, 한일간의 여러 조약에서 명시된 한국의 독립을 보장한다는 조항을 일본은 실천할 것이며, 일본의 한국에 대한 보호권 확립은 협정에 위배되는 것이라고 지적하여,[22] 일제의 만행을 세계만방에 알리고 강대국들에게 한국의 지원을 호소함으로써 닥쳐올 보호조약을 저지하려고 하였다.

유생들이 보낸 공함이나 서한의 내용은 을미의병 당시 유생들의 斥倭運動 혹은 排日運動의 보수적인 경향과는 그 성격을 달리하고 있다. 이러한 특징은 유생 자체가 이미 서구화 혹은 근대화의 사고방식을 지님으로써 국가관의 변화가 점차 일어나고 있었던 징조라고도 할 수 있다.[23]

11월 5일 일제의 주구인 일진회에서 전국민을 상대로 선언서를 발표하였는데, 그 요지는 대체로 "한국의 외교권을 일본 정부에 위임하는 것이 국가의 독립을 유지할 수 있고 영원히 복을 누릴 수 있다"는 망발이었다. 이에 대해 皇城基督敎靑年會·國民敎育會·大韓俱樂部·憲政硏究會 등은 선언문을 즉시 일진회에 돌려보냈고, 그외 여러 단체에서 선언문을 반박하였다. 정부에서도 일반 국민들이 현혹되지 않도록 〈告示民人〉을 초안하여 발표하고자 했으나 警務顧問인 마루야마 시게도시(丸山重俊)의 반대로 발표하지 못했다.[24]

---

20) 鄭 喬, 《大韓季年史》 하, 1905년 11월.

21) 《高宗實錄》, 광무 9년 11월 5일, 前參贊 郭鍾錫 疏略 1·2.

22) 崔永禧, 〈乙巳條約締結을 前後한 韓國民의 抗日鬪爭〉(《史叢》 12·13, 1968), 610쪽.

23) 최영희, 위의 글.

2) 을사조약 반대 상소운동

일제는 무력으로 한국민의 반일운동을 강압하는 한편 회유와 매수로서[25)]을사조약 늑결을 강행하였다. 1905년 11월 17일 일제의 강압하에 을사조약이 체결되었다는 소식은 곧 우리 민족의 거족적인 항쟁을 불러일으켰다. 을사조약의 체결은 곧 국가의 멸망이라는 사실을 국민들은 너무나 잘 알고 있었다. 따라서 을사조약 반대운동은 곧 우리 민족이 이 조약으로 인하여 일본에 굴종할 수는 없다는 결의에 찬 전국적이고도 전민족적인 투쟁이었다. 이 운동의 방향성은 대외적으로는 일본 침략에 대한 항거와 열강에 대한 후원의 요청이었고, 대내적으로는 친일 매국노에 대한 규탄과 민족의 실력양성으로 집약되었다.

한국민의 을사조약 체결 반대운동이 얼마나 극렬했는지는 오기하라 히데지로(萩原秀次郞) 代理公使가 본국에 보고한 내용에서도 알 수 있다. 그는 일본 신문들이 한국의 보호 문제를 다룬 결과 "그 전에 어떠한 방어수단을 강구하기 위하여 開敎保生會·靑年會 등 단체 및 《코리아데일리뉴스》 등이 왕성하게 排日主義를 고취시킬 뿐 아니라 특히 주목할 것은 중추원의관들을 교사하여 대외조약의 訂結에 중추원은 관제상 당연히 참여하여야 된다는 건의를 시도하고 혹은 또 하층 인민을 선동하여 소위 의병을 각처에 봉기시키려는 魂膽으로 은밀히 궁중 및 일본 반대측에 획책하고 있는 상황"이라고 하였다.[26)]

을사조약이 늑결되자 가장 먼저 조약체결에 반대의 입장을 보인 것이 전·현직 관리였다. 이들은 상소를 통한 투쟁을 시작하였고 이에 대한 자세한 진행과정과 상소문의 내용은 즉시 《황성신문》·《제국신문》 등의 언론을 통하여 전국적으로 알려졌다. 그 결과 상소 투쟁은 언론계의 활동과 함께 을사

---

24) 《朝鮮統治史料》 권 4(韓日合邦 2), 〈韓國一進會誌〉, 광무 9년 11월 5일.

25) 일본의 을사 5적 등의 매수는 崔永禧, 〈日本公使館記錄中, 韓日議定書 乙巳條約에 關한 資料〉(《編史》 1, 국사편찬위원회, 1964) 참조.

26) 《日本外交文書》 38-1, №. 11(255), 日本ノ韓國保護ノ措置ニ對スル韓國ノ反對運動ニ關スル件.

조약 반대운동의 선봉이 되었다. 조약의 무효와 매국노의 규탄을 부르짖는 내용의 상소문은 전국 각지에서 쇄도하였다. 특히 趙秉世·崔益鉉·閔泳煥·沈相薰·閔秉奭 등 원로대신들의 상소운동은 전국적으로 배일감정을 크게 자극하였다.

참정대신 한규설은 조약이 늑결되려는 11월 17일 밤 이를 저지하기 위해서는 고종황제가 이토 히로부미를 친히 불러 거절하는 것이 최후의 방법이라 믿고 황제를 알현하여 그 뜻을 상주하였다가 조약 체결 후 면직처분을 받았다. 19일에는 궁내부의 특진관 李根命이, 20일에는 秘書監卿 李愚冕이 조약 체결시 토의에 참여했던 모든 대신들을 처벌하라는 상소를 올렸다.[27] 또 의정부참정 李相卨이 고종황제에게 조약의 폐기와 매국 賊臣의 처단을 요구하는 상소를 올렸다. 그는 조약 체결에 참여한 대신들을 단호히 징벌하여 국헌을 바로잡고 인재를 등용하여 조약의 폐기를 만방에 공포하기를 간청하였다.[28] 《대한매일신보》는 11월 24일 이상설의 상소문을 게재하고 극구 찬양하면서 국민의 각성을 촉구하였다. 21일에는 외부대신 朴齊純의 친척인 정2품 朴箕陽과 社稷署提調 朴鳳柱가 상소를 올려 매국 역적을 처단하고, 외부대신을 새로 임명하여 각국이 조약의 불법성을 알도록 해야 한다고 했다.[29]

한편 가평에서 신병을 요양하고 있던 전 의정부대신 조병세는 조약 늑결의 소식을 듣자 "나라가 망했으니 나는 世臣으로 죽는 것이 마땅하다"며 신병을 무릅쓰고 즉시 상경하여 23일 고종황제를 접견하였다. 그는 을사조약의 5개 조항이 모두 나라의 존망과 관련되는 것이라고 하면서 다음과 같이 상소하였다.

> 한두 신하들이 폐하의 뜻을 받들지도 옛 법을 따르지도 않고, 어찌 제 마음대로 옳거니 그르거니 하면서 나라를 남에게 넘겨준단 말입니까. 임금과 법을 멸시한 죄는 만 번 죽어도 오히려 가볍습니다. 주관해서 토의한 박제순을 빨리

---

27) 《高宗實錄》, 광무 9년 11월 19일, 宮內府特進官李根命箚略·11월 20일, 秘書監卿李愚冕箚略.

28) 國史編纂委員會, 《韓國獨立運動史》 1, 94쪽.

29) 《高宗實錄》, 광무 9년 11월 21일, 正二品朴箕陽疏略·社稷署提調朴鳳柱疏略.

나라의 법으로 다스려서 세상에 사죄시키며, 그 때 회의에 참가하였던 각 부의 대신들을 모두 우선 본래의 관직에서 파면시키고 法部에서 구류하여 나라를 팔아먹은 죄목으로 처리해야 합니다. 그리고 즉시 지시하여 그 문건을 회수해 없애버리고 반드시 剛毅하고 정직한 신하를 외부장관으로 임명하여 그 의안은 시행하지 않는다는 의사를 각국 공사관, 영사관들에 설명하도록 해야 합니다. 지시문을 써내려 보내기 전에 신은 물러갈 수 없으며, 처분을 받지 못하면 차라리 대궐 섬돌에다 머리를 쪼아 죽을지언정, 의리상 차마 살아서 대궐문 밖에 나갈 수 없습니다. 폐하는 빨리 처분을 내려서 500년 동안 조상들이 이룩한 업적을 보존하기 바랍니다(《高宗實錄》, 광무 9년 11월 23일, 原任議政 趙秉世召見).

이 조병세의 상소는 기폭제 역할을 하였다. 뒤를 이어 중추원의장 閔種默을 비롯하여 尹斗炳·朴齊斌·李裕承·丁明燮·曹世煥·高翊相·金鍾護·尹泰榮 등의 상소가 잇따랐다. 또한 유생들은 서울에 大韓十三道儒約所를 두고 21일과 24일 두 차례의 상소문을 올렸다. 24일에는 이근명과 이상설이 재차 상소를 올렸다.

다음날 法部主事 安秉瓚은 직접 입궐하여 상주문을 올린 후 도끼를 메고 大安門 앞에 엎드려 황제의 회답을 기다렸다. 그는 박제순·이지용·이근택·이완용·권중현 등을 매국 5적이라고 지칭하면서 머리를 잘라 거리에 매달아야 한다는 극렬한 상소를 올렸다가 경무국에 구금되었다. 또한 전날 상소를 올렸던 사람들 외에 중추원찬의 李乾夏를 비롯하여 徐相喬·李鍾泰·鄭鴻錫·高鼎柱·申性均·姜遠馨 등이 소를 올렸다.

26일에는 조병세를 필두로 趙秉式·洪祐晳·李漢英·丁明燮·安鍾和·李容泰·朴齊璜·尹秉綬·閔泳奎 등이 입궐하여 매국 5적의 처단과 조약의 폐기를 주청하였다. 특히 시강원시독 박제황은 만국공법의 내용을 들어 상소하였다.

만국공법 제98장에는 '횡포한 나라가 다른 나라의 자주적인 자립권을 침략하여 빼앗았을 경우 모든 나라들이 호응하여 들고일어나 구원한다'고 하였으며, 제405장에는 '갑자기 조약을 의논해서 그 조약에 手票한 것은 반드시 준수해야 할 책임이 없고, 반드시 국왕의 승인을 받아야 시행할 수 있으며, 그 조약이 아직 비준되지 않았을 때에는 특별한 제한이 없으면, 해당 국가의 편의에 따라

> 폐기할 수도 있고 그대로 준수할 수도 있다'라고 하였습니다. 또 제406장에는 '해당 국가는 비준이 없게 되면, 그 조약을 즉시 휴지로 만들 수 있다'라고 하였으며, 제409장에는 '아무리 국왕이 직접 수표를 하였다 하더라도, 만일 다른 사람의 협박을 받아 자유스럽지 못한 상태에서 한 것이면, 그 조약 역시 폐지할 수 있다'라고 하였습니다. 제415장에는 '조약을 맺은 일이 나라를 망치는 것과 같거나 혹은 해당 국가를 압박하여 쇠약하고 발전하지 못하게 만드는 것이면 포기할 수 있다'라고 하였습니다(《高宗實錄》, 광무 9년 11월 26일, 侍講院侍讀朴齊璜疏略).

박제황은 만국공법의 내용에 비추어 이 조약은 폐지되어야 마땅하다고 했다. 아울러 그는 "저들에 대해서 말한다면, 횡포하고 침략하여 빼앗으며, 급박하게 굴고 위협하고 압박하는 등 못하는 짓이 없습니다. 우리 나라로 말하면 임금의 승인도 비준도 또 직접 수표도 하지 않았으니, 폐기하는 것에 대하여 다시 무엇을 두려워하겠습니까. 모든 나라들이 들으면, 역시 함께 일어나 구원할 것입니다. 폐하는 下命하여 이른바 '條約條文'을 폐기하고 회수해다가 없애기 바랍니다"라고 하여, 조약폐기를 촉구하였다.

이와 같이 원로대신들을 중심으로 한 상소운동이 전개되자 조약반대 운동은 민간으로까지 확대되었다. 商業會議所의 결의로 서울 종로의 六矣廛이 철시하였고, 이에 자극받아 시내 전 상가가 속속 철시를 행해 조약의 파기와 매국 행위에 대해 간접으로나마 항의하였다. 그리고 각급 학교의 학생들도 자진 휴학을 단행하여 항의 대열에 동참하였다. 이에 당황한 일제의 경무고문인 마루야마는 경찰을 동원하여 철시한 상가를 방문, 개점을 강요하고 각급 학교에도 훈령을 내려 개교를 종용하였다. 그러나 상인과 학생들은 이를 거부하고 항쟁을 이어갔다.

26일 주청한 상소문이 아무런 소득이 없자 조병세는 27일 다시 원임의정부대신 자격으로 내부·경무청 등 각부에 牒示를 보내 각 관리들을 궁내부로 모으고 李根命·沈相薰·閔泳煥·趙東潤·金思默·閔種默·金秉煥·李鍾健·崔英夏·李裕寅·李容泰·李相卨 등을 이끌고 재차 상소를 올려, "시일이 경과하면 호흡지간에 국가 대사가 어찌할 수 없는 지경에 이를 것이니 속히 처분하여 일을 바로 잡을 것"을 역설하였다. 또한 조병세는 이 날 일본공사 하야시에게 을사조약이 일본 군사력의 위협하에 늑결된 것으로 국제공법에 위배되니 정의와 公理에 입각하여 조약을 자진 철회할 것을 요구하는 공한을 보냈다. 그리고 영국·독일·미국·프랑스·이탈리아 등 5개국 공사관에도 공한을 보내 각국 공사들이 회동하여 을사조약이 무효임을 선포하도록 호소하였다. 이외에 洪在鳳·李根秀·洪淳馨·朴定陽·李渭來 등이 상소를 올렸다.

주야를 가리지 않고 며칠 계속된 대신들의 복합상소에 대하여 고종황제는 疏頭라고 할 수 있는 조병세와 이근명에게 상소의 내용에 대해 "참작하여 헤아린 바가 있다"고 하면서 귀가할 것을 종용하였다.[30] 그러나 조병세·이근명 등이 뜻을 굽히지 않자 門外出送시키도록 하였다. 결국 조병세의 활동은 아무런 소득을 얻지 못하였을 뿐만 아니라 그는 일본 헌병에 의해 체포되고 말았다.[31] 28일 대안문 앞에서 일본 헌병 수십 명에게 체포당할 때 조병세는 이 광경을 지켜보고 있는 시민들을 향하여 격앙된 어조로 을사조약 늑결의 불법성을 설파하여 이를 들은 시민들이 모두 통곡했다고 한다. 한편 崔在學·李始榮·田錫俊 등 평양청년회원 5명이 대안문 앞에서 복합상소를 올리다가 일본헌병에게 체포되어 70여 일만에 석방되기도 하였다.

격렬한 상소운동에도 불구하고 28일에는 상황이 한층 악화되었다. 외부대신 박제순에게는 의정부 참정대신으로 임명하고 칙임관 1등을 주었으나, 李愚冕 등의 상소에도 불구하고 조병세와 이근명은 석방하지 않았기 때문이다. 이에 조정 백관들은 민영환을 疏頭로 다시 고종황제에게 연명으로 상주하여 조약에 서명한 대신들의 처벌, 조약의 철회와 구속 대신들의 석방을 요청하였고, 李商永을 비롯한 성균관 교수들도 가담하였다. 그러나 이들은 일본공사와 李址鎔 등의 책동으로 구속되었다. 이 소식을 들은 시민들이 平理院으로 쇄도하자 일제는 하는 수 없이 이들을 석방하였다. 그러나 뒤를 이어 상소운동을 전개하던 이근명·尹泰興 등도 구속되기에 이르렀다. 29일에는 前司憲府監察 崔東植이 평리원에 을사조약을 체결한 5적을 처단할 것을 주장하는 고발장을 제출하였으며, 前贊政 최익현이 매국5적의 죄상을 통렬히 규

30) 《高宗實錄》, 광무 9년 11월 27일.
31) 國史編纂委員會, 《韓國獨立運動史》 1, 102쪽.

탄하고 일본의 신의 없음을 들어 조약의 취소를 강력히 주장하는 상소문을 두 차례에 걸쳐 올렸다. 그는 매국 5적들이 하룻밤 사이에 국토와 민족을 왜적에게 팔아먹었다고 痛疏하고, 5적들을 五車刑, 그의 10族을 도륙하여도 분을 풀 수가 없다고 강력히 상소하였다.[32]

이와 같은 최익현의 상소와 더불어 30일에는 민영환이, 12월 1일에는 조병세가 을사조약 늑결에 분개하여 자결하자,[33] 이어서 여러 사람들의 상소운동이 계속되었다. 12월 1일 박제순을 대신하여 외부대신대리에 임명된 協辦 尹致昊도 조약체결의 부당성을 지적하면서 "오늘날의 급선무는 일을 그르친 무리들을 내쫓음으로써 민심을 위로하고, 공명정대한 사람들을 조정에 불러들여 빨리 잘 다스리기 위한 일을 도모하며, 토목공사를 걷어치우고 간사한 무당 무리들을 내쫓으며, 궁방의 개인창고의 가렴주구를 엄하게 징계하고, 궁녀들의 청탁으로 벼슬길에 나서게 되는 일이 없게 할 것입니다. 스스로 강해지는 방도와 독립의 기초가 여기에 전적으로 달려있으니, 바라건대 폐하는 힘쓸 것입니다"[34] 라고 하였다.

이후에도 을사조약에 반대하여 1905년 말까지 학부주사 李相哲, 上等兵 金奉學, 前贊政 洪萬植 등이 자결하였으며, 다음해 4월에는 경연관 宋秉璿이 자결하였다. 상소운동도 계속되어 영돈녕부사 심순택, 궁내부특진관 이근명 등이 疏頭가 되어 12월 7일까지 백관을 이끌고 연명으로 상소한 것이 7차에 이르렀다.[35]

이후에도 沈舜澤·李愚冕·朴鳳柱·姜遠馨·安鍾和·尹斗炳·鄭載憲·郭鍾錫·田愚 등이 상소운동을 계속하였고, 또한 權在重·李東暉·李載允·金奭鎭·李承熙 등도 조약의 폐기와 매국노의 주살을 주장하는 상소문을 올렸다. 이에 대해 이완용 등 을사5적도 상소를 올려 자신들의 입장을 강변하였다. 이들은 을사조약의 취지에 대하여 "독립이라는 칭호가 바뀌지 않았고 제국이라는 명칭도 그전대로 이며, 종묘사직은 안전하고 황실은 높고 엄숙한데,

32) 《高宗實錄》, 광무 9년 11월 29일, 未死臣崔益鉉疏略.

33) 을사조약으로 인한 순국항쟁에 대해서는 申載洪, 〈主權守護運動〉(《한국사》 19, 국사편찬위원회, 1984), 240~244쪽 참조.

34) 《高宗實錄》, 광무 9년 12월 1일, 外部大臣代理協辦尹致昊疏略.

35) 《高宗實錄》, 광무 9년 12월 7일, 宮內府特進官李根命率百官庭請奏.

외교에 대한 한가지 문제만 잠깐 이웃 나라에 맡겼으니, 우리 나라가 부강해지면 돌려줄 날이 있을 것입니다. 더구나 이것은 오늘 처음으로 이루어진 조약이 아닙니다. 그 연원은 지난 해에 이루어진 의정서와 협정서에 있고, 이번 것은 다만 이미 이룩된 것을 결속하였을 뿐입니다"라고 하여, 마치 을사조약 체결 후에도 국가의 독립에는 영향을 끼치지 않고 한일의정서 등에 의해서 규정된 한일관계를 다시 한번 확인하는 정도의 조약처럼 둘러대었다. 그리고 을사조약 반대운동에 대하여 "반대를 하려면 그 때에 반대했어야 했을 것이며, 극력 반대했어도 안되면 들고 일어났어야 했을 것이고, 들고 일어났어도 안되면 죽어버렸어야 했을 것인데, 한 사람도 이런 의로운 행동을 했다는 말을 아직 들어보지 못하였습니다"라고 하면서, 반대운동은 국교문제에 감정만 야기시킬 뿐이라고 하여 운동을 일소에 붙이고 있다. 또한 자신들뿐 아니라 회의에 참여한 대신들도 말로만 반대하고 끝내는 개정한 일에 힘을 다하였기 때문에 자신들만의 책임이 아니며, 고종황제가 관대히 용서하여 파면시키지 않고 피혐하지 말라고 했으므로 죄가 없다는 궤변을 늘어놓았다.[36] 이에 대하여 宋秉璿, 충청도 관찰사 李道宰, 郭鍾錫·吳炳序 등이 이들의 궤변을 조목조목 공박하면서 처벌을 주장하였다.

을사조약이 체결되기 전부터 시작된 상소운동은 1906년에 들어서면서 점차 감소하였다. 그러나 이러한 현상이 을사조약 반대운동에 대한 열기가 식어서 일어난 것은 아니었다. 오히려 많은 사람은 그 동안 전개하였던 상소운동이 소극적 운동이었고 이를 통해서는 요구가 관철되지 못한다고 판단하였기 때문에 의병활동이나 매국노의 암살 등 적극적이고 폭력적 투쟁으로 전환하고 있었던 것이다. 따라서 1907년 고종의 강제퇴위와 정미7조약 직후 萬言疏 奉呈 등의 논의가 나오기는 했지만 상소운동이 활발하지 않았던 것은 이와 맥을 같이 하는 것이라 하겠다.

이상과 같은 상소를 통한 항거는 소극적이기는 하였으나 봉건적 사회 속에서 더욱이 일제의 감시와 탄압하에서 유교적 교양을 갖춘 당대 최고의 지식인들이 정부에 자신의 입장을 표시할 수 있는 일차적인 방법이었다. 그리

---

36) 《高宗實錄》, 광무 9년 12월 16일, 議政府議政大臣學部大臣李完用, 參政大臣朴齊純, 內部大臣李址鎔, 農商工部大臣權重顯, 軍部大臣李根澤等疏略.

고 이 상소운동의 의의는 무엇보다 국민의 의사를 표시하고 항일정신을 촉발하는 결과를 가져왔다는 점에서[37] 의의가 크다.

그러나 이 상소운동을 통하여 현실적인 성과를 기대하기란 처음부터 불가능하였다. 이미 일제의 간섭 속에서 대신과 관리의 임명조차 자신의 뜻대로 할 수 없었던 고종황제가 을사조약 무효화를 선언하고 자의적으로 조약 체결에 동의한 대신들을 처벌할 수는 없었던 것이다. 그러므로 전·현직 관리들과 유생들이 상소문을 올릴 때마다 소극적인 반응을 표시할 수밖에 없었다. 또한 이들은 상소를 통하여 만국공법상의 부당성을 지적하면 각국의 공사들이 조약의 불법성을 지적하고 조약을 파기할 수 있도록 해 줄 것으로 믿었으나 이는 국제적인 정세를 파악하지 못한 발상이었다. 열강은 이미 여러 조약을 통하여 일본의 불법적인 침탈행위를 묵인할 것을 약속하고 있었고, 일본은 기민하게 을사조약의 내용을 변조 번역하여 통지함으로써 각국으로 하여금 이 조약이 합법적으로 이루어진 것으로 판단하도록 유도했던 것이다.[38]

그러나 고종황제 역시 상소운동이 일어나고 있을 때 한편으로는 조약체결의 불법성을 강조하면서 상소의 내용과 같이 열강의 협력으로 일제의 불법적인 압제에서 벗어나려는 노력을 보이고 있었다는 점에서 유생들의 잇따른 을사조약 반대 상소운동은 여러 한계 속에서도 반일운동을 선도하고 촉발시키는 역할을 했다고 할 것이다.

〈崔昌熙〉

2. 시민의 투쟁

조선 후기 이래 場市는 지역주민들의 경제생활과 대단히 밀접한 관련을

37) 최영희, 앞의 글(1968), 615쪽.

38) 李泰鎭, 〈조약의 명칭을 붙이지 못한 을사보호조약〉(《일본의 대한제국 강점》, 까치, 1995).

———, 〈일본의 대한제국 국권 침탈과 조약강제〉(《한국사시민강좌》 19, 일조각, 1996).

맺고 있었기 때문에 장시개설에 따른 이권을 둘러싸고 상인·지역간에 분쟁이 자주 일어나고 있었다. 이러한 장시의 성격은 구한말에 이르러서도 마찬가지였다. 한편 외국상인들의 국내시장 침투와 商權침투에 대해 한국 상인들은 장시개설을 중지하거나 상업행위를 중지하는 등의 방법으로 이에 대항하기도 하였다. 그리고 고종퇴위나 군대 해산 같이 국운과 관련된 사건에 대해서도 서울·평양 등 대도시에서는 撤廛하거나 지방의 장시에서는 시장개설을 거부하는 등으로 저항하기도 하였다.

19세기 말 조선왕조는 청·일의 각축과 구미열강의 이권쟁탈로 말미암아 정치·경제적으로 어려운 상황에 직면하고 있었다. 개항 직후 日商의 활동범위가 개항장 거류지에 한정되어 있었으나 갑신정변 이후로는 사실상 국내 전체로 확장되면서 청·일의 각축전이 치열하게 전개되었다. 한 때 淸商이 일상을 압도하고 內地에서의 輸入洋品 판매권을 장악하기도 하였지만, 일상의 內地行商이 허용되면서부터는 그들이 직접 미곡산지나 포구에 진출하여 곡물을 매집함으로써 조선 상인들에게 큰 피해를 주었을 뿐만 아니라 상품 유통구조에도 큰 변화를 가져왔다.

일상의 내지행상과 이들에 의한 곡물의 대일유출로 말미암아 조선의 농촌 경제는 붕괴되고 있었으므로, 이에 대응하는 조처로 지방관은 자주 방곡령을 발령하고 있었으나 일제에 의한 식민지화가 진행되면서 방곡령은 큰 실효를 거두지 못하고 있었다.

그리고 러시아와의 전쟁에서 승리를 계기로 한국에서 독점적인 지배권을 확보하게 된 일제는 정치적 지배력을 이용하여 경제부문에서도 각종 이권을 차지하여 갔다. 더욱이 1905년 을사조약의 체결과 함께 통감부가 설치되면서 일제는 우리 나라의 직접적인 식민지화정책을 실시하였다. 이에 따라 일제의 경제적 침략은 더욱 치열해졌다. 또한 일상의 내지행상도 조선 정부의 통제로부터 완전히 벗어나게 되었다.

이와 같은 일제의 침략에 대항하여 의병투쟁과 반일운동이 확산되고 있었는데, 일제의 국권침탈이 극에 달한 1909년 12월부터 1910년 4월에 걸쳐 평안도 지방을 중심으로 거센 시장세 반대운동이 일어났다. 寧邊·順川·安州·龍川 등지를 중심으로 일어난 시장세 반대운동은 단순한 시위운동에 그친 것이 아니라 순사주재소·郡衙 등의 관서를 습격, 파괴하거나 불태우고 일인 관리 및 상인들을 타살시키는 등 적극적인 반일운동으로 확대되었다. 시장세 반대운동은 평안도내 뿐만 아니라 그 규모의 크고 작음에는 차이가 있었지만 거의 전국적인 양상을 보인 것으로 나타난다.

1) 지방세제의 시행과 시장세 징수

외교권을 비롯한 주권이 탈취되어가는 가운데 1904년 8월 이후 한일협정서에 의해 소위 고문정치가 실시되고, 1905년 을사조약이 체결된 후 통감부가 설치됨으로써 일제의 경제적 침탈은 본격적으로 실행에 옮겨지게 되었다. 한국에 대한 경제적 수탈을 통해 재원을 확보하려고 고심하던 일제는 지방세 징수항목에 대한 논의를 거쳐 1906년 12월에 〈지방세규칙〉을 발표하였다. 이에따라 시장세·浦口稅·旅閣稅·轎稅·人力車稅·자동차세·荷車稅·花稅 등을 지방세 稅目으로 결정하였다.[1]

이 〈지방세규칙〉은 단순히 지방관청의 청사건축 및 수리에 관한 경비와 토목건설의 비용을 마련하는데 그치는 것이 아니라 식민지 지배를 위한 제반 기반을 구축하는데 있었다.[2] 이후 일제는 한국에 대한 정치적 지배권을 점차 확보해 갔으며, 재원확보를 위한 경제적 수탈을 계속 강화해 갔다. 이러한 가운데 일제는 1909년 4월 1일 법률 12호로 〈地方費法〉을 발표하였다. 이에 따라 각 지방에서는 〈地方費賦課金賦課規則〉이 道令으로 발표되었다. 지방비부과금부과규칙은 각 도에 따라 약간의 차이는 있었지만, 그 내용은 대체로 대동소이하였다. 경기도령으로 시행된 내용을 보면 다음과 같다.

〈지방비부과금부과규칙〉

제1조 지방비에 充用할 부과금의 課目及課率은 如左함.

1. 地稅의 부가세 本稅 백분의 5

---

1) 《韓末近代法令資料集》 V(대한민국국회도서관, 1972), 80~83쪽.
2) 金泰雄, 〈1894~1910년 地方稅制의 시행과 日帝의 租稅收奪〉(서울大 碩士學位論文, 1990).

2. 屠場稅

屠豚一頭에 대하야 금일환

도돈일두에 대하야 금이십전

도양일두에 대하야 금이십전

3. 시장세 放賣價格 백분의 1

제2조 지세의 부가세는 本稅와 동시에 此를 징수함.

부가세징수에 대하야는 國稅징수에 관한 규정을 準用함.

제3조 도장세는 翌月 5일내에 此를 징수함.

제4조 屠場主는 매월 말일을 限하고 其 屠殺數를 재무서에 신고함이 可함.

제5조 시장세는 開市마다 此를 징수함. 단, 상설시장에 在하야는 익월 5일내에 此를 징수함.

제6조 시장세는 一市場 또는 수개 시장마다 재무서장이 認許한 시장관리인으로 하야금 징수케 함.

제7조 시장관리인은 시장의 개시마다 재무서에 신고함. 단, 상설시장에 在하여는 시장 관리인은 매월 말일을 한하고 放賣가격을 재무서에 신고함이 가함.

제8조 제4조 및 제7조의 신고를 怠히 하거나 허위의 신고를 한 때는 5환 이하의 벌금 또는 10일 이내의 拘留에 處함.

(《韓末近代法令資料集》Ⅷ(대한민국국회도서관, 1972), 462~463쪽).

이 규정을 일별해 보아도 알 수 있듯이 〈지방비부과금부과규칙〉은 주로 시장세를 중심으로 이루어져 있었다. 시장세는 개시 때마다 징수하고, 재무서장이 認許한 시장관리인이 징수를 담당하도록 하고 있으며, 이에 따라 시장세는 방매가격의 1/100분을 징수하게 되었다. 그러나 개시 때마다 판매액의 1/100분 징수는 대단히 부담되는 것이었다. 일제는 〈지방비법〉을 통해 이전의 봉건적 수탈구조를 해체시키고 근대적 수탈구조를 형성시켰다.

시장세의 징수 등 일제의 조세수탈에 의해 일반민인들과 상인들은 많은 피해를 입고 있었기 때문에 〈지방비법〉이 발표될 때부터 많은 불만을 품고 있었다. 이에 따라 한국 민중들은 일제의 경제적 침탈에 대해 시위나 소요형태로 이를 저지하려고 하였다. 이러한 집단시위는 撤市 또는 시장상인들의 동맹파업 등으로 나타났다. 그리고 이와 같은 움직임은 어떤 특정 인물이나 단체에 의해 주도되었다기보다는 일제의 경제적 침탈과 기울어져가는 국권을 수호하기 위해 자발적으로 일어난 것이었다.

2) 순천·용천 양시의 시장세 반대운동

1909년 9월말부터 각 도에서 시행된 〈지방비부과금부과규칙〉에 의해 시장세를 징수하기 시작하였다. 시장세 징수에 대해 가장 먼저 반발을 보인 곳은 개성 지방이었다. 개성에서는 시장세 징수를 거부하며 10월 16일부터 3일간 撤廛하였으며, 더 나아가 합법적으로 이를 관철시키기 위하여 觀察道에 시장세의 중지를 요청하려고 하였다. 각 지방에서 시장세의 징수가 실시되면서 처음에는 이에 대해 별다른 반대의 움직임이 없었으나, 시장세의 성격에 대해 차츰 불만을 나타내는 곳이 늘어나게 되었다.

평안도 지방에서 가장 먼저 시장세 징수에 반대하여 시민들이 모여 시위를 일으킨 곳은 영변지방이었다. 영변에서는 이전에 없던 시장세를 징수하자 이에 반발하여 시위를 일으켰다가 다른 지방에서도 동일하게 실시한다는 말을 듣고 일단은 모두 해산하였다. 시장세를 징수함에 따라 민심이 불안한 상태가 계속되어 왔는데, 12월 28일에는 順川에서 보다 과격한 시위가 발생하였다. 순천에서는 시장관리인 趙京竣을 무수히 구타하고 재무서와 주재소에 몰려가 시장세 징수에 항의하며 시위하자 해당 관서에서는 이를 무마하기 위하여 지방세 징수를 중지한다는 약속을 하여 겨우 해산시킬 수 있었다. 다음날 영변에서는 평양과 같은 대시장에서조차 실시하고 있지 않은 시장세를 징수하자 시전을 撤閉하며 시위를 전개하였다.

이에 대해 경찰서에서는 시위의 주동자 수명을 체포하여 가두고 시장세 징수를 강행하려 하자 상민 수백 명이 경찰서를 습격하여 창문을 부수는 지경까지 이르렀다. 이후 12월 30일 순천에서는 商務社長 羅學道의 집 앞 도로에서 순천읍내 상인 약 150명이 모여 商民會라 칭하고 商務接長 崔鳳煥과 나학도를 의장으로 뽑고 金有聲을 서기로 하여 시장세를 납부할 것인지 여부를 토의한 결과 13도의 상민이 모두 납세하기 전에는 결코 납세하지 않을 것이라고 결정하였다. 영변과 순천에서의 시장세 반대운동은 곧바로 다른 지방으로 파급되어 갔는데 順安·永柔·肅川·安州 등지에서도 상민들이 撤市하는 상황이 전개되었다.

시장세 징납에 대하여 민심이 크게 동요하는 가운데 龍川 楊市의 상민들은 일제히 철시하고 시장세를 끝까지 거부하기로 결정하였다. 이에 군 재무서장과 일인주사 및 경찰서 순사 10여 명이 그 이유를 탐지하려고 시장에 도착하자 상민 300여 명이 회동하여 상업계의 정황을 설명하면서 시장세 징수를 중지할 때까지 철시하기로 결정하고 장차 상부에까지 호소할 것이라고 하였다.

시장세 징수 반대에 대한 집단시위운동은 이제 보다 적극적인 방법으로 전개되어 갔으며, 이에 대한 일제의 대응도 무력으로 진압하는 상황으로 변화되어 갔다. 安州郡에서는 시민이 회집하여 재무서 앞에 가서 시장세를 교섭할 때에 경찰이 위협적으로 칼을 휘두르고 총기를 발사하며 사태를 해결하려 하였고, 이 과정에서 상인 7, 8명이 부상하자 시민이 더 한층 격분하여 投石하는 지경에까지 이르러 시장세 징수를 둘러싸고 과격한 양상이 전개되었다. 甑山郡 각 시장에서는 시장세 징수에 대해 인심이 크게 동요하자 징수를 담당한 관리가 각 상인에게 상업정황을 상부에 보고하여 시장세를 징수하지 않겠다고 효유하므로 겨우 장이 열릴 수 있었다.

시장세 징수와 함께 각 지방에서 일어난 상인들과 일반 민인들의 시장세 반대 움직임은 다양한 형태로 나타났다. 먼저 가장 일반적인 것이 장시나 시전의 철시였으며, 대규모 시위를 통해 민인들의 의사를 관철하고자 하였다. 더 나아가서는 경찰서나 재무서로 몰려가 시장세 징수의 부당함을 항의하는 단계에까지 이르기도 하였다. 그리고 한편으로는 합법적인 방법으로 상부에 청원서를 제출하여 시장세의 부당함을 호소하기도 하였다. 이에 대해 일제는 시장세 징수의 적법성과 징수방법의 개선 등을 설명하며 효유하는 한편 시장세반대 시위운동의 주동자를 체포하여 구금하는 등 강경하게 대처하기도 하였다.

평안도 각 지방에서 시장세 반대를 위한 상인들의 집회, 경찰서나 재무서 앞에서의 집단시위, 투석전 등으로 시위가 확대되어 가는 가운데 순천지방에서 대대적인 시장세 반대운동이 일어났다. 이는 단순히 지방세에 반대하여 일어난 일시적인 불만의 폭발이 아니라 그 동안 누적되어 온 일본의 경제적 침략과 국권 침탈에 반발하여 일어난 것이라고 할 수 있다. 영변·안주·용천 등 평안도 각지에서의 시장세 반대시위운동은 보다 큰 규모의 시위운동을 예고하는 것이었다.

마침내 1910년 1월 29일 순천에서 대규모의 시장세반대 시위운동이 일어났다.[3] 1월 29일 순천에서 시장세를 징수하는 과정에서 순천재무주사 野澤辰三郎과 상인들간에 충돌이 있은 후, 상인 및 일반 민인들은 시장세 징수 중지를 요구하였으나 이에 응하지 않으므로 투석하는 상황이 전개되었고, 일인관리 등이 위협을 느끼고 군중에게 총기를 난사하므로 사상자가 발생하기에 이르렀다. 이에 운집한 군중들이 더욱 격분하여 郡衙·순사주재소·우편취급소 등과 일인이 경영하는 상점을 파괴, 방화하고 일인관리 및 상인 8명을 타살하고 수명을 부상시키는 상황에까지 이른 것이다. 이 때 타살당한 일본측 사망자는 순천재무서 주사 野澤辰三郎·南宮燮, 우편취급소장 大野憲太郎, 농사시험장주임 森元作, 상인 木村庄太郎·矢島政吉·坂東昌一·杉本甚太郎 등 8명이다. 이외에 일제의 발포로 한국인 6명이 사망하고 5명이 부상하였다.

순천에서의 시장세 반대운동의 원인은 먼저 앞서 일어났던 평안도내 각지에서의 시장세반대 시위운동이 자극제가 되었다. 그리고 평양과 같은 대시장보다 먼저 시장세를 징수한 것, 시장세 징수방법과 징수과정의 불합리한 점 등이 요인이었다. 여기에다 평안도 지방에 일찍부터 크게 성장해 있던 기독교의 영향도 적지않은 작용을 한 것으로 보인다. 1885년부터 1910년까지의 장로교 교회설립에 관한 통계를 보면 전체 설립수 687개소 가운데 평북지역이 98개소, 평남지역이 163개소, 황해지역이 103개소로 서북지방에 세워진 교회는 모두 364개소에 이르고 있어 전체의 절반 이상을 차지하고 있다.[4] 그리고 1910년 장로교회의 도별 세례교인수를 보면 전체 세례교인 39,384명 가운데 평북이 7,901명, 평남이 10,842명, 황해가 4,740명으로 서북지방이 전체의 60%에 이르는 23,484명을 차지하고 있었다.[5] 이러한 통계로만 보아도

3) 金大吉, 〈1910년 平安道 順川地方의 市場稅反對運動〉(《史學硏究》 42, 1990). 《順川暴動事件綴》(국사편찬위원회 소장), 융희 4년 1월 31일 순천군수 박용관이 관찰사 李軫鎬에게 보고한 보고서 제1호와 《大韓每日申報》, 1910년 2월 1일 및 《皇城新聞》, 2월 1일·2월 2일 기사 참조.

4) 尹慶老, 《105人事件과 新民會硏究》(一志社, 1990), 86~87쪽.

5) 尹慶老, 위의 책, 87쪽.

평안도 지방에서의 기독교 영향을 짐작할 수 있게 한다.

순천의 시장세 반대운동은 주로 기독교인들과 상인 등이 주도한 것으로 분석된다. 순천지방에는 평안도내의 다른 지역과 마찬가지로 일찍부터 교회가 설립되었으며, 기독교 장로파 순천지교회가 세워져 최봉환이 主宰者로 있었고, 金聖梧・崔鎭模가 이를 도와주고, 崔學鳳이 집사로 있으면서 매주일마다 회동하여 배일사상을 고취하는 경향이 있었다. 순천지교회의 신자는 名簿에 등록된 인원이 남자 83명, 여자 78명으로 모두 161명이었다.

평안남도 경찰부장 湯淺秀富도 시장세반대는 이 사건의 표면적인 것일 뿐 근본적인 것은 기도교도들의 배일사상 고취로 인한 것이라며 다음과 같이 분석하고 있다.

> 상인들이 시장세에 반대하여 물의를 일으키자 排日派와 耶蘇敎徒들이 이 틈을 타 더욱 배일사상을 고취하였기 때문에 이들 무리는 자연히 합치되어 相依相助하고, 마침내는 폭동을 일으키기에 이른 것으로 추측된다. 그러므로 지금의 이 사건은 시장세반대라고 하기보다는 오히려 排日熱이 發顯된 것으로 보아 잘못된 의견이 아닐 것이다. 또 야소교적인 냄새가 나는 배일적 학교로 지목된 생도가 兇行에 관련된 것으로 미루어 보아도 앞의 推斷이 틀림없다고 확신한다(《順川暴動事件綴》, 융희 4년 2월 5일).

이와 함께 일제는 사건관련 혐의자로 체포된 자들을 조사하는 과정에서 기독교와 관련하고 있는지를 집중적으로 조사하고 있다. 그리고 이들 기독교인들이 평안남북도의 각 시장에 격문을 돌려 이러한 움직임을 더욱 자극시킨 것으로 파악하였다. 《순천폭동사건철》에는 그 당시에 수거된 것으로 보이는 가로 66㎝, 세로 23.6㎝ 크기의 격문 한 장이 있는바 그 내용은 다음과 같다.

> 當此別有天地 各道 各郡 各市場에셔 倭種子等 所爲百一貰 市場貰를 月出高月出高하는 聲에 天地盡動 近日 錢荒時代 別貰가 許多한대 小日本 倭種子나 滅亡식히자 雜貰는 고만두라
>
> 三年某月十七日 平壤民團刺客二十三人條約
>
> 曾彌統監 長谷川 山縣有朋 殺할 事 高永禧 趙重應 朴齊純 任善俊 宋秉畯 李容九 殺할 事
>
> 平壤民團百萬名

이 격문에서는 시장세 징수의 반대와 함께 일인 통감 소미아라 노스케(曾彌荒助)·하세가와 요시미치(長谷川好道) 등과 을사오적인 朴齊純·李容九·宋秉畯과 농상공부대신인 趙重應, 度支部대신을 지낸 高永喜, 任善準 등 친일분자들을 살해할 것을 결의하고 있는 것이다. 이와 같은 격문 한 장의 내용에서도 이 당시 배일사상의 분위기를 짐작할 수 있다.

순천의 시장세 반대운동의 규모와 사태가 심각한 상황에 이르렀다는 것을 인식한 일제는 곧바로 인근 지방의 헌병과 순사 등의 병력을 출동시켜 이를 진압하게 하고, 서울과 평양 등지에서는 관계요원을 파견하여 사건의 원인과 진상을 조사하게 하였다. 일제는 이 시위운동이 주로 상인과 기독교인들이 주도하였다고 파악하여 사건과 관련된 자들의 명단작성과 함께 범인체포에 착수하였다. 이에 2월 7일까지 주동자로 파악된 62명을 체포하였고, 이후 3월 초에 이르러서는 그 수가 96명에 달했다.[6]

일제는 사건의 주동자들 가운데 범행증거가 명백한 26명을 기소하였다. 이들 가운데 최봉환이 首謀者로 지목되었고, 李炳道와 나학도·최학봉을 주동자로 파악하였다. 그 외에 살인·방화·기물파괴 등의 혐의가 확실한 자들을 조사 끝에 2월 26일 기소한 후, 재판이 진행되어 4월 30일 평양재판소에서 이들에 대해 판결이 선고되었다. 이들 26명에 대한 판결은 다음과 같다.

최봉환 징역 10년	나학도 징역 10년	金京淑 징역 2년	이병도 징역 10년
趙得模 징역 3년	崔世鳳 징역 1년	최학봉 징역 7년	表永珏 징역 1년
高陽龍 징역 3년	徐福用 징역 15년	崔相殷 笞 1백	朴應銓 태 1백
崔南俊 징역 15년	李基永 태 1백	洪鳳奎 징역 10월	楊召史 무죄
林召史 무죄	李應鉉 징역 1년	金景八 태 1백	柳永贊 태 1백
金尙鎬 태 1백	김윤모 종신	李裕典 태 1백	韓鳳淳 태1백
表昌洽 징역 2년	羅仁坤 징역 1년		

(《順川暴動事件綴》, 융희 4년 4월 30일·4월 5일).

위의 내용에서도 알 수 있듯이 주모자 26명을 구속 기소하여 24명에 대해 중형을 선고 하면서[7] 순천의 시장세반대 시위운동과 같은 시위나 소요가 재

6) 金大吉, 앞의 글, 182~184쪽에 62명에 대한 체포월일과 죄목내용 참조.
《大韓每日申報》, 1910년 3월 2일.

발할 것에 대해 강력하게 대처할 것을 우회적으로 보여주었다.

일제는 사건의 원인을 분석하면서 深因으로 시장세의 불공평에 대한 불평, 시장세의 오해와 疑懼, 순천 재무주사 野澤에 대한 쌓이고 쌓인 개인적 감정, 배일사상의 팽배, 안주·영변지역에서의 시위영향 등을 들었다. 직접적인 원인으로는 주동자들의 선동, 破帽·발포에 대한 도발적 행동, 피를 보고난 후의 격앙, 多衆을 믿는 심리작용, 군중들이 우발적으로 뛰쳐나온 것 등이었다고 파악하였다.

순천에서 대대적인 시장세 반대운동이 일어난 후 2월 2일에는 용천의 양시에서 대규모의 시장세 거납운동이 일어났다.[8] 용천에서는 이미 1월 중순에 시장세 징수에 반대하여 철시로 불만을 나타낸 적이 있었는바 2월에 들어서서는 보다 많은 시민이 모여 시위를 일으켰다.

이 때 발생한 사건의 개요를 정리해 보면 용암포에서 약 20리 되는 장시에서 시장세를 반대하여 시장을 열지 않고 다수 시민이 회집하여 재무서원을 폭행하려 한다는 정보가 용암포 分署에 도착하자 同署에서는 이 곳 주재헌병과 함께 출동하여 해산시키고 주모자 6, 70명을 체포하였다. 이에 시민들이 크게 격앙하여 다음날 오후 3시경에 500여 명이 모여 용암포분서에 이르러 무죄한 사람을 체포했다고 하자 재무서에서는 군중들을 村邊으로 퇴거케 한 후 청원대표자 4명을 선출케 하여 사건을 잘 마무리지을 것을 약속하자 상민들이 일시 해산하였다. 그러나 일몰 후에 시민 약 200여 명이 다시 부근 촌락에 회집하여 시위를 계속하였다.[9] 이에 대해 일제는 신의주 헌병대에 응원을 요청하여 시위가 확산되는 것을 방지하고자 하였다.

용천 양시에서의 시위가 일어난 후 헌병과 경찰이 용천과 용암포 부근을 엄중히 경계하는 가운데에서도 2월 4일 오후 4시 경 인민 약 400명이 다시 시장세문제를 호소하고자 용암포경찰서 부근에 이르렀다가 그 가운데 3명이 체포되고 나머지는 해산되는 상황에 이르렀다.[10]

---

7) 순천의 시장세반대운동 주동자들에 대한 기소내용 및 재판결과에 대해서는 金大吉, 위의 글, 189~192쪽 참조.

8) 金大吉, 〈1910년 평안도지방의 市場稅 반대운동〉(《中央史論》 7, 1991).

9) 《大韓每日申報》·《皇城新聞》·《大韓民報》, 1910년 2월 5일.
《京鄕新聞》, 1910년 2월 11일.

용천 양시의 시장세반대 시위운동의 주동자로 체포된 사람은 13명 이었다. 그들의 이름과 나이, 직업은 다음과 같다. 金柱宗(19세)·金永杰(45세, 상업)·李根榮(33세, 상업)·金基饗(26세, 농업)·李成學(36세, 보부상)·張竹燮(26세)은 양시에 거주하고 있었으며, 趙鳳國(24세)은 의주인이었고, 宋子賢·黃菊補(保)·黃菊萬·李正濆·鄭承錄은 양시의 商務同事 회사원이었다.[11]

이들 가운데 송자현·황국보는 1908년 2월 경 주식회사의 형태를 갖추고 용천 양시에 설립된 상무동사의 주요 인물이었고, 기독교인으로서 新民會의 중요한 위치에 있었던 인물들이기도 하였다.[12] 이들은 9일 주모자로 지목되어 일본헌병과 경찰관리 20여 명이 호송하는 가운데 의주로 압송되었다.

이후에도 시위와 관련된 자들이 계속 체포되었는바 용천 양시에서는 평양경찰서장 國友 경시 이하 경찰관 23명과 헌병분견대장 安藤 이하 헌병 28명이 주재하여 다수 시민을 민요선동자라 칭하고 2월 14일까지 56명을 체포하였다.[13]

3월에 들어서면서 순천 시장세 반대운동으로 체포된 자는 96명에 달하게 되었다.[14] 순천지방의 시장은 3월에 들어 차츰 개시하게 되었으나 용천의 경우는 3월 6일까지도 시장이 개설되지 않고 있었다. 이러한 가운데 3월 말부터 4월 초에 걸쳐 용천 양시사건에 관련된 주동자 14명에 대한 재판이 진행되었다. 4월 5일까지 3차례에 걸쳐 공판이 열렸고, 4월 14일에 이들에 대한 판결선고가 있었는데 징역 1년 반을 선고받은 자가 6명, 1년을 선고받은 자가 4명, 10월을 선고받은 자가 3명이었다.[15]

평안도 지방에서의 시장세 반대운동에 관련된 자들이 계속적으로 체포되고, 헌병 순사들의 경계와 감시가 강화되자 시위는 대체로 수그러들기는 했지만 완전히 진정되지는 않았다. 肅川에서는 7일이 개시일이었는데 순천과 근접해 있었기 때문에 그 여파를 입을까 두려워하여 주재한 헌병, 순사들이

10) 《大韓每日申報》, 1910년 2월 6일.
11) 《皇城新聞》, 1910년 2월 13일.
12) 尹慶老, 앞의 책, 101~102쪽.
13) 《皇城新聞》, 1910년 2월 16일.
14) 《大韓每日申報》, 1910년 3월 2일.
15) 《大韓每日申報》, 1910년 4월 16일.

엄중히 경계하여 겨우 개시일을 무사히 경과할 수 있었다. 용천 양시에서는 철시하고 체포된 14명의 석방을 요구하며 場外에서 소수의 상인들이 매매를 하였지만 관헌들은 장세를 징수하지 못하였다.16)

지방세법의 실시와 함께 평안도 각 지방에서 시장세 반대운동이 끊이지 않고 일어났으며, 이 가운데 순천과 용천 양시에서 대규모의 시위운동이 일어났다. 시장세 반대시위는 전국적으로 확산되어 갔으며, 이에 대한 일제의 대응도 처음과는 달리 점차 강경대응 방향으로 변화해 갔다.

3) 시장세 반대운동의 전국적 확산

순천·용천·영변·안주 등지에서 거세게 일어난 시장세 거납운동은 곧바로 다른 지방으로 확산되어 갔다. 이에 대해 일제는 헌병과 순사를 동원하여 시위를 진압하는 한편 또다른 소요발생에 대해 엄중히 경계하면서 개시에 대한 효유와 시장세 징수를 강행하였다.

順安에서는 시장세 반대운동과 반일운동이 확산되어 가는 가운데 시위운동에 대한 즉각적이고 강경한 진압을 위해 헌병 상등병 4명과 보조원 8명으로 헌병대 임시출장소를 개설하고 있었다. 숙천군 재무서에서는 순천군의 소식을 듣고 그 고을에도 그러한 사태가 있을 것을 염려하여 시장세를 징수하지 못하고 시민의 행동만 엄밀히 조사하는 정도에 그치고 있을 정도였다.17)

그러나 이러한 일제의 대응에도 불구하고 2월 중순 경에는 시장세 징수를 둘러 싸고 각 지방에서는 험악한 분위기가 감돌았다. 《대한매일신보》 1910년 2월 중순 경 기사에는 평안도내 많은 지방에서의 場稅拒納 시위운동에 대해 싣고 있는데 선천·박천·증산 등지에서도 시장세 징수를 강행하려 하였으나 한 푼도 징수하지 못하고 있다고 하였다.

평북 泰川 지방에서도 상민들이 시장세 징수에 반대하여 불만이 고조되고 있는 가운데 시민들은 시장관리인에게 "시장관리인 된 한국인아 너의 職을 사직하라. 다만 죽음으로써 그 직을 감당하고자 한다면 관리인 됨이 가하니

16) 《皇城新聞》, 1910년 2월 9일.
17) 《京鄕新聞》, 1910년 2월 11일.

라. 관리인의 부모처자 된 자도 이를 생각하라"는 요구를 외치면서 시위에 들어가자, 시장관리인 중에 사임하는 자도 있었다. 태천에서의 이와 같은 상황에 대해 일제는 안주분견소에서 헌병 1명과 보조원 6명을 파송하여 또다른 시위에 대비하여 경계를 강화하였다.[18]

시장세가 상인들뿐만 아니라 일반 민인들에게 불만을 사게 된 원인은 징수과정에서의 중복 과세 등 많은 모순을 드러내고 있었기 때문이다. 다음과 같은 기사는 그러한 사실을 극명하게 보여주고 있다.

> 시장세 사건으로 각 지방 인민이 苦叫呼號함은 人所共知어니와 원래 此 시장세는 重複의 稅를 課함이니 즉 시장 매매는 생산자 소비자의 매매뿐 아니라 영리를 목적함이 多하야 一物品으로 數市場에 轉輾하거늘 此를 每市 課稅하면 즉 一物品에 대하여 甲시장에서도 과세하고 又其물품이 乙시장에 入하면 乙시장에서도 과세하고 又丙시장에 入하면 丙시장에서도 과세하고 又丁시장에 入하면 丁시장에서도 과세하는지라. 如斯不已하면 필경 민간에 大反抗이 起하리라고 당국에서도 우려한다더라(《大韓每日申報》, 1910년 3월 23일).

즉 한 가지의 물품을 가지고 여러 곳의 시장을 순회하는 상인의 경우 가는 곳마다 시장세를 징수당하고 있어서 큰 반대시위가 일어날 것을 경고하고 있는 것이다.

일제는 시장세 징수과정에서의 문제점을 보완하는 한편 지방세의 징수에 대한 불만을 줄이기 위해 우선 이에 대한 당위성을 알리고, 시장세의 징수방법도 그 세액과 부과방법을 변경하려는 움직임을 보였다. 그러나 그러한 내용들은 대개 시장세 반대시위 분위기를 가라앉히려는 응급조치였을 뿐 근본적인 해결책은 아니었다.

시장세 징수방법의 변경과 개시에 대한 효유, 그리고 삼엄한 경계하에서의 징수 등으로 시장세를 징수하고자 하였으나 장세거납운동의 여파는 각 도로 파급되어 거의 전국적인 양상을 보이게 되었다.

충청도 회인군 동면 車嶺里에서는 시장세 문제로 200여 명의 민인이 회집하자 회인과 보은의 헌병분견소에서 헌병과 경찰 등을 파견하여 이를 진압

18) 《大韓每日申報》, 1910년 2월 20일.

하였다.[19] 강원도에서도 시장세와 합방 등의 소문이 팽배해 혹시 시위나 폭동이 있을까 전전긍긍하고 있다고 하여 시장세문제로 인한 시위의 움직임이 있었음을 알 수 있다.[20]

전북 지방에서도 시장세 징수로 동요의 움직임이 보이자 사전에 이를 예방하기 위하여 헌병 및 경찰, 재무관리 등을 동원하여 다방면으로 說諭하는 방법으로 사태를 무마시키고 있었다.[21] 그리고 순천의 시장세 반대운동이 일어나기 전 전라도 지역의 負商이 평안도 지방을 왕래하면서 순천의 상인들에게 시장세의 불합리함을 고취시켜 배일사상이 더욱 커지고 나아가서는 징세에 반대한다는 연판서를 작성하기에 이르렀다고 한다.[22] 이와 같은 사실로 볼 때 전라도 지역에서도 시장세 징수에 대한 반발이 심각했었음을 알 수 있다.

경기도 강화군에서는 시장세로 민인들 사이에 불평의 소리가 많아지고 있다고 하였으며, 함경도 惠山鎭 및 端川에서도 시장세로 민인들의 반항이 자못 강하였다. 단천 派道面 南里市에서는 시장세 문제가 생긴 이후로 市況이 적막해질 정도였으며, 安岳 椒井시장에서는 2월 이래 장이 5회 열렸지만 계속 납세를 거부하였고, 谷山邑場에서도 불평의 소리가 크게 일어났다고 하였다.[23]

함경도 지방은 3월 초까지만 해도 시장세반대의 움직임이 있었지만 일제의 설득과 무마로 겨우 평온을 되찾고 있었는데,[24] 4월에 들어서는 이 지방에서도 시장세 납부를 거부하는 등 적극적인 방법으로 반대하는 단계에까지 이르렀다.

한편 安州 지방에서는 시장세반대의 중요 혐의자로 수명이 체포되어 투옥된 이유로 이 지역 상인들은 이들을 석방하지 않으면 시장을 열지 않기로 하고 市廛을 철폐하였다. 이후 3월 3일에 다시 개시하였지만 行商들이 모여

19) 《大韓每日申報》, 1910년 2월 23일.
20) 《京鄕新聞》, 1910년 3월 4일.
21) 《皇城新聞》, 1910년 2월 27일.
22) 《順川暴動事件綴》, 평안남도 觀察道 主事 江阪正功이 관찰사 李軫鎬에게 보고한 내용.
23) 《大韓每日申報》, 1910년 4월 6일.
24) 《皇城新聞》, 1910년 3월 9일.
《京鄕新聞》, 1910년 3월 18일.

들지 않고 坐商들 역시 평소의 1/3정도만 모이는데 불과하였는데 안주의 재무서 관리는 경계를 엄중히 한 후 징세를 실시하였지만 5원 5전을 거둬 들이는데 그칠 정도였다.[25]

황해도 황주에서는 시장세 징수로 인한 분쟁이 일어나 장시개설이 여의치 않자 곡물의 매매를 거의 대부분 시장 바깥 도로변이나 혹은 촌락에서 행함으로써 시황이 침체되었을 뿐만 아니라 읍내 居民과 客主店 등은 식료품의 결핍으로 곤란이 극심하게 되었다고 하였다.

〈지방비법〉이 실시된 이후로 각 지방의 장시에서는 시장세 징수에 반대하여 시위가 빈번하게 전개되었고, 撤市하는 곳이 적지 않았기 때문에 物貨의 유통도 원활하지 못하여 지방 장시가 쇠퇴하게 되자 상인들뿐만 아니라 일반 시민들에게 커다란 피해를 가져왔다.

이와 같은 상황으로 볼 때 지방장시가 지역 주민들의 生理에 매우 중요한 역할을 하고 있었음을 알 수 있으며, 한편으로는 일본이 이러한 점을 이용하여 시장의 개시를 회유하는 한편 식민지 지배의 재원확보를 위해 지방세의 상당부분을 차지하는 시장세 징수를 강행하고 있는 것도 확인할 수 있다. 그리고 상인 혹은 일반인들의 시위운동에 대해 일본도 헌병, 경찰 등으로 강경하게 진압 또는 엄중히 경계하는 등 적극적으로 대응하는 것과 병행하여 한발 물러나 이들을 설득 또는 회유하는 방법으로 민심을 수습하고자 하였다.

1909년 12월부터 1910년 4월에 이르기까지 약 5개월간에 걸쳐 평안도 지방을 중심으로 각 지방에서 일어난 시장세 반대운동은 일제의 강경한 대응에 의해 소기의 목적을 이루지는 못하였지만 국권이 침탈되어 가는 때에 경제적 자주권수호와 국권수호운동의 차원에서 일어난 사건이었다는 점에서 그 의의를 찾아볼 수 있을 것이다. 그리고 이러한 시위운동을 통해 일반 민중들은 그들의 이익과 주장을 관철시킬 수 있음도 확인하게 되는 계기를 마련하게 되었으며, 이후에는 보다 큰 힘의 결집으로 나타나 일제하에서의 3·1운동과 같은 거족적인 민족운동으로 발전시켜 나갈 수 있었다.

〈金大吉〉

---

25) 《皇城新聞》, 1910년 3월 12일.

3. 황무지개척권 반대운동

1) 황무지개척권 요구의 배경

1904년 2월 10일 러일전쟁을 도발한 일본은 23일에 이른바 韓日議定書를 체결, 한국의 내정과 외교를 간섭할 수 있는 근거를 마련하였다. 일본은 이를 최대한 활용하여 對韓侵略政策을 본격적으로 추진하였다.

일본의 樞密院議長 이토 히로부미(伊藤博文)는 3월 17일 서둘러 來韓, 10일간 체류하며 韓國政情을 검토하였다. 주한일본공사 하야시 곤스케(林權助)는 이토에게 〈對韓私見概要〉를 제출하였다. 하야시는 일본 농민이 한국에서 토지소유권을 확장하려고 건의하는 자가 많지만, 토지소유권을 허용할 경우에 실제로는 외국자본가가 농단하게 될지도 모르므로, 다만 경작 기타의 地上權의 자유를 획득하게 하는 방침을 취하여 농사에 관한 일본의 이권을 부식하고, 한국의 생산력을 增益하는 편이 적의하며, 혹은 한 개인의 이름으로 황무지의 개척권을 얻을 수 있는 好機가 있으면 실행하도록 하고, 그 경영은 일반 私人만이 專任하지 않고 일본 정부가 정한 방침에 의해 이익을 일반에게 미치도록 계획할 것을 이토에게 건의하였다.

이토는 하야시의 〈대한사견개요〉를 대체로 채택하여, 대한정책과 그 실천방안을 일본 정부에 건의하였다. 일본 정부는 이를 바탕으로 〈對韓施設綱領〉 속에 拓殖方案을 확정하고, 〈對韓方針〉·〈對韓施設綱領〉·〈對韓施設細目〉 등의 한국 경영방안을 마련, 1904년 5월 말에 閣議를 거쳐 국왕의 재가를 얻었다.

〈대한방침〉은 한국에서 정치·군사적으로 보호의 實權을 거두고 경제적으로 일본의 이권을 발전시킬 것을 규정하였다. 이 〈대한방침〉은 한국을 보호국화는 물론 장차 병탄하겠다는 전제하에, 당면의 급무로서 정치·군사적으로 실질상 예속관계를 성립시키고, 경제상 이권을 탈취하여 식민지화를 진행한다는 것이었다. 그리고 〈대한시설강령〉·〈대한시설세목〉은 일제가 국방·

외교·재정·교통·통신·척식 등에서 실천할 방안을 보다 구체적으로 명시한 것이었다.

일제는 대한식민정책의 일환으로 전국 각지의 황무지개척권을 요구하였다. 그것은 일제가 탈취하려 한 중요한 이권의 하나였다.[1] 그들은 한국에서 일본인 기업으로 가장 유망한 것은 농사라고 단정하였다. 일본의 과잉 인구를 이식시킬 수 있는 땅을 얻고, 부족한 식량을 공급할 수 있는 일거양득이 될 것으로 기대하였다. 일본 농가를 위해 한국을 개방시키는 수단으로 두 가지 대책을 설정하였다. 하나는 일본인 개인의 명의로 한국 정부로부터 官有 황무지를 경작 및 목축할 수 있는 특허나 위탁을 받고, 그것을 일본 정부의 관리하에 일본인이 경영하게 한다는 것이었다. 다른 하나는 일본인 거류지에서 1里 이외일지라도 民有地를 경작 또는 목축 등의 목적으로 일본인이 매매·임대할 수 있게 한다는 것이었다. 이는 한국 內地를 일인에게 개방시키고 그들의 토지소유를 인정케 하려는 것이었다.

일본 외무성은 〈대한시설강령〉에 의거, 〈대한시설세목〉을 작성해서 일본공사 하야시에게 훈령하였는데, 그 세목 제7항에서 官有 황무지의 경작 및 목축권은 한 개인의 명의로 소득하여 상당한 자본가로 하여금 실지 경영하게 할 것이고, 민유지는 일정한 기간 동안에는 명의의 여하를 묻지 않고 실제 매매 임대할 수 있게 하도록 하였다.

척식계획의 대강을 밝힌 〈대한시설강령〉은 한국을 그들의 식량과 원료 공급지로 확대하고 공업생산품의 판매시장으로 확장하려는 계획을 보다 본격화한 것이며, 일인을 한국에 식민하여 과밀한 인구문제를 해결하려는 또 하나의 목적을 실현하려는 것이었다.

일본 農商務省은 이미 3월까지 3만원의 자금을 투입하여 농업과 토지 전반에 척식조건을 조사시키고 구체적인 계획을 수립하였다. 농상무성은 外務省과 주한공사 하야시에게 전달한 〈韓國農業調査의 件〉에서 척식상 유리한 점과 구체적인 척식계획을 제시하였다. 한국에는 아직 경작하지 않지만 경작

1) 尹炳奭, 〈日本人의 荒蕪地開拓權 要求에 對하여－1904年 長森名儀의 委任契約企圖를 中心으로－〉(《歷史學報》 22, 1964 ; 《近代 韓國民族運動의 思潮》, 1996, 集文堂).

가능한 141만 정보의 토지가 있고, 농민 700만이 농사로 생활할 수 있는데, 그 대부분은 일본 이민으로 대체할 수 있다고 보았다. 한국의 인구밀도가 일본·중국보다 적으므로 개척의 여지가 많고, 풍토나 산수가 일본과 유사하여 이민들이 곤란을 느낄 바 없으며, 일본인은 건강·지능·자본에서 한국인 보다 우수하므로, 순종한 한국인을 이용하고 편달하면 사업에 더욱 便宜할 것이라고 주장하였다. 토질도 米·麥·豆·菽 등의 곡물 생산에 적합하여 일본의 식량공급지로 적당하고, 건조한 기후와 경사지를 이용하면 일본보다 더 좋은 綿·麻 등을 생산할 수 있으며, 地價 또한 저렴하여 군사상 필요한 牛馬의 축산에도 용이하다고 평가하였다. 그리고 식민지경영에 필요한 자금 일부를 한국의 未耕地 개척에서 增收되는 地租의 수입 등으로 현지 염출할 수 있다는 점도 강조되었다.[2)]

2) 황무지개척권의 요구

일본 정부는 1904년 6월 6일에 주한공사 하야시를 통하여, 한국 外部에 황무지개척권을 일본인에게 양여하라고 요구하였다. 그러나 大藏省 官房長을 역임한 나가모리 토키치로(長森藤吉郎)는 이미 密命을 받고 1월부터 한국에 와서 對韓經營方案을 조사·연구하고, 한국 宮內府와 극비리에 교섭하여 예비 공작을 진행하여 왔다. 나가모리는 하야시와 협의하에 1904년 1월 하순경에 淸安君 李載純과 회견하고, 한국 황실의 위엄을 영원히 保維하고 王基를 萬世에 확립하려면 왕실재정을 정리할 필요가 있는데, 그 방법은 전국 황무지를 개간하여 궁중에서 收稅하는 재원으로 만들고, 酒·煙草·鹽·鑛物 등을 전매로 할 것을 제시하였다. 그는 황무지개척권과 아울러 술·연초·광물 등의 전매 위임도 일본에 크게 유리할 것이라 생각하고, 그 위임계약안을 작성하여 교섭을 추진시키려 꾀하였다. 그러나 일본 정부의 방침이 결정되지 않고, 이재순이 3월 2일 急逝하였으므로 더 진전되지는 못했다. 나가모리는 3월에 議政府參贊 權重奭에게 황무지개척권의 위임계약안을 제시하고 비밀

2) 尹炳奭, 〈일제의 荒蕪地開拓權 요구와 한국민의 투쟁〉, 위의 책, 79~89쪽.

로 체결하자고 요청하였다. 그러나 宮內府大臣 閔丙奭의 반대로 계약은 체결되지 못했다.

하야시는 5월에 이르러 외무대신 고무라 쥬타로(小村壽太郎)에게 황무지개척권 위임계약을 비밀리에 교섭하는 것이 時宜에 맞지 않다고 건의하고 직접 자신이 나섰다. 자신이 수정한 계약안을 가지고 직접 한국의 몇몇 대신들을 만나 나가모리를 소개하고, 계약안을 설명하였다.[3] 그리고 외무대신의 훈령에 의해 황무지개척권을 요구하는 공문과 위임계약안을 6일에 제출하였던 것이다.

하야시는 공문에서 개척권 요구자의 명의는 나가모리로 하고, 자신은 공사의 입장에서 소개하는 형식을 취했다. 이 요구가 일본의 對韓拓殖政策의 일환임을 숨기고, 나가모리 개인 자본으로 결행하려고 신청한 것으로 내세웠다. 이를 자신이 추진하는 것은 황무지개척이 부국증진의 제1책인데도 불구하고 한국 정부나 국민이 버려두고 있으며, 더욱이 개척에 필요한 기술과 자본을 구비하지 못한 처지이므로, 이를 돕기 위한 것이라고 강조하였다.[4] 하야시는 고종에게, 황무지개척은 경지면적의 확대와 곡식의 증산, 국고수입의 증수, 곡물의 외국수출 증가, 유민의 생업과 양민의 부유를 성취할 것이라고 아뢰었다.[5]

일본은 겉으로는 모든 황무지를 궁내부 御供院에 편입시키는 전제 아래, 御供院卿이 국왕의 명에 따라 나가모리에게 개척권을 위임하는 형식을 취하려고 하였다.

한국 정부는 이미 1904년 5월 19일에 황무지 등의 개척에 관한 사무를 관장하기 위하여 궁내부 소속의 어공원을 설립하였다. 앞서 5월 15일에 奉常司提調 鄭日永은 고종에게 상소하여, 황무지개척의 중요성을 역설하고 외국의 예를 본받아 하나의 院을 설치하여 황실에 소속시키고, 정밀한 기계와 새로운 耕作法을 다른 나라에서 본받아 灌漑하고 땅을 개척해 나간다면, 나라를 부강하게 할 근원이 될 것이라고 건의한 바 있었다.[6] 이를 받아들여 어공원

3) 尹炳奭, 위의 책, 89~91·100쪽.

4) 高麗大 亞細亞問題硏究所 編, 《舊韓國外交文書》 7(日案 7), 1970, 117쪽.

5) 尹炳奭, 앞의 책, 94쪽.

이 설립되었던 것이다.

日本農具株式會社 사장 나가모리가 주한일본전권공사 하야시를 통하여 6일에 외부에 제출한 황무지개척권 위임계약안은, 제7조의 "본 계약은 경영에 착수하던 각 부에 대해 경영완성 후 50년간을 유효로 하되, 기한에 이르러 상호협의로 다시 계속 행할 수 있을 것" 등 총 10개 조로 되어 있다.[7] 이 계약안은 한국의 산림·천택·진황지의 개척권을 50년간 장기 대부하는 特許契約을 요구한 것으로, 우리 영토의 1/4이나 되는 황무지를 아무런 대가 없이 영구히 일본에 인도하라는 것이었다.

일본은 이 계약안을 통해 일본인을 대량 이주시키고 한국을 그들의 식량 및 원료의 공급지로 만드는 데 목적이 있었으므로, 50년 후에 반환이란 처음부터 생각지도 않고 영구 점유를 도모하였다. 계약안에서 50년간 借貸라고 조건을 명시한 것은 몇 가지 이유가 있었다. 첫째는 한국 정부나 국민의 반대가 강할 것으로 추측하였기 때문이다. 한국 정부는 한일의정서의 체결에 협력한 친일내각이었지만, 乙未事變 후 배일감정이 심화된 고종이 정부를 인도하고, 국민들은 한일의정서 늑결에 대해 광범위한 반대운동을 전개하고 있었다. 그러므로 영토의 요구나 다름없는 황무지의 영구 점유를 요구할 생각은 갖지 못하였다.

둘째 토지소유권을 일본인이 장래 독점하여 인정받으려는 정략적 고려를 하였다. 일본은 내정을 간섭할 수는 있었지만 아직 외교권을 확보하지 못한 상태였으므로, 일본이 한국의 토지소유권을 인정받는 계약을 맺을 경우, 淸·英·美 등도 기회균등을 내세워 한국의 토지소유권 인정을 주장할 것으로 우려하였다. 장래 한국을 식민지로 만들려는 야욕을 가진 일본은 외국의 세력확장 기회를 미리 차단하려 기도하였다.

요컨대, 이 위임계약안은 한국의 황무지경영권을 탈취하여 그들의 식량 및 원료의 공급지로 만들려는 획책이며, 한국의 토지를 점유한 다음에 소유권을 침탈하려던 의도였다. 개척권 요구자를 나가모리의 개인 명의로 한 것은 물의를 일으키지 않고 조속히 처리하려는 '신중한 思慮'에서 나온 편의상 조치

---

6) 《高宗實錄》, 광무 8년 5월 15일, 奉常司提調鄭日永疏略.

7) 《舊韓國外交文書》 7(日案 7), 117~120쪽.

에 불과했다.

3) 한국민의 반대운동

(1) 언론 · 상소 투쟁

1904년 6월 6일에 황무지개척권의 요구 공문과 그 위임계약안을 받은 외부대신 李夏榮은 궁내부에 통고하고 의정부회의에 회부하였다. 그리고 고종에게 進聞하였다. 일본공사와 나가모리에게 이미 상세한 설명을 들은 대신들도 있었지만, 의정부대신 중에는 외부대신에게 이 제안을 즉석에서 거절하지 않고 접수한 것이 잘못이라고 지적하는 반대자도 있었다. 고종은 자신이 직접 속결하지 않고 의정부회의에 미루었다.[8] 한국 정부는 아무런 대응책도 강구하지 못하고 비밀 누설을 방지하는 데만 급급하였다.

하야시는 황무지개척권 요구가 한국인의 반대에 부딪칠 것을 예상하고, 이미 6월 1일에 외부대신 이하영에게, 외교상 중요 안건은 정부 내외에서 비밀을 절대 엄수하고, 일반 국민에게도 문제의 대소를 막론하고 누설하여 물의를 일으키는 일이 없도록 할 것을 요구한 바 있었다. 그것은 비밀리에 정부만을 상대로 소기의 목적을 달성하려는 속셈이었다. 外部는 7일에 內部에게, 앞으로 기밀안건은 공문의 封皮 및 본문의 號數 위에 '秘' 자를 쓸 것이니, 특별 관리하여 누설되지 않도록 할 것을 당부하였다.[9]

이러한 조치에도 불구하고 일본의 공문과 계약안은 6월 중순에 이르러 일부에 알려졌고, 이에 유학 金箕祐 · 진사 鄭東時 등이 동지를 규합하여 倉洞 등지에 疏廳을 설치하고, 23명이 連署한 排日通文을 전국 13도에 발포하여, 진황지개척 요청을 인허하면 나라의 강토를 다시 회복할 여지가 없으니, 앉아서 망하는 것을 기다리지 말고 죽을 힘을 다해 동심하여 復讎保土하자고 역설하였다.[10]

---

8) 尹炳奭, 앞의 책, 96~102쪽.
9) 《舊韓國外交文書》 7(日案 7), 107 · 122쪽.
《皇城新聞》, 1904년 6월 8일, 잡보 〈機密禁漏〉.
10) 尹炳奭, 앞의 책, 102쪽.

6월 17일에 《漢城新報》가, 일본대리공사 하기와라 슈이치(萩原守一)는 한국의 산림·천택과 陳荒曠地와 蓏田을 합동하여 일본인이 改良作農케 할 것을 외부에 요구하였다고 보도하였다. 이튿날에 《皇城新聞》이 일인 나가모리가 주관하여 관유·민유 이외에 원야·진황지·산림을 개탁하는데 기한은 50년이라고 보도하였다.11)

일본의 황무지개척권 요구 사실이 신문을 통해 알려지자, 전국민은 거족적인 반대운동을 전개했다. 朝臣과 儒生들의 반대 상소가 빗발치듯 올라갔고, 《황성신문》 등 언론이 발맞추어 논설과 기사로서 일본의 요구를 규탄, 반대하였다.

6월 20일 하오에 열린 의정부회의에서 나가모리가 요청한 산림·천택·원야·진황지의 개척안이 제의되었다. 이날 고종황제를 알현하고 개척안을 설명한 하기와라 공사는 김기우를 경무청에 연행하여 심사하라고 요청하였다. 22일에도 양국 친교를 교란하려는 자들에 대해 아무런 조치를 취하지 않는 것은 한국 정부의 중대한 책임이라고 외부에 추궁하였다.12)

22일에는 종2품 李相卨이 상소하여,13) 황무지를 부당하게 외국인에게 일임해서 재원을 막는 것은 백성에게는 여유가 없고 국가에는 餘蓄이 없게 하는 것이라고 주장하고, 정부의 대신들과 황제는 나가모리의 요구를 절대 인허하지 말라고 역설했다. 《황성신문》은 23일에 나가모리가 宮內府 御供院 소관의 산림·천택 및 기타 황무지 개척에 관하여 特許合同을 요구한 안건을 요약 게재하였는데 다음과 같다.

1. 한국 궁내부는 전국 13도의 官有·民有 외에 산림·천택·陳荒廢地의 개척을 일본인 나가모리에게 특허할 것.
2. 나가모리는 해당 특허에 기인하여 자기의 계산으로써 前條의 황무지를 개척하되, 開墾日로 起하여 만 5개년 후에야 세금을 비로소 궁내부로 납부할 것.

《舊韓國外交文書》 7(日案 7), 146~147쪽.

11) 《皇城新聞》, 1904년 6월 18일, 잡보 〈照謄漢報〉.

12) 《皇城新聞》, 1904년 6월 21일, 잡보 〈政府議案〉.
《舊韓國外交文書》 7(日案 7), 153쪽.

13) 《皇城新聞》, 1904년 6월 23일, 잡보 〈李氏上疏〉·28일, 잡보 〈李氏疏本〉.

3. 합동 기한은 50개년으로 정하되, 嗣後에 다시 續約함을 得할 것.
4. 궁내부는 계약자 이외에 제3자에게 이 조약과 저촉하는 특허를 與치 못할 것(《皇城新聞》, 1904년 6월 23일, 잡보 〈要求條件〉).

이에 국민들은 비로소 나가모리의 황무지개척안을 구체적으로 알게 되었다. 고종의 칙명으로 23일에 중추원은 회의를 열었다. 중추원은 외부에 조회하여 나가모리의 진황지 개척 청구서의 謄本을 분명하게 밝히라고 요청하였다.[14]

《황성신문》은 6월 24일부터 28일까지 연4회에 걸쳐서 〈韓日國交之感情所由〉란 논설을 게재하여, 한국인이 일본에 대한 감정이 악화된 원인은 일본의 대한정책에서 비롯된 것임을 역설하였다.[15]

이와 같이 한국민의 반대여론이 격화되자, 일본은 對韓經營을 재검토하였다. 일본 進步黨은 6월 중순에 협의회를 열고 韓國經營案 10여 조에 대하여 협의한 후에 조사회 결의안의 발표를 정지하고, 다시 근본적 방침에 대하여 정밀히 조사하기로 결정하였다 한다.[16]

紳士들은 상소나 통문을 통해 일본의 황무지개척권 요구를 반대하고, 그 대안으로 황무지를 한국민에게 개척하도록 허가하여, 외국인의 요구를 막자고 주장하였다. 6월 25일에 신사 수백 인이 疏廳을 설치하고 진황지를 외국인에게 허가하지 말고 우리 나라 관민이 합력 개척하는 방안을 강구하자고 제안하였다. 疏首에는 정2품 朴箕陽이 선출되고, 남북촌의 뜻있는 대관과 신사들도 뜻을 모아 참여하였다.[17] 이날 前議官 洪肯燮도 중추원에 獻議하여, 진황지를 모두 우리 인민에게 특허하여 재산을 모아 起墾케 하면, 감히 누가 청구하겠느냐고 반문하고, 황무지의 개척과 경영방법을 구체적으로 제시하였다. 通政 朴宜鉉 등은 중추원에 獻議하여,[18] 國計의 8, 90%나 되는 산림·원야·진황지를 하루아침에 일인에게 許與하면 한 주먹의 산과 한 갈래의 물

14) 《皇城新聞》, 1904년 6월 25일, 잡보 〈請示請書〉.
15) 《皇城新聞》, 1904년 6월 24~28일, 논설 〈韓日國交之感情所由〉.
16) 《皇城新聞》, 1904년 6월 24일, 잡보 〈對韓經營의 調査〉.
17) 《皇城新聞》, 1904년 6월 25일, 잡보 〈疏首延請〉·27일, 잡보 〈勿字誤脫〉·28일, 잡보 〈非李乃朴〉.
18) 《皇城新聞》, 1904년 25·27·28일, 잡보 〈樞院獻議〉.

도 모두 남의 범위에 들어가, 무고한 인민은 의식주를 잃고 재원을 빼앗기고 땔감과 灌漑의 이익도 그들에게 넘어갈 것이라고 경고하였다.

황무지 요구 반대여론이 점차 높아지고 집단적인 움직임으로 발전될 조짐이 보이자, 일본공사는 27일에 외부에 공문을 보내, '무지한 무리'들이 通文·上書 또는 匿名書를 서울과 지방에 유포하여 비밀집회를 열려고 하는데, 만약 힘써 처리하지 않으면 일본 군대 및 경찰관이 발견되는대로 처분할 필요가 있다고 위협하였다.[19]

27일 오후 3시에 정부회의에서 황무지개척의 인준 여부를 논의하였다. 조야의 반대 여론이 비등하였으므로, 나가모리의 요구안을 일본공사에게 되돌려 보내기로 결정하였다.[20] 궁내부는 거절 이유서를 작성하여 외부에 이송하고, 외부가 일본공사에게 계약서를 돌려보내고 결단코 인준하지 않겠다는 뜻을 표명하기로 하였다.[21] 외부대신은 궁내부가 작성한 공문과 6월 6일에 일본공사가 제출한 계약안을 29일에 일본공사관에 반송하였다.

궁내부가 황무지개척권 양여 요청을 반대한 이유는 4가지였다. 첫째 궁내부는 황무지개척사무를 강구하기 위해 어공원을 특설했는데 사업을 착수하기도 전에 외국인에게 양여하는 것은 원의 설립 본의에 어긋나고, 둘째 한국의 원야·산림은 황무지라 하더라도 이미 國稅帳簿에 올라 있고, 또 대부분이 민유이므로 함부로 이용하는 것은 위정의 본의가 아니며, 셋째 한국의 토지는 관유 아니면 민유이고 민유 아니면 관유이므로, 이외에 어떤 공한지도 없으므로 양여할 수 없고, 넷째는 나라 안에 반대 여론이 비등하여 이를 안정시킬 수가 없으므로 결단코 인준할 수 없다는 것이었다.[22]

그러나 일본은 요구를 관철시키려고 강압적인 태도로 나왔다. 일본공사는 29일에 즉시 한국의 거절 이유가 타당치 않다고 이의를 제기하고, 자본과 기술을 구비하지 못한 한국은 개척을 일본인에게 맡겨야 한다고 주장하며 재차 인준을 강요하였다.[23] 일본공사는 고종을 직접 알현하여 승낙받겠다고 요

---

19) 《舊韓國外交文書》 7(日案 7), 167쪽.
20) 《皇城新聞》, 1904년 6월 28일, 잡보 〈政府會議件〉·29일, 잡보 〈決議繳還〉.
21) 《宮內府去來案》, 광무 8년 6월 28·29일.
22) 《皇城新聞》, 1904년 7월 1일, 잡보 〈宮府照復〉.
尹炳奭, 앞의 책, 106~107쪽.

청하고, 일본이 대한정책을 變改하여 한국이 후회하는 경우가 되지 않게, 깊이 형촉하길 바란다고 위협하였다.[24]

한국 정부와 일본공사관 사이에 공방이 계속되는 와중에, 국민들의 반대운동은 더욱 치열해졌다. 29일에는 幼學 許栻·李承萬 등이 정부에 上書하여, "나가모리가 산림·천택·원야의 토지를 借與하기를 요구하나, 차여란 속이고 유혹하여 탈취하려는 술책이라고 지적하고, 양허하면 2천만 생령이 魚肉의 화를 면치 못하고 5백년 종사가 稅泊의 처소가 될 것"이라고 우려하였다. 紳士疏廳에서도 前秘書丞 尹秉·前郡守 洪弼周·前承旨 李範昌·前主事 李沂 등이 선언서를 발포하여,[25] 황무지를 외인에 인허하지 말고 어공원을 혁파하고, 국민으로 하여금 개척 種植케 하도록 처분하라고 촉구하였다.

조야의 반대 여론이 비등하자, 궁내부는 나가모리가 요청한 계약서를 6월 30일에 외부에 되돌려 보냈다. 외부는 즉시 일본공사관에 繳交하고 황무지는 우리 나라가 맡아서 개척, 척식할 것이며 결코 외국인과 조약을 체결할 수 없다고 답변하였다. 그러나 하기와라는 바로 황무지개척 계약안을 외부에 환송하였다. 그는 계약이 한국에 이익을 주게 될 것임을 강조하고 계약안을 다시 살펴보기를 요청하였다. 그리고 그는 한국인이 소청을 설치하여 통문하고 伏閤上疏하며 연명하여 헌의하는 것이 시국을 그르치고 교린을 어긋나게 하는데, 한국 정부가 엄히 징벌하지 않으면, 일본 군대나 경찰이 붙잡아 懲治하겠다고 협박하였다.[26]

이에 대해 외부는 7월 1일에 대리공사에게 照覆하여, 일본의 군대나 경찰관이 상서·통문 등의 기초자나 발송자 및 집회하는 자를 발견되는대로 처분하겠다고 제의한 것을 거부한다고 통보하였다. 인민들이 중외에서 선동하여 소요와 와전이 야기되는 것은 우리 정부가 조사하여 금지할 것이라고 표명하였다.[27] 《황성신문》도 이에 동조하여 일본공사가 일본 군대와 경찰관을

23) 《舊韓國外交文書》, 7(日案 7), 172~177쪽.
24) 《日本公使館記錄》, 1904年 未耕地經營 101丁.
25) 《皇城新聞》, 1904년 6월 29일, 잡보 〈紳士宣言〉·〈許李上告〉.
26) 《舊韓國外交文書》 7(日案 7), 178~182쪽.
《皇城新聞》, 1904년 7월 2일, 잡보 〈日照繳日〉 및 4일, 잡보 〈繳照還投〉·〈日使請陛〉.

개입시키겠다고 협박한 것을 비판하였다. 산림·천택의 사안은 전국 인민에게 중대한 관계가 있을 뿐만 아니라, 정부가 이권을 요구하는대로 타국에 넘겨주었으므로, 국민들이 정부에 경고한 것인데, 무엇이 교린과 시국을 그르쳤느냐고 반박하였다. 일본이 위협적 수단으로 이치에 맞지 않는 요구를 한다면, 한국민의 격앙뿐만 아니라 列國 사람들이 모두 반대할 것이라고 경고하였다.[28)]

이에 일본은 한국 정부를 설득하고 언론을 무마하려고 나섰다. 즉 하기와라는 7월 3일에 황무지개척사안의 辨明書 12조를 열거하여 외부에 보내 한국 정부를 설득하려 하였다. 그리고 이른바 〈辯妄書〉를 각 신문에도 게재하여, 일본의 개척요구는 조금도 한국 疆土를 침해하는 것이 없고, 한국에 긴급하고 유리한 과제라는 점을 선전하였다.[29)] 《황성신문》은 이에 반대하고, 진황·개척을 우리 인민에게 인허할 것을 역설하였다.

그리고 7일부터 연 3일 동안 〈辨論日公使之辨論〉이란 논설을 게재하여, 하기와라가 외부와 각국의 주한공관에 보낸 황무지개척사안의 변명서 12조를 조목별로 검토하고 반론을 개진하였다. 일본이 한국의 이익에 주력하려면, 마땅히 우리 정부에 충고하여 우리 인민으로 하여금 개척사업에 착수하게 하고, 일본인은 우리에게 雇聘하여 옆에서 開導하고 권고하여, 황무지의 모든 개척을 돕는다면 이것이 정말 교린의 敎誼라고 역설하였다.[30)]

정부는 일본의 교활한 수법과 강경책에 대하여 단호하게 대응하지 못하였다. 외부대신은 5일에 일본공사에게 공문을 보내, 황무지 개척의 일은 자기가 정부대표로서 교섭하는 처지에 있으니, 대리공사는 본인과 和衷商辨하는 것이 마땅하고, 고종을 알현할 필요가 없다고 답하였다. 그러나 일본은 '화충상변'하는 것이 마땅하다고 한 것을 구실로 협상을 계속하자고 주장하였다. 화충상변하자는 것은 자기들의 요구를 원칙적으로 동의한 전제 아래 한 말이라고 강변하면서, 계약안의 세부 문구를 협상하자고 요청하였다. 외부는

---

27) 《舊韓國外交文書》 7(日案 7), 167·181쪽.
28) 《皇城新聞》, 1904년 7월 2일, 논설 〈辨日公使照會之說〉.
29) 《皇城新聞》, 1904년 7월 5일, 잡보 〈陳荒辨條〉·7일, 논설 〈辨論日公使之辨論〉. 尹炳奭, 앞의 책, 108~109쪽.
30) 《皇城新聞》, 1904년 7월 7~9일, 논설 〈辨論日公使之辨論〉.

계약안을 승낙한다는 원칙하에서 한 말이 아니라고 해명하였다. 위임계약안에 대해서는 전혀 승인할 리가 없다고 설명하였다.[31)]

이 날 일본 경찰서가 통문 주모자 呂永昭 등 3인과 소청의 여러 사람을 붙잡아 가서, 1차 신문 후 한국 경무청에 이송하자, 《황성신문》은 7월 6일자 논설에서 이 사건을 통렬히 비판하였다. 일본이 전국의 토지 이권을 강제로 점유하고 영토를 침탈하려고 획책하므로 전국민이 激昻奮鬱하는 것인데, 일본이 위력으로 압제하고 붙잡아 가는 것은 주권을 침해하는 행위라고 비판하였다.[32)]

金星斗 등 3인은 주한 각국공관에 통문을 보내 일본의 황무지 요구를 비판하였다. 일제는 김성두 등이 인심을 騷動하고 양국의 交誼를 손상했다고 붙잡아 한국 경무청으로 연행하였다. 그리고 하기와라가 6일에 외부에 조회하여, 법률에 의해 엄징하라고 요구하였다.[33)]

7일에는 奉常司副提調 李舜範 등이 상소하였다.[34)] 그는 "우리 나라는 산림·천택·원야·황무지가 10분의 8~9이며, 나라와 백성들의 소유로서 原田帳에 등록된 토지는 10분의 1~2밖에 되지 않는데, 10분의 8~9를 남에게 넘겨주면, 祖宗의 능침과 백성들의 묘소가 일인에게 넘겨준 곳에 있게 되고, 비단·麻·五穀·金·銀·銅·鐵·새와 짐승·물고기·초목·갈대·대나무 등 나라의 정규적인 稅와 백성들의 생활 밑천이 될만한 것들이 모두 일인의 財富 원천으로 되어버릴 것"이라고 역설하였다. 일본이 개척권을 청구한 것은 "국내의 앞잡이들이 초래한 것이며, 그들의 강한 것이 두려워 酬應하는 것도 앞잡이의 위협 때문이며, 대궐에서 함부로 접견을 요청하며 음흉한 모략과 은밀한 계책을 꾸미는 것들은 모두 賣國하여 자기를 살찌우려는 것"이라고 비판하였다 아울러 그는 "국토에서 생산되는 모든 것을 농상공부가 관할하게 해서, 개척 채취 증식하게 할 것이며, 인민과 나라에 이로운 방책을 세밀하게 강구해서, 田野가 황무지로 되지 않게 하고 백성들이 재부를 쌓게 한다

31) 윤병석, 앞의 책, 109~110쪽.
32) 《皇城新聞》, 1904년 7월 6일, 논설.
33) 《皇城新聞》, 1904년 7월 7일, 잡보 〈請懲通文者〉.
34) 《皇城新聞》, 1904년 7월 7일, 잡보 〈奉常司副提調李舜範等上疏〉.

면, 저들이 어떻게 할 방도가 없을 것"이라고 제안하였다.

7월 8일에는 前都事 李恒珪가 "한 조각의 땅이라도 외국인에게 내줄 수 없다"는 요지로 上書한 전문이 《황성신문》에 실렸다.[35] 한편 이순범의 상소는 9일 하오 2시 정부회의에 제의되었는데, 상소의 어구가 문제되어 이순범을 체포할 것을 고종에게 上奏하여 승인받았다. 그러나 이순범의 탄핵으로 외부대신 이하영은 12일에 사직소를 제출하였다.[36]

일본은 개척권 요구를 반대하는 한국인들을 경찰력을 동원하여 구속 설득하고, 이순범을 앞세워 시위군중을 설득하려고 시도하였다. 즉 9일 저녁에 붙잡아간 이순범을 다음날 정오에 대동하고 종로에 나가서, 사람들에게 진황지 개척은 한국의 장래에 다대한 이익이 있을 것이라고 연설케 하였다. 그러나 방청하던 사람들은 더욱 격앙하여 한바탕 반박하였다.

일본 경찰은 반대 인사들을 붙잡아다가 문초 회유하려고도 하였다. 呂永祚 등은 일본경찰서로 강제연행되어, 金斗星·吳周爀·李昇宰와의 관계를 확인받고, 양국간의 조약을 반대하는 이유를 조사받았다. 여영조는 여론이 들끓는 까닭은 협상조약 중의 3개조, 對韓經營諸件, 산림·천택·원야·한광지의 허가 요청, 철도부설의 역부동원의 폐단 등에서 말미암은 것이라고 지적하고, 대한경영건의 시행 중지, 鐵道章程 更定, 그리고 산림·원야의 건을 논하지 않으면, 민심을 진정시킬 수 있을 것이라고 주장하였다.[37]

신사들은 황무지개척권 요구를 반대하는 운동을 전국적으로 확산시키려고 기도하였다. 서울 草洞에 설치된 紳士疏廳(搢紳章甫疏廳)은 前判書 朴箕陽·前承旨 尹始永을 疏首로 하여 상소하였으나 정부가 아무런 대답이 없자, 11일에 尹秉 등의 주도로 전국 341개 군에 통문을 보내 황무지개척권을 일본에게 절대 양허하지 못하도록 할 것을 권고하였다.[38]

이에 긴장된 의정부는 윤병 등이 각도에 발송한 통문을 郵遞司에서 탐문

---

35) 《皇城新聞》, 1904년 7월 8일, 잡보 〈上政府書〉.
36) 《皇城新聞》, 1904년 7월 11일, 잡보 〈李氏被捉〉·12일, 〈政府奏本〉·13일, 〈外相辭疏〉.
37) 《皇城新聞》, 1904년 7월 11일, 잡보 〈與日本警察署長論辨〉·12일, 잡보 〈政府奏本〉.
38) 《皇城新聞》, 1904년 7월 14일, 잡보 〈疏廳通文〉.

하여 없애게 하라고 내부에 지시하고, 내부는 각도에 금단하라고 電飭하였다. 의정부가 13일에 다시 내부에 電報하여 電訓을 거행하라고 강조하였으나, 신사소청에서 疏首 尹始永 등이 재차 상소하였다.[39] 내부가 각도에 전훈하여 통문을 금단하라고 지시하였지만, 신사소청은 15일과 16일에 걸쳐서 《황성신문》에 특별히 광고하여, 윤병 등의 통문을 금지한 것은 정부가 잘못 인식한 것이므로, 신사들은 구애되지 말고 복합상소에 참석하라고 역설하였다.[40]

《황성신문》은 황무지개척안 문제를 놓고 7월 14일부터 18일까지 《漢城報》와 3차에 걸쳐 논쟁을 전개하여 일본의 주장을 비판하고 반대여론을 고조시켰다. 《황성신문》이 日警의 한국인 체포, 연행을 논박한 것을, 《한성보》가 그 언사가 불경하고 句語가 이치에 어긋났다고 비난하였다. 《황성신문》은 富源을 우리가 스스로 개척하지 못하고 외국인에게 양여하면, 한국은 비록 殘金零利를 획득하나 소득이 잃은 것보다 크며, 전국의 2/3나 되는 황무지를 일본에게 양허하면, 한국에 남을 것이 없다고 반박하였다. 일본이 개척안을 되돌려 받고 요구를 정지하면 통문·상소는 없어질 것이라고 주장하였다. 《한성보》가 러시아는 침략자요, 일본은 보호자라고 주장하자, 《황성신문》은 러시아는 삼림만을 요구했으나, 일본은 전국 강토의 2/3를 요구하니, 일본의 요구가 러시아보다 심하다고 논박하였다. 《한성보》가 진황지 개척의 요구는 의사의 良藥이라고 다시 반론하자, 《황성신문》은 사람에 비유하여 3차 반론을 폈다. 사람이 병이 깊었는데 의사가 치료한다고 칭하고 먼저 집과 전답을 점탈하려고 한다면, 차라리 치료받지 않고 죽을지언정 허락하지 않을 것이며, 이를 의로운 의사라고 믿겠느냐고 반박하였다.[41]

(2) 농광회사의 설립

일본의 황무지개척권 요구에 대한 반대 여론이 점차 거세지고 반대운동이 확산되는 분위기에서, 정부는 일본의 요구에 응할 수도 없고, 단호히 거절할

---

39) 《皇城新聞》, 1904년 7월 13일, 잡보 〈政府電話〉·〈紳士疏本〉 및 14일, 잡보 〈依訓擧行〉.

40) 《皇城新聞》, 1904년 7월 15·16일, 잡보 〈紳士疏廳特告〉.

41) 《皇城新聞》, 1904년 7월 14·15·18일, 논설 〈答漢城子〉·〈辨漢城子之答答〉·〈三辨漢城子之論〉.

수도 없는 어려운 입장에 서게 되었다. 황무지개척권 양여를 반대하는 상소나 건의 중에는, 일인에게 개척사업을 허락하지 말고 한국인에게 개척권을 주어 자주적으로 개척하게 하면, 한국민에게 이롭고 일본인의 요구도 물리칠 수 있다는 대안을 제시하는 주장이 적지 않았다.

6월 25일에 前議官 洪肯燮이 구체안까지 작성하여 중추원에 헌의한 바는 그 대표적인 대안이었다. 그는 모든 陳荒地를 인민들에게 특허하여 개척하게 하면, 인민에게는 이롭고 외국인들의 청구를 막을 수 있을 것이라고 주장하였다. 御供院을 빨리 없애고 진황지를 모두 농상공부에 부속시켜 관할케 하고, 曠地의 起墾開拓, 堤堰築洑와 種植耕作하는 권리는 각각 해당 지방인민에게 會社를 특허하게 하며, 정부가 지원해서 인민들이 개척하게 하라고 주장하고, 황무지 개척과 회사의 운영방안을 구체적으로 제의하였다.[42)]

홍긍섭의 제안은 고조되는 국민의 반대여론과 계속되는 일본의 강요 사이에서 곤경에 처한 한국 정부에게 하나의 돌파구가 되었던 것 같다. 이러한 때에 중추원부의장 李道宰·장례원경 金宗漢 그리고 安必中·鄭紋源·洪中燮 등이 주동이 되어 황무지 개척사업을 목적으로 農鑛會社(주식회사)를 설립하고, 궁내부와 농상공부에 특허를 청원하였다. 회사설립 자본금은 액면 50원의 股(株券) 20만 株로 총 1천만 원이었고, 사장에는 이도재가 선임되었다. 회사규칙은 18조로 되어 있다.[43)]

회사규칙에는 황무지개척 사업뿐만 아니라, 외국인들의 관심이 크고 또 실지 경영하던 金·銀·銅·鐵 등 각종 광업에 관한 사업도 할 수 있도록 하였다. 외국인들의 침탈로부터 국내 광업권을 보호하고 개발하려는 의도였던 것 같다. 궁내부 어공원경 朴鏞和의 명의로 7월 11일에 이 회사에게 우선 황무지개척을 특허하여 한국민의 개척사업을 시작케 하고, 광업에 관한 것은 보류하였다.

일본공사는 어공원경으로부터 이를 확인하고, 한국은 자본과 기술을 갖추지 못해 개척사업을 자력으로 할 수 없는데도 불구하고, 일본의 요구를 묵살하기 위한 계략에서 농광회사를 설립했다고 비난하였다. 그리고 한일의정서

42) 《皇城新聞》, 1904년 6월 27일, 잡보 〈樞院獻議(續)〉.

43) 尹炳奭, 앞의 책, 110~111쪽.

에 의거하여 한국 정부는 황무지개척권의 요구를 반드시 허락하라고 촉구하였다.[44]

일본은 농광회사의 설립을 못마땅하게 생각하면서도, 다른 한편으로는 농광회사가 개척사업을 직접 착수하는가에 관심을 가지고 경계하였다. 일본공사는 농광회사가 비밀리에 제3국의 차관을 얻을 교섭을 하고 있다고 거듭 한국 외부에 항의하였던 것이다.[45]

(3) 보안회의 투쟁

한국민의 황무지개척권 반대투쟁은 더욱 치열해졌다. 전직 관료와 유생들의 상소와 헌의가 중심이 되던 반대운동은 점차 집단 또는 단체의 투쟁 형태로 전환되어 갔다. 상소와 언론을 통한 반대운동을 대규모 집회운동으로 확대 발전시켜 지속적으로 주도한 단체는 輔(保)安會였다.

7월 7일에 산림・천택・원야・진황지 문제로 신사들이 연명상소를 올렸는데, 그 논술이 문제되어 疏首인 奉常司副提調 이순범이 9일에 체포되었다. 상소에 참여한 신사들은 평리원에 들어가 법적 조치를 함께 받기를 요청하였다. 그러나 법관이 소수는 조정의 처분으로 구속되었으나, 다른 사람들을 가두는 것은 부당하다고 설명했다. 상소에 참여한 사람들은 종로 白木廛都家에 모여 여러 사람들에게 통문을 발송했다.

13일에 前議官 宋秀萬・沈相震 등 朝臣과 유생들이 백목전도가에 모여 외국인에게 황무지개척권을 빌려주는 것은 불가하니, 일본의 요구를 결사적으로 물리쳐야 한다고 연설하고, 이 사안에 관계한 외부대신 이하영 등을 성토하였다. 그리고 강토를 보전할 계획을 기약하고 輔國安民을 뜻하는 輔安會를 개회하였다. 장차 유망한 대신을 회장으로 擇薦한 후 궁궐 앞에서 상소를 올릴 계획을 세웠다. 경무청의 순검과 헌병대 대원이 방청하고 보안회의 연설인 이외의 인민들을 설득하여 해산시켰다. 이튿날에도 백여 명이 백목전도가에 모여 연설하였다. 이날 보안회는 일본의 요구를 철폐시킬 때까지 매일 집회하기로 정하고, 중추원부의장 이도재를 의장으로 추천하였다. 이도재는 고

---

44) 尹炳奭, 위의 책, 112쪽.
45) 위와 같음.

사하였다.46)

송수만·심상진 등은 전국에 통문을 발하고 정부의 각 부서와 대관 집까지 公函을 보내, 일본인이 산림·천택·원야·진황지를 청구하는 것은, 곧 한 나라의 존망과 인민의 사생을 결판내는 것이라 하고, 대한의 신민된 자는 한 목소리로 준열히 물리칠 수밖에 없으므로, 종로 백목전도가에 임시회의소를 설치했다고 취지를 밝혔다. 여러 대신들은 임시회의소에 회동하여 이 문제를 널리 의논, 타결하는 자리가 되게 해 줄 것을 요망하였다. 그리고 보안회의 운영요강을 아래와 같이 내세웠다.

〈보안회의 운영요강〉

一. 전국의 山林·川澤·原野·陳荒의 토지를 청구한 일을 모여서 같이 妥商할 것.
一. 회원의 言權은 다만 위 項의 문제를 타정하는 것으로만 할 것.
一. 회를 폐하는 기한은 위 항의 문제가 귀결되는 그 날로 정할 것.
一. 위 항의 문제는 국제교섭에 위배되니, (문제를) 일으킨 정부대신의 탄핵은 회원들이 法司에 부쳐 죄를 받게 할 것.

(《皇城新聞》, 1904년 7월 16일, 잡보 〈保安所函請〉).

서울에서 황무지개척권 요구 반대운동이 조직화되고, 보안회 등에서 보낸 통문이 전국에 전달되면서, 지방에서도 반대운동이 일어났다. 平北 寧邊郡民들은 통문을 보고 격분하고, 지방 진위대 병사들이 일본군 兵站部에 총격을 발하였다.47)

보안회는 16일 하오 3시에 백목전도가에서 모임을 갖고, 회장에 申箕善, 부회장에 前承旨 宋寅夔을 천거하고, 회의를 주재하는 代辯會長에 宋秀萬을 선출하였다. 10여 명이 회장 초청을 상의하고 있을 때, 일본 警部 와타나베(渡邊)가 순사 1명을 대동하고 와서 군중들의 격렬한 저항을 무릅쓰고 송수만과 송인섭을 붙잡아 갔다.

보안회는 사태를 의정부와 외부에 보고하였다. 외부대신은 交涉局長 金益

46) 《皇城新聞》, 1904년 7월 15일, 잡보 〈宋氏演說〉·16일, 잡보 〈醉狂激言〉·8월 1일, 잡보 〈宋氏供案〉.
47) 《舊韓國外交文書》 7(日案 7), 214~215쪽.

昇을 보안회에 보내 사실을 문의한 뒤에 일본공사관에 항의하였다.[48] 17일에 외부대신과 협판이 일본공사에게 송수만·송인섭을 붙잡아 간 것을 항의하고, 범죄 여부는 한국 사법관이 응당 査辦할 일이니, 韓日修好條規 제10관에 따라 한국 法衙에 교부하라고 요청하였다. 그러나 일본공사는 유생들이 照諒하는 것을 방임하고 금압하지 아니한 결과이므로, 오히려 한국 정부의 책임이라고 강변하였다. 또 영변군민이 일본 병참부에 총격을 가한 것도 통문이 지방인심을 불러 일으켜 사단을 만든 것이라고 주장하였다. 일본공사의 직책으로 機宜의 조치를 시행함은 부득이하였다고 변명하였다. 송수만 등을 還交하라고 거듭 요청했으나, 앞으로 이런 행위를 엄금한다는 행동을 보이지 않으면 응할 수 없다고 대답하였다.[49]

고종은 경무청에 칙명을 내려 보안회를 해산케 하였다. 보안회는 백목전도가에서 폐쇄하고 17일부터 典洞의 漢語學校로 옮겨 신사 2, 3백 명이 날마다 모여 개회하였다. 前侍從 元世性이 대변회장을 맡고, 문 앞에 大韓國旗를 높이 게양하여 기세를 올렸다. 정부는 헌병과 순검을 보내 문의 안팎을 지키게 하였다. 회장 申箕善에게 보안회소로 출석하기를 청하고, 鄭寅燮 대신 朴箕陽을 부회장으로 추천하여,[50] 조직을 정비 강화하였다.

송수만은 18일에 일본공사관에서 심문을 받았다. 그는, 보안회는 강토를 보전할 계획을 기약한 것이지 소요를 일으키려고 만든 것이 아니라고 해명하였다. 황무지개척권 반대를 某 대관과 상의할 때 고종으로부터 恩燭이 있었다는 설이 있고, 또 모모 인사가 충동했다고 하며 고종과의 관련 여부를 질문 받았다. 송수만은 國事로서 陳疏·獻書한 적은 몇 번 있었지만, 누구의 지시나 상의한 것은 없다고 밝혔다.[51]

18일에 하기와라는 하야시공사가 착임하는대로 고종황제를 알현하기를 요청하고, 송수만·송인섭은 외부가 먼저 어떻게 처리한다는 답변을 하면, 조처하겠다고 답하였다.[52] 이 즈음에 배일운동을 하는 '暴民'을 진압하기 위해,

---

48) 《皇城新聞》, 1904년 7월 18일, 잡보, 〈日捉韓紳〉·8월 1일, 잡보 〈宋氏供案〉.

49) 《舊韓國外交文書》 7(日案 7), 213~215쪽.

50) 《皇城新聞》, 1904년 7월 19일, 잡보 〈駐隊增置〉·〈日捉韓紳〉·〈輔安移所〉·〈長副請帖〉.

51) 《皇城新聞》, 1904년 8월 1~4일, 잡보 〈宋氏供案〉.

서울 주차군을 3천 명 가량 증치하겠다고 일본공사가 한국 정부에 알려 왔다는 소문이 떠돌았다.

보안회는 18일에 총대원을 의정부와 외부로 파송하여, 황무지개척권을 요구한 照會를 일본공사관에 繳還할 것인지 여부를 질문하였다. 의정부에서는 격환 여부는 알지 못한다고 대답하고, 외부는 10여일 전에 격환하였는데 받지 않아 유치하고 있다고 답변하였다.

이날 고종이 權任巡檢 扈鎭淳을 통해 다시 칙령을 내려 보안회를 해산할 것을 효유하였다. 그러나 임시대변회장 원세성은 강토를 사수하겠다는 뜻을 표명하고, 보안회원들이 여러 번 칙령을 받고도 해산하지 않는 것은, 일본의 요구를 외부에서 되돌려 보냈다는 말도 듣지 못하였으니, 일본의 청구가 없다는 것을 확인한 다음에 물러가겠다고 하였다. 하오 3시에 다시 헌병이 고종의 명으로 勅敎하고, 5시에 또 칙령을 내려 해산할 것을 효유하였다. 칙사를 세 차례나 보내 해산을 명령하였지만, 보안회는 죽음을 무릅쓰고 황무지개척권 요구가 철회되는 것을 확인한 뒤에야 해산하겠다는 확고한 자세를 고수하였다.53)

외부는 19일에 일본공사에게, 장차 정부가 황무지 및 산림 원야를 개척하는 일에 힘쓸 것이라고 밝히고, 이미 어공원을 설치하고 장차 개척을 주관할 것이며, 어떠한 요구가 있더라도 결단코 외국인에게 황무지개척권을 불허할 것이라고 단호하게 통보하였다.54)

7월 20일경에 이르러 보안회는 조직을 정비, 강화하였다. 보안회 내에 수천 명이 모여 대규모 집회를 개최하고, 외부에게 長書를 보내 황무지개척안을 반환했는지를 질문하였다. 외부는 방금 되돌려 보냈다고 회답하였다. 보안회는 '大韓輔安會章'을 刻造하여 각종 문서에 사용하고 會章을 관민에게 광고하였다.

보안회가 서울에서 연일 대규모 집회를 열어 황무지개척권 요구를 반대하

---

52) 《舊韓國外交文書》 7(日案 7), 217~219쪽.
53) 《皇城新聞》, 1904년 7월 20일, 잡보 〈三諭復奏〉.
54) 《舊韓國外交文書》, 7(日案 7), 221~222쪽.
《皇城新聞》, 1904년 7월 22일, 잡보 〈外照日館〉.

는 운동을 지속하자, 지방에서도 호응하여 의연금을 보내 격려하고 상인들이 철시하여 투쟁에 참여하였다. 21일에 鳳山郡守 洪世永과 前郡守 金亨濟가 의연금 5백 냥을 보안회에 보내왔던 것이다.[55] 종로의 각 상인들은 보안회의 통문을 받고 撤市하였다. 농민들도 일본의 황무지 개척권 요구가 생활 터전을 모두 탈취해 가려는 계획으로 인식하고, 한국인 2천만이 다 죽지 않는 한, 결코 토지를 빼앗길 수 없다고 다짐하였다.[56]

21일에도 회원 3, 4천 명이 보안회에 모여 일장 연설한 후에 격분하여 통곡하며 눈물을 흘리는 자도 있었다. 대변회장은 정부에 장서하여 질문하였다. 그리고 각국 공관에도 장서를 보내, 일본공사가 나가모리의 황무지개척안을 외부에 조회하여 요구하였는데, 진황지는 인민들이 생활하는 바탕으로 한번 외인에 양여하면, 전국 강토를 모두 빼앗겨 인민이 참혹한 상태에 빠질 것이라고 설명하였다. 송수만이 衆議를 모아 강토를 지킬 방책을 정부에 개진했는데, 일본 경찰관이 총을 쏘고 몽둥이를 휘둘러 송수만·송인섭을 잡아다가, 일본 공사관에 구속하였다고 토로하였다. 그리고 각 공관이 만국공법을 위반하는 일본공사와 일본인의 침탈을 막아 우리가 전국 강토를 지키고 세계가 우의를 완비하길 바란다고 호소하였다.

보안회의 장서를《대한매일신보》는 논설에서 언급하고,《황성신문》은 이를 번역 게재함으로써,[57] 전국민의 여론을 더욱 고조시켰다.《대한매일신보》는 황무지청구를 반대하기 위해 각처에서 모인 공동회의의 연설자를 일본공사관이나 영사·경찰서에서 포고 심문하는 것은 경솔한 행동이라고 지적했다. 그리고 보안회가 각부 대신에게 상서한 것은, 위급 존망의 시기에 國事에 힘쓰기를 권면하고, 보안회 회의에 참석하여 동포들의 의견을 두루 듣기를 건의한 것이라고 해명하였다.

보안회장 李裕寅은 21일에 일본공사관을 방문, 산림·천택의 진황지 개척요구를 일본 정부도 알고 있느냐고 질문하자, 일본공사는 연일 한국인들이

55)《皇城新聞》, 1904년 7월 21일, 잡보〈日照繳還〉·〈長副許參〉및 22일, 잡보·광고.

56)《皇城新聞》, 1904년 7월 23일, 논설〈農談野說〉·26일, 잡보〈諭禁撤市〉.

57)《皇城新聞》, 1904년 7월 22일, 잡보〈申報譯載〉·〈輔安會狀況〉및 23일, 잡보〈函訴各館〉.

집회하여 인심이 소란하니 해산하면, 진황지 요구안도 철회하겠다고 답변하였다.

보안회 활동이 격화되자, 일본은 당황하여 한국 정부에 보안회를 해산시키고 반대운동을 일체 금압할 것을 강경히 요구하였다.

그러나 정부는 보안회를 강제로 금압할 수 없고 설득하여 해산시키겠다는 대답으로 일관하였다. 외교나 경찰력으로 한국민의 반대투쟁을 저지할 수 없다고 판단한 일본은 21일에 한국의 치안은 한국주차 일본군이 담당한다고 일방적으로 통고해 왔다. 하야시는 가까운 시일에 증가된 일병이 서울에 들어올 것이니, 親衛 제3대대 兵舍를 借給하여 일병을 居接케 하라고 외부에 요청하였다.[58] 그리고 헌병으로 하여금 서울을 엄히 경비하고 步兵과 砲兵을 성내로 진주시켜 官民을 위협하였다.

긴장된 분위기 속에서 22일에 典洞 漢語學校에서 보안회 집회가 열렸다. 이유인이 전날 일본공사와 면담한 내용을 공표하고, 집회를 해산하였다가 황무지개척안을 철회하지 않으면 다시 집회하여도 늦지 않다고 설득하였다. 그러나 군중들은 모두 반대하여 큰 소리로 회장에게 복종하지 않겠다고 외쳤다. 원세성이, 일본이 진황지요구안을 철회하기 전에는 해산하지 않겠다고 선언하고, 잠깐 휴식하자고 제안하였다. 여러 사람이 연설하고 의견이 분분하였다. 이 와중에 일본 헌병과 사복 순사들은 보안회 핵심 회원들인 원세성·심상진·鄭寅琥·申學均 등 4인을 모두 포박해 가고, 보안회 문서를 모두 搜探하여 압수하고 보안회 회소를 폐쇄하였다.

지도부가 일본 군경에 붙잡혀 갔으나, 보안회는 굴하지 않고 반대투쟁을 계속 전개하였다. 일본 군대에 의해 한어학교가 폐쇄되자, 집회에 참여한 사람들은 鐘街로 雲集하여 白山을 이루고 한바탕 연설로 일본을 성토하였다. 일본 헌병 수명이 말을 타고 六穴砲와 長刀를 좌우로 휘두르며 군중을 해산시키려 하자, 보안회 발기에 참여하여 적극 활동한 鄭淳萬은 "정순만이 여기 있으니 한 치의 땅도 가져가지 못하리라"고 소리치고, 일본 헌병에게 나아가, "너희들이 육혈포와 장도를 빼어들었으니, 나를 총으로 죽이든지 칼로

---

58) 《舊韓國外交文書》 7(日案 7), 226~227·231~232쪽.
《皇城新聞》, 1904년 7월 25일, 잡보 〈請借營居〉.

찔러 죽이라"고 소리쳤다. 헌병들은 어떻게 하지 못하고 장도를 칼집에 넣고 군중 사이로 다니기만 하였다.

저녁 8시 경에 騎隊副領 李泰來와 警務官이 칙령을 받들고 와서, 일본 관헌에 붙잡혀 간 사람들을 한꺼번에 석방케 할 것이라고 효유하고, 해산하였다가 명일 다시 모여도 늦지 않다고 하며 해산시키려 하였다.[59] 그러나 군중들은 더욱 격동하여 연설하며 통곡하였다. 저녁 9시경 司果 李範錫이 일장 연설을 하다가 日兵에게 붙잡혔다. 前主事 白樂衡이 연행해 간 이유를 힐문하다가 난투전이 벌어졌다. 일병들이 한꺼번에 달려들어 백낙형을 廣通橋 위에까지 끌고가 총자루와 주먹을 휘둘러 구타하였다. 밤 11시경 日兵 1개 분대가 다시 와서 집회를 모두 해산시키려 하였다. 끝내 듣지 않자, 일병은 총으로 申永均을 때려 상해를 입혀 사경에 이르게 하였다. 일병은 군중을 모두 몰아내고 몇 명을 헌병대로 붙잡아갔다. 22일 밤 11시경에 勅使의 권유로 보안회는 해산하였다. 보안회는 이때부터 표면상 집회투쟁은 보류하였다.[60]

4) 황무지개척권 요구의 철회

보안회 집회에서 군중과 일본 군경이 충돌하는 심각한 사태가 발생하자, 정부는 보다 적극적으로 민심 수습에 나섰다. 외부는 22일 저녁에 일본공사에게 한어학교에서 보안회 회원 4인을 일본 군경이 포박해 간 것을 항의하고 신병인도를 요구했다. 이튿날에도 일본공사에게 조회하여, 22일 하오 7시에 종가 民會에서 일본 군경이 이범석 등 3인을 붙잡아 가고, 특히 상해로 피를 흘리는 신형균을 들것에 태워 갔으며, 23일 아침 9시에 朱興均을 붙잡아 간 것 등은 심히 경악할 일이라고 항의하였다. 송수만·원세성·신형균 등을 즉시 우리 정부에 還付하라고 요구하였다.

일본은 군사를 주둔시켜 공포 분위기를 조성하고, 외교적으로 문제를 해결하려 하였다. 외부가 진황지개척 요구를 거절할 뜻으로 공문을 보내자, 23일

---

59) 《皇城新聞》, 1904년 7월 23일, 잡보 〈會長說明〉·〈日兵捕縛會員〉·〈更會鍾街〉. 《大東共報》, 1909년 5월 5일, 〈鄭淳萬氏의 歷史〉.

60) 《皇城新聞》, 1904년 7월 25일, 잡보 〈白氏激忿〉·〈押人散會〉·〈政府告示〉.

에 일본공사는 외부에 되돌려 보내고, 보안회의 단속을 촉구하였다. 그리고 황무지개척안을 외부대신과 만나 和衷하여 처리하자고 제안하였다.61)

한국 정부는 집단적인 배일투쟁을 설득으로 해산시키려 노력하였다. 의정부는 23일에 각 坊曲에 고시하여, 황무지개척을 일인에게 讓借하지 않을 것이니, 집회를 해산하고 생업에 종사하라고 지시하였다. 24일에는 내부가 수원·충남·평남·평북·경남·경북에 유시하여, 산림·천택·진황지 사안은 정부가 모두 인허하지 않기로 고시하였으니, 관하 부·군의 인민이 만약 취회하면 모두 해산케 하라고 지시하였다. 그리고 순검이 황제의 칙명을 받들어 종로의 상인들에게 철시를 금하고 開市하라고 효유하였다.62)

외부는 여러 차례 송수만·송인섭·원세성 등을 내보내라고 요청하였다. 일본공사는 법률로 징계한다면 송수만·송인섭을 인계하겠다고 응답하였다. 경무사 申泰休는 원세성도 함께 보내라고 요청하였으나, 일본공사는 원세성이 사령부에 구류되어 자신의 직권이 아니라고 회피하였다.63)

외부는 진황지의 개척 사안을 거절하는 공문을 일본공사관에 보냈다. 그러나 일본공사는 외부에 격환하여 인허를 강요하였다. 외부는 26일에 다시 공문을 보내, 사건을 강제로 요구하여 민심이 비등해지는 것은 불가하다고 하고, 개척안을 조목별로 반박하고 절대 다시 제안하지 말라고 단호하게 통보하였다.64) 그리고 27일에 진황지 개척의 約稿와 일본공사가 반환한 공문을 모두 일본공사관에 다시 반환하였다. 그러나 일본공사는 즉시 통역관 塩川을 李夏榮의 사제에 보내 격환한 照復과 約稿를 송치케 하고, 외부대신이 出仕하는 날에 만나서 서로 절충하여 처리하는 것이 옳을 것 같다고 통보하였다.65)

---

61) 《舊韓國外交文書》 7(日案 7), 232·237~241쪽.
《皇城新聞》, 1904년 7월 25일, 잡보 〈繳還外照〉.

62) 《皇城新聞》, 1904년 7월 25일, 잡보 〈政府告示〉·〈曉諭解散〉·26일, 잡보 〈諭禁撤市〉.

63) 《舊韓國外交文書》 7(日案 7), 245~246쪽.
《皇城新聞》, 1904년 7월 27일, 잡보 〈兩宋移囚〉·30일, 잡보 〈一放一囚〉 및 8월 1·4일, 잡보 〈宋氏供案〉.

64) 《皇城新聞》, 1904년 7월 27일, 잡보 〈外部又照〉·28일, 별보.
《舊韓國外交文書》 7(日案 7), 247~249쪽.

65) 《皇城新聞》, 1904년 7월 29일, 잡보 〈日又繳照〉.

내부는 27일에 13도에 훈령하여, 일인에게 寸尺의 땅도 빌려주지 않을 것이니, 전국의 진황지에 일인이 표목을 표시하는 일이 있으면, 해당 군에서 먼저 금단하고 내부에 보고하라고 지시하였다.66)

7월 30일에 참정 심상훈과 외상 이하영이 칙명을 받들고 일본공사관에 가서 하야시공사와 진황지 개척사건에 대하여 담판하였다. 일본공사는 다시는 황무지 개척안을 제의하지 않기로 하였다.

일본 정부는 황무지개척권 요구를 더 이상 강행하지 않고 철회하였다. 그것은 첫째 이를 계속 강요한다면 한국민의 배일감정을 더욱 악화시켜, 앞으로의 한국경영에 장애가 클 것으로 예상되었기 때문이다. 둘째 한국 정부가 비등하는 公論에 밀려, 결코 한 치의 땅도 외국인에게 讓借하지 않겠다고 성명하여 민심을 안정시키고 있었으므로, 만약 개척권을 계속 요구한다면 한국내각이 큰 타격을 받을 것으로 우려하였기 때문이다. 당시 정부 대신은 거의가 공론의 규탄 대상이 되고, 특히 외부대신은 사직서를 제출해 놓고 있는 실정이었다.

일본공사 하야시는 8월 1일에 본국 외무대신에게 상황을 보고하고, 개척안 요구를 일시 철회하자고 건의하였다. 한국 정부는 8월 2일에 헌병사령관 李址鎔을 일본공사관에 보내 好誼에 감사하였다. 3일에 일본 외무대신은 주한공사의 건의를 받아들여, 한국 정부가 원칙에 있어서는 일본의 요구를 승낙하고 농광회사에 대한 정부의 특허를 취소한다는 조건하에, 일단 개척안 요구를 철회하라고 回訓하였다. 한국 정부와 주한공사 하야시가 10일까지 교섭한 결과, 한국은 일본의 조건을 수락하고, 일본공사는 어느 시기까지 이 안을 요구하지 않기로 약속하였다.67)

그런데 8월 20일에 산림·천택 문제가 다시 제기되었다. 일본공사와 외부대신 사이에 황무지 개척문제로 교섭 중이라는 설이 신문에 보도되었다. 일시 해산하였던 보안회는 27일부터 다시 典洞의 立廛都家에 續設하고, 李敎魯

---

66) 《皇城新聞》, 1904년 7월 28일, 잡보 〈內部訓令〉.

67) 《皇城新聞》, 1904년 8월 1일, 잡보 〈陳荒案歸正〉·〈御供院廢止〉 및 4일, 잡보 〈荒蕪案歸決〉.
尹炳奭, 앞의 책, 119쪽.

가 會長이라고 공포하였다.[68] 황용성·이건석 등은 27일에 보안회를 다시 개회한다고 고시하였으나, 미비하여 29일 하오 1시로 회기를 연기하였다. 다시 보안회를 개회한 목적은 황실 안녕, 국체 존중, 독립 공고, 민지 발달, 정치상 방침 충고, 인민의 생명과 재산 보호, 그리고 언로를 널리 열어 민정을 상달한다는 것이었다.

29일 하오 1시에 70여 명의 회원이 입전도가에서 개회를 준비하였다. 일본 헌병 4, 5명이 와서 회장 李建奭을 일본 사령부로 끌고갔다. 헌병들은 보안회의 문부와 규칙 그리고 방망이를 모두 수탐하여 가고 선전도가의 앞뒷문을 지켰다. 모였던 사람들은 모두 해산하였다.[69]

일본사령관의 조사에서 이건석은 보안회의 主旨를 실상대로 설명하였다. 사령관은 회의 주지가 일진회보다 좋다고 찬성할 뜻을 비쳤다. 그러나 일본을 배척하던 보안회란 이름을 고치고 일본군사령부에 설립 인허를 받으라고 강요하였다. 이건석은 다른 會는 비록 인허를 받았으나, 보안회는 자유로이 행동하겠다고 주장하고 돌아왔다. 보안회에서 의논하여 協同會라 개명하고, 곧 회를 설립하기로 결정하였다.[70] 그리고 취지서를 정부에 보내 개회하려 하였다. 그러나 일본 헌병사령부에서 회의 세칙서를 보고 군략상에 방해가 된다고 금지했다.[71]

서울에서 보안회가 활동을 재개하려 하자, 지방에서도 호응하였다. 春川에서는 金某가 9월 8일에 산림·천택과 人丁 모집을 허락할 수 없다는 뜻으로 통문을 발기하여 춘천향교에 돌리고, 뜻 있는 사람은 砲軍을 모집 인솔하고 10월 10일에 驪州에 모여서 서울로 가자고 권고하였다.[72] 지방에서도 산림·천택을 허락하지 않아야 한다는 공론이 일어나고, 일본의 요구를 저지하려는 움직임이 있었음을 알 수 있다.

---

68) 《大韓每日申報》, 1904년 8월 20일, 잡보 〈사와션긔〉.
《皇城新聞》, 1904년 8월 27일, 잡보 〈保安會續〉.
69) 《大韓每日申報》, 1904년 8월 30일, 잡보 〈보회깅싱〉·31일, 잡보 〈회쟝피착〉.
《皇城新聞》, 1904년 8월 30일, 잡보 〈保會被招〉.
70) 《皇城新聞》, 1904년 8월 31일, 잡보 〈改名設會〉.
《大韓每日申報》, 1904년 8월 31일, 잡보 〈갱턱회명〉.
71) 《大韓每日申報》, 1904년 9월 2일, 잡보 〈긔역피금〉.
72) 《皇城新聞》, 1904년 9월 15일, 잡보 〈匿名稱義〉.

언론도 일본이 황무지개척을 다시 요구하는 것을 반대하는데 앞장섰다. 9월 29일자 《황성신문》은 정부 대신들의 각오를 촉구하고,[73] 삼천리 강토의 산림·원야를 차라리 우리가 개척하여 耕種케 할지언정, 결코 約券을 외인에게 내줄 수 없다고 주장하였다.

일본공사는 궁내부의 玄暎運과 극비리에 개척권 문제를 협상하였다. 한국측은 대여기간은 30년으로 하고, 개척 주체자로는 韓日合資會社를 공동으로 설립하고, 개척에 종사할 인원은 한국인으로 한다는 등의 조건을 제시하였다. 그러나 처음에 계획했던 척식 목적을 이러한 조건으로는 달성할 수 없다고 판단한 일본은 이 제안을 외무대신을 통해 거절하였다.

결국 보안회를 중심으로 한 한국인의 거족적인 반대투쟁으로 일본의 황무지개척권 요구를 좌절시켰다. 그러나 일본은 이를 계기로 한국에 軍事警察制를 시행함으로써 武斷支配의 터전을 마련하였다. 한국 토지의 강점은 일시 실패했으나, 마침내 한국 정부에 압력을 가해 1907년 7월 4일에 법률 4호로서 〈國有未墾地利用法〉이 공포·실시됨으로써, 이후 일제의 국유미간지 약탈이 본격화되었다. 국유미간지 약탈에 성공한 일제는 이미 그들이 장악한 미간지와 驛屯土를 기반으로 1908년에 국책회사인 東洋拓殖株式會社를 설립, 본격적인 식민지경영을 추진하였다.

〈崔昌熙〉

4. 국채보상운동

1) 국채보상운동의 발단

(1) 일본의 차관공세

일본의 도발로 1904년 2월 8일에 러일전쟁이 일어나자, 한국은 국외중립을 선언하여 전쟁의 소용돌이 속에 휘말려 들지 않으려 하였으나, 일본의 강압

73) 《皇城新聞》, 1904년 9월 29일, 논설 〈荒蕪地案復起〉.

적 위협으로 중립은 수포로 돌아갔다. 오히려 2월 23일에 한일의정서가 강제 체결되어 일본의 한국 식민지화가 본격화되었다. 일본은 한일의정서를 근거로 한국에 대한 침략방안을 세밀하게 수립하고 구체적으로 실천에 옮겨갔다. 러일전쟁이 유리하게 전개되자, 일본은 한국과 러시아 사이에 체결된 모든 조약을 폐기하도록 한국 정부에 강요하였고, 한국 정부는 5월 18일 조약과 협정의 폐기를 선언하였다. 이어 일본은 한국의 내정을 개혁한다는 구실로 8월 22일 '한일외국인고문용빙에 관한 협정서(제1차 한일협약)'를 체결하여, 한국 정부의 각 부에 고문제를 설치하여 이른바 '顧問政治'가 시작되었다. 이때 재정고문으로 취임한 메가타 다네타로(目賀田種太郎)가 한국내 재원을 파악하기 위하여 재정정리사업에 착수하면서 일본의 차관공세는 본격화되었다. 메가타는 우선 1905년 1월에 한국의 문란한 화폐를 정리하기 위한 貨幣整理債 명목으로, 일본 第一銀行으로부터 300만원을 차입하였다. 차입조건은 海關稅 수입을 담보로 연 6푼의 이자로, 6년 거치 5년 상환으로 되어 있었다. 화폐정리채로 실시한 화폐개혁은 금융공황을 초래하여 한국 경제계는 파산지경에 이르렀다. 서울의 상인들은 漢城商業會議所를 설립하여 정부에 330만원을 貸下해 줄 것을 요청하는 한편 일본에까지 건너가서 공황을 야기한 것을 항의하는 등 자구책을 강구하였다.

반면에 화폐정리로 일본의 금융독점은 강화되었다. 그러나 1890년대 이래 설립된 朝鮮銀行·漢興銀行·帝國銀行·漢城銀行·大韓天一銀行·韓一銀行 등 민족계 은행들은 재정의 자립이 어려워지고 토착상인자본도 몰락하여 한국의 민족자본의 성장은 난관에 봉착하였다.

한편 메가타는 1905년 6월에 舊債償還 및 歲計不足補充費 명목으로 200만원의 國庫證劵債를 발행하고, 이를 일본 정부의 지불보증으로 자국 내에서 모집해 들여왔다. 이 국고증권채는 국고금 수입을 담보로 하고 연 7푼 이자로, 3년 거치 5년 상환 조건이었다. 국고증권채도 일본의 식민지작업의 일단인 행정기구 개편을 위한 재정지출에 충당되었다.

이어 러일전쟁 이후 한국에서 러시아 세력을 몰아내고 독점적 지배권을 장악한 일본은 1905년 11월에 강제로 을사조약을 체결하고 통감부체제를 구축함으로써 한국에 대한 식민지적 지배질서를 본격화하였다.

1905년 12월에는 천일은행 및 한성은행의 창립 보조 대부와 지방 금융조합 창립자금 등 화폐개혁에서 비롯된 금융공황 구제 및 민간금융 지원 명목으로 金融資金債 150만원을 담보없이 무이자로 일본 정부로부터 차입했다. 그러나 거치연한 없이 7개년 상환으로 된 금융자금채 역시 명목과는 달리 漢城共同倉庫株式會社와 어음조합 등 금융기관을 설치하여 토착 상인자본을 흡수하고 민족계 은행을 그 세력권 안에 예속시키는데 충당되었다. 결국 일본 차관을 통해 일본은 한국의 재정・화폐・금융을 장악하기에 이르렀다.

일본의 차관공세 목적은 한국재정을 일본재정에 완전히 예속시키고, 한국을 자신들의 식민지로 만들기 위한 정지작업에 필요한 재원을 충당하기 위한 것이었다. 그것은 궁극적으로는 한국경제를 일본에 예속시키고 한국의 경제적 독립을 말살하려는 것이었다.

1906년 2월 통감부가 설치된 이후 일제의 강요로 교육제도의 개선, 금융기관의 확장정리, 도로・항만시설의 개수확충, 궁방전 정리, 일본인 관리 고용 등 각종 명목의 시정개선으로 재정 수요가 증가되었다. 대한제국 정부는 통감부의 알선으로 일본에서 높은 이율의 차관을 도입하여 늘어나는 재정 수요에 충당하였다. 따라서 국채는 해마다 격증하였다.

3월에 통감 이토 히로부미(伊藤博文)는 "한국의 안전과 富源開發을 위하여 차관을 도입할 필요가 있다"고 역설하고, 시정개선 및 기업자금 명목으로 일본 興業銀行에서 1,000만원의 차관을 도입하도록 조치하였다. 이 차관은 관세수입을 담보로 연 6푼 5리 이자에, 5년 거치 5년 상환 조건이었는데, 口文錢으로 100만원을 떼어 먹고 實受金 900만원을 1,000만원조로 차입하였다.

일본의 차관 공세에 따라 대한제국 정부는 1907년 초에 원금만 1,650만원에 달하는 채무를 지게 되었다. 그것은 재정고문으로 메가타가 취임한 이후 도입된 貨幣整理資金債 300만원, 國庫證券債 200만원, 金融資金債 150만원, 施政改善 및 企業資金條로 도입된 1,000만원 등 모두 1,650만원이었다. 그러나 실제로 도입된 것은 1,150만원이었고, 150만원은 그 이자를 말하는 것이었다.

해마다 늘어나는 이자 또한 상당하였다. 1907년 2월에 당시 新債로 舊債 약 350만원을 정리하고도 남은 對日 부채는 1,300여 만원에 이르게 되었다.

1906년 한국의 세입총액이 1,318만 9,336환이고, 세출총액이 1,395만 523환이었던 것을 감안하면, 국채 1,300여 만원은 상당한 거액이었다.1)

이와 같이 통감부 설치 이후 대일 부채가 격증한 것은 일본이 한국을 식민지로 만들기 위한 기초작업에 필요한 재원을 자국에서 도입한 차관으로 충당했기 때문이었다. 1905년부터 1910년에 이르는 약 5년 동안 한국의 대일 부채는 4,500여 만원에 이르게 되었다.2)

차관의 대부분은 일본으로부터 강요된 타율적인 것이었으며, 일본이 한국을 식민지화하는데 거의 모두 사용되었다. 그러나 일본이 한국을 식민지화하는데 사용한 차관의 상환 의무는 대한제국 정부가 고스란히 떠 안게 되었다. 그렇지만 만성적인 재정 적자에 시달리는 대한제국 정부가 거액의 외채를 상환한다는 것은 요원하기만 하였다.

(2) 국채보상운동의 발단

일본의 주도면밀한 정치·경제적 침략에 의한 식민지화 추진을 한국민은 국권상실이라는 중대한 위기로 인식하였다. 한국민은 국권회복을 위하여 다양한 항일운동을 전개하였다. 특히 애국계몽운동을 주도하던 지식인 계층은 일본 차관의 증대와 경제적 침략으로 종속이 심화되고 있다고 인식하고, 일본 차관의 굴레를 벗어나려고 해결책을 모색, 대응한 것이 국채보상운동이었다. 1907년부터 1908년 사이에 국권수호운동의 일환으로 전개된 국채보상운동은 일본에서 들여온 국채를 국민의 모금으로 갚자는 거족적인 애국운동이었다.3)

---

1) 崔 埈, 《韓國新聞史論攷》(一潮閣, 1976), 116쪽.
2) 度支部, 《韓國財政施設綱要》(1910), 159~160쪽.
李松姬, 〈韓末 國債報償運動에 關한 一硏究〉(《梨大史苑》 15, 1978), 6쪽.
3) 崔 俊, 〈國債報償運動과 프레스·캠페인〉(《白山學報》 3, 1967).
———, 《韓國新聞史論攷》(一潮閣, 1976).
朴容玉, 〈國債報償運動에의 女性參與〉(《史叢》 12·13, 1968).
———, 〈國債報償運動을 위한 女性團體의 組織과 活動〉(《韓國近代女性運動史硏究》, 韓國精神文化硏究院, 1984).
申載洪, 〈國債報償運動〉(《한국사》 19, 국사편찬위원회, 1978).
李松姬, 위의 글.
趙恒來, 〈國債報償運動〉(《한민족독립운동사》 1, 국사편찬위원회, 1987).

국채는 국권의 상실 여부와 직결될 만큼 심각한 문제이므로 국채를 보상하려는 움직임이 다각도로 모색되었다. 국채보상 움직임은 대구지방에서부터 시작되었다. 1907년 1월 29일(음력 1906년 12월 16일) 대구의 廣文社에서 그 명칭을 大東廣文會라는 새 이름으로 바꾸는 특별회가 개최되었다. 도내 인사 200여 인이 참석한 이 회의에서 회원 徐相敦은 국채 1천 3백만원을 갚지 못한다면 장차 토지라도 주어야 한다고 전제하고, 국고금으로 갚을 수 없는 국채를 우리 2천만 동포가 담배를 석 달만 끊고, 그 대금으로 국채를 보상할 것을 제의하고 자신부터 8백원을 내겠다고 하였다.

회의 참석 회원들은 서상돈의 제의에 찬동하였다. 광문사 사장 金光濟는 당장에 실시하겠다고 찬동하고 자신의 담뱃대와 담배쌈지를 없애고 3개월 담배값 60전과 따로 10원을 더 내놓았다. 회장의 결심에 많은 사람들도 찬성하여 즉석에서 담배를 끊고 의연금으로 2천여 원을 갹출하고, 이 운동을 전국적으로 전개키로 한 후 국채보상취지서를 발표하였다. 대구 광문사의 국채보상취지서가 전국 각처에 널리 공포되고 각 신문에 게재되자, 각지에서 즉시 호응하였다. 처음에는 개별적으로 참여하였으나 곧 이어 광역의 지역별 조직이 이루어지고, 그 조직 안에 다시 직업별·지방별·가문별로 조직이 구성되었다.

2월 21일 大邱民議所에서 斷煙會를 조직하고 국채를 상환하여 국권을 회복하자는 국채보상운동이 《대한매일신보》·《제국신문》·《황성신문》·《만세보》 등을 통해 전해지자, 경향 각지의 각계각층 민중들이 즉각적인 반향을 일으켜 적극적인 운동을 광범위하게 전개하였다.

서울의 金成喜·劉文相·吳英根 등은 2월 22일에 國債報償期成會를 설립하고, 전국 각지에서 전개되는 국채보상운동을 서울에서 총괄하는 기구로 자부하고 그 취지서를 발표하여, 처음으로 회칙을 제정하여 합법적 운동으로서의 형식을 갖추었다. 국채보상기성회 취지서는 국채를 갚지 못하면 속국이 되고 말 것이니, 2천만 민중이 담배를 끊고 의연금을 모집하여 국채를 깨끗이 완결하자고 호소하였다. 그리고 국채보상기성회는 의연금 收錢所로 7개소

李尙根, 〈國債報償運動에 關한 硏究〉(《國史館論叢》18, 1990).

를 지정하여 의연금을 수합케 하였다.[4]

이어 서울의 북촌에 사는 徐丙炎·尹興燮 등 59인은 전국 2천만 동포가 각각 의무금을 내어 1천 3백만환의 국채를 보상할 것을 목적으로 서울에 國債報償中央義務社를 조직하고, 전국 동포는 능력에 따라 다소를 불구하고 의금을 연출하여 수금소인 황성신문사로 보내면, 그 씨명과 금액을 신문에 게재하기로 하며, 收合金은 매월 말에 합계하여 신문에 포고하고 의금 저금소는 신용있는 은행으로 정할 것임을 발표하였다.[5]

각 지방에서도 도, 군, 면 단위로 국채보상운동을 지지하는 취지서를 발표하고 국채보상회를 발족하였다. 1907년 3월 말까지 전국에는 27개의 국채보상운동 단체가 설립되었다.[6]

국채보상운동이 전국적으로 일어나자, 고종황제는 2월 27일 우리 국민들이 국채를 보상하는 일로 담배를 끊고 그 대금을 모집한다는 말을 듣고 자신도 단연을 실천하고, 또 英親王의 吉禮를 7월(음력)로 연기하도록 명하였다.[7]

고종황제가 단연하기로 결심했다는 소식을 듣고, 전·현직 관료와 지도급 인사들도 단연을 결심하고 의연에 참여하였다. 전 참정대신 金聲根은 국채보상운동에 부응하여 舊貨 100원을 대한매일신보사에 전하고 일반 인민의 忠義에 감격하는 뜻을 표했으며, 閔泳韶·李鍾健·韓圭卨·沈相薰·趙東潤·李愚冕·趙同熙 등의 대관들은 국채를 보상하기 전에는 다시는 흡연하지 않겠다고 동맹하였다.

3월 2일에는 輔國 閔泳徽가 국채보상에 10만환을 捐助하기로 결정하였고, 한규설도 많은 의연을 하기로 결심하였다고 신문에 보도되었다.[8] 掌禮院 主事 李俊秀는 한 달 봉급이 15환에 불과한데, 그 중에 官報債와 儲蓄金 한 달

4) 《皇城新聞》, 1907년 2월 25일, 잡보 〈國債報償期成會趣旨書〉.
5) 《皇城新聞》, 1907년 2월 27일, 잡보 〈義務社又起〉·3월 2일, 잡보 〈國債報償告文〉.
6) 조항래, 앞의 글, 74쪽.
7) 《大韓每日申報》, 1907년 2월 27일, 잡보 〈大哉皇言〉·3월 7일, 잡보 〈聖意如天〉. 《帝國新聞》, 1907년 2월 27일, 잡보 〈聖上斷烟〉.
8) 《大韓每日申報》, 1907년 2월 27일, 잡보 〈老宰義捐〉·〈大官斷烟〉. 《皇城新聞》, 1907년 3월 2일, 잡보 〈閔氏斷烟〉·〈閔輔國愛國大義〉 및 1907년 3월 5일, 잡보 〈韓參政愛國出義〉.

치를 제하고, 나머지 14환 20전을 모두 황성신문사로 보냈다.[9)]

3월 5일에는 太僕司 主事 徐廷弼·李撰同이 각 부에 통첩하여, 일반 백성이나 어린이·노인까지 국채보상을 위해 몇 십 전이나 몇 원을 각각 의무로 捐補하는데, 관인으로서 연조하지 않으면 부끄러운 일이니 일반 관리가 월봉 중에서 몇 환씩 저축금으로 떼어둔 금액을 추심 연보하는 것이 사리에 타당하다고 주장하였다.[10)]

또한 官立英語學校에서도 교장 이하 학생과 사환까지 일제히 담배를 끊고, 그 대금을 국채보상에 쓰기로 동맹하고, 학업에 방해가 되는 흡연을 영원히 없애기로 하였다.[11)] 3월 4일에는 桂洞 普興學校 학도 가운데 11, 12세 된 생도들이 몇 십 전씩 갹출한 금액이 30원이나 되었는데 그 부형들이 아름다운 상황을 보고 담뱃대를 모두 없앴다.[12)] 侍從武官府의 사환병 30명도 단연을 동맹하고 담배값 6원 20전을 모아서 국채보상기성회로 보냈으며, 陸軍硏成學校의 敎成隊 81명이 45원 52전 5리의 성금을 기성회로 보냈다.[13)]

서민층과 하층민도 국채보상운동에 적극 참여하였다. 서울 양반집의 床奴와 針工들이 품값을 몽땅 의연금으로 바쳤다. 의지할 집도 없어 官人 집 內房에서 기숙하며 궁핍한 생활을 하는 大安洞의 姜召史는 궁핍한 생활을 하면서도 품삯에서 한화 4원을 의연하였다.[14)] 奴僕도 술을 끊고 의연금 5원을 普成館 수전소로 보냈다.[15)] 3월 20일에는 楊根 分院의 樵童들이 땔나무와 짚신을 팔아 3원을 수합하여 의연금을 기성회로 보냈고, 그 마을의 백정 金三用도 40전을 보냈다.[16)]

2월 24일에는 서울의 屛門 노동자들이 국채보상금으로 담배값을 다투어 거두고, 27일에는 북촌 인력거꾼이 4원을 의연하였으며, 23일에는 中署 생선전 인력거 인부 23명이 5원 75전을 모으고, 4월 6일에는 西十字閣 屛門의 인

---

9) 《皇城新聞》, 1907년 3월 2일, 잡보 〈義哉李氏〉.
10) 《皇城新聞》, 1907년 3월 5일, 잡보 〈貯金義助〉.
11) 《大韓每日申報》, 1907년 2월 27일, 잡보 〈同盟斷烟〉.
12) 《皇城新聞》, 1907년 3월 4일, 잡보 〈父感子義〉.
13) 《大韓每日申報》, 1907년 3월 8일, 잡보 〈斷烟同盟〉·16일, 잡보 〈軍人出義〉.
14) 《大韓每日申報》, 1907년 2월 26일, 잡보 〈窮婦忠義〉.
15) 조항래, 앞의 글, 77쪽.
16) 《大韓每日申報》, 1907년 3월 20일, 잡보 〈樵童出義〉.

력거 인부 17명이 3원 40전을 모아 기성회에 전달하였다.[17] 아이들은 세뱃돈을 내놓고, 고아원 학도들도 심부름값 등을 의연금으로 바쳤다. 新門 밖 柳海宗 노인은 82세의 나이로 노병을 무릅쓰고 짚신을 삼아서 처와 함께 비지를 사서 연명하면서도 신화 2원을 기성회에 바쳤다.[18]

이와 같이 운동이 점차 확산되면서 의연 참가자는 일반 서민대중 중심으로 옮겨졌다. 정부의 고관이나 부유층들보다 일반 민중의 참여가 더 적극적이었다.

3월 3일에는 동문 밖의 永楓亭 佛敎硏究會에서 통상회를 개최하고 각 사찰에 통지를 보내, 일반 승려는 제 힘에 맞게 의연할 것을 결의하였다. 14일에는 終南山 彌陀寺 여승 40명이 의연금을 갹출하여 기성회에 보냈다. 승려 致海는 은사의 망령을 위하여 의연하였다.[19]

3월 13일에는 원산 臥牛洞 기독교회당에서 국채보상을 위하여 斷煙을 일치결심하고 권연 대금을 연조하기로 작정하고 수금위원을 선정하였다. 28일에는 의주의 기독교인들이 취지를 열렬히 연설하자, 방청자들이 20, 30전에서부터 2, 3원씩을 자원하여 출연하였다. 4월 5일에는 덕천군 기독교인 김문근이 일장 연설을 하고 신화 10원을 출연하자, 한 군의 남녀노소가 다투어 의연하였다.[20]

3월 17일 수원에서는 영국인 신부 夫在烈과 전교사 金萬俊이 성당에서 기도회를 갖고 남녀 교인이 일제히 출의하여 구화 120원 40전을 대한매일신보사에 보냈으며, 3월 18일에는 천도교에서도 거액을 의연하기로 하였다. 또한 3월 17일 康世允은 어려운 형편에서도 2개월 봉급 10원을, 26일에는 昌陵의 書員 및 陵軍 41명이 11원 20전과 취지서를 각각 기성회로 보냈다.[21]

---

17) 《大韓每日申報》, 1907년 2월 24일, 잡보 〈靑坪一曲〉·2월 27일, 잡보 〈是母是子〉·3월 23일, 잡보 〈車夫學義〉·4월 6일, 잡보 〈車夫出義〉.
18) 《大韓每日申報》, 1907년 2월 24일, 잡보 〈忠義所激〉·3월 1일, 잡보 〈奇哉此童〉·5일, 잡보 〈梱履出義〉·6일, 잡보 〈孤兒出義〉·7일, 잡보 〈元童嘉愛〉·15일, 잡보 〈兩兒可尙〉·16일, 잡보 〈童捐可讚〉.
19) 《大韓每日申報》, 1907년 3월 7일, 잡보 〈釋家愛國〉·14일, 잡보 〈僧尼出義〉.
20) 《皇城新聞》, 1907년 3월 13일, 잡보 〈斷烟決心〉·28일, 잡보 〈義府多義〉. 《大韓每日申報》, 1907년 4월 5일, 잡보 〈德民義捐〉.
21) 《大韓每日申報》, 1907년 3월 17일, 잡보 〈奉侍義捐〉·21일, 잡보 〈姑爲領收〉

3월 20일에는 각 약방에서도 국채보상운동에 대하여 의견을 일치하여 단연동맹을 하고 178명이 의연금 603원 75전을 수합하여 기성회로 보냈다. 28일에는 醫學校에서 千秋節을 맞이하여 교장이 교관과 학도들에게 '흡연이 위생과 경제에 관한 이유'를 설명하고 단연동맹가를 불렀다.[22]

한편 3월 16일에 성환 鶴巢洞의 崔斗卿은 어려운 생계에도 불구하고 집을 팔아 50원을 연조하였고, 그의 어린 아들은 2원, 부인 서씨는 은가락지 2냥 5전중 한 쌍, 장모는 은비녀 1냥 3전중 한 벌을 의연하였으며, 고용하고 있는 어린아이들도 1원 10전을 출연하였다. 한 집안의 온 식구가 의연을 하자, 군내의 인사들이 모두 최두경을 칭송하지 않는 사람이 없었다.[23]

27일에는 故 판서 金永穆의 부인이 살고 있는 집을 팔아 작은 집을 마련하고 1천 냥을 의연하였으며,[24] 4월 10일에는 淮陽郡 金應壽가 농우를 팔아 10원을 출의하였다.[25]

3월 7일 선천군민들은 국채보상을 위해 단연은 물론 담배를 팔지 않음이 옳다고 齊聲同盟하고 가게에서 권련 소매를 금지하였다. 28일에는 용천군 士民들이 단연동맹을 한 후에, 돈을 거두어 상점에 있는 담배를 사서 불살라 버리고, 이후 영구토록 담배를 팔지 말라고 상민을 효유하였다. 31일에는 재령읍의 유지 신사들이 국채보상을 각 동리에 권고하고, 장날에는 대중들에게 나라의 형편을 설명하여 출연한 금액이 거액에 달하였다. 특히 梁成玉은 자기 農葉草도 피우지 않고 다른 사람에게도 팔지도 않고 담배 40把를 불태우고 2원을 출연하였다.[26]

국채보상운동이 단연동맹에서 한 걸음 더 나아가 담배판매 금지, 焚草, 義捐 등으로 전개되면서, 4월 초 평안남도 23개 군의 各學徒春期大運動會에 참

·26일, 잡보 〈陵軍義捐〉.
《皇城新聞》, 1907년 3월 18일, 잡보 〈天敎愛國〉.

22) 《大韓每日申報》, 1907년 3월 20일, 잡보 〈藥鋪義捐〉·28일, 잡보 〈醫徒請願〉·18일, 잡보 〈斷烟有歌〉.

23) 《皇城新聞》, 1907년 3월 16일, 잡보 〈渾家義捐〉.

24) 《大韓每日申報》, 1907년 3월 27일, 잡보 〈賣舍捐金〉.

25) 《皇城新聞》, 1907년 4월 10일, 잡보 〈賣牛義捐〉.

26) 《大韓每日申報》, 1907년 3월 7일, 잡보 〈宣市撤烟〉·28일, 잡보 〈龍市焚草〉·31일, 잡보 〈焚草捐金〉.

석한 학생과 관람자가 2천여 명에 달했는데 그 가운데 단 한 사람의 흡연자도 없었다고 한다.[27]

성주군 국채보상의무회 회장 李承熙는 국가 안위가 국채보상에 달려있다며 이 운동에 열중하였는데, 그가 아들과 조카들을 설득하여 자신의 회갑연 비용 20환을 출연하자 감화를 받지 않는 사람이 없었고, 그 일문의 부인 중에서 은가락지를 의연한 이가 있는가 하면, 그의 종질 基澈은 가사를 포기하고 오직 국채보상운동에만 전념하였다.[28]

4월 14일에는 桂山學校의 11, 12세의 학동들이 국채보상회를 발기 조직하고 동조자들에게 수합한 15환 25전을 황성신문사에 보내고 계속 모금에 노력하였다. 아동들의 이러한 일에 비하여 부호들이 재물을 쌓아 놓고 인색한 것은 부끄러운 일이라는 물의가 일어났다.[29] 같은 날 충주군 경무서 죄수 등이 짚신을 삼고 혹은 節食을 하여 6원 60전을 대한매일신보사에 보냈고, 해주 경무감옥서 죄수 윤학서·안영원 등이 가죽신을 만들어 판 돈 3원 45전을 의연하였다.[30]

이와 같이 국채보상운동은 전국적으로 확산되어 각계각층의 국민이 의연에 참여하였다. 애국계몽단체, 학회, 언론기관들은 국채보상운동의 취지서를 보도하고 보상소를 설립하여 이 운동을 범국민적 운동으로 발전시켜 나갔다. 특히 大韓自强會·基督敎靑年會·西友學會·漢北興學會 등은 대개 기독교 청년회관을 이용하여 국민의 의무와 단연에 관한 토론회·연설회 등을 자주 열어, 국민의 애국심을 환기하고 절용 보국의 생활을 강조하였다. 朴治勳은 '단연의 이해', 池錫永은 '흡연의 해'라는 제목의 강연을 하였으며, 尹孝定·劉猛·金宅鎭·兪承兼·石鎭衡 등이 청년회관에서 토론회를 개최하였다.[31]

한국민의 열렬한 국채보상운동 전개와 참여를 보고 외국인들도 감탄과 격려를 아끼지 않았다. 국내에 있던 어느 서양인은 4월 14일 국채를 보상하기 위하여 국민이 의연금을 내는 것은 세계 어느 나라에서도 볼 수 없는 일이

27) 《大韓每日申報》, 1907년 4월 19일, 잡보 〈密啞欽歎〉.
28) 《皇城新聞》, 1907년 4월 11일, 잡보 〈李氏愛國誠〉.
29) 《皇城新聞》, 1907년 4월 15일, 잡보 〈兒童奮義〉.
30) 《大韓每日申報》, 1907년 4월 14일, 잡보 〈罪囚義捐〉·19일, 잡보 〈海囚義捐〉.
31) 趙恒來, 앞의 글, 81~82.

라고 감탄하고 4원을 의연하였다.[32] 5월 26일에는 프랑스 선교사 明若日도 의연금으로 10원을 내었으며, 평안북도 永柔郡 梨花學校의 일본인 교사 正柳好彬도 감격하여 2원을 의연하였다.[33]

국내에서 국채보상운동이 활발하게 전개되자, 국외의 한인사회도 적극적으로 호응하였다. 일본 동경의 유학생들은 대구에서 보낸 국채보상 취지문을 받고, 3월 18일에 1백여 명이 회동하여 斷煙同盟을 발기하고 토론회를 개최하자 일본인들이 구름같이 모여와서 축하를 하고, 일본에 체류하는 서양 각국 사람들도 각기 出義를 말하였다.[34]

일본 유학생들이 설립한 太極學會 회원 등 800여 명은 국채보상운동이 적극적인 구국운동이라고 환영하고 단연과 금주를 실천하여 국채를 보상하자고 주장하고, 3월 9일 개최된 유학생총회에서 단연하여 절약된 담배값으로 국채를 보상할 것을 결의하고 수금위원 3인을 선정하였다.[35] 일본유학생들은 생활의 어려움에도 불구하고, 4월 7일에는 수금한 18원 56전을, 5월에는 29원 49전을 황성신문사로 보냈다.[36]

미주 한인들도 국채보상운동에 적극 참여하였다. 샌프란시스코의 共立協會는 김성무·임치정·이교담의 명의로 3월 25일에 〈국채보상의연발기서〉를 발표하고 미주 교포들의 의연을 당부했다. 이 발기서에서는 일본 국채 1천 3백만원을 만일 부패한 정부에만 맡겨두고 우리 국민이 보상할 방책을 강구치 아니하면, 마침내 종의 신세를 면치 못할 것이므로, 본국에서 유지인사들이 국채보상할 것을 발기함에 전국 인민이 일층 격앙하여 다투어 의연금을 모집하니, 해외에 있는 동포도 만 분의 일이라도 돕는 것이 당연하므로 이를 발기하니, 미주에 있는 동포들은 각각 힘을 다하여 보조할 것을 바라며, 수전하는 곳은 공립신보사로 정하였다. 로스앤젤레스에서도 3월 28일에 박형모

---

32) 《大韓每日申報》, 1907년 4월 16일, 잡보 〈藏名義捐〉.
33) 《大韓每日申報》, 1907년 5월 26일, 잡보 〈外國敎師義捐〉.
34) 《皇城新聞》, 광무 11년 3월 21일, 잡보 〈兩客同函〉.
35) 金祥起, 〈韓末 太極學會의 思想과 活動〉(《嶠南史學》 1, 嶺南大, 1985), 457쪽.
《大韓每日申報》, 1907년 3월 13일, 잡보 〈學生斷烟〉.
36) 《皇城新聞》, 1907년 4월 13일, 잡보 〈留學生斷烟〉.
《西友》 제6호(1907년 5월), 31~33쪽.

·남궁염·신봉회·염달욱 등이 '國債報償趣旨書'를 발표하고 동포들의 의연을 촉구하였다.

5월 7일에는 하와이 등지에 있는 교포 김성환 등이 34원을 모금하여 의연의 뜻을 표하였으며,[37] 23일에는 로스앤젤레스에 거주하는 한인 교포 20명이 미화 42달러(한화 83원 63전)를 모아 황성신문사로 보내왔다.[38] 또한 4월 20일에는 노령 블라디보스톡에 거류하는 교포 36명이 국채보상금으로 55원을 거두어 국채보상기성회로 보냈다.[39]

2) 국채보상운동의 전개

(1) 국채보상운동의 확산

국내외에서 전국민이 호응하여 국채보상운동이 활발히 전개되자 기탁하는 의연금을 안심하고 맡길 수 있고, 운동을 성공적으로 추진할 수 있는 통합기구가 필요하게 되었다. 이에 4월 8일 李鍾一·金光濟·朴容奎·徐丙珪·李冕宇·吳榮根 등이 각 지방의 수금을 총관하는 통합기구로 國債報償志願金總合所를 설립하고 전문 29조의 국채보상지원금총합소규정과 공함을 발표하고 소장으로 韓圭卨을 추대하였다.

거의 같은 시기인 4월 초에 국채를 보상하기 위한 의연을 담당하는 총소가 없으면 실로 규합하기가 어려우므로, 각 사회와 13도 대표자들이 普成館에서 회동하여 國債報償聯合會議所를 조직하고 앞으로 聯合規則을 공간하기로 하고, 각 발기소에서 전후에 거둔 금액과 각 인명을 연합회의소에 보고하면 편집하여 월보로 간행하기로 하였다.[40] 그리고 국채보상에 대한 일을 조사하기 위하여 國債報償調査會를 설치하고, 이에 대한 검사를 주관하기 위해 國債報償檢査所를 설립하였다.[41]

---

37) 《帝國新聞》, 1907년 5월 7일, 잡보 〈海外義助〉·27일, 잡보 〈在外婦人義捐書〉.
38) 《皇城新聞》, 1907년 5월 23일, 〈國債報償義務金集送人員及額數〉.
39) 《大韓每日申報》, 1907년 4월 20일, 잡보 〈居留民出義〉.
40) 《皇城新聞》, 1907년 4월 11일, 광고.
41) 李鉉淙, 〈舊韓末 政治社會學會會社言論團體調査資料〉(《亞細亞學報》 2, 亞細亞學術研究會, 1966), 92~93쪽.

그러나 국채보상운동을 추진할 기구가 실질적으로 통일되지 못하여 제 기능을 다하지 못하고, 오히려 의연금 수합에 경쟁이 일어났다. 그리하여 5월 말에 이르러 지원금총합소 검사원 李康鎬와 연합회의소 총무 김광제가 두 단체를 대표하여 특별회를 열고, 각 지방에서 수합한 금액은 지원금총합소에서 총관하고, 일반 국민의 국채보상에 대한 지도방침에 관한 일은 연합회의소에서 장악하기로 결의하였다.[42] 그러나 두 보상소가 의연기구를 대표하여 서로 협력하기로 하였을 뿐, 국채보상운동에 참가하는 온 국민을 영도해 나갈 통일기구의 설치는 실현되지 못하였다.[43] 그렇지만 이제까지 분산적으로 전개된 운동이 하나로 통합되어 조직적으로 전개되기에 이르러, 두 보상소의 주도 아래 많은 민중을 흡수하여 지도층과 민중이 결합되고, 각 지역별 지도자들이 통합되어 운동을 고조시켜 전국적으로 확대하여 나갔다.

당시 국채보상운동을 전국적으로 지도한 것은 국채보상지원금총합소와 국채보상연합회의소 임원들이었다. 그들은 대체로 소수의 고급 관료층과 지식인·민족자산가 및 상인층이었다. 지원금총합소와 연합회의소가 한규설·윤웅렬·김종한 등 전직 관료나 민족자산가를 소장으로 추대한 것은 각계각층의 국민들을 흡수하여 국채보상운동을 범국민적으로 전개시키기 위한 것이었으며, 또한 일제의 탄압을 피하려는 방략에서 비롯된 것이었다.[44] 그리고 재무처리를 韓一銀行長 趙秉澤·天一銀行長 金基永, 農工銀行長 白完赫, 漢城銀行 총무 韓相龍, 창고회사장 趙進泰 등 은행가들이 담당하고 있는 것은 의연금 관리의 공신력을 높이고 능률화를 도모하고자 한 것이었다. 방략상 관료층과 민족자산가들을 표면에 내세웠으나, 실제로 국채보상운동을 거국적으로 주도한 것은 애국계몽단체·학회·언론기관에서 활약하고 있던 지식인들이었다.[45]

국채보상운동에 의하여 모금된 의연금 액수를 살펴보면 운동이 시작된 지

---

42) 《大韓每日申報》, 1907년 5월 28일, 잡보 〈兩所歸一〉.
43) 《大韓每日申報》, 1907년 4월 26일, 잡보 〈中央聯合〉·〈月報將刊〉.
柳子厚, 앞의 책, 212쪽.
《帝國新聞》, 1907년 5월 28일, 잡보 〈中央義務社〉.
44) 李松姬, 앞의 글, 25쪽.
45) 조항래, 앞의 글, 86~90쪽.

1년 3개월이 지난 1908년 4월 30일 현재 대한매일신보사와 국채보상지원금 총합소에서 수합한 의연금 총액은 14만 3천5백42원 33전이었으며,46) 주한 일본헌병대가 그 후 3개월이 지난 7월 27일 현재 집계한 의연금 총액은 18만 7천8백42원 78전 5리에 달하였다.47)

그러나 국채보상을 위한 의연금 갹출운동이 전국적으로 전개되자 일제 통감부는 이를 일종의 배일운동으로 단정하고, 온갖 모략으로 방해하고 간교한 탄압을 자행하였다. 그리하여 국채보상운동은 더 이상 진전되지 못하고 좌절되고 말았다.

(2) 여성의 국채보상운동 참여

국채보상운동은 신분, 성별, 직업, 지역을 초월한 거족적 민족운동이었다. 국채보상운동에 대한 첫 반향은 여성계에서 가장 신속하게 나타났다.48) 신문에 국채보상취지서가 게재되자, 여성들은 즉각 개인적으로 참여하였다.

相思洞의 李召史는 은패물 머리장식을 팔아 구화 4원을 대한매일신보사에 보냈으며,49) 主醫院卿 梁性煥의 딸로 牙山 白岩의 李氏家에 출가하여 일찍이 남편을 잃고 두 아들을 혼자 키운 과부 梁氏는 서울 친정에 왔다가 《제국신문》을 보고, 여자도 또한 대한 국민의 한 사람이라며 한화 20원을 제국신문사로 보냈다.50) 2월 24일에는 대구시장의 짚신장사 · 채소장사 · 술장사 · 떡장사 등의 행상을 하는 시골 할머니들이 50, 60전 내지 1, 2원을 다투어 의연하였다.51)

대구 국민대회 이틀 후인 2월 23일 대구 남일동의 부인들이 南一洞佩物廢止委員會를 결성하고 전국 부녀동포에게 '경고아부인동포라'고 하는 제목의

---

46) 金正明 編, 《日韓外交資料集成》 6－保護及び併合(東京 : 巖南堂書店, 1964), 50쪽. The Seoul Press, Sept. 30th, 1908 "The National Debt Redemption Fund : The Accused Acquitted."

47) 崔　埈, 앞의 글, 541쪽.

48) 朴容玉, 〈國債報償運動의 發端背景과 女性參與〉(《日帝經濟侵略과 國債報償運動》, 아세아문화사, 1994), 142~192쪽.

49) 《大韓每日申報》, 1907년 2월 24일, 잡보 〈忠義所激〉.

50) 《大韓每日申報》, 1907년 2월 26일, 잡보 〈夫人愛國〉.

51) 朴容玉, 앞의 글, 143쪽.

격문을 작성하여 신문에 게재하였다. 격문에서는 국채를 갚으려고 2천만 동포들이 석 달간 연초를 끊고 그 대금을 모금한다는 것은 사람을 감동시킬 만하고 진정 아름다우나, 보상취지서가 남성의 참여 방법만을 제시한 것을 비판하고, 여자도 나라의 백성이니 다소를 불구하고 패물 등속을 바쳐 혈심 의연하여 국채를 갚자고 제의하였다.[52]

이것은 여성들이 처음으로 조직을 통하여 국채보상운동에 참여한 것이었다. 정운갑처 서씨·서병규처 정씨·정운화처 김씨·서학균처 정씨·서석균처 최씨·서덕균처 이씨·김수원처 배씨 등 남일동 패물폐지부인회의 발기인들은 자발적으로 솔선하여 자신들의 은반지·은장도·팔찌·목걸이 등 총 13냥 8돈중의 패물을 보상운동에 의연하였다.

대구의 부인들이, 여성도 국채보상운동에 자발적으로 참여할 것을 분연히 외치자, 각지에서 적극 동참하여 여성들의 국채보상운동이 전국적으로 파급되어 갔으며, 언론기관에서도 여성의 의연을 특별히 게재하여 격려하였다.

① 서울 지역

서울에서는 金一堂·金石子·朴悔堂 등에 의하여 2월 28일에 식생활을 절약하여 국채보상금에 보태자는 뜻으로 婦人減餐會가 처음으로 결성되었다. 부인감찬회는 朝夕飯米를 반감하여 그 감한 것을 3개월간 국채보상금으로 의연할 것을 결의하고, 부인들을 권면하는데 나섰다. 이들은 한 사람의 3개월간 쌀 소비량은 세 말이므로, 그 반값인 한 말 반의 쌀값 2원 70전을 의연하고, 실행기간은 3개월, 2개월, 1개월 등 자신의 능력에 따라 자율적으로 참여할 것을 강조하였다. 그리고 발기인들은 먼저 3개월간의 감찬비를 출연하여 황성신문사로 보냈다. 또 많은 부인들의 참여를 권고하는 부인감찬회 경고문 500장과 영수증 3책을 정밀히 인쇄하여 3월 14일 경에 황성신문사에 전하여, 경고문은 신문을 배포할 때 1장씩 끼워 전달케 하고, 영수증은 의연하는 부인에게만 繕給하도록 부탁하였다. 부인들의 減餐은 남자들의 단연보다 실천이 더 어렵고 많은 인내가 필요한 것이었으므로, 《대한매일신보》나 《만세보》는 부인들의 감찬이 애국심과 과단성에 있어 뜻 있는 남자들보다 훨씬

---

52) 《大韓每日申報》, 1907년 3월 8일, 잡보 〈경고아부인동포라〉.

존경할 일이라고 높이 평가하였다.[53] 부인감찬회를 발기한 3인은 모두 一進會 간부들의 副室이었는데, 이들도 국채가 국가와 민족의 존망과 관련되는 것임을 절감하고 있었던 것이다. 부인감찬회가 조직된 이후 여성들의 국채보상운동에의 참여는 매우 활발해졌다. 또한 서울에서는 직업 등을 중심으로 집단적으로 국채보상에 참여한 여성들이 적지 않았다. 藥房 妓生 39인이 신화 20여 원을 모집하여 제국신문사에 납부하였으며,[54] 太醫院 醫女 41인이 24원, 궁내부 기녀 40인이 24원을 의연하였다.[55]

여학생들이 집단적으로 국채보상운동에 참여한 것은 養閨義塾 여학생 33인이 4원 20전, 이화학당의 교사와 생도 35인이 5원 70전을 의연한 것이 대표적인 사례라 할 수 있다.[56] 상류층 양반집의 부인들도 보상운동에 참여하였다. 3월 초에 大安洞國債報償婦人會가 결성되어 〈國債報償婦人會趣旨書〉를 전국 부인들에게 보냈다.[57] 취지서에는 여성도 국가의 혜택을 입고 있으므로 백성된 도리로서 참여하여 협력하자는 뜻에서 국채보상부인회를 조직한 것임을 밝히고, 각자가 의무를 느껴 자발적으로 의연할 것을 호소하였다. 이들은 회원자격을 양반부인에 한하지 않고, 누구든지 의금을 내기만 하면 성책에 올려 같은 회원이 된다고 함으로써 신분적 개방을 표명하였다. 그리고 앉아서 의금을 기다리는 것이 아니라, 회원들이 직접 집집을 찾아다니며 독려하고, 바로 내지 못하는 사람에게는 약속 예정액을 기록하도록 하였다. 대안동국채보상부인회의 적극적인 활동이 물의를 일으키자, 부인회에서는 3월 20일 경 기금을 억지로 수렴하지 않고 누구든지 의금을 가져오는대로 받는다는 취지서를 여성들에게 보내고 보상운동에 참여할 것을 권장만 하였다.[58]

대안동국채보상부인회는 정치·경제·사회·문화의 중심지인 서울에서 전통사회의 지도적 위치를 점하던 북촌의 양반가 부녀들에 의하여 조직되었으

53) 《萬歲報》, 1907년 3월 2일, 〈婦人減餐會警告文〉·〈婦人減餐會發起〉.
《大韓每日申報》, 1907년 3월 3일, 잡보 〈茶半叢話〉.
《皇城新聞》, 1907년 3월 1일, 잡보 〈夫人愛國〉·15일, 잡보 〈兩夫人愛國熱誠〉.
54) 《皇城新聞》, 1907년 2월 26일, 잡보 〈藥妓烟價〉.
55) 《帝國新聞》, 1907년 2월 25일, 잡보 〈國債報償〉·3월 8일, 잡보 〈국채보상〉.
56) 朴容玉, 앞의 글, 151쪽.
57) 《大韓每日申報》, 1907년 3월 15일, 잡보 〈국채보상부인회취지서〉.
58) 《大韓每日申報》, 1907년 3월 21일, 잡보 〈夫人知義〉·23일, 잡보 〈협잡가통〉.

므로 사회적 지도력과 공신력이 높았으며, 여성계의 국채보상운동을 대표하는 총합기구로서의 역할을 자임하였다. 그들은 양반 부인들의 전통적인 고압 자세를 버리고 적극 발벗고 나서 실천적으로 운동을 전개함으로써 지방의 호응을 많이 받았다.

대안동국채보상부인회가 조직된 후 11월까지의 모금실적은 1회에 걸쳐 199명으로부터 현금 141원 10전, 은 4냥중을 수합하여 대한매일신보사로 보냈는데, 그 가운데 다섯 번은 지방에서 수합한 것이었다.[59]

이 밖에 서울에서는 전부터 설치되어 있던 여성단체들의 국채보상운동도 활발하였다. 서울여자교육회·진명부인회·대한부인회 등이 보상금 모집소를 설치하여 활동하였다.

② 경상도 지역

대구는 국채보상운동의 발원지이자 여성단체가 제일 먼저 조직된 곳이었으므로, 대구 여성들의 국채보상 참여는 매우 활발하였으며 참여자도 전국에서 가장 많았다. 대구 斷煙會가 北後停에서 국채보상금을 모금하기 위해 국민대회를 개최한 지 2일 후인 2월 23일 대구 여성들은 南一洞佩物廢止婦人會를 결성하고, 남성 위주의 국채보상운동의 편파성을 지적하는 한편 국채보상운동에 적극 참여하도록 여성들의 의식을 계발시키는 계몽적 역할을 하였다. 이에 대구의 여성들은 현금과 쌍가락지, 은장도 등을 대구군 국채보상회 사무소에 집송하였다. 大邱斷煙償債會事務所가 대한매일신보사에 보낸 의연자의 명단 중 부인은 227인에 달하였고, 이들은 舊貨 407냥 3전, 新貨 189원 90전, 그리고 패물 5점을 출연하였다.[60] 이렇듯 대구남일동패물폐지부인회 결성 이후 계속해서 귀천을 불문하고 여성들의 국채보상운동 참여가 늘어났는데, 특히 남의 집 고용살이나 針工으로 겨우 생명을 이어가는 여인들의 의연과 외로운 과부의 의연은 많은 여성들뿐만 아니라 남성들을 감동케 하여 참여의식을 한층 더 고취시켰다.[61]

59) 朴容玉, 앞의 글, 148쪽.
60) 《大韓每日申報》, 1907년 3월 12일 및 5월 14·16·17일, 광고.
61) 李尙根, 앞의 글, 19쪽.

부산에서는 여성들이 오히려 남성보다 먼저 이 운동에 참여하여 釜山港佐川里婦人會減膳義捐會 · 부산영도국채보상부인회, 그리고 부산항 내의 기생단연동맹 · 수정동부인의연회 등이 조직되어 활동하였다. 박정희의 처 淑夫人張氏가 중심이 되어 좌천리에서 조직된 부산항좌천리부인회감선의연회는 충군애국의 마음은 남녀가 다를 수 없다고 강조하고, 가정의 治産을 맡은 부인들이 우선 살림에서 절용하여 조석 반찬값에서 매일 3, 4푼씩을 줄여, 한달에 新貨 20전 가량을 모아 국채보상금으로 출연하여, 이것으로 국채의 적은 부분이라도 갚아 국토를 지키고 국권을 회복하자는 취지를 밝혔다.[62]

부산영도국채보상부인회는 언제 조직되었는지는 알 수 없으나, 6월 22일에 100명이 신화 16원 12전을 의연하였다.[63] 부산항 水晶里에서는 3월 말에 朴春必의 弟妹와 前侍從 金智泰 夫人 김씨가 애국의연에 남녀가 있을 수 없다며 국채보상에 참여하였다. 박춘필의 제매는 은비녀 8전중, 김지태 부인 김씨는 은가락지 1냥 9전 4푼중을 보내고, 田周汝 夫人 吳氏는 현금 40전, 金致弘의 16세 女息은 바느질값 1원을 출연하였다. 그리고 6월에 수정동민 40인이 의연하였을 때에도 여성 20인이 夫人義捐會로 참여하여 현금 40원 30전과 은가락지와 은비녀 2냥 2전 3푼중을 출연하였다.[64]

진주에서는 晋州愛國婦人會, 愛國償債會 그리고 국채보상경남진주부인회가 중심이 되어 국채보상운동을 전개하였다. 진주 이진사의 부실과 河僉正의 부실이 동지 10여 부인과 함께 애국상채회를 발기하고 열심으로 모금하여 크게 발달하였다.[65] 3월 19일 애국상채회가 진주 鳳儀樓에서 주최한 償債 연설을 듣고 감동된 진주의 기생 芙蓉은 귀가 즉시 동지 기생들을 규합하여 애국부인회를 결성하고 의연금을 모았다. 그런데 진주성 안의 姜周植이 애국부인회에서 모은 金貨를 자기네 會로 수납하라고 압력을 가해왔다. 애국부인회가 즉각 반대하자, 강주식은 다수의 무리와 일본인 순사까지 대동하고 위협으로 애국부인회를 방해하려 하였다. 애국부인회가 강주식의 강폭한 행동을

62) 《大韓每日申報》, 1907년 4월 19일, 잡보 〈부산항좌천리부인회감선의연취지서〉 · 7월 17일, 광고.

63) 《皇城新聞》, 1907년 6월 22일, 광고 〈國債報償義務金集送人員及額數〉.

64) 《大韓每日申報》, 1907년 3월 29일, 잡보 〈婦人義捐〉 · 6월 7일, 광고.

65) 《皇城新聞》, 1907년 3월 28일, 잡보 〈婦人愛國〉.

공개하는 寄函을 대한매일신보에 게재하여 공개하자, 서울 대안동국채보상부인회 회장 申簫堂은 즉각 애국부인회를 권면하는 謝禮書를 부용에게 발송하였다.[66] 진주 애국부인회는 남자의 추종을 불허하는 거액을 의연하였다. 3월 28일에는 18인이 152원을, 5월 22일에는 232인이 498원 15전을 모아 황성신문사에 보냈다.[67] 참여자 대부분이 기생 및 기생과 관련이 있는 여성들이었다. 진주에서는 다른 어느 곳보다도 기생들의 활약이 컸다.[68]

昌原에서는 4월중에 李開東母夫人 金氏, 玉舜職母夫人 金氏, 李鍾台母夫人 金氏, 朴大見母夫人 金氏 등 4인이 昌原港國債報償婦人會를 조직하였다. 가정과 사회에서 존경을 받는 母夫人들이 직접 각 마을의 집집을 방문하며 효유하자 많은 부인들이 고무되어 참여하였다. 이들은 4월 하순에 67원 70전을 의연하였고, 6월 초순에는 152명이 참여하여 76원 50전을 의연하였다.[69]

이외에도 居昌郡 能陽面 山圃里의 부인 17인이 19원 80전을 의연하였고, 宜寧郡의 退妓 21인이 16원 30전을 모금하여 磚洞 期成會로 수송하였다.[70] 釜山夫人義捐會도 부인 10인이 7원 90전을 의연하고, 경주군부인회는 총무 이진사 부실 文菊香이 수합한 금액을 황성신문사에 가서 전달하였다.[71]

③ 경기도 지역

경기도 지역에서는 인천의 掬米積誠會, 金浦郡 黔丹面의 國債報償義務所, 安城의 場基洞婦人會募集所, 南陽郡夫人義成會 등이 조직되어 활동하였다.

1907년 3월 29일 인천에서 기독교 부인들이 발기하여 국미적성회가 조직되었는데, 적성회는 설립취지서에서 세계 각국을 보면 남녀의 분별은 있으나 권리는 여자도 남자와 조금도 등분이 없으며, 또한 여자도 황제의 적자는 일반인데 옛 법만 지키며 안연히 부동할 수 없다고 강조하고, 집마다 양식 다루는 주권을 가진 여자들이 매일 먹는 양식 중 식구 수효대로 때마다 한 술

---

66) 《大韓每日申報》, 1907년 3월 27일, 잡보 〈진주부용형젼ᄉ례셔〉.
67) 《皇城新聞》, 1907년 3월 28일·5월 22일, 광고.
68) 朴容玉, 앞의 글, 163~164쪽.
69) 《大韓每日申報》, 1907년 4월 28일, 잡보 〈夫人熱誠〉·6월 6일, 광고.
70) 《大韓每日申報》, 1907년 4월 13일, 〈義捐金收入廣告〉·26일, 잡보 〈退妓出捐〉.
71) 《大韓每日申報》, 1907년 5월 2일, 광고.
《皇城新聞》, 1907년 5월 22일, 잡보 〈경남부인회열심〉.

씩 모아 국채를 갚기로 작정한다고 밝혔다. 개회식을 정식으로 개최한 국미적성회는 회원 80여 명에서 권고위원 20명을 뽑아, 위원 2명이 한 동리씩 맡아 여성들의 참여를 권고하였다. 그러자 회원 수는 수일만에 500여 명으로 증가되었다. 매주일마다 위원들이 절약미를 수합한 결과, 음력 2월 한달 동안에 미곡 18섬 8되 8홉, 동화 254원 36전, 1냥중짜리 은비녀 2개가 수합되었다.[72] 김포군 검단면 고찬리에 거주하는 한씨·노씨·김씨 등의 부인들이 조직한 國債報償義務所는 군내의 각 동리에 다니며, 충효의 윤리에는 남녀의 차가 없고 국채보상은 나라의 흥망과 직결되는 것임을 역설하고, 나라가 위급한 때에 부인이라고 안연히 있는 것은 부끄럽고 두려운 일이라며 부인들을 일깨우고, 錢荒한 때에 돈만 낼 것이 아니라 금은 패물이나 각종 곡식 등을 힘 닿는대로 의연할 것을 제안하자, 부인들이 일상생활에 별로 소용없는 사치품을 국가에 유효하게 쓰자며 패물을 의연하고, 日常食을 節用하여 곡물을 부인회에 가져왔다.[73]

안성군에서는 4월 중순에 군청의 직원들이 국채보상금을 모으자, 안성 장터의 중소 상인의 부인들도 동심으로 발기하여, 47인이 19원 50전을 의연금으로 수합하여 대한매일신보사로 보냈다.[74] 남양군 남양읍내에 거주하는 기독교 여성인 김희경·김혜경·안마리아 등 3인은 4월에 夫人義成會를 조직하고, 116명이 의연한 43원 6전을 제국신문사로 보냈다.[75] 8월 14일에는 여주 흔바위에 사는 부인 10인이 2원 80전을 대한매일신보사에 의연하였다.[76]

④ 충청지역

충청도에서는 鎭川郡 廣惠院內 國債報償夫人會와 준 단체적 활동이 비교적 활발하였다. 광혜원의 유지 부인들은 3월에 비록 부인이라도 국채보상에 눈감고 침묵할 수 없다는 취지로 국채보상부인회를 조직하고 의연금을 모집

---

72) 《제국신문》, 1907년 3월 14일, 〈夫人의 愛國誠〉·4월 1일, 〈인천항적성회취지서〉. 《皇城新聞》, 1907년 3월 24일, 잡보 〈夫人의 愛國誠〉.

73) 朴容玉, 앞의 글, 153쪽.

74) 《大韓每日申報》, 1907년 4월 20일, 잡보 〈婦人贊成〉·5월 19일, 〈國債報償義捐金收入廣告〉.

75) 《帝國新聞》, 1907년 4월 17일, 잡보 〈婦人熱誠〉.

76) 朴容玉, 앞의 글, 154쪽.

하였다. 다수 부인들이 힘 닿는대로 은반지와 은비녀를 내놓아, 제1차 의연에서 53인이 엽전 404냥과 은비녀 한 개를 의연하였으며, 일찍이 여자교육회를 설립한 기생 翠蘭은 100냥을 의연했다.[77]

또한 충청도에서는 여성들이 단체를 조직하여 국채보상에 참여한 것보다 집단적으로 의연한 경우가 많았다. 陰城郡 金目面 無極里에서는 3월 초에 일반 紳士 등이 한화 179원 40전과 은비녀 1개를 의연하자, 21명의 부인들도 은반지 8개, 은비녀 1개, 의연금 15원 20전을 수합하여 대한매일신보사에 보냈다.[78] 報恩郡에서는 7월 말에 都事·進士·監役 등 지역의 지도적인 양반의 부인 75인이 엽전 334냥 5전을 의연하였다.[79]

3) 국채보상운동의 좌절

국채보상운동은 처음부터 치밀한 계획을 세우지 못하였을 뿐만 아니라 명확한 지표도 제시하지 못하였다. 사실 국채보상운동은 처음부터 국채보상을 위한 의연금 갹출만을 강조하였을 뿐, 이것을 어떻게 관장하여 어떤 방식으로 일본에 보상한다는 구체적인 방안을 마련하지 못하였으며, 일제의 탄압책동과 국내의 분파세력에 대한 대응책도 마련하고 있지 않았다. 따라서 이 운동이 전국적으로 전개되어 온 국민이 이에 참여하자 일관된 지도원리의 부족으로 이를 수렴하지 못하였으며, 특히 이 운동의 파괴를 꾀하는 일제의 탄압책동과 국내의 분파세력에 직면하자 우왕좌왕하였던 것이다. 이리하여 이 운동의 전국적인 전개과정에서 당초에 설정한 목표를 벗어나 국민들의 정성어린 의연금을 우선 얼마 동안 다른 용도로 유용하자는 방안이 제기되는 등 일관성 없는 지도원리와 자세를 보여 온 국민들에게 불신감을 조성시켜 이 운동의 효율적인 전개를 저지하였다. 일제침략이 강화되어 가자 그 추종세력으로 轉變한 자들은 국채보상운동의 초기에는 이에 동조하는 듯하였으나, 일

77) 《大韓每日申報》, 1907년 3월 31일, 잡보 〈蘭妓熱心〉.
《皇城新聞》, 1907년 4월 29일, 잡보 〈婦人愛國誠〉.
78) 《大韓每日申報》, 1907년 3월 9일, 잡보 〈簪環報捐〉.
79) 《皇城新聞》, 1907년 7월 30일, 광고 〈義務金集送人員及額數〉.

제 통감부의 탄압책동에 직면하자 그들은 변신하고 이 운동에서 탈락하였으며, 그 후 일제의 사주 아래 이 운동을 파괴하는 망동까지 일삼는 것이었다.

그러나 이러한 일제침략의 추종세력으로 전변한 자들과는 달리 꾸준히 이 운동을 강력하게 주도한 인사들은 민족적 저항을 강화시켜 이를 효율적으로 전개시켜 나가고자 하였으나, 일제의 탄압책동과 국내 추종세력에 의한 저지 및 농간에 의해서 그리고 그들 자신의 사회 · 경제적 기반의 취약성으로 인해 효율적으로 국채보상운동을 지속시켜 나갈 수 없었던 것이다.80)

국채보상운동은 출발부터 많은 한계점을 안고 있었으나, 동기는 국권을 수호하자는 너무나 소박한 운동이라 하겠다. 왜냐하면 가령 소기의 목적을 달성해 1,300만원의 국채를 보상한다 하여도 당시 일본의 침략을 근원적으로 물리칠 수 없었기 때문이었다. 결국 전국민의 열화같은 성원에도 불구하고 국채보상운동은 소기의 목적을 달성하지 못하였다. 이것은 국채보상운동을 파괴하기 위한 일제의 끊임없는 책동에도 원인이 있었지만, 같은 민족이면서도 영세한 서민층이 다수 참가한 반면 고급 관료층이나 부유층들의 참여가 거의 없었다는 점을 들 수 있겠다.

〈崔昌熙〉

5. 의사 · 열사의 항쟁

1) 장인환 · 전명운의 스티븐스 사살

(1) 스티븐스의 친일 외교활동

1908년 3월 23일 미국 샌프란시스코에서 한국 정부의 外交顧問인 미국인 스티븐스(Durham White Stevens)가 張仁煥과 田明雲에 의해 射殺되었다. 일제의 한국침략에 앞장서 왔던 스티븐스는 당시 일본특사로 미국을 방문중이었다. 1905년에 을사조약으로 외교권을 박탈당하고 일본의 '보호국'이 된 한국

80) 조항래, 앞의 글, 701쪽.

의 입장에서 이 사건은 이후 항일민족운동의 전개과정에서 '義烈鬪爭'이라는 새로운 장을 열었다.[1]

스티븐스는 변호사 출신으로 1873년 8월에 주일미국공사관 서기관이 되어 일본과 인연을 맺게 되었다. 1878년 10월부터 1879년 5월까지 빙햄(John A. Bingham) 주일공사가 휴가차 귀국했을 때, 스티븐스는 대리공사로 근무하면서 일본 관리로부터 유능한 외교관으로 인정받았다. 그는 일본이 외국과 맺은 불평등한 조약들을 개정하는데 큰 도움을 주었다. 그는 1882년 10월 일본 정부의 고빙제의를 수락하여 주일미국공사관을 사임하고, 11월 1일 일본 외무성 관리로 고빙되었다. 이후 스티븐스는 일본 정부의 입장을 앞장서 대변하며 대미외교에서 많은 활동을 하였다.

스티븐스는 1884년 甲申政變의 수습과정에서 일본측에 외교적인 조언을 하면서 본격적으로 한국과의 관계를 맺기 시작했다. 1885년 1월 3일 일본의 特派全權大使 이노우에 카오루(井上馨)는 스티븐스를 대동하고 일본군 2개 대대의 호위를 받으면서 서울에 들어왔다. 스티븐스는 이노우에에게 갑신정변 때 군대를 동원한 일 등에 대해 사과하지 말도록 했다. 또 한국인은 겁이 많아서 군사적인 위협만 가하면 손쉽게 어떠한 요구 조건도 받아낼 수 있다고 했다. 이노우에는 스티븐스의 건의를 받아들여 조선 정부에 대해 사죄를 요구하고 배상금 15만원 지불을 강요하는 이른바 '漢城條約'을 체결하였다.

청일전쟁에서 승리한 일본은 한반도에서 러시아세력을 완전히 구축하고, 한국을 지배한다는 對韓政策을 추진하면서 스티븐스의 외교적 수완이 필요하게 되었다. 1900년 4월 1일에 외무성은 스티븐스와 雇續契約을 맺어, 월봉

1) 장인환·전명운의 스티븐스 사살에 관해서는 다음의 연구가 참고된다.
李德周, 〈스티븐스 암살사건〉(《韓國基督敎史硏究》 11, 1986).
金源模, 〈서울에서의 스티븐즈의 親日外交活動〉(《鄕土서울》 46, 1988).
———, 〈張仁煥의 스티븐즈 射殺事件 硏究〉(《東洋學》 18, 1988).
尹炳奭, 〈歐美에서의 義烈鬪爭－李相卨의 遺文과 李儁·張仁煥·田明雲의 義烈〉(《國外韓人社會와 民族運動》, 一潮閣, 1990).
Andrew C. Nahm, "Durham White Stevens and the Japanese Annexation of Korea," *The United States and Korea*(The Center For Korean Studies, Western Michigan University, 1979).

700원에 1905년 3월 31일까지 雇續하기로 하였다. 그는 파격적인 대우를 받고 외교 일선에서 일본의 한반도 침략 계획을 추진, 침략자의 앞잡이 노릇을 충실히 수행했다.[2)]

일본은 러일교섭이 진행중이던 1903년 10월부터 비밀리에 주한 일본공사 하야시 곤스케(林權助)가 매수공작금을 투입하면서 친일파 李址鎔·李根澤 등을 조종하여 韓日議定書 체결을 추진하였다. 그리고 영일동맹의 체결과 미국의 지지를 배경으로, 일본 각의는 1903년 12월 30일에 여하한 경우에도 실력으로 한국을 일본의 지배하에 두지 않을 수 없다는 무단적인 '對韓方針'을 결의하고 착수시기만을 노렸다.

일본은 1904년 2월에 러일전쟁을 도발하고 1월에 체결하려다 실패한 한일의정서 체결을 강요하였다. 일본은 2월 23일 한일의정서를 체결케 하였다. 러시아와의 전쟁상황이 일본에 유리하게 전개되자, 일본은 한일의정서에 규정된 '內政改善'을 구실삼아 이른바 韓日協約, 즉 〈韓日外國人顧問 傭聘에 관한 協定書〉를 강제로 체결케 하였다. 그 협정서의 내용은 일본 정부가 추천하는 일본인 1명을 행정고문으로, 외국인 1명을 외교고문으로 하여 재무와 외교의 주요 사안에 대해 그의 의견을 따르도록 한 것이다.

일본은 이 협정에 의하여 大藏省 主稅局長 메가타 다네타로(目賀田種太郎)를 재정고문에, 스티븐스를 외교고문에 각각 취임시켰다. 일본은 이들을 통해 외교와 재정을 감독·정리한다는 이름 아래 한국의 외교권과 재정권을 침식해갔다. 일본은 이러한 임무를 충분히 실행할 수 있는 권한을 傭聘契約書에서 부여하였다.[3)]

외교고문의 임무는 세 가지로 규정하였다. 첫째, 한국 정부가 타국 정부 혹은 타국 인민과의 사이에서 발생하는 일체의 외교상 및 기타 안건에 관하여 심의·입안할 책임을 가진다. 둘째, 한국의 외교에 관한 일체의 왕복문서 및 모든 안건은 사전에 반드시 외교고문의 동의를 구하고 또한 의정회의에 참여하여 외교에 관한 제의를 할 수 있다. 셋째, 외교에 관하여 한국 황제를 알현하여 외교상 의견을 올릴 수 있다.[4)]

---

2) 金源模, 〈서울에서의 스티븐즈의 親日外交活動〉, 67~73쪽.
3) 尹炳奭, 〈을사5조약의 신고찰〉(《일본의 대한제국 강점》, 까치, 1995), 27~40쪽.

특히 고문의 권한은, 한국 정부가 자의로 변경하지 못하도록 하는 부수조건을 조약문에 명시하였다. 이 용빙계약에 의하여 한국의 주권은 한일의정서보다 더욱 가중한 제약을 받게 되었다. 일본은 두 고문의 용빙을 전후하여 한국 정부의 각 부에도 이와 비슷한 방법으로 고문을 두게 하여 이른바 '고문정치체제'를 확립시켜 나갔다. 일본이 스티븐스를 한국 정부의 외교고문으로 선임한 것은 스티븐스가 20여 년간 일본에 고용되어 충성을 바친 인물이므로, 그들의 침략정책을 수행하는데 알맞은 인물이었으며, 친일정책을 고수하던 미국 루즈벨트의 對韓정책과도 합치되었다. 또한 한국의 親美감정도 작용한 것으로 보인다.

일본 외상 고무라 쥬타로(小村壽太郞)는 워싱턴에서 친일외교 행각을 벌이던 스티븐스에게 한국 정부의 외교고문을 맡을 것을 요청했다. 이를 수락한 스티븐스는 10월 14일에 동경에 도착하여 일본 정부로부터 勳1等 瑞寶章을 수여받았다. 일본외무성은 한국 정부와의 사전 협의없이 일방적으로 스티븐스 傭聘契約草案을 작성하면서, 그를 한국 외교고문으로 추천하는 이유를, "제국 정부는 20년간 계속 제국을 위해 진력을 다한 귀하의 재능과 충실함을 십분 신용하고 있으며, …"라고 설명하였다.[5)]

일본은 스티븐스를 주한일본공사 하야시의 지시대로 움직이는 외교첩자로 만들었다. 한국 정부는 일본 외무성이 작성한 계약안에 동의하지 않을 수 없었다. 일본은 스티븐스의 月俸을 1,000원으로 하고 한국 정부가 800원을 지급하게 하였다. 스티븐스는, 일본 정부가 작성한 용빙계약안을 가지고 12월 11일에 서울에 도착, 24일에 고종을 알현하고 27일에 외부대신 李夏榮과 정식으로 외교고문 용빙계약을 체결하였다.

1904년 한국 정부의 외부고문으로 선임된 스티븐스는 한국 외부의 모든 왕복외교문서를 열람할 수 있는 특권이 부여되어 있었다. 이것은 스티븐스가 한국 외부대신 위에 군림하고 있다는 것을 의미한다. 또한 스티븐스는 의정부회의에 참석할 수 있고 언제든지 고종황제를 알현할 수 있는 특권이 있었다. 결국 스티븐스가 한국정치의 최고 감독자임을 의미하는 것으로, 이

---

4) 《日本外交文書》 37－1, 374～376쪽.

5) 金源模, 〈서울에서의 스티븐즈의 親日外交活動〉, 82～84쪽.

와 같은 스티븐스의 권위에 대해 헐버트(H. B. Hulbert)는 "한국의 대외관계는 스티븐스에 의해 전적으로 일본의 이익을 위해 요리되고 있다"고 개탄하였다.[6)]

한국 정부는 스티븐스를 고빙하면서 그에게 큰 기대와 희망을 걸었다. 특히 고종은 스티븐스를 만날 때마다, 朝美條約의 거중조정 공약을 들어 미국이 한국을 구제해 줄 것을 호소하였다. 그러나 스티븐스는 오히려 한국의 미국에 대한 신임을 이용하여, 한국 정부가 거중조정에 바탕을 두고 서울 주재 구미열강의 외교대표들에게 벌이고 있는 구원호소 비밀계획을 사전에 봉쇄하는데 주력했다. 고종이 미국 · 러시아 · 프랑스에 밀서를 전달하려는 시도도 일본 첩자와 스티븐스의 친일 외교활동으로 좌절되었다. 이와 같은 스티븐스의 친일행위는 在韓 미국 실업인들도 "스티븐스는 일본 관리 자신들보다도 더 친일적 행동을 자행하고 있다"고 혹평했을 정도였다.[7)]

그는 한국 정부로부터 거액의 봉급을 받으면서 한국 정부를 위해 일하지 않고 오히려 일본의 대한침략을 위해 친일외교를 감행했으며, 첩자비밀외교를 통해 일본의 보호국 수립계획을 적극 추진하였다. 1905년 강제적인 을사조약 이후 스티븐스는 한국 외부고문에서 통감부고문이 되었고, 1906년 의정부고문으로서 일제의 통감정치를 도왔다.

이후 일본은 만주에서 군사점령정책을 시행하면서 英 · 美 실업인의 활동을 제한하는 등 영 · 미 두 나라와 공약한 아시아 문호개방정책을 폐기하였다. 이로 인해 양국으로부터 엄중한 외교적 항의를 받았다. 미국에서는 일본인 배척운동이 일어나기도 했다. 이러한 반일감정을 무마하기 위해 일본 정부는 스티븐스를 미국에 파견하였다. 즉 스티븐스의 미국행 임무는 문호개방문제의 해명과 일본인 배척운동을 해결하고 또한 일본이 한국을 지배하는 정당성을 미국에 널리 인식시키는 것이었다.

6) Hulbert, *The Passing of Korea*, p. 212.

7) Lee Houchins and Chang-su Houchins, "The Korean Experience in America, 1903~1924," *Pacific Historical Review*, 43(November, 1974), pp. 556~558.

(2) 장인환 · 전명운의 스티븐스 사살

스티븐스는 1908년 3월 3일 일본에서 출발, 20일 샌프란시스코에 도착하였다. 도착 즉시 그는《샌프란시스코 크로니클》(The San Francisco Chronicle)지와의 기자회견에서 '일본의 한국 지배는 한국에 유익하다'는 제목의 친일성명서를 발표했다.

이러한 한국을 모욕하는 신문기사가 보도되자 샌프란시스코 한인들은 일제히 분개했다. 당시 샌프란시스코에는 하와이 사탕농장에 이민왔다 미주 본토에 들어온 노동자와 몇 명의 유학생, 우국망명자 등 150명 내외가 共立協會와 大同保國會를 설립하여 그들의 권익신장과 조국독립운동을 기획하고 있었다. 이들은 그날(3월 21일) 저녁 8시에 긴급히 共立館에서 두 단체를 중심으로 共同會를 개최하여 李學鉉 · 文讓穆 · 鄭在寬 · 崔有涉 등 總代 4명을 선발하였다.

이들이 스티븐스에게 강경한 항의를 하기로 결정하고 숙소로 스티븐스를 찾아가 성명서 내용의 정정을 요구하였다. 그러나 스티븐스는 여전히 "한국에 이완용과 같은 충신이 있고 이토 히로부미와 같은 통감이 있으니 한국의 큰 행복이요 동양의 다행이다"는 망언을 그치지 않았다. 이에 격분한 총대들은 주먹으로 스티븐스의 면상에 타격을 가하고, 그의 친일행적과 일본의 포학한 한국침략 만행을 규탄한 후 떠났다. 신변의 불안을 느낀 스티븐스는 3월 23일 급히 워싱턴을 향해 떠나려 하였다.

스티븐스 방문 이후 총대의 지도자 이학현은 즉각 스티븐스의 친일성명서를 반박하는 성명서를《샌프란시스코 크로니클》지에 기고하였으며, 총대들은 22일 공립회관에서 공동회를 개최하여 스티븐스를 방문한 경과를 보고하고 다음 대책을 숙의하였다. 이 자리에 대동보국회의 張仁煥과 공립협회의 田明雲도 총회에 참석하여 스티븐스를 사살하기로 결심하였다. 이들은 회의가 끝난 후 각각 권총과 스티븐스 사진을 준비한 끝에 사살의 기회를 노렸다. 그리고 스티븐스가 워싱턴 행 대륙횡단철도를 타기 위하여 오클랜드 페리부두 선창으로 갈 것이란 정보를 입수하고, 이곳을 거사 장소로 택하였다.

3월 23일 오전 9시 30분 경 호텔 자동차가 부두에 도착하자 키가 작은 전명운이 재빨리 스티븐스에 접근, 손수건으로 감싼 권총을 꺼내어 그에게 겨냥하고 방아쇠를 당겼으나 불발이었다. 당황한 전명운은 총자루로 그의 면상을 후려치고 달아났다. 스티븐스는 안면 왼쪽 볼에 심한 파열상을 입고 자동차 뒤쪽에 부딪쳐 넘어지면서 정신을 잃었다가 깨어나 전명운을 추격하였다. 몇 발자국을 갔을 때 스티븐스 뒤쪽에서 장인환이 권총 3발을 발사했다. 제1발은 달아나는 전명운의 어깨 부분에 명중하고, 제2발은 스티븐스의 오른쪽 어깨뼈를 맞추고, 제3발은 스티븐스의 등 아래쪽 복부를 명중하였다. 장인환은 체포되고 전명운과 스티븐스는 항만응급병원에서 응급치료를 받은 후, 중앙구급병원으로 이송되었다. 그 후 스티븐스는 응급수술을 받았으나 이틀 뒤 25일 사망했다.

샌프란시스코 경찰서로 연행된 장인환은 스티븐스를 사살하게 된 동기를 한글성명서로 발표하였는데 이것이《샌프란시스코 크로니클》지에 발표되었다. 또한 암살기도혐의로 시 구치소에 수감되면서 다음과 같은 성명서를 발표했는데 여기에서 스티븐스를 사살하게 된 동기를 더욱 분명히 밝히고 있다.

> 우리 나라는 일본의 보호정치 이래로 완전 파멸 상태이다. 스티븐스는 일본을 도와 한국 覆滅계획을 수립한 것이다. 왜냐하면 그는 한국 外部 고문관에 임명되었음에도 불구하고 일본의 이익을 위해 헌신함으로써 일본의 一大親友(great friend of Japan)가 되었기 때문이다. 그는 한국을 위해 봉사한다 해서 한국 정부로부터 후대를 받고 있음에도 불구하고, 일본을 위해 한국인에게 온갖 잔인한 일을 자행해 왔던 것이다. 그는 한국에 재임하고 있는 동안, 한국을 위해 일한 것처럼 떠들어대고 있지만, 그것은 모두가 거짓말이다. … 지금 일본은 세계열강의 制裁 때문에 한국을 마음대로 할 수 없다. 그러므로 일본은 스티븐스를 한국통감부 미국인 고문관이란 직함을 빌어서 미국에 파견, '일본의 한국지배는 한국에게 유익하다'는 거짓말을 퍼뜨리고, 미국 국민에게 이 말을 믿을 수 있도록 설득 연설을 하기 위해 이곳에 온 것이다. … 나는 이 사람을 죽이지 않을 수 없다. 수백 만 우리 동포는 그의 謀陷으로 학살되고 있다. 그가 만약 이번의 美國使命을 완수하고 한국으로 되돌아 간다면 더 많은 동포가 죽게 될 것이다. 그래서 나는 우리 나라를 위해 그를 쏜 것이다. 이미 학살된 한국 국민의 영혼을 위로하고, 스티븐스에게 더 이상의 학살을 당하지 않도록, 그리고 우리 국민을 구제하기 위하여 나는 그를 저격한 것이다. 인생이란 무엇인

가. 사람은 누구나 죽을 줄 알아야 한다. 만약 내가 그 자를 죽이고 나도 죽는다면, 그것은 우리 나라의 영광이요, 우리 국민의 행복이 될 것이다(The San Francisco Chronicle, March 25, 1908).

장인환은 스티븐스 사살에 대하여 조국을 구하기 위한 거사로서 한국 정부의 월급을 받으면서 일본을 위하여 일하고 있는 일본의 앞잡이 스티븐스를 저격한 것은 정당한 애국행위라고 역설하였다.

스티븐스 사살은 미국사회에도 큰 반향을 불러일으켰다. 장인환이 스티븐스를 사살한 장면을 목격한 한 미국인 부인은 "이 사람이 비록 연소한 황인종이나 애국지사요 의기로운 남자로다. 자기 나라를 위하여 身命을 희생같이 여기고 있으니, 물론 누구든지 국민된 자는 제 나라를 위하여 이 사람과 같이 사랑하여야 되겠다는 것이다"[8]라고 장인환의 애국독립정신을 크게 찬양하였다. 그리고 《샌프란시스코 크로니클》을 비롯해 샌프란시스코에서 발행되던 여러 신문은 장인환과 전명운을 애국자, 스티븐스를 '公敵'으로 규정하면서 사건 전말을 상세히 보도하였다. 뿐만 아니라 이 사건과 관련된 인물들의 사진은 물론 장인환의 저격장면과 전명운의 타격장면을 묘사한 몇 가지 큰 삽화까지 그려 함께 게재하였다. 언론보도의 대부분 논조는 장인환과 전명운의 의거를 정당하고 애국적인 것으로 평가하였을 뿐만 아니라, 일제의 한국침략을 규탄하는 기사까지 등장하였다. 이 의거가 때마침 미국 하층민들 사이에서 일본인 노동자 배척운동이 벌어졌던 시기에 일어났기 때문에 미국 시민들로부터 큰 이해와 동정을 살 수 있었다.[9]

사건 발생 후 대동보국회와 공립협회는 한인공동회를 개최하고 장인환재판후원회를 결성하였다. 여기서 재판에 대비하여 문양목·백일규·정재관 등 7명을 판사 전담위원으로 선임하고 40여 명의 참석자들로부터 즉석에서 7백여 달러를 의연금으로 수금하였다. 이어 두 의사의 공판투쟁을 위한 의연금은 미주 본토와 하와이의 한인은 물론이고 국내와 멕시코·러시아·중국·일본 등지의 한인들로부터도 계속 답지한 결과 총 1,135명으로부터 모은 의

---

8) 《大韓每日申報》, 1908년 4월 29일.
9) 尹炳奭, 앞의 글(1990), 371~373쪽.

연금 총액이 8,568원 41전에 달했다.[10] 이것으로 변호사와 통역 비용 등 공판에 소요되는 일체의 경비를 충분히 감당할 수 있었다.

전명운은 어깨 부분에 입은 총상이 치명상이 아니기 때문에 병원치료를 받고 회복, 퇴원해서 4월 3일 '살인미수' 혐의로 재판정에 섰다. 검찰은 살인사건의 공범을 강조하였지만 변호인은 공모사실을 완강히 반박하고 오히려 전명운 역시 총을 맞은 피해자라고 주장하였다. 결국 그는 구속기소된 지 97일만인 1908년 6월 27일 증거 불충분으로 무죄를 선고받았다. 보석으로 석방된 전명운은 장인환 재판이 계속되고 있는 동안 악영향을 끼칠 것을 염려하여 극비리에 샌프란시스코를 떠나 러시아 블라디보스톡으로 망명하였다. 그 후 장인환 재판이 완료된 후 1909년 7월까지 블라디보스톡에 체재한 후 샌프란시스코로 돌아왔다.[11]

장인환은 3월 27일 계획에 의한 일급 모살혐의로 공식 기소되어, 약 8개월간 재판투쟁을 벌였다. 일제가 고용한 원고측 변호사와 검사는 장인환을 계획적인 일급 살인혐의로 사형을 요구하였다. 이에 대해 한국측 무료 변호인단은 애국충정의 발로로 일종의 정당행위로서 무죄석방을 주장하였다.

이러한 노력의 결과 1909년 1월 2일 장인환은 사형을 면하고 25년 금고형을 선고받았다. 그 후 네 차례의 가석방청원서를 제출한 끝에 장인환은 1919년 1월 10일 가출옥하였다.[12]

(3) 장인환 · 전명운 의거의 영향과 의의

장인환 · 전명운의 스티븐스 사살은 당시 미주 교포 신문인 《共立新報》와 《大同公報》, 그리고 미 일간지 《샌프란시스코 크로니클》에 의해 보도되었다. 국내에는 《大韓每日申報》에 의해 사건 2일 후 알려져 모두 세 차례에 걸쳐 보도되었고,[13] 러시아 연해주 블라디보스톡에서 발간된 《海朝新聞》,

---

10) 國史編纂委員會, 《韓國獨立運動史》 1(1965), 594쪽.
11) 金源模, 〈張仁煥의 스티븐즈 射殺事件 硏究〉.
12) 金源模, 위의 글.
13) 《共立新報》, 1908년 3월 25일, 〈의사댱인환씨디담〉 · 〈의사뎐명운씨디담〉 · 〈스톄분은 한국의 공적이라〉 · 〈政敵須知分來歷〉.
《大韓每日申報》, 1908년 3월 27일 및 4월 16 · 17 · 22일.

그리고 그 뒤에 발간된《大東共報》등에도 보도되었다. 이를 통해 국내외에 이 사건이 널리 알려지면서, 이후 항일민족운동의 전개에 많은 영향을 주었다.

특히 장인환·전명운이 동포들에게 보낸 寄書는 항일의식과 국권수호의지를 북돋우는데 큰 역할을 하였다. 스티븐스를 저격하다가 중상를 입어 병원에서 치료중이던 전명운은《공립신보》에 기서하여, 스티븐스가 을사5조약을 강요하여 외교권을 일본에 양도하고 정미7조약을 맺어 고종을 협박하고 정부를 양도한 장본인이라고 지적하고, "일본이 세계의 이목을 가리고 한국을 아주 병탄할 뜻으로 스티븐스를 미국에 밀파하여 한국이 자립할 자격이 없다고 설명하여 열국의 간섭을 막으려 했다. 만일 이 때에 그냥 있으면 한국의 참혹한 형상을 세계에 설명할 곳이 없게 되는 까닭에, 스티븐스를 죽여 앞의 원수를 갚고 후의 화를 막기로 결심하고 스티븐스를 저격하였다"고 밝히고, 금일 우리의 사세를 보건대 병력으로 대적할 수 없으므로 부득이 이런 계교가 나왔다고 했다. 그러므로 국내외 동포는 합심하여 자기 몸을 돌아보지 말고 옳은 일을 행하면 독립자유는 머지 않아 회복될 것이라고 부탁하였다.《공립신보》는 이어서〈전씨 애국가〉를 게재하였다.

여화 우리 동포들아 일심애국 힘을 써서
四千년래 신성동방 신세계에 빛내보세.
사농공상 동력하면 대한제국 자연 부강
자유독립 하고보면 세계상에 제일일세.
잊지마라 잊지마라 충군애국 잊지마라.
일심하세 일심하세 나라위해 일심하세.
건곤감리 태극기를 지구상에 높이 날려
만세만세 만만세로 대한독립 어서하세.

(《共立新報》, 1908년 4월 1일,〈일편 익국심〉).

그리고 미국 캘리포니아 감옥에 복역중인 장인환은 연해주 블라디보스톡에서 발간되는《대동공보》에〈謹告愛我同胞諸君〉이란 글을 기고하였다.[14]

---

14)《大東共報》, 1909년 5월 2일, 기서〈謹告愛我同胞諸君〉.

그는 "골절에 사무친 원한이 마음에 맺히게 되면, 비록 법률로 허락하지 아니하는 일이라도 주저할 것 없이 행할 것"이라 하고, "국가에 수치가 되는 공적이나 국가를 침해하는 도적을 대하는 데는 공법을 거론할 여지가 없다"고 하여, 스티븐스 저격의 당위성을 밝혔다.

이상의 장인환과 전명운에 의한 스티븐스 사살은 항일투쟁사상 쾌거로서 이후 항일운동에 다방면의 영향을 미쳤다.

첫째, 무장항일투쟁의 기폭제 구실을 하였다. '용기 없는 한국민족'이 아니라 '용기 있는 한국민족'임을 전 세계에 알려준 최초의 친일 요인 사살사건으로서 한국독립운동사상 획기적 사건이었다. 이후 항일민족운동은 보다 조직적이고 효과적으로 추진되는 계기를 이루었다.[15]

둘째, 국내 의병투쟁이 확대되는 계기가 되었다. 스티븐스의 사살은《대한매일신보》가 자세히 국내에 보도하여 각계 군중을 크게 격동시켰다. 이로 인해 군대 해산 후 의병투쟁의 확산에 박차를 가하였다.[16]

셋째, 러일전쟁 이래 한국병합을 위한 일제침략과 그 하수인의 하나인 스티븐스의 '不義飛行'을 국제여론에 호소하는 한 계기가 되었다.[17]

넷째, 미주 한인의 합동과 한인기구의 통일을 가져왔다. 장인환·전명운의 재판을 계기로 단합한 재미 한인 및 시베리아·만주의 한인은 해외에서나마 크게 뭉칠 수 있게 되었다. 그 동안 필요에 따라 여러 곳에 뿔뿔이 세워졌던 단체들은 미주 전체에 걸쳐 하나로 모여 통일된 활동으로 항일하고 국권회복을 하여야 한다는 뜻이 모두에게 펴져 갔다.[18] 이로써 해외 교포들의 민족

---

15) 李德周, 앞의 글, 15쪽.
金源模, 〈張仁煥의 스티븐즈 射殺事件 硏究〉.

16) 강재언, 〈평민의진의 대일항전〉(《한민족독립운동사》 1, 국사편찬위원회, 1987). 일제문헌은 그 파급영향에 대하여, "3월 하순에 전 한국 정부 고문 겸 통감부 촉탁이었던 미국인 스티븐스가 미국에서 排日主義의 한인에게 살해되었다. 그 소식이 한국 안에 전해지자 이것이 동기가 되어서 형세가 일변하고 賑勢가 또 다시 격증하여, 폭도 봉기 이후 미증유의 熾盛을 이루어 그 소요구역이 확대되어서 6월 현재 전국의 의병장이 241명, 의병수가 32,415명에 달했다는 것이다"라고 하였다(朝鮮駐箚軍司令部, 《朝鮮暴徒討伐誌》, 97~98쪽).

17) 尹炳奭, 앞의 글(1990), 388~392쪽.

18) 손보기, 〈미주동포사회〉(《한민족독립운동사》 2, 국사편찬위원회, 1987), 665~666쪽.

운동을 하나로 묶는 계기가 되었고, 해외민족운동을 국내 항일민족운동과 연결시키게 되었다.[19]

〈崔昌熙〉

2) 안중근의 이토 히로부미 사살

(1) 이토 히로부미 사살 배경

1910년 10월 26일 하얼빈역에서 安重根에 의한 일본 樞密院 의장이었던 이토 히로부미(伊藤博文) 저격사건은 국내외에 큰 파장을 불러 일으켰다.[1] 이 사건에 대한 평가는 시각에 따라 큰 차이를 보이고 있다. 즉 일본에서는 안중근을 '암살자'로 규정하였으며 이를 계기로 한일합병을 시기적으로 앞당길 수밖에 없었다고 하였다.[2] 이에 반하여 안중근 자신은 스스로를 의병으로 규정하여 개인적으로 행한 우발적인 사건이 아니라 의병 參謀中將으로서 전개한 독립전쟁의 일환이었다고 주장하였다. 전자의 경우는 일제가 침략의 의도를 은폐하고 합병의 필연성을 강조한 정략적 견해이고, 후자의 경우 무력투쟁을 통한 구국운동의 한 표현이라는 점이 그 특징이다.

1909년 7월 6일 일본 閣議에서는 〈韓國 併合에 관한 案件〉이 결정되었으며 이를 기초로 〈對韓施設大綱〉이 확정되어 구체적 작업에 들어갔다.[3] 일제

---

19) 李德周, 앞의 글, 11·15쪽.

1) 안중근의 사상 및 독립운동에 관한 대표적 연구는 다음과 같다.
이현종, 〈살신보국으로 광복운동한 안중근〉(《나라사랑》 34, 외솔회, 1979).
愼鏞廈, 〈안중근의 사상과 국권회복운동〉(《韓國史學》 2, 韓國精神文化硏究院, 1980).
윤병석, 〈안의사의 의병활동과 그의 사상〉(《안중근의사연구의 어제와 오늘》, 안중근의사기념관, 1993).
김창수, 《항일의열투쟁사》(독립기념관 한국독립운동사연구소, 1991).
金鎬逸, 〈安重根義士의 東洋平和論〉(《安重根의 義烈과 東洋平和論》, 안중근의사 의거 제89주년 기념학술심포지엄, 1998).
白奇寅, 〈安重根의 國權守護運動과 思想〉(《淸溪史學》 13, 1997).

2) 國史編纂委員會, 《韓國獨立運動史》 資料 7(1968), 138~139쪽.

3) 外務省 編, 《日本外交年表竝主要文書》 上(東京 : 原書房, 1965), 315~316쪽.

는 1905년 러일전쟁에서 승리한 후 한반도에서의 독점적 지위를 공고히 하기 위한 일관된 정책을 견지하였으며, 그 해 11월 17일에 고종을 협박하여 을사보호조약을 체결하였다. 이는 당시 일본 국내의 독점자본 형성의 촉진과 일반 민중들의 불만을 무마하기 위하여 '방어능력을 상실한 한국'을 완전 병합하기 위한 전초 단계였다. 또한 일제는 이른바 아시아 연대주의론[4]을 내세워 서구열강의 침략을 방어하기 위해서는 일본과 조선이 대등한 형태로 합방하여 大東國을 건립하고 淸國과 연계하자는 논리를 제시하였다. 그러나 이는 한국병합과정에서 대아시아주의자들이 침략성을 은폐하는 관념적 무기로서 그리고 친일자들이 자신들의 매국행위를 합리화하기 위한 수단으로 사용되었다.[5]

일제의 한국 식민지화 정책의 실질적 정책 실행자, 특히 회유파의 거두 이토[6]는 을사조약을 체결한 후 한국에 통감부를 설치하면서 대한 정책의 실권을 장악하고자 하였다. 당시 초대 통감의 자격을 둘러싼 일본 내부의 쟁점 속에서 이토는 對歐美관계를 우선적으로 고려하여 구미열강에게 일본의 한국지배에 대한 의혹을 불식시키기 위해 외교경험이 풍부하고 천황의 신임이 두터운 문관을 초대 통감에 임명해야 한다고 하였다. 이에 따라 다년간 외교경험이 풍부한 이토가 한국 통감으로 결정되고 그는 바로 군대통수권을 확보하였다. 이는 그가 재임중에 한국의 식민지화 정책을 추진하는 데 있어 이를 저해하는 요인을 무력으로 제거하려 했음을 보여주는 것이다.[7]

이와 같이 이토는 통감으로 재직하면서 일본 자본주의체제의 이식에 적합한 구조로 한국사회를 개조하기 시작하였다. 정치 · 경제 · 문화 · 교육 등 모

---

4) 아시아연대론은 征韓論 · 脫亞論과 함께 일본의 침략주의 정책을 실행하기 위한 상위개념이다. 즉 이 논점은 일본만이 근대민족국가를 이해하고 운영할 수 있는 능력을 갖추었다는 것이다(朴英宰, 〈近代日本의 韓國認識〉; 趙恒來 編著, 《日帝의 對韓侵略政策史硏究》, 玄音社, 1996 참조). 이는 일본이 제국주의체제를 형성하고 그와 함께 독점자본제적 경제시스템을 완비하는 데 필수적인 이론적 근거를 제시한 것이다.

5) 旗田巍, 《日本人의 韓國觀》(一潮閣, 1983), 26~31쪽.

6) 이토 히로부미의 생애 및 韓國觀에 대하여서는 市川正明, 《安重根と日韓關係史》(原書房, 1979), 119~128쪽 참조.

7) 柳在坤, 〈伊藤博文의 對韓侵略政策(1906~1909)－〈大臣會議筆記〉를 중심으로－〉(趙恒來 편역, 앞의 책), 309~310쪽.

든 면에서 한국은 극도로 피폐하였기 때문에 이를 개조하지 않고는 도저히 한국을 '구제'할 수 없다는 것이었다.[8] 이토의 이러한 주장은 일제의 對韓 정책이 善政이라는 것을 홍보하기 위함이며, 이에 반하는 세력에 대해서는 무력으로 진압한다는 이중적 태도를 보이고 있다. 즉 이토는 1907년 6월 4일에 "한국을 멸망시키는 자는 일본인이 아니라 내외 사정을 모르면서 경거망동을 하는 한국인이다. 이러한 현상이 계속된다면 한국은 자멸할 수밖에 없다. 그러므로 한국의 보존에 있어서 가장 적절하고 긴요한 방침은 한국이 일본과 성실하게 친목을 도모하고 존망을 같이하는 데 있다"[9]고 하였다. 이토의 이러한 대한 정책은 안중근이 제시한 '이토의 죄목' 가운데 대부분을 차지하고 있다. 이토는 한국의 식민지화를 위한 제반 여건, 즉 헌병경찰제도의 확립, 재정·화폐제도의 확립, 토지수탈과 식민지 교육제도를 완비하였다. 이는 이토가 동양평화의 유지를 주장한 日韓提携論이 고도의 기만적인 술책에 지나지 않음을 엿볼 수 있는 단적인 예이다.

(2) 이토 히로부미의 사살과 그 역사적 의의

1909년 10월 일본 추밀원의장 이토는 중국 동북지방(만주)을 시찰하기 위하여 여행길에 올랐다. 일본측에서는 이토의 만주 여행이 개인 자격으로의 여행이며 아무런 사명도 띠고 있는 것이 아니라고 발표하였으나, 이 여행에는 완전한 식민지 지배로의 한국의 병합과 만주침략에 대한 현안 문제의 해결을 위한 중요한 임무를 띠고 있었다.[10] 만주를 둘러싼 일본과 러시아의 세력 다툼 속에서 이토는 양국간의 협상을 통하여 상호 이익을 충족시키고자 하였다. 이러한 사실은 이토가 안중근에게 사살당한 후 1910년 일본과 러시아가 제2차 '日露협약'을 체결하였는 사실에 잘 나타나 있다. 이는 만주에서 가장 중요한 이해관계를 갖고 있는 러시아와의 협상을 통하여 양국이 이 지방에서 특수한 지위를 상호 확인하여 양국간 이해의 충돌을 미연에 방지하

---

8) 國史編纂委員會, 《統監府文書》 1(1998), 〈韓國施政改善に關する協議會 第14回會議錄〉, 278쪽.

9) 金正明 編, 《日韓外交資料集成》 6 中(東京 : 巖南堂書店, 1965), 508~509쪽.

10) 김창수, 앞의 책, 52쪽.

여 동맹국으로서의 지위를 구축한다는 것이었다.[11] 따라서 이토의 만주시찰이 한국의 병탄과 만주지배를 위한 러시아와의 밀약을 체결하려는 움직임이었다고 판단한 안중근은 한국 식민지화의 원흉으로서 이토를 지목하고 그를 제거하고자 했다.

안중근은 1879년 9월 2일 황해도 해주읍 광석동에서 진사 安泰勳의 장남으로 태어났다. 조부 仁壽는 상당한 자산가로서 도내의 명망가였으며, 부는 초년에 신동으로 불릴만큼 한학에 조예가 깊었다. 이러한 가정환경 속에서 안중근은 6세 때 신천군 淸溪洞으로 이주 · 성장하였다.[12] 1905년 말 구국운동의 뜻을 펴고자 고국을 떠난 안중근은 중국의 威海衛 · 上海 등지를 편력하면서 동지를 구하고 해외정세를 관찰하였다. 그 뒤 1906년 1월 부친상을 당하여 귀국한 후 교육사업에 진력하여 평안도 진남포에 거주하면서 三興 · 敦義학교를 창설하여 후진양성에 힘쓰는 등 애국계몽운동에 헌신하였다.

1907년 일본에 의한 군대 해산과 고종의 폐위 속에서 안중근은 북간도를 경유하여 露領의 海蔘威에 도착하였다. 그는 이곳에서 李範允 · 嚴仁燮 · 金起龍 등과 교유하면서 의병활동을 전개하였다.[13] 1908년 6월에는 두만강을 건너 慶興에서 일본군과 세 차례 교전하여 일본군 50여 명을 사살하는 전과를 올리기도 하였으나, 會寧에서의 격전에서는 대패하고 말았다.[14] 이와 같이 그가 의병활동을 통해 독립운동을 전개한 것은 애국계몽운동에 참여할 당시부터 무장투쟁이 구국의 첩경이라는 믿음의 결과였다. 안중근은 민족의 당면한 과제로 교육과 실업에 의한 부강한 나라를 만드는 일과 일제의 침략으로부터 국권을 수호하는 일을 동시에 달성해야 한다고 인식하였다.[15] 그런데 이 두 가지를 동시에 추구해야 하였지만 국권상실의 위기에 직면하여 현실적으로는 무력투쟁이 국권수호를 위한 적극적 · 우선적인 방법으로 파악되었

11) 外務省 編, 앞의 책, 332쪽.
12) 《안중근의사자서전》(안중근의사 숭모회, 1979), 17~18쪽.
市川正明, 앞의 책, 137~141쪽.
安重根의 소년, 청년시절에 대해서는 愼鏞廈, 앞의 글, 307~312쪽 참조.
13) 市川正明, 앞의 책, 147쪽.
14) 김창수, 앞의 책, 53쪽.
15) 《안중근의사자서전》, 106~108쪽.

던 것이다.[16] 그러나 1908년 8월 이후 본격적인 국내진공작전이 실패하고, 그는 1909년 3월 20일 노조키에프스크에서 동지 11명과 함께 '斷指同盟'이라는 비밀결사를 조직하고 왼쪽 무명지 첫마디를 모두 잘라 그 피로써 '대한독립' 4자를 써서 일제에 대한 적개심과 일제 고관 및 친일파 암살을 단행하기로 결정하였다.[17] 이 결사는 일종의 解黨決心式과 같은 것으로 의병투쟁을 수행하는 데 있어 공동행동보다 개별행동을 지향하는 투쟁방식의 전환을 가져오는 계기가 되었다. 특히 이토의 저격이 大東公報社를 중심으로[18] 한 특공대의 소수 정예대원에 의한 거사였다는 점에서 사실상 의병전쟁의 연장에서 이루어졌음을 알 수 있다.

1909년 10월 10일 블라디보스톡에 있는 대동공보사에서 안중근을 비롯한 7명은 한국주권을 침탈한 원흉이며 동양평화의 교란자 이토가 제정러시아 大藏大臣 코코프체프(Kokovsev, V. N.)와 회담하기 위해 하얼빈에 온다는 보도에 대하여 '그를' 포살할 절호의 기회라고 결정하였다. 이때 안중근이 자진하여 실행 책임을 맡았으며 禹德淳도 안중근과 공동 실행할 것을 제의하였다.[19] 그리하여 1909년 10월 21일 兪鎭律과 李剛 등의 전송을 받으면서 블라디보스톡을 출발하였다. 하얼빈에 도착한 안중근은 대동공보의 하얼빈 지국장인 金衡在와 회동하고 이번 거사에 曺道善을 합류키로 하였다. 이리하여 이들 4인은 거사계획을 상의하여 활동을 시작하였다.[20] 따라서 이토의 도착지역인 하얼빈과 蔡家溝 두 곳에 저격 지점을 설정하였다.

안중근은 기차의 정차역인 채가구에는 우덕순·조도선을 배치하고 하얼빈에는 자신이 직접 담당하기로 하였다. 그 계획은 다음과 같다. 채가구에서 기차가 정지하면 우덕순과 조도선이 기차에 뛰어 올라 이토를 저격하고 이것이 실패하면 종착지인 하얼빈에서 안중근이 이토를 공격하기로 계획하였

16) 白奇寅, 〈安重根의 國權守護運動과 思想〉(《淸溪史學》 13, 1997), 444쪽.
17) 단지동맹 회원은 金基龍·姜基順·劉致鉉·朴鳳錫·白樂奎·康斗瓚·黃吉秉·金伯春·金春化 등이었다(國史編纂委員會, 《韓國獨立運動史》 資料 6, 331쪽).
18) 國史編纂委員會, 《韓國獨立運動史》 資料 7, 205쪽.
19) 愼鏞廈, 앞의 글, 338쪽.
金鎬逸, 〈安重根義士의 「동양평화론」〉(《安重根의 義烈과 東洋平和論》, 安重根義士 義擧 第89周年 紀念 學術심포지엄, 安義士紀念館, 1998), 42쪽.
20) 愼鏞廈, 위의 글, 345쪽.

다. 아침 9시경 이토와 코코프체프는 열차 안에서 약 30분간 중요 회담을 마친 뒤 플랫폼으로 나와서 환영나온 하얼빈 주재 각국 외교사절과 인사를 나누고 러시아군 의장대를 사열하였다. 그는 사열을 마친 뒤 뒤돌아 서서 다시 귀빈열차 쪽으로 향하였다. 이 때 러시아 의장대 뒷쪽에 몸을 숨기고 있던 안중근은 이토가 자기 옆을 지나가자 이를 놓치지 않고 이토의 정면에서 그를 향하여 정확히 권총 3발을 발사하였다. 안중근이 이토를 향하여 발사한 탄환은 이토의 가슴과 복부에 정확하게 명중되어 그는 그 자리에서 쓰러지고 말았다. 이리하여 동양의 평화를 상투적으로 외쳤던 한국 침략의 원흉 이토는 그가 침략했던 대한제국의 애국청년 안중근에 의해 총살되었다.[21]

이와 같이 안중근의 이토 암살은 그 자체로서 세계의 이목을 집중시켰다. 안중근 의거는 한 개인의 단발 행동이 아니라 치밀하게 계산된 계획적 · 조직적인 행동이었다. 사살 대상으로 한국 식민지화 정책의 거두였던 이토를 택한 것은 비록 거사가 실패하였을지라도 사건 자체로 인한 효과를 극대화하려는 의도에서 결정하였던 것이다. 다시 말해 안중근이 사살 대상으로 이토를 택한 것은 그가 '동양평화[22]를 해치고 한국의 자주독립을 방해하는 제일의 적'이었기 때문이다.[23] 안중근이 제시한 이토의 죄상은 다음과 같다.

〈이토 히로부미의 罪狀 15항목〉

一. 명성황후를 살해한 일

一. 을사보호조약을 체결하여 한국에 대하여 매우 불리하게 한 일

一. 1907년 12개조 조약을 체결하여 모두 한국에 대하여 군사상 대단히 불리하게 한 일

一. 한국의 황제를 폐위시킨 일

---

21) 이토 사살 사건으로 안중근을 비롯한 총 15명이 기소되었으며 일제는 외국인에 대한 폭압적 영사재판권을 실시하여 1910년 2월 14일 안중근에게 사형, 우덕순에게 징역 2년, 조도선 · 劉東夏에게 각각 징역 1년 6개월을 언도하였다(國史編纂委員會, 《韓國獨立運動史》 資料 7, 487~488쪽). 이러한 재판을 거쳐 안중근은 1910년 3월 26일 31세의 나이로 여순감옥에서 순국하였다.

22) 안중근의 동양평화론에 대해서는 다음의 글이 참조된다.
신용하, 앞의 글, 351~356쪽.
김호일, 앞의 글, 51~59쪽.

23) 國史編纂委員會, 《韓國獨立運動史》 資料 6, 176쪽.

一. 한국의 군대를 해산시킨 일
一. 불평등 조약의 체결에 대하여 분기한 한국인 의병 등 양민을 살해한 일
一. 한국의 정치, 기타의 권리를 약탈한 일
一. 한국 학교에서 사용한 좋은 교과서를 폐기처분한 일
一. 한국 인민에게 신문의 구독을 금한 일
一. 화폐개혁과 第一銀行券 발행한 일
一. 3백만원의 국채를 모집하고 한국민에게 알리지 않고, 토지를 수탈하기 위하여 사용한 일
一. 동양평화를 교란시킨 일
一. 한국이 원하지 않음에도 불구하고 한국보호의 이름을 빌어 한국 정부의 일부 인사와 의사를 통하여 한국에 불리한 시정을 펼친 일
一. 일본 孝明先帝를 살해한 일
一. 한국민이 분개하고 있음에도 불구하고 일본 황제나 기타 세계 각국에 대하여 한국은 무사하다고 속이고 기만한 일(國史編纂委員會 編, 《韓國獨立運動史》 資料 6, 3~4쪽).

한편 안중근에 의한 이토의 암살은 온 세계에 충격과 놀라움을 주었다. 식민지 정책에 몰두하고 있던 열강들은 이토의 죽음에 깊이 동정하고 있는데 반해,[24] 중국 북경정부를 비롯한 아시아의 여러 약소 민족국가는 안중근의 의거를 크게 보도하면서 일본의 팽창정책에 큰 저해요소로 작용할 것이라고 하였다.[25] 이와 같이 안중근의 이토 암살은 당시 이토의 국내외적 인지도 및 일본의 대륙침략정책, 조선의 식민지화 정책의 실체를 국내외에 선전하고, 이 자리를 빌어 전 세계를 향하여 일제침략을 규탄하고 한국의 자주독립을 주장하려는 독립운동가의 민족사적 행위였다. 왜냐하면 안중근은 공판정에서 자신의 행동을 암살자가 아닌 한국의병 참모중장으로서 동양평화의 적 이토를 척살한 것이기에 적군의 입장으로 처리해 줄 것을 요구하였다. 따라서 안중근이 공판과정에서 보여주었던 모습은 이토 사살이 목적이 아니라 이를 통한 일본의 식민지 지배 야욕을 세계에 알리고 나아가 국권회복을 위한 독립전쟁임을 제시하고자 함이었다.

〈金周溶〉

24) 國家報勳處, 《亞洲第一俠客》 3(1997), 275~276쪽.
25) 市川正明, 앞의 책(1979), 196~200쪽.

3) 이재명의 이완용 척살 미수

안중근에 의하여 사살된 이토의 장례식이 끝난 지 한달 뒤인 1909년 12월 4일 친일단체 一進會는 대한제국 2천만 국민의 대표를 자임하면서 백만 회원의 이름으로 한국 정부에 한일합병에 대한 上奏文과 의견서를 제출하고 합방성명서를 발표하였다.[1] 뿐만 아니라 일본 정부의 급진적 합방론자인 가츠라 타로(桂太郞) · 야마가타 아리토모(山縣有朋) 등에게 이 문건을 제출하고 국내 각 지방관청과 사회 각계에까지 보내게 되었다.[2] 일진회의 합방성명서가 발표되자, 大韓協會 · 西北學會 · 漢城府民會 회원 등이 圓覺社에 모여 일진회의 매국적 행위에 대한 성토대회를 개최하였다.[3] 이러한 가운데 《大韓每日申報》는 12월 5일자 사설을 통해 "오늘날 大韓國의 형세는 사법권까지 넘겨주고 이제 남은 것은 大韓이라는 빈 이름뿐이다. … 그러나 너희가(일진회) 이름과 실상이 같게 되도록 노력은 못할지언정 어찌 차마 그 이름까지 없애고자 하는가"[4]라고 일진회의 기만성을 통박하였다.[5]

한편 일진회의 이러한 행위에 대하여 李完用은 李容九 · 宋秉畯의 주도로 합방이 이루어질 경우 자파세력이 입을 타격을 두려워하여 자신이 합방의 공로자가 되기 위해 일본에 합방을 청원하는 한편 일진회원을 매수하거나 일진회의 무력화 정략을 추진하였다.[6] 이와 같이 이완용은 합방을 둘러싼 일진회와의 갈등 속에서 보다 확고한 정치적 지위를 확보하기 위하여 노력하였다.[7] 따라서 이완용이 통감부 정책에 조응하고 그의 권력유지를 연장하

---

1) 一進會의 친일행각과 합방론에 대해서는 金東明, 〈一進會と日本－政合邦と併合－〉(《朝鮮史研究會論文集》 31, 朝鮮史研究會, 1993) 참조.
2) 김창수, 《항일의열투쟁사》(독립기념관 한국독립운동사연구소, 1991), 56쪽.
3) 金正柱, 《朝鮮統治史料》 3(韓國史料硏究院, 1970), 446쪽.
4) 《大韓每日申報》, 1909년 12월 5일, 논설.
5) 윤덕한, 《이완용평전》(중심, 1997), 294쪽.
6) 이완용은 일진회가 한국君民을 일본의 노예로 삼고자 한다고 하여 일진회의 교란행위를 명분으로 자신의 정치적 입지를 강화하고자 여론몰이 형식으로 자신의 私黨인 國是遊說團을 동원하여 국민대연설회를 개최하였다(韓明根, 〈統監府 時期 李完用 硏究〉, 《제62회 한국민족운동사월례발표문》, 1999, 14~15쪽).
7) 朴永錫, 〈李完用研究〉(《國史館論叢》 32, 1992), 242쪽.

는 방향으로 정치적 입장을 정리하면서 병합체결을 주도하는 것으로 인식하였던 李在明은 그를 척살하고 이를 통하여 민족적 위기를 극복하고 나아가 민족정기를 드높이고자 하였다.[8)]

이재명은 1890년 평안북도 宣川에서 태어났으며 13세 때 천주교에 귀의하였다. 1904년 미국 신부의 주선으로 美國勞動移民社의 모집에 응하여 하와이를 거쳐 샌프란시스코에서 수년간 노동에 종사하였다.[9)] 이후 제1·2차 한일협약이 강제로 체결되자, 1907년 10월 귀국하여 친일매국노 이완용·이용구·송병준 등을 제거하여 민족정기의 구현과 국권수호를 위한 독립운동을 전개하고자 하였다. 1909년 11월경 이재명은 먼저 서울에서 동지 吳復元·金龍文을 포섭하고, 평양에서 金貞益·鄭義道·朴泰殷·池麟瑞 등을 규합하여 친일매국노에 대한 제거 작업에 착수하였다.[10)]

1909년 11월 말 이재명은 평양 성내 박태은의 자택에서 김정익·李東秀·李應三 등과 재차 거사계획을 모의하였다. 이 자리에서 이재명은 이완용 제거를 역설하고 1차 회합시에 결정된 사항, 즉 이용구 사살을 바꾸도록 종용하였으나 김정익의 강력한 반대에 부딪히게 되었다. 두 사람의 논쟁이 격렬해지자 이용구·이완용 동시 제거라는 타협안이 제기되었으며, 이재명과 이동수는 이완용을 맡고 김정익과 趙昌鎬는 이용구를 제거하기로 합의하였다. 이러한 가운데 12월 4일 일진회의 합방성명서가 발표되고 전국에는 더욱 긴박한 분위기가 조성되었다. 12월 6일 이재명은 이동수·박태은·김정익·조창호와 회동하여 각각 업무 분담을 결정하였다. 즉 박태은은 자금조달, 조창호는 무기입수, 김용문은 서울로 파견하여 이용구·이완용의 동정을 탐지하도록 하였다.[11)]

이재명은 이와 같이 역할 분담을 결정하고 12월 12일 경 다시 서울로 와 거사 때 착용할 학생복과 무기구입을 완비하였다. 그리고 17일 경 이재명의 숙소에서 마지막 회합을 갖고 先 이용구 後 이완용으로 결정하였다. 이 결정

8) 독립운동사편찬위원회, 《독립운동사자료집》 11(1979), 554쪽.
9) 宋相燾, 《騎驢隨筆》(國史編纂委員會, 1955), 156쪽.
10) 독립운동사편찬위원회, 《독립운동사자료집》 11, 476~477쪽.
11) 朴成壽, 《韓國獨立運動史論》(韓國精神文化硏究院, 1996), 445쪽.

과 동시에 각자 무기 분배를 마치고 김용문에게 사실을 알렸다. 여기서 이재명은 이완용을 비롯한 여러 대신이 22일 오전 명동성당에서 개최되는 벨기에 황제 레오폴트2세의 추도식에 참석한다는 소식을 접했다.

1909년 12월 22일 오전 11시 반경 총리대신 이완용이 추도식장인 성당에서 나와 인력거를 타고 앞으로 지나치자 이재명은 감추었던 칼을 뽑아 이완용을 향하여 달려들었다. 이 때 인력거꾼이 앞을 가로막자 그를 벤 이재명은 곧바로 인력거에 올라타 이완용의 어깨를 단도로 찔렀고 이완용이 인력거 밑으로 굴러 떨어지자, 그의 위에서 수차례 찔렀다. 세 곳에 상처를 입은 이완용은 혼수상태에 빠져 병원으로 실려가고,[12] 이재명은 그 자리에서 체포되었다.[13] 당시 현장에 있던 이동수는 이재명이 거사를 성공시켰다고 판단하여 도피하였다.

국권수호운동의 일환으로 전개된 이재명의 이완용 척살 미수사건에 대한 공판에서 이재명은 이완용의 죄목을 다음과 같이 지적하였다.

一. 을사조약을 체결하여 외교권을 일본에 이양시키고 통감부를 설치한 일
一. 헤이그 밀사사건을 빙자해서 송병준과 함께 황제를 위협하여 양위케 한 일
一. 7조약을 체결하여 여러 방면의 권력을 통감에게 이양하고 군대를 해산시킨 일
一. 어린 황태자(李垠)를 일본에 인질로 보내고 일본 여자와 정략적인 결혼을 시킨 일
一. 고종을 일본에 건너가게 획책한 일
一. 엄동설한에 강제로 황제를 서북지방에 순행케 한 일
一. 사법권을 일제에게 위임하여 국내의 여러 애국지사를 처벌케 한 일
一. 표면적으로는 일진회장 이용구로 하여금 한일합병 성명서를 발표케 하고 내면적으로는 합방을 추진한 일(독립운동사편찬위원회, 《독립운동사자료집》, 519쪽).

이재명이 이완용을 사살하고자 했던 것은 이완용의 친일행각이 극에 달했

12) 이완용이 치명적인 상처를 입지 않은 것은 이재명이 이완용을 올라타고 칼로 찔렀을 때 그의 두루마기가 방패역할을 하였기 때문이다(《大韓每日申報》, 1909년 12월 23일).
13) 독립운동사편찬위원회, 《독립운동사자료집》 11, 478쪽.

으며 그 정점이 매국이라는 점을 인식하였기 때문이다. 이는 앞서 언급하였듯이 이재명이 제거하고자 했던 인물이 이완용 이외에 송병준·이용구와 같은 매국적 친일분자라는 점과 그 맥락을 같이 한다. 즉 이재명은 이완용을 제거하는 것이 국가의 이익과 민족의 행복을 가져오는 길이라고 굳게 믿고 있었다.[14)]

이재명의 이완용 저격 사건이 발생하자 통감부에서는 민심의 동향을 살피면서 사건의 성격을 단지 兇漢에 의한 치졸한 행동으로 격하시키고자 하였다. 즉 당시의 민심은 이완용의 저격사건으로 친일파에 대한 원성과 이재명의 멸사봉공에 고무되고 있는 상황이었다. 그럼에도 불구하고 통감부는 "이토의 피살, 이완용 총리의 遭難과 같은 무모한 행동을 하는 상태라면 이와 같은 추이가 계속될 때 한국의 전도는 불투명하며(한국사회) 상류에서 하류까지 이러한 현상은 지속될 수밖에 없다"[15)]고 선전하였다. 이는 합병 시점에서 일제가 한국인의 저항을 미연에 방지하고 일정 기간 친일파들에게 보호막 역할을 수행하고자 했음을 알 수 있다.

이와 같이 일본과 친일파의 사건 축소 가운데서도 이재명은 확고한 신념으로 공판투쟁을 전개하였다. 이재명의 담당검사는 논고에서 "이재명은 우국지사라고 자칭하나 편견자의 한 사람일 뿐이며 특히 그가 공범이 없다고 자칭하는 것은 자기의 허영심을 충만케 하기 위해서이고 다른 동지를 沒却코자 한 비열한 심사에서이다. 또 이용구를 죽이려다가 이완용을 죽이려 한 것도 역시 허영심에서 나온 것이자 국가사상에서 나온 것은 아니다"[16)]라고 하였다.

이러한 일본의 핍박에도 동지를 보호하고 스스로 책임을 지려는 이재명의 의연한 태도를 엿볼 수 있다. 공판은 1910년 4월 13일 하루만에 끝내고, 5월 18일 이재명에게 사형, 김정익·이동수·金丙錄·조창호 15년, 오복원·全泰善 10년, 박태은·김용문 7년, 李學泌·金履杰·金炳鉉·이응삼 5년이 각각

14) 독립운동사편찬위원회, 《독립운동사자료집》 11, 527쪽.

15) 國史編纂委員會, 《統監府文書》 6(1999), 〈總理 李完用遭難ニ付民心〉(1909. 12. 28), 447~448쪽

16) 독립운동사편찬위원회, 《독립운동사자료집》, 568쪽.

언도되었다. 사형이 언도되자 이재명은 "불공평한 너의 법으로 나의 생명을 빼앗기는 하지만 나의 忠魂은 빼앗지 못할 것이라"[17]고 자신의 확고한 애국심을 표현하였다. 요컨대 이재명의 거사는 친일행각에 대한 경종과 국권회복운동에서의 애국심의 중요성을 각인시켜준 의열투쟁의 표본이다.

〈金周溶〉

17) 宋相燾, 《騎驢隨筆》, 158쪽.

Ⅲ. 애국계몽운동

1. 애국계몽단체
2. 애국계몽사상
3. 애국계몽운동의 전개
4. 105인사건

Ⅲ. 애국계몽운동

1. 애국계몽단체

애국계몽운동은 1905년 을사조약에 의하여 국권이 박탈되고 식민지화 정지작업이 추진되고 있었던 시점에서 전개된 국권회복운동의 양대 조류－의병노선·애국계몽노선－의 하나로, 갑신정변 갑오개혁 독립협회운동으로 이어지는 개화자강계열의 운동을 계승하여 전개된 운동이었다. 이 운동은 한국민족의 국권박탈은 우리의 '실력'과 '힘'이 일본제국주의의 그것보다 부족했기 때문이라고 인식한 사람들이 한국민족의 실력과 힘을 양성하여 국권을 회복하려 했던 '민력양성운동'으로, 이 운동을 이끌어간 사상은 개화자강사상을 계승한 애국계몽사상이었다.

이 운동이 전개된 부문은 정치·경제·사회·문화·교육·언론·종교·문학·예술·학술·군사 등 모든 분야에 걸친 것이었다. 분야별로 성과의 차이가 있긴 하였지만 총괄적으로 짧은 기간에 다대한 성과를 내어 민족역량을 크게 증강시킨 것이 사실이었고 이때 양성한 실력이 독립운동에 큰 원동력을 제공하였다.

이같이 계몽운동이 활발히 전개되어 그 후의 국권회복과 독립쟁취의 실력을 공급할 수 있었던 배경에는 무엇보다 민중의 자각에 의한 애국적 분발을 들 수 있으며, 또 하나의 배경으로는 애국계몽운동가들의 단체활동을 들 수 있다. 즉 개인 차원이 아닌 집단 조직으로 구국운동을 전개함으로써 민중의 계몽과 실력 양성에 많은 성과를 얻을 수 있었던 것이다.

전국적 규모의 계몽단체가 설립되는 등 애국계몽운동이 본격적으로 전개된 것은 1905년 을사조약(제2차 한일협약) 체결 이후 실제 국권상실의 상황에 직면하면서부터였다. 그러나 을사조약을 강요하기 이전 일본은 1904년 2월

對露선전포고 후 군사적 압력으로 한일의정서의 체결을 강요, 조인케 하여 한국을 사실상 보호국화해 나가고 있었기 때문에 국가의 위기를 느낀 인사들에 의해 몇 개의 단체들이 이미 설립되고 있었다. 保安會(1904. 7. 13. 창립)·國民敎育會(1904. 8. 24)·共進會(1904. 12)·憲政硏究會(1905. 5) 등이 설립된 것이다.

그러다 을사조약이 체결되고 통감정치가 실시되면서 전국적 규모의 단체들이 등장하였다. 大韓自强會(1906. 4)가 그 대표적 단체였다. 그리고 이 단체가 해산한 후에는 大韓協會(1907. 11)가 설립되어 자강회의 형식적 후속단체로 등장하였다. 그러나 실제 당시의 계몽운동을 주도한 단체는 1907년 4월에 설립된 신민회였다. 신민회는 특히 다른 계몽단체에서는 찾아볼 수 없었던 무장항쟁에 대한 본격적 준비를 단행하여 계몽운동을 한차원 올려 놓은 역할을 하였다.

한편 전국적 규모의 단체를 뒷받침하면서 계몽운동의 대중적·전국적 차원의 활성화를 이루게 하여준 것이 당시 전국 곳곳에서 설립된 학회였다. 학회는 단순히 교육단체가 아니고 교육운동을 주요 내용으로 표방하면서 실제로는 정치운동 등 계몽운동을 전개했던 단체였다.

이 글에서는 먼저 초기의 계몽단체들을 간략히 소개하고, 전국적 규모의 대한자강회·新民會 등을 집중적으로 고찰하려 한다. 그리고 대한협회, 각 지역의 학회들에 대해서도 정리함으로써 계몽운동기 운동의 주체였던 계몽단체들을 조명하고자 한다.

1) 초기의 계몽단체들

(1) 보안회

일제는 1904년 2월의 한일의정서[1]에 이어서 한국주찰군을 편성하여 한국

---

1) 의정서의 내용은 대한제국의 독립 및 황실의 안녕과 동양평화의 확립을 기한다는 명분을 내세우면서 한국의 시설개선이라는 이름으로 일본의 대한제국에 대한 내정간섭의 허용, 군용토지수용권의 침탈과 한국인의 항일활동에 대한 일본군의 탄압과 치안권 침탈 등 대한제국의 국가주권을 크게 침탈한 것이었다.

을 무력으로 관장할 수 있는 조건을 갖춘 상태에서, 러일전쟁 중 대한제국으로부터 반드시 획득하여야 할 가장 수익 높은 이권으로서 한국의 전국 未耕地 개간 점유권을 획득하기로 결정하고 대한제국 정부에 이 이권의 허가를 강요하였다.

이에 정부가 미온적 태도를 보이자, 애국적 지식인과 시민들은 보안회[2]를 창립하여 맹렬한 민족운동을 전개하였다. 보안회는 1904년 7월 13일 서울 종로 백목전에서 宋秀萬·元世性·宋寅燮·沈相震·梁漢默 등을 중심으로 100여 명의 서울 시민들에 의해 매우 자발적인 방식과 과정으로 창립되었다.[3] 보안회 창립 당시의 주도층은 독립협회 계열의 개화자강파, 육의전의 상업자본가, 황국협회 계열의 부상, 기독교 교인 등 다양한 세력들이었다.

당시 대한민국의 정치체제는 국민의 정치적 발언이나 활동을 칙령에 의하여 엄금하고 있었기에, 보안회는 회의 목적을 "일본 미경지 개간권 요구 저지"로 명백히 한정하여 설정하고, 목적이 달성되는 날 즉시 단체를 해산하며, 운동방법은 집회 개최와 공한 발송으로 하고, 이를 관장하는 회장과 부회장만 두어 극히 한시적으로 운동을 전개하고 해산한다는 입장을 밝혔다.

이렇게 보안회가 창립되어 일제의 미경지 침탈에 반대하는 민족운동을 시작하자 회원은 곧 3,000명 이상으로 폭발적으로 증가하였으며, 격렬한 집회 시위와 가두 투쟁을 전개할 때는 약 5,000명의 회원과 시민들이 이에 참가하여 일본의 침략에 반대하는 민족운동을 전개하였다. 이에 일본 정부는 보안회의 민족운동이 전국적 배일운동으로 확대되기 전에 후퇴하지 않을 수 없어서 마침내 미경지 개간권 요구를 철회하였다.

이같이 보안회의 민족운동이 일본 정부와 대한제국 정부의 일부 각료들을 굴복시켜 일제의 전국 미경지 침탈을 저지하고 실질적으로 국토와 국권의 일부를 지킨 것은 민족운동사에서 참으로 획기적인 일이었다. 더욱이 이는 그 후의 애국계몽단체의 결성과 애국계몽운동의 효시가 되어 국권회복을 위

2) 보안회 관련 글은 다음과 같다.
신용하, 〈구한말 보안회의 창립과 민족운동〉(《한국사회사연구회논문집》 44, 1994).
윤병석, 〈일본인의 황무지 개척권 요구에 대하여〉(《역사학보》 22, 1964).

3) 《皇城新聞》, 1904년 7월 15일, 잡보 〈宋氏演說〉.

한 계몽운동의 길을 열어주었다.

(2) 공진회

공진회4)는 1904년 12월 3일 종로의 立廛都家에서 결성되었다5). 그 해 8월에 독립협회 관여자들이 중심이 되어 친일단체인 일진회를 결성하자 일진회에 불만을 가진 독립협회의 관여자와 러일전쟁 발발 이래 반일적인 활동을 해오던 보부상이 결합하였다. 그리고 그 결성에는 황실의 지원이 있었다.

공진회의 취지는 전국민의 문명화에의 동참과 아울러 법치국가의 실현에 있었다. 강령을 보면, "황실은 제도가 정한 범위내에서 통치권을 갖고 정부는 법률에 입각하여 정치를 행하고, 국민 또한 법률에 의하여 권리와 의무가 보호되어야 한다"는 것이었다.6)

공진회의 활동은 회원의 계몽과 정부에 대한 시정개선의 요구에 집중되었다. 회원에 대한 계몽활동은 국민계몽이라고 할 수 있는데 주로 정국의 추이에 관한 연설회의 형태로 이루어졌다.7) 공진회가 보다 적극적으로 관심을 가진 것은 정부에 대한 시정개선의 요구였는데, 공진회는 12월 7일 정치 전반에 대한 개선을 개진한 상서문을, 9일에는 국민의 원성이 높던 내장원 독쇄관의 소환요구상서문을 정부와 참정에게 제출하였다.8)

이러한 공진회의 시정개선요구는 제도적인 개혁이 아니라 탐관오리의 부패부정 척결과 궁정 잡배를 축출하자는 정도에 머물렀다. 그리고 이러한 활동은 일진회의 활동과 거의 같은 것이었고 또한 표면적으로는 일진회와 우호관계를 유지한 듯이 보이기도 하였다.

그러나 1904년 12월 24일에 일어난 고관 捉去사건을 보면 공진회가 정부에게 일진회 해산의 구실을 주고 있음을 알 수 있다. 당시 공진회는 복술로

4) 공진회에 관한 연구는 최기영, 〈구한말 공진회에 관한 일고찰〉(《세종사학》 1, 세종대, 1992) 참조.

5) 《皇城新聞》, 1904년 12월 5일, 잡보 〈進明函會〉.

6) 《皇城新聞》, 1904년 12월 19일, 잡보 〈共進請願〉.

7) 《大韓每日申報》, 1904년 12월 4일, 잡보 〈共進會演說〉·〈共進會開〉.

8) 《皇城新聞》, 1904년 12월 9·10·12일, 잡보 〈共進上書〉 및 10·12일, 잡보 〈上書參政〉.

출세한 대표적 인물인 전 법부대신 이유인이 12월 22일에 궁내부 특진관에 임명되자 이유인과 참서관 구본순을 노상에서 착거하여 죄상을 자복케 하고 그들을 평리원에 옮겨 재판을 청구하였다. 이에 정부가 李儁 등 공진회의 간부를 체포하자, 공진회는 항의시위를 주도하면서 일진회가 시위에 참가하도록 유도하고, 자신들은 시위를 중지하였다.[9] 정부에서는 시위를 주도한 공진회의 해산보다는 일진회의 해산에 주력하였다. 그러나 일본군의 개입으로 정부의 일진회 해산시도는 실패하였을 뿐 아니라, 서울 지역의 치안마저도 일본군이 장악하였던 것이다. 이 같이 공진회의 활동은 계몽활동과 시정개선의 요구로 나타나지만 그 궁극적인 목표는 일진회의 타도였다고 할 수 있다.

1905년 2월 2일에 이르러 공진회는 해산명령을 받고 해산되었다.[10] 이후 이준과 尹孝定 등 독립협회 관여자들은 보부상과의 관계를 끊고, 지식인 중심의 새로운 정치단체를 준비하였다. 1905년 5월에 설립된 헌정연구회가 바로 그것이었다. 공진회의 해산은 개항 이래, 즉 19세기 후반부터 정치적 측면에서 두각을 나타내었던 보부상 역할의 퇴조를 가져왔다.

(3) 국민교육회

한편 1904년 8월에는 국민교육회[11]가 결성되어 교육운동을 전개하였다. 국민교육회는 1904년 8월 24일 이준·李源兢·全德基 등을 중심으로 설립되었다.[12] 이미 개화자강파들은 1903년에 재조직된 상동청년회와 같은해 설립된 황성기독교청년회 등 기독교계열의 단체들을 중심으로 교육활동·정치활동 등을 하고 있었으나 따로이 비정치적이며 교육전담 단체설립의 필요성을

---

9) 공진회와 일진회의 관계에 대해서는 최기영, 앞의 글, 90~99쪽 참조.

10) 《皇城新聞》, 1905년 2월 2일, 잡보 〈共會廢止〉.
《大韓每日申報》, 1905년 2월 4일, 잡보 〈공진회폐지〉.

11) 국민교육회에 관한 연구로 다음의 글이 있다.
신혜경, 〈대한제국기 국민교육회 연구〉(《이화사학연구》 20·21, 이화사학연구소, 1993).
최기영, 〈한말 국민교육회의 설립에 관한 검토〉(《한국근현대사연구》 1, 한국근대사연구회, 1994).

12) 《大韓每日申報》, 1904년 8월 27일, 잡보 〈교육회치의〉.
柳子厚, 《李儁先生傳》(동방문화사, 1947), 115쪽.

느껴 국민교육회를 설립하였던 것이다.[13]

설립 목적을 보면 "일반 국민의 교육을 면려하여 지식을 발달케 하되 완고의 폐습을 혁파케 하고 유신의 규모를 확립할 일"이라고 하여 일반 국민의 교육에 목적이 있음을 밝히고 특히 정치에 관한 일은 일체 다루지 않겠다는 점을 강조하였다.[14]

국민교육회의 구성원들은 독립협회·만민공동회에 참여하였던 인사들과 1902년의 개혁당 운동에 참여했던 인사들이 주를 이루었다. 그리고 이들은 1904년 7월에 결성된 보안회, 같은해 9월에 결성된 협동회에서도 활동한 바가 있으며, 또한 황성기독교청년회·상동청년회 등 기독교단체에서도 활동하고 있었다. 이로 볼 때 국민교육회는 1904년이라는 어려운 상황에서 위축되어 있던 구국개혁인사들을 교육운동의 이름으로 다시 결집케 하는 구심점 역할을 하면서 한편으로는 구국단체들의 본거지 역할을 했다.

국민교육회의 활동을 보면, 무엇보다 먼저 민족교육을 실시키 위해 학교설립에 주력하였는데 1905년 8월에 보통학교 普光學校를,[15] 1906년 9월에 보통학교 漢南學校를[16] 설립하여 민족의식을 고양시키는데 주력하였다. 1905년 12월에는 교육을 담당할 교사를 양성하기 위해 교원양성의 단기 속성과정으로 국민사범학교를[17] 설립하여 운영하였다.

그리고 문명적 학문에 응용할 서적을 편집하고 번역하는 일을 하였다. 특히 1906년부터 일제가 교과서 편찬과 검정 등 업무를 감시하였던 것과도 관련하여 좋은 교과서 발간에 주력하였다. 1906년 6월 국사교과서 《大東歷史略》, 1905년 10월 국어교과서 《初等小學》을 발간하였으며, 그외에 《新撰小物理學》

---

13) 이 견해는 신혜경의 앞의 글에서의 견해이고, 최기영의 글에서는 국민교육회가 기독교와 적극적 관련이 있는 것으로 분석하고 있다.
14) 취지서는 남아 있지 않고 설립목적은 회칙에서 확인된 것이다
《大韓每日申報》(국문), 1904년 9월 9일, 잡보 <국민교육회규칙의 대요>.
《皇城新聞》, 1904년 9월 19일, 잡보 <국민교육회규칙의 대요>.
15) 柳子厚, 앞의 책, 111·116쪽.
《皇城新聞》, 1905년 8월 22일, 광고.
16) 柳子厚, 위의 책, 117~118쪽.
《大韓每日申報》, 1906년 9월 25일, 잡보 <한남개교식>·1907년 7월 31일, 잡보 <한남시험>.
17) 《皇城新聞》, 1905년 10월 19일, 광고 <사범모집>·1905년 10월 20일, 잡보.

·《新撰小博物學》·《初等地理教科書》 등을 편찬하였다. 이러한 서적들은 국민의 민족의식과 애국심을 각성시키는 국민계몽서로서의 구실을 하였다.[18]

또한 대중강연과 저술활동을 통하여 국민계몽활동을 전개하였다. 우선 회관내에 법학강습소를 세워 근대국민에게 필수적인 법률에 대한 강습을 통해 국민계몽활동을 하였다.[19] 한편 국민교육회는 그들이 바라는 국가정치체제를 널리 국민에게 알리고 계몽하기 위해《國民須知》라는 책을 발간하였다. 이 글은 서구의 정치체제·국가학에 대해 언급하면서 입헌군주체제에 대한 소개와 민권의 확대, 그리고 외세 특히 일본의 국권침탈에 대한 독립수호를 강조해 역설하고 있다. 이 글의 저술 목적은 우리 나라가 자주독립국이 되도록 국민의 자격을 촉구하는 것이었다. 그리하여 강국이 되기 위한 필수 조건으로 입헌군주제를 제시하였다.[20] 또한 각계 명사들을 초청해 정기연설회를 열었다. 연설회의 내용은 교육문제, 신학문 신지식의 습득, 법률, 국민의 의무, 위생문제, 종교 확립의 문제 등으로, 모두 국가의 부강과 확고한 독립을 위한 계몽적 내용이었다.[21]

그리고 중요하게 국민교육회는 비정치단체임을 내세웠으면서도 국권회복운동에 앞장섰다. 1905년 9월부터 高等小學에 日人교사가 배치되는 일이 결정되고 경성소학교 교원들의 봉급을 일제히 감하여 교육비를 감축하는 조치가 내려지자 국민교육회가 앞장서 반대시위를 이끌었다.[22] 이러한 국민교육회의 신학제 반대시위운동은 결국 일제로 하여금 일본어 교과서 사용계획안을 포기하게 하고, 학부고문 시데하라 히로시(幣原坦)를 본국으로 소환케 한 결과를 얻게 되었다[23].

---

18) 이 영향력은 대단히 커서 당시 학부고문 幣原坦의 경우 보고서에서 "당초의 목적이 서책의 간행이었다 …"고 할 정도였다.

19)《皇城新聞》, 1906년 5월 8일, 잡보 〈美哉此擧〉.
《大韓每日申報》, 1906년 5월 17일, 잡보 〈법학강소〉.

20)《국민수지》는 이미 헌정연구회에서 발간한《헌정요의》의 자구를 몇자 바꾸어 간행한 것으로 이에 관한 내용은 헌정연구회의 설명에서 언급하겠다. 이에 관한 연구는 최기영, 〈한말《國民須知》의 刊行과 立憲君主論〉(《조항래교수화갑기념 한국사학논총》, 아세아문화사, 1992).

21) 신혜경, 앞의 글, 181쪽 참조.

22)《皇城新聞》, 1905년 9월 27일, 잡보 〈各學校閉鎖〉.
《大韓每日申報》, 1905년 10월 1일, 〈奇書〉(謙齋).

또한 1905년 11월 일진회가 한국은 일본의 보호국이 되어야 한다는 내용의 선언서를 국민교육회에 보냈을 때, 국민교육회는 그 보호청원서를 비난하면서 반송하였다.[24] 한편 1905년 11월 18일 일제에 의해 강제로 을사조약이 체결되자 국민교육회는 곧 반대시위를 전개했다. 그러자 국민교육회의 적극적 활동에 힘입어 기독교청년회 등도 곧 시위에 가담하였고,[25] 시위는 곧 전국적으로 확대되었다. 한편 이준·전덕기·徐相八·車炳修 등은 상동교회에서 대책회의를 열어 연명으로 보호조약 반대 상소를 하기로 결정하고 반대 상소문을 갖고 11월 27일 대한문 앞으로 몰려갔다.[26] 그러나 이들은 곧 일본 헌병대에 잡혀갔다. 그리고 국민교육회 회원인 전덕기는 을사5적 암살을 모의하기까지 하였다[27].

일년 뒤 국민교육회는 을사조약에 반대해 자결한 七忠臣 추도회를 1906년 12월 2일 개최하여 다시 한번 을사조약에 대한 반대 의사를 분명히 하였다.[28] 또한 1907년 일제에 의한 고종 강제 양위설이 알려지면서 자강회·기독교청년회와 함께 서울 도처에서 연설로 민심을 고무하였는데,[29] 이로써 시위가 확산되어 시위대가 경찰과 충돌하기에 이르렀다.

이처럼 국민교육회는 단순히 교육운동단체로서가 아닌 계몽단체들의 근원지의 역할을 하였고, 실제로 국권회복을 위해 행동으로 앞장섰던 계몽단체의 하나였다.

(4) 헌정연구회

헌정연구회는[30] 1905년 5월 중순에 李儁·尹孝定·梁漢默·심의승 등이

23) 《皇城新聞》, 1906년 6월 7일, 잡보 〈學政官辭退〉.
24) 《皇城新聞》, 1905년 11월 11일, 잡보 〈國民答函〉.
《大韓每日申報》, 1905년 11월 11일, 잡보 〈會長答辭〉.
25) 柳子厚, 앞의 책, 172쪽.
26) 金 九, 《白凡逸志》, 167~168쪽.
27) 鄭 喬, 《大韓季年史》 下, (國史編纂委員會, 1957), 191쪽.
28) 《皇城新聞》, 1906년 12월 4일, 잡보 〈國民會追悼〉.
29) 柳永烈, 〈大韓自强會의 愛國啓蒙運動〉(《1900年代의 愛國啓蒙運動硏究》, 아세아문화사, 1993), 165쪽.
30) 헌정연구회에 관한 연구로는 최기영, 〈헌정연구회에 관한 일고찰〉(《윤병석교수 화갑기념 한국근대사논총》, 1990 ; 《1900年代의 愛國啓蒙運動硏究》, 아세아

발기하여 5월 24일에 창립되었다.[31] 중요 참여인사로는 발기인 외에 洪弼周·洪化基·李沂·李胤鍾·尹秉·金貞植·蔡基斗·宋鴻·徐丙轍·盧日壽·兪鎭衡·崔岡·金貞極·徐丙吉·金寧濟·金宇植·李源兢·韓啓昌 등이다.

이들 구성원들의 성격을 이전의 정치활동을 통해 분석하면, 이들은 대체로 독립협회－공진회 계열의 인사들이었으며 국민교육회의 관여자들이었다. 그리고 특별한 것은 이들과는 달리 정치현실에 불만을 지니고 있던 유학자들로서 주로 상소를 통하여 정치개혁을 주장하였던 인사들이 대거 참여하고 있다. 즉 홍필주·이기·이윤종·윤병·노일수·송홍 등 개신유학자들로서 전통적인 유학에 만족하지 않고 서양문물의 수용에 관심을 갖고 있었던 인사들이었다.[32]

헌정연구회의 설립 동기는 이준·윤효정 등 발기를 준비한 사람들이 국권을 수호하고 독립을 유지하기 위하여는 정치력이 집결된 단체의 결성이 필요하다고 느껴 설립을 추진한 것으로, 자신들과 뜻을 같이 할 수 있는 인사들을 규합하였는데 보부상과의 제휴를 끊고 일진회와 대립할 수 있는 정치적 성격을 지닌 인물들을 제휴의 대상으로 하여 당시 시국을 우려하였던 유학자들과 연결을 갖게 되었다.

헌정연구회의 설립 목적은 세계의 대세인 입헌체제를 갖추기 위한 헌법준비를 위해 헌정에 관한 연구를 위한 것이었다. 그것은 입헌체제가 서구열강의 부강의 근원이므로 전제군주국인 우리 나라도 계절에 앞서 의복을 준비하듯이 대세의 변화를 예비하여 헌법을 제정하고 입헌정치를 실시해야 한다는 것이었다.[33] 이는 이미 독립협회의 개화론자들에 의하여 주장되었던 것으로 이를 다시 현실문제와 관련하여 구체적으로 제기하였던 것이다.

헌정연구회의 활동은 헌법제정을 목표로 그 예비작업을 준비하는 것이었다. 그러면 헌정연구회에서 준비하고자 했던 헌법은 어떤 형태의 것이었는

문화사, 1993). 이 글은 후자를 참조함.
———, 앞의 글(1992).

31) 《皇城新聞》, 1905년 5월 25일, 잡보 〈憲會員選定〉.
《帝國新聞》, 1905년 5월 27일, 잡보 〈憲政硏究會〉.

32) 구성원의 성격은 최기영, 앞의 글(1990), 3~5쪽 참조.

33) 《皇城新聞》, 1905년 5월 16일, 잡보.

가. 당시 헌정의 형태는 民約(공화국)·國約(군주국에서 군민 공동)·欽定(군주국)의 3가지로 이해되고 있었는데,[34] 헌정연구회가 입헌이라고 주장하는 '君民立約之憲'은 대체로 국약의 형태를 의미하면서도 실제 흠정헌법의 추구가 보인다. 이 점은 헌정연구회의 강령에 잘 드러나 있다.[35] 이 강령에서 헌정연구회는 무엇보다 흠정헌법에 따른 군주의 통치권을 주장하고 있으면서, 또 한편으로는 내각의 시정권과 민권의 확대를 포함하고 있다.

이러한 헌정연구회의 입장에 대해서, 일부의 학자들은 헌정연구회가 추구한 헌법이 이미 독립협회 단계에서부터 추구하여 온 입헌군주제, 즉 영국형의 입헌군주제라고 보고 있다.[36] 실제 강령에서 제시된 내각의 시정권과 민권의 확대는 그러한 주장을 뒷받침해주며, 강령의 세목으로 제시한 교육, 법률, 의회의 설치와 같은 내용도 민권의 문제를 말하고 있다는 것이다. 또한 《헌정요의》의 저술과 발표도 헌정연구회가 국약의 성격을 띤 입헌군주제를 추구하였음을 말하여 준다는 것이다.

한편 일부의 학자들은, 헌정연구회가 추구한 헌법은 외견적 입헌군주제, 즉 개명군주제에 불과하였다고 주장하고 있다. 이들은 독립협회의 입헌군주제가 개명군주제였고, 1900년대의 개화자강파들 역시 유기체적 국가관의 강조와 맥을 같이 하여 외견적 입헌군주제를 주장하였다고 보았다.[37]

---

34) 《皇城新聞》, 1905년 6월 15일, 기서 〈憲政瑣談〉.

35) 강령은 헌정연구회의 취지서에 실려 있는데 그 내용은 다음과 같다.
一. 帝室權威之揭於欽定憲法者 期圖尊榮事, 一. 內閣職權之載於官制章程者 期圖責成事, 一. 國民義權之得於法律範圍者 期圖自由事.

36) 독립협회 이래 의회설립을 추진하던 지식인들은 1905년 5월 헌정연구회를 조직하여 입헌정체의 연구와 민족운동을 시작하였다고 한다(신용하, 〈19세기 한국의 근대국가 형성문제와 입헌공화국 수립운동〉, 《한국의 근대국가 형성과 민족문제》, 1986, 94쪽).
김효전은 당시 계몽사상가들은 국가정체에서 전통적인 군주제를 타파하고 입헌군주제를 목표로 하였고 그것도 영국의 입헌군주제를 가장 이상적인 것으로 생각하였다고 한다(김효전, 〈한국 개화기의 국가이론〉, 《동아법학》 2, 1986).

37) 김도형의 경우는 헌정연구회만을 따로 다루고 있지는 않지만 당시의 입헌군주론이 황제의 절대권을 인정하는 가운데 민권도 일정하게 보장받는 형태인 외견적 입헌군주제 혹은 개명군주제라고 하였다(김도형, 《대한제국말기의 국권회복운동과 그 사상》, 연세대 박사학위논문, 1988, 63~77쪽).
최덕수는 헌정연구회의 전신인 독립협회의 입헌군주론은 의회의 권한이 극히 보잘 것 없고 민권의 보장도 현저히 미약한 프러시아형의 입헌군주제라고 하였또 하나의 입장은 헌정연구회의 내부에 민권의 확대를 강조하는 입헌군주제와 군권에 강조점을 둔 입헌군주제 두 개의 입장이 있었으며, 궁극적으로 민권의 확대를 염두에 두었지만 현실적으로 흠정을 추구하였다는 견해이다. 특히 〈憲政鎖談〉의 발표는 이의 주요 증거이며, 그리고 실제 헌정연구회는 흠정헌법의 제정을 현실적 목표로 하여 그 예비작업을 준비하는 단계에 있었다고 보았다.[38)]

이러한 다양한 견해가 있기는 하지만, 헌정연구회는 자신들이 연구하고 준비한 입헌정치에 대한 소개를 그 주된 사업으로 하였다. 《황성신문》에 연재한 기서 〈헌정쇄담〉과 〈헌정요의〉가 국민계몽활동의 구체적 예라고 하겠다. 헌정연구회에서 1905년 7월에 《헌정요의》라는 소책자를 저술하여 《황성신문》 7월 15일자부터 8월 3일자까지 모두 10회에 걸쳐 기서의 형태로 연재된 바가 있는데, 《헌정요의》 저술의 기본적인 입장은 입헌군주국에서의 군주권의 제약과 민권의 확대에 대한 것으로, 여기에서의 입헌정치의 형태는 군주와 국민의 협의에 의한 '군민입약지헌'으로 민권의 확대에 의한 입헌군주정이었다.[39)] 이는 국민교육회에서 《국민수지》라는 책명으로 발간되었다.[40)]

헌정연구회는 《황성신문》, 1905년 6월 12일부터 6월 21일까지 6차례에 걸쳐 기서, 즉 투고 형식의 일본인 利龍子 談의 〈헌정쇄담〉을 연재하였는데, 이는 헌정에 대한 소개를 그 내용으로 하고 있는 글로, 군주의 독단과 전제를 불가한 것으로 설명하면서도 주된 논의를 흠정헌법에 두었다. 利龍子는 군주가 덕의로 헌법을 제정하여야 하고 군주와 국민은 겸손의 덕을 갖추어야 한다는 입장을 개진하였다.[41)]

그리고 1905년 11월에 즈음하여 일진회가 한국이 일본의 보호국이 되어야 한다는 선언서를 발표하고 이를 각 단체와 신문사·학교 등에 보냈는데, 헌정연구회에서도 이 선언서를 반송하고 일진회를 비난하는 문서를 첨부하여

다(최덕수, 〈독립협회의 정체론과 외교론 연구〉(《민족문화연구》 13, 1978).

38) 최기영, 앞의 글(1990), 10~24쪽.

39) 최기영, 위의 글, 20~24쪽.
———, 앞의 글(1992) 참조.

40) 주 20) 참조.

41) 《皇城新聞》, 1905년 6월 15일, 기서 〈헌정쇄담〉.

보냈다.[42] 그 후 11월 19일 보호조약이 체결되자 윤효정은 이 조약을 반대하는 입장을 명확히 밝히고 박정양 등의 원로에게 칠성판을 보내어 보호조약에 적극적으로 반대하지 않은 것을 통렬히 비난하였는데, 이 일로 윤효정은 경무청에 체포되었다.[43] 윤병은 상소를 올려 보호조약을 조인한 반역배들의 주살을 청하였다.[44] 이 후 헌정연구회는 해산되었다.

2) 대한자강회

(1) 대한자강회의 설립과 조직

가. 대한자강회의 설립

대한자강회[45]는 1906년 3월 31일 張志淵・尹孝定・沈宜性・林珍洙・金相範 등 5인에 의하여 "나라의 독립은 오로지 자강 여하에 달려 있으므로 국권회복을 위해 자강에 힘쓰자"는 기본입장에서 발기되어 4월 14일에 임시회를 개최하고 회칙에 의한 임원진을 구성함으로써 정식 발족을 보았다.[46]

---

42) 《皇城新聞》, 1905년 11월 11일, 잡보 〈憲會교서〉.
《大韓每日申報》, 1905년 11월 15일, 잡보 〈却之廓如〉.

43) 《大韓每日申報》, 1906년 2월 11일, 잡보 〈抗辨仍囚〉.

44) 《大韓每日申報》, 1905년 12월 1일 2일 3일, 잡보 〈前秘書丞尹秉氏疏本이 如左하니〉.

45) 대한자강회에 관한 기존의 연구를 보면 다음과 같다.
李鉉淙, 〈大韓自强會에 대하여〉(《震檀學報》 29・30, 1966).
權熙英, 〈大韓自强會의社會思想과民族運動〉(《논문집》, 해군제2사관학교, 1980).
鄭 灌, 〈舊韓末 愛國啓蒙團體의 活動과 性格〉(《대구사학》 20・21, 대구사학회, 1982).
———, 〈大韓自强會月報에 관한 一考察〉(《역사교육논집》 1, 경북대, 1980).
———, 《구한말기 민족계몽운동연구》(형설출판사, 1995).
李志雨, 〈大韓自强會의 활동에 대하여〉(《경희사학》 9・10, 1982).
———, 〈大韓自强會의 時代認識에 대하여〉(《慶大史論》 3, 1987).
柳永烈, 〈大韓自强會의 愛國啓蒙運動〉(《1900年代의 愛國啓蒙運動硏究》, 아세아문화사, 1993).
———, 〈大韓自强會와 신민회의 민족운동〉(《한민족독립운동사》 1, 국사편찬위원회, 1987).
李尙根, 〈愛國啓蒙團體의 教育救國運動-大韓自强會와 新民會를 중심으로〉(《朴永錫教授 華甲紀念 韓民族獨立運動史論叢》, 1992).

46) 《大韓自强會月報》 제1호, 〈본회회보〉, 13~17쪽.

당시의 상황은 앞서의 단체들과는 달리 이미 을사조약에 의하여 일본에 의한 보호국체제가 이루어진 후의 시기였다. 미·영의 후원에 힘입어 러일전쟁에서 승세를 굳힌 일본은 1905년 7월의 태프트-가츠라 조약과 8월의 제2차 영일동맹을 통하여 미국과 영국으로부터 한국의 지배권을 인정받았으며 9월의 러시아와의 강화조약을 통하여 러시아로부터도 한국에 대한 지도와 보호, 監理의 권리를 인정받고 11월에는 강제로 한국과 '보호조약'을 체결하기에 이르렀다. 대한자강회는 '보호조약'이 체결되고 통감부가 설치되고(1906. 2) 이토 히로부미(伊藤博文)의 통감취임(1906. 3)이 있은 후 어려운 시기에 설립되었다.

이렇게 어려운 상황에서 설립된 대한자강회의 설립주체는 누구였는가. 주축이 되었던 인물을 보면 5인의 발기인 외에 尹致昊·林炳恒·南宮薰·李源兢·朴勝鳳·李相天·韓永福·崔在學·安秉瓚·金英圭·李明健·姜漢熙·金碩桓·吳周爀·鄭雲復·白象圭·呂炳鉉·洪弼周·李沂·柳瑾 등과 일본인 오가키 타케오(大垣丈夫) 등이었다.[47]

이러한 인물 구성을 보면 대한자강회는 헌정연구회를 모체로 하면서,[48] 기독교청년회·국민교육회와도 일정하게 관련하고 있었고, 황성신문·제국신문 등 언론과도 연계되어 있었다. 즉 대한자강회는 독립협회와 그 후의 애국계몽단체들이 전개한 민족운동의 맥락을 이은 애국계몽단체임을 알 수 있다.

그러나 설립주체에서 문제가 되는 것이 일본인 고문 오가키 타케오에 관한 것이다. 그는 한일합방 이후 회고담을 통하여 그 자신이 "경성에 있어서의 일류 인물들인 윤치호·윤효정·여규현·홍필주·장지연·이원긍·이기·유근 등과 협상담합하여 대한자강회를 조직했다"고 하였고,[49] 대한매일신보에서도 대한자강회의 인도자는 韓人 2인과 日本人 1인이라고[50] 했던 것으

47) 《大韓自强會月報》 제1호, 14~15쪽. 발기인 외 최초의 임원으로 선출된 평의원 10인과 간사원 10인, 일본인 고문을 창립주체로 보았다.

48) 헌정연구회가 대한자강회의 모체였다는 것은 이현종의 앞의 글(157쪽)에서 처음 언급하였고, 유영렬의 앞의 글(1993, 44쪽)에서도 이 의견을 그대로 따르고 있다.

49) 李鉉淙, 앞의 글, 164쪽. 오가키의의 회고담에 따르면 "자기는 고문으로서 시국수습과 아울러 會로서의 활동방침의 결정 등에는 실권을 장악하여 회원을 지휘하며 檄을 13도에 보내어 排日派의 통일에 노력하였다"고 하고 있다.

로 볼 때 오가키의 중요성을 인식할 수 있다. 이 문제는 대한자강회에 대한 평가문제와 관련을 갖는 것으로 대한자강회에 대한 부정적 시각의 요인이 되고 있다.

그러면 왜 윤효정·장지연은 일인과 제휴하여 대한자강회를 조직했을까.

이 점에 대하여 대한자강회측이나 오가키측이나 모두 동상이몽을 꿈꾼 것이고 상승작용의 일환으로 상호 이용하고 있었던 것이라고 지적하고, 여러 가지 면에서 능통한 특히 법률 정치에 정통한 오가키를 자강회의 고문으로 추대하였기에 자강회의 근본 목적이나 본래의 사명이 성과를 거두고 排日活動을 하는데 제약이 되었을 것으로 보인다는 주장이 있다.[51]

이에 반하여 이 문제를 두 가지 점에서 긍정적으로 설명하는 견해도 있다.[52] 첫째, 대한자강회 발기인들은 보호국체제하에서 자강회의 설립과 그 목표를 달성함에 있어 일인고문의 초빙이 장애 요인을 제거하는 방편이 될 수 있다고 생각한 때문이라는 것이다. 둘째, 발기인들은 일인 오가키가 자신들과 시국관에 있어 일치한다고 믿었다는 것이다. 당시 오가키는 대한자강회 회원들과 동일하게 실력양성에 의한 국권회복이라는 한국의 자강독립론을 역설했고 한국의 자강독립에 기초한 동양 3국의 정족평화론을 주장했는데, 이는 일종의 아시아 동맹론으로 당시 일제의 보호국체제하에서 한국의 국권회복론자들이 합병론자들에 대항하기 위해서는 동맹자들을 동지로 간주할 수 있는 소지는 충분히 있었다고 강조하였다. 요컨대 대한자강회의 창립에 오가키가 깊이 관여했고 일제가 반일운동을 무마하기 위해 대한자강회를 이용코자 했다고 해서, 대한자강회가 일제의 조종하에 창립되고 일제의 조종을 받은 단체라고 보는 것은 무리라고 하였다.

나. 취지와 목표

대한자강회의 설립목적은 어디에 있었으며, 설립취지는 무엇이었는가.[53]

---

50) 《大韓每日申報》, 1906년 4월 11일, 논설 〈新成社會〉.
51) 李鉉淙, 앞의 글, 165쪽.
52) 柳永烈, 앞의 글(1993), 47~48쪽.
53) 《大韓自强會月報》 제1호, 9~10쪽.
《大韓每日申報》, 1906년 4월 3일 잡보에는 취지서가 실려 있으며, 1906년 4월 4

첫째, 자강회의 궁극적 목적은 국권을 회복하는 것이었다.

둘째, 자강회의 기본 인식은 우리 나라가 국권을 빼앗기고 외국의 보호를 받는 지금의 어려운 처지로 전락하게 된 것은 바로 인민이 우매하고 국력이 쇠퇴하였기 때문이고, 인민의 우매와 쇠퇴는 다름아닌 자강지술을 꾀하지 않은데서 온 결과라는 것이다. 즉 우리 나라의 독립은 오직 자강의 여하에 달려있는데 자강지술을 꾀하지 않아 현재와 같은 어려운 상황에 처하게 되었다는 것이다.

셋째, 그러므로 지금 국권을 회복하여 독립국으로서의 면모를 갖추기 위해서는 자강지술을 연구해야 하는데 그 자강지술은 다름 아닌 교육을 진작하고 식산을 꾀하는 것이라고 하였다. 교육이 불흥하면 민지가 미개하고 산업이 불식하면 국부가 늘지 못하니 민지를 개발하고 국력을 키우는 것은 교육과 산업의 발달에 달려 있다는 것이다.

넷째, 그러나 자강의 도가 성과를 거두기 위해서는 2천만 민족이 단결하지 않으면 안된다고 보고 온 민족이 하나가 되어 자강에 힘쓸 것을 강조하였다.

다섯째, 그러기 위해서는 무엇보다도 먼저 국민의 정신을 배양하여야 하는데 단기 이래 4천년 자국의 정신을 2천만 모두의 뇌수에 흘러들어 가게끔하여 한순간이라도 자국의 정신을 잃지 않게 해야 한다. 이후에야 자강의 마음을 닦고 복권의 활기를 만들 수 있으므로 안으로 조국의 정신을 키우고 밖으로 문명의 학술을 흡수하는 것이 지금 시국의 급무라고 강조하였다.

다. 조직과 회원의 구성

자강회의 조직과 운영 및 그 구성원에 관하여 살펴보자. 대한자강회는 한성에 중앙회를 두었는데, 그 구성조직을 보면 크게 회원과 찬성원으로 구성되었다. 회원은 임원 2인 이상의 추천을 받아야 입회할 수 있고, 찬성원은 현직 관리로서 대한자강회의 취지에 동정을 표하는 인사로 정했다. 임원을 보면 회장 1인, 부회장 1인, 회의의 중요 사항을 결정하는 평의원 20인, 평의원 중에서 선출한 회무를 총괄하는 총무원 1인, 평의원장 1인, 회의 서무를 관리하는 간사원 20인, 간사장 1인, 회계, 서기, 일인고문 1인을 두었다. 임원

일, 잡보에는 규칙이 실려 있다.

의 임기는 6개월이었고 연임이 가능하였다. 그리고 업무를 위해 각기 통상회마다 사찰위원 2인, 회계조사위원 3인을 선정하고, 사안이 있을 때는 摠代를 선정하여 파견하였다.[54] 사무실로는 立廛都家를 사용하였다.[55]

대한자강회는 이러한 중앙조직과 더불어 지방지회를 갖고 있었다. 자강회 규칙 11조에는 "회무 진전을 위하여 요점 지방에 지회를 설치한다"는 지회에 관한 규정을 제정하고 있다. 이는 자강회가 전국적 규모의 단체로 출발하려 했던 것을 보여주는데, 지회의 설립은 쉽지 않아 여러 과정을 겪은 후인[56] 7월 11일에 가서야 지회설립방법이 결정되었다.[57]

지회의 숫자가 정확히 파악되지는 않지만 월보에 실린 지회신청 인가 지역을 보면 국내에는 江西, 高靈, 義州, 東萊, 南陽, 平壤, 三和, 礪山, 端川, 仁川, 永興, 元山, 海州, 甑山, 江華, 稷山, 淸道, 寧邊, 昌城, 雲山, 鐵山, 金海, 釜山, 仁同, 善山, 開寧, 城津, 永柔, 濟州, 定州, 載寧, 北靑 등 32개소이고 국외 하와이 1개소 등 합계 33개소로 나타난다. 즉 북에 치우치긴 하였지만(평안도 10개소, 함경도 5개소, 황해도 2개소 등 북부지역이 반을 차지) 전국에 걸쳐 지회가 설립되었음을 알 수 있다.

전국적 규모의 단체로서의 성격을 갖고 있었던 자강회의 회원수는 본회의 회원이 358명, 지회의 회원수 1,166명으로 볼 때 약 1,500여 명으로 추산되며, 회원의 성분은 창립 주도층에서도 보았듯이 개화자강계열의 인사들이 주를 이루었고 개신유학적 인사들이 대거 참여하여 구성되었다.[58]

---

54) 《大韓自强會月報》 제1호, 〈대한자강회규칙〉·〈대한자강회통상회세칙〉·〈대한자강회평의회세칙〉, 11~19쪽.

55) 《大韓自强會月報》 제1호, 38쪽.

56) 《大韓自强會月報》 제2호, 37~38쪽·51~53쪽.

57) 《大韓自强會月報》 제3호, 〈대한자강회지회설립방법〉, 39~40쪽. 이에 따르면 지방유지가 일단 입회하여 본회의 취지와 목적에 동의하고 30인 이상의 입회지원자가 있어야만 하고, 중앙에서는 그 지역에 시찰원을 파견하여 지원자의 품행과 그 지역의 사정을 시찰한 후 보고하면 평의회에서 허가 불가를 결정한다. 그리고 지회의 규칙을 정하였다.
《大韓自强會月報》 제4호, 〈대한자강회지회규칙〉, 50~51쪽.

58) 이 점은 강서유림소에서 유림들이 제일 먼저 지회설립을 청원했던 사실, 고령지회의 입회청원인들 거의가 유림과 군료들이었다는 사실(《자강회월보》 제4호, 46쪽), 동래지회의 입회청원인들은 대개 청년단체의 회원들이었으나 당시 최고의 명망있는 유학자들이 포함되었던 사실(제4호, 43~44쪽), 자강회가 講論

그러면 실질적 운영자들이었던 임원들의 성격은 어떠하였는가. 특히 두드러진 점은 과거 독립협회의 주도회원이었다는 것이다. 대한자강회의 존속기간 동안(1906. 4. 4~1907. 8. 21)에 6개월에 한번씩 3번의 임원 선정이 있었고 중간에 수시로 부분적 교체가 있었는데, 임원 역임자는 대략 78인으로 집계된다. 이 중 과거 독립협회 주도 회원으로 활동했던 인사들이 24명으로 1/3에 육박한다. 그리고 78인 중에서도 활동빈도가 많았던 사람으로 26인을 간추려 보아도 이 중 11명이 독립협회의 주도 회원이었다. 또한 회장단과 평의원 등 임원을 보아도 절반 이상이 독립협회의 주도 회원이었다는 것이다. 이는 대한자강회가 독립협회의 맥락을 이은 단체였음을 보여준다.[59]

대한자강회의 주도 인물들은 앞의 발기인 창립인사 외에 현은·薛泰熙·李鍾濬·金成喜·太明軾·趙在赫·李鍾一·金明濬·南宮濬·金奎植·池錫永·朴殷植·鄭鎬冕·梁弘默·李商在·魚瑢善·羅壽淵·鄭喬·金在豊·元大圭·李濬·李敏卿·李鍾泰·韓基準·元泳義·吳仁鐸·李宇濚 등이 있다.

(2) 대한자강회의 계몽사상

가. 사회진화론과 자강독립론

대한자강회는 사회진화론에 의거해 자기 시대를 이해하였다. 즉 지금은 경쟁시대로 우승열패와 약육강식의 논리만이 통하는 시대라고 보았다. 당시 사회를 "생존경쟁을 天然이라 논하며 약육강식을 公例라 謂함이라"[60]고 하는 사회로 파악하였으며 "在今日競爭據烈之社會"[61]라고 표현하기도 하였다. 그러므로 국가와 개인을 불문하고 생존경쟁을 아는 자는 살아 남고 모르는 자는 패배하여 도태하고 만다는 것이다. 더욱이 국제사회에서는 우승열패와 약육강식의 생존경쟁의 논리에 의해 우등한 민족 국가가 열등한 민족 국가를 약탈 침략하여 핍박하고 있는 것이 현실이라고 보았다.[62]

所를 만들어 經學講座를 개설했던 사실(제12호, 71쪽·제13호, 61쪽) 등에서 알 수 있다.

59) 柳永烈, 앞의 글(1993), 51~55쪽.

60) 朴殷植, 〈自强能否의 問答〉(《大韓自强會月報》 제4호), 1쪽.

61) 張志淵, 〈團體然後民族可保〉(《大韓自强會月報》 제5호), 1쪽.

62) 尹孝定, 〈생존의 경쟁〉(《大韓自强會月報》 제11호), 4쪽. 윤효정은 지금의 생존

그리고 우리 민족국가가 일본에 의한 국권 피탈에 의해 현재의 상황으로 전락하게 된 것은 바로 생존경쟁에서 열등하여 패자가 되었기 때문이라고 보았다. 즉 인민이 우매하고 국력이 쇠퇴하여 지금과 같은 어려움에 이르러 마침내 외국의 보호국으로 전락하게 되었다는 것이다.[63]

이러한 사회진화론적 시대인식은 1880년대 유길준에 의해 최초로 우리 나라에 소개되었으나 본격적으로 수용된 것은 1900년대에 이르러서 개화자강파들에 의해서였다. 즉 러일전쟁을 계기로 개화자강파 인사들은 서구열강들의 제국주의적 침략성을 절감하게 되었고, 더욱이 을사조약에 의해 강제로 일제에 국권을 빼앗기자 위기의식이 고양되고 민족의식이 앙양되어 사회진화론을 적극 수용하였던 것이다.[64] 대한자강회 역시 이렇게 사회진화론적 시대인식에서 출발하고 있으며 바로 여기에서 자강론을 제기하였다.

왜 우리가 패자의 위치로 전락하게 되었는가. 여기에 대해 자강회는 우리 민족이 자강의 도를 꾀하지 않았기 때문이라고 강조하였다. 우리 나라의 독립은 오직 자강 여하에 달려있는데 '自强之術'을 강구하지 않아 인민이 우매해져 이러한 상황에 처하게 되었다는 것이다.[65] 자강회의 인사들은 제국주의 국가들의 침략행위에 대해 분개하고 비판하면서도 오히려 그 책임을 우리 자신에게서 찾고 있다. 이들은 국권상실의 원인을 단지 러일전쟁이나 을사조약에서 기인한 것이라고 보지 않고 과거 20~30년 동안 특히 열강의 세력균형하에서 비교적 독립국가의 위치에 있었던 과거 10여년 동안에 국가의 자강을 도모하지 않은 데 있었다고 파악하였다.[66]

경쟁은 個人이든 國家든 我가 彼를 이기지 못하는 것은 동시에 我가 彼의 아래 굴복하는 것이라고 하였다.

63) 《大韓自强會月報》 제1호, 〈대한자강회 취지서〉.

64) 사회진화론에 관한 연구로는 다음의 글들이 있다.
이광린, 〈구한말 진화론의 수용과 영향〉(《한국개화사상연구》, 일조각, 1979).
이송희, 〈한말 애국계몽사상과 사회진화론〉(《부산여대사학》 2, 1984).
———, 〈한말 사회진화론의 수용과 전개〉(《부산사학》 22, 부산사학회, 1992).
김도형, 〈한말 계몽운동의 정치론연구〉(《한국사연구》 54, 1986).
주진오, 〈독립협회의 사회사상과 사회진화론〉(《손보기교수 정년기념논문집》, 1988).

65) 《大韓自强會月報》 제1호, 〈대한자강회 취지서〉.

66) 薛泰熙는 생존경쟁 약육강식의 시대에 있어 자유의 침탈자보다는 자유의 상

그러므로 지금 우리가 해야할 것은 자강의 도를 찾아 노력하여 국력을 양성하는 것이라고 하였다. 그러면 자강의 도는 어디에 있는가. 대한자강회는 취지서를 통하여 자강의 방법으로 민지를 계발해 주는 교육과 국부를 증강시켜 줄 殖産을 강조하고, 그리고 이는 자국정신의 뒷받침으로서만 가능하다고 하였다.67)

나. 교육자강론

대한자강회는 지식을 세력증진의 원소로 보고 우리가 살 수 있는 길은 오직 교육뿐이라고 인식하였으며 교육이 모든 것의 근본이라고 생각하였다. 그리하여 "敎育也者는 其復權之基礎也"라고 주장하였다.68) 그러면 어떠한 내용의 교육을 추구했는가. 자강회원들은 교육을 통한 국민의 개명과 문명의 고도화가 약자의 강자화의 길이라고 보았기 때문에 신학문과 신사상을 바탕으로 하는 신교육을 강조하였다. 바로 신교육을 통해서만이 국민들을 무지와 미신에서 해방시키고 근대적인 문명지식을 갖춘 개화국민으로 육성할 수 있다고 보았다. 그러나 무조건적으로 구학을 배척한 것은 아니다.69) 그리고 실업교육을 강조하였다.70) 실업의 발달을 위해서는 실업교육을 통하여 노동천시의 관념을 타파하고 국민의 경제적인 자립의지와 자립능력을 배양시키며,71) 각종산업에 대한 연구와 기술개발을 통하여 국가부원을 증식해야 한다고 보았다.72) 또한 애국교육의 중요성을 역설하였다. 애국심은 국가구성의 기본정신으로 애국심의 유무강약 여부가 국가존립에 직결된다고 보아 강조하였던 것이다. 이와 관련하여 애국심은 전제국가가 아닌 국민과 이해를 같

실자가 오히려 더 큰 죄인이라고 하였다(〈抛棄自由者爲世界之罪人〉(《月報》 제6호), 18~20쪽).
장지연도 국권상실의 책임은 외세의 침략보다 내부의 自失에 있다는 國權自失論을 폈다(〈過去의 狀況〉(《月報》 제11호), 3~5쪽).

67) 《大韓自强會月報》 제1호, 〈대한자강회취지서〉.
《大韓自强會月報》 제1호, 〈대한자강회규칙〉, 10쪽.
68) 李鍾濬, 〈교육론〉(《大韓自强會月報》 제7호), 4쪽.
69) 柳永烈, 앞의 글(1993), 64·66쪽.
70) 李鍾濬, 〈교육론〉(《大韓自强會月報》 제7호), 1~2쪽.
71) 呂炳鉉, 〈殖産部論說〉(《大韓自强會月報》 제2호), 15~16쪽.
72) 張志淵, 〈殖産興業의 必要〉(《大韓自强會月報》 제1호), 32~34쪽.

이 하는 국민국가에 충심을 바치는 근대적인 애국심이라고 보았다. 그리고 이 애국심은 국사교육과 국어교육을 통하여 배양되므로 국사와 국어교육에 전력할 것을 강조하였다.[73]

자강회는 이러한 신교육과 실업교육·애국교육 등을 통한 자강 실현을 위해 무엇보다 학교교육을 강조하였으며 교육의 보급을 위한 의무교육 실시건의서를 1906년 10월 26일 정부에 제출하기도 하였다.[74] 그러나 교육을 협의의 학교교육으로만 한정하지 않고 사회교육의 중요성을 강조하였으며, 모든 교육의 시작은 가정으로부터 시작된다고 보아 가정교육을 중요시 하였다.[75] 가정교육의 강조와 실력양성에서의 여성인력 활용을 목적으로 한 여성교육론의 제기도 두드러진다.[76]

다. 식산자강론

자강회는 교육과 더불어 식산을 자강실현의 양대 지주로 간주하고 식산자강론을 폈다. 자강회 회원들은 국부를 증진하여 국민의 의식이 족한 연후에야 국권신장을 이룰 수 있다고 보았으며, 한국이 일본에게 국권을 빼앗긴 주된 원인의 하나가 바로 식산의 부진에 따른 국가의 빈약에 있다고 인식하고 식산흥업으로 국가부강을 실현하여 국권을 회복하자고 하였다.[77]

이들은 먼저 우리 나라가 왜 식산이 부진하고 빈곤하였는가를 분석하였다. 그 원인으로 백성들의 근로정신의 결여와 생산기술의 부족, 전제국의 중토주의, 관존민비의 폐습에 의한 인민의 천대와 탐관오리의 인민에 대한 수탈, 인민재산권의 보호부재, 전제정치로 인한 인민들의 발전의욕의 상실, 다수의 유의유식자와 생산에 참여하지 않고 기생하는 층의 존재 등을 들고 있다. 이러한 기존의 폐습에 원인이 있다고 보았다.[78]

---

73) 尹孝定, 〈專制國民은 無愛國思想論〉(《大韓自强會月報》 제5호), 21쪽.
玄 檃, 〈國朝故事〉(《大韓自强會月報》 제8호), 34~37쪽.

74) 이지우, 앞의 글(1987), 21쪽.

75) 鄭雲復, 〈가정교육〉(《大韓自强會月報》 제1호), 67~68쪽.

76) 이송희, 〈대한제국말기 계몽단체의 여성교육론〉(《이대사원》 28, 1995).

77) 張志淵, 〈식산흥업의 필요〉(《大韓自强會月報》 제1호), 32~35쪽.

78) 金成喜, 〈殖産部論說〉(《大韓自强會月報》 제6호), 38~40쪽.
鄭雲復, 〈官尊民卑의 弊害〉(《大韓自强會月報》 제2호), 42쪽, 47~48쪽.

그리하여 식산진흥책으로 먼저 이러한 폐습을 불식시켜 인민들에게 노동의 중요성을 알게 하고, 士人도 실업에 종사케 하고, 유의유식자를 없애 모든 국민이 자력에 의한 자립생활을 영위케 하자고 하였다. 그리고 농업·상업·공업에 종사하는 사람에게 자유와 평등의 권리를 부여할 것을 제기하였다. 또한 농업·임업·상업·공업 등 각종 산업에 대한 연구를 통하여 그 기술과 기계를 개량 발전시킴으로써 생산성을 증대시켜야 한다고 주장하였다.79)

라. 정신자강론

대한자강회는 교육과 식산을 통해서 자강을 관철하기 위해 부득불 먼저 국민의 정신을 배양하여 단군 이래 4천년 자국의 정신을 2천만의 腦髓에 흐르게 하자고 하였다. 국권을 회복하기 위해 시급한 것이 "內養其祖國之精神하며 外吸呼文明之學術"이라고 하였다. 즉 이들은 자국정신이 완전 공고해야 교육에 의한 지식의 계발과 식산에 의한 세력의 증진이 제대로 되어 우월한 민족이 될 수 있다고 보았다.80)

자강회는 국권회복의 급선무인 조국정신을 배양하는 방법으로 먼저 국학교육의 강화를 들었다. 자강회회원들은 종래의 한국인들이 중국의 역사와 한문만을 숭상하여 조국의 연원을 알지 못함으로써 독립정신이 약화되었다고 보고 국사교육과 국어교육의 강화로 조국정신을 배양하자고 하였다.81) 또한 이들은 전제체제하에서는 군권이 무한하고 민권이 부진하여 국민이 국가와 유리되어 진정한 애국심이 존재할 수 없다고 지적하고 조국정신은 민권보장과 인민참정을 통하여 국민이 국가와 일체감을 갖게 하는 국민주권국가의 출현과 입헌대의제의 실시로 배양될 수 있다고 믿었다.82)

---

79) 金成喜, 〈殖産部論說〉, 《大韓自强會月報》 제6호, 40~42쪽·제7호 36쪽.
張志淵, 〈國家貧弱之故〉(속), 《大韓自强會月報》 제7호), 6~8쪽·12쪽.
———, 〈식산흥업의 필요〉(《大韓自强會月報》 제1호), 33~34쪽.
金成喜, 〈공업설〉(《大韓自强會月報》 제10호), 29~30쪽.

80) 《大韓自强會月報》 제1호, 〈대한자강회취지서〉.
朴殷植, 〈大韓精神〉(《大韓自强會月報》 제1호), 58쪽.

81) 주 80 참조.
尹孝定, 〈議案〉(《大韓自强會月報》 제2호), 36~37쪽.

82) 尹孝定, 〈國家的精神을 不可不發揮〉, 7~8쪽.
———, 〈專制國民은 無國家思想論〉(《大韓自强會月報》 제5호, 19~21쪽.

마. 국민국가론과 입헌군주제론

대한자강회는 우리가 자강독립을 하기 위해 우선적으로 해야할 것이 국체와 정체를 근대사회에 맞게 바꾸는 것이라고 생각하였다.

먼저 국가관을 보면, 대한자강회는 천부인권론을 바탕으로 한 국민의 평등 자유 생존의 권리의식을 갖고, 국가의 통치권은 국민이 군주 또는 정부에 위임한 것으로 정부는 국민의 권리보장을 위해 설치된 것이라고 하였다.[83] 이는 국가란 통치자와 피치자의 합의 또는 계약에 의하여 인위적으로 창출된 것이라는 근대적 국가발생의 관념을 반영한 것으로, 국가나 정부권력의 기원을 인민에게서 구하고 권력설정의 목적을 인간의 기본적 권리수호에 두는 사회계약론적 국가관을 의미하는 것이다.

그리고 자강회는 인민은 국가권력의 원천이고 권력설정의 목적이며 국가흥망의 책임자로서 국정감독권과 국정참정권 그리고 혁명권까지 가진다고 보아,[84] 인민은 단순히 통치의 대상이 아니고 주권을 가진 정치의 주체라고 인식하였다. 이렇게 자강회는 근대적 국민국가관을 갖고 국민주권국가의 수립을 주장하였다.

다음으로 대한자강회가 구상하였던 정치체제를 보자. 대한자강회회원들은 공화정체가 가장 진보적이고 우월한 정체, 국민국가의 이상에 가장 부합하는 정체라고[85] 인식은 하고 있었으나, 당시 한국사회에 실현가능한 정치체제로 전제정체에 대한 대안으로 입헌정체를 구상하고 이의 채용을 주장하였다.[86] 입헌정치는 국민 다수가 선택한 공당과 공의에 의해 운용되어 민권보장이 가능하고 군민 상하가 일체감을 갖게 하는 정치라 하여 입헌정체의 채용을 문명세계의 대세라 역설하였다.

국민의 권리를 보장해야 비로소 국민의 애국심이 생긴다(윤효정, 〈國民의 政治思想〉, 《大韓自强會月報》 제5호, 21쪽 · 제6호, 24쪽).

83) 薛泰熙, 〈抛棄自由者爲罪人〉(《大韓自强會月報》 제6호), 19~20쪽.
金成喜, 〈工業說〉(《大韓自强會月報》 제10호), 28~29쪽.

84) 薛泰熙, 〈法律上 人의 權義〉(《大韓自强會月報》 제8호), 17쪽
尹孝定, 〈政治家의 持心〉(《大韓自强會月報》 제12호), 12~13쪽.

85) 薛泰熙, 〈法律上 人의 權義〉(속)(《大韓自强會月報》 제9호), 12~13쪽.

86) 尹孝定, 〈專制國民은 無愛國思想論〉(《大韓自强會月報》 제5호), 19~21쪽.

(3) 대한자강회의 자강독립운동

대한자강회는 계몽사상에 입각하여 자강독립을 위한 운동을 전개하였는데 그 운동은 교육구국운동을 중심으로 실업진흥운동·대중계몽운동·고종양위 반대시위 등의 정치구국운동으로 전개되었다.

가. 교육구국운동

자강회는 무엇보다도 국민교육이 자강독립의 기초이고 바로 구국의 길임을 일반대중에게 알려 교육운동이 일어날 수 있도록 교육계몽운동에 힘썼다. 《대한자강회월보》와 정기연설회를 통하여 교육자강론을 펴고 교육진흥의 중요성을 계몽하였다.《월보》에서는 제1호에서 13호까지 전호에 걸쳐 1호도 거르지 않고 매호에 평균 2건의 교육구국에 관한 논설을 게재하였다.[87] 그리고 정기연설회 41회의 연설 가운데 교육에 관한 것이 가장 많았다. 자강회는 논설과 연설을 통하여 약육강식·적자생존의 국제사회에서 교육을 통한 국민의 개명이 강자에 이르는 길임을 주장하고, 신교육에 의한 신학문·신사상의 보급 확대의 필요성과 실업교육·애국교육을 강조하고, 학교교육과 더불어 가정교육과 사회교육·여성교육의 중요성을 계몽하였다. 이러한 활동은 당시 사회의 교육열을 불러일으키는데 크게 기여하게 되었다.

다음으로 대한자강회는 의무교육 실시건의안과 일문교과서 반대건의 등 대정부건의를 추진했다. 자강회는 초등교육에 대한 의무교육의 실시가 교육진흥의 관건이라고 간주하고, 전국에 學區를 설정하여 區立 소학교를 설립하되 구내주민이 경비를 부담토록 하는 내용의 의무교육실시안[88]을 마련하여 1906년 10월부터 자강회가 해체되기 직전까지 정부에 총대위원을 파견하여 지속적으로 건의하였다. 이는 일제의 반대로 실시되지 못하였다. 한편 일제의 식민지정지작업의 일환으로 전개되었던 교육작업으로 일인 학부참여관 시데하라 히로시(幣原坦)가 초 중등교과서를 일문으로 편집하려 하자,[89] 자강

87) 鄭 灌, 앞의 글(1980), 146쪽.
88) 구내주민은 학교위원을 선출하여 교과서의 선정 등 학무 일체를 담당케 하고, 의무교육의 연한은 5년으로 한다는 내용이다(대한자강회, 〈義務敎育條例大要〉(《大韓自强會月報》 제8호, 41~42쪽).
의무교육운동에 대하여는 李尙根, 앞의 글, 170~173쪽 참조.

회는 1906년 6월 16일의 통상회에서 일문교과서에 의한 교육은 한국정신과 자국정신을 소멸시킨다고 주장하면서 여론화시켰으며 총대위원을 파견하여 학부대신에 강력히 항의하였다.90) 이에 학부대신은 일반교과서를 일문으로 편집한다는 것은 부당하여 시행될 수 없다고 밝혔다.91) 이렇게 사회여론에 힘입어 일문교과서 편집의도를 좌절시켰다.

또한 대한자강회는 학교와 학회에 대한 지도와 후원을 통하여 교육구국운동을 추진하였다. 학교교육의 정상적 발전을 기하기 위하여 전국 각지에서 설립되고 있는 사립학교의 교육정도를 균일케 하려는 목표를 세우고 서울시내 사립학교에 시찰위원을 파견하여 학무발전을 지도하였다.92) 그리고 지방지회의 학교설립과 운영을 후원 장려하였다. 한편 자강회회원들은 각기 지역을 중심으로 설립된 학회들의 창립에 적극 참여하였으며 운영을 주도하였다.

나. 실업진흥운동

대한자강회는 일반대중의 근대적인 경제의식을 일깨우기 위하여 식산계몽운동을 전개하였는데, 이 역시 《월보》와 연설회 등을 통해 이루어졌다. 자강회는 식산흥업은 국부증진의 근원이며 바로 국권회복의 길임을 주장하여 식산흥업의 중요성을 계몽하였다. 그리고 자강회는 한국의 식산부진과 국가빈약의 요인을 분석하고 국민의 근로의식과 생산의욕을 고무할 수 있는 식산진흥방안을 제시하였다.

다음으로 자강회는 부동산매매증명법령의 제정에 관한 대정부건의활동을 전개하였다. 자강회는 당시 일인 이주자들이 잠매를 통하여 막대한 토지를 점유해가는 현실을 직시하고 이의 금지가 경제적 식민지화를 막는 긴급한 과제라고 인식하였다.93) 그리하여 토지제도를 확정하여 외국인의 부동산소유를 규제할 목적으로 부동산매매시에 관청의 증명서를 첨부케 하는 부동산증명법령의 제정을 정부에 건의하였다.94) 자강회의 끈질긴 건의활동은 정부로

89) 《大韓每日申報》, 1906년 6월 6일, 잡보 〈敎育禍胎〉.
90) 《大韓自强會月報》 제2호, 36~37쪽.
91) 《大韓自强會月報》 제2호, 49쪽.
92) 《大韓自强會月報》 제3호 43쪽, 제5호 37·43쪽, 제6호 75·77·82쪽.
93) 朴殷植, 〈嵩齋漫筆〉(《大韓自强會月報》 제3호), 9~10쪽.

하여금 〈토지가옥증명규칙〉을 제정하여 시행케 하였으나, 그 규칙은 자강회의 의도와는 달리 오히려 외국인에게 부동산매매를 공인하는 결과를 가져오고 말았다.[95]

다. 대중계몽운동

대한자강회는 《대한자강회월보》와 정기연설회를 통하여 국민계몽운동을 전개하였으며 회원들은 각기 당시의 다른 단체나 학회에서 연사로 활동하며 대중계몽에 앞장섰다. 《대한자강회월보》는 1906년 7월부터 1907년 7월까지 13호가 간행되었는데 교육·식산·정치·법률·역사·지리 등에 관한 140편의 논설과 시사문답 국내외뉴스 등이 실려 있었다. 초기 발행부수는 알 수 없으나 제6호부터 2천부가 발행되었다.[96] 자강회는 존속기간 17개월 동안 정기연설회, 수시로 열린 연설회, 지회 지원 연설회, 지회 자체의 연설회 등 무수히 많은 연설·강연회를 열어 대중계몽에 노력하였다.[97] 또한 회원들은 개별적으로 국민교육회·서우학회·한북흥학회 등 당시 타 단체활동에 관여하면서 강연·연설·토론 등을 통하여 대중계몽에 노력하였다. 그리고 당시 언론에서 활동하고 있던 회원들은 황성신문·대한매일신보·만세보 등 언론에 자신의 소신을 담은 글을 발표하여 대중을 계몽하는데 힘을 다하였다.

대한자강회 회원들이 월보와 강연·연설을 통하여 대중을 계몽하고자 하였던 내용은 앞에서 언급한 자강회의 애국계몽사상을 담은 것이었다.

라. 정치구국활동

대한자강회는 경쟁사회에서 정치의 우열이 국가의 강약을 좌우한다고[98]하여 정치발전의 중요성을 강조하고 국민국가의 수립과 이를 위한 입헌군주제의 채택을 주장하였다. 그리고 입헌대의제 실시의 전단계로 국민의 자치능력과 참정능력의 배양을 위해 지방자치제의 실시를 주장했다. 자강회는 바로 이러한 내용을 갖고서 사회일반을 계몽하는 정치계몽활동을 전개하였다.

94) 《大韓自强會月報》 제1호, 〈建議書〉, 39~40쪽·53~55쪽.
95) 실업진흥운동에 관한 구체적 내용은 柳永烈, 앞의 글(1993), 86~91쪽 참조.
96) 鄭 灌, 앞의 글(1980), 참조.
97) 柳永烈, 앞의 글(1987), 176쪽 참조.
98) 李鍾濬, 〈교육론〉(《大韓自强會月報》 제7호), 1~2쪽·5쪽.

한편 대한자강회는 1907년 7월 헤이그밀사사건을 계기로 일제에 의해 고종의 양위가 강제로 이루어지자 여기에 철저히 항거하였다. 일제는 밀사사건을 계기로 한국내정에 관한 전권의 장악을 목표로 세워 고종의 양위를 강요하였다. 이에 대해 자강회가 중심이 되어 동우회·기독교청년회·대한구락부·국민교육회의 회원들은 양위에 반대하는 민중대회를 열어 내각대신을 성토하고 격렬한 시위를 주도하여 경찰과 유혈충돌을 일으켰다. 이들은 일진회 기관지인 국민신보사를 습격하여 파괴하고 총리대신 이완용의 집을 방화·파괴하였으며, 경찰서와 파출소를 습격하여 파괴하였다. 일제는 이를 무력으로 진압하고 고종을 퇴위시킨 후, 보안법을 만들어 자강회를 강제 해체시켰다.[99]

대한자강회는 일본인 오가키를 고문으로 추대한 점, 국권피탈의 원인을 우리 자신의 내부에서 찾으려 했던 점, 합법적 테두리 안에서의 활동이었기에 일제에 대하여 철저하게 대항하지 않았던 점 등은 그 한계점으로 꼽을 수 있으나, 전국에 지회를 두어 전국적 규모의 단체로서 계몽운동을 대중화하고 활성화하였던 점은 그 이전의 어떠한 단체에서도 찾아볼 수 없었다.

3) 신민회

(1) 신민회의 창건과 목적

가. 신민회의 창건

신민회[100]는 안창호의 발기에 의해 1907년 4월 초[101] 梁起鐸·全德基·李

99) 柳永烈, 앞의 글(1993), 94~96쪽.
李鉉淙, 앞의 글(1966), 170쪽
《大韓每日申報》, 1907년 8월 23일, 별보 〈弔大韓自强會文〉.

100) 신민회에 관한 연구는 다음과 같다.
이재순, 〈한말 신민회에 관한 연구〉(《이대사원》 14, 1977).
신용하, 〈신민회의 창건과 그 국권회복운동〉(《한국민족독립운동사연구》, 일조각, 1985).
강재언, 〈신민회의 활동과 105인사건〉(《한국의 개화사상》, 비봉출판사, 1981).
윤경로, 《105인사건과 신민회 연구》(일지사, 1990).
——, 〈신민회활동의 경제적 기반〉(《박영석교수화갑기념 한민족독립운동사

東輝·李東寧·李甲·柳東說·安昌浩 등 7인을 창간위원으로 하여, 이들과 함께 盧伯麟·李昇薰·安泰國·崔光玉·李會榮·李商在·尹致昊·李剛·曺成煥·金九·申采浩·林蚩正·李鍾浩·朱鎭洙 등이 중심이 되어 조직되었다.

신민회를 창건한 세력은 당시 활동하고 있었던 다섯개의 비공식 집단의 연합세력이었다. 즉 양기탁·신채호·玉觀彬·張道斌·임치정 등 대한매일신보계열과 전덕기·鄭淳萬·이준·이동녕·崔在學·桂明陸·金仁敢·李承吉·車炳修·申尙敏·金泰淵·조성환·徐相八·김구 등 상동교회와 상동청년학원세력, 이동휘·이갑·유동열·노백린·조성환·金羲善 등의 무관 출신들, 이승훈·안태국·崔應斗 등 민족자본가 집단, 미주에 있던 안창호·이강 · 林俊基·金成武·宋錫俊·申達元·朴永順·李在洙 등 공립협회집단 등이 연합한 것이다. 신민회는 이러한 다섯개 집단이 모여서 중핵이 되어 만든 국권회복을 위한 비밀결사였다.[102]

신민회 창건의 구상과 발기는 1907년 초 미국에 있었던 안창호에 의하여 이루어졌는데, 안창호는 이 뜻을 갖고서 2월 20일 서울에 도착하였다. 그 후 평안도 일대를 돌면서 강연을 하고 그 지역의 지도자들과 접촉을 하면서 자신의 목적을 구체화시켜 나갈 준비를 하였는데 4월 초 비밀결사의 창립을 양기탁에게 제의하였다.[103] 당시 많은 단체가 만들어져 활동하고 있었는데 안창호는 왜 이와 같이 비밀단체인 신민회를 조직하려고 했을까. 이는 기존의 합법적인 단체와 학회가 다하지 못한 구국운동을 적극적으로 그리고 투쟁적으로 전개하려는데 목적이 있었던 것이라 할 수 있다. 그리하여 1907년 4월 초 양기탁의 주재로 다섯개 집단의 대표격인 양기탁·이동휘·전덕기·

논총》, 1992).
柳永烈, 앞의 글(1987).
李尙根, 앞의 글.

101) 이재순은 신민회가 양기탁을 중심으로 안창호가 귀국하기 전인 1906년에 창립되었다고 하고, 신용하는 1907년 4월초에 창립되었다고 하며, 윤경로는 안창호가 귀국한 2달후인 1907년 4월 20일에 창립되었다고 한다.

102) 이것은 신용하의 견해에 따른 것인데(신용하, 앞의 글(1985), 18~19쪽), 윤경로의 경우 신민회가 기존의 상동파 조직 위에서 창립될 수 있었다고 하고 있다(윤경로, 앞의 책, 180~181쪽).

103) 《大韓每日申報》, 1907년 4월 11일, 논설 〈共立協會의 詳報〉·1907년 4월 11일, 광고.

이동녕·이갑·유동열·안창호 등 7인이 극비리에 회합하여 창건위원회를 열고 신민회를 창건하였다.104)

신민회의 창건위원회에서는 두 가지 일이 처리되었다. 먼저 신민회의 회칙에 관한 것인데 이는 안창호 등이 미국에서 초안한 〈신민회취지서〉와 〈신민회통용장정〉이 대체로 초안대로 통과되었다. 단 본부의 설치조항만을 수정하여 본부는 서울에 두고 미주에는 다른 도와 같이 감독을 두기로 하였다. 또 하나는 조직기구와 그 책임자의 선임인데, 양기탁이 총감독을, 이동녕이 총서기를 맡고 안창호는 집행원을 담당하기로 하였다.105)

나. 신민회의 목적과 이념

신민회의 목적과 이념을 정리해 보면 다음과 같다.106)

① 신민회의 궁극적 목적은 국권을 회복하여 자유국가 자유독립국을 세우고, 그 정치체제는 공화정치로 하는 것이었다.107)

② 신민회는 우리가 국권을 박탈당한 것은 힘이 없었기 때문이므로 국권을 회복하기 위해서는 실력을 양성하여야 한다고 하였다. 신민회는 특히 기회론을 강조하였는데, 이 역시 실력이 양성되어 뒷받침되어야만 작은 기회도 큰 기회로 만들 수 있다고 주장하였다.

③ 신민회는 실력을 양성하기 위해서는 백성을 새롭게 만들어야 한다고 하였다. 이는 신민회가 국가의 주인은 국민이고 국가의 부강은 국민의 부강에서 나온다는 사상에 의거하고 있었음을 말해 준다. 신민회가 신민을 강조하고 명칭을 신민회라 한 것도 이러한 사상에서 나온 것이다.

---

104) 안창호는 검사의 심문에 대해 신민회의 조직자로 이 7인을 거명하고 있다(도산기념사업회, 《속편 도산안창호》(1954), 86~87쪽).

105) 도산기념사업회, 위의 책, 87쪽.

106) 신민회의 목적과 이념은 〈大韓新民會의 構成〉·〈大韓新民會趣旨書〉·〈大韓新民會通用規則〉의 내용을 분석한 것이다(《韓國獨立運動史》 1, 資料篇(國史編纂委員會, 1968), 1,023~1,029쪽.

107) 國史編纂委員會, 《韓國獨立運動史》 1, 大韓新民會의 構成, 1,024쪽. 대한신민회의 심의는 한국으로 하여금 열국보호하에 共和政體의 독립국으로 함에 목적이 있었다고 하고 있다.
윤경로는 안창호가 신민회를 비밀조직으로 하려 했던 이유로 공화제 수립을 들고 있다(윤경로, 앞의 책, 185~186쪽).

④ 신민회는 신민은 다른 나라의 도움에 의한 것이 아니라 반드시 자기 스스로의 힘으로 하는 '自新'이어야 한다고 하였다. 신민회는 수백년 이래로 세계는 새로운 정치·법률·교육·공예·기술에 바탕을 둔 새로운 세계로 진보해 왔는데, 한국사회는 모든 분야에서 퇴보하여 '진화의 천연공례'에 역행하여 왔다고 하여,[108] 당시의 시대상황을 사회진화론적 시각에서 파악하였다. 한국의 보호국화는 생존경쟁의 시대에 자신하지 못한 결과라고 인식하고 국가를 위하는 길은 오직 '자신'하는 것 뿐이라고 하였다.[109]

⑤ 신민회는 '자신'을 위한 방법으로[110] 첫째, 각처에 권유문을 전파하여 인민의 정신을 각성케 하고 신문·잡지 및 서적을 간행하여 인민의 지식을 계발하는 등 대중계몽에 주력하며, 둘째 학교를 건설하여 인재를 양성하고 각처 학교의 교육방침을 지도함으로써 교육을 진흥코자 하였다. 셋째 실업가에게 권고하여 영업방침을 지도하며 회원의 합자로 실업장을 건설하여 실업계의 모범을 보이는 식산흥업을 꾀하고자 하였다.

⑥ 또한 신민회는 국외에 무관학교를 설립하고 독립군기지를 건설하여 독립군을 양성하였다가 기회가 올 때에 독립전쟁에 대비하고자 하였다. 이 문제는 미주에서 초안이 만들어졌을 때는 제시되지 않았고 그 후 국내에서 활동이 본격화되면서 첨가되어진 내용이다. 이는 제국주의 일본으로부터 한국민족의 독립을 회복하는 가장 확실한 방법은 독립군 양성을 통하여 적절한 시기에 일본과 독립전쟁을 벌여 독립을 쟁취하여야 한다는 '독립전쟁론'에 의거한 것이었다. 즉 일제의 통치력이 미치지 않는 서북간도에 독립군기지를 건설하여 독립군을 양성하였다가 장차 일제가 팽창하여 러시아나 청국 또는 미국과 전쟁을 벌이게 될 때를 기회로 하여 독립전쟁을 일으켜서 국내로 진공해 들어오고, 국내에서도 이에 호응하여 봉기해서 한국민족의 실력으로 일본 제국주의를 몰아내고 국권을 회복할 것을 목적으로 하였던 것이다.[111]

---

108) 國史編纂委員會, 《韓國獨立運動史》 1, 大韓新民會趣旨書, 1,024쪽.
109) 國史編纂委員會, 《韓國獨立運動史》 1, 大韓新民會趣旨書, 1,026쪽.
110) 國史編纂委員會, 《韓國獨立運動史》 1, 大韓新民會通用章程, 1,028~1,029쪽.
111) 신민회의 독립군기지건설과 독립전쟁론에 대해서는 뒤의 독립군기지창건운동에서 자세히 다룰 것이다.
신용하, 앞의 글(1985), 30~32쪽·100~124쪽.

다. 신민회의 조직

신민회는 앞서 보았듯이 비밀결사로 창건되고 조직되었는데 그 이유는 일제의 방해와 탄압을 최소한으로 받으면서 국권회복운동을 효과적으로 수행하고 일제의 법령이나 탄압조치에 의하여 해산 당하지 않기 위해, 그리고 일제가 한국을 완전히 식민지로 강점하는 경우에도 독립운동 추진의 핵심 단체를 조직해 두려는 것이었다.[112]

신민회는 비밀결사이기 때문에 그 조직이 어떻게 되어 있었는가를 정확히 알 길이 없다. 〈安昌浩豫審調書〉·〈朝鮮陰謀事件〉[113]·〈不逞事件에 의해 본 朝鮮人〉[114] 등을 종합해 보면 신민회는 대체로 다음과 같은 조직체계를 가진 것으로 추정된다.

국내의 신민회 중앙조직은 서울에 본부를 두고 이를 총회라 지칭했으며 그 안에 會長, 副會長, 總監督, 議事員, 財務員, 執行員, 監察員을 두었다. 중앙총회 밑에는 각 도별로 1개의 도지부가 있었는데 이를 監督府라 하고 그 책임자로 道總監을 두고 각 도별로 회원을 지도토록 하였으며, 의결기관으로 평의원을 두었다. 감독부 밑에는 總監所가 있었는데 이는 5개군에 1개씩 설치하였다. 그 아래 군단위별로 司監所가 설치되었는데 장으로 郡監을 두고 의결기관으로 평의원을 두었다. 군감 밑에는 班을 편성하였는데 회원 60명마다 都班長을 두고 20명마다 副班長을 두었으며 5명마다 班長을 두었다. 5명 단위의 班조직이 기본 단위 세포조직이었던 것이다.[115]

회원수는 비밀결사였기 때문에 정확히 파악할 수 없으나 여러 자료를 토대로 해서 볼 때 1911년 9월 신민회가 해산당할 때의 회원수는 대체로 800여 명 정도였을 것으로 추정된다. 신민회는 언론계·기독교계·교육계·실업계·무관출신 등 사회 각계각층의 인사들을 망라하고 과거의 독립협회와 당

윤경로, 앞의 책, 261~267쪽.

112) 도산기념사업회, (《속편 도산안창호》, 1954), 〈安昌浩豫審審問調書〉, 89~90쪽.

113) 山縣五十雄, 《百五人事資料集》 3－朝鮮陰謀事件－(영인본, 高麗書林, 1986).

114) 國友尙謙, 《百五人事件資料集》 2－不逞事件ニ依シテ觀タル朝鮮人－(영인본, 高麗書林, 1986).

115) 신용하, 앞의 글(1985), 33~35쪽.
윤경로, 앞의 책, 204~210쪽.

시의 대한자강회·서우학회 등 애국계몽단체의 정예분자들을 주축으로 조직되어 800여 명의 회원을 확보한 전국규모의 비밀결사였던 것이다.

신민회 조직의 사회적 기반은 105인사건 때 판결받은 인사의 직업적 분포로 보아 신흥시민층과 신지식층에 기초를 두고 있었다. 이것은 신민회의 운동이 민중 전반을 대상으로 한 것이었다고 할지라도 그 성격은 시민적 특성을 강하게 갖도록 조건지어졌다고 볼 수 있다.116)

(2) 신민회의 국권회복운동

신민회의 국권회복운동은 합법적 표면단체를 통한 운동과 비합법적인 지하운동을 통한 운동의 방법으로 전개되었다. 교육구국운동·국민계몽운동·경제구국운동 등은 전자의 방법으로, 독립군기지건설운동은 후자의 방법으로 전개되었다.

가. 교육구국운동

신민회가 국권회복을 위한 민력양성운동 중 가장 기본으로 하였던 것이 신교육구국운동이었다. 신민회의 창건 당시 이미 교육구국운동이 전개되고 있었으나 이것이 열정적으로 불붙고 1907년 이후에 전국적으로 신교육열이 붐을 이루어 민중들이 자발적으로 전국 방방곡곡에 신식학교를 설립한 것은 신민회의 영향이 컸다고 하겠다.

신민회의 교육구국운동은 첫째, 국민들에게 국권회복을 위한 신교육의 절실한 필요를 계몽하여 학교설립을 유도하고, 둘째 각지에 설립된 학교의 교육방침을 국권회복에 부합토록 지도하며, 셋째 신민회 스스로 시범학교를 설립하고 민족교육을 실시하여 국권회복을 위한 인재를 양성하는 방향으로 전개되었다.

이렇게 다양한 방향의 교육구국운동은 특히 학교설립에서 다른 그 어떤 단체나 학회보다도 그 역량을 크게 발휘하였다. 신민회가 설립한 학교는 ①

116) 신용하, 위의 글, 37쪽. 105인사건 때 판결을 받은 인사의 직업별 분포를 보면 상업이 31.97%, 공업이 5.75%로서 시민층이 전체의 37.71%를 차지하고 있다. 한편 지식층은 교사가 22.95%이고 학생이 15.57%로서 38.52%를 차지하고 있다. 시민층과 신지식층만도 전체의 76.23%를 차지하고 있다.

이승훈이 중심이 되어 평북 정주에 세운 五山學校,[117] ② 안창호가 중심이 되어 윤치호·이종호 등이 평양에 설립한 중등학교인 大成學校,[118] ③ 이동휘에 의해 설립되었지만 운영난으로 일시 폐교되었다가 다시 이동휘에 의해 재건된 普昌學校,[119] ④ 義州·龍川 지회 회원들이 의주에 설립한 養實學校, ⑤ 신민회 정주회원들이 정주에 세운 新安學校, ⑥ 신민회 納淸亭 지회 회원들이 평안북도 납청정에 세운 嘉明學校, ⑦ 安興學校와 普達學校를 신민회가 주도하여 통합하여 설립한 協成安興學校, ⑧ 宣川에 세워진 중학교급 新興學校, ⑨ 신민회 郭山 지회 회원들이 설립한 興襄學校, ⑩ 이동휘가 1909년 봄에 함경북도 永興邑에 있던 3개 학교를 통합하여 설립한 明倫學校, ⑪ 함북 鏡城에 세워진 중학교급의 경성학교 등이며, 그 밖에 楊山學校, 안악군면학회 師範講習所, 西北協成學校 등도 신민회와 관련하여 운영되었다.[120]

그 중 신민회의 입장을 대표적으로 보여주는 학교가 대성학교였다. 대성학교는 신민회의 이념과 목적에 따라 세운 학교이기에 교육의 목표를 민족운동의 간부양성과 국민교육의 사범양성에 두어,[121] 이 학교에서는 지식개발뿐만 아니라 애국주의와 건전한 인격의 양성을 강조하였다. 우선 이 학교는 애국주의를 고취하기 위하여 모든 교과목과 강의안에 애국을 집어 넣었으며 또한 매일 조회에서도 애국가를 부르고 반드시 애국에 관한 훈화를 새겨듣고 익히도록 하였다. 그리고 교육과정에서 체조에 큰 비중을 두었다.[122] 이 학교는 원래 군대의 사관이었던 鄭仁穆을 체조교사로 초빙하여 군대와 같이 강력한 체육과 군사훈련을 실시하고 전술 강의까지 시행하였다. 이는 전통적으로 누적된 文弱의 폐단을 극복하여 청산하자는 것이었다. 또한 대성학교는

117) 《大韓每日申報》, 1907년 12월 11일, 광고·1910년 1월 8일, 학계 〈오산흥학〉.
118) 《大韓每日申報》, 1908년 9월 15일, 광고·1908년 9월 6일, 광고.
주요한, 《安島山全書》 上(三中堂, 1971), 78~93쪽.
119) 《大韓每日申報》, 1907년 8월 14일, 잡보 〈李氏開養〉·1907년 12월 7일, 잡보 〈筆下長江〉·1908년 2월 25일, 잡보 〈江校復興〉·1908년 3월 18일, 잡보 〈江郡學風〉·1908년 3월 4일, 잡보 〈學會組織〉.
120) 신민회가 설립한 학교들에 대한 설명은 신용하, 앞의 글(1985), 49~58쪽 참조.
121) 李光洙, 《島山 安昌浩》(1948), 25쪽.
122) 김형식, 〈평양대성학교와 안창호〉(《삼천리》 1932년 1월호).
주요한, 앞의 책, 89쪽.

건전한 인격의 양성을 위해 誠을 기본으로 하였으며 학생의 자치를 권장하고 자치훈련을 시켰다.[123]

한편 신민회의 교육구국운동은 학회의 설립과 지도를 통하여도 추진되었다.[124] 신민회는 각지에 학회를 조직하는데 앞장섰는데 安岳郡勉學會·海西敎育總會·平壤青年勸奬會·練學會·同濟會 등이 그 예이며, 때로는 서우학회·한북흥학회 등 기존 학회가 서북학회로 통합 재조직되는데 관여하기도 하였다.

나. 대중계몽운동

신민회는 구국운동의 일환으로 국민계몽운동을 전개하였다. 계몽운동은 계몽강연활동과 서적·잡지출판활동·청년운동 등으로 전개되었다.

신민회 회원들이 큰 성과를 낸 계몽강연은 주로 각종 학회의 통상회와 토론회·강연회·친목회·학교·교회·운동회와 각종 집회에서 이루어졌다. 그들이 계몽강연을 통하여 강조한 것은 애국주의·국권회복·민권사상·신사상·신지식·신산업의 계몽·구습타파·교육구국운동과 학교설립의 고취, 자발적 의무교육의 실시, 학회활동 고취, 민지 단합의 고취, 실력양성의 호소 등이었다. 대표적 연사는 안창호·이동휘·전덕기·최광옥·윤치호·이상재·최병헌·옥관빈·장응진·정운복·여준·이학필·안병찬·윤기섭 등이었다. 특히 안창호·이동휘·최광옥·이상재·윤치호의 연설은 전국적으로 이름이 높았으며 그들의 강연이 있다고 하면 군중이 몰려들어 곧 대집회가 되곤 하였다.

신민회원들의 강연은 민중들에게 새로운 애국적 동기와 각성을 제공해 줌으로써 민중들로 하여금 자발적으로 분발하여 국권회복을 위한 민력양성운동에 나서게 하고 애국계몽운동을 전국적으로 파급하는데 큰 역할을 하였다.[125]

신민회의 잡지·서적출판활동은 계몽강연과 마찬가지로 대중계몽을 위한

123) 대성학교의 교과과정에 대해서는 신용하, 앞의 글(1985), 58~62쪽 참조.

124) 윤경로의 경우 신민회가 표면에서 일을 추진할 수 있는 공개 단체를 필요로 하여 학회설립과 지도에 나섰다고 보고 있다(윤경로, 앞의 책, 232쪽).

125) 신용하, 앞의 글(1985), 71~75쪽.
이재순, 앞의 글, 13쪽.

방법으로 많은 효과를 보았다. 신민회는 따로이 그 자체의 독자적인 신문은 간행하지 않고 총감독이 된 양기탁이 경영하고 있었던 《대한매일신보》를 기관지로 활용하였던 것으로 보인다. 대한매일신보는 신민회가 창건됨과 함께 양기탁이 신민회의 총감독이 되고 논설위원과 사원들이 거의 모두 신민회의 회원으로 가입함으로써 신민회의 기관지로 전환되어 활용되었다.126)

신민회의 잡지·서적출판을 서울에서 담당한 인사는 崔南善이었는데, 그는 신민회의 외곽잡지로서 1908년 11월에 《소년》을 창간하였다. 이 잡지의 편집 방침은 소년들에게 애국주의적 국사와 지리·문학을 가르쳐서 청소년들을 장래 국권회복의 일꾼으로 만들고자 하는 것이었다. 이를 위해 《소년》에는 국내외 偉人英雄傳·海上大韓史·國內外戰紀·地理解說·國史解說·世界史解說 등이 기획물로 실렸다.127)

신민회는 출판사업을 위한 외곽단체로 1910년 10월 최남선을 중심으로 朝鮮光文會를 조직하였다. 이는 신민회 회원 중에 민족문화와 근대국사학의 창건에 관심을 갖고 조선고전의 보존과 간행을 주장하는 회원들의 요청에 의하여 발족한 것이었다. 광문회는 많은 서적을 간행할 계획이었으며, 실제 간행한 서적은 東國通鑑·三國史記·東國兵鑑·燃藜室記述·擇里誌·道里表·山經表·東國歲時記·訓蒙字會·雅言覺非·大東韻玉·尙書補傳·海東小學·熱河日記 등이었다.128)

또한 신민회는 서적의 출판과 공급을 목적으로 1909년 7월 평양·서울·대구 등지에 이승훈과 안태국을 중심으로 太極書館을 설립하였다. 그리고 안악군면학회에서 1907년 도서의 출판과 공급을 위해 勉學서포를 설립하였다.129)

---

126) 당시 독립운동가들은 신민회가 대한매일신보를 기관지로 인용하였다고 증언하였다(애국동지원호회편, 《한국독립운동사》, 1956, 91쪽). 당시 대한매일신보의 기자였으며 신민회의 회원이었던 張道斌은 신민회의 기관지가 대한매일신보였으며, 신민회의 본부는 대한매일신보사 안에 두었다고 증언하였다(張道斌, 〈暗雲 짙은 舊韓末〉(《思想界》, 1962년 4월호).

127) 신용하, 앞의 글(1985), 77~81쪽.

128) 신용하, 위의 글, 82~84쪽.

129) 이광수, 앞의 책, 33~34쪽.
주요한, 앞의 책, 98쪽.
《大韓每日申報》, 1909년 7월 1일·7일, 광고 및 1910년 3월 6일, 광고.

이러한 신민회의 국민계몽운동은 사회일반에 널리 애국심과 독립의지를 심어주었고, 다수의 실업가와 지식인을 감화시켜 국권회복운동에 헌신케 하였으며 각 지역의 유지와 민중들의 교육열을 자극하여 무수한 학교가 설립되는데 크게 기여하였다.

한편 신민회의 청년운동은 청년학우회 활동에서 볼 수 있다. 1909년 8월 윤치호·박중화·최남선 등이 중심이 되어 조직한 청년학우회는 懋實·力行·自彊·忠實·整濟·勇敢 등을 강령으로 하여 표면적으로는 수양단체임을 표방하였으나,[130] 내면적으로는 국권회복을 목적으로 하는 구국청년단체였다.[131]

다. 실업구국운동

신민회는 일제의 경제침략을 군사침략과 마찬가지로 극히 위험시하였으며 민족산업의 진흥이 신교육과 마찬가지로 바로 실력양성의 길임을 특히 강조하고 이 부문의 사업을 매우 중요시하였다. 특히 신민회 구성원의 대다수가 서북지방의 상공인이었으므로, 일인들의 경제적 침탈은 신민회 회원들의 생존권에 직접적인 위협이 되기도 하였다.

따라서 신민회는 일제의 경제적 침략에 대한 국민적 각성을 촉구하고 전통적 상공업 천대사상을 공박하여 상공업의 중요성을 일깨웠으며, 산업진흥이 애국이고 곧 구국임을 강조하는 경제계몽운동을 폈다. 또한 평양에서 안창호·안태국 등이 상업회의소·협동회 등의 상인단체를 조직하여 일본상품 불매운동을 일으킨 것처럼 신민회 회원들은 한국상인의 상권보호운동도 전개했다.[132]

나아가 신민회는 민족산업자본을 일으켜 일제의 경제침략에 대항하고 민력을 양성키 위해, 우선 신민회 회원들이 출자해서 시범적인 공장과 회사를 세워 실업가들에게 제시하고 그들의 영업방침을 지도함으로써 민족산업의 발흥을 촉진하고자 하였다.

신민회가 이러한 목적으로 세운 시범공장으로 평양 마산동 자기회사를 들

130) 《大韓每日申報》, 1909년 8월 17일, 잡보 〈청년학우회취지서〉.
131) 윤경로, 앞의 책, 234~235쪽.
신용하, 앞의 글(1985), 92~93쪽.
132) 이재순, 앞의 글, 18쪽.

수 있다. 이 회사는 이승훈을 중심으로 한삼현·윤재명·정인숙·윤성운·전재풍·이덕환·최유문 등이 발기위원이 되어 주식회사를 창립하기로 하고 주주를 모집하였다. 처음에는 주식주를 200주로 하였다가 다시 1,000주를 증가시켜 1,200주를 모집하고 일주금을 50원으로 하여 총자본금을 6만원으로 하였다.[133] 평양자기제조주식회사의 주식모집은 호조를 보여 총자본금이 모두 모여서 1909년 2월 22일 평양 관동에서 창립총회를 열고 평양 마산동에서 정식으로 자기제조주식회사를 발족시켰다.[134] 그러나 이 회사는 그다지 성공을 거둔 것 같지는 않다.[135]

신민회는 이 밖에 평안북도 納淸亭에 무역상사 겸 도소매상회사였던 協成同事를 설립하였다. 1908년 2월에는 평북 용천에 무역상사 겸 도소매상회사인 商務同社와 商務同事總支店를 설립하였다. 상무동사는 100여 명의 주주로 구성된 주식회사의 형식을 갖춘 상사로, 출자자 가운데 많게는 1,000원에서 적게는 몇 십원까지 출자해 이를 자본금으로 상무동사 총지점을 설립 운영하였다[136]. 그리고 신민회는 인천에 있던 이탈리아인 巴馬 소유인 무역회사 파마양행과 계약하여 대리로 경영하면서 일본으로부터의 수입품을 배척하고 그 밖의 외국으로부터 상품을 직수입하여 협성동사와 상무동사에 공급하였으며 신민회 계통회사들의 수출입업무를 담당하였다.[137] 또한 신민회는 태극서관을 설립하여 운영하였는데 이는 각 학교에 교과서를 납품하는 일을 하였을 뿐 아니라 조선광문회에서 발간된 서적을 유포하고 《소년》 잡지와 《대한매일신보》의 판매망 역할을 하였던 것으로 보인다.[138] 그 외에 신민회는 황해도 안악에 小紡織工場과 小煙草工場 등을 세웠고, 사리원에 모범 농촌을 건설하려는 계획도 세웠다.

---

133) 《大韓每日申報》, 1908년 10월 16일, 광고·1909년 2월 9일, 광고.
　　신용하, 앞의 글(1985), 88쪽.
134) 《大韓每日申報》, 1909년 2월 9일, 광고.
135) 윤경로, 앞의 글(1922), 154~155쪽.
136) 《大韓每日申報》, 1909년 1월 17일, 광고·2월 28일, 광고.
　　조선총독부, 《조선음모사건》, 27·120쪽.
　　윤경로, 앞의 글(1992), 142~148쪽.
137) 金道泰, 《南岡 李昇薰》(기독교문사, 1950), 98쪽.
138) 윤경로, 앞의 글(1992), 156~159쪽.

이러한 신민회의 민족산업운동은 교육구국운동처럼 큰 성과를 내지 못하였다. 그러나 신민회의 민족산업운동은 신민회활동의 실제적 물적 토대를 마련해 주어, 신민회가 다른 단체들과 달리 비밀결사이면서도 많은 활동을 할 수 있게 뒷받침해 주었다.

라. 독립군기지 창건운동

신민회는 국내에서 위와 같은 실력양성을 위한 여러 가지 운동을 전개하면서, 한편으로 국외에 무관학교를 설립하고 독립군기지를 창건하여 기회가 오면 독립전쟁을 일으켜서 독립군이 국내에 진공하여 내외 호응하여 봉기해서 일거에 일본제국주의를 물리치고 자기 민족의 실력으로 국권을 회복할 준비를 하려고 하였다.

신민회가 국외 독립군기지와 독립군의 창건문제를 최초로 검토한 것은 신민회 창건 직후인 1907년 8월로 보인다.139) 그러다가 신민회가 독립군기지 창건과 무관학교 설립, 독립군창건 등의 문제를 본격적으로 논의한 것은 의병운동이 퇴조기에 들어가기 시작한 1909년 봄이었다. 이 때 신민회는 양기탁의 집에서 전국간부회의를 열고 국외의 적당한 지역을 물색하여 독립군기지를 만들고 무관학교를 설립하여 독립군사관을 양성하는 문제를 협의했다.140) 드디어 1910년 3월 긴급 간부회의를 열어 독립전쟁전략을 최고 전략으로 채택하고, 국외에 독립군기지와 그 핵심체로서 무관학교를 설립하기로 결정하였으며, 일제헌병대에 구속되었던 간부들은 원칙적으로 국외에 망명하여 이 사업을 담당하기로 하고, 국내에 남는 간부들과 회원들은 이 사업을 지원하는 한편 종래의 애국계몽운동을 계속하기로 결정하였다.141)

1910년 4월에는 중국으로 망명한 안창호·이갑·신채호·김희선·이종호 등 신민회 간부들이 靑島會議를 열고 독립군기지 건설에 대한 구체적 시행

---

139) 신용하, 앞의 글(1985), 101쪽.
140) 독립운동사편찬위원회편, 〈독립군전투사〉(상)(《독립운동사》 제5권, 1973), 162~163쪽.
元秉常, 〈新興武官學校〉(《新東亞》 1969년 6월호), 236쪽.
蔡根植, 《武裝獨立運動秘史》, 47쪽.
141) 이광수, 앞의 책, 50~53쪽.

책을 협의하여 신한민촌과 무관학교 설립안이 채택되어 일을 추진하였으나, 8월 일제의 강점소식이 전해지면서 독립군조직으로 방향을 선회했다가 일제에 의해 좌절되었다.142)

한편 국내의 세력은 종래의 사업을 계속할 것을 결정하였으나 1910년 8월 한국이 일제의 식민지로 전락하자, 일부의 간부와 회원만을 제외한 채 서간도지방으로 집단적으로 이주하여 독립군기지 창건사업을 수행하기로 결정하였다. 1910년 11월 서간도에 독립군기지 후보지를 선정하고, 12월 양기탁·주진수·이승훈·김구·이동녕 등이 양기탁의 집에서 전국간부회의를 열어 서간도 한인집단 이주계획을 구체적으로 수립했다.143)

독립군기지 창건사업의 선발대 이동녕과 이회영 5형제, 주진수의 가족들은 1910년 12월부터 다음해 1월에 걸쳐 奉天省 柳河縣 三源堡로 이주하여 신한민촌을 건설하고, 토지개간과 농업경영을 통한 경제적 자립을 위한 민단으로서 耕學社를 조직하고 사관양성기관으로 新興講習所(新興武官學校)를 창설하였다. 강습소는 본과와 특별과로 나누어 본과는 중학교 과정의 교육을 실시하고 특별과는 속성과로 사관양성의 교육을 실시하였다. 1913년 강습소는 通化縣 哈泥河로 이주하고 학교 이름을 신흥무관학교로 하였다. 이 학교는 1920년 8월 폐교할 때까지 많은 독립군사관을 길러냈고 이들은 도처에서 헌신적으로 독립전쟁에 참여하여 빛나는 업적을 내었다.144)

그리고 신민회 간부 이동휘와 이종호는 1913년에 汪淸縣 羅子溝 大甸子에 또 하나의 무관학교인 東林武官學校를 설립하였다.145) 또한 신민회 간부 이갑 등도 만주 密山府 蜂密山子에 제3의 密山武官學校를 설립하였다.146)

---

142) 신용하, 앞의 글(1985), 106~108쪽.
윤경로는 당시 청도회의에서 "안창호측은 농지를 개척하여 이주한인의 생활터전을 마련하는 것이 급선무라는 입장이었고 유동열측은 신문과 잡지를 발간하여 독립정신을 계몽하는 것이 급선무라는 입장에 서 있었을 뿐 어느 쪽도 당장에 무장투쟁을 하자는 급진적 독립전쟁론은 제기되지 않았다"고 강조하였다(윤경로, 앞의 글(1992), 261~262쪽).

143) 신용하, 위의 글(1985), 109~113쪽.

144) 元秉常, 앞의 글(1969), 236~243쪽.
蔡根植, 앞의 책, 47~49쪽.

145) 姜德相 編, 《朝鮮》 3 (《현대사자료》 제27권), 156쪽.
신용하, 앞의 글(1985), 119~121쪽.

이와 같은 신민회의 독립군기지 창건운동은 원래의 계획대로는 이루어지지 못하고 부분적 성공으로 끝나고 말았다. 그러나 이 운동은 우리 독립운동사상에서 매우 중요한 의의를 가진 것이었다. 무엇보다도 이는 애국계몽운동과 의병운동을 발전적으로 종합한 전략으로, 특히 애국계몽운동이 합법적 테두리 안에서의 실력양성운동에 그쳤다는 한계점을 극복해 주고 있다. 이는 1910년 이후 여러 민족운동세력의 기본적인 독립운동전략이 되었고, 3·1운동 이후 대규모의 독립군부대에 의한 무장투쟁의 기초가 되었다. 또한 이후 서북간도와 노령을 무장독립운동의 근거지가 되게 하였다.

4) 대한협회, 기타 학회들

(1) 대한협회

대한협회는[147] 대한자강회가 1907년 8월 강제 해산된 3개월 후인 1907년 11월 10일 권동진·남궁준·여병현·유근·이우영·오세창·윤효정·장지연·정운복·홍필주 등 10인이 취지와 목적 및 강령을 포고한 후, 같은 달 17일 관인구락부에서 제1회 임시총회를 개최하여 규칙을 통과시키고 임원을 선출함으로써 설립되었다.[148] 당시는 고종강제퇴위, 정미7조약의 체결, 신문지법과 보안법의 시행, 조선군대의 해산 등 일련의 일제의 주권강탈정책에 의해 합법적 테두리내에서의 계몽운동이 더욱 위축될 수밖에 없는 상황이었다. 따라서 대한협회의 설립은 대한자강회의 설립과 비교할 때 소극적 활동을 펼 수밖에 없는 상황에서 출발하고 있었음을 알 수 있다. 특히 이와 관련한 일본인 고문 오가키 다케오(大垣丈夫)의 회고담으로 볼 때, 새로 설립되는 단체의 성격과 관련하여 그와 통감 이토 히로부미 사이에 어떤 형태로든 일

146) 姜德相 編, 위의 책, 157쪽.

147) 대한협회에 관한 연구는 다음과 같다.
이현종, 〈대한협회의 조직과 활동에 관한 성격〉(《1900년대의 애국계몽운동 연구》, 아세아문화사, 1993).
김항구, 〈대한협회의 설립과 조직〉(《차문섭교수화갑기념 사학논총》, 1989).
———, 〈한말 대한협회의 자강독립론〉(《교수논총》 7-2, 한국교원대, 1991).

148) 《大韓協會會報》 제1호, 〈본회역사 및 결의안〉, 38~39쪽.

제의 한국강점정책에 협력하고 공헌하겠다고 하는 양해가 있었을 것이라고 하는 추측을 가능하게까지 하여,[149] 실제 설립자들은 그렇지 않다고 하더라도 많은 제약을 갖고서 출발했음을 알 수 있다.

대한협회의 취지를[150] 보면 이 역시 사회진화론적 시각으로 당시를 인식하여 지금은 생존경쟁의 시대이고 우자승 열자패가 대세라고 파악하였다. 이러한 시각은 우리 민족에 대한 자책과 자성으로 연결되어 지금 민족의 현실은 정치가 발전되지 못하고 교육 산업이 뒤떨어졌기 때문이라고 분석하기에 이르렀다. 그리고 문명과 행복을 이루기 위해 대한협회를 조직하는데, 그 취지는 "정치·교육·산업을 강구하여, 사회지식을 발달케 하고 신진 덕성을 도야하며 전국부력을 증진케 하여, 이로써 참다운 국민적 자격을 양성코자 하는 것"이라고 하였다.

정미7조약의 체결 등으로 상황이 더욱 나빠졌는데도 대한협회의 취지는 대한자강회와 비교해 볼 때 국권회복에 대한 의지의 표현이 현저히 약화되어 있고,[151] 문명, 인민의 행복, 국민의 자격과 같은 새로운 사회에 맞는 인간상에 그 초점이 놓여 있다.

또한 대한협회는 현실극복을 위한 강령으로 교육의 보급, 산업의 개발, 생명재산의 보호, 행정제도의 개선, 관민폐습의 교정, 근면 저축의 실행, 권리·의무·책임·복종의 사상 고취 등을 제시하였는데,[152] 이 강령 역시 국권회복을 전면에 내세우기 보다는 문명화와 개인의 인권, 국민자격의 획득과 같은 것에 치우치고 있다.

대한협회는 외형상 전국적 규모의 단체였던 대한자강회를 계승하고 있기에 외형상의 조직은 대한자강회와 유사하였다. 그리고 제1회 임원을 볼 때도 대한자강회의 임원들과 거의 유사하였다[153]. 설립경위의 의문점, 강령의 후퇴 등의 문제점이 있긴 하나 초기의 임원들은 항일의식에서 출발했다. 그리

149) 김항구, 앞의 글(1989), 464쪽.
이현종, 앞의 글(1993), 148~151쪽.
150) 《大韓協會會報》 제1호, 〈大韓協會趣旨書〉, 1~2쪽.
151) 김항구, 앞의 글(1989), 467쪽.
152) 《大韓協會會報》 제1호, 〈本會綱令〉, 467쪽.
153) 《大韓協會會報》 제1호, 〈本會歷史 및 決議案〉, 38~39쪽.

하여 당시까지는 일제에 대한 협력이 나타나지는 않았다. 그러나 1908년 6월 남궁억이 회장을 사퇴하고 7월 11일 김가진이 회장으로 선임된 후 대한협회의 회장을 위시하여 부회장(오세창) 등 임원들이 노골적으로 친일적 입장을 밝히고 있다. 이 때부터 대한협회는 임원들과 회원들 사이에 이분화 현상이 나타난다.[154] 중앙조직은 평의원 30인, 찬의원 30인, 강령의 구체적 실천을 위한 교육부·실업부·법률부·재무부·지방부 등의 5개 부를 두었고, 간사원·회계·서기·회보발행소장·편집 겸 발행인 등의 기구가 있었으며, 본회 회원수는 1909년 3월까지 560여 명에 이르고 있다.

지방조직으로는 府와 郡에 지회를 설치하고 지회에서 거리가 먼 지역에는 분지회를 설치하였다. 1909년 3월경의 지회와 분지회의 총수는 60여 개로 경기 3개, 경남 6개, 경북 10개, 전남 4개, 전북 12개, 제주 3개, 충북 1개, 충남 2개, 평남 4개, 평북 7개, 함북 2개, 함남 6개, 황해 4개 등이며 회원수는 3,500명 내외였다.[155] 중앙의 본회와 지회 분지회와의 관계는 본회가 지회 분지회의 설립 절차에 강한 영향력을 보였는데, 후기로 갈수록 대한협회가 일제와 타협적으로 되면서 본회는 지회의 독자적인 활동을 엄격히 제한하여 정부관헌 및 일제와의 갈등을 줄이고 자신들의 지휘 감독하에 두었다.[156] 당시 지회의 회원들은 임원들과는 달리 여전히 항일의식을 갖고 협회활동에 참여하고 있었다.

대한협회의 계몽사상은 앞서도 보았듯이, 사회진화론에 기초한 현실인식에서 출발하여 한국과 한민족의 자책과 자성론으로 연결되고 현실극복을 위한 실력양성론으로 발전하였다. 특히 두드러진 것은 김가진 회장 출범 이후 상당수의 대한협회의 간부들이 제국주의 일본을 우자승의 위치에 있는 강자로 인식하고 그들에 의한 보호와 간섭을 어찌할 수 없는 대세로 받아들이려는 경향을 보였다는 점이다.[157]

대한협회 역시 실력양성을 위한 급무로 교육진흥의 필요성을 역설하고 애

154) 이현종, 앞의 글(1993), 196쪽.
155) 김항구, 앞의 글(1989), 473~474쪽.
156) 《大韓協會會報》 제11호, 〈各支會에 對한 指明書〉, 49~50쪽.
157) 김항구, 앞의 글(1991), 126쪽.

국정신과 실학정신의 고취를 교육의 목표로 설정하였으며,158) 의무교육의 보급확대, 교육재정의 확충, 교과서의 합리적 개편 등의 방안159)을 제시하였다. 또한 식산흥업에 의하여 국부를 증진시키는 것을 자강실현의 급무라고 인식하였다. 특히 상업과 농업을 중시하여 그 성격을 밝히고, 발달방안을 제시하였다.160)

그리고 대한협회는 정치개혁에 의한 실력양성론을 전개하였다. 정치개혁을 자강실현의 최급무로 파악하고 국가·정체·정부·정당에 대한 나름대로의 구상을 발표하였다. 먼저 국가론을 보면 국민주권사상을 바탕으로 하여, 국민에 의한 국민을 위한 국민의 국가를 이상적인 국가로 생각하는 국민국가론을 전개하였다.161) 그리고 국민국가를 실현하는데 합당한 정치체제로는 입헌정체 더 나아가서 민주공화정체를 이상적인 것으로 생각하였다.162) 이의 구체적 실천을 위한 정부형태로는 국민여론에 바탕을 둔 국민적 정부 즉 책임 내각을 합당한 것으로 생각하였다.163) 대한협회는 과거의 붕당은 공의보다 사리에 치우치는 편벽된 사당이며 근대의 정당은 정치상 동일한 주의를 가진 자들이 국리복지를 목표로 조직하여 공의를 존중하는 공당이라고 인식하고, 다수 정치의 실현을 위하여 정당의 존재와 정당의 분립이 불가결한 것이라고 인식하였다.164) 대한협회는 바로 자신이 전국의 사상을 통합한 민성

158) 申采浩, 〈歷史와 愛國心의 關係(속)〉(《大韓協會會報》 제3호), 5쪽.

159) 여병현, 〈義務敎育의 必要〉(《大韓協會會報》 제2호), 10~11쪽.
張志淵, 〈교과서 검정에 관한 충고〉(《大韓協會會報》 제10호), 5~6쪽.
嵩陽山人, 〈敎育普及에 對하여 發展의 方法을 先究함〉(《大韓協會會報》 제12호), 11~14쪽.

160) 김명준, 〈殖産論〉(《大韓協會會報》 제1호), 24쪽.
권동진, 〈實業精神의 如何〉(《大韓協會會報》 제5호), 16~17쪽.
———, 〈상업발달의 요소〉(《大韓協會會報》 제6호), 20~24쪽.

161) 金成喜 《정당의 사업은 국민의 책임〉(《大韓協會會報》 제1호), 29~30쪽.
———, 〈論外交上經驗的歷史〉(《大韓協會會報》 제8호), 4쪽.
卞悳淵, 〈國民과 政治의 關係〉(《大韓協會會報》 제7호), 30쪽.

162) 元泳義, 〈政體概論〉(《大韓協會會報》 제3호), 27~28쪽.
———, 〈政治의 進化(續)〉(《大韓協會會報》 제7호, 25~26쪽, 제10호 28쪽, 제11호 23쪽).

163) 安國善, 〈정부의 성질〉(《大韓協會會報》 제7호), 28쪽, 〈정부의 성질(속)〉, 제8호, 24쪽.
金成喜, 〈정당의 사업은 국민적 책임〉(《大韓協會會報》 제1호), 30~32쪽.

발표의 정당 곧 국민의 소리를 대표하는 정당이며 사실상 국민적 정당이라고 간주하고, 국민국가를 건설하기 위해서는 국민적 정당인 대한협회가 중심이 되어 국민적 정부의 수립에 의한 국민국가를 건설해야 한다고 하였다.[165) 대한협회의 활동은 강령에서 제시한 바와 같이 다양한 활동이 있었는데 무엇보다도 정치활동이 가장 두드러졌다. 창립 초기에는 국권회복운동을 전개하였으나 김가진 회장 취임 이후를 보면 통감부의 침략정책을 정면으로 거부하지 않고 〈시국에 관한 의견서〉를 제출하여 점진적인 개선방안만을 건의하고 있다.[166) 그리고 '東拓法'에 대한 정부질의 대표파견,[167) 순종 순회시 송병준의 망동에 대한 공박,[168) 관리의 비행조사[169) 등 국권회복과는 거리가 먼 활동을 하였으며, 심지어 1909년 9월 이후에는 일진회와의 연합설[170)에 휘말릴만큼 국권회복운동 단체로서의 역할을 제대로 하지 못하였다.

성과가 컸던 부문은 교육활동으로, 향교의 강당을 학교로 만들어 쓰기도 하고, 학교를 많이 세웠으며, 《대한협회회보》에 교육 관련 연설문을 싣고 교육부란을 따로이 두고 교육에 대한 글을 실어 교육계몽에 앞장섰다. 또한 회보를 통하여 산업・법률・실업・지지・역사・문예 등 각 분야에 걸쳐 신교육을 소개하고 보급하는데 앞장섰다.[171) 그리고 솔선수범하여 회원들의 자제를 학교에 입학시키고, 각 지방 지회에서 수시로 강연을 통하여 교육계몽에 힘썼다.[172)

또한 인권옹호라는 이름으로 법의 테두리에서 관리와 토호들의 탐학을 밝혀 민의 권익을 보호하는 일을 하였다. 즉 세율에 관한 조사와 판정, 재산피

164) 安國善, 〈정당론〉(《大韓協會會報》 제3호), 24쪽.
金成喜, 〈정당의 사업은 국민적 책임(속)〉(《大韓協會會報》 제2호), 21~24쪽.
165) 金嘉鎭, 〈개회취지설명〉(《大韓協會會報》 제8호), 54쪽.
166) 李鉉淙, 앞의 글(1993), 160쪽.
167) 《大韓協會會報》 제6호, 〈본회역사〉, 59~65쪽.
168) 《大韓協會會報》 제8호, 56쪽・제10호, 67쪽・제11호, 47쪽・제12호, 47쪽.
《大韓每日申報》, 1909년 2월 11・17・20・26일.
169) 《大韓協會會報》 제10호, 66~67쪽.
《大韓每日申報》, 1909년 2월 10일・3월 12일.
170) 李鉉淙, 앞의 글(1993), 177~191쪽.
171) 《大韓協會會報》 참조.
172) 李鉉淙, 앞의 글(1993), 165・169・198쪽.

탈사건에 대한 조사와 진상규명 등에 앞장섰으며 근대법을 강연하여 주지시키는데 힘썼다.[173] 그리고 伸理硏究所를 설치하여 "토호탐학과 국민의 寃屈을 풀며 행정관의 간섭을 불허하고 재판의 公平堅確을 기하기 위함이라"고 밝히며 누구든지 내외국인에게 박해받은 동포는 그 전말을 알리면 본회 부담으로 최선을 다할 것임을 밝혔다.[174]

한편 회보의 발간과 강연을 통하여 대중계몽에 앞장섰는데 교육과 근대법 인권보호에 관한 것 외에 크게 비중을 두고 계몽하였던 것이 여러 가지 사회폐습을 교정하자는 것이었다. 관혼상제에 있어서 절약·복색개량·단발실시·조혼금지·과부개가 등 전통적인 우리 사회에서 고쳐야 할 많은 문제점을 제시하였다.

이러한 활동에서 볼 수 있듯이 대한협회가 추구했던 것은 문명화와 법테두리에서의 정치활동이었음을 알 수 있고, 더욱이 1909년 이후 일부 임원들이 일제에 협조적인 태도를 보임에 따라 일반회원들과 이분화 현상을 갖게 되고, 일진회와 제휴하려 했던 점은 대한협회의 애국계몽단체로서의 위상을 다시 한번 생각케 한다. 외형적으로 대한자강회의 후신이었으나 실제 그 역할은 신민회에게 넘겨주고 대한협회는 이분화되어진 이질적 구성원들로 이루어진 많은 오류를 지닌 단체로 전락하고 말았다.

(2) 계몽학회들

당시 학회들은 명칭에서 볼 때 교육운동만을 지도한 단체로 생각할 수 있으나 실제 지역 단체의 성격을 갖고서 교육운동뿐만 아니라 일반 계몽운동에 앞장섰다.

학회운동의 시작은 앞서 보았던 국민교육회에서부터 비롯되었는데 그러나 당시 국민교육회의 활동은 애국계몽노선의 전개상황과도 관련하여 크게 활발하지 못하였고 후에 설립된 학회들이 각 지역민을 대상으로 구체적 활동을 하였던 것에 비하여 기반이 다져지지 않은 상황에서 광범위한 대중을 대

---

173) 《大韓協會會報》 제2호, 59~60쪽.
《大韓每日申報》, 1909년 3월 10일.

174) 《大韓協會會報》 제6호, 59쪽·제7호, 55쪽·제9호, 54쪽.

상으로 활동하였던 만큼 크게 성과를 거두지는 못하였다.

학회운동이 본격적으로 전개되기 시작한 것은 1906년 10월에 西友學會와 漢北興學會가 설립되면서였다. 이후 많은 학회들이 설립되었는데 1907년 7월에는 湖南學會와 湖西學會가, 1908년 1월에는 서우학회와 한북흥학회가 西北學會로 통합하였으며, 한편 畿湖興學會가 창립되었고, 1908년 2월에는 관동학회가, 3월에는 嶠南敎育會가 설립되었다.

이들 학회의 활동은 1910년 8월 국권피탈 때까지 계속되었는데, 그 동안의 모든 학회와 활동이 일치되게 전개된 것은 아니고 설립시기와 구성원, 설립지역 등에 따라 그 활동성이 다르게 나타나고 있다. 여기에서는 대표적으로 서우학회·한북흥학회·서북학회·기호흥학회를 중심으로 살펴보겠다.

가. 초기 학회의 사상과 활동

서우학회와 한북흥학회[175]의 설립은, 일단은 국민교육회의 활동에서 비롯되었지만 그 밖에 대한자강회의 주도층, 기독교청년회의 주도층, 전현직 무관출신의 애국계몽운동가 등 기존의 애국계몽단체 인사들의 활동을 기반으로 설립되었다. 이들이 따로이 지역단위의 단체를 설립한 것은 민족적 위기의식을 최대한 결집시켜 국권회복의 의지를 키우고 민력을 기르기 위해서는 지역인을 대상으로 차근차근 쌓아올려야 한다고 보았기 때문이다.

이들의 목표와 취지를 보면, 이들의 궁극 목표는 국권을 회복하고 인권을 신장하여 자유독립국을 건설하는 것이었다. 그러면 그 목표를 달성하기 위해 어떻게 해야할 것인가. 이에 대하여 이들은 당시대를 사회진화론적 인식으로 분석하고 있다. 즉 지금은 제국주의시대로 강력한 힘을 가진 나라나 민족이 약한 나라나 민족을 침탈하는 우승열패·약육강식의 논리만이 적용되는 시

175) 서우학회·한북흥학회에 관한 연구는 다음과 같다.
한상준, 〈서우학회에 대하여〉(《역사교육론집》 1, 1980).
이송희, 〈한말 서우학회의 애국계몽운동과 사상〉(《한국학보》, 26, 1982).
———, 〈한말 한북흥학회의 조직과 활동에 관한 고찰〉(《이화사학연구》 15, 1984).
———, 〈한말 애국계몽사상과 사회진화론〉(《부산여대사학》 2, 1984).
———, 《대한제국말기 애국계몽학회연구》(이화여대 박사학위논문, 1986).
———, 〈학회운동〉(《한민족독립운동사》 2, 국사편찬위원회, 1987).

대이므로 국권을 회복하기 위해서는 실력을 양성해야 한다는 것이다. 그리고 민권사상에 입각하여 국권회복을 위한 실력양성은 국민을 기반으로 하는 민력양성이어야 한다고 보았다. 또 실력양성에 필수적인 것이 단결력이라고 강조하고, 국권회복을 위한 민력양성을 위해 단체설립을 강조하였다. 이러한 기본인식 위에서 민력을 양성하고, 민력을 결집키 위한 사업으로 민중계몽·교육사업·청년층 지도 등을 내세웠다.[176]

이들의 활동을 보면, 무엇보다 교육운동을 중요 사업으로 추진하였다. 먼저 일반대중들에게 학회의 총회·통상회·운동회 등의 강연회를 통하여 국권회복을 위한 신교육의 절실한 필요를 계몽하고 학교설립 등의 신교육 실시를 촉구하였다.[177] 그리고 학교가 설립되어 신교육이 실시된다고 하더라도 적절한 교과서가 없고 교육방향이 확고하지 못하며 자금이 넉넉치 않아 학교운영이 제대로 되지 못한다면 교육의 효과를 올릴 수 없다고 보아 평안남북도·황해도·함경남북도·사립학교 교육을 지도하였다. 또한 漢北學校·서우학교·사범야학교 등 학교를 직접 설립하여 국권회복을 위한 인재양성에 주력하였으며,[178] 관서·관북지방의 유학생들에게 애국주의를 함양하고 국권회복을 위해 행동하도록 지도하였다.[179]

서우학회와 한북흥학회는 민력을 양성키 위해 교육운동에 못지 않은 중요사업으로 대중계몽운동을 추진하였다. 대중계몽의 중요 방법은 계몽강연활동으로서 학회들은 연설을 통해서 대중들에게 국권회복에의 의지를 심어주고 그를 위한 애국계몽사상을 일깨우는데 주력하였으며, 민권사상을 강조하고

---

176) 서우학회의 취지와 목표는 〈본회취지서〉(《西友》 제1호), 1쪽.
한북흥학회의 취지와 목표는 《大韓每日申報》, 1906년 10월 30일, 잡보 〈한북흥학회취지서〉.

177) 《皇城新聞》, 1906년 11월 9일 잡보, 〈한북흥학회연설〉·11월 20일, 잡보 〈漢北開會〉·1907년 3월 29일 잡보, 〈普校大振〉.

178) 《皇城新聞》, 1906년 12월 29일, 〈漢北義塾學員募集廣告〉·1907년 1월 16일, 잡보 〈漢北興學〉.
《西友》 제2호, 〈광고〉.
《大韓每日申報》, 1907년 2월 26일, 잡보·3월 3일, 잡보·10월 16일, 광고.
《皇城新聞》, 10월 17일, 광고·11월 14일, 잡보 〈서우설교〉.

179) 《大韓每日申報》, 1907년 3월 16일, 잡보 〈서북친목〉·〈서북학생친목회〉.
《皇城新聞》, 1907년 3월 15일, 잡보 〈학생친목〉.

근대 국민국가의 건설, 사회혁신의 추구, 신사상의 수용을 촉구하였다. 그리고 민력양성의 방법으로 신교육론·실업진흥론·단체론을 강조하였다.180) 서우학회는 학보《西友》를 발간하고 국권회복을 목표로 실력양성론을 강조하여 대중계몽에 힘썼다.

또한 서우학회와 한북흥학회는 민력을 양성하기 위한 또 하나의 사업으로 청년운동을 추진하였는데 이는 西北學生親睦會를 중심으로 전개되었다.181) 이러한 사업 외에도 국채보상운동을 전개하였으며,182) 특히 한북흥학회는 최익현이 죽자 의금모집을 전개하기도 하고 이용익의 죽음, 이준의 파면에 대하여 사후책을 세우는 등 당시의 여러 문제들에 대하여 관심을 갖고 그 현실적인 대책에 부심하기도 하였다. 위와 같은 학회들의 활동에 힘입어 관서지방을 필두로 관북지방에서 애국계몽운동이 가장 활발히 전개되기에 이르렀다. 그리고 이는 1908년 1월 두 학회의 서북학회로의 통합으로 이어졌다.

나. 후기 학회의 사상과 활동

애국계몽학회운동은 1907년 중엽에 이르러 관서·관북지역에서 뿌리를 내려 일정한 성과를 거두게 되자 전민족적·전국가적 차원으로의 확산을 시도하였다. 바로 이때 정미7조약의 체결과 군대해산, 신문지법과 보안법의 공포 등 일제의 탄압책과 탄압기구가 강화되어 갔다. 따라서 한편으로는 운동을 확산시켜 나가야만 했으며, 또 한편으로는 탄압에 맞서 역량을 통합해야만 했다. 이러한 시점에서 서북학회는183) 1908년 1월 서우·한북흥학회가 발전

180) 서우학회의 대표적 연사는 정운복·안창호·김명준·김유탁·유동작·최광옥·이갑·박은식·이승훈 등이었는데, 특히 안창호는 대표적 웅변가로 강연에 적극 참여하였다. 한북흥학회의 대표적 연사는 이준·이동휘·이종호·정진홍·강윤희 등이었는데 이준·이동휘의 활약이 눈부셨다.

181) 서북학생친목회는 서우학회원인 한광호·한경렬과 한북학회인 윤익선이 발기인이 되어 1907년 3월에 설립되었다(《大韓每日申報》, 1907년 3월 16일, 잡보 〈西北親睦〉·〈西北學生親睦會〉 및 《皇城新聞》, 1907년 3월 15일, 잡보 〈學生親睦〉 광고).
친목회는 관서 관북지역 청년들을 국권회복운동의 지도자로 양성하는데 그 목적을 두었다(《大韓每日申報》, 1907년 3월 6일, 잡보 〈西北學生親睦會趣旨書〉).

182) 《皇城新聞》, 1907년 4월 10일, 잡보 〈漢會報債發起〉·8월 8일, 잡보 〈總會公報〉.

183) 서북학회에 대한 기존의 연구는 다음과 같다.
이송희, 〈한말 서북학회의 애국계몽운동〉(《한국학보》 31·32, 1983).

적으로 통합되어진 것이고 기호흥학회는[184] 1908년 1월 애국계몽운동의 전국적 확산과정에서 그 설립을 보았다.

이 두 학회는 거의 같은 시기에 설립되었으면서도 많은 면에서 대조를 이룬다. 서우·한북흥학회의 서북학회로의 통합은 1907년 3월의 서북학생친목회 결성과 4월의 신민회 창립이 그 실질적 계기가 된 것으로 기존 학회의 통합과 활성화의 의미를 갖는 것이었다. 기호흥학회는 앞서의 학회활동의 영향으로 설립된 것으로 인적 기반은 대한자강회와 대한협회에 두고 있었지만, 설립주체세력들은 서북학회와는 달리 전 현직의 고위관리가 주를 이루고 있으며 학력도 일본유학을 다녀온 인사들이 큰 비중을 차지하고 있다.[185]

이러한 차이점은 취지와 목표에서도 드러나고 있는데, 서북학회의 궁극 목표는 국권을 회복하고 인권을 신장하여 근대문명국가를 이룩하자는 것이었다. 특히 그 정체를 입헌공화제로 하는 근대적 자유독립국을 강조하였다.[186] 이에 반하여 기호흥학회는 국권을 회복하고 민족을 살리는데 그 목표를 두고 있다.[187] 즉 국민국가에 대한 이상을 제시하고 있지 않은데, 이는 민에 대한 개념이 희박하고 모든 것을 지배층 중심으로 파악하고 있었다는 것을 드러내 준다.

이러한 차이점은 서북학회·기호흥학회의 활동에서도 잘 드러난다. 먼저 서북학회의 활동을 보자. 서북학회는 통합적인 애국계몽단체로서의 면모를 드러내며, 특히 일제의 식민화정책 강화 속에서 그 활로를 모색하기 위해 새로운 방향을 찾고자 노력하였다.

교육구국운동은 한편으로 종래의 운동을 좀 더 광범한 대중과 지역에까지

───, 〈한말 서북학회의 애국계몽사상〉(《부산여대사학》 1, 1983).
───, 앞의 책.

184) 기호흥학회에 대한 기존의 연구는 다음과 같다.
李鉉淙, 〈畿湖興學會에 대하여〉(《史學硏究》, 21, 1969).
이송희, 앞의 책.
───, 앞의 글(1987).

185) 이송희, 앞의 책, 118~119쪽 참조.

186) 鮮于鑴, 〈國家論의 槪要〉(《西北學會月報》 제1권 제11호, 14~18쪽·제1권 제12호, 7~17쪽·제1권 제13호, 12~15쪽·제1권 제14호, 9~12쪽.
李東輝, 〈祝辭〉(《西北學會月報》 제15호), 8~9쪽.

187) 《畿湖興學會月報》 제1호, 〈본회취지서〉, 2쪽.

확산시켜 나갔으며, 또 한편으로는 일제 학부의 교육탄압정책에 투쟁하여 사립학교교육이 민족의 자부심과 애국심을 길러주는 애국주의교육과 상무교육으로 일관되게 지도하고 일제의 탄압책동 속에서 살아날 수 있게 지도하였다.

학교설립 등의 신교육 계몽사업은 특히 31개 지역에 설립된 지회가 앞장서 지역대중을 계몽하고 유지들에게는 학교 설립을 권유하였다.[188] 학회령·사립학교령 공포 후 37개 지역에 선정된 학사시찰위원은 당시의 상황과 관련하여 지역민을 계몽시켜 교육구국운동에 참여할 것을 촉구하였으며 의무교육 실시를 주장하였다.[189] 또한 서우·한북학교를 합쳐 서북협성학교 속성과를 설치하고 이어 3년 과정의 보통과를 설치하여 교사 양성에 주력하였다.[190] 그리고 측량과를 설치하고(1908년 4월),[191] 노동층을 위해 水商夜學을 운영하였으며(1908년 2월),[192] 농림강습소를 설치하였다(1909년 9월).[193] 특히 서북학회는 일본측의 교육활동 탄압과 관련하여 서북지역 각 사립학교의 교무지도를 주요사업으로 전개하였다. 이는 인가된 69개의 지교운영을 통해 전개되었다.[194]

서북학회의 애국신민 인재양성을 위한 대중계몽운동은《서북학회월보》의 간행, 강연 토론, 청년지도활동 등을 통하여 이루어졌다. 이 역시 좀 더 광범한 대중을 애국계몽운동에 참여케 하자는 목적과, 일제의 탄압 속에서도 대중들로 하여금 적극 대처해 나갈 수 있도록 하려는 목적 아래 추진되었다.

《서북학회월보》는《서우》의 것을 그대로 이어 발간하기 시작하여 19호

---

188) 각 지회에서 학무회를 설치하여 의무교육실시를 위해 많은 노력을 하였으며, 평양과 강화 등에서의 의무교육실시, 각군 면학총회소 해서교육총회의 설치 등은 그 노력의 성과라 하겠다.

189) 이송희, 앞의 글(1987), 239쪽.

190)《皇城新聞》, 1908년 4월 2일, 잡보〈協成擴張〉·4월 12일, 잡보〈學員募集〉.
《大韓每日申報》, 1908년 4월 15일,〈학원모집광고〉.

191)《皇城新聞》, 1908년 4월 17일, 잡보〈測量生募集〉.
《大韓每日申報》, 1908년 4월 10일, 잡보〈測量校試驗〉.

192)《皇城新聞》, 1908년 1월 5일, 잡보〈勞動開明〉.
《大韓每日申報》, 1908년 1월 5일, 잡보〈奇哉水商〉.

193)《西北學會月報》제1권 제16호,〈雜俎〉, 61쪽.

194) 이송희,〈한말 서북학회의 애국계몽운동〉, 128~129쪽. 각 지교는 서북학회의 지도에 따라 교육과정·학교규칙제정·교과서선정·교사선정 등의 문제를 풀어 나갔다.

(1910년 1월)까지 발간되었다. 여기에는 서북학회의 애국계몽사상이 실려 있다. 서북학회의 애국계몽사상은 사회진화론과 민권론, 특히 사회혁신론을 그 사상적 기반으로 신교육구국론과 실업진흥론을 골자로 하는 실력양성론을 제기하였다. 특히 초기 학회들과 달리 새롭게 제기된 것은 신민사상과 입헌공화제론이었다. 서북학회는 국권을 회복하기 위해서는 民을 신사상·신지식·신사업으로 신인물로 만들자고 강조하였다. 신민의 요건으로 국가사상·권리사상·의무사상·진보사상과 단합·공리·공익·근면성·노동의 중시 등을 제시하였다. 그리고 서북학회는 초기 학회의 국민국가론에서 훨씬 발전된 구체적 국가상으로, 국체는 공화제도이며 정체는 입헌인 입헌군주제를 제기하였다.[195]

강연과 토론활동은 서북학회의 단체운동이 상당한 단계에 올라 있었기 때문에 단순한 신사상 고취에 관한 것이 아닌 운동확산과 일제의 탄압에서 부딪치는 문제에 관한 현실방안 등이었다.[196] 학회의 계몽활동에서 가장 주목되는 것은 心學講演所의 설치(1909년 2월)로, 이는 서북협성학교의 주관으로 매달 한번씩 서북회관에서 열렸다. 설립취지는 청년들을 올바른 방향으로 지도하고 모든 민중들이 올바르게 살게끔 하기 위해 심성과 도덕을 연마시키고자 하는 것이었다.[197]

청년지도활동은 기존의 서북학생친목회와 신설의 서북학생토론회, 심학강연소 운영, 유학생지도 등을 중심으로 전개되었다.

서북학회의 민족산업진흥운동은 타학회의 활동에서 볼 수 없었던 활동으로, 서북학회가 통합적인 계몽단체로서의 성격을 갖고 있었음을 잘 드러내준다. 이 사업은 실업부의 설치 운영을 통해 전개되었다. 실업부는 본부와 지부활동을 통하여 실업진흥을 대중에게 계몽하고 실업학교의 설립과 실업교육의 중요성을 강조하였으며, 회원들에게 농·공·상 3과에 20만원을 출자케 하여 모범적인 민족산업을 운영 진흥하여 대중들에게 모델을 제시케 하

195) 애국계몽사상에 대해서는 이송희, 〈한말 서북학회의 애국계몽사상〉 참고.
196) 《皇城新聞》, 1908년 1월 12일, 잡보 〈西北學校開校式〉.
《大韓每日申報》, 1908년 1월 14일, 잡보 〈西北學會盛況〉.
197) 《西北學會月報》 제1권 제10호, 19~21쪽, 〈心學講演〉.

였다. 또한 서북학회는 농림강습소를 설치(1909년 9월), 운영하였는데 7개월의 속성과정으로 과수재배학·삼림학·토양학·비료학·가축학·수의학 등이 강의되었다. 농민연구회는 강습소 졸업생을 기반으로 농림을 통하여 실업진흥을 꾀하고 이로써 어려운 현실에서 벗어나는 것을 목적으로 설치되었다(1910년 5월).[198]

이처럼 서북학회는 통합적인 애국계몽단체로 활동하였다. 이에 비하여 기호흥학회는 형식에 있어서는 초기 학회의 것을 답습하고 있으나 내용은 교육운동에만 한정되어 전개되었다. 그리고 지역적 차이 또 추진 주체의 성격으로 인하여 교육운동에서도 초기 학회나 서북학회와 비교하여 구국에의 목표가 훨씬 약하게 나타나고 있다.

가장 중요시되었던 기호흥학회의 교육진흥운동은 학교설립 등의 신교육을 촉구한 계몽사업과 기호학교의 설립 운영을 통한 인재의 양성, 기호지방 각 사립학교의 교무지도, 청년층의 지도 등 네 측면에서 전개되었다.

신교육을 위한 계몽사업은 각 지방인사와 향교, 군수에게 공함을 발송하고 신교육의 중요성을 강조하고 학교설립을 촉구하였다.[199] 또 18개 지역에 설치된 지회의 임원들이 각 면에까지 가서 지방민들에게 교육구국사상을 심어주고 지역의 유지들에게 신교육의 장소를 제공하도록 권유하였다.[200] 기호학교는 교사양성을 목적으로 본과와 특별과로 출발하였는데(1908년 6월), 후에 3개월 속성의 측량과가 설치되었다.[201] 사립학교의 교무지도는 교사소개소의 설치, 사립학교의 지속적 운영을 위한 기부금품모집취체규칙의 유지 등을 학부에 요청하는 등으로 이루어졌고, 지회의 경우는 사립학교 재정을 위해 후

---

198) 서북학회의 민족산업진흥운동은 이송희, 〈한말 서북학회의 애국계몽운동〉 참조.

199) 《大韓每日申報》, 1908년 4월 9일, 잡보 〈畿湖興學會에서 畿湖人士에게 發送한 全文이 如左하니〉.
《畿湖興學會月報》 제1호, 48~49쪽, 〈지방에 발송한 공함〉·제2호, 58~60쪽, 〈公函各郡守〉·제9호, 45쪽, 〈公函各郡鄕校〉.

200) 《畿湖興學會月報》 제7호, 56쪽·제9호, 46쪽.

201) 《大韓每日申報》, 1908년 5월 27일, 잡보 〈會移校接〉·6월 3일, 잡보 〈學員程度〉.
《皇城新聞》, 1908년 8월 26일, 광고 〈학원모집광고〉·9월 8일, 광고 〈測量學員募集廣告〉.

원자를 물색하여 기부금을 내게 하거나 본회에 보고하여 지원할 것을 요청하였다.[202)]

기호흥학회의 대중계몽운동은 학보인《기호흥학회월보》와 계몽강연을 통하여 이루어졌다.

《기호흥학회월보》는 1908년 8월에 창간되어 12호까지 발간되었는데 학보의 체제는《서우》나《서북학회월보》와는 달리 교육 일색으로 꾸며져 있었다. 여기에서 기호흥학회가 강조하고 있는 것을 보면, 궁극의 목적이 국권회복과 민권신장에 있음을 밝히고, 국권회복을 위해서는 실력을 양성해야 하며 실력양성의 관건이 되는 것은 교육이라고 교육구국을 주장하였다. 그리고 교육은 신교육과 정신교육이어야 한다고 강조하고 실력양성의 방법으로 단체활동을 강조하였다. 또 국권회복을 위해 실력양성과 더불어 해나가야 할 것이 과거의 폐습을 타파하는 것이라고 보고, 특히 구지식층이 고루하여 시대에 맞지 않은 학문을 하고 있는 점을 비판하고 있다.[203)] 이 같은 교육을 통하여 실력을 양성하겠다는 기본 사상은 초기 학회나 서북학회의 주장과 유사하다고 하겠다.

그러나 기호흥학회의 교육관에는 구국에 대한 강한 의지보다는 교육에 대한 강조가 두드러지게 나타난다. 교육을 통해 살아남을 수 있는 능력을 길러주자는 것을 강조하고 있고, 체육교육의 강조나 상무정신의 고취와 같은 미래의 실전을 준비키 위한 교과내용은 강조되지 않고 있다. 즉 기호흥학회의 교육관이 기능적임을 알 수 있다.

그리고 기호흥학회는 민의 개념이 희박하고 민권론이나 국민국가에 대한 이상을 뚜렷이 제시하지 않고 있다. 더욱이 서북학회가 신민사상 입헌공화제론으로까지 발전되어 나간 것과 비교하여 볼 때, 기호흥학회는 모든 것을 지배층 중심으로 파악하고 있었다고 할 수 있겠다.

기호흥학회의 계몽강연활동은 학회의 총회와 통상회를 통하여 전개된 만큼 활동범위도 넓지 못하였고, 강연의 내용 역시 지나치게 기호흥학회 자체 문제에 대한 것이었다.

---

202) 이송희, 앞의 글(1987), 249~250쪽 참조.
203) 이송희, 앞의 책, 127~134쪽.

이렇게 서북학회와 기호흥학회는 같은 시기에 설립되어 활동한 학회이지만 많은 차이점을 드러내고 있다.

학회 등 단체활동에 대한 일제의 탄압은 1907년의 보안법·신문지법으로부터 시작되어 1908년 8월의 사립학교령·학회령의 공포로 본격화되었다. 그리고 1908년 9월 교과용도서검정규정의 반포, 1909년 2월의 기부금품모집취체규칙, 4월의 지방비법의 공포, 2월의 출판법의 공포 등 일련의 탄압책은 학회활동에 큰 장애가 되었다. 그리고 1909년 후반에 접어들면서 학회운동 등 단체운동에 대한 내부분열책동으로 내부의 불분명한 인사들과 제휴하여 서북학회를 대한협회·일진회와 연합시켜 여론을 일한합병으로 끌어가려고 하였다. 10월에는 안중근의 이등박문 살해를 기화로 서북학회의 주도회원인 안창호·이동휘·유동열·이종호·김명준 등을 안중근과의 관련혐의로 구속하여 서북학회 분쇄를 시도하였다.

이러한 가운데 앞서 언급한 바와 같이 학회운동은 두 방향으로 전개되어 나갔고, 여기에 참여했던 인사들은 세 부류로 나뉘어졌다. 하나는 혁신적이며 철저한 세력으로 학회운동이 본래대로 전개될 수 없음에 독립전쟁전략을 내세워 적극적 무력투쟁을 준비하였다. 또 하나는 온건한 세력으로 학회운동이 여러 탄압책에 의해 심하게 저지당하였지만, 그 한계내에서 적절히 대처하여 민족사립학교를 살리고 인재를 양성하여 훗날 독립의 기초를 닦아 나갔다. 그리고 마지막 하나는 철저하지 못하고 불분명한 인사들로 시대적 상황에 따라 변화하는 부류라고 하겠는데 이들은 당시의 상황이 한일합병이 확실시되고 일제가 여론을 그 방향으로 끌어나가자 거기에 휩쓸렸다.

5) 애국계몽단체 활동의 역사적 의의와 그 한계

이상에서 먼저 초기의 계몽단체들을 간략히 살펴보고, 전국적 규모의 대한자강회와 신민회를 집중적으로 고찰하여 보았다. 그리고 대한협회, 지역 단위의 단체인 학회에 대하여 정리하여 보았다.

이렇게 무수히 설립되었던 계몽단체 활동의 역사적 의의는 다음 몇 가지로 요약할 수 있겠다.

이상에서 살펴보았듯이 먼저 무엇보다도 계몽단체의 활동은 애국계몽운동이 전국적 규모의 운동으로 전개될 수 있는 기반을 마련해 주었다는 것이다. 대한자강회·신민회와 같은 전국 규모의 단체가 지회운영을 통하여 계몽운동을 광범한 운동으로 전개시켜 나갔고 학회와 같은 지역 단위의 단체가 설립, 운영되면서 운동이 전국 곳곳으로 펴져나갈 수 있었던 것이다.

둘째, 그리하여 계몽운동의 대중성을 확보시키는데 일조를 하였다. 물론 계몽단체의 주도층과 참여층을 보면 지식층 등 시민층이 다수를 차지하고 있기는 하지만, 독립협회 단계보다도 훨씬 광범한 지역에서 다양한 층까지 포섭하여 운동이 전개되고 있음을 볼 수 있다. 이는 바로 단체활동의 결과라고 하겠다.

셋째, 애국계몽운동이 교육운동과 대중계몽운동에서 많은 성과를 거두어 이후의 민족해방운동의 밑거름이 되게 하였다. 물론 이 때의 교육운동의 교육내용이 나름대로 문제점이 있다는 것을 지적할 수 있다. 즉 교육이 그 자체의 목적인 인간을 인간답게 하는 것이 소홀히 되고 지나치게 국권회복과 애국을 강조하여 국권주의적 인간을 길러내고 있었던 점 등이다. 그러나 이 때 민족교육을 통해 길러진 인재들이 이후 민족운동이 기본 역량이 되었던 것은 높히 평가할 수 있고, 이 때 계발된 대중들 역시 후의 민족운동의 주요 역량으로 역할을 하게 된다.

넷째, 신민회와 같은 강력한 단체의 출현으로 애국계몽운동을 단순한 합법적 테두리 안에서의 실력양성운동에서 벗어날 수 있게 하였다.

하지만 계몽단체들은 이에 못지 않은 한계점을 안고 있었다. 무엇보다도 당시 계몽사상가들은 사회진화론을 본격적으로 수용하여 자기시대를 인식하고 여기에서 현실극복의 논리를 찾아내고 있었는데, 일부의 인사들이 오히려 생존경쟁·약육강식의 인식에 기초하여 국권피탈의 원인을 내부로만 돌리는 자성론과 자책론에 빠져 패배주의로 흘렀다는 점이다.

그리고 1908년 이후 일제의 야욕이 본격화되면서 민족의식이 약하고 자기 정체성을 찾지 못하였던 계몽단체의 일부 인사들은 일제에 타협적 방향으로 선회하기 시작하였다. 그리하여 단체의 내부에 분열양상이 보이고 때로는 친일단체와의 제휴설이 나도는 등 국권회복에의 의지가 약화되어가고 있었던 점을 볼 수 있다. 특히 대한협회의 경우 출발부터 한계점을 갖고 있었지만 1908년 이후에는 지도층에서부터 그러한 문제를 드러내고 있다.

의병운동에 대한 인식을 보면 국권회복에 대한 생각들이 편협하고 부르주아 중심적이었다고 보여진다. 당시 계몽단체들과 계몽사상가들 중 일부의 사람들은 의병운동을 현실에 맞지 않은 방법이라고 비판하였다. 이는 계몽단체와 계몽사상가들의 현실인식이 극히 자기 계층 중심이었음을 알 수 있다. 즉 민을 강조하고 국민주권국가를 주창하였음에도 불구하고 올바른 민중관을 갖지 못하고 모든 것을 자신들의 시각에서만 보고 해결하고자 했음을 말하여 준다.

〈李松姬〉

2. 애국계몽사상

1904년 러일전쟁과 1905년 을사조약에 의하여 한국이 일본의 보호국체제로 편입된 대한제국 말기에 있어서, 한국 민족운동의 큰 흐름은 愛國啓蒙運動과 抗日義兵運動으로 전개되었다.

애국계몽운동은 근대 지식층이 주도한 국권회복을 위한 실력양성운동으로, 그 논리는 점진적 실력양성에 의한 獨立準備論이었으며, 항일의병운동은 수구 지식층이 주도한 국권회복을 위한 항일무장투쟁으로, 그 논리는 즉각결전에 의한 即時獨立論이었다. 한말의 민족적·국가적 위기에 대하여 애국계몽운동은 합리적 이성적인 측면의 대응이었고, 항일의병운동은 본능적·감성적인 측면의 대응이었다고 볼 수 있다.

한말의 애국계몽운동은 외형적인 국가독립 회복운동에 그치지 않고 국민국가 건설운동을 내포하고 있으므로, 한말의 애국계몽사상을 국권회복의 논리와 국민국가건설의 논리로 나누어 살펴보고자 한다.

1) 애국계몽사상의 개념과 형성

(1) 애국계몽사상의 개념

한말의 국권회복을 위한 실력양성운동은 흔히 애국계몽운동이라 불리고 있으며, 그 사상은 애국계몽사상이라 불리고 있다. 그러나 그 운동과 사상의 개념과 용어는 학계에서 의견의 일치를 보지 못하여, 이 운동은 애국계몽운동·계몽운동·구국계몽운동·문화운동·애국문화운동·자강운동 등 다양한 용어로 표현되고 있다. 이러한 용어의 불일치는 '애국계몽'이라는 개념이 역사적 개념으로 정립되지 않았기 때문이다.

'애국계몽운동'이란 용어는 해방 후에 사용되기 시작하였다. 孫晋泰는 1949년에 간행된 《國史大要》에서, 한말의 개화지식인들이, "남의 힘에 의뢰한 것이 나라를 망하게 하는 장본이었다. 우리 자신의 힘으로 독립을 싸워 얻어야 하겠다"는 자각에서, 학교·학회·종교단체를 만들어 신학문을 교육하고, 정치사상을 선전하며, 민족정신을 고취하여 완전한 독립을 추구한 운동을 '애국적 계몽운동'이라고 하였다.[1] 이후 한말의 실력양성운동을 '애국계몽운동'으로 보는 시각이 보편화되었다.

예컨대 한말 애국계몽사상이란 1905~1910년 사이에 전개된 애국계몽운동을 이끌어 간 사상을 포괄적으로 가리키는 말이라 하고, 애국계몽운동을 어느 시기에나 있을 수 있는 일반적 개념으로서가 아니고, 한말이라는 일정한 시기에 있었던 운동으로서 '역사적 개념'으로 파악해야 한다는 견해가 있다. 이 견해는, "1905년 11월 소위 을사조약에 의하여 국권을 박탈당한 이후, 개화자강파가 중심이 되어 완전한 국권회복을 목적으로 전개한 1905년~1910년 사이의 민력계발과 민족독립역량 양성운동을 총칭하는 개념"으로서 애국계몽운동을 정의하고, 그 운동 내용으로 ① 신교육구국운동 ② 언론계몽운동 ③ 민족산업진흥운동 ④ 국채보상운동 ⑤ 신문화·신문학운동 ⑥ 국학운동 ⑦ 민족종교운동 ⑧ 해외독립군기지 창건운동 등을 제시하고 있다. 곧 해외독립군

---

1) 孫晋泰, 《國史大要》(乙酉文化社, 1949), 138~139쪽.

기지 건설운동까지를 애국계몽운동의 범주에 포함시키고 있는 것이다.[2)]

한편, 1905년 11월 '보호조약' 이후 신지식층의 개화사상이 애국계몽운동으로 전개되었고, 이 애국계몽운동은 갑신정변-독립협회운동을 잇는 개화의 제3단계 운동으로 파악하는 견해가 있다.[3)] 이 견해는, 애국계몽운동의 당면 목표는, 대중계몽과 학교교육을 통하여 民智를 열고, 민족산업의 육성을 통하여 민력을 배양함으로써 민족의 실력을 양성하는 것이었고, 그 궁극적인 목표는, 시기를 포착하여 국권을 회복하려는 정치적인 것이었으며, 동시에 조선왕조의 재건이 아니라 근대적 국민국가의 형성에 있었다고 보고 있다. 곧 국민국가 건설운동까지를 애국계몽운동의 범주에 포함시키고 있는 것이다.[4)]

한편, 한말의 국권회복을 위한 실력양성운동은 이미 일제시대에 '계몽운동'으로 이해되었다. 黃義敦은 1926년의 〈光武隆熙時代의 啓蒙運動〉이란 글에서, 독립협회의 언론을 통한 민중계몽활동을 '조선의 계몽운동의 서광'으로 보았고, 1904년 러일전쟁과 1905년 을사조약 이후의 언론기관과 사회단체의 문화운동·정치운동·사회운동 등을 계몽운동의 眞面目 또는 민중전체의 각성적 운동으로 높이 평가하였다.[5)]

최근에도 1904년 러일전쟁과 1905년 을사조약을 계기로 정치·경제·사회·문화적으로 국민적 역량을 배양하기 위해 전개된 실력양성운동을, 의병전쟁과 함께 구국운동으로 이해하되, 정치운동이 약화된 계몽운동으로 파악하는 견해가 있다. 이 견해는, 한말의 망국사태에 대처한 구국운동이 의병운동과 계몽운동으로 전개되었다는 전제하에, 의병운동은 '구국의병운동'이라 하고, 계몽운동은 '구국계몽운동'이라 하는 것이 적절하다고 주장한다. 또한 이 견해는, 구국운동의 일환으로 전개된 계몽운동의 사상을 '한말계몽주의' 또는 '계몽주의'라고 표현하고 있다.[6)]

---

2) 愼鏞廈, 〈韓末 愛國啓蒙思想과 運動〉(《韓國史學》 1, 韓國精神文化硏究院, 1980), 269·272쪽.
3) 姜在彦, 《朝鮮の開化思想》(東京 : 岩波書店, 1980), 247~248쪽.
4) 姜在彦, 《韓國의 近代思想》(한길사, 1985), 235쪽.
5) 黃義敦, 〈光武隆熙時代의 啓蒙運動〉(《新民》 14, 1926).
———, 《韓國近世史論著集》 1, 舊韓末篇 (太學社, 1982), 322~326쪽.
6) 趙東杰, 〈韓末啓蒙主義의 構造와 獨立運動上의 位置〉(《韓國民族主義의 成立과 獨立運動史硏究》, 지식산업사, 1989), 97·108쪽.

한말의 애국계몽운동을 '문화운동'으로 보는 시각도 있다. 일제 말기에 崔南善은 한말의 실력양성운동이 기본적으로 교화사업·학교설립·학회설립·어문학연구·사학연구·종교활동 등 문화분야의 운동이므로, 이 운동에 '문화운동'이란 용어를 사용하였다.[7)]

최근에도 애국계몽운동은 甲申政變·甲午改革·獨立協會運動의 맥을 이은 문명개화론자들이 주체가 되어, 신문·잡지 등의 언론과 학교설립의 교육을 통하여 전개한 문화운동이라고 보는 견해가 있다. 이러한 견해는, 애국계몽운동자들의 민중에 대한 불신과 제국주의에 대한 인식의 불철저로, 그 운동이 개량적 문화운동에 그치고 말았다고 하여, 그 의의를 과소 평가하고 있다.[8)]

한편 애국계몽운동은 '애국문화계몽운동' 또는 '애국문화운동'으로 표현되기도 한다. 예건대, 북한에서 간행된《근대조선역사》는, 을사조약을 계기로 다양한 형태로 전개된 애국문화운동을, 문화분야에서 민족 부르주아지의 제반 요구를 반영한 반침략·반봉건 운동으로 규정하고, 그 운동은 민족문화를 대중적·근대적 토대 위에서 발전시키는 계기를 열었으나, 일제의 침략과 봉건제도를 혁명적으로 청산하는데 이르지 못했다고 그 한계성을 지적하고 있다[9)].

애국계몽운동을 '자강운동'에 역점을 두고 보는 견해도 있다. 이 견해는, 한말 보호국체제 하에서의 국권회복운동은 무장투쟁노선의 의병전쟁과 실력양성노선의 자강운동으로 전개되었는데, 자강운동은 교육과 실업을 진흥함으로써 경제적·문화적 실력을 양성하고, 나아가 부국강병을 달성하여 장차 국권회복의 토대를 마련하려는 운동이었다고 정의하고 있다. 또한 이 견해는, 본래 '애국계몽운동'이라는 용어는 주로 계몽운동이라는 운동방법을 가리키는 것이므로, 기업의 식산흥업이나 정치단체의 정치운동을 '계몽운동'이라고 부르는 것은 적절치 않다고 하고, 당시 신교육운동·식산흥업운동·계몽운동의 슬로건은 모두 '자강' 곧 실력양성을 통한 국권회복이었다는 점을 들어, '애

―――, 〈獨立運動史硏究의 回顧와 課題〉(《정신문화연구》 25, 1895), 20·22쪽.

7) 崔南善,《故事通》(三中堂, 1943), 245~246쪽.

8) 金度亨,《大韓帝國末期의 國權恢復運動과 그 思想》(연세대 박사학위논문, 1988), 10·122~113쪽.

9) 이종현,《근대조선역사》(사회과학원역사연구소, 일송정 복간, 1988), 248~249·256~257쪽.

국계몽운동'을 '자강운동'이라고 하는 것이 보다 적절하다고 주장하고 있다.[10]

애국계몽운동은 한말의 망국적 보호국체제 아래서 문화적·경제적·정치적·군사적으로 민족의 실력을 양성하여 국권을 회복하려는 운동이었다. 그러므로 애국계몽운동을 애국적 계몽운동 또는 애국적 문화운동으로 좁은 의미로만 볼 것이 아니고, 목적으로서의 애국운동과 수단으로서의 계몽운동으로, 또는 민중계몽의 방법이 강조된 모든 애국운동으로 확대 해석해 보면, '애국계몽운동'이란 용어가 결코 부적절한 용어는 아니라고 생각된다.

한편, 애국계몽운동과 그 사상의 전개 시기에 대하여, 첫째로 18세기 후반 실학파의 북학사상을 '조선의 계몽사상의 맹아적 형태'로 보는 시각이 있으며,[11] 둘째로 아관파천 이후 독립협회의 민중계몽활동을 '조선의 계몽운동의 曙光' 곧 계몽운동의 시작으로 보는 시각이 있다.[12] 셋째로 1904년의 러일전쟁과 1905년의 을사조약을 계기로 일본의 침략에 대응하여 전개된 구국을 위한 실력양성운동을 '계몽운동'의 기점으로 보는 시각이 있다.[13] 넷째로 1905년 11월 을사조약을 계기로 국권 일부의 상실과 이에 대응한 국권회복을 위한 실력양성운동을 애국계몽운동의 기점으로 보는 시각이 있다.[14]

애국계몽운동을 한말의 민족운동으로 제한시켜 볼 때, 러일전쟁과 을사조약을 계기로 한반도가 사실상 일본의 준식민지로 전락한 상태에서, 국권회복과 국민국가건설을 목표로 하는 실력양성운동이 전개되었으므로, 1904년 러일전쟁과 1905년 을사조약의 시기를 포괄하여 애국계몽운동의 기점으로 보는 것이 적절한 것으로 생각된다.

요컨대 한말 애국계몽운동은 러일전쟁과 을사조약을 전후한 시기로부터 '한일합방' 때까지 전개된 개화지식인들의 국권회복과 국민국가건설을 위한 실력양성운동었다는 개념 정의가 가능할 것이다. 따라서 애국계몽운동이 국

10) 박찬승, 《한국근대 정치사상사연구》(역사비평사, 1992), 17~18쪽.
11) 姜在彦, 《近代朝鮮の變革思想》(日本評論社, 1973), 208쪽.
12) 黃義敦, 앞의 글, 322쪽.
김종덕, 〈한말계몽운동의 계보와 성격〉(《한국의 사회와 문화》 10, 한국정신문화연구원, 1989), 173쪽.
13) 趙東杰, 앞의 글(1989), 111쪽.
14) 愼鏞廈, 앞의 글(1980), 269쪽.

권회복을 위한 정치운동을 등한시했다고 하여, 문화운동 또는 계몽운동으로 범위를 축소시켜 보는 시각이나, 민중에 대한 인식의 결여를 지적하여 그 평가를 절하하여 보는 시각은, 대한제국 말기에 폭넓게 전개된 국권회복과 국민국가건설을 위한 실력양성운동 곧 애국계몽운동의 민족운동사적 의미를 소홀히 하는 결과를 가져올 것이다.

(2) 애국계몽사상의 형성

이제 한말 애국계몽사상을 형성한 사상적 조류를 학계의 연구 성과를 중심으로 살펴보기로 한다.

첫째로 實學思想이 한말 애국계몽사상을 형성한 사조의 하나가 되었다는 설은 오늘날 학계의 통설로 되어 있다.

먼저 계보상으로 보아, "조선에서의 역사적 개념으로서의 계몽사상은 18세기 후반기의 실학파의 북학사상을 그 맹아적 형태로 하고, 1870~1880년대의 개화사상은 계몽사상의 제 특징을 그 내실로서 구비하고 있다"고 하여, 실학사상·개화사상·애국계몽사상을 같은 맥락으로 보는 견해가 있다. 이 견해는, 특히 북학사상이 갖는 여러 특징, 구체적으로는 ① 세계지도에 대한 새로운 지식을 토대로 한 '華夷之分'의 부정, ② 인간관·학문관·직업관에서의 봉건적 명분론의 부정, ③ 합리적 생산기술의 도입에 의한 생산력의 발전과 그것을 저해하는 구질서의 개조, ④ 개국론적 해외통상책과 서양기술자 초빙안 등에 주목하여, 북학사상이 근대적 사상으로 발전 가능성을 내포하는 '계몽사상으로서의 초기적 성격'을 가진다고 본다.[15] 곧 실학사상을 애국계몽사상의 始原的 사상으로 보는 것이다.

그리고 실학사상과 개화사상의 연관관계에 대해서는, ① 실학자들의 利用厚生과 實事求是 개념이 그대로 개화사상가에게 계승 발전되었다는 점, ② 실학자들의 민족주의적 의식과 국학연구가 개화사상가들에게 계승 발전되었다는 점, ③ 실학자들의 평등의식과 민권사상이 개화사상가들에게 계승 발전되었다는 점, ④ 실학자들의 개국통상론·무역부국론이 개화파의 기술도입론

15) 姜在彦, 앞의 책(1973), 208~209쪽.

·수입대체적 공업화론으로 연결 발전되었다는 점, ⑤ 실학자들의 영업자유론이 개화파에 계승되어 都賈革罷論·惠商工局革罷論·육의전 전매제도 혁파로 나타난 점, ⑥ 실학자들의 小作地均等化論·조세금납화론·농업기술론 등이 개화파에 의하여 계승 발전되었다는 점에서, 실학사상과 개화사상의 불가분의 관계가 논증되고 있다.[16]

실학사상과 개화사상은 인적인 맥락에서도 긴밀하였음이 밝혀졌다. 먼저 개화의 선각자 吳慶錫·朴珪壽·劉大致의 경우, 오경석의 사상은 실학자 朴齊家와 金正喜의 학문에서 결정적인 영향을 받았고,[17] 박규수는 조부이며 저명한 실학자 朴趾源과 丁若鏞의 학문적 영향을 받았으며,[18] 유대치는 오경석의 절친한 친구이며 사상적 동지였다.[19] 초기 개화인물 金玉均·朴泳孝·洪英植·徐光範·金允植·兪吉濬 등은 박규수로부터 개화교육을 받았고, 급진개화파 인물들은 박규수 사후 유대치의 지도를 받았다.[20] 魚允中은 정약용의 제자인 조부 魚命能으로부터 실학사상을 배웠고, 朴定陽은 실학자 洪淵泉의 제자였으며, 金弘集의 부친 金永爵은 서유구·丁學淵과 교우인 실학자였다.[21] 그리고 申觀浩·金綺秀·姜瑋 등은 김정희의 제자였으며, 정약용 제자의 문하에서 신관호·申耆永·申正熙·魚允中·李沂·李道宰 등이 실학을 공부하였다.[22]

한편 실학사상이 개화사상을 통하여 애국계몽사상에 영향을 끼치기도 했지만, 직접적으로 애국계몽사상의 형성에 다대한 영향을 끼쳤음도 밝혀졌다. 곧 한말 애국계몽가들이 실학사상을 재발견하고 실학을 열심히 연구했으며, 실제로 실학사상은 그들에게 끊임없이 많은 지식과 사상, 관점과 신념, 그리

16) 金泳鎬, 〈開化思想의 形成과 그 性格〉(《한국사》 16, 국사편찬위원회, 1975), 258~274쪽.
17) 愼鏞廈, 〈吳慶錫의 開化思想과 活動〉(《韓國近代社會思想史研究》 일지사, 1987), 62쪽.
18) 金泳鎬, 앞의 글, 247쪽.
19) 李光麟, 〈숨은 開化思想家 劉大致〉(《開化黨研究》, 일조각, 1973), 72쪽.
20) 愼鏞廈, 〈개화당과 독립협회〉(《한민족독립운동사》 1, 국사편찬위원회, 1987), 121쪽.
李光麟, 앞의 글, 78쪽.
21) 金泳鎬, 앞의 글, 255·258·273쪽.
22) 金泳鎬, 위의 글, 251~253쪽.

고 자부심을 공급해 주었다고 평가되고 있다.[23)]

실학사상과 애국계몽사상의 직접적인 연관관계에 있어, 애국계몽가들이 國學을 중요시했던 실학적 전통을 계승하여 국학운동을 전개한 점도 지적되고 있다. 張志淵·朴殷植·申采浩 등이 그러하며, 특히 역사연구에서의 계승관계가 지적되고 있다. 장지연은 자신의 학문적 계보를 실학자인 이익과 정약용에 두었고,[24)] 정약용의 학문을 更張維新의 뜻을 가진 학문이라고 높이 평가했으며,[25)] 정약용의 저작인 《목민신서》·《흠흠신서》를 출판하고 《我邦疆域考》를 증보 개정하는 등 정약용의 저작을 출간하였다.[26)] 박은식은 젊은 시절에 정약용의 제자인 신기영과 丁觀燮을 찾아가 정약용의 학문을 섭렵했으며,[27)] 신채호는 실학시대의 사학을 비판적으로 계승하고, 실학의 비판정신·개혁성·실증성·근대성을 수용하여 근대사학을 정립하는 계기를 이루었다.[28)]

《皇城新聞》이 실학파의 학문을 집중적으로 거론한 점도 지적되고 있다. 그들은 新舊學 절충의 필요성에서, 舊學 가운데 '英正時代의 실학'을 거론하고, 김육·유형원·이익·정약용·박지원·유득공 등의 실학자들을 열거했으며, 토지제도개혁론으로부터 농업기술문제, 상업문제, 신분개혁문제 등을 소개하였다.[29)] 이처럼 실학사상은 개화사상의 형성에 깊은 영향을 끼쳤으며, 동시에 애국계몽사상의 형성에도 지대한 영향을 끼쳤던 것이다.

둘째로 한말 애국계몽사상이 개화사상을 계승하여 형성된 사상이라는 설도 오늘날 학계의 통설로 되어 있다.

한말 애국계몽사상은 사상적인 면에서 개화사상과 같은 맥락으로 이해된다. 조선의 개항 초기에 '開化'란 용어는 開國과 동일시되었고 부국강병의 논리로 전개되다가, 1890년대 후반에는 物的 개화로서의 開物(산업의 근대화)과 人的 개화로서의 化民(인간의 의식과 지식의 근대화)을 결합한 용어로 정착되

23) 愼鏞廈, 앞의 글(1980), 277쪽.
24) 張志淵, 〈事略〉(《韋庵文稿》 권 12, 國史編纂委員會, 1971), 496쪽.
25) 張志淵, 〈題雅言覺非後〉(《韋庵文庫》 권 5), 192쪽 참조.
26) 姜在彦, 앞의 책(1973), 211쪽.
千寬宇, 〈張志淵과 그 思想〉(《白山學報》 3, 1967), 499쪽.
27) 愼鏞廈, 《朴殷植의 社會思想硏究》(서울대 출판부, 1982), 4쪽.
28) 李萬烈, 《丹齋 申采浩의 歷史學硏究》(문학과지성사, 1990), 100쪽.
29) 김도형, 〈애국계몽운동의 연구동향과 과제〉(《한민족독립운동사》 12, 1993), 73쪽.

었다고 이해된다.[30] 이러한 개화사상이 독립협회운동가들에 의하여 국권과 민권을 축으로 하는 근대개혁사상으로 체계화된 것으로 보이며, 애국계몽사상의 국권회복론과 국민국가건설론은 개화운동의 인맥적·사상적 계승성을 지니면서, 국권침탈의 상황에 대응하여 운동과제의 초점을 전환한 데서 나타난 논리였다고 파악되고 있다.[31]

또한 한말의 애국계몽사상은, 1905년 국권을 침탈당한 후 국권회복을 목적으로 하여 개화사상에서 전환된 것이며, 새로운 사태에 대응한 '개화사상의 변형'이라고도 표현된다. 특히 개화사상 중에서도 독립협회와 萬民共同會의 영향이 가장 컸다고 이해된다. 따라서 한말의 애국계몽사상과 운동은 국권의 피탈이라는 새로운 사태 변화의 도전에 대한, 종래의 개화파·독립협회·만민공동회파의 응전의 양식이었다고 파악되기도 한다.[32]

결국 애국계몽운동은 1904년의 러일전쟁과 1905년의 을사조약에 의하여 일제로부터 강요된 보호국체제하에서, 갑신정변·갑오개혁·독립협회운동으로 이어지는 개화자강계열의 운동을 계승하여 전개한 민족운동이었다고 할 수 있다. 대한제국 초기에 개화자강계열의 민족운동을 주도했던 독립협회가, 외세의 침탈로부터 국권의 상실을 막고 자주독립의 주권국가를 수립하려는 자주국권운동과, 지배층의 압제로부터 민권의 유린을 막고 근대적 국민국가를 건설하려는 자유민권운동, 그리고 국정 전 분야에 걸친 일대 개혁을 통하여 근대적 자강체제를 수립하려는 자강개혁운동을 전개했는데, 이러한 독립협회운동을 직접적으로 계승한 운동이 애국계몽운동이던 것이다.[33]

한말 애국계몽운동은 인적인 면에서도 개화자강계열의 지식층이 중심을 이루었고, 특히 독립협회와 만민공동회 회원들은 대부분 애국계몽운동을 전개하였다. 大韓自强會의 회장단과 평의원 역임자 43명 중 21명이 독립협회 출신이었고, 그 최고 지도층인 회장단과 평의장 역임자 6명 중 尹致昊·尹孝定·玄檃·林炳恒·張志淵·池錫永 등 5명이 독립협회 출신이었다.[34] 그리고

30) 姜在彦, 앞의 책(1980), 177쪽.
31) 姜在彦, 위의 책, 247쪽.
32) 愼鏞廈, 앞의 글(1980), 277쪽.
33) 柳永烈, 《大韓帝國期의 民族運動》(일조각, 1997), 180쪽.
34) 柳永烈, 위의 책, 114~115쪽.

安昌浩・梁起鐸・全德基・李東輝・李東寧・李甲・尹致昊・朴殷植・申采浩・盧伯麟・李商在 등 독립협회 회원 30여 명이 신민회의 창립과 활동을 주도했고, 신민회 창립위원 7명 중 6명이 독립협회 출신이었다.35) 또한 李鍾一・鄭雲復・林炳恒・南宮檍・柳瑾・張志淵・朴殷植・申采浩・羅壽淵・梁起鐸・安昌浩・李甲・吳世昌 등 독립협회 출신들이 제국신문・황성신문・대한매일신보・만세보・대한민보 등 한말의 5대 애국계몽언론의 창간・경영・편집을 주도하였다.36)

셋째로 한말 애국계몽사상의 형성에 社會進化論과 西洋啓蒙思想이 깊은 영향을 주었다는 설도 학계의 통설로 되어 있다.

1880년대에 개화지식인들이 받아들이기 시작한 사회진화론이, 1900년대에 이르러 주로 梁啓超의《飮氷室文集》을 통하여 본격적으로 한국사회에 수용되었으며, 당시 제국주의가 팽배하고 국가가 멸망의 위기에 처한 한말에, "弱肉强食하고 適者生存한다"는 사회진화론이 보편화되어 애국계몽운동의 추진력이 되었다고 이해된다. 또한 한말에 사회진화론이 구국을 위한 강한 정치의식을 불러일으켰고, 위기극복을 위해 국민의 정신과 자세를 새롭게 하려는 新民思想을 주창케 했으며, 민족과 경쟁(투쟁)을 중심으로 한국사를 보려는 민족사관을 정립케 했다고 이해된다.37)

한말에 유행한 적자생존・우승열패 등 사회진화론은 제국주의의 원리를 설명해 주고, 이에 대항하는 自强論의 형성을 뒷받침하여, 애국계몽사상의 형성에 지대한 영향을 주었으며, 사회계약론・민권론・국민주권론・국민국가론 등 서양계몽사상이 국민을 주체로 하는 국권회복운동의 사상적 기초가 되었던 것이다. 또한 한말에 있어서 사회진화론과 서양계몽사상의 도입에는 중국의 영향, 특히 康有爲의 저작들과 양계초의《음빙실문집》등의 저작들이 큰 영향을 끼쳤던 것이다.38)

곧 한말의 애국계몽가들은 당시 국제사회의 현실을 기본적으로 사회진화

---

35) 柳永烈, 위의 책, 197~198쪽.

36) 李海暢, 〈言論機關의 活動〉(《한국사》 20, 국사편찬위원회, 1974), 40~55쪽.

37) 李光麟, 〈舊韓末 進化論의 受容과 그 영향〉(《韓國開化思想硏究》, 일조각, 1981), 286~287쪽.

38) 愼鏞廈, 앞의 글(1980), 277~278쪽.

론적 시각에서 파악하여, 약육강식·우승열패의 국제사회에서 한국이 보호국 상태로 전락한 근본적인 책임은 국가의 자강을 도모하지 못한 한국 자체에 있다는 자가반성의 입장에서, 실력의 부족으로 상실된 국권의 회복은 실력의 양성으로만 가능하다고 믿고, 국권회복을 위한 실력양성론, 곧 사회진화론에 기초한 자강독립론을 폈던 것이다.[39]

한편 한말의 사회진화론이 가지는 '경쟁과 진보'의 양면성에 주목하여, 진보에 중점을 두는 경우에는, 근대주의에 빠져 제국주의를 용인하고 문명국 일본의 지도하에 문명개화를 달성하자는 논리로 발전하게 되었고, 민족간의 경쟁을 강조하는 경우에는, 제국주의 침략을 배격하고 민족주의로 발전하는 논리가 되었다는 견해도 있다. 이 견해는 우리 나라에 수용된 사회진화론은 독립협회운동에 영향을 미쳤는데, 특히 패배주의적 민족주의와 국권론적 근대주의를 형성했다고 하여, 그 부정적인 영향을 거론하기도 한다.[40]

사회진화론은 원래 '경쟁을 통한 진보의 원리'로 사회의 변화 발전을 설명하며, 서양 자본주의 사회의 발전과 관련하여 부르주아 계급과 제국주의 국가의 등장을 합리화하는 논리, 곧 '강자의 약자 지배의 논리'임은 부정할 수 없다. 그리고 한말에 유행한 사회진화론이 민족패배주의를 조장한 면도 있음을 부정할 수 없다. 그러나 한말에 국권회복을 위하여 실력양성에 헌신했던 대다수의 애국계몽가들은, 제국주의의 속성을 당시 한국사회의 어느 계층보다도 잘 알고 있었고, 사회진화론을 기초로 하여 자강독립론을 확립하고 자강구국운동을 전개했으므로, 한말 애국계몽가들의 사회진화론은 '약자의 강자화를 위한 논리'였다고 할 수 있을 것이다.

2) 국권회복의 논리

(1) 자강독립론

한말 애국계몽파의 국권회복의 논리는 기본적으로 실력 양성에 의한 국권

39) 柳永烈, 앞의 책, 316쪽.
40) 김도형, 앞의 글(1993), 80~81쪽.

회복이라는 自强獨立論이었다. 그럼 애국계몽가들의 자강독립론이 어떻게 전개되었는가를 몇 가지로 나누어 살펴보기로 한다.

첫째로 애국계몽가들은 사회진화론에 기초한 자강독립론을 폈다.

사회진화론은 1880년대에 개화인사들에 의하여 우리 나라에 수용되기 시작하였고, 1890년대 후반 독립협회운동기를 거쳐, 1900년대 애국계몽운동기에는 '生存競爭'·'優勝劣敗'·'弱肉强食'·'適者生存'의 용어가 당시 사회를 풍미하였다. 한말에 사회진화론이 본격적으로 수용되어 일반화된 데에는 양계초의 《음빙실문집》이 깊은 영향을 끼쳤다.[41]

대한자강회 부회장 尹孝定은 〈생존의 경쟁〉이란 연설에서,

> 금일의 생존경쟁은 도저히 면코자 하여도 가히 면치 못할 것이니 … 개인의 생존경쟁뿐만 아니라 국가의 생존경쟁을 計圖치 아니함이 불가하니, 대저 優勝劣敗는 人事의 常이며 弱肉强食은 現世의 例어늘 … 생존경쟁을 不知하면 개인이 능히 노예의 耻를 요행히 면할 자가 없고, 생존경쟁을 不知하면 국가가 능히 版圖의 色을 불변할 자가 없다(尹孝定, 〈生存의 競爭〉(《大韓自强會月報》(이하 《月報》라 略함) 제11호), 6~7쪽).

고 하여, 생존경쟁의 원리 곧 사회진화론을 개인 대 개인, 국가 대 국가의 경쟁 등 모든 경우에 적용되는 원리로 인식하였다.

대한자강회 평의원 張志淵은 〈團體然後 民族可保〉라는 논설에서,

> 무릇 국가의 성립은 민족의 團體集合에서 말미암는 것이라, 비롯 광막한 토지와 허다한 민족이 있다 해도 團合之義와 團合之力이 결핍하면 야만의 一部落에 불과하며, 오늘날 競爭極烈의 사회에서 어찌 劣敗澌滅의 근심을 피할 수 있겠는가. 무릇 優勝劣敗는 天演界의 公理라, 優劣의 道가 不一하나 단체가 가능한지 불가능한지가 그 주요점이니, 단체 협동이 곧 민족을 보전하고 독립 기초를 공고케 하는 길이다(張志淵, 〈團體然後民族可保〉(《月報》 제5호), 1~7쪽 축약).

---

41) 田口容三, 〈愛國啓蒙運動期の時代認識〉(《朝鮮史研究會論文集》 15, 朝鮮史研究會, 1978), 92쪽.
李光麟, 앞의 글(1981), 257~266·286~287쪽.
愼鏞廈, 앞의 글(1980), 278쪽.

고 하여, 사회진화론적인 시각에서 국제사회의 현상을 설명할 때에는 競爭極烈·優勝劣敗의 시대임을 강조했지만, 국내사회의 현상을 설명할 때에는 민족의 단합과 협동을 강조하였다.

大韓協會 교육부장 呂炳鉉은 〈의무교육의 필요〉라는 논설에서,

> 오늘날은 全球人族이 생존경쟁하는 20세기라. 이 경쟁의 결과가 반드시 優者勝 劣者敗로 돌아감은 대세일진대, 금일 我韓民族의 위치가 불행히 劣者敗의 地에 처함은 그 이유가 무엇인가. 남은 문명에 爭進하는데 우리는 昏愚에 甘處하고, 남은 실질적 학문을 힘쓰는데 우리는 허문적 학문을 숭상하였으니 이것이 큰 원인이라. … 금일 劣敗한 我韓民族도 養力蓄銳하여 高獲勝捷할 날이 어찌 없으리요(呂炳鉉, 〈義務敎育의 必要〉(《大韓協會會報》(이하 《會報》라 略함) 제2호), 9~10쪽).

라 하여, 당시 생존경쟁·우승열패의 국제사회에서 한민족이 劣敗者의 처지에 떨어진 책임은 문명과 실질적 학문에 힘쓰지 않은 우리 자신에 있다는 '劣敗者自責論'을 펴고, 우리도 실력을 양성하면 優勝者의 위치에 설 수 있다고 주장하였다.

대한자강회도 그 취지서에서, 국가의 독립은 자강 여하에 달려 있는데, 한국은 과거 自强之術을 강구하지 않아 인민이 우매해지고 국력이 쇠퇴해져서 외국의 보호를 받게 되었으니, 이는 모두 自强之道에 뜻을 두지 않은 까닭이라 하고, 奮勵自强이 국권회복의 길임을 천명하였다.[42] 대한협회도 우국지사에게 보내는 호소문에서, 한국이 외국의 지도 보호를 받는 것은 국가의 불운이며 국민의 치욕이지만, 그것은 개항 이래로 정부가 興國之策을 강구하고 인민이 愛國之誠을 발휘하여 국력을 양성하지 못한 때문이라고 보고, 모든 국민이 일치 단결하여 실력을 양성하면 후일에 열강과 어깨를 나란히 할 수 있다고 주장하였다.[43] 이것은 약육강식의 국제사회에서 한국이 보호국 상태에 처한 원인은 자강에 힘쓰지 않은 자신에게 있다는 保護國自責論의 입장에 선 先自强 後獨立의 논리였다.

---

42) 《大韓自强會月報》(이하 月報라 略함) 제1호, 〈大韓自强會趣旨書〉, 9쪽.
43) 《大韓協會會報》(이하 會報라 略함) 제8호, 〈敬求志士同情〉, 57쪽.

신민회의 대변지 역할을 했던《大韓每日申報》도

> 各族이 경쟁하는 세계를 당하여, 進하여 强한 者가 退하여 弱한 者를 滅함이 어찌 可尤할 바리오. 人은 進하는데 我는 不進함이 可尤할 바며, 人은 능히 他族을 멸하는데 我는 자기도 생존치 못함이 可尤할 바니라(《大韓每日申報》, 1908년 9월 27일, 奇書 〈進步하라 동포여〉).

고 하고, '不進者自責論'의 입장에서 실력양성의 필요성을 역설했으며, 〈機會와 實力〉이란 논설에서는, 실력이 없으면 아무리 기회가 주어져도 성공할 수 없으므로, 먼저 실력을 양성하여 독립의 기회에 대비해야 한다는 先實力 後機會論을 폈다.[44]

요컨대 애국계몽가들은 약육강식·생존경쟁의 국제사회에서 한국이 국권을 상실케 된 것은 실력의 부족 때문이라는 자가반성과, 앞으로도 실력의 준비가 없으면 기회가 주어져도 독립회복으로 활용할 수 없다는 인식에서, 실력양성을 통한 자강실현으로 국권을 회복하여 독립을 확고히 할 수 있다는 논리, 곧 사회진화론에 바탕을 둔 자강독립론을 전개하였다.

둘째로 애국계몽가들은 자력에 의한 자주적 자강독립론을 폈다.

을사조약이 강제로 체결된 뒤, 국제 여론에 호소하여 일본에 대한 국제적 압력으로 조약을 취소케 하고 국권을 회복하려는 외교운동이 전개되었다. 대한자강회 회장 尹致昊는 러일강화조약이 체결된 직후에, 고종이 미국과 프랑스에 밀사를 보내어 한국의 독립을 보장받으려 한 데 대하여, "황제가 워싱턴과 파리의 거리에서 한국의 독립을 주우려 한다"고 그 불가능함을 지적하였다.[45] 그는 외교운동에 대하여 ① 어느 열강도 일본에 돌을 던질 만큼 정의롭지 않으며, ② 한국이 열강과 독립적 외교 관계를 가진 과거 20년 동안에 세계의 동정을 살 만한 아무런 일도 하지 않았으며, ③ 어느 나라도 부패한 한국인을 위하여 세계적 강대국이 된 일본의 비위를 건드리지 않을 것으로 판단하여,[46] 열강의 외교적 압력 수단에 의한 국권회복 곧 외교독립론에

---

44) 《大韓每日申報》, 1910년 1월 13일, 논설 〈機會와 實力〉.
45) 《尹致昊日記》, 1905년 10월 28일.
46) 《尹致昊日記》, 1905년 12월 17일.

부정적인 생각을 가지고, "독립의 길은 자강에 달려 있다"[47]라고 하여 자력에 의한 자강독립론을 주장하였다.

대한자강회 평의원 朴殷植은 〈自强能否의 問答〉이란 논설에서,

> 현금 시대는 생존경쟁을 天演이라 논하며 약육강식을 公例라 말하는지라. 저 문명을 가장 중시한다고 하는 영국도 인도와 애급에 대하여 어떠한 정책을 실시하였으며, 德義를 숭상한다고 하는 미국도 비율빈에 대하여 어떠한 수단을 취하였는가. 현금 열국의 鷹揚虎躍者는 그 말씨는 보살이요 그 행동은 夜叉(악마)라, 누구를 가히 믿으며 누구를 가히 의지하리요. … 만일 다른 열강의 어떠한 事機로 우리를 원조할까 희망하면 비단 妄想이 될 뿐더러 실로 막대한 불행이라. … 吾國의 독립은 吾國의 自力으로 할 것이요 타국의 힘을 빌리지 않으리라 하고, 自强의 성질을 배양하여 自立의 기초를 부식할지니, 만약 능히 그럴 수 없으면 영구히 타인의 노예가 될 뿐이라(朴殷植, 〈自强能否의 問答〉(《月報》 제4호), 1~3쪽 축약 ; 金成喜, 〈國民的 內治 國民的 外交〉(《會報》 제4호), 25~26쪽).

하여 약육강식·침략경쟁의 국제사회에서 열강의 원조로 독립을 기대하는 것은 妄想임을 지적하고, 자국의 독립은 자국의 자력에 의한 자강·자립으로 가능하다는 자주적 자강독립론을 역설하였다.

《대한협회회보》에 실린 白星煥의 논설 〈學人不學人의 關係〉에서도,

> 금일 세계는 自立自强의 大競爭局이라. 그 국가를 세움도 오직 내가 스스로 세우는 것이고 남이 나로 하여금 세우게 하는 것이 아니며, 그 국가의 강함도 역시 내가 스스로 강하게 하는 것이고 남이 나로 하여금 강하게 하는 것이 아니다. 그런즉 그 나라를 세우고 강하게 함이 실로 남에게 있지 않다. 그러므로 남에게 속박 당하지 않을 능력과 自治自新의 사상이 확립된 연후에야 優勝劣敗의 세계에서 생존할 수 있다(白星煥, 〈學人不學人의 關係〉(《會報》 제3호), 6쪽).

고 하여, 국가의 자립·자강을 강조하는 자주적 자강독립론이 주장되고 있다. 《대한매일신보》도 논설에서, "大韓의 독립은 大韓人의 자력으로 획득하고 자력으로 保守하여야 완전한 독립이 될 터이니"[48]라고 하여, 자주적 실력

---

47) 《高宗實錄》, 광무 9년 12월 1일, 〈尹致昊上疏〉.

48) 《大韓每日申報》, 1907년 10월 1일, 논설 〈귀중한 줄을 認하여야 保守할 줄을

양성론을 주장하였다.

이와 같이 애국계몽가들은 약육강식·침략경쟁의 국제사회에서 모든 열강을 일본과 동일한 침략국가로 간주하여, 외세의존적인 외교독립론을 기대할 수 없는 것으로 배제하고, 자력에 의한 자주적 자강독립의 논리를 폈다.

셋째로 애국계몽가들은 점진적 실력양성에 의한 자강독립론을 폈다.

을사조약의 체결로 주권의 일부가 상실되자, 위정척사론의 입장에 서 있던 수구 유생들을 중심으로 하여 무력으로 일본 세력을 물리치고 주권을 회복하려는 항일의병운동이 전개되었다. 의병운동은 국권을 빼앗긴 이상 승패를 초월하여 즉각결전에 의해 즉시독립을 쟁취해야 한다는 무장투쟁노선에 섰던 가장 강렬했던 항일투쟁이었다.

점진적인 자강독립론을 폈던 애국계몽가들은 이러한 항일의병운동에 부정적인 시각을 가졌다. 그들은 일본이 러일전쟁에서 승리한 군사강국이고 열강으로부터 한국의 보호권을 인정받은 상황에서, 열세한 의병의 무력으로 막강한 일본군을 격퇴할 수 없다는 사실을 너무도 잘 알고 있었다.

대한자강회 회장 윤치호는 그의 일기에서,

> 일본인, 일진회원, 부패한 왕실, 무능하고 부패한 정부 등 한국의 일반적인 병폐에 더하여, 충청남도와 전라도의 백성들은 최근에 義兵 또는 抗日暴徒들에 의하여 지독하게 괴로움을 당하고 있다. 그 소요 진압의 구실로 일본 군대는 주요 중심지를 점령한다(《尹致昊日記》, 1906년 6월 15일).

고 하여, 의병은 일본 군대를 격퇴하기는 고사하고 일본 군대에게 점령지 확대의 구실을 주고 있으며, 일본인·일진회·왕실·정부와 마찬가지로 백성을 크게 괴롭히는 존재가 되고 있음을 비판하였다. 대한협회 임원 金成喜도 무모한 의병항전은 전국 인종을 殄滅하는 행위라고 의병활동을 격렬히 비판하였다.[49]

대한자강회 총무이며 대한협회 부회장이었던 윤효정도, 義兵은 국권이 축소되고 외국의 지휘 감독을 받게 된 원인과 그 타개 방법을 연구하지 않고,

---

認하지〉.

49) 金成喜, 〈國民的 內治 國民的 外交〉(《會報》 제4호), 26쪽.

비분강개하여 폭도의 행동을 하고, 양민을 도탄에 빠지게 한다고 하고, "이러한 행동으로는 국가의 앞길을 구제할 수 없고 오히려 국가의 나아갈 大道를 끊게 한다"[50]거나, 의병은 "조국의 사상으로써 反히 조국을 斲喪하는 자"라고 비판했으며,[51] "의병처럼 시국과 國勢를 헤아리지 않고 무력을 행사하는 것은 국가를 自亡케 할 뿐이며 自强케 할 수 없다"[52]고 하여 '무력행사불가론' 또는 '義兵害民害國論'을 폈다.

신민회의 대변지 《대한매일신보》도 잡보 〈非義伊狂〉에서, 의병투쟁은 "擾民之端일 뿐 國事에는 하등 도움이 되지 않는 불필요한 행동"이라 하여 '義兵無用論'을 펴고,[53] 〈의병〉이란 논설을 통하여, 越王 勾踐, 燕의 昭王, 프러시아의 君臣이 장기간의 인내로 실력을 양성하고, 시기를 기다려서 강대한 적국에 설욕한 사실을 상기시키고, "때와 힘을 헤아리지 않고 일시의 血憤에 따라 烏合之衆을 모아 妄擧함은 국가의 禍亂을 증대하고 生民을 문드러지게 하는 것"이라 하여, 의병의 일본군에 대한 무력 대결은 실력의 파괴를 초래하는 '不度時 不量力'의 무모한 행동이라고 비판하였다.[54] 《皇城新聞》 역시 의병은 국가에 해를 끼치는 백성, 곧 '自促亡國之敵'이라고 비난하고,[55] 국권회복은 武를 통해서가 아니라 文을 통해서 가능하다고 주장하였다.[56]

이와 같이 애국계몽가들은 우리와 일본 사이의 실력의 차이가 현저한 상황에서 전개되는 항일 무력투쟁은 국권회복의 적절한 방법이 될 수 없을 뿐만 아니라, 일제의 침략정책을 강화시키고 국력의 손실을 가져오며 양민을 괴롭히게 되어 국가와 국민에게 해롭다고 판단하여, 점진적 실력양성에 의한 국권회복을 주장하였다.

대한자강회 평의원 장지연은 〈自强問答〉이란 논설에서,

---

50) 尹孝定, 〈時局의 急務〉(《會報》 제2호), 62~63쪽.
51) 尹孝定, 〈大韓協會의 本領〉(《會報》 제1호), 47쪽.
52) 尹孝定, 〈本會의 趣旨와 特性〉(《月報》 제1호), 20쪽.
53) 《大韓每日申報》, 1906년 3월 30일, 잡보 〈非義伊狂〉.
《大韓每日申報》, 1905년 9월 10일, 잡보 〈義兵消息〉과 1907년 10월 10일 金翼河 〈寄書〉에서는 의병들에게 교육과 식산 등 실력양성에 힘쓸 것을 권고하고 있다.
54) 《大韓每日申報》, 1906년 5월 30일, 논설 〈義兵〉.
55) 《皇城新聞》, 1905년 10월 13일, 논설 〈警告義兵之人〉.
56) 《皇城新聞》, 1906년 5월 29일, 논설 〈警告義兵之愚昧〉.

> 애국에 뜻을 둔 인사는 결코 앉아서 멸망을 기다려서는 안될 것이니, 지금 비록 자강의 능력이 없다 해도 사람마다 모름지기 자강의 道에 힘써, 천리 길을 가는 사람이 반드시 한 걸음부터 시작하는 것 같이 해야 한다. 오늘 일보 전진하고 내일 또 일보 전진하여 매일 한 걸음이라도 멈추지 않아, 日久月深하여 歲積年累하면 반드시 목적지에 도달할 날이 있을 것이다(張志淵, 〈自强會問答〉(《月報》 제2호), 6쪽).

고 하여, 점진적으로 장기적인 노력을 통하여 자강을 실현해야 한다는 점진적 자강론을 폈다. 그리고 그는 〈自强主義〉라는 논설에서는,

> 대저 我國의 형세를 비유하면 潰癰廢疾(불치병)의 사람과 같아서 반드시 세월이 걸려야 효과가 있을 것이며 급속한 효과를 바라기는 어려울 것이니, 금일에 自强會를 발기하여 명일에 自强力을 발생케 할 이치는 결코 천하에 없을 뿐더러, 自强主義는 强暴强勇의 强이 아니라. 진실로 自强之術에 힘쓸 것이니… (張志淵, 〈自强主義〉(《月報》 제3호), 6쪽).

라 하여, 한국의 자강은 장기적으로 효과를 기대할 수밖에 없다고 판단하여, 감정에 치우친 급진주의와 실력의 뒷받침이 없는 폭력주의를 배격하였다. 《황성신문》도 우리 민족이 생존경쟁의 장에 나아가 열심히 노력하면, 10년 또는 20년 이내에 일본과 같은 위치에 도달하여 보호국의 수치를 모면할 수 있을 것이라 하여, 장기적 노력에 의한 자강독립을 전망하였다.[57]

이와 같이 애국계몽가들은 자력에 의한 자주적 자강독립을 강조했으나, 자력에 의한 자주적 방법이라 해도 의병투쟁과 같은 충분한 실력을 갖추지 않은 무장투쟁의 방법을 지양하고, 장기적으로 실력을 양성하여 국권을 회복해야 한다는 점진적 자강독립의 논리를 폈다. 후술하는 바와 같이, 비밀결사인 신민회가 독립전쟁론을 폈으나, 그것은 일제와 近代戰을 전개할 수 있는 충분한 준비를 갖추고, 일본이 타국과 침략전쟁을 벌이는 기회를 포착하여 수행하는 것을 전제로 한 것이었다.

---

57) 《皇城新聞》, 1906년 11월 19일, 논설 〈競爭時代〉(續).

(2) 실력양성론과 독립전쟁론

가. 실력양성론

앞에서 살펴본 바와 같이 애국계몽가들은 당시 시대를 사회진화론적 시각에서 보고, 우승열패·약육강식의 냉엄한 국제사회에서 한국이 국권을 상실하여 보호국 상태에 처한 원인은, 외국의 침략 때문만이 아니라 실력양성·자강실현에 힘쓰지 않는 한국 자체에 있다는 자가반성의 입장에서, 실력의 부족으로 상실된 국권의 회복·독립의 실현은 실력의 양성·자강의 실현에서 가능하다는 사회진화론에 바탕을 둔 자강독립론 곧 '선자강 후독립론'을 주장하였다. 《대한매일신보》가 1910년 1월 13일자 논설에서, "아무리 기회가 있더라도 실력이 없으면 성공치 못할 것"이므로 먼저 실력을 양성하여 장차 독립의 기회에 대비해야 한다고 주장한 '선실력 후기회론'도 같은 맥락의 자강독립론이었다. 대한협회가 국난극복을 위하여 실력주의, 곧 부강주의를 국시로 삼자고 주장[58]할 정도로, 애국계몽가들에게 있어 실력양성은 국가적 과제이며 국권회복의 관건이었다.

그럼 애국계몽가들은 어떠한 방법으로 실력을 양성해야 한다고 생각하였던가. 주로 대한자강회·대한협회·신민회·서우(서북)학회 등에 속한 애국계몽가들의 주장을 살펴보기로 한다.

첫째로 애국계몽가들은 교육진흥에 의한 실력양성론을 폈다.

대한자강회가 그 취지서에서, 국가의 독립은 오직 자강 여하에 있을 뿐이며, 자강의 방법은 '振作敎育'하여 民智를 개발하고 '殖産興業'하여 國富를 증진시키는 것이라[59] 했듯이, 애국계몽가들은 교육과 식산을 자강실현의 양대 지주로 간주하고 교육자강을 주장하였다.[60]

애국계몽가들은 "오직 人群이 진화하여 문명이 고도에 달한 즉, 약자가 강하고 劣者가 優하여 장차 천하에 無敵하게 됨은 物競天演의 공리라"[61]하고,

---

58) 《大韓民報》, 1909년 6월 13일, 논설 〈我韓의 國是〉.
59) 《月報》 제1호, 〈大韓自强會趣旨書〉, 9~10쪽.
60) 《皇城新聞》, 1906년 2월 27일, 논설 〈感謝大垣君高義〉와 1908년 9월 8일, 논설 〈實業界의 新光線〉에서도 교육과 식산을 통한 국권회복을 강조하고 있다.
61) 金成喜, 〈敎師의 概念〉(《月報》 제8호), 25쪽.

문명부강한 국민의 요건은 학업의 증진과 지식의 확대에 있음[62]을 강조하여, 약육강식·우승열패의 국제사회에서 교육을 통한 국민의 개명과 문명의 高度化가 '약자의 강자화의 길'이라고 생각하였다. 그리하여 서구 근대문명국가의 교육에 준하는 문명교육과 실업교육 및 애국교육을 통하여, 근대적 문명지식과 경제적 자립능력 그리고 강력한 애국심을 가진 패기 있는 국민을 육성해야 한다는 '교육자강론'을 폈다.[63] 비밀결사인 신민회도 그 〈通用章程〉에서 실력 양성의 방법으로 "학교를 건설하여 인재를 양성할 것"과 "각처 학교의 교육방침을 지도할 것"을 규정하여, 교육진흥이 실력양성의 요체임을 제시하였다.[64]

그리고 애국계몽가들은 이러한 교육자강을 실현하기 위하여 학교교육은 물론 가정교육과 사회교육의 중요성을 강조했으며,[65] 여성교육과 의무교육 및 노동야학의 중요성도 강조하였다.[66] 그들이 중요시한 교육은 '국민의 정신'을 고취하고 '국민의 氣力'을 배양하는 진정한 국민교육이었다.[67] 그러므로 그들은 근대화에 역행하는 수구적인 유교를 신랄하게 비판하고, 신교육에

---

62) 朴殷植, 〈敎育이 不興이면 生存을 不得〉(《西友》 제1호), 9~10쪽.

63) 李鍾濬, 〈敎育論〉(《月報》 제7호), 1~2쪽.
呂炳鉉, 〈殖産部論說〉(《月報》 제2호), 15~16쪽.
尹孝定, 〈專制國은 無愛國思想論〉(《月報》 제5호), 19~22쪽.

64) 《韓國獨立運動史》 1, 국사편찬위원회, 1965), 〈大韓新民會通用章程〉, 1,028쪽.

65) 《大韓每日申報》, 1906년 5월 9일, 논설 〈申勉家庭敎育〉.
安秉瓚, 〈敎育의 宗旨〉, (《西友》 제5호), 8쪽.
《皇城新聞》, 1909년 2월 5일, 논설 〈根本的 敎育〉.

66) 여성교육을 강조한 글은 다음과 같다.
《皇城新聞》, 1909년 9월 16일, 논설 〈女子敎育界의 大缺點〉.
《大韓每日申報》, 1909년 11월 17일, 〈女子敎育에 對ᄒᆞᆫ 一論〉.
의무교육을 강조한 글은 다음과 같다.
《西友》 제3호, 43~44쪽.
朴殷植, 〈祝義務敎育實施〉(《西友》 제7호), 2쪽.
《皇城新聞》, 1908년 6월 6일, 논설 〈義務敎育先自貧民始〉.
《大韓每日申報》, 1908년 12월 6일, 논설 〈書告敎育家諸公〉·1910년 1월 14일, 논설 〈敎育界의 悲觀〉 등이 있다.
또한 노동야학을 실시하여 자주독립의 정신과 견인불굴의 성질을 양성할 것을 강조한 글로는 《皇城新聞》, 1908년 2월 20일, 논설 〈勸勉勞動同胞夜學〉 등이 있다.

67) 《大韓每日申報》, 1909년 11월 24일, 〈國民敎育을 施ᄒᆞ라〉.

의한 신학문·신사상의 보급 확대를 주장하였다. 그러나 유교의 근본은 變通意識·富强之術·民權意識을 내포하고 있어 근대·문명사상에 부합될 수 있다고 보아, 孔孟儒敎를 개신하여 신학문·신사상과 상호 보완해야 한다는 신구학 절충보완의 논리도 폈다.[68]

이처럼 애국계몽가들은 民智를 계발하고 인재를 양성하는 자강교육의 실시를 국권회복의 기초로 생각했으며,[69] 국권회복을 위한 자강교육의 전제로 의무교육의 실시를 강조하였다.[70]

둘째로 애국계몽가들은 식산흥업에 의한 실력양성론을 주장하였다.

애국계몽가들은, 국권회복은 실력양성에 있으며 실력의 요체는 식산흥업, 곧 농공상업의 발달에 있다고 보고,[71] 특히 당시 세계를 '商業戰鬪時代'로 규정하였다.[72] 그들은 당시 한국이 일본의 보호국으로 전락된 주요 원인의 하나는 식산의 부진에 따른 국가의 빈약에 있다고 인식했으며, 식산흥업이 국부증진의 근원이라 믿고, 생존경쟁·우승열패의 국제사회에서 식산을 통한 국가부강의 실현이 국권회복의 길이라고 하여 '식산자강론'을 주장하였다.[73]

---

68) 薛泰熙, 〈抛棄自由者爲世之罪人〉(《月報》 제6호), 21~23쪽.
李鍾濬, 〈宗敎를 不可不崇奉이요 新舊를 不可不參酌이라〉(《月報》 제9호), 14~16쪽.
白洛居士, 〈人民의 敎育〉(《嶠南敎育會雜誌》 제5호), 24~25쪽.
李起鐪, 〈學問은 不可不參互新舊〉(《畿湖興學會月報》 제6호), 4쪽.
李輔相, 〈學無新舊로 勸告不學諸公〉(《畿湖興學會月報》 제7호), 6~7쪽.
李光麟, 〈舊朝末新學과 舊學의 論爭〉(《韓國開化史의 諸問題》, 一潮閣, 1986), 202~206쪽.

69) 《西友》 제1호, 〈本會趣旨書〉, 5쪽.
朴殷植, 〈警告社友〉(《西友》 제2호), 5쪽.
邊昇基, 〈革去舊習(續)〉(《湖南學報》 제6호), 12쪽.
《畿湖興學會月報》 제1호, 〈本會記事〉, 47~48쪽.

70) 《西友》 제3호, 43~44쪽.
姜 曄, 〈義務敎育〉(《湖南學報》 제7호), 2~3쪽.
李宣鎬, 〈今日嶠南〉(《嶠南敎育會雜誌》 제2호), 45쪽.
鄭國采, 〈國民敎育論〉(《畿湖興學會月報》 제8호), 8~9쪽.

71) 玉東奎, 〈實業의 必要〉(《西友》 제8호), 30쪽.
《西友》 제6호, 〈切實意見〉, 2쪽.

72) 《大韓每日申報》, 1909년 12월 18일, 논설 〈商業上知識의 必要〉.

73) 張志淵, 〈殖産興業의 必要〉(《月報》 제1호), 34~35쪽.
———, 〈國家貧弱之故〉(《月報》 제6호, 10~15쪽 · 제7호, 6~8쪽).

비밀결사인 신민회도 그 〈通用章程〉에서, "실업가에 권고하여 영업방침을 지도할 것"과 "본회와 합자로 실업장을 열어 실업계의 모범을 보일 것"을 규정하여, 식산흥업이 실력양성의 요체임을 제시하였다.74)

애국계몽가들은 한국의 식산부진과 국가빈약의 요인을, 수백년 간의 압제정치와 가렴주구, 그리고 전제국가의 '重士主義(문인존중주의)'와 관존민비의 폐습 등에 의한 국민의 근로의욕의 상실과 산업기술의 부족으로 파악하였다.75) 따라서 그들은 정치개혁을 통하여 국민의 자유·평등의 권리를 보장하고, 국민계몽을 통하여 관존민비·직업존비의 의식을 타파하여 국민의 근로정신과 생산의욕을 고취시키고, 국민교육을 통하여 각종 산업의 기술을 개발하여 생산능력을 향상시킴으로써, 국민의 경제적 자립과 국가의 부강을 실현해야 한다고 주장하였다.76)

애국계몽가들은 이같은 식산흥업의 활동이 현실적으로는 일제의 경제적 침탈을 억제하고, 교육진흥에 필요한 경제적 토대를 마련하게 되며, 궁극적으로는 국가의 부강을 통한 국권회복의 기초가 된다고 믿었다.77) 그러므로 교육과 식산에 의한 국민의 지식과 경제적 향상을 유일한 자강책 또는 국권회복의 실무라고 강조했던 것이다.78)

셋째로 애국계몽가들은 교육진흥·식산흥업과 더불어 정치개혁에 의한 실력양성론을 폈다.

대한협회는 그 취지서에서, "정치·교육·산업을 강구하여, 사회지식을 발달하며 신진 德性을 도야하며 전국 富力을 증진함으로써 국민적 자격을 양성한다" 하고, 계속하여 "국가의 비운과 인민의 행복은 전적으로 실력 여하

大韓子, 〈土地와 國家 人民의 關係〉(《會報》 제6호), 12쪽.

74) 《韓國獨立運動史》 1, 〈大韓新民會通用章程〉, 1,028쪽.

75) 張志淵, 〈國家貧弱之故〉(《月報》 제6호, 10~15쪽·제7호), 6~8쪽.
金成喜, 〈殖産部論說〉(《月報》 제6호), 38~40쪽.

76) 金成喜, 위의 글.
張志淵, 〈殖産興業의 必要〉(《月報》 제1호), 34쪽
呂炳鉉, 〈殖産部論說〉(《月報》 제2호), 14~16쪽.

77) 張志淵, 〈嵩齋漫筆〉(《月報》 제2호), 17~18쪽.
———, 《月報》 제3호, 9~10쪽.

78) 《月報》 제1호, 〈大韓自强會趣旨書〉, 9~10쪽.
尹孝定, 〈志士의 眼淚와 學生의 指血〉(《月報》 제8호), 52쪽.

에 있는데, 실력은 오직 정치·교육·산업의 강구 발달일 뿐이다"[79]고 하여, 애국계몽가들이 실력양성에 있어 교육진흥·식산흥업뿐만 아니라, 정치개혁에 큰 비중을 두고 있음을 강력히 시사하였다.

애국계몽가들은 전제정치 하에서는, ① 지배자가 국가를 私有하여 국민의 생명·재산 등 민권보장이 불가능하여 民力이 쇠잔해지고, ② 국민에 대한 정치참여를 불허하여 국민이 국가의 일을 남의 일 보듯이 하므로 애국심이 생길 수 없고, ③ 국민에 대한 가혹한 압제와 수탈로 국민의 생산의욕이 감퇴되어, 산업이 피폐해지고 국력이 쇠퇴해진다고 하여, 국가 쇠망의 큰 원인의 하나를 전제정치에 두었다.[80] 따라서 한말 애국계몽단체들은 전제정치를 폐지하고 입헌대의제(신민회는 공화제)를 채용하여 근대 국민국가를 건설함으로써, 민권의 보장과 산업의 발전, 국민의 참정과 애국심의 앙양을 이루어, 국민의 힘에 기초한 국권회복이 가능하다는 논리를 폈다.[81]

대체로 애국계몽가들은, 지방자치제와 입헌대의제를 실시하면, 국민의 자치정신과 자치능력이 향상되어 국민의 독립능력과 독립유지의 기초가 될 것으로 믿었다. 그리고 그들은 "개명한 인민 위에 惡政府가 없고, 미개한 인민 위에 善政府가 없다"[82]고 하고, "정치의 우열이 국가의 강약을 좌우하며, 정치의 발전은 교육에 달렸다"[83]고 하여, 교육에 의한 국민개명과 정치발전이 국가자강의 전제 조건이 된다는 논리를 폈다.[84]

넷째로 애국계몽가들은 애국정신 또는 조국정신의 강화에 의한 실력양성

79) 《會報》 제1호, 〈大韓協會趣旨書〉, 1쪽.
80) 薛泰熙, 〈法律上 人의 權義〉(《月報》 제9호), 12~13쪽.
尹孝定, 〈專制國民은 無愛國思想論〉(《月報》 제5호), 19~22쪽.
張志淵, 〈國家貧弱之故〉(《月報》 제6호), 11~12쪽.
金成喜, 〈國民的 內治 國民的 外交〉(《會報》 제4호), 25~26쪽.
81) 尹孝定, 〈地方自治制論〉(《月報》 제4호), 18~19쪽.
金成喜, 〈政黨의 事業은 國民의 責任〉(《會報》 제1호), 28~30쪽.
張志淵, 위의 글.
82) 林炳恒, 〈官吏의 事業과 人民의 事業〉(《月報》 제7호), 58쪽.
83) 李鍾濬, 〈教育論〉(《月報》 제7호), 1~2쪽.
84) 金成喜, 〈國民的 內治 國民的 外交〉(《會報》 제4호), 26쪽. 김성희는 "국가의 정도는 반드시 국민의 정치사상에 의하여 발달한다"는 몽테스큐의 말을 인용하고, "국가정치의 본원은 곧 국민의 사상이라"고 강조하였다.

론을 폈다.

애국계몽가들은 교육진흥·식산흥업·정치개혁과 더불어 大韓精神(사상)·자국정신(사상)·조국정신(사상)·독립정신(사상)·애국정신(사상)·국가정신(사상) 등 민족의 정신적인 측면을 각별히 중요시하였다.[85] 그러므로 그들은 대한정신·조국정신·독립정신을 바탕으로 한 신교육을 실시해야만 국가부강과 국권회복이 가능하다고 강조하고,[86] 애국정신·민족정신을 결여한 상태의 맹목적인 신교육의 추종은 결국 자강독립에 역행하는 것이라고 경고하였다.[87]

그들이 애국정신·조국정신 등을 중요시한 것은 국권회복운동에 있어 가시적으로 부족한 실력의 격차를 정신면에서 극복하고자 하는 노력의 일단이라고 볼 수 있을 것이다. 또한 그들은 애국심이란 국가구성의 핵심 정신을 이루는 것으로, 국민의 애국심 또는 자국정신이 없으면 국가는 形骸化되고 국권회복은 기대할 수 없다고 보았기 때문이다.[88] 나아가 그들은 조국정신이 있어야 교육진흥과 식산흥업을 통하여 국가의 자강을 제대로 실현할 수 있으며, 실현된 자강을 독립으로 연결시킬 수 있게 된다고 믿었기 때문이다.[89]

그리하여, 그들은 국사와 국어 교육을 통하여 自國의 연원을 알게 하고 국가에 대한 소속감을 갖도록 하여 자국정신을 개발시키고,[90] 입헌대의제도의

---

85) 朴殷植, 〈大韓精神〉(《月報》 제1호), 58쪽.
尹孝定, 〈本會의 趣旨와 特性〉(《月報》 제1호), 22쪽.
蘆浪居士, 〈敎育問題〉(《會報》 제7호), 13~14쪽.
《皇城新聞》, 1908년 4월 25일, 논설 〈問愛國精神在處〉.
《大韓每日申報》, 1909년 1월 5일, 논설 〈國家의 精神을 發揮할지어다〉.

86) 朴相穆, 〈敎育精神〉(《西友》 11호), 17~18쪽.
《西北學會月報》 제1호, 〈敎育部－敎育方法 必隨 其國程度〉.

87) 朱東瀚, 〈學生의 職分과 義務〉(《西北學會月報》 제3호), 15~17쪽.

88) 尹孝定, 〈專制國民은 無愛國思想論〉(《月報》 제5호), 21쪽.

89) 朴殷植, 〈大韓精神〉(《月報》 제1호), 58쪽.
尹孝定, 〈本會의 趣旨와 特性〉(《月報》 제1호), 22쪽. 윤효정은 이 연설에서, 敎育과 殖産의 실제 발달이 大韓精神에 의거하지 않으면, 汽船이 氣力을 잃은 것과 같고 電車가 電力을 떠난 것과 같아서, 활동 진행의 勢力이 없게 될 것이니, 大韓精神이 국권회복의 大機關임을 잊지 말아야 한다고 강조하였다.

90) 玄 檃, 〈國朝故事〉(《月報》 제8호), 34~35쪽.
尹孝定, 〈議案〉(《月報》 제2호), 36~37쪽.

실시로 국민의 국정참여를 실현하여 국민으로 하여금 국가와 일체감을 갖도록 함으로써 애국심과 조국정신을 고양시켜야 한다고 주장하였다.[91] 그들은 조국정신을 교육과 식산을 통한 自强實現(실력양성)의 원동력으로, 실현된 자강을 獨立恢復(국권회복)으로 이어주는 연결고리로 간주했던 것이다.

요컨대 그들은 조국정신이야말로 자강 실현의 양대 지주인 교육과 식산의 발전을 고무시키고, 이를 통하여 실현된 자강을 독립으로 연결시킴으로써 결국 자강실현의 양대 지주를 받쳐주는 불가결의 정신적 기반이라고 간주했던 것이다.

애국계몽가들은 교육진흥·식산흥업·정치개혁·조국정신을 통하여 양성된 실력을 구체적으로 어떻게 국권회복에 연결시키고 있는가.

대한자강회·대한협회·서우(서북)학회 등 합법단체의 애국계몽가들은 양성된 실력을 직접 독립전쟁에 연결시키는 주장을 펴지는 않았다. 그들은 국민이 근대지식을 가지고, 경제적으로 자립능력이 있으며, 강건한 애국정신을 가지고, 정치참여의 능력이 있을 정도로, 충분한 실력이 양성되고 문명화가 이루어지면, 보호국체제는 철폐될 수밖에 없다고 주장하였다.[92] 그러므로 합법단체에 속한 애국계몽가들이 실력의 양성, 문명화의 성숙 이후에, 최종 단계에서 우선적으로 정치적 차원에서 국권회복을 시도하리라는 것은 충분히 예측된다. 그러나 정치적 노력이 실패했을 경우에, 군사적 차원의 국권회복을 시도하리라고 단언하기는 어렵다. 다만 후술하는 바와 같이, 비밀결사였던 신민회가 실력양성을 독립전쟁으로 직결시키고 있었는데, 신민회 주도 회원의 대다수가 대한자강회·대한협회·서북학회 등 합법단체의 주도 회원을

申采浩, 〈歷史와 愛國心의 關係〉(《會報》 제3호), 3쪽.
李鍾一, 〈國文論〉(《會報》 제2호), 12~13쪽.
《大韓每日申報》, 1908년 1월 26일, 논설 〈國文學校의 日增〉.
《皇城新聞》, 1908년 6월 3일, 논설 〈歷史著述이 爲今日必要〉 및 1910년 4월 29일, 논설 〈國文發達을 注意함〉.

91) 尹孝定, 〈專制國民은 無愛國思想論〉(《月報》 제5호), 19~22쪽.
———, 〈國家的 精神을 不可不發揮〉(《月報》 제8호), 8쪽.
金成喜, 〈政黨의 事業은 國民의 責任〉(《會報》 제1호), 28~29쪽.
元泳義, 〈人民의 共同的 責任〉(《會報》 제2호), 8쪽.

92) 大垣丈夫, 〈本會趣旨〉(《月報》 제1호), 25쪽.
金嘉鎭, 〈我國有識者의 日本國에 대한 感念〉(《會報》 제6호), 1~2쪽.

겸하고 있었던 사실은 주목할만 하다.

나. 독립전쟁론

신민회는 일제의 보호국 체제하에서 韓人의 통일 연합에 의한 '독립자주국가'의 건설을 목적으로 하는[93] 비밀결사로 조직되어, 독립전쟁 전략을 수립했던 점에서, 대한자강회나 대한협회 등 합법적인 애국계몽단체와 국권회복의 방법론을 달리하였다. 신민회의 독립전쟁론은 민족의 실력을 양성하여 제국주의 일본과 적절한 시기에 독립전쟁을 전개하여 국권을 회복한다는 이론이다.[94]

신민회는 국권회복에 있어 기회의 포착과 실력의 양성을 중요시하였다. 신민회의 대변지였던 《대한매일신보》가 논설에서,

> 기회가 없어도 성공키 어려울지며 실력이 없어도 성공키 어려울지나, 오직 實力이 爲先이니라. 왜 그러한가. 기회가 아무리 있어도 실력이 없으면 성공치 못할지며, 혹 우연히 성공이 되더라도 이는 진정한 성공이 아닌 所以니라. 실력만 있으면 기회는 자연히 도래하는 것이니, 날로 실력을 기르고 달로 실력을 길러 실력 준비로 생명을 다할 지니라(《大韓每日申報》, 1910년 1월 13일, 논설 〈機會와 實力〉 축약).

라고 했듯이, 신민회의 국권회복론은 먼저 실력을 양성하여 독립의 기회에 대비해야 한다는 선실력 후기회론이었다. 서우학회도 국가독립의 기반이 武藝에 있음을 강조하며 체육과 상무교육의 중요성을 역설하였고,[95] 국권회복을 위한 병력증강에 힘쓸 것을 강조하여 독립전쟁에 필요한 군사력 양성의 필요성을 주장하였다.[96]

신민회의 선실력 후기회론은 실력양성에 의한 독립전쟁론 또는 독립전쟁 준비론이라 할 수 있는데, 대한자강회 등 합법단체의 선자강 후독립론과 일맥상통하면서도, 선자강 후독립론에는 독립전쟁이 전제되어 있지 않다는 점

---

93) 國史編纂委員會, 《韓國獨立運動史》 1, (1965), 〈大韓新民會趣旨書〉, 1,027쪽.
94) 尹炳奭, 〈1910年代의 韓國獨立運動〉(《韓國近代史論》 Ⅱ, 知識産業社, 1979), 27쪽.
95) 金義善, 〈體育의 必要〉(《西友》 제4호), 14~15쪽.
朴殷植, 〈文弱之弊는 必喪其國〉(《西友》 제10호), 1~6쪽.
96) 《西友》 제7호, 〈安昌浩演說〉, 24~27쪽.

에서 큰 차이가 있다. 그러나 신민회도 당시의 합법적인 애국계몽단체와 마찬가지로, 약육강식의 국제사회에서 실력의 부족으로 상실된 국권의 회복은 실력의 양성으로만 가능하다는 인식에서, 국권회복의 당면의 목표로 실력양성론을 폈던 것이다.

그럼 신민회가 말하는 실력양성이란 무엇을 의미하는가. 신민회는 그 취지서에서, "세계는 수백년 이래로 새로운 세계로 진보해 왔는데, 한국사회는 '進化의 天演公例에 역행'하여 왔으며, 우리가 昔日로부터 自新치 못하여 惡樹惡果를 금일에 거두게 되었다"하고, 爲國의 길은 오직 自新하는 것 뿐이라고 하였다.[97] 곧 신민회는 한말의 시대상황을 사회진화론적 시각에서 보고, 보호국체제도 자신치 못한 한국 자체에 있다고 보아 자신이 구국의 길임을 강조하였다. 그리고 자신이란 신사상·신교육·신윤리·신학술·신산업·신정치 등에 의하여 '인민을 유신'케 하고 '나라를 유신'케 하는 것이라고 주장하였다.[98] 결국 자신이란 새로운 국민 곧 新民의 육성과, 새로운 국가 곧 신국의 건설을 의미하는 것이었다.

신민회가 신민의 육성과 신국의 건설을 목표로 제시한 실력양성의 방법은 다음과 같다.[99]

첫째로 각처에 勸諭文을 전파하여 인민의 정신을 각성케 하고, 신문·잡지·서적을 간행하여 인민의 지식을 개발하는 것으로, 국민계몽에 의한 실력양성론이었다.

둘째로 학교를 설립하여 인재를 양성하고, 각처 학교의 교육방침을 지도하는 것으로, 교육진흥에 의한 실력양성론이었다.

셋째로 실업가에 권고하여 영업방침을 지도하고, 신민회와 합자로 實業場을 설치하여 실업계에 모범을 보이는 것으로, 식산흥업에 의한 실력양성론이었다.

넷째로 국외에 독립군기지를 건설하여 武官學校를 세우고 독립군을 양성하려는 것으로, 독립군기지건설에 의한 실력양성론이었다.[100]

---

97) 國史編纂委員會, 《韓國獨立運動史》 1, 〈大韓新民會趣旨書〉, 1,024~1,026쪽.
98) 國史編纂委員會, 《韓國獨立運動史》 1, 1,026~1,027쪽.
99) 國史編纂委員會, 《韓國獨立運動史》 1, 〈大韓新民會通用章程〉, 1,028~1,029쪽.

이상에서 국민계몽·교육진흥·식산흥업에 의한 신민회의 실력양성의 방법은 대한자강회·대한협회 등 합법단체의 방법과 동일하지만, 군사기지 건설에 의한 신민회의 실력양성의 방법은 합법단체와 다른 새로운 면을 보여주는 것이다.

신민회의 독립군기지 건설의 구상은, 韓民族이 제국주의 일본으로부터 국권을 회복하는 가장 확실한 방법은 민족의 역량을 배양하여 적절한 시기에 일본과 독립전쟁을 전개하여 독립을 쟁취하는 것이라는 '독립전쟁론'에 의거한 것이었다.[101] 여기에서 '민족의 역량'이란 한국민의 근대적 지식과 경제적 자립능력, 그리고 확고한 민족정신과 근대전을 수행할 수 있는 군사적 능력 등을 의미하는 것이다. 그리고 '적절한 시기'란 장차 일제가 더욱 팽창하여 러시아나 청국 또는 미국과 전쟁을 벌이게 될 때와 같은 독립전쟁의 기회를 의미한다. 결국 신민회의 독립군기지건설론은 일제가 장차 침략전쟁을 벌이는 독립전쟁의 기회에 대비하여, 일제의 통치력이 미치지 않는 西北間島에 독립군기지를 건설하여 독립군을 양성하려는 것이었다.[102]

이러한 점에서 볼 때 신민회의 독립전쟁론은, 싸울 준비도 제대로 갖추지 않고 감성적으로 대응한 항일의병의 즉각결전론과는 달리, 미래의 독립전쟁의 기회에 대비하여 일제와 近代戰 수행의 능력을 갖추려는 이성적인 판단에 기초한 독립전쟁준비론이었다. 이와 같이 신민회가 국권회복을 위한 실력양성의 방법으로 국민의 知的·경제적·정치적 실력양성뿐만 아니라, 민족의 군사적 실력양성을 구상한 것은 당시 합법단체들이 지닌 국권회복론의 한계성을 한 단계 극복한 것이었다.

요컨대 신민회의 국권회복의 기본방략은, 국내에서는 계몽·교육·식산 활동을 통하여 新民을 육성하고, 국외에서는 간도에 독립군기지를 건설하여 독

100) 山縣五十雄, 《朝鮮陰謀事件》(セウルプレッス社, 1912), 2·26·83쪽.
101) 愼鏞廈, 〈新民會의 創建과 國權恢復運動〉(《韓國民族獨立運動史硏究》, 乙酉文化社, 1985), 103쪽.
102) 尹炳奭, 〈1910年代의 韓國獨立運動〉(앞의 책), 26~28쪽.
國史編纂委員會, 〈105人事件公判始末〉 Ⅰ(《韓民族獨立運動史資料集》 1, 1986), 290·295·305·312·315쪽.
國史編纂委員會, 〈105人事件公判始末書〉 Ⅱ(《韓民族獨立運動史資料集》 2, 1986), 79~80쪽.

립군을 양성한 다음에, 일제가 대외적으로 침략전쟁을 벌이는 시기에 국내외에서 축적된 민족의 역량을 집결하여 일제와 무장투쟁을 통하여 독립을 쟁취하고, 新國을 건설하는 것이었다.

3) 국민국가건설의 논리

(1) 국민국가론

한말의 애국계몽가들은 외세의 침탈로 인하여 야기된 민족적 모순에 대응하여 실력양성에 의한 국권회복의 논리를 전개했고, 내부 지배층의 압제와 수탈로 표출된 봉건적 모순에 대응하여 근대 국민국가건설의 논리를 전개하였다.

먼저 애국계몽가들은 천부인권론에 기초하여 국민의 자유권·평등권·생존권을 주장하였다.

애국계몽가들은 자유란 "皇天이 인간에게 부여한 것"이며, 인간의 대소 강약은 다르나 "天賦自由之權은 동일하다"고 하여 天賦人權을 주장하였다.[103] 그리고 그들은 천부의 권리는 사람이 태어날 때 주어진 고유한 것이지만 법률에 의해서만 보장될 수 있다고 하여 법부인권을 주장하였다.

> 대저 天賦權은 사람이 태어날 때 주어져 固有한 것이다. 水草相逐하는 시대에 있어서는 반드시 腕力에 제한되는 것은 논란을 기다리지 않을 것이니, 비록 天賦權이 있은들 편안히 누리지 못함에 이르면 어찌 權利라 칭하리요. 고로 법률이 있은 후에야 비로소 그 권리를 보전할 것이니, 소위 天賦自由라 公言하는 말은 空論에 불과할지라(薛泰熙, 〈法律上 人의 權義〉(《月報》 제8호), 17쪽).

나아가 그들은 "하늘이 백성을 내릴 때 자유를 균등하게 부여했으니, 인민에게는 자유와 생존의 권리가 있다"[104]던가, "하늘이 백성을 냄에 각기 주어진 자유가 있으니 백성된 자는 평등 자유하다"[105]고 하여, 개인 차원의 천부

---

103) 南宮濬, 〈自由論〉(《月報》 제9호), 9쪽.
元泳義, 〈自助論〉(《月報》 제13호), 1쪽.
104) 薛泰熙, 〈抛棄自由者爲世界之罪人〉(《月報》 제6호), 19~20쪽.

인권을 국가 차원에 적용하여 天賦民權을 주장하였다.

다음으로 천부인권론에 의거 국민평등권·국민자유권·국민생존권을 주장한 애국계몽가들은 사회계약론에 기초하여 국민주권과 국민참정권을 주장하였다.

대한자강회 평의원 薛泰熙는 〈抛棄自由者爲世界之罪人〉이란 논설에서,

> 국가에는 스스로 일정한 토지와 인민이 있어서, 본래 마땅히 각자가 조처하여 得失을 평의할 것이나, 복잡한 사회를 유지하기 위하여 인민이 통치권을 賢者에게 위임한 것이니, 정부는 통치권의 分任者로서 인민 보호의 의무와 用法·행정의 권한을 가지며, 인민은 役稅 부담의 의무와 자유 생존의 권리를 가진다(薛泰熙, 〈抛棄自由者爲世界之罪人〉(《月報》 제6호), 19~20쪽 축약).

고 하여, 사회계약론에 의거 국민을 통치권 곧 주권의 근원으로 또는 주권의 위임자로 인식하고, 통치자와 정부를 주권의 수임자로 인식하였다. 따라서 주권의 수임자인 정부는 결국 인민의 보호를 목적으로 설치된 것으로 파악하였다.

대한자강회 부회장 윤효정은 논설에서, "정치가의 본직은 국가의 발전과 인민의 행복을 증진시키는데 있다"고 전제하고, 정부 당국자의 "귀중한 位權은 인민으로부터 假得한 것이며, 두터운 봉록은 인민으로부터 공급된 것이요, 국정 전반의 위임은 인민에게서 인수한 것인즉, 그 행정의 잘 잘못은 마땅히 인민에 감독을 必受할 이유가 있다"[106]고 하여, 역시 사회계약론적인 시각에서 정부 권력은 국민으로부터 나온 것이고 제반 국정은 국민으로부터 위임된 것이라는 근거에서 국민의 국정감독권을 강력히 주장하였다. 대한자강회의 평의원 南宮薰도 논설에서, 우리 국민이 국정을 정부에 위임하여 국가 흥망의 일차적 책임이 국민에게 있으므로, 우리 국민은 국정감독의 권리를 가진다고 주장하였다.[107]

---

105) 金成喜, 〈工業說〉(《月報》 제10호), 28~29쪽.
106) 尹孝定, 〈政治家의 持心〉(《月報》 제12호), 11~12쪽.
107) 南宮薰, 〈國民의 義務〉(《月報》 제10호), 48쪽.
金成喜, 〈政黨의 事業은 國民의 責任〉(《會報》 제1호), 29쪽.
元泳義, 〈人民의 共同的 責任〉(《會報》 제2호), 7~8쪽.

한편 애국계몽가들은 "민선의원을 두어 정무를 감독한다"고 했으므로,[108] 국민의 국정감독은 의회개설에 의한 국민참정을 의미하는 것이었다. 그들은 의회개설에 의한 국민참정은 생명·재산 등 국민의 기본적 권리를 보장할 수 있는 최선의 방법이며,[109] 국민과 국가와의 일체감을 조성하여 국가의 자강을 도모할 수 있는 가장 확실한 방법이라[110]고 믿고 국민참정권을 주장하였다. 국민참정권은 국민주권을 전제로 발생되는 것이므로, 애국계몽가들은 국민을 주권의 근원 또는 주권의 위임자로서 뿐만 아니라 사실상 주권의 소유자로 인식했다고 하겠다.

애국계몽가들은 이상과 같이 자연법적 천부인권과 사회계약론적 국민주권 등 자유민권사상을 가지고, 이를 바탕으로 하여 새로운 국가관을 형성하게 되었다.

대한자강회 회원들은 "국가는 국민 萬姓의 공동체이니 군주 1인의 사유물이 아니라"고 하고, "군주는 국가의 통치자이며 국가의 私有者가 아니다"[111]고 인식하였다. 따라서 그들은 "朕은 곧 국가"라고 한 루이 14세의 말을 '대역무도'하다고 비판하고, "짐은 국가의 상등 공용인"이라고 한 프레드릭 2세의 말을 국가와 황실의 구분을 명확히 한 '萬世의 귀감'이라고 극찬하였다.[112] 이처럼 애국계몽가들은 국가를 토지에 중점을 두어 군주의 사유물시하는 전통적인 '군주=국가관'을 정면으로 부정하였다.

그리고 대한협회 회원들은 "국가의 국가됨이 衆多 인민을 집합하여 이룬 것이므로 위로 君位와 아래로 관직은 모두 백성을 위해 설치한 것"[113]이라 하고, "백성은 국가 전체의 주인이오, 정부는 民人 의사의 대표"이니 정부는

108) 金成喜, 〈國家意義〉(《月報》 제13호), 41쪽
———, 〈論外交上 經驗的 歷史〉(《會報》 제8호), 8쪽.
109) 金成喜, 〈政黨의 事業은 國民의 責任〉(《會報》 제1호), 29쪽.
110) 尹孝定, 〈地方自治制論〉(《月報》 제4호), 18~19쪽.
———, 〈國家的 精神을 不可不發揮〉(《月報》 제8호), 8쪽.
元泳義, 〈人民의 共同的 責任〉(《會報》 제2호), 8쪽.
111) 海外遊客, 〈國家의 本義〉(《月報》 제3호), 54쪽.
———, 〈國家及 皇室의 分別〉(《月報》 제3호), 55쪽.
112) 海外遊客, 〈國家及 皇室의 分別〉, 56쪽.
113) 元泳義, 〈政體概論〉(《會報》 제3호), 28쪽.

주인의 동의를 얻어 국사를 처리해야 한다[114]고 주장하였다. 곧 국가의 모든 통치 기구는 국민을 위해 설치된 것이며, 국가의 통치는 국민의 동의에 의하여 이루어져야 한다는 것이다. 나아가 그들은 "국가는 吾人(인민)의 국가요 정치가의 국가가 아니며 정치가는 오직 우리 나라 인민의 使役者"라 하여,[115] 국가를 국민집단과 동일시하는 '국민의 국가'로 인식하였다. 서우학회와 서북학회의 회원들도 국가의 주인은 군주 개인이 아니고 국민이라고 하여, 국가를 '국민의 국가'로 인식하였다.[116]

이처럼 애국계몽가들은 전통적인 군주=국가관을 부정하고, 국민을 위한, 국민에 의한, 국민의 국가 곧 근대 국민국가관을 가지고 있었다. 그런데 대한협회 회보편찬원 金成喜가 〈論國家〉라는 논설에서, 입헌정체는 '평등권의 특질'과 '대의기관의 특질'이 있다고 하고, 입헌대의제를 통하여 국민의 자유권리가 보장되고 국민이 국가의 책임자가 되는 국가를 '국민적 국가'라 규정한 뒤, 우리 나라도 헌법의 발포와 국회의 설립을 추진하여 국민국가를 구성해야 한다[117]고 역설했듯이, 애국계몽가들은 국민국가관을 가지고 있었을 뿐만 아니라, 국민국가의 건설을 추구했던 것이다.

그럼 애국계몽가들이 국민국가와 관련하여 어떠한 정부를 구상하였던가. 대한협회 평의원 安國善은 논설에서,

> 대저 근대에 제일 선량한 정부는 治者의 병력에 의뢰치 아니하고, 전적으로 피치자의 自由同意로 근거를 지어 政機運轉할 때에 결코 强力을 외면에 나타내지 아니하니, 곧 이러한 정부는 국민 다수의 의사로 원천된 헌법과 법률로 기초를 지어야 그 배후에 있는 강력은 朝廷이나 소수 右族의 강력이 아니라 일치한 국민 다수의 강력이오, 이 국민 다수의 강력은 剛强盛大하여 가히 犯치 못할 것이다(安國善, 〈政府의 性質〉(《會報》 제7호), 28쪽).

---

114) 金成喜, 〈論外交上 經驗的 歷史〉(《會報》 제8호), 4쪽.
115) 卞悳淵, 〈國民과 國家의 關係〉(《會報》 제7호), 30쪽.
116) 朴聖欽, 〈愛國論〉(《西友》 제1호), 27~29쪽.
《西友》 제2호, 〈愛國論一〉, 17~23쪽.
《西友》 제7호, 〈安昌浩 演說〉, 26쪽.
金翼瑢, 〈今日 吾人의 國家에 對한 義務 及 權利〉(《西北學會月報》 제1호), 27~32쪽.
117) 金成喜, 〈政黨의 事業은 國民의 責任〉(《會報》 제1호), 28~30쪽.

고 하여, 근대에 있어 최선의 정부 곧 '국민적 정부'는 국민의 '자유 동의'에 근거하여 정치기구를 운용하는 정부, 곧 국민 다수의 의사에 근거한 헌법과 법률에 기초를 둔 강력한 정부라고 인식하였다.[118] 그는 같은 논설에서,

> 대저 금일에 문명국의 정치를 말하면, 반드시 '여론정치'를 말하며 '서민참정'을 말하니, 이러한 말은 모두 십분 성장 발달한 '民主制度'를 언명함에 족하도다. 그 여론을 형성하는 다수자가 승세를 잡음은 다수자가 국민의 소리를 가지고 국민의 권력을 가진 데에 말미암는다. 곧 다수자가 지배권을 가지는 것은 그 지식으로서가 아니고 그 潛勢力으로서이다(安國善, 〈政府의 性質〉(《會報》 第8호), 24쪽 축약).

고 하여, 문명국 곧 국민국가의 정치는 여론정치·서민참정을 의미하는 민주제도로 귀착되며, 국민의 여론과 국민의 권력에 바탕을 둔 다수자가 지배하는 정치라고 인식하였다. 서북학회 회원도 〈我韓의 公平한 輿論을 要함〉이란 글에서,

> 近世 문명 각국에서는 國民主義로 標幟를 삼아 정치상·경제상·사회상 중대사건에 대하여는 국민의 공평한 여론에 의하여 處斷實行하나니, 故로 世人이 입헌정치를 指하여 여론정치라 칭함에 至한 것이라. 然則 국민의 여론은 국가 행동의 나침반이라. 건전한 여론이 행하면 其國이 必治하고, 病的 여론이 행하면 其國이 必亂할지니, 吾儕가 어찌 여론의 가치를 泛視할 수 有하리요(友洋生, 〈我韓의 公平한 輿論을 要함〉(《西北學會月報》 제14호), 19~20쪽).

라고 하여, 근대 문명국가가 추구하는 국민주의는 국민의 여론에 의한 정치임을 밝히고, 입헌정치의 선결 요건인 여론정치를 실현해야 한다고 강조하였다. 따라서 애국계몽가들은,

> 정부는 결코 정부 당국자의 정부가 아니오 곧 전국 국민의 정부이어늘, 이제 당국자의 施措에 대하여 漢城이 불복하고 畿甸人이 불복하고 전국인이 불복하는지라. 그런 즉 內閣 제공은 누구를 의뢰하여 부끄럼 없이 그 지위에 웅크리고 앉아 있는가(大韓子, 〈政府當局者의 猛省함을 再警함〉(《會報》 제7호), 4쪽).

---

118) 《西友》 제13호, 2쪽에 실린 〈自助論〉도 국민주권에 근거한 헌법과 정치·법률에 의하여 국가를 통치하는 국민적 정부의 필요성을 강조하고 있다.

라 하여, 정부란 곧 '국민의 정부'이므로 국민의 지지를 상실한 현 내각대신은 퇴진해야 한다고 촉구했던 것이다.

대한협회 회보편찬원 김성희는 몽테스큐의 '萬法精神의 說'이 입법·사법·행정의 三權分立을 일반화시킨 헌법의 鼻祖라 하고, 헌법 이전의 국가는 계급적 정부이고 헌법 이후의 국가는 평등적 정부이므로, 계급적 정부는 헌법의 죄인일 뿐 아니라 국민의 仇敵이라고 규정하였다. 또한 그는 정부란 국가의 목적을 위하여 운용하는 기관으로, 공익을 위한 것에 지나지 않으며, 행정상으로 말하면 내각이고, 통괄적으로 말하면 정부라고 하였다. 그리고 국민 공동의 사상으로 만든 것을 국민적 정부라 하고, 문명국의 책임내각이 바로 국민적 정부라고 파악하였다. 나아가 그는 책임내각이란 것은 영국에서 비롯되어 군주와 국민에 대하여 책임을 지는 것인데, 한국의 내각은 군주와 국민에게 책임이 없는 내각이라고 비판하고, 국가와 정부, 국민을 보존하기 위해서는 속히 국회를 조직하여 국민적 정부를 만들어야 한다고 주장하였다.[119] 이처럼 애국계몽론자들은 국민의 공동사상으로 구성된 국민적 정부 곧 책임내각이 국민국가에 부합된다고 인식하고, 우리 나라에 있어서 국회의 설립에 의한 책임내각의 구현 곧 국민적 정부의 수립을 추구하였다.

애국계몽가들은 책임내각 곧 국민적 정부의 전제조건으로 정당의 존재를 중요시하였다.

애국계몽가들은 과거의 朋黨은 公義보다는 私利에 치우치는 편벽된 私黨이며, 근대의 정당은 정치상 동일한 主義를 가진 자들이 조직하여 국리민복을 목표로 공의를 소중히 여기는 공당이라고 보았다.[120] 그리고 김성희가 〈論政黨〉에서, "공중의 도덕성을 결집하여 단체를 구성하여 국회에서 雄力을 가지고, 議院에서 다수를 점하여 여론을 환기하고 國是를 유지하는 것이 국민적 정당이다"[121]고 했듯이, 그들은 근대 정당이란 국회를 활동의 중심 무대로 하는 '국민적 정당'이라고 인식하였다.

---

119) 金成喜, 〈政黨의 事業은 國民의 責任〉(《會報》 제1호), 30~32쪽.
120) 安國善, 〈政黨論〉(《會報》 제3호), 24쪽.
　　金成喜, 〈政黨의 事業은 國民의 責任〉(《會報》 제2호), 21~24쪽.
121) 金成喜, 〈政黨의 事業은 國民의 責任〉(《會報》 제2호), 21~22쪽.

대한협회 평의원 安國善은 〈政黨論〉에서,

> 朋黨은 국가와 사회에 해를 끼침이 심하였지만, 政黨은 금일 진보한 정치상에 불가결한 필요기관이다. 정부가 비록 책임내각을 조직한다 할지라도, 정당의 조직이 완전치 못하면 그 실현을 보기 어려우며, 인민이 비록 多數政治를 실행코자 할지라도, 정당의 성립이 없으면 그 유익함을 거두기 어려우니, 이는 구미각국에 屢驗한 바라. 고로 정당의 분립이 없는 국가는 없다(安國善, 〈政黨論〉(《會報》 제3호), 24쪽).

고 했듯이, 애국계몽가들은 '책임내각'과 '다수정치'의 실현을 위하여 정당의 존재와 정당의 분립이 불가결의 것이라고 인식하였다. 김성희가 "오늘날 세계에 정당 없는 입헌국가 없고 정당 있는 전제국가 없다"하고, "정당이 세워진 연후에 국회가 이루어져 헌법이 정해지고, 헌법이 정해져 감독기관이 갖추어진 연후에 정부가 책임내각이 된다"고 했듯이,[122] 애국계몽가들은, 정당은 입헌국가의 선결조건이며, 곧 국회개설에 의한 정부감독을 통하여 책임내각 곧 국민적 정부를 이루는 전제조건이라고 인식했던 것이다.

따라서 김성희는 정당의 책임을, "정부가 감독권을 스스로 줄 시기는 반드시 없을 것인 즉, 정부로 하여금 부득불 감독을 받게 하는 것이 국민적 정당의 책임이라"하고, 정부가 감독권을 스스로 주지 않을 것을 안다면, 국민이 마땅히 요구해야 하며, 그 요구의 목적은 '전국 통치기관을 대다수 인민과 더불어 共同'케 하는 것이고, 그 요구하는 것은 '憲法發布와 國會召集'이라고 하였다.[123] 이처럼 애국계몽가들은, 정당은 정부로 하여금 헌법을 발포하고 국회를 소집하여 감독기관을 갖추도록 요구하여, 국가의 통치기관을 국민과 공유케 함으로써 책임내각 곧 국민적 정부를 이루게 하는 추진체가 되어야 한다고 보았다. 그리고 국민적 정당이 국민적 정부의 수립을 추구하는 것은 곧 국민적 국가의 건설을 의미하는 것이었다.

---

122) 金成喜, 〈政黨의 責任〉(《會報》 제3호), 22쪽.
123) 위와 같음.

(2) 입헌군주정체론과 공화정체론

가. 입헌군주정체론

애국계몽가들은 국민국가건설의 목표를 실현하기 위하여 어떠한 정치체제를 구상하였던가. 그들은 전제정체에 대한 대안으로 입헌정체를 구상하였다.

대한자강회 부회장 윤효정은 입헌정치와 전제정치를 다음과 같이 비교하였다.

> 입헌정치의 정신은 君民同體이며 상하일치로 萬機를 公議에 의하여 결행하는 데 있으니, 그 운용하는 기초는 국민 다수가 선택한 公黨·公會에 있고, 전제정치의 특색은 君權無限이며 민권부진이며 上下睽離이며 전제억압으로, 그 운용하는 기관은 귀족 관료가 군주를 둘러싸는 私黨에 있다. … 대개 憲政은 그 근원을 자치정신에서 취하는 것이니, 헌정의 채용은 세계의 대세이며 문명의 정신이며 자연의 귀착이며 진리의 추향이라(尹孝定, 〈專制國民은 無愛國思想論〉(《月報》 제5호), 19~21쪽).

이처럼 애국계몽가들은, 전제정치는 군주와 私黨에 의해 운용되어 민권이 不在하므로 군민상하가 일체감을 가질 수 없다 하여 전제정체를 비판 부정하고, 입헌정치는 국민 다수가 선택한 공당, 공회에 의해 운용되어 민권이 보장되므로 군민상하가 일체감을 가질 수 있다 하여 입헌정체의 채용을 주장하였다. 그리고 입헌정체의 근원은 自治精神에 있음을 강조하였다.

애국계몽가들은 '인민의 자치정신'은 '국가의 독립실력'에 직결된다고 보아, 국가에 자치제도를 구비하여 인민의 자치정신을 발휘케 하는 것이 국가독립의 기본이라고 생각하였다. 그리고 지방자치제는 국민으로 하여금 자기 지방과 국가에 일체감을 갖게 하여 건전한 독립국가를 조성케 하며, '君民一體와 上下一心을 이루게 함으로써 국권의 확장과 국력의 부강을 가능케 한다'고 믿었다. 따라서 그들은 먼저 지방자치제를 실시하여 인민의 참정사상과 참정능력을 기르고, 이를 바탕으로 하여 '立憲代議之制'를 실시하여 국가 萬年의 기초를 세워야 한다고 주장하였다.[124] 곧 그들은 지방자치제에 기반을 둔 입헌대의정체의 실시가 국민의 자치정신과 자치능력에 의한 국가의 독립능력

124) 尹孝定, 〈地方自治制論〉(《月報》 제4호), 18~19쪽.

과 독립유지의 기초가 된다고 믿었던 것이다.[125)]

한편 윤효정은 국민의 애국심이 상실되면 국가는 形骸化하며, 애국심의 강약이 국가의 강약에 직결된다고 강조하고,[126)]

> 국민 전체로 하여금 이 一大精神(애국심)을 발휘케 하는 데는 그 방법이 달리 없고, 오직 法制를 확립하고 민권을 공고히 하여 (국민의) 생명·재산을 안전히 하며, 自治制를 실시하고 선거법을 채용하여 점차 國政參議權을 부여하면, 君民이 同治하고 거국이 일치하여 국민이 國事를 自家事처럼 보게 할 수 있다(尹孝定, 〈國家的 精神을 不可不發揮〉(《月報》 제8호), 7~8쪽).

고 하여, 법제의 확립에 의한 민권의 신장과, 자치제의 실시에 의한 국민참정권의 허용을 통하여, 국민이 국가와 일체감을 갖게 함으로써 강건한 애국심을 발휘케 해야 한다고 주장하였다. 이처럼 애국계몽가들은 강건한 애국심을 통한 강건한 국가의 형성은 지방자치제와 입헌대의정체에 기초한 국민참정권의 확립으로써 가능하다고 본 것이다.

대한협회 회보편찬원 김성희는 논설 〈論國家〉에서 입헌정체는 평민의 사회·경제적 위치의 향상에 의한 정치참여 사상에서 연유한 것으로, 본래 평민주의에서 나왔으므로 평등권의 특질이 있으며, 입헌정체는 '국회대의사'를 통하여 인민이 입법의 책임을 가지고 행정관으로 하여금 이를 시행케 하므로 대의기관의 특질이 있다고 하였다. 따라서 입헌제도상의 군주제와 민주제는 국가원수의 선거제와 계속제에 차이가 있을 뿐, 그 정치적 작용은 동일한 것으로 파악하였다. 그리고 그는 대의기관의 작용을 ① 모든 국민의 대표 ② 君權·민권의 법전상 제한 ③ 입법권의 보유 ④ 행정관의 감독으로 대별하고, 입헌대의제를 통하여 국민의 자유와 권리를 보장하고 국민이 국가의 책임자가 되는 국가를 곧 '국민적 국가'라고 규정하였다. 나아가 그는, 구미열강의 국민이 '세계상 일등 국민'이 된 것은 전제를 변하여 입헌을 하고 국민을 국

---

125) 지방자치제 실시를 통한 민권의 신장과 국민참정권 및 자유권의 확대, 그리고 궁극적으로 이를 통한 국가독립의 기초 확립을 주장한 신문 논설로는 《皇城新聞》, 1906년 11월 2일, 논설 〈地方自治制度〉와 1907년 12월 22일, 논설 〈地方自治制〉 및 《大韓每日申報》, 1906년 11월 14일, 논설 〈地方自治說〉 등이 있다.

126) 尹孝定, 〈專制國民은 無愛國思想論〉(《月報》 제5호), 21쪽.

가의 주인으로 삼아 국가의 일을 맡도록 한 때문이라 하고, 우리 나라도 헌법의 발포와 국회의 설립을 추진하여 '國民國家'를 構造해야 한다고 역설하였다.[127] 애국계몽가들은 헌법의 제정과 국회의 설립을 통하여 국민의 국정 참여가 확립되어야 국민국가가 형성된다고 보았던 것이다.

그러므로 김성희는, 국가 멸망의 원인은 정부가 국민의 의사를 무시하고 내치와 외교를 독단 처리하여, 국민의 불신을 사고 국가를 곤경에 빠뜨린 데 있기 때문에, 결국 전제정체의 罪라고 분석하고, 국가체제의 개조에 의한 국민적 내치와 국민적 외교를 제창하였다. 곧 그는 "지금의 세계는 입헌·전제 양정체의 新陳嬗代의 시대"라 하고, 입헌정체를 채용해서 국민 대다수의 정치를 실현해야 한다고 하여, 국회의 개설과 지방자치의 실현에 의한 국민적 內治를 강조하였다. 또한 "지금 20세기 신세계는 국민적 외교의 시대라"하고, 외교 문제를 먼저 국민에게 알리고 국민의 동의를 구한 연후에 국민적 기반 위에서 실시하는 국민적 外交를 강조하였다.[128] 이처럼 애국계몽가들은 입헌 대의정체를 채용, 의회를 통하여 내치와 외교 등 국정 전반에 국민이 참여하는 국민 대다수의 정치와 국민의 동의에 의한 정치를 실현코자 하였다.

대한협회 회보편찬원 元泳義가 "장래 정치의 지극한 정도는 헌정과 민주의 완비 여부에 불과하다 하고, 헌정의 시조인 영국의 입헌정체는 오늘날 완전무결한 상태를 이루어 타국에 비해 우월하다"고 높이 평가했듯이,[129] 애국계몽가들은 대체로 英國憲政의 우월성을 인정하였다. 김성희가 서양의 헌정사를 개관하는 가운데 영국을 헌정의 母國이라 하고,

> 문명국가의 헌법은 전제 범위를 벗어나 민권을 보장하고, 人民參政之權을 허용하여 全社會를 유지하고, 민선의원을 설치하여 정무를 감독하고, 자치제를 실시하여 단체를 조직하고, 군주의 神聖之位를 존중하여 책임지는 바 없게 한다. 이러한 제도가 없으면 그 국가가 없을 것이 분명하니, 안으로 憲政機關이 완비되면 밖으로 國家主權이 스스로 무결해진다(金成喜, 〈國家意義〉(《月報》 제13호), 41쪽 축약).

127) 金成喜, 〈政黨의 事業은 責任〉(《會報》 제1호), 28~31쪽.
128) 金成喜, 〈國民的 內治 國民的 外交〉(《會報》 제4호), 25~29쪽.
129) 元泳義, 〈政治의 進化〉(《會報》 제7호), 26쪽.

고 했듯이, 애국계몽가들은 민권의 보장과 국민참정권의 허용, 민선의회와 지방자치제의 실시, 그리고 군주통치권의 유명무실화 등을 골자로 하는 입헌대의제의 완비가 국가 존립의 관건이라 하여, '영국형의 입헌대의제'가 당시 한국의 현실에서 추구할 수 있는 바람직한 정치체제라고 생각하였다.

요컨대 대한자강회·대한협회 등 합법단체에 속한 애국계몽가들이 국민국가·국민주권국가의 건설과 관련하여 현실적으로 구상한 정치체제는 민선의회와 지방자치에 기반을 둔 입헌대의제 곧 입헌군주제였다. 애국계몽가들은 당시로서 입헌대의제에 기초한 국민국가의 건설이 국민의 자유권리를 보장하고 국가의 자강독립을 확보할 수 있는 합당한 방도라고 믿었던 것이다.

나. 공화정체론

애국계몽가들은 입헌대의제 곧 입헌군주제를 국민국가 건설에 부합되는 현실적인 정치체제로 인식했으나, 민주공화제가 국민국가 건설에 가장 이상적인 정치체제라고 생각하였다.

대한자강회의 평의원 설태희는 논설에서,

> 법률상 정체를 논함에 파다한 구별이 있으나, 대개 공화·입헌·전제로 논하니, … 가장 진보한 공화는 입헌에 勝하고 입헌은 전제에 勝함은 일견 알 수 있거니와, 각각 그 명칭은 다르나 원의는 모두 利國便民코자 하는 법칙이라. … 그 중 가장 未進位에 있는 전제로 말하더라도 군주가 독재라 할 뿐이오, 元義는 인민을 위하여 만든 것에 불과한 것인 즉, 감히 1인의 私意에 빠질 우려가 명료함에는 어찌 법이라 말하리요. 고로 나의 믿는 바는 소위 전제국은 곧 無法國이라 하노라(薛泰熙, 〈法律上 人의 權義〉(《月報》 제9호), 12~3쪽).

고 하여, 정치체제를 공화정체·입헌정체·전제정체로 분류하고, 이 세 종류의 정치체제는 모두 利國便民에 근본 의도가 있으나, 가장 미진한 전제정체는 군주의 사의에 따라 운용되기 때문에 전제국을 '無法國'이라 매도하고, 공화정체가 가장 우수하고 진보된 정치체제라고 평가하였다. 이와 같은 설태희의 '共和政體優越論'은 국가와 국민을 위한 정치의 목적을 바탕으로 하여 제기된 것이었다.

대한협회의 회보편찬원 원영의는 〈政體槪論〉이란 논설에서, 정치체제를 군주정체와 공화정체로 대별하고, 다시 군주정체를 전제정체와 입헌정체로, 공화정체를 貴顯정체와 민주정체로 분류하였다. 그리고, 군주정체는 군주가 주권을 가지고, 공화정체는 군주와 신민이 共相和議하며, 전제정체는 독재이니 군주가 生殺與奪을 좌우하고, 입헌정체는 公立成憲하여 국가시책이 법을 준수하여 私意에 빠지지 아니하며, 귀현정체는 귀족현관이 법과 정치를 주도하여 서민은 그 지휘만을 받게 되고, 민주정체는 서민이 國事에 간여하여 군주·귀현이 정령을 행할 때 민의에 부합치 않으면 시행할 수 없게 된다고 보았다. 그러므로 군주정치는 모든 시책에 오류가 없도록 보장할 수 없고 상하의 通情에 흠이 있으며, 공화정치는 至公無私하여 상하가 화동하므로 공화정체가 最美의 정체라고 평가하였고, 귀현정치는 상하의 권리에 있어 편벽되지 않을 수 없어 共公에 흠이 있으며, 민주정치는 만민의 公心에서 나와 상하가 大同하여 훌륭한 통치가 가능하므로 민주정체가 최미의 정체라고 평가하였다.[130] 이같은 '民主共和政體 最美論'은 국가란 국민의 결집체이므로 모든 통치기구는 국민을 위해 설치되었다는 입장에 선, 설태희의 '공화정체 우월론'과 마찬가지로, 국민을 위한 정치의 목적에 바탕을 둔 것이었다.

또한 원영의는 〈정치의 진화〉라는 논설에서, 憲政은 국가의 모든 법률의 근본인데, 입법·사법·행정의 3대권이 군주에 귀일되어 '주권의 過盛한 압력'으로 인하여 인민이 반항하여 법률을 '議立共守'한 것이 공화정치의 기원이라 하고, 공화정치 중에서 귀족은 군권에 저항, 이를 제한하여 인민의 자유를 방호하는 공이 있으나, 특권의 힘으로 인민을 속박하는 폐단이 있게 되어, 평민의 지능과 재력이 성장함에 따라 귀족의 경멸을 받지 않고 천부의 자유를 지키려는 데서 민주정치가 유래했다고 하여, 국민의 자유를 위한 정치의 기원에 비추어 민주공화정체의 진보성을 밝혔다.[131] 이어서 그는 같은 논설에서, 정치 진화의 단계를 神官政治·전제정치·입헌정치·공화정치·민주정치의 5단계로 구분하고, 신관정치는 어리석은 민중을 神意를 빌어 지배하는 단계, 전제정치는 강자가 압제적 위력을 자행하는 단계, 입헌정치는 民智의 계발로 헌법이 성립되어 무리한 압제를 벗어나는 단계, 공화정치는 군주·

130) 元泳義, 〈政體概論〉(《會報》 제3호), 27~28쪽.
131) 元泳義, 〈政治의 進化〉(《會報》 제7호), 25~26쪽.

신하의 자유 권리가 和同하는 단계, 민주정치는 평민이 귀족의 경멸을 받지 않고 일반권리를 지키는 단계라고 파악하여, 국민의 자유와 권리를 위한 정치 발전의 과정에 비추어 민주공화정체가 가장 발전된 정체라고 평가하였다.[132)]

《서북학회월보》 기고가 鮮于錥 역시 〈국가의 개요〉라는 논설에서, "국가는 인민의 조직임과 동시에 특히 인민 의지의 조직이라" 하고, "전 인민의 의지가 직접 또는 간접(代議的)으로 독립 고유의 最高權이 된 경우에 이를 즉 民主共和制라 한다"하여, 민주공화제를 민의가 반영되는 가장 발전된 형태의 정치체제라고 인식하였다.[133)]

이상에서 살펴 본 것처럼, 애국계몽가들은 정치의 기원과 정치의 발전과정 및 정치의 목적에 비추어, 민주공화제가 국민의 자유와 권리를 위한 국민국가에 부합되는 가장 우월하고 진보된 정치체제라고 인식하였다.

당시 애국계몽단체로서 비밀결사였던 신민회는 그 通用章程에서, "부패한 사상과 습관을 혁신하여 국민을 유신케 하며, 퇴폐한 교육과 산업을 개량하여 사업을 유신케 하며, 유신한 국민이 통일 연합하여 유신한 자유문명국을 성립케 함을 목적으로 한다"고 규정하였다.[134)] 그리고 그 취지서에서는, 내외의 韓人이 통일 연합하여 '독립 자유'로서 목적을 세우고, "新정신을 喚醒하여 新단체를 조직한 후 新國을 건설할 뿐이다"고 하여[135)] 新民의 육성에 의한 신국·자유문명국을 건설한다는 '新民新國論'을 제시하였다. 그리고 신민회는 신국·자유문명국의 정치체제로 '공화정체'를 구상하였다.[136)] 과거 독립협회의 회원들도 공화제를 잘 알고 있었으나 공화제에 대한 논의 자체도 함부로 할 수 없는 상황이었고,[137)] 전제군주제를 입헌대의군주제로 전환시키고자 하였다. 또 당시 합법적 애국계몽단체였던 대한자강회와 대한협회의 회원

132) 元泳義, 〈政治의 進化〉(《會報》 제10호, 28쪽 및 《會報》 제11호, 22~23쪽).
133) 鮮于錥, 〈國家論의 概要〉(《西北學會月報》 제12호), 9~10쪽.
134) 國史編纂委員會, 《韓國獨立運動史》 1, (1965), 〈大韓新民會 通用章程〉, 1,028쪽.
135) 國史編纂委員會, 《韓國獨立運動史》 1, 〈大韓新民會趣旨書〉, 1,027쪽.
136) 國史編纂委員會, 《韓國獨立運動史》 1, 〈大韓新民會의 構成〉, 1,024쪽.
國友尙謙, 《不逞事件ニ依テ觀タル朝鮮人》, 188~189쪽(姜在彦, 《朝鮮の開化思想》, 258쪽 소재)에는 당시의 기독교도들이 '共和國의 건설'에 뜻을 두고 있었다는 기록도 있다.
137) *The Independent,* November 1, 1898, "An Assembly of All Căstes".

들도 공화제를 가장 진보적인 정치체제라고 인식했으나, 현실적으로는 입헌대의군주제의 실현을 목표로 세웠다. 그런데 신민회가 공화제의 실현을 공식목표로 설정한 것은 비밀결사였기 때문에 가능했던 것이며, 당시 합법단체들이 가진 정치체제 구상을 한 단계 높인 것이었다. 어떻든 신민회가 구상한 '新民新國'은 공화정체에 기초한 자유문명국이었으며, 이것은 곧 근대 국민국가를 의미하는 것이었다.

이상과 같이 민주공화정체가 가장 진보적이고 최선의 정치체제라는 데에는 당시 합법적 애국계몽단체의 구성원이나 비밀결사인 신민회의 구성원이나 인식을 같이 하였다. 그런데 비밀결사인 신민회가 공화제의 수립을 공식목표로 설정했으나, 합법단체의 구성원들은 현실적으로 공화제의 채용을 고려하지 않았다. 그 이유는 어디에 있었던가.

첫째로 당시 전제군주제 아래에서 혁명적인 방법을 택하지 않는 한 표면적으로 공화제의 채용을 주장하는 것은 불가능하였다. 주지하는 바와 같이 합법적 계몽단체들은 점진적이고 평화적인 방법으로 현상을 타개하고자 하였다.

둘째로 합법적 애국계몽단체의 구성원들은 정치체제의 단계적인 발전론을 긍정하고, 당시로서는 공화제의 실현이 불가능하다고 판단하였다. 그들은 당시 국민의 수준이나 사회 분위기로 보아 공화정체는 물론하고 입헌정체도 신중히 검토되어야 한다고 보았으며, 전제군주제를 입헌대의제로 전환시키는 것이 당면 과제라고 생각하였다.[138]

셋째로 합법적 애국계몽단체의 구성원들은 입헌제도상 군주제와 민주제는 정치적 효과가 사실상 동일하다고 판단하였다. 그들은 입헌대의군주제가 실현되면 공화제에서와 마찬가지로 국민의 자유와 권리가 보장되어 실질적으로 민주정치가 가능하다고 생각하였다.[139]

요컨대 합법적 애국계몽단체의 구성원들이 현실적으로 추구한 정치체제는 입헌대의군주제였으나, 그들은 민주공화제가 국민국가에 가장 부합되는 최선의 정치체제라고 인식하였다. 나아가 비밀결사인 신민회는 민주공화제를 공식목표로 설정했으며, 그것은 우리 나라 민족운동사에 제기된 정치체제론의

138) 元泳義, 〈政體槪論〉(《會報》 제3호), 28쪽.
139) 金成喜, 〈政黨의 事業은 國民의 責任〉(《會報》 제1호), 28~29쪽.

획기적인 진전을 의미하는 것이다. 그리고 애국계몽운동의 맥락 속에서 일어난 3·1운동 직후, 국내외에서 출현한 모든 임시정부가 공화제를 내세우고 있었던 점은 한말 애국계몽가들의 공화정체에 대한 인식과 관련하여 깊이 음미해 볼 만한 일이다.

〈柳永烈〉

3. 애국계몽운동의 전개

1) 민중계몽운동

애국계몽가들은 국권회복을 위한 실력양성의 일환으로 신문·잡지의 발간 및 강연회·토론회의 개최, 그리고 학교교육을 통하여 민중계몽운동을 전개하였다. 그들은 신문·잡지와 강연회를 통하여 ① 세계정세와 조국의 현실을 알려 국민의 분발을 촉구했고, ② 국권회복을 위한 실력양성의 필요성을 계몽했으며, ③ 민권사상·애국정신·국민국가의식을 고취했고, ④ 교육진흥·식산흥업·정치개혁의 방안을 제시하기도 하였다.[1]

또한 그들은 국권회복의 토대를 마련하기 위하여 사립학교를 설립하도록 계몽하였다. 이와 같은 애국계몽가들의 민중계몽운동은 사회 일반에 애국심과 교육열 그리고 독립의지를 일깨워서, 다수의 지식인과 실업가 그리고 민중들을 국권회복운동에 매진케 하였다.

(1) 신문 발간을 통한 민중계몽운동

애국계몽가들의 민중계몽운동은 인민의 지식을 계발하고 경제력을 향상하여 민족의 실력을 양성함으로써 국권을 회복하는 데 그 목적을 두었다. 신문은 민중계몽의 가장 효과적인 방법의 하나였다. 당시의 신문은 국권을 수호

---

1) 柳永烈, 〈列强의 東北아시아政略과 韓國의 國權恢復運動〉(《大韓帝國期의 民族運動》, 一潮閣, 1997), 347쪽.

하고 상실된 국권을 회복하려는 구국적 내용으로 채워졌다. 그 초점은 전근대적인 민중을 계몽하여 문명화된 근대적 국민으로 만들고, 민력을 양성하여 국권을 회복하려는 데 두었다

이 시기 애국계몽신문으로는 《제국신문》(1898. 8. 10~합방)·《皇城新聞》(1898. 9. 5~합방)·《大韓每日申報》(1904. 7. 16~합방)·《萬歲報》(1906. 6. 17~1907.6.29)·《대한민보》(1909. 6. 2~합방) 등이 있었다.

李鍾一과 李承晩이 창간한 《제국신문》은 하층민과 부녀층을 주요 대상으로 삼아 국문을 사용하였다. 그들은 일반 서민층에게 국문을 해독할 수 있게 하고, 동시에 자아의식과 민족의식을 고취시키고자 하였다. 그러므로 이 신문은 민중의 지식계발을 주요 과제로 삼았다. 곧 《제국신문》은 보도기관으로서의 성격보다는 오히려 국민 교육을 목적으로 하는 국민계몽기관의 성격을 띠고 민중계몽운동에 진력하였다.[2)]

《황성신문》은 개명된 유학자들이 중심이 되어 창간되었다. 張志淵·柳瑾·朴殷植·南宮檍·申采浩 등 애국계몽가들이 주필로 활약한 이 신문은 일제의 침략정책을 폭로·규탄하며 국민계몽에 주력하였다.[3)] 1905년 을사조약이 체결되자 《황성신문》은 '是日也放聲大哭'이란 사설을 통하여 을사조약 체결의 부당성을 폭로하고, 조약체결에 협력한 정부대신들을 규탄하며 온 국민들에게 항일의식을 일깨워 주었다.

《대한매일신보》는 梁起鐸·신채호 등 신민회의 주요 인사들이 주필로 활약하며, 일제의 침략정책을 가장 신랄하게 비판하였다. 영국인 베델(Ernest T. Bethell)이 양기탁과 합작으로 경영했던 《대한매일신보》 는 국한문판·영문판·순국문판으로 발행되어 당시 최대의 발행부수를 냈으며, 영국인 소유로 되어 있었으므로 비교적 자유로운 입장에서 배일사상을 고취할 수 있었다. 이 신문은 이완용의 친일내각과 일진회의 매국행위를 폭로·규탄했고, 항일의병운동과 친일파 암살활동 등을 상세히 보도하여 항일운동의 전국적인 확산에 크게 기여하였다. 그리고 이 신문은 민족교육을 위한 학교설립운동과 민족자

---

2) 李海暢 〈言論機關의 活動〉(《한국사》 20, 국사편찬위원회, 1974), 41~42쪽.

3) 강재언, 〈국권회복을 위한 언론과 그 수난〉(《근대한국사상사연구》, 한울, 1983), 171~173쪽.

본육성을 위한 실업진흥운동을 적극 홍보하여, 그 운동의 전국적인 확산에 노력하였다.4)

《만세보》는 천도교의 재정을 바탕으로 발간되었다. 천도교 교주 孫秉熙의 후원 아래 권동진·오세창 등이 창간한 이 신문은 그 발간 목적이 국민의 지식 계발, 곧 국민계몽에 있음을 천명하였다. 특히 《만세보》는 일반교육뿐만 아니라 여자교육에 주목하여 여성교육단체를 조직했고 여성단체와 연계하여 애국계몽활동을 폈다.5)

吳世昌·張孝根 등이 중심이 되어 大韓協會의 기관지로 창간된 《大韓民報》도 국권회복을 위한 국민의 지식계발에 발행 목적을 두었다. 《대한민보》는 국민의 사상을 통일하여 민족의 위기를 타개할 것을 강조했으며, 일진회의 합방성명이 발표되자 국민들에게 그 부당성을 폭로하며 합방반대운동을 주도하였다.6)

한편 해외에서도 교포들을 대상으로 독립사상을 고취하기 위한 신문이 발행되었다. 하와이에서는 《신죠신문》·《한인시사》·《한인협셩신보》·《新韓國報》, 美洲에서는 《共立新報》·《大同公報》·《新韓民報》, 露領에서는 《해조신문》·《大東公報》, 중국 상해에서는 《泰東新報》가 간행되어 항일의식과 자주독립의식의 전파에 노력하였다.7)

당시 애국계몽신문들은 신지식과 신사상의 보급으로 민중을 각성케 하고, 일제의 황무지개간권·을사조약·고종양위·한일합방의 강요 등 수많은 침략책동을 비판하였다. 일제는 1907년 7월 新聞紙法을 제정케 하여 민족언론을 규제하고 신문활동을 위축시켰으나, 애국계몽신문들은 합방 때까지 일제의 한국침략정책에 대한 국민적 항일 여론을 일으켰다.

(2) 회지·잡지 발간을 통한 민중계몽운동

당시 애국계몽단체들은 《大韓自强會月報》·《大韓協會會報》·《西友》·《西

4) 강재언, 위의 글, 173~178쪽.
5) 李海暢, 앞의 글, 49~51쪽.
6) 李海暢, 위의 글, 52~54쪽.
7) 崔起榮, 《大韓帝國時期 新聞硏究》(一潮閣, 1991), 193쪽.

北學會月報》·《畿湖興學會月報》·《湖南學報》·《嶠南敎育會雜誌》·《太極學報》 등의 會誌를 발간하였다.

애국계몽단체들은 회지를 통하여 주장을 회원들뿐만 아니라, 민중들에게도 알리고자 하였다. 예컨대 대한자강회는 "전국 동포 모두가 대한자강회월보를 읽어 조국정신을 배양하며 세계의 現狀을 이해하게 함이 국권회복의 正路이다"[8]라고 하여, 모든 회원에게 회지 구독을 의무조항으로 부과했고, 일반 민중에게도 구독을 권유하여,[9] 회지발간의 목적이 국권회복운동의 기초로서의 국민의 의식계발에 있음을 분명히 하였다.

애국계몽단체들의 회지 내용은 그들 단체의 취지·목적·사업과 관련된 내용으로 이루어져 있는데, 대체로 일반논설·교육논설·식산논설과 국내외 정세와 사건에 관련된 기사로 나누어 볼 수 있다. 그 구체적 내용은 사회진화론·민권론·실력양성론·애국정신론·사회관습개혁론 등으로 특히 교육·식산에 관한 내용을 중심으로 한 국권회복사상을 포함하고 있었다.

애국계몽단체들은 회지를 통하여 교육의 필요성과 그 효과, 학교교육과 가정교육, 여성교육과 의무교육, 그리고 실업교육과 尙武敎育의 중요성을 계몽하였다. 《대한자강회월보》의 경우 1호에서 13호까지에 게재된 논설 181건 중 제목이 교육관계의 논설이 26건으로 가장 많은 부분을 차지하고 있다.[10] 《대한자강회월보》는 논설을 통하여 약육강식·적자생존의 국제사회에서 교육을 통한 국민의 開明과 문명의 高度化가 약자를 강자로 만드는 길이며,[11] 교육에 의한 국민개명이 정치발전을 통한 강국화의 길이라는 교육자강의 논리를 보급하였다.[12] 이처럼 애국계몽가들은 회지를 통하여 서양 문명국가의 근대적인 교육이념과 교육내용, 교육제도와 교육방법 등을 소개하며, 신교육에 의한 신학문과 신사상 보급의 중요성을 계몽하였다.

---

8) 尹孝定, 〈大韓自强會月報刊行祝辭〉(《大韓自强會月報》 제1호), 5쪽.
9) 《大韓自强會月報》 제1호, 卷末 〈注意〉 참조.
10) 柳永烈, 〈大韓自强會의 愛國啓蒙運動〉(《韓國近代民族主義 運動史硏究》, 一潮閣, 1987), 50쪽.
11) 金成喜, 〈敎師의 槪念〉(《大韓自强會月報》 제8호), 25쪽.
12) 林炳恒, 〈官吏의 事業과 人民의 事業〉(《大韓自强會月報》 제7호), 58쪽.
李鍾濬, 〈敎育論〉(《大韓自强月報》 제7호), 1~2쪽.

애국계몽가들이 교육자강론과 함께 중요하게 다루었던 부분은 식산자강론이었다. 그들은 회지를 통하여 생존경쟁·우승열패의 국제사회에서 식산을 통한 국가부강의 실현이 국권회복의 길이라고 하여 경제구국의식을 계몽하였다.[13] 또한 그들은 한국의 식산부진과 국가빈약의 요인은, 수백년 간의 압제정치와 가렴주구, 그리고 전제국가의 重士主義(선비존중주의)와 관존민비의 폐습 등에 의한 국민의 근로의욕 상실과 산업기술의 부족에 있다고 주장하였다.[14] 따라서 그들은 회지를 이용하여, 정치개혁을 통하여 국민의 자유·평등의 권리를 보장하고, 관존민비·직업존비의 의식을 타파하여 국민의 근로정신과 생산의욕을 고취시키고, 각종 산업의 기술을 개발하여 생산능력을 향상시킴으로써, 국민의 경제적 자립과 국가의 부강을 실현해야 한다고 주장하였다.[15]

애국계몽가들은 회지를 통하여 경제발전의 구체적 내용으로 농공상의 균형있는 발전과 임업·광업·鹽業 등 각종 자원의 개발을 주장하였다. 또한 그들은 國家富源增進策, 황무지 개간, 임업의 필요성, 토지개량, 종자개량 등에 관한 연구성과를 소개하고 산업발달을 촉구하였다. 나아가 일제의 경제침탈에 대한 경각심을 일깨워주고 일본의 황무지 개간 요구의 底意를 폭로하며 민중들의 반대투쟁을 이끌어 냈다.[16] 한편 그들은 경제적 자주운동이었던 국채보상운동의 취지를 홍보하여 국민의 참가를 호소함으로써 그 운동을 광범위한 대중운동으로 전환시키기도 하였다.[17]

애국계몽단체들은 회지 외에도《소년》·《朝陽報》·《가뎡잡지》·《少年韓半島》·《大同報》·《教育月報》등 수많은 일반 잡지를 발행하여 국민의 독

---

13) 張志淵, 〈殖産興業의 必要〉(《大韓自强會月報》 제1호), 34~35쪽.
張志淵, 〈國家貧弱之故〉(《大韓自强會月報》 제6호, 10~15쪽·제7호, 6~8쪽).
大韓子, 〈土地와 國家 人民의 關係〉(《大韓協會會報》 제6호), 12쪽.

14) 張志淵, 〈國家貧弱之故〉(《大韓自强會月報》 제6호), 10~15쪽.
金成喜, 〈殖産部論說〉(《大韓自强會月報》 제6호), 38~40쪽.

15) 金成喜, 위와 같음.
張志淵, 〈殖産興業의 必要〉(《大韓自强會月報》 제1호), 34쪽.
呂炳鉉, 〈殖産部論說〉(《大韓自强會月報》 제2호), 14~16쪽.

16) 鄭 灌, 《舊韓末期 民族啓蒙運動硏究》(螢雪出版社, 1995), 35쪽.

17) 《大韓自强會月報》 제9호, 54~71쪽.

립정신을 고취시키는 데 기여하였다.

1908년 11월에 창간된 《소년》은 신민회의 외곽 기관지로서 그 목표가 새로운 세대를 대상으로 하는 애국계몽잡지였다. 《소년》의 편집 방침은 ① 애국정신 배양 ② 신지식 교육 ③ 勇敢한 志氣 장려 ④ 세계로의 시야 확장 ⑤ 애국주의적 국사·지리 교육 ⑥ 애국계몽문학 창건 보급 ⑦ 장차 국권회복의 일꾼 양성에 있었다. 이에 부합하는 내용으로 《소년》은 각국의 위인 영웅전·지리·국사·세계사 등을 게재하고, '애국계몽문학'이라 할 수 있는 新文學을 통하여 민중계몽에 힘썼다. 특히 '애국계몽시'라 할 수 있는 李光洙의 〈우리 영웅〉과 〈곰〉, 그리고 崔南善의 〈海에게서 소년에게〉 등 많은 시를 게재하여 청년들의 의식 계몽에 영향을 끼쳤다.[18] 尙洞靑年會에서 한글 전용으로 발간한 《가뎡잡지》는 부녀자를 주대상으로 하는 계몽잡지였다.[19] 그러나 계몽뿐만 아니라 정치·경제·사회 전반에 걸쳐 실력을 양성하기 위하여 가정으로부터의 개혁을 추구한 잡지였다.[20]

한편 회지·잡지 외에 창가집도 간행되었다. 그 내용은 愛國歌·少年冒險猛進歌·獨立歌·血竹歌·勸學歌 등 주로 애국심의 고취와 국권회복의 사상을 담고 있었다. 민족의 얼이 담긴 창가가 널리 애창되어 애국적 운동으로 확산되자, 일제 통감부는 민간인 저술의 창가집을 압수하여 창가를 통제하였다.[21]

이와 같이 회지·잡지 등 출판물을 통한 자강독립사상의 확산을 막기 위하여, 일제는 1909년 출판법을 공포하여 모든 원고는 통감부의 사전 검열을 받게 하였다.

(3) 강연회·토론회를 통한 민중계몽운동

애국계몽가들은 신문·잡지를 통하여 민중계몽운동을 전개했을 뿐만 아니

18) 愼鏞廈, 〈新民會의 創建과 그 國權恢復運動〉(下)(《韓國學報》 9, 一志社, 1977), 135쪽.
19) 李基文, 〈開化期의 國文使用에 관한 硏究〉(《한국문화》 5, 서울대 한국문화연구소, 1984), 72쪽.
20) 韓圭茂, 〈尙洞靑年會에 대한 연구(1897~1914)〉(《歷史學報》 126, 1990), 104쪽.
21) 孫仁銖, 《韓國開化敎育硏究》(一志社, 1980), 390~397쪽.

라 강연회와 토론회를 통하여 직접 민중 앞에서 국권회복을 위한 계몽활동을 전개하였다. 신문·잡지가 구독 대상에 제약을 받는 것에 비해, 애국계몽강연은 전국에 걸쳐 직접 민중을 상대할 수 있었다. 애국계몽강연은 각종 단체의 通常會·강연회·토론회·친목회·학교 운동회 등 각종 집회에서 이루어졌다. 그 내용은 애국심의 고취, 신지식·신사상·신산업을 통한 실력의 양성, 실력양성을 통한 국권회복에 관한 것이 대부분이었다.

애국계몽강연은 단체 또는 회원 개개인에 의해 이루어졌다. 초기의 강연활동은 명망있는 인사를 초빙하여 연설회 및 토론회를 개최하는 형태였다. 전국적인 국민교육의 보급을 위해 창립된 國民教育會는 일부 有志인사들을 초빙하여 '생명재산 보호', '民智開發', '교육발달 事' 등을 주제로 연설회나 토론회를 개최하여 회원들의 애국심 고취에 노력하였다.[22] 나아가 국민교육회 간부들은 각종 애국계몽단체의 통상회·총회, 지회 및 학교 연합운동회·간친회 등에 참석하여 강연활동을 벌였다. 대한자강회는 존속기간 17개월 동안 16회에 걸친 정기연설회를 개최했으며, 여기에서 42명의 연사들이 계몽강연을 했을 정도로 애국계몽강연에 주력하였다.[23]

서북학회는 강연을 통한 민중계몽운동을 조직적으로 전개하였다. 서북학회는 지식계발을 위한 강연활동을 목적으로 西北協成學校 내에 心學講演所를 설치하여 강연활동을 벌였다. 그 설립 취지는 당시 어려운 시대적 상황을 극복할 청년들의 올바른 방향을 이끌며, 민중의 양심을 계발하기 위하여 도덕을 연마하려는 데에 있었다.[24] 이와 같은 취지에 따라 심학강연소는 민중, 특히 청년층을 주대상으로 강연활동을 전개하여 당시 청년들의 삶의 가치를 애국적인 방향으로 이끌었다. 그런데 이러한 애국계몽강연은 일제의 탄압을 받게 되었다. 《소년》지는 잡지의 간행 외에 '少年雜誌社 公開講演會'의 개최를 시도하여, '失敗主義'(崔麟) 등 여섯 주제를 가지고 민중을 대상으로 강연회를 가지려 하였으나, 일제의 금지로 무산되고 말았다.[25]

---

22) 申惠曝, 〈大韓帝國期 國民教育會 硏究〉(《梨花史學硏究》 20·21, 1993), 156쪽.
23) 《大韓自强會月報》 제1호에서 제3호까지의 〈本會會報〉와 〈本會會錄〉 및 《大韓每日申報》 관련기사.
24) 《西北學會月報》 제10호, 〈心學講演〉, 19~21쪽.
25) 《大韓每日申報》, 1910년 2월 26일, 광고.

애국계몽강연에서 민중을 감동시키는 웅변으로 이름을 떨친 인사로는 안창호·이동휘·崔光玉·이상재·윤치호 등을 들 수 있다. 당대의 대표적인 강연가였던 안창호는 연설을 통하여 "民族競爭時代에서 독립한 국가 없이 민족이 서지 못하고 개인이 존재할 수 없으며, 따라서 국민 각자가 각성하여 큰 힘을 모아야만 조국의 독립을 유지할 수 있고, 큰 힘을 발하기 위해서는 국민 각자가 분투하고 단결해야 한다"고 강조하였다.[26] 또한 그는 "지금은 군사력이 미약하나 장기적으로 착실히 전쟁을 준비하여 우리 나라를 侵害하는 강국과 開戰하여 국권을 회복하자"[27]고 하여 국권회복을 위한 전쟁 준비를 주장하기도 하였다. 안창호의 강연활동으로 청중들은 많은 감명을 받아 婦女들이 비녀와 指環을 빼서 애국사업에 헌납하는 사례가 빈번하였으며, 수많은 사람들이 애국계몽운동에 참여하게 되었다.[28] 특히 巨商 이승훈을 감화시켜 교육·식산을 통한 구국운동에 헌신케 하였고, 안중근과 여운형도 안창호의 강연에 감동하여 민족교육에 진력하게 되었다. 역시 당대의 대표적인 연설가로 활약한 李東輝도 전국 각지를 순회하며 교육계몽을 위한 강연활동을 벌여 수많은 민족학교의 설립을 촉진시켰다.

이와 같이 애국계몽가들은 전국 각지를 순회하면서 강연회를 개최하여 민중계몽운동을 전개했을 뿐만 아니라, 각지의 사립학교에서 운동회 개최를 주도하며 계몽강연을 실시하였다. 서우학회는 각지의 사립학교들이 연합운동회를 열도록 주선하고, 운동회에 반드시 總代를 파견하여 강연을 통해서 교육구국활동을 촉구하였다.[29] 그리고 그들의 운동회 개최는 강연활동 외에도 또 다른 목적이 내포되어 있었다. 學部次官 俵孫一은 당시 운동회의 성격을 "武裝的 시위의 운동회이며 교육의 本旨와는 相符되지 않는다"[30]고 하였다. 이처럼 당시의 운동회는 단순히 체력의 증진만을 위한 것이 아니고, 학생들의 자주독립에 대한 열망을 표출시키고, 장기적으로 실전에 대비하자는 목적하

26) 島山紀念事業會, 《島山安昌浩》(1947), 17~18쪽.
주요한, 《安島山全書》(三中堂, 1971), 57~63쪽.
27) 安昌浩, 雜俎 〈演說〉(《西友》 제7호), 25쪽.
28) 李松姬, 《大韓帝國末期 愛國啓蒙學會硏究》(이화여대 박사학위논문, 1985), 54쪽.
29) 李松姬, 위의 책, 44쪽.
30) 國史編纂委員會, 《韓國獨立運動史》 1, (1965), 919쪽.

에 이루어졌던 것이다. 애국계몽가들은 운동회를 개최하여 애국계몽강연을 실시했고, 나아가 미래의 독립전쟁에 대비하기 위한 실전훈련을 실시했던 것이다.[31]

이와 같이 전국 순회강연과 각 지역의 지회활동, 대운동회를 통한 계몽강연은 민중의 지식계발과 애국심 고취에 크게 기여하였다. 곧 애국계몽강연은 애국계몽운동의 취지를 전국적으로 파급시키는데 큰 역할을 했으며, 무엇보다도 민중으로 하여금 국권회복을 위한 실력양성운동에 나서게 한 점에 중요한 의미가 있다.

2) 교육구국운동

교육구국운동은 애국계몽가들이 국권회복을 위해 최우선 과제로 추진한 실력양성운동이었다. 그러므로 애국계몽가들은 수많은 정치・사회・교육단체들을 조직하여 교육구국운동을 전개하였다.

1900년대에 들어 초기 애국계몽단체들은 全德基 중심의 尙洞青年會와 헐버트를 회장으로 하는 황성기독교청년회처럼 선교사나 교회와 연계하여 교육・계몽・선교활동을 벌였다. 그리고 李儁・李原兢・전덕기 등 애국계몽가들은 國民教育會를 설립하였다.[32] 나아가 을사조약 이후 대한자강회 등 전국적인 애국계몽단체들과 서우학회 등 각 지역단위의 애국계몽학회들이 조직되어 본격적으로 교육구국운동을 전개하였다.

그리하여 대한자강회와 대한협회 및 신민회 등 무수한 애국계몽단체들은 학교 설립과 민족교과서 편찬, 그리고 의무교육과 실업・상무교육에 힘썼다.

(1) 근대학교 설립운동

애국계몽가들은 교육진흥을 위하여 일차적 과제로 전국 각지에 학교를 설립하였다. 러일전쟁 이후 일제의 식민지화 작업이 교육부문에서는 관공립학교를 통하여 추진되었기 때문에, 애국계몽가들은 사립학교를 설립하여 근대

---

31) 高橋濱吉, 《朝鮮教育史考》(京城帝國地方行政學會 朝鮮本部, 1926), 301쪽.
32) 申惠瞡, 앞의 글, 151~152쪽.

교육과 민족교육을 실시하고자 하였다.

선구적 애국계몽학회인 국민교육회(1904. 8)는 일반국민의 교육 곧 보통교육의 발달에 설립 목적을 두고, 학교설립과 서적편찬에 노력하였다. 국민교육회는 普光學校(1905. 8)·漢南學校(1906. 9)·國民師範學校(1905. 12) 등을 설립하였다.[33]

한북흥학회는 漢北義塾(1906. 12), 서우학회는 사범양성을 위한 西友學校(1907. 11), 서북학회는 西北協成學校(1908. 1)를 설립하여 민족의 인재를 양성하고자 노력하였다. 서북협성학교는 師範速成科로 출발하여 이후 보통과와, 일제의 산림 침탈에 대응하려는 測量科를 두었다. 또한 서북학회는 노동계층의 교육을 위한 水商夜學校, 경제적 실력양성을 위한 농림강습소를 경영하였다.[34] 이와 함께 서북학회는 각지에 支校를 설치하여 교육구국운동을 전개하였다.

정치·사회단체들도 학교의 설립을 권장하고 직접 학교를 설립하여 경영하였다. 대한자강회의 고령지회는 靈新學校를, 남양지회는 普興學校를, 의주지회는 自新學校를, 인천지회는 仁明學校를, 그리고 많은 지회들이 학교를 설립하여 운영했다. 대한자강회는 남양지회·의주지회·삼화지회가 학교관계로 지방관아와 문제가 발생했을 때 이의 해결을 위해 적극 노력했고, 인천지회의 학교설립시에는 본회 간사원을 總教師로 파견하는 등 지방지회의 학교설립과 운영을 후원 장려하였다.[35]

대한협회의 지방지회들은 더욱 많은 학교를 설립하여 경영하였다. 전주지회는 涵育學校와 育英學校를,[36] 포천지회는 玉成義塾과 莘野義塾을,[37] 영흥지회는 洪明學校를 운영하였다.[38] 해주지회는 鄕校 내에 사범학교의 설립을 추진했고,[39] 碧城·大寧·齊民 3개 학교를 통합하여 學部에 인가를 청원하였

33) 申惠暻, 위의 글, 155·169~171쪽.
34) 李松姬, 앞의 책, 86~87쪽.
35) 《大韓自强會月報》 제4호 46쪽, 제6호 76·82쪽, 제7호 61쪽, 제8호 58~59쪽, 제9호 44~46쪽, 제11호 67·72쪽, 제12호 71쪽.
36) 《大韓協會會報》 제2호, 58쪽.
37) 《大韓協會會報》 제5호, 57쪽.
38) 《大韓協會會報》 제7호, 57쪽.
39) 《大韓協會會報》 제4호, 58쪽.

다.[40] 단천지회는 維新學校를 운영했고, 유신학교 내에 중학교를 세웠다.[41] 남해지회는 育英學校를 운영하기로 하고,[42] 郡內 공공의 재산과 향교토지를 학교에 부속하기로 했다.[43] 경성지회는 각 면과 동에 國文學校를 설립하기로 했으며,[44] 제주지회는 폐교된 義興學校를 인수하여 경영했다.[45] 덕원지회는 과거 대한자강회가 설립했으나 폐교 지경에 이른 普文學校를 인수하여 운영했으며, 德源府 향교를 설득하여 향교 안에 학교를 설립하게 되었다.[46] 부안지회는 永信學校를 운영하면서 開明義塾도 신설하게 되었다.[47]

대한협회의 지회들은 신교육을 담당할 교사 양성을 위한 사범학교 설립에 노력했고,[48] 삼림 산야를 일정 기간 안에 신고하지 않으면 국유지로 몰수하도록 규정한 새로운 山林法에 대응하여 측량과와 측량학교를 설립하였다.[49] 대한협회 지회들은 夜學校의 설립에도 깊은 관심을 기울여, 대구지회는 國民夜學校를, 해주지회는 회관 안에 講習所夜學校를 설치했고,[50] 남원지회는 법률·일어·산술 3과의 야학을 설립하였다.[51] 우리 나라의 야학은 1907년 7월에 설립된 馬山勞動夜學에서 비롯되었는데,[52] 대한협회 지회들의 야학설립으로 더욱 확산되어 갔다.

신민회 회원들도 전국 각지에 무수히 많은 학교를 설립하여 교육구국운동을 전개하였다. 보창학교는 이동휘가 신민회의 노선에 따라 강화읍에 세운 중학교로, 강화군에만 21개의 소학교와 支校가 설립되었다.[53] 대성학교는 안

40) 《大韓協會會報》 제12호, 56쪽.
41) 《大韓協會會報》 제11호, 52쪽.
42) 《大韓協會會報》 제6호, 68쪽.
43) 《大韓協會會報》 제6호, 68~69쪽.
44) 《大韓協會會報》 제7호, 57쪽.
45) 《大韓協會會報》 제7호, 59~60쪽.
46) 《大韓協會會報》 제9호, 57쪽.
47) 《大韓協會會報》 제12호, 56쪽.
48) 《大韓協會會報》 제4호, 58쪽·제12호, 25쪽.
《大韓民報》, 1910년 7월 23일, 〈敎育界〉.
49) 《大韓協會會報》 제5호, 60·62쪽.
宋炳基(外) 《韓國近代法令資料集》 Ⅵ (國會圖書館, 1971), 233~234쪽.
50) 《大韓協會會報》 제8호, 62쪽·제12호, 56쪽.
51) 《大韓民報》, 1910년 5월 29일.
52) 이균영, 《신간회 연구》(역사비평사, 1993), 322쪽.

창호가 평양에 설립한 중등교육기관으로, 민족운동의 간부 양성과 국민교육의 사범양성에 목적을 두고, 지식계발뿐만 아니라 애국정신과 상무정신의 고양에 힘썼다. 그리하여 역사교육과 兵式體操를 중요시했다.[54] 李昇薰이 평북 定州에 세운 五山學校 역시 국권회복을 위한 인재양성에 역점을 두었으며, 항일독립투사를 배출한 신민회계열의 대표적인 학교의 하나였다.

한편 애국계몽운동의 일환으로 근대대학도 설립되었다. 1905년에 전문교육기관으로 보성전문학교가 설립되었다. 1906년 9월에는 平壤 崇實大學이 창건되었으며, 1910년 3월에는 梨花學堂 大學部가 설치되어, 합방 이전에 이미 우리 나라에 대학교육이 실시되었다. 특이한 사실은 우리 나라 최초의 4년제 근대대학인 평양 숭실대학이 기독교 선교사들과 평양주민들의 합력에 의하여 설립되었다는 점이다. 미국 북장로교 선교부 보고서(1906)는 ① 숭실대학의 설립이 한국인들의 대학교육에 대한 요구에 부응하여 계획되었고, ② 숭실대학 설립계획이 제시된 평양의 교회집회에서 2,000달러 이상의 엄청난 모금이 이루어진 사실을 알려 준다.[55] 《大韓每日申報》(1906. 7)도 〈平壤大學校 설립을 축하함〉이란 장문의 기사 중에서, "근래에는 평양 예수교회에서 대학교를 설립하는데, 일반 남자들의 의연은 으레 있는 일이거니와, 同地의 부녀들은 금은 반지 패물 등속을 그 이름도 밝히지 않고서 앞다투어 기부하여, 며칠 되지 않아 수천원(약 6천원)에 이르렀다"[56]고 경탄해 하였다. 을사조약 이후 애국계몽운동이 풍미하는 가운데, 숭실대학이 평양주민들의 거대한 모금에 힘입어 설립된 것은 한국 최초의 근대대학이 '평양주민의 대학' 곧 '민족적 대학'의 성격을 띠고 설립된 것을 의미하는 것이며, 한국 최초의 근대대학이 애국계몽운동을 배경으로 하여 설립되었음을 의미하는 것이다.[57]

53) 李尙根, 〈愛國啓蒙團體의 敎育救國運動〉(《朴永錫敎授華甲紀念 韓民族獨立運動史論叢》, 1992), 176~179쪽.

54) 金瀅植, 〈平壤大成學校와 安昌浩〉(《三千里》, 1932년 1월호).
주요한, 앞의 책, 89쪽.

55) *Report of the Korea Mission of the Presbyterian Church in the United States of America to the Annual Meeting*, Seoul, Sept. 1906, p. 36.

56) 《大韓每日申報》, 1907년 7월 13일, 논설 〈賀平壤大學校設立〉.

57) 柳永烈, 〈韓國 최초 近代大學의 설립과 民族的 성격〉(《한국민족운동사연구》 15, 한국민족운동사연구회, 1997), 104~107쪽.

애국계몽가들의 학교설립운동으로 1907년에서 1909년 사이에 무려 3천여 개의 사립학교가 설립되어 근대교육과 민족교육이 실시되었다. 이에 일제는 1908년 8월 〈사립학교령〉과 〈학회령〉을 공포하여 민족교육을 말살하려 했고, 1909년 2월에는 〈寄附金募集取締規則〉을 제정하여 사립학교를 탄압하였다.[58]

(2) 교과서 편찬운동

애국계몽가들은 민족교육에 필수적인 국사와 국어교육 등을 올바로 시키기 위하여 교과서 편찬을 추진하였다. 당시 일제 통감부는 한국의 교육정책을 장악하고 한국의 자주적 민족교육에 제약을 가하고 있었다. 국사과목은 이미 1895년 갑오개혁 이후 學部가 설치되면서 교과과정으로 중요시되었으며, 국사교육이 애국사상 및 독립사상 고취에 중요하다고 인식되어 러일전쟁 이후에는 국사교육의 붐이 일어났다.[59] 이에 통감부는 학부에 일본인을 배치하여 교육과정과 교과서 등 교육정책 전반에 관여하며, 민족주체성에 입각한 교육을 실시하지 못하도록 억압하였다.

더욱이 통감부는 日文敎科書를 편찬하여 식민지화 교육을 실시하려고 하였다. 일본인 學部 參與官 시데하라 히로시(幣原坦)가 日文으로 초등 및 중등 교과서를 편집하려고 하자,[60] 대한자강회는 일문교과서에 의한 교육은 한국정신을 소멸시킬 것이라 주장하고, 학부대신에게 일문교과서 편집문제를 강력하게 항의하였다.[61] 결국 일제가 추진한 일문교과서 편집은 애국계몽가들이 이끈 사회 여론에 의하여 무산되고 말았다.

일제는 1908년 '사립학교령'과 '교과용도서 검정규정'을 공포케 하여, 관찬 교과서에는 민족정신을 고양하는 내용이 제외되었으나, 민간 교과서는 교육구국운동의 일환으로 민족의식을 불러일으키는 내용을 위주로 편찬되었다.

---

58) 尹漢喆, 〈韓末 私立學校令 以後 日帝의 私學彈壓과 그 特徵〉(《한국독립운동사연구》 2, 독립기념관 한국독립운동사연구소, 1988), 65~103쪽.
59) 金成俊, 〈舊韓末의 國史敎育에 對하여〉(《大東文化硏究》 8, 성균관대, 1971), 189쪽.
60) 《大韓每日申報》, 1906년 6월 6일, 잡보 〈敎育禍胎〉.
61) 《大韓自强會月報》 제2호, 36~37쪽.

당시 대표적인 민간교과서 편찬자는 玄采·安國善·장지연·신채호·유근·鄭寅琥·元泳義·安鍾和·金宇植 등이다. 가장 많은 교과서를 편찬했던 玄采는《普通敎科東國歷史》·《東國史略》·《萬國史略》등의 역사교과서와《幼年必讀》·《幼年必讀釋義》·《大韓地誌》등을 저술했고,《淸國戊戌政變記》·《越南亡國史》등을 번역했다. 그는 이와 같은 저서·역서를 통하여 열강에 침탈당하고 있는 중국의 현실과 越南과 폴란드의 멸망을 귀감으로 삼아 조국이 자강하여 열강의 대열에 서기를 염원하였다.[62] 또 다른 대표적인 교과서 편찬자인 안국선은《禽獸會議錄》·《政治原論》·《比律賓戰史》등을, 장지연은《大韓新地誌》·《녀즈독본》·《埃及近世史》등을 편찬 번역하였다.[63]

그리고 교육단체와 정치사회단체도 독자적으로 교과서를 편찬하였다. 사립학교인 徽文義塾은 교과용 도서로《高等小學修身書》·《中等修身敎科書》등을 편찬하였다. 국민교육회에서는 인쇄소를 설치하고,《大東歷史略》·《新撰小博物學》(1906. 6)·《初等小學》(1906. 10)·《新撰小物理學》·《初等地理敎科書》(1907. 7) 등을 간행하였다.[64]《대동역사략》은 조선왕조의 개국기원을 사용하고 '任那日本部說'을 배제하는 등 당시 일본사학의 영향이 지배적인 학계, 교육계에서 民族史書로서 출간되었다.[65] 보통학교용 국어 교과서로 쓰인《초등 소학》은 일제가 의도하는 일어수업, 일어교과서 사용에 대한 위기감에서 편찬되어, 국한문 혼용체로 발행되었는데,《황성신문》이 국가사상을 주입하는데 적절한 목적을 지니고 있으며, '국가독립의 원동력'이라고 평론할 정도로 민족적인 내용을 담고 있었다.[66] 興士團에서도《初等本國略史》·《初等本國地理》등을 독자적으로 간행하였는데, 이 책들은 철저한 민족주의적 사상과 배일사상을 담고 있었다.[67]

한편 민간에서 민족교육의 실시를 목적으로 교과서 편찬이 널리 확산되면

62) 盧秀子, 〈白堂 玄采硏究〉(《梨大史苑》8, 1969), 6쪽.
63) 東亞日報社,《日政下禁書 33권》(《신동아》別冊附錄, 1977), 254~276쪽.
64) 申惠暻, 앞의 글, 156쪽.
65) 趙東杰, 〈韓末史書와 그의 啓蒙主義的 虛實〉(下)(《韓國學論叢》10, 국민대 한국학연구소, 1987), 155~159쪽.
66)《皇城新聞》, 1907년 7월 15일, 논설 〈初等小學〉.
67) 白淳在, 〈敎科書 編纂〉(《한국사》20, 국사편찬위원회, 1984), 221~222쪽.

서 교과서 편찬을 목적으로 한 전문회사도 등장하였다. 1906년 4월에 설립된 廣學社는 동서의 서적을 참작하고 한국의 성질을 절충하여 초등교육에서 고등교육에까지 널리 쓰일 교과서를 편찬하고자 했다.68)

그리고 애국계몽가들은 애국주의·민족주의 교육을 위한 교과서와 각종 서적을 널리 배포하였다. 서우학회는 민족교육에 필요한 교과서를 평양의 지방사무소를 통하여 각지의 사립학교에 배포하였다.69) 신민회는 1908년 평양에 太極書館을 설립하고 서울에 지점을 두어, 경향 각지의 학교에 각종 서적과 교과서를 공급하였다. 태극서관은 《三國史記》·《東國通鑑》·《擇里志》·《海東小學》과 각급 학교에서 사용하던 《漢文讀本》과 梁啓超의 《飮氷室文集》 등을 취급하였다.70)

애국계몽가들이 민족교육을 위한 교과서를 편찬하여 보급하자, 일제 통감부는 검정제도에 의거 학부에서 인가하지 않은 교과서의 사용을 금지시켰다.71) 이에 《대한매일신보》는 학부의 교과서검정 방법은 한국을 멸망케 하는 행위라고 비판했고,72) 민족적 교육기관은 인가받지 않은 교과서를 等寫하여 몰래 사용하기도 하였다.73)

대한협회 평의원 장지연은 애국교육을 무리하게 금지하는 교과서 검정규정의 부당성을 지적하고, 당분간 대한협회와 각 학회가 심사위원을 정하여 교과서를 균일케 할 것을 주장하였다.74)

(3) 의무교육 실시운동

애국계몽가들은 민족의 실력양성을 위한 방법의 하나로 우리 역사상 최초

68) 《大韓每日申報》, 1906년 4월 28일, 잡보 〈廣學社趣旨書〉.
69) 《西友》 제6호, 會報, 46쪽.
《大韓每日申報》, 1907년 4월 24일, 잡보 〈敎育模範〉.
70) 尹慶老, 〈新民會 活動의 經濟的 基盤〉(《朴永錫敎授華甲紀念 韓民族獨立運動史論叢》, 1992), 156~158쪽.
71) 高橋濱吉, 앞의 책, 178~185쪽.
72) 《大韓每日申報》, 1909년 3월 16일, 논설 〈國家를 滅亡케 ᄒᆞᄂᆞᆫ 學部〉.
73) 김종덕, 〈한말계몽운동의 계보와 성격〉(《韓國의 社會와 文化》 10, 한국정신문화연구원, 1989), 200쪽.
74) 金項句, 《大韓協會 硏究》(단국대 박사학위논문, 1992), 120~121쪽.

로 의무교육의 실시를 주장하였다. 그들은 모든 국민이 신교육을 받을 수 있는 보통교육을 강조했고, 그 방안으로 의무교육제도의 실시를 주장하였다. 그들의 의무교육 실시 주장에는 국민교육의 확대로 지방자치를 실현하여 국민의 자치능력을 배양하려는 의도도 있었다.

대한자강회는 즉각적인 국권회복이 불가능한 상황에서 교육진흥을 장기적인 국권회복의 방법으로 간주하고, 의무교육이 아니면 국민에 대한 교육의 보급이 제대로 이루어질 수 없으며, 의무교육 실시야말로 국권회복의 유일한 희망이라고 역설하였다.[75)]

대한자강회의 의무교육 실시의 주장은 1906년 8월의 임시평의회에서 제기되었고,[76)] 10월 20일의 통상회에서 의무교육실시 건의안이 최종 확정되었다.[77)] 대한자강회에서 확정한 의무교육 실시안은 ① 적당한 행정구역을 단위로 學區를 정하여 區立小學校를 설치하고, ② 구립소학교의 설비와 유지비용은 학구 내 주민이 부담하며, ③ 학구 내 주민은 學務委員을 선출하여 교과서의 선정 등 학무 일체를 위임시키며, ④ 학령은 남녀 만 7세로부터 만 15세까지 8년간으로 하되, 처음 5년간은 初等科로 하여 의무교육을 실시하자는 것이었다.[78)] 대한자강회는 1906년 10월 26일 정부와 중추원에 의무교육에 관한 건의서의 제출을 시작으로, 1907년 8월 해산될 때까지 참정대신과 학부대신을 면담하며, 지속적으로 의무교육 실시를 건의하였다. 이에 대하여 참정대신은 의무교육 실시에 원칙적으로 동의하나 소관부서인 학부와 협의하여 실시할 것이라고 했고, 학부대신은 의무교육은 당연히 실시해야 하나 좀더 시간을 두고 실시방법을 연구하겠다는 입장을 취하였다.[79)]

한편 1907년 1월 9일의 중추원회의에서는 정부에서 자문한 의무교육의안을 통과시키고, 1월 하순과 2월 하순 2차에 걸쳐 의무교육의 실시를 정부에 촉구하였다.[80)] 서울 各署(5署)의 대표들도 정부가 우선 의무교육령을 반포하

75) 尹孝定, 〈今日國民之感念如何〉(《大韓自强會月報》 제5호), 51쪽.
76) 尹孝定, 〈義務敎育實施議案〉(《大韓自强會月報》 제3호), 42~43쪽.
77) 《大韓自强會月報》 제5호, 37·43~44쪽.
78) 《大韓自强會月報》 제8호, 〈義務敎育條例大要〉, 41~42쪽.
79) 《大韓自强會月報》 제6호, 76·78쪽, 제7호, 59~60쪽, 제8호, 65~66쪽.
80) 《大韓自强會月報》 제8호, 〈樞院會議〉, 66쪽·제9호, 〈樞院議決〉, 71쪽.

고 실시 가능지역부터 실시토록 학부에 건의하였다.[81] 이와 같이 각 방면으로부터의 의무교육 실시 주장에도 불구하고, 학부대신이 의무교육 실시 건의에 대해 최종적으로 답변한 것은 "아직 실시할 수 없다"는 것이었다.[82] 결국 의무교육령이 반포되지 못한 이유는, 무엇보다도 당시 일제의 보호국체제 하에서 對韓愚民化政策을 펴고 있던 일제 통감부가 의무교육 실시운동을 국권회복운동의 일환으로 간주하고 이를 방해했기 때문이었다.[83]

대한자강회의 의무교육 실시운동은 비록 일제에 의해 저지당했지만 애국계몽단체의 신교육구국운동에 영향을 주게 되었고, 마침내는 평양 지역에서 의무교육이 실시되었다. 서우학회는 대한자강회의 건의에 따른 정부의 처리를 기다릴 것 없이 곧바로 관서지역에서만이라도 의무교육을 실시하기로 결정하고, 우선 평양군 각 면에 소학교 1개교와 教務員 2인씩을 선정하여, 우리 나라 최초로 의무교육을 실시하였다.[84] 한북흥학회 2대 부회장 이동휘도 강화군 군내의 유지인사들과 함께 學務會를 조직하고, 강화군을 56개 구역으로 나누어 학령에 달한 아동을 각 구역의 각 학교에 의무적으로 입학케 하는 의무교육을 실시했던 것이다.[85]

(4) 실업 · 상무교육 실시운동

애국계몽가들은 국민 보통교육을 위한 의무교육 실시운동과 함께 국민의 자립생활을 위한 실업교육을 강조하고 국권회복 전쟁에 대비한 상무교육을 중시하였다.

애국계몽가들은 국가의 독립은 자강의 실현에서 가능하고, 자강의 실현은 실업의 발달에서 가능하며, 실업의 발달은 지식 곧 교육을 통하여 가능하다고 하여 실업교육의 중요성을 역설하였다.[86] 그들은 실업교육을 통하여 국민

81) 《大韓自强會月報》 제11호, 〈代表質稟〉, 73~74쪽.
82) 《大韓自强會月報》 제13호, 61쪽.
83) 愼鏞廈, 〈韓末의 愛國啓蒙運動〉(《韓國近代史와 社會變動》, 文學과 知性社, 1980), 85쪽.
84) 朴殷植, 〈祝義務敎育實施〉(《西友》 제7호), 2쪽.
《大韓每日申報》, 1907년 4월 24일, 잡보 〈敎育模範〉.
85) 邊勝雄, 〈韓末 私立學校 設立動向과 愛國啓蒙運動〉(《國史館論叢》 18, 1992), 51쪽.
86) 李鍾濬, 〈敎育論〉(《大韓自强會月報》 제7호), 1~2쪽.

의 경제적 자립능력에서 얻어지는 개인적인 독립정신을 국가적인 독립사상으로 승화시켜 국가독립의 기초를 닦아야 한다고 주장하였다.[87] 나아가 그들은 실업교육을 통하여 각종 산업에 대한 연구와 기술개발을 통하여 國家富源을 증식하여 자강을 실현해야 한다고 주장하였다.[88] 곧 애국계몽가들이 의도하는 실업교육은 국민 개개인의 경제적인 자립과 향상을 꾀하고, 이를 바탕으로 자주독립사상을 배양하여 국가의 독립과 부강을 도모하려는 교육이었다.

애국계몽단체들은 산업진흥을 위한 계몽활동뿐만 아니라 실제로 실업부를 조직하고, 農業·工業·商業學校를 설립하여 실업교육을 실시하는데 많은 노력을 기울였다.[89]

예컨대 서북학교는 농림업의 발달로 경제적 도탄에 빠진 인민의 생활을 개선하고자 농림강습소를 설치하여 농업교육을 실시하였다.[90] 대한자강회 회장 윤치호가 경영한 韓英書院은 과수·채소·원예·목축·목공·철공·피혁·직조·사진술 등의 과목을 개설하고, 농장과 공장을 갖추어 이론과 실습을 통하여 철저한 실업교육·직업교육을 실시하였다.[91] 평양의 숭실학교는 교내에 목공부·인쇄부·鑄物部·철공부를 갖춘 공장 곧 崇實學校機械廠(Industrial Department)을 설치하여, 학생들이 자력으로 학비를 조달하게 하고, 졸업 후 유용한 사회인이 되도록 철저한 기술교육을 실시하였다.[92] 이러한 실업교육·직업교육의 실시는 한국인 개개인의 근로정신의 고취와 경제적 자립능력을 배양하여 국가적인 독립사상으로 승화시키려는 것이었다.

한편 애국계몽가들은 실업교육을 통한 국력의 배양에 못지 않게 독립전쟁

87) 呂炳鉉, 〈殖産部論說〉(《大韓自强會月報》 제2호), 15~16쪽.
88) 張志淵, 〈殖産興業의 必要〉(《大韓自强會月報》 제1호), 32~33쪽.
89) 《大韓每日申報》, 1909년 9월 2일, 논설 〈西北學校內 農林講習所 發起〉·12월 18일, 논설 〈商業上 知識의 必要〉·1908년 6월 7일, 寄書 〈工業을 宜奬勵〉.
90) 《大韓每日申報》, 1909년 9월 2일, 논설 〈西北學校內 農林講習所 發起〉.
91) 金永羲, 《佐翁尹致昊先生略傳》(基督敎朝鮮監理會總理院, 1934), 198·209쪽. 尹致昊, 〈風雨二十年－韓末政客의 回顧談〉(《東亞日報》, 1930년 1월 15일).
92) *Pyeng Yang Union Christian College*, 1910, pp. 12~13 "Student Help". *Catalogue of the Union Christian College and Academy*, June 1913, Pyeng Yang, p. 13 "Self－help for Presbyterian Students".

에 대비한 상무교육의 실시를 강조하였다. 애국계몽가들이 상무교육을 강조한 이유는, 우리 나라의 국권 상실의 중요한 원인이 文을 숭상하고 武를 천시하여 국력이 쇠약해진 까닭이라고 보았기 때문이었다. 그러므로 그들은 "文武의 균형적 육성이 천하의 두 개의 대업"이라 하고, 국가 권력을 회복하고 민족의 생명을 보전하기 위해서는 스파르타식 상무교육이 실시되어야 한다고 주장하였다.[93] 또한 그들은 세계열강과 어깨를 나란히 하기 위해서는 상무교육이 절실히 필요하며, 상무교육이 아니고서는 결코 국가정신·민족주의·문명주의를 유지하고 발휘할 수 없다고 주장하였다.[94]

애국계몽가들은 당시 한국인의 군사교육은 현실적으로 각종 학교에서 체육교육을 통하여 할 수밖에 없다고 판단하였다.[95] 그리고 그들은 군사교육 곧 상무교육을 실현하기 위한 일차적인 방안은 "국민 일반의 체육을 발달시켜 국민으로 하여금 씩씩하고 활발한 기품을 갖도록 함에 있다"고 주장하였다.[96] 애국계몽운동 당시 초기의 체육교육은 체조가 중심을 이루었다. 당시 학교체조는 주로 육군사관이 지도하는 군대식 兵式體操를 중심으로 이루어졌다. 그리고 부족한 체육교사와 체조의 보급을 위하여 각 학교 교사와 교원을 상대로 체조강습회도 개최되어 체육교육이 활성화되었다.[97]

이러한 군사적 실력양성을 염두에 둔 학교체육은 운동회의 개최로 더욱 확산되었고, 각급 학교의 운동회는 연합운동회로 발전하였다. 운동회에서 행해졌던 接戰競技는 砲兵隊·步兵隊·衛生隊·決死隊로 나누어 공격과 방어 등 실전과 같은 군사훈련을 하였는데, 이것은 단순히 체력증진이라는 목적 외에 국권회복을 위한 미래의 실전에 대비하고자 한 것이었다.[98] 애국계몽가들의 상무교육의 중요성에 대한 계몽으로 大韓體育俱樂部 등 민간 체육단체들이 발족되어, 상무적인 체육활동이 학교교육에 국한되지 않고 사회 일반에 광범위하게 확산되어 갔다.[99]

---

93) 朴殷植, 〈文弱之弊는 必喪其國〉(《西友》 제10호), 1~6쪽.
94) 《大韓每日申報》, 1910년 2월 27일·3월 3일, 논설 〈二十世紀 新國民〉.
95) 《大韓每日申報》, 1908년 9월 22일, 논설 〈教育勃興의 兆〉.
96) 《大韓每日申報》, 1908년 4월 10일, 논설 〈尙武教育의 必要〉.
97) 邊勝雄, 앞의 글, 96쪽.
98) 《皇城新聞》, 1908년 6월 9일, 잡보 〈分校運動盛況〉.

3) 경제구국운동

애국계몽가들은 한국이 일본의 보호국이 된 요인의 하나는 殖産의 부진에 따른 국가의 빈약에 있다고 보고, 교육구국운동과 더불어 식산흥업운동을 전개하였다. 그들은 교육과 식산에 의한 국민의 지식과 경제적 향상을 '유일한 自强策' 또는 '국권회복의 實務'라고 여겼던 것이다.[100] 그들은 식산흥업 활동이 현실적으로는 일제의 경제적 침탈을 억제하고, 교육진흥에 필요한 경제적 토대를 마련하는 것이며, 궁극적으로는 국가의 부강을 통한 국권회복의 기초가 된다고 믿었다.[101] 그러므로 그들은 일제의 경제적 침략에 대응하여 민족의 경제적 자립을 추구하는 경제적 실력양성운동을 전개하였다.

그리하여 그들은 일제의 황무지개척권 요구에 반대운동을 주도했고, 일제에 대한 국채보상운동을 전개했으며, 일제의 토지침탈에 대한 제도적 대응책을 마련케 했고, 민족자본의 육성에 의한 민족자립경제의 건설에 노력하였다.

(1) 황무지개간권 반대운동

일본은 1904년 6월 나가모리(長森藤吉郞)를 통하여 황무지 개간권을 요구하였다. 그것은 한국의 막대한 山林·川澤 등의 개간권을 넘겨받아 사실상 한국의 토지를 약탈하려는 것이었다. 이에 1904년 7월 전 중추원 의관 宋秀萬·沈相震 등이 서울에서 輔安會를 조직하여 일본의 황무지개간권 요구에 반대운동을 벌였다.

일본인의 황무지개간권 요구는 일제의 대한제국에 대한 식민지화 계획 수행의 일환이었다. 일제는 러일전쟁 도발 직후 韓日議政書를 강제로 체결하고, 새로운 對韓方針을 강구하여 한국에 대한 정치·군사적 간섭체제를 갖추고, 경제적으로는 식민지 경영을 위한 이권 획득을 급선무로 삼았다. 이러한

99) 邊勝雄, 앞의 글, 99쪽.
100) 《大韓自强會月報》 제1호, 〈大韓自强會趣旨書〉, 9~10쪽.
尹孝定, 〈志士의 眼淚와 學生의 指血〉(《大韓自强會月報》 제8호), 52쪽.
101) 張志淵, 〈嵩齋漫筆〉(《大韓自强會月報》 제2호, 17~18쪽·제3호, 9~10쪽).

일본의 계획을 실천하려는 것이 '對韓施設綱領'이었다. 그 중 '拓殖' 문제에 관한 내용의 골자는, 한국을 일본의 식량과 원료 공급지 및 상품 시장으로 만드는 한편, 일본 안의 과잉 인구를 해소하기 위하여 한국 전역에 일본인들을 이주시킨다는 것이었다. 일제는 이런 목적으로 1904년 6월 한국 정부에 공식적으로 황무지개간권을 요구하였다. 그것은 국가소유 황무지에서는 일본인이 경작 및 축산의 특허 혹은 위탁을 받아 경영하고, 민유지에서는 외국인 토지소유 제한규정을 완화하여 일본인의 토지소유를 인정받게 하려는 것이었다.[102] 일본이 한국 정부에 제시한 황무지개간권의 내용은 한국의 토지개간권, 토지의 이용수익권을 50년 기한으로 일본인에게 위임하라는 것이었다. 그들이 말하는 개간권은 한국 전체 황무지의 개간·정리·척식 등 일체의 경영을 통해 얻어지는 광범위한 수익권을 담고 있었다.[103]

사실상 일본이 대한제국 전국토의 30%에 해당되는 황무지를 무상으로 강탈하려는 요구에 대하여 전국적인 반대운동이 벌어졌다. 일본의 황무지개간권에 관한 계약을 둘러싼 한일 양국 정부의 논의가 분분할 때, 유생 21명이 전국 13도에 排日通文을 돌린 것을 계기로 황무지개간권 반대운동이 촉발되었다.[104] 일제의 황무지개간권 요구에 대하여 관인과 유생들의 상소에 의한 초기의 반대운동은, 일본의 요구가 강압화함에 따라 輔國安民을 표방한 보안회 중심의 구국민중운동으로 발전되었다.

보안회는 연일 서울 종로의 白木廛都家에서 집회를 열고, 일본의 山林·川澤·原野·荒蕪地 개간권 요구를 공개적으로 반대하는 연설을 하며, 일본과의 교섭을 담당했던 외부대신 李夏榮을 성토하였다.[105] 보안회의 황무지개간권 반대투쟁은 일본의 경제적 침략에 대한 위기의식이 팽배했기 때문에 신분 계급을 초월하여 거족적인 구국운동으로 전개되었다. 보안회는 일본의 황무지 개간권 요구에 대한 성토 대회와 선언문 발표 외에도, 각국 공사관에 서한을 발송하여 일본의 부당한 요구를 국제여론에 호소하는 외교운동을 전

---

102) 《日本外交文書》 37권 1책, 對韓方針竝ニ對韓施設綱領決定ノ件, 351~356쪽.
103) 尹炳奭, 〈日本人의 荒蕪地開拓權 要求에 대하여〉(《歷史學報》 22, 1964), 42~44쪽.
104) 尹炳奭, 위의 글, 49~52쪽.
105) 《皇城新聞》, 1904년 7월 15일, 잡보 〈宋氏演說〉.

개하기도 하였다.[106] 보안회의 민중을 동원한 조직적인 황무지개척권 반대투쟁은 일제의 경제적 침략에 대한 반대운동에서 전민중적 반일운동으로 확대되었다.

일제는 황무지개간권 요구에 대한 거족적인 반일운동을 강경한 방법으로 진압하였다. 일제는 1904년 7월 20일 서울 내외에 군사경찰제를 실시하고, 헌병대장에게 '군사경찰시행에 관한 실시사항'이란 훈령을 내려, 소위 치안에 방해가 되는 집회를 금지시키고, 황무지개간권에 반대하는 신문의 발행을 정지했으며, 반대운동을 주도한 보안회 간부들을 체포 구금하는 등 군사경찰에 의한 탄압을 강화하였다.[107] 결국 보안회 중심의 거족적인 황무지개간권 반대운동에 직면하여, 정부는 "전국의 국토를 尺寸이라도 절대로 외국인에게 대여하지 않겠다"고 약속하고, 3천여 명의 군중이 운집한 항의집회의 해산을 종용하자, 보안회는 집회투쟁을 보류하였다.[108]

보안회는 일본의 황무지개간권 요구철회의 약속을 받고 해산하였지만, 보안회 都總務였던 李儁을 중심으로 大韓協同會(1904. 9)가 결성되어 일본의 황무지에 대한 야욕을 확실하게 분쇄하고자 하였다. 대한협동회는 결성 초기에는 회장 이상설, 부회장 이준, 총무 정운복, 평의장 이상재, 서무부장 이동휘, 편집부장 이승만, 지방부장 양기탁, 재무부장 허위 등의 조직을 가지고 활동하였다. 그 후 대한협동회는 이준을 회장으로 선출하고, 일제의 황무지개간권 요구에 협조적이었던 궁내부대신 閔丙奭과 외부대신 李夏榮의 탄핵을 계획했으며,[109] 일제의 토지침탈 획책 등을 성토하며 반일운동을 전개하였다. 이들의 격렬한 반일투쟁의 결과 대한제국 정부가 마침내 '長森荒蕪付許可文券'을 돌려받고 일제의 황무지 침탈야욕을 저지할 수 있게 되었다.[110]

결국 보안회를 중심으로 전개된 일제의 황무지개간권 요구에 대한 반대운동은 정부 대신으로부터 일반 서민에 이르기까지 각계 각층을 망라한 구국민족운동으로 발전하여 일제의 침략야욕을 좌절시켰으며, 이것은 근대적 민

106) 《皇城新聞》, 1904년 7월 23일, 잡보 〈會長說明〉·〈函訴各館〉.
107) 《皇城新聞》, 1904년 7월 23일, 잡보 〈日兵捕縛會員〉·7월 25일, 잡보 〈押人散會〉.
108) 《皇城新聞》, 1904년 7월 25일, 잡보 〈政府告示〉·7월 28일, 잡보 〈諭禁撤市〉.
109) 申惠憬, 앞의 글, 160쪽.
110) 柳子厚, 《李儁先生傳》(東方文化社, 1947), 103~107쪽.

중운동의 효시인 독립협회의 만민공동회 운동과 비견되는 전민족적 반침략 운동이었다고 하겠다.

(2) 국채보상운동

한말에 일제의 경제침략은 막대한 차관을 대여하여 한국경제의 예속화를 추진하는 데에도 중점을 두고 진행되었다. 이에 애국계몽가들은 근대사회에서 행해지는 국민적 모금방식에 의하여 국채보상운동을 전개하여 국권을 회복하고자 하였다. 이것은 독립협회의 '국민적 모금에 의한' 독립문 건립운동을 방불케 하는 국권회복을 위한 근대적 경제구국운동이었다.

일제는 1904년에 고문정치를 시작하고, 특히 을사조약 이후에는 한국경제를 파탄시켜 일본경제에 예속시키기 위한 목적으로, 소위 施政改善을 명목으로 한국에 高利의 차관을 대규모로 강요하였다. 1905년 한 해만 해도 일본으로부터 650여 만원의 차관이 도입되었고, 1907년 2월까지 대한제국이 일본으로부터 짊어진 외채는 모두 1,300만 원에 달했는데,[111] 이는 대한제국의 1년 예산에 해당되는 거액이었다. 당시 대한제국의 예산 규모는 세입이 약 1,319만 원, 세출이 약 1,396만 원이었다.[112] 이러한 상황에서 국민의 힘으로 國債를 갚고 일본에의 경제적 예속화를 탈피하려는 국채보상운동이 일어나 거족적인 운동으로 확산되었다. 애국계몽가들의 주도하에 시작된 이 운동은 고종황제를 위시하여 전·현직 관료, 유생, 부인회, 군인, 해외 교포 등 남녀노소와 빈부귀천을 초월하여 거족적으로 전개되었던 것이다.

국채보상운동은 1907년 2월 16일 대구 廣文社의 특별회의에서 사장 金光濟, 부사장 徐相敦 등 10여 명의 공동 발기인 이름으로 '國債一千三百萬圓報償趣旨書'란 격문을 전국에 발송한 데서 시작되었다. 발기인들은 국채보상취지에서 국고로 상환할 수 없는 국채 1,300만 원을 국민된 의무로서 갚아 국가를 지켜야 한다고 주장하고, 그 방법으로 2천만 인민이 3개월 동안 담배를 끊고 그 대금으로 1인당 매달 20전씩을 거두어 1,300만 원을 갚자는 斷煙에

111) 申載洪, 〈主權守護運動〉 II, (《한국사》 19, 국사편찬위원회, 1976), 257~258쪽.
112) 《大韓每日申報》, 1906년 11월 16일, 관보 〈光武 11年度 歲入歲出豫算〉에 의하면, 1907년도의 세입총액은 13,189,336원이고, 세출총액은 13,963,035원이었다.

의한 募金論을 제시하였다.113)

국채보상운동은 언론을 통하여 전국적으로 확산되었다. 국채보상운동 취지서가 발표되자 《황성신문》·《대한매일신보》·《제국신문》·《만세보》 등 당시 민족언론들은 이를 적극적으로 홍보하여 전국 각계각층의 참여를 유도하였다.114) 특히 대한매일신보사는 사원 전원이 단연을 결의하고 국채보상운동에 적극 참여했으며, 국채보상 의연금을 신문사가 직접 모금하고, 募金欄을 증면하면서까지 그 성명과 액수를 지상에 게재하였다.115)

애국계몽단체와 학회 및 전국 각지의 학교도 앞장서서 국민을 계몽하며 모금 운동을 전개해 나갔다. 대한자강회는 1907년 3월 1일의 임시평의회에서 대한자강회 회원인 김광제의 국채보상에 관한 의안을 수리하고,116) 국채보상운동에 적극 참여했다. 대한자강회는 《월보》 제9호 논설에서 '斷煙償債問題'를 논하고, 雜錄欄의 15면을 할애하여 국채보상운동을 극구 찬양하는 한편, 그 발기 경위와 경향 각지에서 조직된 국채보상단체의 취지서 7건을 全載하여 국채보상운동의 중요성을 부각시켰다.117) 그리고 대한자강회는, 국채보상운동은 국채보상 자체보다도 국민이 국가를 알고 '愛國鎭誠'을 표시하는 증거로서 더 큰 의미를 가진다고 하고, 결국 국채보상운동은 '大韓國 正當한 國民의 新人口調査'이며 국권회복운동임을 강조하였다.118) 또한 그 회원들은 개별적으로 국채보상단체를 조직하거나 이에 참여하여 이 운동을 적극 추진하였다. 뿐만 아니라 대한자강회는 국채보상운동과 때를 같이 하여 회원인 李鍾一·金相範 등 10명이 사회유지 44명과 함께 光武社를 발기하여, 외국인 수중의 鐵道償還運動을 통한 경제구국운동을 추진하기도 했다.119) 서우학회도 '國債報償問題'라는 제목으로 유학생 등의 글을 싣고 의연금을 모집하며, 국채보상운동에 적극 참여하였다.120)

---

113) 《大韓自强會月報》 제9호, 59~62쪽.
114) 申載洪, 앞의 글, 260쪽.
115) 李尙根, 앞의 글, 22쪽.
116) 《大韓自强會月報》 제9호, 46쪽.
117) 張志淵, 〈斷煙償債問題〉(《大韓自强會月報》 제9호), 1~3쪽·57~71쪽.
118) 《大韓自强會月報》 제10호, 〈巷論衢謠〉, 67~70쪽.
119) 《大韓自强會月報》 제9호, 〈光武社趣旨書〉 및 관련기사, 54~56쪽
120) 《西友》 제6호, 〈國債報償問題〉, 27~33쪽.

국채보상운동의 결과 1907년 4월말까지 4만여 명의 국민이 모금에 참여했고 5월말까지 230여 만원의 기금이 모금되는 성과를 거두었다.[121] 그러나 국채보상운동은 통감부가 배일운동으로 간주하고 탄압하여 성공을 거두지 못하였다.

통감부 경무총감은 통감에 보고하는 가운데, 국채보상운동은 기독교청년회·대한자강회·대한매일신보 등의 후원하에 "그 목적은 현 정부가 부담하고 있는 일본의 국채 1천 3백만 원을 보상하는데 있다고 표방하나, 내용은 국권회복을 의미하는 일종의 배일운동임은 말할 나위도 없다"고 확언하였다.[122] 그러므로 통감부는 국채보상운동의 주동적 역학을 했던 대한매일신보사를 탄압하기 위해 사장 베델(Bethell)과 총무 겸 國債報償志願金總合所 회계인 양기탁을 의연금 30만 원 횡령죄로 몰아 구속하는 등 온갖 방해공작을 하였다.[123] 결국 국채보상운동은 일제의 비열한 방해공작에 의하여 소기의 목적을 달성할 수 없었다. 그리고 국채보상운동의 실패 요인으로는 통일적인 지도체제가 결여되었고, 고급 관료층과 부유층이 거의 모금에 참여하지 않았던 사실도 지적될 수 있을 것이다.[124]

(3) 부동산침탈 반대운동

애국계몽단체들은 일제가 한국의 토지잠식을 획책하며 경제적 침략을 노골적으로 드러내자, 이에 반대하여 부동산관계 법령의 제정을 통한 경제구국운동을 전개하였다.

한말에 일본인의 來韓移住者는 급격히 증가하여 농업·임업·어업·광업

《大韓每日申報》, 1907년 3월 15일, 광고·4월 3일, 잡보 〈西友開會〉.

121) 申載洪, 앞의 글, 262쪽.
최근의 趙恒來, 〈국채보상운동〉(《한민족독립운동사》 1, 국사편찬위원회, 1987), 668쪽에서는 약 188,000원으로 밝히고 있다. 후자에 공감을 하면서도 일단 통설에 따랐다.

122) 《駐韓日本公使館記錄》, 1907년 3월 2일, 〈出張中接受電信控〉.
國史編纂委員會, 《高宗時代史》 6(探求堂, 1972), 590~591쪽.

123) 崔俊, 〈國債報償運動과 프레스 캠페인〉(《韓國新聞史論攷》, 一潮閣, 1976), 118~119쪽.

124) 李尙根, 앞의 글, 26쪽.

등 한국의 각종 산업에 침투하고 있었다. 장지연은 을사조약 이후 日人來韓者의 수는 1일에 5백여 명으로 1개월에는 1만 5천여 명, 1년에는 18만여 명에 달할 것으로 추산하고, 일본인 이주자의 급증과 이에 따른 경제적 침탈에 의한 경제적 식민지화의 위험을 경고했다. 그는 1904년 이래 문제가 된 일본인의 황무지개간권 요구도 결국 급증하는 일본인 이주자를 위한 것이라 하고, 경제적 식민지화를 막기 위해서는 한국인 스스로 전국에 산재한 황무지를 개간해야 한다고 주장했다.125)

뿐만 아니라 장지연은, 을사조약 이후 일본인들은 토지를 불법매입하여 큰 자금을 들이지 않고 沃土를 획득함으로써 노력과 자금을 들여 황무지개간의 필요를 느끼지 않게 되었다고 하고, 이런 추세로 가면 옥토는 일본인이 차지하고 한국인은 황무지로 밀려나게 될 것이라고 우려하였다. 이처럼 일본인에게 田土를 불법으로 매도하고 典當잡히는 풍조가 만연하는 상황에서, 장지연 등 대한자강회 회원들은 토지의 불법매도의 금지가 경제적 식민지화를 막는 긴급한 과제라고 인식하였다.126)

원래 외국인의 토지소유를 제한한 조약은 1883년 韓英條約을 통하여 제정되었다. 이때 외국인에게 토지 소유는 개항장 10리 이내로 제한되었지만, 열강의 침략이 강화되면서 제대로 준수되지 못하였다. 특히 일본의 불법적인 토지침탈에는 거의 대응력을 상실한 상황이 되어, 외국인 거류지로부터 10리 밖의 불법적 토지매매 현상은 점차 확대되어 갔다.127)

이러한 일본인의 토지침탈을 막기 위해 법적 대응에 나선 단체는 대한자강회였다. 대한자강회는 토지 불법매매의 원인은 '地契制度'가 일정하지 않고 법률이 엄정하지 않기 때문이라 하고, 1906년 5월 부동산 매매시에 관청의 증명서를 첨부케 하는 법령을 반포하도록 정부에 건의서를 제출했다.128) 대한자강회는 건의서를 통하여, 한국에는 아직 토지계약법이 확정되지 않아 관청을 거치지 않고 사사로이 토지를 매매하기 때문에, 전국적으로 토지의 불

125) 張志淵, 〈嵩齋漫筆〉(《大韓自强會月報》 제2호), 18쪽.
126) 張志淵, 〈嵩齋漫筆〉(《大韓自强會月報》 제3호), 9~10쪽.
127) 鄭然泰, 《日帝의 韓國農業政策(1905~1910)》(서울대 박사학위논문, 1994), 35~40쪽.
128) 《大韓自强會月報》 제1호, 39~40・53쪽.

법적인 매매와 전당이 성행하여, 인민의 산업이 피폐하고 사회의 풍기가 문란케 되었음을 지적하고, ① 전답·산림·原野를 매매·양여·전당할 때는 정당한 소유주가 확실한 계약문서를 동장 및 면장을 경유하여 당해 지방관청에 제출하고, 지방관청의 확인증명을 발급 받은 후에 매매와 전당을 허용할 것, ② 증명서의 첨부가 없는 매매와 전당은 무효로 하고, 지방관의 조사부실로 인한 재산상의 손해는 지방관이 배상케 하고, 동장·면장의 공증이 소홀하면 이들을 처벌할 것 등을 법령으로 반포할 것을 요청하였다.[129]

이 건의에 대하여 참정대신 朴齊純은 정부에서는 대한자강회의 건의안이 양호한 것으로 인정하나, 소관부서인 法部에서 '民産契約文書'가 확정되기 전에 官에서의 증명발급은 곤란하다고 하며, 사기·위조에 대한 벌칙은 의논중이라고 답변하였다.[130] 그 후 대한자강회가 지속적으로 부동산증명서에 대하여 건의한 결과로, 1906년 10월 26일에는 칙령 제65호로 '土地家屋證明規則'이 반포되고, 11월 2일에는 法部令 제4호로 '土地家屋證明規則施行細則'이 반포되었으며, 11월 9일에는 이를 시행키 위한 法部訓令이 내려져 12월 1일부터 시행케 되었다.[131]

그러나 일본은, 한국 내 일본인 지주·자본가·농민들의 개항장 10리 밖의 토지매매 요구에 따라, 한국 토지 침탈을 위한 관계입법 마련에 몰두한 결과,[132] 외국인의 토지매매가 법적으로 인정되기에 이르렀다. 대한자강회는 1907년 1월 9일의 통상회에서, 정부가 반포한 부동산관계의 법령은 토지·가옥이 외국인에게 불법매도되는 폐단을 막으려는 대한자강회의 의도와 달리, 오히려 전국의 토지·가옥을 내외국인에게 매도하는 것을 공인하고 있다고 비판하고, 1월 30일에는 정부에 질문하여 토지관계 법령의 시정을 요구하였다.[133] 정책자문기구였던 중추원에서도 개항장 10리 밖의 외국인 토지소유

---

129)《大韓自强會月報》제1호, 〈建議書〉, 54~55쪽.

130)《大韓自强會月報》제2호, 49~51쪽.

131) 宋炳基(외),《韓末近代法令資料集》Ⅴ(大韓民國國會圖書館, 1971), 291~292·300~303·318~320쪽.

132) 鄭然泰, 앞의 책, 40~41쪽.

133)《大韓自强會月報》제8호, 50쪽.
尹致旲, 〈政府質問〉(《大韓自强會月報》제8호), 70~71쪽.

허용 조항의 삭제를 요구하였으나 반영되지 않았다.[134]

결국 부동산의 불법매매와 전당을 막아 외국인의 부동산소유를 억제함으로써 일본의 경제적 식민지화를 저지하려는 애국계몽가들의 노력은 일제의 '보호국체제' 하에서 이루어질 수 없는 것이었다.[135]

(4) 민족경제 건설운동

애국계몽가들은 식산흥업을 통한 민족경제의 건설을 국권회복의 중요한 방책으로 삼았다. 그들은 생존경쟁·우승열패의 국제사회에서 한국이 낙오된 이유 중의 하나는 경제적 침체에 있다고 파악하고, 국민의 경제적 자립과 국가 부강의 실현이 곧 국권회복의 길이라고 주장하였다. 따라서 그들은 국민의 근로의식과 생산의욕을 고무시키고, 각종 산업의 생산능력을 향상시킬 수 있는 식산진흥론을 제시했으며, 일제의 경제 침탈에 대한 경각심과 근대적인 경제의식을 일깨워 민족산업의 발흥에 노력하였다.[136] 애국계몽가들은 경제적 계몽운동에 머무르지 않고 실제로 민족경제의 확립을 위한 실천운동을 전개하여, 근대적 회사를 설립하고 한국인 상공회의소와 경제연구단체 및 실업장려단체들을 조직하여 경제적 자립과 국가의 부강을 실현하고자 하였다.

이러한 의미에서 민족산업의 진흥에 상당한 성과를 낸 단체는 비밀결사인 신민회였다. 신민회는 민족산업 진흥을 위한 방법으로 "실업가에 권고하여 영업방침을 지도할 것"과 "본회에 합자로 실업장을 設하여 실업계의 모범을 作할 것"[137]을 제시하고, 자립적 실업가 육성 및 합자회사의 설립을 추진하였다. 곧 신민회는 민족산업을 개발하기 위하여 신민회 회원들이 합자형태의 공장과 근대적 기업을 설립 발전시켜 민족자본을 육성하고자 했던 것이다. 그 실천운동으로서 신민회는 商務同事·平壤磁器會社 등 공개적이고 합법적인 경제단체를 설립하였다.

1908년 2월, 신민회는 서구의 근대적인 수입상품을 취급하는 잡화업에 진

---

134) 《中樞院來文》, 1907년 1월 30일, 中樞院照會 8호.
135) 柳永烈, 앞의 글(1987), 57~59쪽.
136) 柳永烈, 〈大韓自强會와 新民會의 民族運動〉(《大韓帝國期의 民族運動》, 一潮閣, 1997), 193~194쪽.
137) 國史編纂委員會, 《韓國獨立運動史》 1(1965), 〈大韓新民會通用章程〉, 1,028쪽.

출하여 龍川 場市에 상무동사를 설립하였다. 상무동사는 신민회 지도부를 중심으로 100여 명의 주주가 참여한 합법적인 주식회사였는데, 자본금이 무려 9천여 원에 달하여 당시의 경제 상황에서는 거대한 규모의 회사였다. 상무동사는 이탈리아의 무역상사 巴馬洋行과 1만 5천여 원에 달하는 대규모 서구 상품의 직무역을 시도했으며, 특히 일본 상품의 불매운동과 항세운동을 전개하였다. 1909년 4월 통감부가 市場稅를 제정 공포함에 따라 한국상인들의 항세운동이 일어났는데, 이 반일항세운동은 상무동사의 임원이었던 宋子賢・黃菊保 등이 주도하였다. 이후 항세운동은 일본인을 타살하는 商民蜂起로 비화되어 범국민적 항일운동으로 발전하였다.[138] 요컨대 상무동사가 주도했던 항세운동은, 궁극적으로 일본의 경제침략에 반대하여 토착자본을 수호하고 민족자본을 형성하고자 한 경제구국운동이었으며, 李昇薰이 외래 자본의 침투에 맞서고자 제창한 이른바 '關西資門論'과 상통하는 것이었다.[139]

평양 자기회사 역시 '관서자문론'의 실천운동의 일환으로 설립되었다. 신민회는 민족산업 부흥의 상징으로서 磁器에 주목하여, 1908년 2월 평양에 磁器製造株式會社를 설립하여 도자기를 생산하였다.[140] 이승훈 등은 총 1,200주를 공모, 자본금 6만 원을 모금하여 '평양자기제조주식회사'를 거족적인 민족산업으로 운영하려 하였다.[141] 그러나 총 주식 1,200주를 다 채우지 못하고 800주만 소화하였고, 제품의 생산단계에서 판매단계에까지 이르지 못하여 소기의 성과를 거둘 수는 없었다. 그럼에도 불구하고, 평양의 자기회사는 일제의 경제적 침투가 심화된 당시 상황에서 토착자본을 규합하여 민족적 회사로 운영하려 했던 점에서 큰 의미를 지닌다고 하겠다.[142]

상무동사・자기회사 외에도 신민회는 평안북도 納淸亭에 무역상사 겸 都

---

138) 尹慶老, 앞의 글, 146~151쪽.

139) 金道泰, 《南岡 李昇薰》(韓國印刷株式會社, 1950), 42~46쪽. '관서자문론'은 서북지방의 상업공자들이 토착자본을 규합하여 민족자본을 형성하자는 주장으로 이후 영남, 호남지방의 토착자본과의 연계를 계획한 명실상부한 민족자본 형성론의 한 방책이었다.

140) 愼鏞廈, 〈新民會의 創建과 그 國權恢復運動〉(下)(《韓國學報》 9, 一志社, 1977), 143~154쪽.

141) 《大韓每日申報》, 1908년 10월 16일, 광고.

142) 尹慶老, 앞의 글, 154~155쪽.

賣商社로서 '協成同社'를, 安岳에는 소규모의 모범 방직공장과 연초공장을 설립 운영함으로써 민족경제 건설운동에 전력을 기울였다.[143]

대한협회도 신민회와 마찬가지로 민족산업의 진흥에 노력하였다. 대한협회의 본회와 경성지회·부안지회·제주지회·덕원지회·광주지회 등은 實業部를 설치하고 식산흥업의 장려에 노력하였다. 대한협회 직산지회·영흥지회·창성지회·선천지회는 식목과 조림운동을 폈고, 군산지회는 모범농장의 건설을 추진하였다. 대한협회 자인지회는 실업권장회를 실치하여 농작물의 개량과 농산물품평회를 열었고, 경주지회는 근면회를 조직하여 식산흥업과 근면저축을 장려했으며, 전주지회와 군산지회는 회사와 상회사를 설립하여 경영하기도 했다.[144] 또한 서북학회도 민족산업의 진흥에 노력하여, 숙천 갈산동에 農會, 평양에 농림학교와 농사시범장, 그리고 철산에 製紙會社를 설립하여 실업장려운동을 전개하였다.[145]

이와 같이 애국계몽단체들이 각지에 상회사와 공장, 농회와 농장, 실업학교 등을 설립하여 민족산업을 진흥시키고, 외래자본에 대항하여 토착자본을 모아 민족경제를 확립하려 했던 경제구국운동은 소기의 성과를 거두지는 못하였다. 이것은 무엇보다도 소규모의 민족자본으로 대규모의 일본 독점자본의 압력을 이겨내지 못하였기 때문이다. 그러나 애국계몽가들이 일제의 경제침탈에 대한 경각심과 근대적 경제의식을 일깨워 주었고, 제한된 범위에서나마 근대산업의 진흥과 민족산업자본의 발흥에 기여한 점에서 커다란 의미가 있었다고 하겠다.

4) 정치구국운동

일본은 1894년에 청일전쟁을 도발하고, 1904년에는 러일전쟁을 도발하여 본격적으로 한반도 침략에 나섰다. 일본은 러일전쟁에 승리하여 한반도 지배권에 대한 열강의 인정을 받고, 을사조약 체결을 강요하여 대한제국의 외교

143) 愼鏞廈, 앞의 글(1977), 145~146쪽.
144) 柳永烈, 〈大韓協會支會의 組織과 활동〉(앞의 책, 1977), 267~270쪽.
145) 李松姬, 앞의 책, 9쪽.

권을 박탈하였다. 그 후 일본은 통감정치를 통하여 대한제국의 점진적 병탄을 꾀하다가, 1907년 헤이그 밀사사건을 구실로 고종황제를 강제로 퇴위시킨 뒤, 한국군대를 해산시키고, 결국 대한제국을 합병하였다.

애국계몽가들은 이와 같은 일본의 침략에 맞서 국권회복과 국민국가건설을 위한 반일 정치구국운동을 전개하였다. 이들은 생존경쟁·우승열패의 국제사회에서 "정치의 우열이 국가의 강약을 좌우한다"[146]고 믿고, 국민에게 정치발전의 중요성을 계몽하고 정부에 정치개혁을 건의하는 한편, 일본의 침략에 저항하여 을사조약 반대운동, 고종양위 반대운동, 한일합방 반대운동을 전개했던 것이다.

(1) 을사조약 반대운동

일본은 1904년 2월 러일전쟁 개전 직후 한일의정서를 체결하여 대한제국에 대한 내정간섭의 강도를 높였고, 5월에는 '對韓方針'과 '對韓施設綱領 및 細目'을 정하여 각종의 이권을 탈취하여 갔으며, 1905년에는 을사조약을 강요하여 대한제국을 '보호국'으로 만들었다. 1905년 11월 17일 일본의 강제에 의하여 을사조약이 체결되자, 사회 각계각층으로부터 을사조약에 반대하고 국권을 회복하려는 운동이 거세게 일어났다.

첫째로 趙秉世 등 유생·관인들을 중심으로 하여 '보호조약'에 서명한 대신들의 처벌과 강제로 체결된 조약의 폐기를 황제에게 촉구하는 상소운동이 일어났다.[147] 둘째로 고종황제와 왕실 측근들은 을사조약의 강제 체결을 국제여론에 호소하여 일본에 대한 국제적 압력으로 조약을 취소케 하려는 외교운동을 시도하였다.[148] 셋째로 閔泳煥·조병세 등 국권상실에 울분한 우국지사들은 죽음으로써 굴욕적인 '보호조약'에 항거하였다.[149] 넷째로 위정척사

146) 李鍾濬, 〈敎育論〉(《大韓自强會月報》 제7호), 1~2·5쪽.
147) 國史編纂委員會, 《高宗時代史》 6(探求堂, 1972), 381~394쪽.
148) 董德模, 〈韓國과 20世紀初의 國際政勢〉(《한국사》 19, 국사편찬위원회, 1976), 32~33쪽
李光麟, 《韓國史講座》 5(一潮閣, 1981), 470~471쪽.
149) 朴殷植, 《韓國痛史》(三乎閣, 1946), 90~96쪽.
國史編纂委員會, 《高宗時代史》 6, 392~396쪽.

론의 입장에 있던 수구유생들은 무력으로 일본 세력을 몰아내고 국권을 회복하려는 항일의병운동을 전개하였다.150) 다섯째로 개화자강계열의 인사들은 일본에 의한 국권의 일부 상실이 일본의 침략에 그 원인이 있지만, 우리의 실력부족에 그 근본 원인이 있다고 파악하고, 국권회복을 위한 실력양성운동을 전개하였다. 그러나 이들 애국계몽가들도 을사조약 체결에 반대운동을 폈다.

애국계몽단체의 을사조약 반대운동은 조약 체결을 10여 일 앞두고, 일진회가 "한국의 외교권을 일본에게 위임하여 일본의 지도와 보호를 받음으로써 국가 독립을 유지할 수 있고 국가의 안녕과 행복을 누릴 수 있다"는 내용의 선언서를 발표함151)에 따라 촉발되었다. 황성기독교청년회·상동청년회·국민교육회·동아개진교육회·대한구락부·공진회·헌정연구회 등 애국계몽단체들은 일본의 '보호정치'에 찬성하는 일진회를 규탄하는 범국민적 항일운동을 전개하였다.152)

《황성신문》·《제국신문》·《대한매일신보》 등 애국계몽언론들은 기만적인 을사조약 체결의 무효를 주장하는 한편, 경향 각지의 조약반대운동을 상세히 보도하여 민족정신을 불러일으키고 반일운동을 고취시켰다.153) 황성신문사 사장 겸 주필 장지연은 〈是日也放聲大哭〉이라는 논설을 통하여 일본의 교활한 침략술책을 통렬하게 비난하고, 을사조약에 찬성한 대신들을 비판하여 민족적 분노를 일으켰다.154) 《대한매일신보》는 죽음으로써 일제에 항거한 민영환과 조병세의 순국을 찬양하고, 그 유서 전문을 신문에 공개하여 항일의식을 고취하고 국권회복에 매진할 것을 호소하였다.155) 애국계몽언론을 통한

---

150) 李元淳, 〈대한제국의 종말과 의병항쟁〉(《한국사》 19, 국사편찬위원회, 1976), 8~10쪽.

151) 《皇城新聞》, 1905년 11월 6·7일, 잡보 〈一進會宣言書〉.

152) 李求鎔, 〈主權守護運動〉Ⅰ(《한국사》 19, 국사편찬위원회, 1978), 231쪽.

153) 申載洪, 앞의 글, 234~235쪽.

154) 《皇城新聞》, 1905년 11월 20일, 논설. 이 논설 게재를 이유로 장지연은 경무청에 구금되고 《황성신문》은 압수 및 정간당하고 말았다(《大韓每日申報》, 1905년 11월 21일, 논설 〈皇城義務〉).

155) 《大韓每日申報》, 1905년 12월 3일, 논설 〈讀桂庭閔輔國遺書〉·12월 5일, 논설 〈讀趙元老遺書〉.

이들의 순국 소식은 온 국민의 반일감정을 격화시켰다.

기독교 청년학생들은 서울과 지방에서 을사조약 반대시위를 벌였다. 한국의 개신교 선교사들은 외세의 침탈과 지배층의 압제로부터 고통받는 한국민중의 영적인 구원과 현실생활의 구원을 위한 선교교육을 실시하여, 당시 한국교회와 기독교학교는 강한 민족적 성향을 띠고 있었으며 항일구국운동의 온상이 되었다.[156] 기독교 민족운동 단체인 尙洞青年會[157]는 중등교육기관인 상동청년학원을 설립하고 학문을 통한 빈곤추방과 국세회복을 위해 활동하였다.[158] 상동청년회는 1905년 11월 일진회의 을사조약 체결 책동에 반대하여 회원 천여 명이 구국기도회를 열어 항의했으며, 조약반대 상소를 올리고 大漢門에서 강제적인 조약체결반대 가두연설을 하였다.[159] 그리고 회장 全德基와 鄭淳萬 등은 좀더 강경한 투쟁방법으로 박제순 등 을사오적의 암살을 모의했으나 일본군대의 삼엄한 경비로 실패하고 말았다.[160]

평양의 숭실학교 학생들은 을사조약이 체결되자 한동안 수업을 전폐하고 을사조약 반대시위에 나섰다. 金永瑞 등 시위에 적극적인 학생들은 서울로 올라와서 200여 명의 동지들을 규합하여 대한문 앞에서 연 3일 동안 을사조약 취소투쟁을 벌였다. 이때 평양 숭실학교 학생들은 서울의 기독교 민족운동 단체인 상동청년회와 연계하여 가두시위를 벌여, 서울과 평양의 항일 청년학생 연합시위를 연출했던 것이다.[161]

한편 羅喆·吳基鎬 등은 계몽운동을 전개함과 동시에 을사5적의 암살을

---

156) 崔永禧, 〈乙巳條約을 前後한 韓國民의 抗日鬪爭〉(《史叢》 12·13, 1968), 612쪽. 韓根祖, 《高堂 曺晩植－偉大한 韓國人》 10(太極出版社, 1972), 84~85쪽.

157) 상동청년회는 전덕기·정순만 등의 주도로 이준·이동휘 등의 후원을 얻어 1903년 조직된 단체였다. 상동청년회 출신들은 신민회 등 애국계몽단체에서 활약하였고 신민회 창건의 주도적 역할을 하였다. 특히 미주·연해주·간도 등 해외에서의 국권회복운동을 주도하였다. 명실공히 1900년대 국권회복운동의 발원지라 할 수 있다(韓圭茂, 〈尙洞青年會에 대한 연구〉, 《歷史學報》 126, 1990).

158) 申惠暻, 앞의 글, 163쪽.

159) 金 九, 《白凡逸志》(教文社, 1979), 147~148쪽.

160) 鄭 喬, 《大韓季年史》 下 (국사편찬위원회, 1967), 191쪽.

161) William M. Baird, *Pyeng Yang Academy, K. M. F.* vol. 2, No. 12 (October, 1966) p. 221. Lak－Geoon George Paik, *The History of Protestant Missions in Korea 1832~1910*, Union Christian Press, 1927, p. 330. 金永瑞의 對政府褒賞申請書 寫本 참조.

목적으로 비밀결사인 自新會를 조직하였다.[162] 자신회는 을사조약 체결의 책임이 다섯 대신에게 있다고 판단하고, 보호국체제에 대한 저항운동으로서 을사오적의 암살을 비밀리에 추진하였다. 자신회 회원들은 폭탄장치를 한 상자를 선물 상자로 가장하여 참정대신 박제순과 내무대신 李址鎔의 암살을 기도했으며, 군부대신 權重顯을 권총으로 저격하는 등 다섯 명의 매국대신을 암살하고자 했으나 모두 실패하고 말았다.[163]

(2) 고종양위 반대운동

을사조약 체결 이후 일제는 통감정치를 실시하여 대한제국의 통치권을 잠식해 오는 식민지화 정책을 추진하였다. 이에 애국계몽가들은 정치제도의 개혁을 통하여 국민적 단결을 모색하였다. 그 중의 하나가 대한자강회의 지방자치제도의 실시 주장이었다.

대한자강회를 중심으로 한 애국계몽가들은 자강독립의 전제와 목표로서의 '국민국가건설론'을 주장하였다. 그들은 국가란 국민을 위한 국민에 의한 국민의 국가여야 한다고 주장하며 국민국가 수립의 필요성을 계몽하였다. 그들은 국민국가에 부합되는 정치체제로서 共和政體가 가장 진보적이고 우월한 정체라고 인식했으나, 현실적인 실현 불가능성 때문에 立憲代議政體의 점진적인 실시를 주장하였다. 그리고 입헌대의제도의 실시를 위해서는 국민의 자치능력 배양이 선행되어야 하며, 국민의 자치능력 배양은 지방자치제도의 실시에서 가능하다고 보았다.[164]

대한자강회 등 애국계몽단체들의 입헌대의제도 확립을 전제로 한 지방자치제도 실시의 요구는 회원들의 논설과 연설 등 언론을 통하여 주장되었다. 이러한 주장은 중추원에 반영되어 1907년 1월 30일의 중추원 회의에서는 인민의 자치제도를 우선 서울에서부터 실시하자는 안건을 결의하여 정부에 조회했고, 같은해 2월 25일의 중추원 회의에서는 인민자치제도의 실시를 정부에 촉구하기도 하였다.[165]

---

162) 崔永禧, 앞의 글, 616~617쪽.
163) 申載洪, 앞의 글, 251~253쪽.
164) 柳永烈, 앞의 글(1987), 63쪽.

그러나 일제의 보호국 체제하에서, 더욱이 일본이 대한제국의 병합을 획책했던 상황에서, 한국민의 자치능력을 배양시킬 지방자치제도의 실시가 이루어질 수는 없었다. 그럼에도 불구하고 대한자강회를 중심으로 한 애국계몽가들의 국민에 대한 정치의식의 고취와 그들의 정치개혁의 주장은 당시의 민족운동에 많은 영향을 끼쳤음을 간과할 수 없을 것이다.[166]

1907년 전반기 애국계몽가들의 지방자치제도 실시운동 등 정치제도 개혁운동이 한창일 때, 일제는 헤이그 密使事件을 트집잡아 고종을 양위시키고 대한제국의 지배권을 강화하려 하였다. 자국의 황제가 외국의 강제력에 의해 양위되는 정치적 비상사태에 직면하여, 애국계몽단체들은 고종양위 반대를 통한 반일적 정치구국운동을 전개하였다.

일본의 대한제국 침략은 미국·영국 등 열강의 국제적인 밀약으로 진행되었으나, 국제정세에 어두운 고종은 국제여론에 호소하여 국권을 회복하고자 3명의 밀사를 헤이그 平和會議에 파견하였다. 밀사 일행은 1907년 6월 25일 현지에 도착하여 외교활동을 벌였으나, 대한제국에 외교권이 없다는 이유로 회의참석이 거부되고, 러시아·미국·영국·프랑스·독일 등 각국 위원들로부터 면회조차 거절당한 채, 萬國記者協會에서 일본의 대한제국 침략상과 을사조약의 강제성을 폭로하였다.[167]

이에 일본 정부는 헤이그 밀사사건을 이용하여 대한제국의 내정에 관한 전권의 장악을 목표로 세우고, 고종의 양위와 통감의 동의에 의한 행정, 그리고 대신·차관 등 주요 관직에 일본인 임명 등을 실현할 방안을 통감 이토 히로부미(伊藤博文)에게 훈령하였다.[168] 이토는 한국의 총리대신을 불러, 고종의 밀사파견은 일본에 대한 적대행위이고 협정위반이므로, 일본은 한국에 선전포고할 권리가 있다고 위협하여 고종의 양위를 강박했으며, 한국의 총리대신과 내각대신들은 일본 정부의 책임추궁을 회피하기 위하여 고종에게 양위를 강요하였다.[169] 고종은 처음에는 양위를 완강히 거부했으나, 일제

165) 《大韓自强會月報》 제8호, 〈樞院議決自治制〉, 66쪽·〈樞院議決〉, 71쪽.
166) 柳永烈, 앞의 글(1987), 63~64쪽.
167) 國史編纂委員會, 《高宗時代史》 6, 625~627·629쪽.
168) 위의 책, 634쪽.
169) 위의 책, 636~637쪽.

와 한국 내각대신들의 강요로 1907년 7월 18일에는 황태자에게 대리청정케 했다가, 7월 21일에는 황태자에게 帝位를 완전히 넘겨주게 되었다.170)

헤이그 밀사사건에 대하여 통감 이토로부터 책임추궁을 받은 이완용 내각이 고종의 양위를 간청한 7월 16일 경부터 대한자강회·동우회·대한구락부·기독교청년회·국민교육회의 회원들은 서울 도처에서 연설로 민심을 고무하기 시작하였다.171) 7월 18일 헤이그 밀사사건의 처리를 위하여 일본 외무대신이 내한하자, 항간에 황제가 사죄차 渡日하리라는 설, 혹은 황제가 양위하리라는 설, 혹은 韓日新協約이 체결되리라는 설이 유포된 가운데, 대한자강회와 동우회 회원들을 비롯한 서울시민 수천 명이 궐기하여 종로에서 민중대회를 열고 대한문 앞에서 일본 경찰과 충돌하였다.172)

7월 19일 황태자 대리청정의 소식이 전해지자, 대한자강회와 동우회 회원들은 종로에서 대중시위를 조직하여 내각대신들을 성토하고 決死會를 구성하여 일진회의 기관지인 國民新報社를 습격 파괴하였다. 한편 시위대의 일부 군인들은 탈영하여 종로파출소를 습격, 일본 경찰에게 사격을 가하여 사상자를 내기도 하였다.173) 황태자 대리식이 거행된 7월 20일에도 대한자강회·동우회 회원들을 비롯한 수만 명의 시민들은 慶運宮을 둘러싸고 격렬한 시위를 벌였다. 대한자강회·동우회의 젊은 결사대들 주도하에 성난 민중들은 총리대신 이완용의 집을 방화 파괴하고, 시내의 경찰서와 파출소를 습격 파괴하였다.174) 그러나 7월 21일에 일본경찰과 헌병은 서울시내 요소에 기관총을 가설하고 삼엄한 경비를 펴 시민들의 시위를 봉쇄했고, 이런 가운데 고종은 황태자에게 완전히 양위하게 되었던 것이다.175)

---

170) 위의 책, 638~643쪽.
鄭 喬, 앞의 책, 266~171쪽.

171) 釋尾東邦, 《朝鮮併合史》(朝鮮及滿洲社, 1926), 360쪽.
國史編纂委員會, 《高宗時代史》 6, 636~637쪽.

172) 國史編纂委員會, 위의 책, 639~640쪽.

173) 위의 책, 640~641쪽
釋尾東邦, 앞의 책, 361쪽.

174) 國史編纂委員會, 위의 책, 642~643쪽.
釋尾東邦, 위의 책, 362~363쪽.

175) 國史編纂委員會, 위의 책, 643~646쪽.

일제는 고종을 퇴위시킨 뒤, 곧바로 新聞紙法(7. 24)과 保安法(7. 27)을 반포하여 한국인의 언론·출판과 집회·결사의 활동을 질식케 하고, 丁未七條約(7. 24)과 軍隊解散(8. 1)을 강요하여 대한제국의 행정권·사법권·군사권을 탈취함으로써 실질적으로 대한제국의 지배권을 장악하게 되었다. 그리고 통감부는 이완용 내각의 宋秉畯으로 하여금, 대한자강회가 민중을 선동했다는 이유로 보안법 제2조 "내부대신은 안녕질서를 유지하기 위하여 필요한 경우에 結社의 해산을 명할 수 있다"는 규정을 적용하여, 1907년 8월 21일에 대한자강회를 강제로 해산케 하였다.[176]

요컨대 일제의 강요에 의한 대한제국 황제의 퇴위라는 충격적인 정치적 사건을 계기로 하여, 대한자강회 중심의 정치운동은 월보와 연설 등 언론과 출판을 통한 계몽운동 형태에서 국권수호를 위한 대중시위 형태로 전환되었고, 이로써 대표적 애국계몽단체였던 대한자강회는 강제로 해산되고 말았다. 일제의 보호국 체제하에서 애국계몽단체들의 정치운동이 언론을 통한 계몽운동에서 국권수호를 위한 대중시위로 전환되었을 때, 그 단체의 존립 자체마저 불가능했던 것이다.

(3) 한일합방 반대운동

1909년에 들어 軍部 주도하의 일본 정부는 한국병합에 대한 적극정책을 추구하여, 6월에는 對韓 온건파인 통감 이토를 퇴진시키고, 7월에는 "적당한 시기에 한국의 병합을 단행할 것"과 "병합의 시기가 도래하기까지는 병합방침에 基하여 충분히 보호의 실권을 거두고 힘써 실력부식을 도모할 것"을 골자로 하는 한국병합 방침을 확정하였다.[177] 일제는 한국병합을 실현키 위한 정지 작업으로 9월과 10월에 걸쳐 소위 '남한폭도 대토벌작전'을 벌여 잔인하게 항일의병운동을 진압하고, 한편으로는 친일단체인 일진회를 앞세워 한국의 유력한 정치세력을 규합하여 한일합방의 여론을 조성시키려고 하였다.

---

176) 李鉉淙, 〈大韓自强會에 대하여〉(《震檀學報》 29·30, 1966), 170쪽.
《大韓每日申報》, 1907년 8월 23일, 別報 〈吊大韓自强會文〉.
177) 國史編纂委員會, 《高宗時代史》 6, 855~857쪽.

1909년 8월부터 태동된 일진회·대한협회·서북학회의 3파 제휴론은 대한 온건파인 통감 이토가 퇴진한 뒤, 일진회의 李容九와 宋秉畯이 한일합방을 추진하기 위하여, 먼저 국내의 유력한 정치 사회단체를 규합하려는 데서 시작되었다. 당시 유력한 정치 사회단체로는 대한협회·서북학회·일진회의 3개 단체를 꼽을 수 있었다. 대한협회와 서북학회는 평소에 배일주의를 표방하여 친일적인 일진회와는 전혀 입장을 달리했으나, 당시 이완용 내각의 횡포에 대해서는 다같이 반감을 품고 있었다. 일진회의 이용구 등은 그 일치점을 이용하여 3파 제휴를 실현하여 한일합방운동에 이용함으로써 합방정국을 주도하려 했던 것이다.[178] 그런데 서북학회가 응하지 않게 되어 일진회와 대한협회의 제휴가 모색되었다.

대한협회는 대한자강회의 후신으로 국권회복을 위한 실력양성운동을 전개함과 동시에, 국민적 정당을 자부하며 정권 장악의 의지를 가지고 있었다. 대한협회는 1908년 8월 '東洋拓殖株式會社法'에 대한 정부의 승인을 계기로 이완용 내각 반대운동을 전개하여 이완용 내각의 퇴진을 요구하는 단계에까지 갔다. 이러한 현상은 1909년 초반까지 지속되었다. 당시 대한협회는 정권을 담당하고 있던 총리대신 이완용뿐만 아니라, 합방론을 주장하는 일진회의 대표 송병준도 신랄히 비판하였다.[179] 대한협회가 평소 賣國黨이라고 매도하던 일진회와 제휴하려는 주된 목적은 일진회와 제휴하여 이완용 내각을 퇴진시키고 정권을 장악하려는 것으로 보는 시각도 있다.[180] 그러나 대한협회의 실력자 尹孝定은 일진회와의 제휴가 '聯合'이 아니고 '連結'임을 강조하고, 兩會 연결의 본의는 ① 국민생활 곤란의 구제, ② 거국일치한 여론의 확장, ③ 國情을 온건히 하여 현상을 유지하는 것에 있다고 밝혔다.[181] 곧 애국계몽단체인 대한협회가 친일단체인 일진회와 제휴하고자 한 것은 우선 보호정

---

178) 李鉉淙, 〈大韓協會에 關한 研究〉(《亞細亞研究》 8-3, 고려대 아세아문제연구소, 1970), 39~40쪽.

179) 柳永烈·朴哲河, 〈大韓協會의 政黨論과 政治活動〉(《崇實大學校論文集-人文科學篇》 25, 숭실대 인문과학연구소, 1995), 404~405쪽.

180) 李鉉淙, 앞의 글(1970), 28쪽.

181) 尹孝定, 《大韓民報》, 1909년 10월 26일, 〈兩會聯結의 主旨〉.
《大韓民報》, 1909년 11월 30일, 대한협회에서 작성한 〈聲明草案〉.

치의 현상을 유지하여 일진회의 합방노선을 견제하고, 일진회와 제휴하여 이완용 내각을 퇴진시키고 국정을 장악하고자 하는 정치운동의 한 방책이었던 것이다.

1909년 9월초에 시작되어 '國民團結'과 '國利民福'을 내세운 대한협회와 일진회의 연결운동이 진행되는 가운데, 10월 26일 安重根 의사에 의해 '이토 히로부미'가 피살되어 일제의 한국병합정책은 급진전되었다. 일진회는 정세의 변화를 감지하고 대한협회와 공동으로 한일합방 성명서를 발표하려고 했으나, 대한협회가 거부함에 따라 12월 4일 단독으로 한일합방 성명서를 발표하고, 3차에 걸처 한일합방 상소를 올리는 한편, 정부와 통감에게 한일합방 청원서를 제출하였다.[182] 일진회의 매국적 합방성명은 전국민의 분노를 일으켜, 일진회의 매국행위를 규탄하는 상소와 연설 및 격문이 전국 방방곡곡에서 쏟아져 나왔다.

대한협회는 12월 4일 일진회와의 분립을 선언하고 일진회의 합방성명을 반대 성토하였다.[183] 12월 5일에 대한협회·漢城府民會·國是遊說團·홍사단 등 정치·사회 단체의 회원들은 원각사에서 臨時國民大演說會를 개최하여, 일진회의 매국행위를 성토하였다. 한편 대한협회는 각 단체 연합하의 합방반대 국민대회를 개최하기로 하였다.[184] 그러나 12월 12일 한성부민회에서 열기로 예정된 각 단체 연합의 국민대회는 警視廳의 집회금지령에 따라 원천 봉쇄되고 말았다.[185] 이에 대한협회는 기관지인 《대한민보》를 통하여 일진회를 성토하고, 일진회의 합방성명에 관망적 태도를 취하는 이완용 내각를 비판하는 등 합방반대 감정을 고무하였다.

일진회의 합방상소에 접하여 애국계몽언론인 《대한매일신보》는 "일진회가 이미 일본인이 되었다"고 규정했으며, 12월 8일자 논설 〈再告 韓國同胞〉에서는 매국적 일진회의 죄악사를 폭로 규탄하고 동포들의 궐기를 촉구하였

182) 國史編纂委員會, 《韓國獨立運動史》 1, 460~473쪽.
183) 《大韓民報》, 1909년 12월 5일, 휘보 〈大韓一進分立〉.
184) 黃玹, 《梅泉野錄》 6, 융희 3년 12월, 516쪽.
《大韓民報》, 1909년 12월 7일, 휘보 〈韓會發起〉.
國史編纂委員會, 《高宗時代史》 6, 921쪽.
185) 《大韓民報》, 1909년 12월 11일, 휘보 〈國民大會停止〉·12월 12일, 광고.

다.[186] 천도교는 교도들에게 일진회 반대 성명문을 배포하여 일진회의 망동을 규탄했고, 기독교인 裵東鉉 등은 '일진회 성토문'에서 한일합방은 "政合邦이오 合併이 아니라"는 기만적인 일진회의 성명서를 성토했으며, 구세군에서도 전도회를 통하여 노예적 합방을 반대하였다. 한성부민회는 내각에 보낸 건의서를 통하여 일진회의 해산과 국민신보사의 폐쇄를 주장하였다.[187] 유학생들로 조직된 大韓興學會에서도 대표 2명을 귀국시켜 일진회의 합방성명서 발표에 대한 성토문을 반포하였다가 경시청에 체포되기도 하였다.[188]

일진회의 합방성명에 대한 반대운동은 전국 각 지방으로 번졌다. 12월 8일 평양에서는 기독교인들이 모여 일진회의 매국행위를 성토했고, 대성학교의 교사와 학생들, 그리고 대한협회 평양지회와 서북학회 평양지회도 합방반대를 결의하였다. 14일 평북 선천에서는 2천여 군민이 군의 客舍 앞에 모여 성토대회를 열고 일진회 박멸을 결의했으며, 16일 평북 철산에서는 대한협회 회원들이 시장에서 성토대회를 열고 일진회의 즉시 해산을 요구하는 電文을 정부에 발송하였다. 17일 황해도 해주에서는 대한협회 회원과 변호사·학교 교사들이 합방반대 국민대회를 계획했는데, 190명이 서명한 대회선언문은 "國賊 일진회를 규탄하고 전국에 성토의 義聲을 공포한다"고 하였다.[189] 1910년 1월 3일 평북 영변에서는 장날을 이용하여 합방반대 국민대회를 열었다. 경찰의 저지에도 불구하고 400여 명의 읍민이 보통학교 교정에 모여 일진회의 합방상소를 규탄하고 이용구의 죄목을 나열하였다. 일진회의 매국행위와 합방에 반대하는 성토는 1910년 봄까지 지속되었다.[190]

결국 애국계몽단체들과 온 국민의 강력한 저항으로 일진회의 합방책동은 한동안 무산되었다. 한말에 많은 단체들이 등장하여 사회의 개명진보와 국가민족의 안녕을 주장하며 활동하였다. 비슷한 구호를 주장하는 애국계몽단체

---

186) 趙恒來, 〈舊韓末 社會團體의 救國運動〉(《省谷論叢》 7, 성곡학술문화재단, 1976), 566쪽.
朴成壽, 〈愛國啓蒙團體의 合邦反對運動〉(《崇義論叢》 5, 숭의여자전문대학, 1981), 61쪽.
187) 趙恒來, 위의 글, 569~570쪽.
188) 《大韓民報》, 1909년 12월 15일, 휘보 〈警廳招問〉.
189) 趙恒來, 앞의 글, 572~573쪽.
190) 國史編纂委員會, 《韓國獨立運動史》 2, 491~492쪽.

와 친일매국단체를 구분하기에 모호한 경우가 없지 않다. 그러나 한 가지 상식적이고 명확한 기준이 있다. 그것은 대한협회처럼 자강독립의 노선를 걸은 단체는 애국계몽단체로 분류되고, 일진회처럼 한일합방의 노선을 걸은 단체는 친일매국단체로 분류된다는 것이다.

5) 민족문화운동

애국계몽가들은 한말의 민족적 위기를 극복하기 위하여 민족의 전통문화와 민족의 자주정신을 일깨울 필요성에서 新學의 수용과 함께 國學의 진흥에 노력하였다. 그들은 실력양성에 의한 국권회복과 근대국가 건설이라는 명제를 가지고, 自强의 목적을 실현하기 위하여 밖으로는 문명의 학술을 흡수하고, 안으로는 '조국정신'을 함양하는데 노력하였다.[191]

애국계몽가들의 민족자주성의 고양과 조국정신의 함양을 위한 국학에 대한 관심은 우리의 언어와 국사 연구에 집중적으로 나타났다. 그들은 국어국문의 연구와 그 대중적 보급운동에 앞장섰으며, 국사를 연구하여 근대적 民族史學의 수립에 기여하였다. 한편 한말의 天道敎와 大倧敎는 민족적 종교의 성격을 띠고 국권회복을 위한 실력양성운동에 기여하였으며, 당시 기독교도 민족의식과 결합하여 애국계몽운동에 기여하였다.

요컨대 한말의 민족문화운동은 국어와 국사 등 국학을 진흥하고, 민족적 종교를 육성하여 민족자주정신을 배양함으로써 국권회복을 기하려는 애국계몽운동이었던 것이다.

(1) 국어국문 진흥운동

한말에 '우리 문화'에 대한 관심은 민족자주성의 표출이었고 애국계몽운동의 정신적 기반이 되었다. 애국계몽가들은 우리의 언어에 대한 사랑이 민족애의 기초가 된다고 인식하여, 국어국문에 대한 연구와 보급으로 조국정신을 배양하여 자강과 자주독립의 의지를 확산시키고자 노력하였다. 그들은 한문

191) 《大韓自强會月報》 제1호, 〈大韓自强會趣旨書〉, 10쪽.

을 모르는 다수의 일반 민중과 부녀층을 계몽하여 국권회복의 노선에 동참케 하는 효과적인 방법은 우리 말을 널리 보급하는 것이라고 인식하였다. 곧 한말 국어국문 연구는 언어·문자의 연구 보급으로 민족 문제에 접근하려는 語文民族主義的 성격을 띠고 있었던 것이다.[192]

우리 역사상 국문에 대한 관심은 조선 후기 실학자들에 의하여 일깨워졌고, 문호개방 이후 개화지식인들에 의하여 크게 확대되어 국한문체의 사용이 늘어갔다. 그러다가 1894년 갑오개혁 이후에는 公私文書에서 국한문 사용이 제도화되었고, 이 때부터 학교 교과서도 거의 국한문체로 간행되었다. 《독립신문》·《협성회회보》·《매일신문》이 순국문체로 발간되면서 국문사용이 본격화되었으며, 이후 국문운동은 민족운동과 맥을 같이하였다.

한말에 민족적 자각과 함께 강조된 국어국문의 연구활동은 국가기구를 통하여 추진되었다. 1907년 學部 안에 국문연구소가 설치되었고, 周時經·池錫永·李能和·魚允迪 등을 주축으로 하는 국문학자들의 연구 성과에 의하여, 이 시기 국문 연구의 총 결산이라 할 수 있는 '國文硏究議定案'이 제정되었다.[193]

그러나 애국계몽가들 개개인에 의하여 국어국문 연구가 더욱 활발하게 이루어졌다. 한말의 대표적 국어학자인 주시경은 《대한국어문법》(1906)·《國語文典音學》(1908)·《국어문법》(1910) 등을 저술하여 국어국문운동의 새로운 장을 열었다. 그는 국가 독립의 필수적 요건으로 영역·인종·언어 세 가지를 들고, 특히 "국가를 보존하고 흥성케 하기 위해서는 국어와 국문을 崇用해야 한다"고 했으며,[194] "국가의 성쇠 및 存否는 국어의 성쇠 및 존부에 있다"고 하여 국가 독립을 위한 선결 요건으로서 국어국문의 중요성을 강조하였다.[195] 그것은 국문의 숭상을 통한 국가의 독립과 발전을 이루려는 어문민족주의를 지향한 것이다.[196]

국문연구소에서 연구원으로 활약했던 박은식은 〈興學說〉·〈學規新論〉 등

---

192) 노인화, 〈근대문화의 전개〉(《한국사》 12, 한길사, 1994), 262~263쪽.
193) 李基文, 《開化期의 國文硏究》(一潮閣, 1970), 35쪽.
194) 周時經, 〈國語文典音學〉(《周時經全集》 下, 亞細亞文化社, 1976), 156~157쪽.
195) 周時經, 〈國語文法〉 序(위의 책), 221~223쪽.
196) 李秉根, 〈愛國啓蒙主義時代의 國語觀〉(《韓國學報》 12, 1978), 186쪽.

에서 국민교육을 위한 방법으로 국문전용 교육의 필요성을 역설하였다. 그는 전국민의 교화를 위해서는 모든 국민이 쉽게 읽을 수 있는 국문교육이 필요하다고 보았던 것이다. 또한 그는 국문신문을 간행하고, 한문서적을 국문으로 번역하여 국어국문을 대중화할 것을 주장하였다.[197] 장지연 역시 국민교육의 확대와 한문의 폐지 및 국문의 전용을 강조하였다. 그는 〈國文關係論〉에서 한문의 난해성을 지적하고, 우리 국민들의 지식 계발을 위해서는 국문 사용이 필요하다고 주장했는데, 애국사상의 근본은 쉬운 우리 말의 보급으로 국민을 계도함에 있다고 파악했기 때문이다.[198]

신채호도 국문으로 쓰여진 민족사를 편찬 보급함으로써 국민의 애국심을 고취시키고자 하였다. "자국의 언어와 문자로 자국의 歷史 地誌를 찬집하여 전국민의 애국심을 고취하자"[199]는 그의 주장은 민족 언어의 효용성에 기초한 어문민족주의적 발상이라 하겠다.

이와 같이 민족의식의 함양에 역점을 두었던 국어국문운동은 상당한 성과를 거두었다. 애국계몽가들은 국문을 전국적으로 확산시켜 국민들에게 신교육과 신지식을 보급하기 위하여, 국문신문을 간행 보급하였고, 국문교과서를 편찬하여 학교교육을 실시했으며, 국문으로 소설을 창작하여 일반대중에 접근했던 것이다. 그들은 국문교육이 조국정신을 보존하고 독립자존의식을 넓히는 역할을 한다고 보아 국문교과서 편찬에 노력했고, 또한 사회 일반에 파급 효과가 큰 소설을 통하여 민족의식을 불어넣기 위하여 국문으로 창작 활동을 했던 것이다.[200] 당시 국어국문운동은 우리 말의 대중적 기능을 활용하여 민족정신을 강화하려는 일종의 국권회복운동이었으며, 국문소설의 창작은 사회 일반에 반봉건·반침략의 교육적 기능을 가지는 일종의 민족운동이었던 것이다.

---

197) 단국대 동양학연구소, 《朴殷植全書》 中(1975), 13·17~18쪽.

198) 權寧珉, 〈애국계몽운동과 민족문학의 인식〉(《現代社會》 4-2, 現代社會研究所, 1984), 208~209쪽.

199) 申采浩, 〈國漢文의 輕重〉(《丹齋申采浩全集》 別集, 丹齋申采浩先生紀念事業會, 1977), 75쪽.

200) 權寧珉, 〈愛國啓蒙時代의 小說改革運動〉(《한국문화》 5, 서울대 한국문화연구소, 1984), 94~104쪽.

요컨대 애국계몽기의 국어국문운동은 신교육과 신지식의 보급 확대라는 실용적 측면과 국가의 독립이 자국의 언어와 문자의 발전에 있다는 민족적 측면이 결합된 어문민족주의운동이었다.

(2) 국사교육 강화운동

근대적 자주자강과 민족의식의 고양을 위한 학문으로 국어 분야보다 더욱 집중적인 연구가 진행된 분야는 국사였다. 민족주체성의 확립을 위한 국사연구와 국사교육은 이미 독립협회 때부터 강조되어 왔다. 독립협회 회원들은 "대한사람은 大韓史記를 이해해야만 하며, 대한사기 속에서 유명한 충신들을 공부하여 애국심을 배양하면 세계의 대접을 받을 것이다"라고 하여,[201] 自國史 교육을 애국심의 연원으로 인식하였다.

독립협회 회원들의 자국사에 대한 관심은 애국계몽사가들에게 그대로 이어졌다. 애국계몽사가 玄檃은, 우리 국민들이 우리 역사를 알지 못하고 중국의 역사만을 숭상하여 애국심이 결여되었음을 지적하고, 국사교육을 통하여 국민으로 하여금 자국의 연원을 알게 하여, 애국심을 배양함으로써 국가를 스스로 보존해야 한다고 주장하였다.[202]

또한 애국계몽사가였던 장지연은 〈新訂東國歷史序〉에서 국사에 대한 교육이 애국심과 민족정신의 고취에 가장 중요한 역할을 한다고 주장하였다. 민족의 위기를 극복하기 위한 방법으로 역사를 연구한 신채호도 논설 〈역사와 애국심과의 관계〉에서 역사의식의 유무에 의하여 국가의 흥망이 좌우된다고 하여 역사와 국가와의 관계를 불가분의 동일체로 이해하였다. 그리고 그는 국민의 애국심은 웅변이나 연설 또는 세익스피어 같은 외국 대문호의 영향으로 길러질 수 있는 것이 아니고, 남녀노소와 사회 신분을 가리지 않고 국민 모두가 자국의 역사를 아는 데 있다고 주장하였다. 나아가 그는 세계 열강의 정치적·경제적 선진화는 역사에서 나온다고 하고, 우리 역사에 대한 이해는 독립의 기초이며, 당시의 시대상황을 극복하는 최선의 방법이라고 역설하였다.[203]

---

201) 《독립신문》, 1898년 3월 8일, 논설.
202) 玄　檃, 〈國朝故事〉(《大韓自强會月報》 제8호), 34~35쪽.

이와 같이 애국계몽사가들은 자국사에 대한 이해를 통한 민족적 자아의 발견과 애국심의 배양을 국권회복의 중요한 방법으로 인식하고 이를 실천하고자 하였다. 그리하여 그들은 '國脈'을 보유한 새로운 민족의 역사를 서술하여야 한다고 주장하였다.[204] 민족의 역사는 당시 민족의 자주독립을 위한 정신적·문화적 배경이며 민족운동의 지표이기도 했다. 따라서 애국계몽사가들은 자주독립국가의 목표를 달성하기 위하여 국사연구에 몰두하였다. 애국계몽사학자인 張道斌은 당시 그의 학문 연구의 주요 관심사는 국사였으며, 그 목적은 일제로부터 독립을 회복하기 위한 것이었다고 후일에 술회하였다.[205] 이처럼 애국계몽기의 국사연구는 순수한 역사학의 탐구라기 보다는 애국·독립사상을 고취하기 위한 계몽적인 역사 지식의 보급에 그 의미가 있었었던 것이다.

당시 역사서술은 실학사상을 바탕으로 하는 강렬한 민족의식을 표출하는 연구가 대부분이었다. 《三國遺事》·《三國史記》·《高麗史》·《東國通鑑》 등의 고전적인 역사서가 復刊되었고, 通史로서 黃玹의 《梅泉野錄》과 鄭喬의 《大韓季年史》 그리고 金澤榮의 《歷史輯略》 등이 저술되었다.[206] 그리고 근대 역사학적인 방법에 비교적 접근한 특수 연구로는 장지연의 《我韓衣冠制度考》와 《朝鮮儒敎觀》 그리고 《朝鮮佛敎觀》 등이 있었다.[207]

사회 일반을 대상으로 하는 자국사가 편찬되고, 애국심과 민족의식의 고양을 위한 국사교과서가 간행되어 각종 사립학교를 중심으로 널리 이용되었다. 1905년 이후 일본의 교육통제정책이 강화되면서 민족교육의 실시가 어렵게 되자, 초기 학부의 주도로 편찬되던 국사교과서는 점차 애국계몽사가들에 의해 편찬되기 시작하였다. 이 때의 국사교과서는 대부분 일제의 통제가 비교적 적은 사립학교용 교과서로 쓰였는데, 애국사상과 독립정신을 고취하는 민

203) 申采浩, 〈歷史와 愛國心과의 關係〉(《大韓協會會報》 제2호), 75쪽·제3호, 152~154쪽.

204) 丹齋申采浩先生紀念事業會, 《(改訂版) 丹齋申采浩全集(上)》(1977), 471쪽.

205) 張道斌, 〈暗雲짙은 舊韓國末〉(《思想界》, 1962년 4월호).
汕耘紀念事業會, 《汕耘張道斌全集》 권 1, 通史 I (1981), 11~13쪽.

206) 金容燮, 〈우리나라 近代歷史學의 成立〉(《韓國의 歷史認識》 下, 창작과 비평사, 1976), 425쪽.

207) 金容燮, 위의 글, 426쪽.

족주의적 내용이 주류를 이루었다.[208] 국사교과서를 저술한 대표적 계몽사학자로는 元泳義·朴晶東·柳瑾·장지연·현채·김택영 등을 들 수 있다. 이들은 국사교육을 통하여 민족정신을 강조한 애국계몽운동의 지도자들이었다.[209] 그러므로 일제는 1908년 교과용도서 검인정규정을 발표하여 민족정신이 깃든 민간 교과서의 저술을 탄압하였다. 일제는 대한제국 정부 주도의 국사교과서 편찬에도 제약을 가할 정도로 민족적 국사교육에 탄압을 가했다. 이러한 상황에서 1909년 3월 출판법 제정 이후, 현채의 《中等敎科東國史略》과 《幼年必讀》 등 민족교육의 지침서가 되었던 국사관련 서적은 발매가 금지되고 압수당했다.[210]

한편 한말의 애국계몽사가들은 본국사 이외에도 외국의 역사, 곧 세계 각국의 근대 정치흥망사·독립운동사·영웅전기물을 번역 발행하여, 일제 식민지화의 위협을 경계하고 자주독립정신과 서구적인 개혁사상을 전파하고자 하였다. 당시의 대표적인 번역 사서로는 《埃及近世史》(장지연 역, 1905), 《波蘭國末年戰史》(魯璐善 역), 《越南亡國史》(현채 역, 1906), 《伊太利建國三傑傳》(신채호 역, 1907), 《乙支文德傳》(신채호 역, 1908), 《聖雄李舜臣傳》(신채호 역), 《金庾信傳》(박은식 역), 《美國獨立史》(현은 역), 《法國革命史》(현채 역), 《瑞士建國志》(박은식 역, 1907) 등이 있다.

요컨대 한말의 애국계몽사가들은 민족주체성의 확립과 애국심의 고취를 위한 民族史學의 수립에 노력하였다. 그것은 곧 일제의 침략으로부터 위기에 처한 민족을 구하고자 하는 민족운동이었던 것이다. 그러나 당시 계몽사가들은 전근대적 의식의 잔재 위에서 영웅의 행적을 역사 발전의 주요 동기로 인식하는 관념적인 영웅사관의 범위를 벗어나지 못한 측면도 있었던 것이다.[211]

---

208) 白淳在, 〈敎科書編纂〉(《한국사》 20, 국사편찬위원회, 1983), 225~228쪽.
209) 金成俊, 앞의 글, 178쪽.
210) 金成俊, 위의 글, 183~189쪽.
211) 金泰永, 〈開化思想家 및 愛國啓蒙思想家들의 史觀〉(《韓國의 歷史認識》 下, 創作과 批評社, 1976), 418~419쪽.

(3) 민족적 종교운동

애국계몽가들은 한말에 있어서 현실적인 국권회복의 길은 경제력과 군사력 같은 有形의 자강력보다는 오히려 無形의 자강력으로서 자국의 역사를 보전하는 것과 동시에, 주체의식을 배양하고 이를 국민에게 널리 확산시킬 수 있는 종교에 있다고 하는 '信敎自强論'을 주장하였다.[212]

한말에는 외세의 유입으로 한국의 전통문화가 붕괴되면서 각종 매국적 종교가 생성하였다. 민족적 종교운동은 일제 통감부의 종교계에 대한 친일화 공작에 대응하여 일어났다. 일제 통감부는 일진회를 지원하여 東學을 친일종교로 만들려고 했고, 大東學會(후에 孔子敎로 개칭)를 만들어 유교계의 친일화를 기도하였다. 뿐만 아니라 東亞基督敎協會를 조직하여 기독교계를, 淨土敎會와 神宮敬義會를 조직하여 불교계를 친일화하려는 공작을 폈다.[213] 이에 맞서 애국계몽가들은 민족적 종교를 창건하거나 전래의 유교 및 외래의 기독교를 이용하여 구국민족운동을 전개하였다.

한말에 민족적 종교를 표방하고 민족운동을 전개했던 대표적 종교는 1905년 12월 孫秉熙가 동학에서 개칭한 天道敎와 1909년 1월 나철이 창시한 大倧敎였다.

1894년 농민전쟁의 형태로 민족운동을 전개했던 동학은 1900년대에 이르러 李容九가 주도하는 侍天敎와 손병희가 주도하는 천도교로 분립되었다. 시천교는 일진회의 앞잡이가 되어 친일행각을 일삼았으며, 천도교는 애국계몽운동에 적극 동참하여 민족운동을 전개하였다.

1900년 동학의 3대 교주가 된 손병희는 과격했던 동학농민전쟁의 배타적 성격을 벗어나 개화의 방향으로 노선을 바꾸어 갔다. 그는 1901년 이후 일본에 건너가 권동진·오세창·趙羲淵·李軫鎬·趙羲聞·朴泳孝 등 망명중인 개화파 인사들과 교유하면서 개화의 필요성을 절감하여, 일본에 64명의 유학생을 파견하기도 하였다.[214] 1904년 이용구가 동학교도들을 중심으로 조직한

212) 《大韓每日申報》, 1905년 12월 1일, 논설 〈信敎自强〉.

213) 愼鏞廈, 〈韓末의 愛國啓蒙運動〉(《韓國近代史와 社會變動》, 문학과 지성사, 1980), 92~93쪽.

214) 義菴孫秉熙先生紀念事業會, 《義菴孫秉熙先生傳記》(1967), 161·170~171쪽.

進步會는 강연회를 개최하며 민중계몽운동을 전개했으나,[215] 진보회와 통합한 일진회는 1905년 11월에 일본의 보호정치를 주장하는 매국적 선언서를 발표하였다. 일본에서 이 사실을 들은 손병희는 1905년 12월 동학을 天道敎로 개명하고,[216] 천도교 활동의 목표를 민족의 자주독립과 개화혁신으로 삼았다. 그는 귀국 후 친일단체인 일진회와 결별하고, 이용구 이하 62명을 출교시킴으로써 반일 민족종교로서 천도교의 위치를 확고히 했다.[217]

당시 천도교는 ① 자주독립의 실현을 위한 민족교육사업, ② 民智계발과 문명개화를 위한 언론출판사업, ③ 민족의식의 고취를 위한 국민계몽운동을 추진하였다.[218] 천도교는 새로운 학교를 설립하기보다는 재정난으로 학교 운영이 어려운 私學을 인수하여 경영하는데 주력하였다. 당시 천도교가 인수하여 경영한 학교로는 普成學校와 同德女學校가 있다.[219] 한편 손병희는 귀국시 인쇄기와 활자를 들여와 인쇄소를 설치하고, 1906년 6월 천도교 기관지인 《만세보》를 발행했는데, 그 목적은 국민계몽에 있었다.[220] 그러므로 만세보는 국한문 혼용으로 발행되었고, 한문에는 반드시 한글로 토를 달아 민중계도의 본래 취지에 충실하였다.[221]

이처럼 천도교는 한말에 민족교육을 실시하고 민족언론지를 발간하여 민족의식을 고취하는데 노력했고, 다수의 천도교도들은 대한협회에 가입하여 애국계몽운동을 주도했으며, '한일합방' 이후에는 기독교세력과 연합하여 3·1운동을 주도하면서 종교적 민족운동을 전개하였다.

大倧敎는 국권회복을 목적으로 국조 檀君을 구심점으로 하여 민족의식을 고취하고 민족의 단합을 추구한 민족적 종교였다. 羅喆·吳基鎬·金允植·金

215) 白世明, 〈甲辰革新運動과 東學〉(《韓國思想叢書》 Ⅲ, 泰光文化社, 1975), 408~411쪽.
216) 《帝國新聞》, 1905년 12월 1일.
217) 《皇城新聞》, 1906년 9월 20일, 잡보 〈天道敎決議〉·9월 21일, 잡보 〈天道敎人黜敎〉.
218) 黃善嬉, 《東學의 思想變遷과 民族運動硏究》(단국대 박사학위 논문, 1990), 177~196쪽.
219) 金應祚, 〈天道敎의 文化運動〉(《人文科學硏究》 2, 성신여대, 1983), 62~67쪽.
220) 崔起榮, 앞의 책, 72~75쪽.
221) 金應祚, 앞의 글, 68~69쪽.

寅植 등 애국지사들은 한국의 독립은 민족의식과 주체적인 자주독립사상에 있다고 인식하고, 1909년 1월 檀君敎, 곧 대종교를 창시하였다.[222]

원래 나철은 동양평화론에 입각하여, 그리고 국제공법과 한·일간의 조약에 근거하여 주권을 회복하고자 민간외교활동을 벌였으나, 을사조약의 체결로 외교를 통한 구국운동에 한계를 느끼게 되어 을사오적의 처단을 계획하게 되었다.[223] 그는 비밀결사인 自新會를 조직하여 을사5적의 암살을 기도하는 한편, 일본의 침략에 경각심을 일으키는 국민계몽운동을 전개하였다.[224]

대종교의 계몽활동은 대한협회·호남학회 등 당시의 애국계몽단체와 연계하여 이루어졌다. 특히 나철은 오기호·尹柱瓚(대한협회 회원)·李沂·崔東植·金永采·金寅植·李光秀 등과 함께 호남학회에 가입하여 교육구국운동에 열중하였다. 이들은 국어·국사의 연구 및 민족교육에 전력을 기울였는데, 국사교육 특히 개국시조 단군을 구심점으로 하는 민족정신교육에 힘썼다.[225] '한일합방' 이후 대종교는 1911년에 만주에 支司를 설치하고, 1914년에는 總本司를 북간도 和龍縣 靑波湖로 이전하여 민족교육을 위한 학교를 설립하고, 무장투쟁을 위한 重光團을 창립하는 등 항일독립운동을 전개하였다.[226]

이와 같이 대종교는 한말에 민족의식의 고취를 목적으로 조직되어 국권회복을 위한 항일투쟁의 정신적 구심체의 역할을 담당하였다. 뿐만 아니라 국권피탈 이후에는 만주로 본부를 옮겨 수많은 애국계몽가들과 의병 출신 애국지사들을 입교시켜 항일독립운동의 기반을 조성하는데 크게 기여하였다.

한편 1909년 이용직·김윤식 등 전·현직 고급관료와 박은식·장지연·원영의 등 개신유학적인 애국계몽인사들은 일제가 大東學會를 만들어 유림계를 친일화하려는 정치공작에 대응하여, 유교적 전통을 국권회복에 동원하고자 大同敎를 창건하여, 다수의 유림들을 애국계몽운동에 끌어들여 민족운동

---

222) 朴永錫, 〈大倧敎의 民族意識과 民族獨立運動〉(《日帝下獨立運動史硏究》, 一潮閣, 1993), 249~250쪽.

223) 박영석, 위의 글, 247~248쪽.
박 환, 《滿洲韓人民族運動史硏究》(一潮閣, 1991), 261~266쪽.

224) 崔永禧, 앞의 글, 615쪽.

225) 박 환, 앞의 책, 269쪽.

226) 朴永錫, 앞의 글, 255~280쪽.

을 전개하였다.[227] 대동교는 儒敎求新의 입장에서 조직된 종교단체로, 전통사상인 유교를 개혁하여 이를 구심점으로 민족의 단합을 유도하고 일제의 침략에 대항했던 것이다.

이와 같은 민족적 종교운동 이외에도 외래적 종교 특히 기독교계의 민족운동은 주목할만 하였다. 윤치호·이상재·안창호·이동휘·전덕기 등 다수의 기독교인 애국계몽인사들은 황성기독교청년회·상동청년회 등 기독교단체와 한영서원 등 근대학교를 설립 또는 운영하며 민중계몽과 교육구국운동에 앞장섰다. 전국 각지에 설립된 기독교 학교와 기독교 교회는 근대의식과 민족의식의 고양에 크게 기여하였다. 예컨대 기독교 선교사가 세운 평양의 崇實中學과 崇實大學은 그 재학생과 졸업생들이 을사조약 반대운동과 신민회의 국권회복운동에 참여했고, 조선국민회의 비밀결사운동과 평양의 3·1운동 및 평양학생 만세시위를 주도하는 등 항일민족운동을 지속적으로 전개하여 일제가 불온사상의 근거지로 간주할 정도로 북한지역 민족운동의 총본산이 되었다.[228]

사실상 한말과 일제시대에 한국의 기독교는 신앙문제에 국한되지 않고 민족문제의 해결에 힘을 기울여 다분히 민족적 종교의 성격을 띠고 있었던 것이다. 일제시대에 민족독립운동의 최고봉을 이루는 3·1운동 당시 민족대표 33인 중 16인이 기독교 신도였다는 사실은 이를 단적으로 입증하는 것이다.

6) 독립군기지 건설운동

대한제국 말기의 애국계몽가들은 국내에서는 국권회복을 위한 실력양성운동을 전개하는 한편, 국외에서는 독립군을 양성하여 일제와 근대전을 벌여 국권을 회복하려는 독립전쟁론에 의거하여 독립군기지 건설운동을 추진하였다.

합법단체인 대한자강회·대한협회·서북학회 등은 국권회복을 위하여 민

---

227) 愼鏞廈, 〈朴殷植의 儒敎求新論·陽明學論·大同思想〉(《歷史學報》 73, 1977), 70~81쪽.

228) 柳永烈, 〈韓國 최초 近代大學의 설립과 民族的 성격〉(《한국민족운동사연구》 15, 한국민족운동사연구회, 1997), 111~118쪽.

족의 실력양성을 강조했지만, 양성된 실력을 독립으로 연결시키는 구체적 방법을 제시하지는 못하였다. 그들은 근대적 지식과 경제적 자립능력, 강건한 애국정신과 정치참여의 능력이 있을 정도로 충분한 실력이 양성되어 문명화가 이루어지면, 보호국체제가 철폐될 것이라고 주장하였다.229) 그러나 일제의 병합정책이 더욱 강화됨에 따라, 다수의 애국계몽가들은 합법운동의 한계를 느끼고, 무장투쟁으로 일제의 침략에 맞서고자 비밀결사운동을 꾀하였다.

비밀결사 신민회 중심의 애국계몽가들은 국외에 독립군기지를 건설하여, 독립군을 양성함으로써 일제와 근대전을 벌여 독립을 쟁취하고자 하였다. 이제 이들 애국계몽가들이 구상한 독립전쟁론과 국외 독립군기지 건설의 준비 및 그 실상을 살펴보기로 한다.

(1) 독립전쟁론의 대두

1907년의 군대해산과 정미7조약 이후 대한제국의 행정권·사법권·경찰권을 장악한 일제는 한민족의 국권회복운동에 대하여 강도 높은 탄압을 가해왔다. 이에 당시 국권회복운동의 양대 산맥을 이루고 있던 항일의병운동과 애국계몽운동의 일각에서는 항일투쟁의 방법에 대한 검토가 이루어지기 시작하였다. 항일의병장 가운데서는 국내에서의 즉각 결전보다 국외에서의 장기적인 무장투쟁이 모색되었고, 애국계몽가들 가운데서는 국내에서의 실력양성에 더하여 국외에서의 무장투쟁이 모색되었다. 항일의병운동의 전통적인 '즉각결전에 의한 즉시독립론'은 실력양성에 의한 점진적 독립론으로의 전환이 모색되었고, 애국계몽운동의 知的·경제적 '실력양성에 의한 자강독립론'은 군사력의 양성에 의한 근대적 독립전쟁론으로의 전환이 모색되었던 것이다.

독립전쟁론은 대한자강회·대한협회·서북학회 등 합법단체의 운동을 주도하던 인물들이 다수 포진한 비밀결사 신민회가 주도하였다. 신민회의 국권회복론은 기본적으로 먼저 실력을 양성한 다음 독립의 기회에 대비해야 한다는 '선실력 후기회론'이었다. 이러한 신민회의 선실력 후기회론은 대한자강회와 대한협회의 '선자강 후독립론'과 일맥상통하는 것이었다. 그러나 그것은

---

229) 大垣丈夫, 〈本會趣旨〉(《大韓自强會月報》 제1호), 25쪽.
金嘉鎭, 〈我國有識者의 日本國에 대혼 感念〉(《大韓協會會報》 제6호), 1~2쪽.

국외에 군사기지를 건설하여 독립군을 양성하려는 군사적 실력양성론이었으며, 군사적 실력양성에 의한 독립전쟁론인 점에서 합법단체의 국권회복론과 차별성를 가진다.230) 곧 신민회의 독립군기지 건설의 구상은 일제로부터 한국민족이 독립을 회복하는 가장 확실한 방법은 독립군을 양성하여 적절한 기회에 일본과 근대전을 벌여 독립을 쟁취하는 것이라는 독립전쟁론에 의거한 것이었다.

신민회를 중심으로 하는 애국계몽가들의 독립전쟁론은 1907년 7월과 8월, 일제의 강요에 의한 고종의 퇴위와 정미7조약의 체결, 그리고 군대해산 등의 망국적 사태가 벌어지고, 신문지법과 보안법의 제정으로 합법적인 민족운동이 극한점에 달한 상황에서 구상되었으며, 신민회의 국외 독립군기지 건설계획은 의병운동의 퇴조기에 구체화되었다.231) 신민회는 1909년 봄에 梁起鐸의 집에서 간부회의를 열고 국외에 독립군기지를 건설하고 무관학교를 설립하는 사안을 의결하고 이의 실행을 계획하였다.232) 그리고 독립군 양성의 거점으로는 1860년대 이래 많은 한인들이 이주하여 살고 있는 西北間島와 露領 연해주 지역이 상정되었다.

신민회가 구체적으로 독립전쟁론을 채택하고 실천에 옮기기 시작한 때는 안중근의 이토 히로부미 포살사건으로 인하여 구속된 신민회 간부들이 석방된 직후였다. 1910년 3월 신민회는 석방된 간부들을 중심으로 긴급 간부회의를 열고 독립전쟁론을 국권회복의 최고 전략으로 채택하여 국외에 독립군기지를 건설하기로 결정하였다. 또한 신민회 긴급 간부회의는 일제에 의해 구속당했던 간부들이 우선적으로 국외로 나아가 독립군기지 건설사업을 담당하고, 국내 잔류 간부와 회원은 이 사업을 지원함과 동시에 종래의 실력양성운동을 계속하기로 결정하였다.233) 이때 결정된 독립군기지 건설사업의 구체

---

230) 柳永烈, 〈愛國啓蒙派의 民族運動論〉(앞의 책, 1997), 300~301쪽.
231) 元義常, 〈新興武官學校〉(《新東亞》, 1969년 6월호), 236쪽.
독립운동사편찬위원회 편, 〈독립군전투사〉(상), (《독립운동사》 5권, 1973), 162~163쪽.
232) 元義常, 위의 글, 236쪽.
233) 島山紀念事業會, 《續篇 島山安昌浩》(1954), 〈李剛回顧談〉, 134~145쪽.
주요한, 《安島山全書》(三中堂, 1971), 896~897쪽 附錄 〈安昌浩豫審訊問記補遺〉.

적인 내용은, 첫째로 국내에서 재력있는 다수의 인민을 서간도에 집단 이주시켜 토지를 매입하여 부락을 만든다는 것, 둘째로 서간도에 '民團'을 조직하고 학교와 교회를 설립하며, 나아가 무관학교를 설립하여 文武雙全敎育을 실시하고 士官을 양성한다는 것, 셋째로 이들을 중심으로 독립군을 창설하여 기회를 틈타 독립전쟁을 일으켜 국권을 회복한다는 것이었다.234)

이것은 민족의 실력을 양성하여 적절한 시기에 일본과 독립전쟁을 전개함으로써 독립을 쟁취하려는 독립전쟁 전략이며, 당시 합법단체들이 지닌 국권회복론의 한계성을 한 단계 극복한 것이었다. 여기에서 '민족의 실력'이란 근대적 지식과 경제적 자립능력, 그리고 확고한 민족정신과 근대전을 수행할 수 있는 군사적 능력을 의미하는 것이었다. 그리고 '적절한 시기'란 장차 일제가 더욱 팽창하여 러시아나 청국 또는 미국과 전쟁을 벌이게 될 때와 같은 독립전쟁의 기회를 의미한다.235) 신민회의 독립전쟁전략은 일본 제국주의가 팽창정책을 써서 열강과 전쟁을 일으키면, 국외의 독립군으로 하여금 국내진공작전을 벌이게 하고, 국내에서는 신민회를 비롯한 애국계몽세력들이 민중을 결집하여 이에 호응함으로써 국권을 회복한다는 것이었다. 결국 신민회의 독립군기지 건설론은 일제가 장차 침략전쟁을 벌이는 기회에 대비하여, 일제의 통치력이 미치지 않는 서북간도에서 독립군을 양성하여 독립전쟁에 대비하려는 것이었다.236)

(2) 독립군기지 건설준비

국외로 망명한 신민회 간부들은 1910년 4월의 靑島會議와 9월의 海蔘威會議에서 독립군기지 건설을 위한 구체적인 논의를 전개하였다.237) 그러나 독립운동 근거지를 만들기 위한 한인들의 만주에서의 활동이 시작된 것은 이

234) 尹炳奭, 〈1910年代의 韓國獨立運動〉(《韓國近代史論》 II, 지식산업사, 1977), 30쪽.
235) 尹炳奭, 위의 글, 27쪽.
236) 尹炳奭, 위의 글, 26~28쪽.
國史編纂委員會, 《韓民族獨立運動史資料集-105人事件公判始末書 I -》(1986), 290·295·305·312·315쪽.
國史編纂委員會, 《韓民族獨立運動史資料集-105人事件公判始末書 II -》(1986), 79~80쪽.
237) 安昌浩, 〈豫審訊問記補遺〉(《安島山全書》, 三中堂, 1963), 859~899쪽.

미 을사조약 체결 이후부터였다. 이때 북간도의 龍井村과 明東村, 蘇滿國境에 위치한 密山府의 韓興洞에서는 애국계몽인사들이 학교를 설립하고 근대적 민족주의 교육을 실시하고 있었다.[238]

1910년 4월 안창호·李甲·柳東說·신채호·金羲善·李鍾浩·金志侃·李剛 등은 중국 청도로 출국하여 독립군기지 건설을 위한 구체적인 실행책을 논의하였다. 그러나 이 청도회의에서는 우선 신문·잡지의 발간으로 독립정신을 계몽하자는 유동열·김희선 등의 입장과, 농지개간 사업으로 당장 이주민의 생활안정을 도모하자는 안창호·이갑 등의 입장으로 나뉘어 독립군기지 건설준비는 별다른 진전을 보지 못하였다.[239]

합병 직후 1910년 9월에 열린 해삼위회의에서 신민회 간부들은 독립전쟁론에 뜻을 같이 했으나, 그 추진 방법에 있어서는 급진적 전쟁론과 점진적 전쟁론으로 나뉘었다. 곧 유동열·김희선 등은 국권이 상실된 상황에서 장기적인 독립군의 양성보다, 당장 국외 교포들을 모아 독립군을 결성하여 즉각적으로 국내에 진공할 것을 주장한 반면에, 안창호·이갑 등은 장기적인 전략으로 신한민촌과 무관학교를 건설하여 독립전쟁의 토대 구축에 힘쓸 것을 주장하였다. 이처럼 독립운동 노선상의 갈등으로 힘이 분열되어 안창호·이갑 등의 독립군기지 건설운동은 이루어질 수 없었으며,[240] 유동열·김희선 등이 독립군의 모집을 위하여 煙臺로 갔다가 체포됨으로써[241] 즉각적인 독립전쟁론도 실패하고 말았다.

한편 '국권피탈' 이후 국내에 잔류한 신민회 간부들은 독립군기지 건설을 위한 韓人의 집단적인 서간도 이주를 결정했으며, 1910년 가을 양기탁·이동녕·朱鎭洙 등은 만주일대를 비밀리에 답사하여 독립군기지 후보지를 선정하고 한인집단이주 준비를 진행하였다. 1910년 12월에 양기탁·안태국·주진

238) 尹炳奭, 앞의 글, 36쪽.

239) 尹慶老, 《105人事件과 新民會 硏究》(一志社, 1990), 261~263쪽. 윤경로는 靑島會議에서는 구체적인 독립전쟁론이 제기되지 않았다고 보고 있는데 반해, 신용하는 안창호·이갑 등이 신한민촌과 무관학교의 건설을 주장했다고 보고 있다(신용하, 〈신민회의 창건과 그 국권회복운동〉(하), 161쪽)).

240) 島山紀念事業會, 《續編 島山安昌浩》, 〈李剛回顧談〉, 147~148쪽.

241) 주요한, 《安島山全書》 부록, 〈安昌浩豫審訊問記補遺〉, 897쪽.

수·이승훈·김구·이동녕 등은 신민회 전국간부회의를 열고, ① 국내에서는 서울에 都督府를 두고 각도에는 統監을 두어 비밀리에 국민에 대한 통제력을 행사할 것, ② 국외에서는 서간도 通化縣 부근의 토지를 매입하여 독립군 기지를 건설하고 기회가 오면 독립전쟁을 벌일 것, ③ 독립군기지 건설을 위하여 국내로부터 계획적인 집단이주를 시행할 것 등을 결정하였다.242)

이와 같은 신민회의 독립전쟁전략이 결정된 직후부터 韓人의 서간도 이주사업이 급속히 진전되어, 국내에서 이주민 모집과 자금 확보가 활발하게 진행되었다. 이러한 한인의 국외 집단이주에는 막대한 비용이 필요하였다. 그러면 신민회의 재정 확보는 어떻게 이루어졌을까.

앞에서 보았듯이 신민회는 그 조직을 통하여 자체적으로 자금확보에 주력했고, 국외 이주민에게 자금 휴대를 권장하고 있었다. 1910년 4월에 열린 청도회의에서는 독립군기지 건설에 소용되는 자금을 李鍾浩가 우선 조달하기로 하였다. 그러나 토지를 매입하고 무관학교를 설립하는데 필요한 자금은 일 개인에 의해서 충당될 수 없는 막대한 규모의 것이었다. 그러므로 1910년 가을 양기탁의 집에서 열린 신민회의 '西間島 移住會議'에서는 단체이주를 시행하되, 될 수 있는 대로 1인당 金 100원 이상을 휴대할 수 있는 이주민을 우선적으로 모집할 것을 결정하였다. 그리고 각도 대표로 양기탁(경기도·三南)·김구(황해도)·안태국(평안남도)·이승훈(평안북도)·주진수(강원도)를 선정하여, 이주민 모집과 함께 군자금 확보의 책임을 맡게 되었다. 그 외에 신민회 회원들이 솔선수범하여 군자금을 마련했으며, 주진수 등은 가산을 전매하여 이주 준비를 하기도 했다.243)

그리하여 신민회 간부 및 회원들은 1910년 12월부터 이동녕과 이회영 5형제, 주진수의 가족들 및 애국청년들의 단체이주가 성공적으로 이루어졌다. 이에 신민회는 1911년 봄에 서간도로 대규모의 한인 집단이주를 실행하려고 하였다. 그러나 1911년 1월 '安岳事件'에 의하여 신민회 중앙간부와 황해도지회 회원들이 대거 검거되었고, 9월에는 데라우치(寺內正毅) 총독 암살미수

242) 愼鏞廈, 〈新民會의 創建과 그 國權恢復運動〉(《韓國民族獨立運動史硏究》, 乙酉文化社, 1985), 109~111쪽.

243) 愼鏞廈, 위의 글, 111~112쪽.

로 날조된 '105人事件'에 의하여 신민회 회원 600여 명이 다시 체포되는 등 일제의 탄압으로 인하여 독립군기지 건설계획에 차질이 생기게 되었다.[244] 그러나 '국권피탈'을 전후하여 애국계몽인사들의 헌신적인 노력으로 북간도와 서간도, 그리고 연해주에 독립운동기지가 건설되어 갔다.

(3) 독립운동기지의 건설

애국계몽가들에 의하여 국외 독립운동기지가 가장 먼저 착수된 곳은 북간도였다. 1906년 8월 이상설·이동녕·鄭淳萬·呂準·朴楨瑞 등 애국계몽인사들은 북간도의 중심지 연길현 용정촌에 瑞甸書塾을 설립하였다. 서전서숙은 甲班(20명)·乙班(20명)·丙班(34명) 3개 반을 운영했으며, 여기에서 근대교육과 민족주의교육을 실시하여 일종의 독립운동자 양성소라고 할만 했다. 그러나 서전서숙은 1907년 이상설이 헤이그밀사로 떠나면서 재정난을 겪게 되고, 일제의 탄압을 당하여 1908년 가을에 폐숙하고 말았다.[245]

서전서숙 폐숙 후 金躍淵은 박정서·여준 등 서전서숙 관계자들과 합력하여 용정촌에서 40여 리 떨어진 화룡현 장재촌에 明東書塾을 설립하였다. 이때 신민회는 이동녕과 이동휘를 고문, 鄭載冕을 단장으로 하고, 기독교 전도사와 의사 및 재무담당자를 포함하는 북간도교육단을 파견하였다. 평양 숭실학교 출신으로 보광학교 교사였던 정재면은 명동서숙을 明東學校로 개칭하고, 교육이념을 독립정신에 두는 근대학교, 기독교학교로 개편했으며, 明東敎會를 설립하여 선교활동도 벌였다. 명동학교는 문무쌍전의 철저한 민족주의 교육을 실시하여 이 지역 민족교육의 본산이 되었다.[246]

명동학교의 기반이 잡히게 된 뒤, 김약연·정재면 등 명동학교 관련 민족운동자들은 북간도 한인사회를 조직하여 독립운동을 추진할 자치기구로 '墾民自治會'를 조직하였다. 간민자치회는 일본측의 한인 자치활동을 방해하려는 책동 때문에 '墾民敎育會'(1909)로 개칭되었다. 간민교육회는 연변 局子街

244) 愼鏞廈, 위의 글, 112~113쪽.

245) 尹炳奭, 〈1910年代 西北間島 韓人團體의 민족운동〉(《國外韓人社會와 民族運動》, 一潮閣, 1990), 14~16쪽.

246) 尹炳奭, 〈滿洲와 沿海洲의 韓人社會와 抗日結社, 民族敎育〉(《獨立軍史》, 지식산업사, 1990), 65~68쪽.

(연길)에 본부를 두고, 북간도 전역에 지회와 다수의 학교를 세웠으며, 모범촌운동, 문맹퇴치운동, 생산·판매·소비조합운동을 벌여 독립운동의 기반을 조성하였다.247)

1909년부터 민족운동자들은 북만주 소만국경 지대 密山府 경영에 착수하였다. 이상설·金學萬·정순만·李承熙 등은 이곳의 황무지를 사들여 韓興洞을 세우고 한민학교를 설립했으며,248) 1910년대 초에 李甲 등 신민회 회원들은 밀산현 蜂密山子에 密山武官學校를 세워 독립군을 양성하였다. 또한 1912년에 신민회 간부 이종호 등은 王淸縣 羅子溝에 大興學校를 설립했고, 1913년에 이동휘·이종호·장기영 등은 이곳에 東林武官學校(大甸學校)를 설립하여 본격적으로 독립군을 양성하였다.249)

'한일합방' 직후 서간도에서도 독립군기지가 건설되었다. 1911년 이동녕·이회영 등 신민회 간부들은 봉천성 柳河縣 삼원보에 新韓民村을 건설하고, 자치기구로서 耕學社를 조직했으며, 근대교육과 군사교육의 실시를 위한 신흥강습소(뒷날의 신흥무관학교)를 설립하였다. 그러나 다음 해에 흉작과 水土病 때문에 그들은 통화현 合泥河로 독립운동 근거지를 옮기고, 경학사를 강화하여 扶民團을 조직했으며, 신흥강습소를 新興學校로 개칭하였다. 신흥학교에는 4년제 중학과정의 본과가 있었고, 6개월 과정의 장교반과 3개월 과정의 하사관반이 있었다. 또한 신흥학교 교직원과 졸업생 중심의 독립운동단체인 新興學友團이 조직되어 있었다.250)

1914년에 부민단과 신흥학우단은 신흥학교에서 양성한 독립군 385명을 근간으로 하여 '白西農莊'을 건설하였다. 백서농장은 백두산 서쪽 산기슭 사방 200리의 고원지대 평야에 건설한 兵農一致의 독립군 군영이었다. 金東三을 莊主로 하는 백서농장은 莊主·訓讀·총무·醫監·경리·需品·외무·農監·교관·교도대장·1중대장·2중대장·3중대장·규율대장 그리고 각 小隊의 부서가 있었다. 백서농장은 3·1운동 당시까지 수천 명의 독립군을 양성하였

247) 尹炳奭, 위의 글, 69~70쪽.
248) 尹炳奭, 앞의 글(1990), 16~17쪽.
249) 愼鏞廈, 앞의 글(1985), 119~121쪽.
250) 愼鏞廈, 위의 글, 113~117쪽.
元義常, 앞의 글, 238·240~241쪽.

다고 한다.[251]

한편 '한일합방'을 전후하여 露領 연해주에서도 독립군기지 건설운동이 전개되었다. 블라디보스토크에는 이미 1905년에 한인사회의 공동이익을 목적으로 韓民會가 설립되었고, 1907년에는 대한청년학우회가 설립되었다. '합방' 직전에 유인석·이범윤·홍범도를 중심으로 편성된 13道義軍은 연해주에 망명정부의 수립을 고종에게 상소한 바 있었으며, 의병계열과 애국계몽계열의 인사들을 망라하여 이루어진 聲明會는 각국 정부에 '한일합방'의 무효를 선언하고 청년결사대를 조직하여 일본인거류지를 습격하기도 하였다.[252]

1911년 의병계열과 애국계몽계열의 연합으로 조직된 勸業會는 연해주 지역의 민족운동을 조직하고 지휘하였다. 권업회는 한인들의 교육과 실업을 장려하는 한편, 한인들의 이주 개간을 표방하고 러시아 총독과 교섭하여 흑룡강·송화강 합류지점에 光復軍 軍營地를 확보했으며, 권업회 중심의 민족운동자들은 1914년에 이상설을 정통령, 이동휘를 부통령으로 하는 大韓光復軍政府를 세워 독립전쟁을 준비하였다.[253]

요컨대 신민회의 독립전쟁론은 애국계몽운동과 항일의병운동을 발전적으로 종합한 전략으로서, '합방' 이후 여러 민족운동세력의 기본적인 독립운동전략이 되었다. 그리고 '합방'을 전후하여 애국계몽가들을 비롯한 민족운동자들이 북간도·서간도·연해주 지역에 한인 마을과 한인 자치단체를 만들어 한인들의 경제적 기반을 마련하고, 무수한 학교 특히 무관학교를 설립하여 독립운동자와 독립군을 양성함으로써, 3·1운동 이후 대규모 독립군부대에 의한 항일무장투쟁의 기반을 마련했던 것이다.

〈柳永烈〉

---

251) 尹炳奭, 〈白西農莊과 大韓光復軍政府〉(《獨立軍史》), 94~96쪽.
박 환, 앞의 책, 341쪽.

252) 尹炳奭, 〈獨立軍基地와 聲明會 宣言書의 意義〉(《獨立軍史》), 50~51·60~61쪽.

253) 尹炳奭, 〈1910年代 沿海洲地方에서의 韓國獨立運動〉(《國外 韓人社會와 民族運動》), 199~211쪽.

4. 105인사건

1) 사건조작 배경

105인사건[1]은 일제가 한국을 병탄한 직후(1911~1912년) 국내 반일 민족세력을 제거시킬 의도에서 날조한 한민족 대탄압사건이다. 사건 당시 사건 명칭은 '데라우치(寺內正毅) 總督謀殺未遂事件'이었다. 그러나 현재 이 사건을 '105인사건'이라 지칭함은 이 사건에 강제 연루되었던 700여 명의 피의자 가운데 제1심에서 유죄선고를 받은 사람이 105인이었기 때문이다.

105인사건에 관한 그 동안의 연구업적을 종합, 정리하여 사건의 전모를 개관하면 아래와 같다.[2] 먼저 사건의 발단 배경을 살펴보기로 한다. 105인사건이 일어난 시기는 '합방' 직후 일제가 향후 조선을 자국의 '완전한 식민지'로 개편하기 위해 포악한 무단통치가 자행되던 때이자, 국권 강탈에 대한 한인들의 분노와 반일감정이 고양되던 시기였다. 따라서 일제는 향후 예상되는 한인들의 항일 민족운동을 사전에 방지, 제거하는 일을 당면한 최대의 과제로 삼고 있었다. 일제가 병탄에 앞서 추진한 무자비한 무장의병 토벌작전[3]

---

1) '105人事件'에 관한 명칭은 여러 가지이다. 사건 당시 언론에서는 '朝鮮陰謀事件'·'宣川陰謀事件'·'新民會事件' 그리고 영문으로는 'The Korean Conspiracy Case'라 불렀다. 그 후 정식 재판이 시작되자 공식적인 사건명은 '寺內總督謀殺未遂事件'이라고 하였다. 이상의 사건 명칭이 시사하듯 사건 당시에는 이 사건의 '陰謀性'과 '謀殺未遂' 부분이 강조되었다.

2) 지금까지 105인사건에 관한 대표적 연구는 다음과 같다.
姜在彦, 〈新民會の活動と百五人事件〉(《朝鮮の開化思想》, 岩波書店, 1980).
白樂濬, 〈한국교회의 핍박-특히 '寺內總督暗殺未遂陰謀'의 陰謀에 대하여〉(《神學論壇》 7, 1962).
鶴本幸子, 〈所謂 寺內總督謀殺未遂事件について〉(《朝鮮史硏究會論文集》 10, 1973).
姜渭祚, 《日本統治下 韓國의 宗敎와 政治》(대한기독교서회, 1977).
尹慶老, 〈百五人事件의 一硏究-起訴者 122人의 人物分析을 中心으로〉(《漢城史學》, 創刊號, 1983).
——, 《105人事件과 新民會硏究》, (一志社, 1990).

3) 1909년 9월부터 2개월간 자행되었던 이른바 '南韓地域匪徒大討伐作戰'을 지칭하는 것으로서 1907년 8월 이래 '합방'되기까지 일군과 무장의병 사이의 '義兵

이며, 각종 법규를 공포[4]하여 구국계몽운동을 탄압하였던 것은 모두 이러한 배경에서였다. 그러나 '합방'을 전후하여 張仁煥·田明雲의 스티븐슨사살사건(1908. 3), 安重根의 이토 히로부미 포살사건(1909. 10), 李在明의 李完用피살미수사건(1909, 12) 등 국내외에서 일련의 암살, 테러사건이 계속되었다. 그런데 이들은 하나같이 서북 출신자이자, 기독교인이라는 공통점을 지니고 있었다. 따라서 일제측은 기독교 세력이 강고한 서북지역을 특별히 주목하였고 이들 배후의 비밀결사를 찾는 데 정보망을 총동원하였다. 그러나 그 실체 곧 신민회의 실체를 포착하지 못한 일제는 이른바 '총독모살미수사건'이라는 허구적인 날조 사건을 조작하여 서북지역의 반일민족세력과 그 조직체인 신민회의 실체를 파악, 이를 제거하려 했던 것이다.[5]

일제가 105인사건을 조작한 이면에는 이밖에도 당시 반일의식이 강했던 서북지방의 기독교 교세의 확장과 그들의 배후세력으로 지목한 미국 선교사들을 축출하려는 데 또한 목적이 있었다. 따라서 이 문제는 향후 미·일간의 심각한 외교분쟁으로 비화될 가능성도 없지 않았다. 실제 이 사건에 다수의 외국인 선교사들을 연루시킴으로써 세계 언론의 주목을 받는 세계적 사건으로 확대되기도 하였다.

일제가 이렇듯 '합방' 직후 미국을 상대로 모험을 자행했던 것은 1910년을 전후해 급속히 냉각되었던 미·일간의 관계변화와도 무관하지 않다. 러일전쟁(1904~1905) 이후 만주 시장권과 만주 철도 경영권 문제 등을 놓고 이 시기 미·일간의 갈등과 대립이 점차 깊어갔다. 또한, 샌프란시스코 등지에서 이른바 '황색 인종에 대한 배척운동'이 일어나자, 이로 인해 불이익을 당하게 된 일부 일본인 가운데는 미국을 적대시하는 반미운동의 조짐도 보였으며,

---

戰爭'은 심할 때는 1년에 1,451회에 참가 의병수는 69,832명에 달하였다 한다(朝鮮總督府, 《朝鮮暴徒討伐誌》, 1922, 부록 3).
崔永禧, 〈3·1運動에 이르는 民族運動의 源流〉(《3·1運動 50周年紀念論文集》, 東亞日報社, 1969), 34~35쪽.

4) 統監府 설치 후 新聞紙法; 1907年 7月·出版法; 1909年 2月·保安法; 1910年 9月·私立學校令; 1908年 8月·學會令; 1908年 9月 등을 제정 사회단체 활동을 통제했다(《朝鮮法令輯覽》 上).

5) 小森德治, 《明石元二郎》(上)(臺北; 日新報社, 1928), 452쪽.

여기에 당시 양국 언론이 향후 미·일간에 전쟁의 위험성도 배제할 수 없다는 논지의 사설과 기사 등을 게재함으로써 미·일 양국간의 긴장관계가 고조되었다.6)

일제가 105인사건을 '총독모살미수'라는 '大逆事件'의 성격으로 사건을 날조한 배경에는 당시 일본 정부 내부의 권력구조 변화와도 관련성이 있다. 1908년 7월 비교적 자유주의를 표방하였던 사이온(西園寺) 내각이 일본내 사회주의 세력을 방임했다는 이유 등으로 물러난 후 가츠라(桂太郞) 내각이 들어섰다. 가츠라 내각은 1910년 5월 '대역사건'이라 하여 고오도쿠(幸德秋水) 등 수백 명의 사회주의자들을 검거하고, 그 가운데 24명을 '天皇暗殺謀議大逆罪'로 몰아 1911년 1월에 기소하고 고오도쿠 등 12명을 즉시 사형에 처한 사건이 있었다.7) 이 사건은 105인사건을 일제가 조작하기 직전 본국에서 있었던 사건으로서 시기적으로 뿐만 아니라 사건의 죄명, 그리고 사건의 성격이 '반국가적' 인사에 대한 탄압사건이었다는 점 등에서 두 사건 사이에 상당한 유사점이 있다. 105인사건을 가리켜 '조선판 대역사건'이라 지칭하는 것은 이러한 연유에서이다.8)

2) 사건조작 경위와 사건 개요

이 사건을 '데라우치 총독 모살미수사건'이라 지칭한 데서도 알 수 있듯이, 이 사건은 일제의 강압적인 '합방'에 반대하는 반일적인 한인들이 총독을 암살하려하다 미수에 그친 사건으로 규정되어 있다. 이 사건을 날조, 조작한 총독부측 주장에 따르면 사건 전말은 이러하다. 1910년 음력 8월 중 데라우치 총독이 압록강 철교개통식 축하를 위해 서북지방 시찰에 나선다는 이른바 '總督 西巡'의 풍설이 나돌았다. 이같은 소문에 접한 서울 신민회 중앙 간부, 尹致昊·梁起鐸·安泰國·李昇薰·玉觀彬 등이 서울 서대문의 林蚩正 집

6) 姜東鎭, 《日本近代史》(한길사, 1985), 224~226쪽.
7) 姜東鎭, 위의 책, 237~238쪽.
8) 鶴本幸子, 〈所謂 寺內總督謀殺未遂事件について〉(《朝鮮史硏究會論文集》 10, 1973), 1~2쪽.

에 모여 수차에 걸친 밀회를 갖고 총독 암살계획을 모의하였다는 것이다. 즉 “국가의 금일의 상태를 당해서 한 사람도 불평불만하는 자가 없다는 것은 조선 인민 전체가 병합에 悅服하는 것이 되어 외국의 동정도 받을 수 없으니, 이로써 인민을 선동하여 병합에 복종하지 않음을 표명할 필요가 있다. 근일 중 데라우치 총독이 평안남북도를 순시한다는 풍설이 있으니, 이 기회에 총독을 암살하여 병합 반대의 기염을 세계에 알리자”고 총독암살 모의를 하였다는 것이다. 한편 그 실행 방법은 평소 서북지방민 중 배일의식이 강한 사람들을 모아 총독이 서순하는 京義線 연변의 8개 도시, 平壤·宣川·定州·納淸亭·郭山·鐵山·車輦館·新義州 등의 역전에 환영객으로 가장하여 총독을 암살키로 하였다는 것이다.

그리고 이 거사에는 외국인 선교사들이 대거 관련되어 이 사건을 사주하고 지휘하였다는 것이다. 후술하거니와 외국인들이 이 사건에 연루됨으로써 105인사건이 미국을 비롯한 구미 언론의 주목을 받는 세계적 사건으로 확대되었고 결과적으로 일제의 반인륜적인 폭압적 무단통치의 실상만 만천하에 공개한 꼴이 되고 말았다.

아무튼 총독부측 주장에 따르면 서북지방의 반일인사 특히 개신교 기독인들이 외국인 선교사들의 사주를 받아 총독 암살을 몇 번에 걸쳐 시도하였던 것으로 되어 있다. 첫번째 시도는 1910년 음력 8월 중 총독 서순이 있다는 소문을 접하고 암살계획을 세웠다고 한다. 그러나 총독 서순이 지연되어 결행이 미루어지다가 그 해 음력 10월 29일부터 11월 1일(양력 12월 26일~28일) 사이 경의선 주요 도시를 거쳐 압록강 철도개통식에 참석한다는 정확한 정보에 접하자, 모의자들은 선천·신의주 등 여러 도시로 나누어 권총 등 무기를 소지하고 환영객으로 가장하여 역전 환영식에 나아가 총독을 암살하려 하였다는 것이다. 그러나 일경의 삼엄한 경계로 결국 ‘암살미수’에 그쳤다는 것이다.

한편 이상과 같은 ‘총독모살미수사건’을 일제측이 알게된 것은 순전히 우연이었다고 한다. 즉 이 사건의 조작 실무를 맡았던 경무총감부 警視 고고쿠(國友尙謙)는 이렇게 말하고 있다. 1911년 음력 7월 26일, 평안도 일대의 반일인사들이 총독의 서순 때 그를 암살하려 했다는 정보를 입수하고 그 진위를 가리기 위해 정보를 수집하던 중 평양 등 서북지방의 주요 도시에서 기독교계 학교의 교사와 학생, 그리고 선교사 스왈른(W. L. Swallen, 蘇安論), 맥큔(McCune, 尹山溫), 베어드(W. M. Baird, 裵緯亮) 등이 배후에서 사주하였다는 정보를 접하였다는 것이다. 그러나 정작 이 일에 가담한 구체적인 한인을 찾을 수 없던 중 강도사건으로 붙잡힌 李載允이라는 자가 이 모의에 가담한 사실을 자백함으로써 우연히 알게 되었다는 것이다. 그리하여 이재윤과 평소 잘 아는 위장된 불평자를 접촉시킨 결과 그 사실이 재확인되어 그를 서울로 압송, 정식 취조함으로써 본 사건의 전모가 드러났고 따라서 사건 모의자들이 줄줄이 드러나게 되었다는 것이다.[9]

이상과 같은 일제의 주장은 사건구성 자체가 매우 엉성한 허구적 시나리오에 불과하다. 그러나 일제는 반인륜적인 가혹한 고문방법을 동원해 피의자들로부터 허위자백을 받아내고 이를 유일한 근거로 사건을 조작, 7백여 명의 피의자 가운데 주모자로 지목한 123명을 기소, 재판에 회부하였던 것이다.

3) 재판 경위와 사건의 허구성

105인사건의 정식 재판은 1912년 6월 28일 경성지방법원에서 열렸다. 사건 피의자들을 구속한 지 9개월만에 비로소 재판이 시작된 것이다. 123명의 기소자를 한꺼번에 재판정에 세울 수 없어 기존 재판정 공간을 늘리는 재판정 확대공사가 이 사건 재판을 위해 신축되기도 하였다.[10]

이날 첫 공판은 오전 내내 기소자 123명 전원의 신상확인과 검사의 기소장 낭독으로 시간을 보낸 후 오후 2시 30분부터 개인별 訊問이 시작되었다. 첫 신문자는 信聖中學校 체육교사로 재직 중 피의자로 기소된 申孝範이었다.

---

9) 國友尙謙, 《百五人事件資料集》 2－不逞事件ニ依シテ觀タル朝鮮人－, (高麗書林, 影印本, 1986), 19~23쪽.
尹慶老, 《105人事件과 新民會硏究》, (一志社, 1990), 20~21쪽.

10) 재판이 시작되기 일주일 전 7,000元의 경비를 들여, 가로 9m, 세로 25m 규모로 재판소를 증축하였다(The Korean Conspiracy Tial, 1912, p. 1, Kobe, Japan. ; 鮮于燻, 《民族의 受難》, 愛國서울同志會, 1949, 125쪽).

재판장은 그에게 "총독 암살을 주도한 것이 신민회의 목적이며 이 단체의 회장이 윤치호인가"를 물었다. 이에 신효범은 "전혀 아는 바 없다"고 답하였다. 그러자 "그러면 왜 경찰신문과 검사정에서 이 모든 사실을 시인했는가" 라고 재판장이 다구쳤다. 이에 신효범은 "그것은 경찰의 가혹한 拷問 때문이었다"고 하면서 당시 자행된 잔인한 고문 사례를 조목조목 폭로하기 시작하였다.

첫 피의자의 이같은 태도는 이후 모든 피의자들의 진술에 큰 영향을 미쳤다. 즉 金一濬[11] 한 사람을 제외한 모든 피의자들이 하나같이 경찰과 검사 신문에서 허위 사실을 시인한 것은 가혹한 고문 때문이었다고 밝혔다. 따라서 사건을 기소한 검사측은 당황했다.

이보다 앞서 있었던 安岳事件(安明根事件) 등에서 전혀 볼 수 없었던 예기치 못했던 일이 벌어졌기 때문이었다. 그러나 곧 검사측은 "피고들이 고문을 받았다고 주장하는 것은 자신들의 자백을 번복하기 위한 상투적 변명으로 귀담아 들을 것이 못된다"고 하며 일소에 붙일 것을 주장하였다. 따라서 이후 재판과정에서 피의자들이 고문에 의한 허위자백이었다는 항변이 계속되었지만 그것만으로 재판이 유리하게 진행될 형편은 못되었다. 말하자면 사건의 허구성을 증명할 만한 결정적인 물증이나 증거를 제시하지 못하는 한 재판은 절대 불리하였다.

그러나 곧 이어 사건의 허구성을 증명할 결정적인 사실 하나가 밝혀졌으니, 바로 安泰國의 진술에서였다. 즉 안태국은 자신의 기소장에 "안태국은 총독암살을 단행키로 한 바로 전날인 1910년 12월 26일 평양에서 하루밤을 자고 27일 정주에서 동지 60명을 인솔하여 새벽 6시에 선천역으로 갔다"고 되어 있는데 이는 전혀 사실이 아니라는 구체적인 증거를 제시했던 것이다. 즉 안태국이 평양과 선천에 있었다는 12월 26일밤 자신은 서울 明月館에서 치안유지법 위반 혐의로 구속되었다가 만기로 풀려난 柳東說・梁起鐸・李昇

11) 공판 과정에서 총독암살 모의 사실을 시인한 사람은 단 한 사람, 김일준 뿐이었다. 그는 훗날 어차피 부인해도 소용없을 것 같아 그럴바에는 총독을 암살하려고 했다고 주장하는 것이 더욱 당당할 것 같아 총독 암살에 필요한 권총을 長春에서 사왔다는 등 거짓을 시인했다고 토로하였다(윤경로, 앞의 책, 137쪽).

薰 등 7인의 위로회 모임을 주선하였다고 하면서 그날 명월관에서 자신의 이름으로 받은 요리대금 27원 영수증과 그 이튿날(12월 27일) 광화문 우체국에서 평양의 尹聖運에게 타전한 '南崗下去出迎 泰國'이란 전보문 그리고 27일 새벽 6시 정주에 60명을 대동하였다는 주장에 대해 그날 정주역에 하차한 승객의 숫자를 확인해 줄 것을 증거물로 제출해 달라고 요구하며 "신이 아닌 내가 어떻게 같은 시간에 서울에도 있고 평양에도 있다는 말인가. 이 안태국은 서도 죄요, 앉아도 죄란 말이냐. 생각해 보아라. 백여 명이 권총을 소지하고 총독 하나를 죽이기 위해 여러 곳에서 모의했다는데 어떻게 딱총 소리 한방 없었는가. 이 모든 것을 시인했던 것은 악형에 못견딘 고문에 의한 허위사실일 뿐이다"라며 재판부를 질타하였다. 이상의 안태국의 주장은 곧 사실로 밝혀졌다. 영수증과 전보문이 확인되었으며 그날 정주역에 하차한 승객은 9명에 불과했다.

이상과 같은 움직일 수 없는 증거가 제시되자 재판정은 술렁이었고 결국 재판장은 휴회를 선언해야만 했다. 그러나 곧 재판을 속개한 재판장은 "이상의 증거물은 모두 기각한다"고 억지 판결을 하였다. 그러자 오꾸보(大九保) 변호사가 나서 본 사건은 사건 구성상 의심이 짙으며 재판 역시 편파적임을 지적 '재판기피신청'을 제기하였다. 재판장은 이를 받아들이지 않을 수 없었고 따라서 재판 심리가 중단되고 말았다.

그러나 37일만에 속개된 15회 공판에서 재판부는 변호인단이 제출한 각종 증인신청과 증거물 요구를 "모두 불필요하다"고 기각하고 몇 번에 걸친 일방적 재판을 거쳐 1912년 8월 30일 21회 공판에서 123명의 기소자 중 李昌植 등 18인[12]을 제외한 105인에게 검사측이 구형한 형량 그대로 유죄판결을 선고하였다. 제1심에서 실형을 선고받은 105인의 명단과 형량은 아래 〈표 1〉과 같다.

---

12) 기소자 123명중 1심에서 무죄판결을 받은 사람은 李昌植 외에 金龍煥·李圭葉·李順九·金仁道·崔瑞璨·金成奉·金泰軒·白夢良·李在熙·金龍善·鮮于爋·金順道·卓昌浩·李俊英·金玉鉉·李在潤·金應錄 등 18人이다(《朝鮮陰謀事件》, 82쪽).

〈표 1〉 105인의 명단과 형량

형량	명단	계
10년	尹致昊, 梁起鐸, 林蚩正, 李昇薰(寅煥), 安泰國, 柳東說	6명
8년	玉觀彬, 張應震, 車利錫, 羅一鳳, 邊麟瑞, 崔叡恒, 梁濬明, 金一濬(俊), 鮮于爀, 鄭泰鍾, 崔德潤, 李溶華, 林冏燁, 崔聖柱, 洪成隣, 吳熙源, 李基唐, 宋子賢	18명
6년	李德煥, 李春燮, 金東元, 金斗和, 尹聖運, 鄭益魯, 安慶綠, 申尙昊, 申孝範, 張時郁, 洪成益, 車均卨, 李龍赫, 姜奎燦, 梁旬伯, 李鳳朝, 魯孝郁, 金昌煥, 魯晶瓘, 安 濬, 朱賢則, 金益謙, 李昌錫, 李泰建, 崔周杙, 金燦五, 趙德燦, 李明龍, 任道明, 白夢奎, 李根宅, 吳學洙, 池尙周, 金時漸, 鄭元範, 劉學濂, 張寬善, 金昌鍵, 白用錫	39명
5년	吳大泳, 玉成彬, 金應祚, 尹愿三, 徐基豊, 安世桓, 鄭周鉉, 梁濬熙, 孫廷郁, 鄭德燕, 李東華, 李正𤓰, 金賢軾, 車熙善, 李廷淳, 羅奉奎, 白日鎭, 洪規旻, 車永俊, 吉鎭亨, 趙永濟, 姜鳳羽, 白南俊, 吳宅儀, 片康烈, 羅昇奎, 安聖濟, 金善行, 金溶燁, 崔濟奎, 崔聖民, 李載允, 李枝元, 朴尙薰, 朴贊亨, 林秉行, 李秉濟, 金鳳洙, 金龍五, 羅義涉, 金應鳳(雲泉), 安光浩	42명

그러나 이상의 1심 판결에 105인은 모두 불복, 상급법원(경성 복심법원)에 상고하였다. 이 사건 피의자들의 후견인 역할을 한 외국인 선교사들이 주선하여 선임한 변호인단이 이 일에 나섰다. 외국 선교사들은 자신들이 혐의자로 지목되었을 뿐만 아니라 피의자 대부분이 기독교인이라는 점, 그래서 이 사건이 일제의 대대적인 기독교 탄압사건이라고 인식하고 있었기 때문에 이 사건에 남다른 관심을 보이며 사건에 임하고 있었던 터였다. 우선 선교사들은 이 사건의 전모를 본국 선교본부와 세계언론 및 미국 정부에 알리는 한편 1심 재판이 열리기에 앞서 대규모의 변호인단[13]을 구성하여 재판에 대응하는 조치를 취했던 것이다. 그 결과 제1심 재판 과정에서 변호인단은 이 사건의 허구성과 법률적 위법성 등을 문제삼았으니, 재판과정에 변호사들이 제

13) 105인사건의 변호인으로 선임된 변호사들은 당시 일본 본국에서 大正 Democracy 분위기하에서 민권적 변호사로 이름을 떨치고 있던 鵜澤總明・大久保雅彦・花井卓藏・小川平吉・高僑章之助・三宅長策・梶虎之助・中村時章・中野俊明 9인의 변호사와 韓人 변호사로서는 張燾・權爀采・金正穆・李基煥 변호사였다.

기한 주요 변론과 이의 제기 내용을 추려보면 다음과 같다.

첫째, '管割違' 문제였다. 즉 1심에서 이 사건을 '謀殺未遂罪'에 해당한다고 판시하였는데, 그렇다면 이는 〈형법〉 제77조, 제79조에 해당하는 '內亂罪'로서 당연히 〈재판소구성법〉 제50조 제2항에 따라 최고법원인 高等法院의 관할하에서 재판이 진행되어야 했다는 점을 들어 재판 관할상의 違法임을 지적했던 것이다. 검사측의 공소 자체가 잘못된 것이라는 점을 들어 재판부에 '公訴不受理申請'을 제기하였다. 즉 이 사건이 실로 '모살미수죄'에 해당하는 내란죄에 속한다면 이는 처음부터 최고법원인 고등법원에서 다루었어야 하므로, 따라서 관할 위의 위법을 범한 재판상의 위법이라는 점을 들어 재판의 부당성을 문제삼았던 것이다.

둘째, 법률 적용상의 위법성과 부당성을 제기하였다. 일제측이 이 사건에 적용한 법조문은 대한제국 때 제정된 《刑法大全》 가운데 제473조의 '謀殺犯' 조항과 동법 제86조의 '未收罪' 조항이었다. 즉 "人을 謀殺ᄒᆞᆫ 者ᄂᆞᆫ 造意ᄒᆞᆫ 者와 下手나 助力ᄒᆞᆫ 者ᄂᆞᆫ 幷히 絞에 處ᄒᆞ되 已行만ᄒᆞ고 下手나 助力이 無ᄒᆞᆫ者ᄂᆞᆫ 一等을 減ᄒᆞᆷ이라"(《刑法大全》 제473조(謀殺犯))와 "죄를 범ᄒᆞ랴ᄒᆞ고 準備ᄭᆞ지 하거나 其事ᄂᆞᆫ 已行ᄒᆞ얏으되 其意外의 障碍나 舛錯됨을 因ᄒᆞ야 범죄에 未及ᄒᆞᆫ 자ᄅᆞᆯ 未遂犯이라 ᄒᆞᆷ이라"(《刑法大全》 제86조(未遂犯))[14]이었다. 이 사건은 '병합'된 이후의 사건이므로 마땅히 일본 형법이 적용되어야 했음에도 불구하고 형량이 무거운 舊法인 《형법대전》을 적용하고 있다는 점도 문제이지만[15] 이보다 검찰측의 주장대로 과연 이 사건이 '모살 미수범'에 해당하는가 하는 점에 강한 이의를 제기했다. 말하자면 검찰측 주장을 인정한다 하더라도 이 사건은 '謀殺未遂犯'이 아닌 '謀殺中止犯'에 해당할 뿐이라고 주장하였던 것이다.

그 이유를 한인 변호사 李基燦은 이렇게 주장하였다. "피고들이 데라우치

14) 〈官報〉 (14) 광무 9년 4월 29일, '부록'.
張憲編, 《新舊刑事法規大全》 하권 참조.

15) 日帝는 1912년 3월 制令 第1號로써 〈朝鮮刑事令〉을 제정, " … 朝鮮에서는 특수한 殺人强盜 등의 범죄가 많고 특히 그 犯罪狀이 극히 잔인한 경우가 적지 않기 때문에 조선인에 대한 범죄에 대해서 內地法을 적용함은 치안의 保持上 적합치 않다고 인정되어 조선인의 살인강도 등의 범죄에 한해서는 당분간 《刑法大全》 의 효력을 有하도록 한다"고 하여 구법인 《刑法大全》 법조항을 105인 사건에 적용하였다.

총독의 암살을 모의하고 결정했으나 결사의 동지를 얻지 못해 목적을 달성하지 못하였던 점을 인정했으므로 법률상 하등의 죄가 될 수 없다. 따라서《형법대전》제473조 등의 법률조항을 적용, 유죄판결을 내린 것은 위법으로 단순한 '모살중지범'으로 보아야 한다"고 주장하였다.[16)]

셋째, 이 사건에《형법대전》의 '모살죄'를 적용하고 있음도 잘못이라는 점을 지적하였다. 말하자면 설사 "이 사건이 朝憲紊亂의 목적에서 비롯되었으며, 또 많은 사람의 합동력에 의하여 기도된 것이라고 하더라도 피고들은 폭동을 일으킬 의사가 없었고, 단지 寺內總督 1인에게 폭행을 가하려는 데 지나지 않았다고 할진대 … 나타나지도 않은 폭동에 대하여 (모살죄 법률조항)을 적용, 처단하였음은 擬律의 錯誤"라고 하여, '모살죄' 적용의 부당성을 지적하는 등 적극적인 변론과 이의를 제기하였다.[17)] 그러나 위의 내용에서 보듯이 변호사들의 변론은 근본적으로 105인사건의 허구성을 파헤치는 단계에는 이르지 못한 한계점이 있다. 즉 '총독모살미수사건' 자체가 가공적인 허구의 사건이었음을 밝히기보다는 재판상의 문제점과 법률상의 부당성을 지적하는 데 머물고 있다.

그러나 한편 이러한 한계에도 불구하고 이상의 변호인단 변론을 통해 이 사건에 적용된 법률의 위법성이 충분히 드러났으며, 그 결과 제2심 공판(1912. 11. 26~1913. 3. 20, 52회 공판)에서 제1심 때 유죄판결을 받은 105인 중 6인을 제외한 99인이 무죄로 풀려날 수 있었다. 또한 1913년 10월 9일 최종심인 고등법원에서 "피고 등이 다른 결사의 동지를 구하여 범죄를 실행코자 하였지만 실행하지 못하고 (따라서) 피고 등이 범죄행위를 수행코자 하였지만 실행하지 못하였다"[18)]고 판결함으로써 사실상 '모살죄'를 제외한 '미수죄' 부분만을 적용함으로써 사실상 재판상의 승리를 거두었다. 따라서 이 사건의 주모자로 지목된 윤치호·양기탁·안태국·임치정 5인에게 징역 6년과 옥관빈에게 징역 5년을 선고하는 것으로 사건을 종결지었다.[19)]

---

16) 《百五人事件資料集 1-寺內朝鮮總督暗殺未遂被告事件-》, 〈李基燦上告追加趣意書〉(高麗書林, 영인본, 1986), 259~260쪽.
17) 위의 책, 〈高橋章之助上告趣意書〉, 171쪽.
18) 위의 책, 〈高等法院最終判決文〉, 399~400쪽.
19) 그러나 실제 이들 6인에 대해서도 '특별사면' 형식으로 1915년 2월 12일 사면

4) 사건 연루자의 수난과 사회경제적 성향

105인사건이 사건 당시 세계의 주목을 받았던 이유는 이 사건이 기독교박해사건이라는 점 외에도 이 사건에 연루되었던 피의자들이 말로 다 표현할 수 없는 가혹한 拷問을 받았다는 점이 세상에 알려졌기 때문이다. 다시 말해 이 사건의 조작과정에서 총독부 일경들이 자행한 반인륜적인 고문 실상이 만천하에 공개되고 따라서 동양의 유일한 '문명국'이라고 자랑하던 일제의 잔혹성이 드러났던 것이다.

일제가 이 사건 조작을 위해 피의자 체포에 나선 것은 1911년 음력 9월 3일부터였다. 총독의 서순 때 그를 암살하려 하였다는 정보에 접한 지 40일 뒤의 일이었다. 이날 오전 평북 선천의 신성중학교에서는 아침 기도회를 마치고 각자 교실로 들어가려는 시간에 갑자기 일경이 나타나 교사 7인과 학생 20명 등 27명을 포승과 수갑에 채워 서울로 압송하였다. 그 후 대대적인 검거선풍이 일어났다. 이들을 검거한 지 3개월이 지나도록 아무런 취조도 없이 갇혀 있다가 그해 음력 12월 7일 서울로 압송, 경무총감부 제1헌병대 유치장으로 이첩되면서 본격적인 신문과 고문이 시작되었다. 신문은 악의에 찬 공갈과 위협, 동시에 곤봉으로 사정없이 온몸을 후려갈기는 고문으로 시작되었다. 당시 고문을 직접 받은 鮮于爀은 첫 심문과정에서 받은 신문과 고문에 대해 이렇게 증언하고 있다.

> 심문을 맡은 일경의 첫 마디가 '네 놈은 혈기 있고 강력한 놈으로서 신민회원이다. 기독교 신자로 우리(일본)를 가리켜 왜놈 왜놈 하면서 우리말을 무엇이든지 듣지 않고 서양놈의 말이면 죽을 데라도 잘 가는 놈인 줄 안다. 너는 지난 석 달 동안 유치장에서 매일 성경을 읽고 통감부에서 어떠한 악형을 할지라도 불복하자는 결심을 했다는 것도 안다'고 하면서 주먹과 곤봉으로 마구 때렸다.[20]

하였다.

20) 鮮于爀, 앞의 책, 48쪽.

이렇게 시작된 고문은 날이 갈수록 더욱 악독해졌는데, 당시 사용된 대표적인 고문 사례를 자료《데라우치 총독 모살미수사건 공판시말서》(寺內總督謀殺未遂事件公判始末書), 선우훈의《民族의 受難》, J. G. Dunlop의《General Akashi and the Charges of Torture》에서 정리해 보면 아래와 같다.

〈표 2〉 105인사건 때 가해진 고문 사례

• 주먹과 구둣발로 목 부분과 전신을 비벼대거나 구타하는 방법. • 손가락 사이에 철봉을 끼우고 손끝을 졸라맨 후 천장에 매달고 잡아당기는 방법. • 대나무 못을 손톱과 발톱 사이에 박는 방법. • 수십일간 완전 밀폐된 독방에 가두고 음식물을 일체 주지 않는 방법. • 아주 추운 날 옷을 벗긴 후 수도전에 묶고 찬물을 끼얹어 얼음 기둥을 만드는 방법. • 가죽 채찍과 대나무 묶음으로 맨몸을 휘감아 갈기는 방법. • 널판지에 못을 박아 그 위에 눕게 하는 방법. • 양쪽 엄지손가락을 결박한 후 한쪽 팔은 가슴 앞으로 돌려 어깨너머로 올리고 다른 한쪽 팔은 등쪽으로 돌려 공중에 매단 후 가죽 채찍으로 갈기는 방법(학춤 고문법). • 온몸에 기름을 바른 후 인두와 담배불 등으로 단근질하는 방법. • 참대나무를 양쪽에서 마주 잡고 위에서 아래로 훑어 내리는 방법. • 입을 벌리게 한 후 혀를 빼게 하고 氣道에 담배연기를 넣는 방법. • 기절했을 때 종이로 얼굴을 봉창한 후 물을 끼얹는 방법. • 1전짜리 동전 둘레만큼의 머리카락에 몸을 매달아 머리털이 빠지게 하는 방법. • 돌바닥에 메쳐 논 후 머리채와 귀를 잡아끌고 다니며 구타하다가 돌바닥에 처박는 방법. • 코에 뜨거운 물을 붓고 거꾸로 매달거나 뒹굴리는 방법. • 입을 벌리게 하고 막대기로 석탄가루를 쑤셔 넣어 기절시키는 방법. • 입에 자갈을 물리고 머리털을 선반에 잡아 맨 후 앉을 수도 설 수도 없는 좁은 공간에 처박아 놓는 방법. • 여러 날 일체 굶긴 후 그 앞에서 만찬을 벌이는 방법. • 수염의 양끝을 서로 묶은 다음 빠질 때까지 잡아당기는 방법. • 사형집행을 가장하여 자백을 최후로 강요한 후 이에 응하지 않을 경우 공포를 쏘아 실신시키는 방법

이상에서 보듯 차마 인간의 탈을 쓰고는 할 수 없는 잔인무도한 고문이 자행되었다. 당시 사용된 고문방법은 무려 72종에 달하였다 한다. 이런 악랄한 고문방법은 이 사건을 조작한 장본인인 아카시 겐지로(明石元二郎)[21]가 러

시아에 근무하면서 제정 러시아가 폴란드인 등 식민지 민족에 가했던 고문을 그대로 도용한 것이다.

결국 이상과 같은 가혹한 고문에 못 견디어 피의자 가운데 金根瀅·鄭希淳이 심문과정에서 사망하였고 全德基도 고문의 여독으로 사망하고 말았다. 이 때 사용된 고문법은 잔인했을 뿐만 아니라 그 방법이 매우 교활하기도 하였다. 즉 고문의 흔적을 남기지 않으며 고문의 효과를 높이기 위해, 예컨대 단근질할 때는 온 몸에 기름을 바른 후 지졌으며 천장에 매달 경우도 먼저 손가락과 손목에 붕대를 감아 상처흔적을 최소화시켰던 것이다. 즉 '학춤 고문'의 경우 양쪽 엄지손가락을 결박한 후 한쪽 팔은 가슴 앞으로 돌려 어깨너머로 올리고 다른 한쪽 팔은 등쪽으로 돌려 공중에 매단 후 가죽 채찍으로 갈기면 마치 학이 날개짓하듯 비명을 지르다 기절하였는데, 이 때 온몸에 기름을 바르고 손가락에 붕대를 감는 등의 방법을 사용해 외상을 최소화시키며 고문의 효과를 최대화했다는 것이다.

그런데 이상의 숱한 고문 중에서도 가장 참기 어려웠던 고문이 여러 날을 굶긴 후 그 앞에서 맛있는 음식을 들며 이를 바라보도록 하는 것이었다고 한다. 한번 고문이 시작되면 3~4시간 계속되었으며, 그러기를 35일간 하루도 거르지 않고 진행되었는데 모진 고문은 순간순간 그 고통을 참아낼 수 있었으나 고문 후에 몰려오는 허기짐은 가장 견디기 어려웠다고 한다. 그래서 자신의 의복 속의 솜을 뜯어먹었는가 하면, 문창호지를 씹어 먹었으며 심지어는 깔고 자던 썩은 짚을 씹어 삼키기도 했다고 한다. 그 결과 고문이 시작된 지 16일 만에 처음으로 오동나무 먹장이 빛의 도토리알 같은 검은 알변 '쌍둥이변'을 비로소 볼 수 있었는가 하면 몸무게가 117근(70kg)에서 73근(44kg)으로 줄어들기도 하였다고 한다.[22)]

21) 아카시 겐지로는 105인사건의 조작을 진두지휘한 인물로 주권강점 이후(1910) 초대조선주차헌병사령관 겸 경무총감으로 부임한 현역 육군 소장이었다. 1900년대 초 제정 러시아 주재 일본공사관에 파견되어 러시아의 교활한 통치술과 잔인한 고문방법을 익히고 있던 중 초대 총독에 부임한 데라우치(寺內正毅)의 특별지시에 따라 조선총독부 경무총감에 임명되어 러시아로부터 배워온 비밀경찰제를 모방하여 헌병경찰제를 실시하고 105인 사건을 조작하였던 장본인이었다(윤경로, 앞의 책 참조).

22) 선우훈, 앞의 책, 120쪽.

수많은 피의자 가운데 한 두 사람만을 제외한 기소자 거의 전원이 '총독을 암살하려 하였다'는 허위 자백을 할 수밖에 없었던 것은 바로 이상과 같은 잔혹한 고문 때문이었다. 말하자면 일제가 짜놓은 각본에 따라 심문관이 일방적으로 사건내용을 열거하고 이에 대해 피의자들이 '아니오', 혹은 '모른다'고 부인하면 '예'라는 소리가 나올 때까지 무자비한 고문을 계속해 결국 허위자백을 받아내었던 것이다. 그러나 선우훈·洪成麟 등 끝까지 시인하기를 거부한 사람도 없지 않았다. 그런데 이렇게 끝까지 견디어 낼 수 있었던 힘은 신앙심 때문이었다고 한다. 이들은 참을 수 없는 고문이 가해질 때마다 "생을 저주하고 탄식하고 이를 갈면서 만난의 고통을 하나님을 향한 신앙심으로 극복했던 '욥'(성경(구약)에 나오는 인물)과 스데반의 순교(신약에 나오는 인물)를 생각하며 "나는 내 갈 길이 있으니 십자가의 용사가 되어 불의와 싸울 뿐이다. 죽고 사는 것이 내게는 벌써 문제가 안 된다"는 굳은 믿음과 의지를 갖고 버텨냈다고 한다.

이 사건으로 고통을 받은 사람은 피의자들만이 아니었다. 피의자들의 가족들도 견디기 어려운 고초를 이겨내야 했다. 특히 가장을 잃은 가정에서는 생활고로 집을 팔아야 했고 따라서 이러한 어려움에 처한 피의자 가족들이 흩어지기도 하고 함께 집단생활을 하는 등 어려움을 겪어야 했다.

다음으로 105인사건에 연루되었던 피의자들의 사회경제적 성향을 살펴보기로 한다. 우선 이들의 출신지별 분포를 보면 대체로 서북지방에 집중되어 있다. 즉 선천·정주·납청정·철산 등 평안북도 출신이 기소자 123명 가운데 89명으로 가장 많다. 이들 평북 출신자들은 신성학교·嘉明學校 교사와 학생외에 유기업·무역상·잡화상·객주업·미곡상·매약업 등 상공업 종사자들이 대종을 이루고 있다. 이는 이 지역 인사들이 이승훈을 중심으로 인맥이 구성되었던 점과 깊은 관련이 있다. 이에 반해 평양을 중심으로 한 평남 출신자들은 27명인데 이들 대부분은 大成學校·崇實學校·日新學校의 교사들과 학생들이 많은 비율을 차지하고 있다. 이밖에 황해도 信川 출신의 片康烈·吳宅儀 그리고 윤치호·유동열·양기탁·임치정·玉觀彬 등 서울의 지도급 인사로 나누어진다.

이들의 학력은 당시 수준으로 보아 매우 높았다. 기소자 중 학력이 밝혀진 75명의 학력을 분류해 보면 무학자는 단지 2명에 불과하고 나머지 인사는 모두 일정한 수준의 학력을 갖추고 있다. 즉 吉鎭亨·邊麟瑞·鮮于爀·郭泰鍾 등은 숭실전문학교를 이수했거나 이수중인 고등학력자가 17명에 달하고 신성중학·숭실중학을 수학 또는 수학중인 자도 34명에 이른다. 이밖에 姜奎燦·吳學洙·李明龍 등 한학을 공부한 인사도 15명에 달하는 등 학력이 매우 높은 편이다. 한편 이들의 연령분포를 보면 20세 이하의 젊은이가 12명으로 이들은 대부분 학생신분이었고, 21~30세 미만이 58명, 31~40세 미만이 36명, 41~50세 미만이 14명이고 51세 이상이 3명이다. 이중 주모자로 지목된 윤치호·양기탁·이승훈·양전백 등은 당시 40세 중반으로서 이들은 10년 뒤 3·1운동의 지도자로 부상하였다.

피의자들의 종교 분포는 앞서 언급한 바와 같이 기독교인이 대종을 이루고 있으나 이중 천도교 2인(김일준·白南俊)과 천주교 2인(李基唐·安聖濟), 종교를 갖고 있지 않은 10명을 제외하고는 모두 개신교인이었다. 이를 다시 교파별로 나누어 보면 장로교인이 91명으로 절대 다수를 점하고 있으며 감리교인 6인, 조합교회교인 2인 등으로 되어 있다. 이렇듯 장로교인이 다수를 차지한 것은 당시 서북지방의 기독교 교세가 장로교 중심이었기 때문이다.

한편 이들이 소유하고 있던 재산정도를 살펴보기로 한다. 이 시기 서북지방의 토착자본가에 해당할 수 있는 이들의 재산정도는 사람에 따라 큰 차이를 보인다. 이들 중 70여 명의 소유 재산을 알 수 있는데 이들 가운데 소유재산이 가장 많은 사람은 단연 윤치호이다. 그의 재산은 20만 원에 해당하는 큰 재산을 소지하고 있다. 다음으로는 당대 대표적인 대금업자였던 吳熙源이 10만 원 그리고 일본유학을 다녀온 대지주 가문의 林冏燁이 5만 원 순으로 되어 있다. 당시 사정으로는 5천원 이상의 재산을 갖고 있으면 부유층에 속했는데 이들 중 5천원 이상의 소유 재산가는 위의 세 사람 외에 강규찬·김응봉·이승훈 등 8명 정도였다. 이들 자산가들은 대체로 미곡상·객주업·매약업·교사·유기상·은세공 등 대체로 자유업에 종사하고 있었다. 이밖에 사람들의 재산정도는 영세한 수준이었다. 600원 이하의 재산소유자가 태반을 이루고 있다.

끝으로 이들의 직업분포를 살펴보면 이 역시 매우 다양하다. 크게 상공업

·전문업·농업·교직(학생)·종교인 등으로 구분되는데 직업상 특색은 농업·유기공·유기상의 분야를 제외하면 대체로 근대적 업종의 종사자가 많다는 점이다. 좀더 세분화시켜 보면 학생을 포함한 교직 종사자들이 51명으로 기소자(123명)의 42%를 차지해 가장 많으며 다음으로는 잡화상·무역상·매약업·곡물상·언론인·의사·서적상 등 근대적 업종 종사자들이 대종을 이루고 있다. 이상과 같은 직업분포와 학력 등을 고려해 볼 때 이들은 개항이후 새롭게 형성되어 가던 근대적 新興市民階層에 해당하며 따라서 이들은 향후 민족지도세력으로 부상할 사회경제적 토대와 조건을 두루 갖추고 있었던 사회계층이었다. 일제 당국은 바로 이 점에 주목하여 이들을 사전 제거하려 했던 것이다. 그러나 일제의 의도대로 되지는 않았다. 비밀결사인 신민회의 실체가 드러나기는 했지만 이후 105인사건 연루자들 가운데 많은 인사들이 반일민족세력으로 성장하여 급기야 3·1운동을 선도하고 주도한 지도력으로 연계되었던 것이다.

여기서 이상에서 살펴본 105인사건 제1심에서 유죄판결을 받은 105인의 사회경제적 성향을 하나의 〈표〉로 정리해 보면 아래와 같다.

〈표 3〉 105인의 사회경제적 성향

이 름	출신지역	연령	직업	학력	종교	재산
姜奎燦	平北 宣川	40	敎師(信聖)	漢學	長老敎	3만원
姜鳳羽	平南 平壤	24	農業	普昌中學	〃	소작
郭泰鍾	平北 宣川	30	敎師(信聖)	崇實專門	〃	300원
吉鎭亨	平南 平壤	22	〃	崇實專門	〃	주택
金東元	〃	30	敎師(崇實)	日本留學	〃	
金斗和	〃	30	敎師(大成)	崇實專門	〃	
金鳳洙	平北 納淸亭	34	食堂業	無學	〃	
金善行	〃	24	鍮器業			
金時漸	平北 郭山	32	雜貨商	漢學		
金溶燁	平北 納淸亭	21	〃	長老敎		
金龍五	〃	50	鍮器業			
金應鳳(雲泉)	平南 平壤	26	賣藥業	長老敎		1만원

이 름	출신지역	연령	직업	학력	종교	재산
金應祚	平南 平壤	51	賣藥業		監理敎	400원
金益謙	平北 宣川	25	敎師(普明)		長老敎	4~500원
金一濬	〃	30	貸金業		天道敎	가옥・토지
金燦五	平北 納淸亭	22	農業		長老敎	5~600원
金昌鍵	平北 義州	42	牧師	平壤神學校	〃	
金昌煥	平北 宣川	32	雜貨商	其他	〃	
金賢軾	〃	24	學生(信聖)	信聖中學	〃	
羅奉奎	〃	28	〃	〃	〃	
羅昇奎	平北 納淸亭	21	鍮器業		〃	
羅義涉	〃	30	雜貨商	漢學		
羅一鳳	平南 平壤	43	敎師(大成)		組合敎	1천원
魯晶瓘	平北 宣川	39	雜貨商		長老敎	1천원
魯孝郁	〃	36	米穀商		〃	6천원
朴尙薰	平北 納淸亭	30	鍮器業	漢學		4~5천원
朴贊亨	〃	49	銀細工	無學	長老敎	5천원
白南俊	平南 平壤	29	農業		天道敎	
白夢奎	平北 定州	32	雜貨業		長老敎	
白用錫	平北 義州	35	牛乳商	其他	〃	1,300원
白日鎭	平北 宣川	30	學生(信聖)	信聖中學	〃	
邊麟瑞	平南 平壤	32	敎師(崇實)	崇實專門	〃	4천원
徐基豊	〃	32	雜貨商	美國留學	監理敎	
鮮于爀	平北 宣川	30	敎師(信聖)	崇實專門	長老敎	
孫廷郁	〃	26	敎師(永昌)	信聖中學	〃	4~500원
宋子賢	平北 龍川	33	貿易商	漢學	〃	4천원
申尙昊	平南 平壤	39	賣藥業		〃	
申孝範	平北 宣川	33	敎師(信聖)		〃	
安慶祿	平南 平壤	31	牧師		監理敎	가옥
安光浩	平北 義州	27	敎師(小學校)	平壤神學校	長老敎	4~500원
安聖濟	平北 納淸亭	25	裁縫業	其他中學	天主敎	
安世桓	平南 平壤	36	敎師(崇實)		長老敎	400원
安 濬	平北 宣川	46	敎師(信聖)	神學	〃	가옥
安泰國	平南 平壤	39	書籍業		〃	300원
梁起鐸	京畿 서울	43	言論人	外國語學校	〃	가옥(400원)
梁甸伯	平南 宣川	43	牧師	平壤神學校	〃	
梁濬明	〃	36	雜貨商		〃	1천원

이 름	출신지역	연령	직업	학력	종교	재산
梁濬熙	平南 宣川	29	教師(小學校)	信聖中學	〃	1천원
吳大泳	平南 平壤	29	菓子業		〃	
吳宅儀	黃海 信川	32	金鑛業		〃	소작
吳學洙	平北 郭山	29	〃	漢學		
吳熙源	平北 鐵山	40	貸金業	漢學		10만원
玉觀彬	平南 中和	23	金鑛業	普成專門	長老敎	
玉成彬	〃	21	會社書記	崇實中學	〃	
柳東說	京畿 서울	35	舊參領	日本留學		토지
劉學濂	平北 鐵山	29	面長		長老敎	5천원
尹愿三	平南 平壤	27	雜貨商	崇實中學	〃	
尹聖運	〃	38	客主業		〃	
尹致昊	京畿 서울	48	教師(大成)	美國留學	監理敎	20만원
李根宅	平北 郭山	29	雜貨商			
李基唐	平北 龍川	38	金鑛業		天主敎	
李德煥	平南 平壤	36	貿易商		長老敎	
李東華	平北 宣川	23	教師(中學校)	信聖中學	〃	300원
李明龍	平北 定州	40	貸金業	漢學	〃	
李秉濟	平北 納清亭	29	鍮器業			2천원
李鳳朝	平北 宣川	39	客主業		長老敎	5천원
李昇薰(寅煥)	平北 納清亭	50	貿易商	漢學	長老敎	2천석토지,몇천원
李龍赫	平北 宣川	26	教師(信聖)		〃	
李溶華	平北 納清亭	42	貿易商	崇實中學	〃	
李載允	〃	22	雜貨商(信聖)	信聖中學	〃	
李廷淳	平北 宣川	22	學生(信聖)	信聖中學	〃	가옥
李正燐	〃	24	教師(小學校)		〃	
李枝元	平北 納清亭	26	鍮器業	漢學		6천원
李昌錫	平北 宣川	53	貸金業			
李春燮	平南 平壤	35	〃		長老敎	
李泰建	平北 宣川	29	教師			
林冏燁	平北 納清亭	28	教師(信聖)	日本留學	長老敎	5만원,5천석토지
任道明	平北 定州	30	理髮業	其他	〃	밭1가리
林秉行	平北 納清亭	23	鍮器業			가옥
林蚩正	京畿 서울	33	言論人	美國留學	監理敎	300원
張寬善	平北 鐵山	46	牧師	平壤神學校	長老敎	
張時郁	平北 郭山	26	教師			

이 름	출신지역	연령	직업	학력	종교	재산
張膺震	平南 平壤	33	敎師(大成)	日本留學	組合敎	
鄭德燕	平北 鐵山	24	學生(信聖)			
鄭元範	〃	33	農業	漢學		2천원
鄭益魯	平南 平壤	51	書籍業		長老敎	
鄭周鉉	〃	22	賣藥業		監理敎	
趙德燦	平北 納淸亭	45	牧師	平壤神學校	長老敎	
趙永濟(文伯)	平南 平壤	25	賣藥業		〃	400원
朱賢則	平北 宣川	30	醫師	醫學	〃	3천원
池尙周	平北 郭山	38	書記	其他	〃	
車均卨	平北 宣川	24	敎師(大明)		〃	50석토지
車利錫	平南 平壤	33	敎師(大成)	崇實中學	〃	가옥
車永俊	平北 宣川	26	學生(信聖)	崇實中學	〃	
車熙善	〃	23	〃	信聖中學	〃	60석토지
崔德潤	〃	31	敎師(中學校)	信聖中學	〃	5~600원
崔聖民	平北 納淸亭	49	敎師(嘉明)			소작
崔聖柱	平北 定州	36	牧師	平壤神學校	長老敎	
崔叡恒	平南 平壤	36	敎師(日新)			
崔濟奎	平北 納淸亭	31	鍮器業			
崔周杙	〃	21	〃	嘉明中學	長老敎	
片康烈	黃海 信川	22	貿易商	崇實中學	〃	1천원
洪規旻	平北 宣川	26	敎師(中學校)	信聖中學	〃	1천원
洪成麟	平北 定州	37	貸金業		〃	
洪成益	平北 宣川	32	敎師(信聖)	崇實專門	〃	

〈尹慶老〉

Ⅳ. 항일의병전쟁

1. 갑오·을미의병
2. 을사의병
3. 정미의병
4. 의병전쟁의 발전
5. 의병전쟁의 특징과 의의

Ⅳ. 항일의병전쟁

1. 갑오·을미의병

1) 갑오·을미의병의 배경

조선에서의 우월권을 청에 빼앗겼던 일본은 1894년 동학농민전쟁의 발발을 조선침략을 위한 기회로 삼아 '일본공사관 및 거류민 보호'라는 구실하에 조선에 군대를 파견하였다. 일본군은 출병시부터 청세력을 조선에서 물리치고 조선을 대륙침략의 전진기지로 차지하려는 정책을 수립하였다. 이에 따라 서울에 위협적인 군대를 주둔시켜 놓고 1894년 5월 중순 이후 조선 정부에 내정개혁안을 강요하였다.

조선 정부는 이를 내정간섭이라 하여 거절함은 물론 불법 진주한 일본군의 철수를 요구하였다. 또 한편 조선 정부에서는 6월 11일 교정청을 신설하여 동학농민군이 제시한 폐정개혁안의 일부를 받아들인 정치개혁을 추진하고자 하였다.

이와 같은 조선의 태도에 일제는 조선에 대한 개전의 결의를 분명히 하고 6월 21일 경복궁을 무력으로 점령하는 甲午變亂을 일으켰다. 이 사건은 일제가 조선침략의 야욕을 구체적으로 드러낸 첫 단계의 침략사건으로 큰 변란임이 틀림없다.

일본군은 치밀한 계획하에 갑오변란을 계획, 감행하였다. 일본군 혼성여단 주력부대는 5월 19일 조선 정부의 제1차 절교서 접수와 동시에 인천으로부터 서울에 침입하여 남산의 倭城臺에 6문의 포대를 설치하였다. 5월 23일에는 용산의 1개 대대와 山砲중대가 남대문으로 들어가 시위하였으며, 6월 20일 밤부터 작전을 실행에 옮겼다. 20일 밤 일본공사관에서 오도리 가이스케

(大鳥圭介)공사와 스기무라 후카시(杉村濬)서기관 그리고 오오시마(大島)소장을 비롯하여 후쿠시마(福島)중좌와 다가오카(長岡)・우에하라(上原)・니이로(新納)・와타나베(渡邊)소좌 등은 작전을 숙의하였다. 이에 따라 일본 혼성군 제11연대 제1대대 이치노혜(一戶)대대장은 20일 오후 각 중대장들을 집합시켜 21일 새벽에 작전을 개시토록 명령하였다. 그 명령의 취지는 우선 동대문과 光熙門 그리고 동북문을 점령하고 일본거류지를 척후하는 한편, 새벽 4시에 왜성대에 집결하여 공사를 호위하고 경복궁으로 진입하라는 것이었다.[1)]

한편 오도리공사의 지시에 따라 현지 지휘관인 보병 제21연대장 타게다 히데야마(武田秀山)중좌는 21일 새벽 이마이(今井)중위를 남대문에, 그리고 乃萬소위를 서대문에 파견하여 일본군대가 성문을 통과하는 데 장애가 없도록 조처하였다.[2)]

경복궁 시위대는 강병으로 알려졌던 箕兵 중에서 선발된 500여 명으로 편성되어 있었다. 시위대는 최초의 피격지점인 彰化門에서 일본군을 격퇴시켰다. 그러자 일본군 제21연대 제5중대는 경비가 소홀한 迎秋門을 공격하였으며, 21일 새벽 5시경 경복궁은 결국 점령되고 말았다. 이 전투에서 궁궐을 수비중이던 병사 17명이 전사하였다.[3)] 일본군은 乾淸宮에 있는 고종을 협박

---

1) 朴宗根, 《日淸戰爭と朝鮮》(靑木書店, 1982), 50~51쪽.

2) 日本大本營 편, 《戰史編纂準備書類》 제60, 〈日韓兵の衝突〉, 1894년 7월 20일 (日本 早稻田大學 圖書館 소장본).

3) 《동경조일신문》, 1894년 7월 28일자의 특파원보고에 의하면, 일병 사망 1명 부상 2명임에 비해, 한병은 사망이 17명 부상은 60여 명이라고 보도하고 있다. 조선 정부에서는 이때 희생된 군인들을 위해 1900년에 奬忠壇을 세워 그들의 충혼을 기렸다. 지금까지 장충단은 1895년 8월의 을미사변 때 전사한 李耕稙과 洪啓薰 등의 충혼을 위무하기 위하여 세운 것으로 알려지고 있다(장충단비 설명문 참조). 그러나 閔泳煥이 1900년 11월 撰한 비문을 검토한 결과 "甲午乙未之事變 때 전사한 무신들의 절의를 기려 고종이 壇을 세우고 春秋로 제사를 올리게 하였다"라고 밝히고 있다. 여기에서 '甲午乙未之事變'이란 '甲午變亂'과 '乙未事變'을 지칭하는 것으로 보아 틀림없을 것이다.

여기에서 '甲午變亂'이란 역사적 용어에 대하여 정리해 둘 필요가 있겠다. 일반적으로 1894년 6월 21일의 사건을 '일본군에 의한 경복궁침범사건'이라고 범칭되어 왔었다. 필자는 이 사건의 중요도를 고려하여 '甲午變亂'이라고 명명한 바 있다. 그 후 이 용어는 그대로 사용되기도 하였으나, '甲午倭亂'이라고 바뀌어 사용되기도 하였다. 여기에 1900년에 쓰여진 금석문인 奬忠壇碑文에서 민영환은 이를 '甲午事變' 이라고 지칭한 것이다. 이로써 한 사건에 대한 역사

하여 전투중지 명령을 내리게 하였다. 그 때 전투 중이던 조선시위대는 이 명령을 받고 '모두 통곡하며 銃筒을 부수고 군복을 찢어버리고' 경복궁으로부터 탈출하였다.[4]

이와 같이 경복궁을 무력 점거한 일제는 자신들의 무력행사를 은폐하기 위하여 大院君을 유인, 입궐시켰다.[5] 대원군의 등장은 곧 민씨정권의 몰락을 의미하였다. 민비를 비롯하여 閔泳駿·閔泳韶 등 민씨일가는 궁을 빠져나가거나 貞洞의 외국인 집으로 대피하였다.[6] 다음 날인 6월 22일, 일제는 고종으로 하여금 정무와 군무를 임시로 대원군에게 위임토록 조치하였다.[7] 이는 고종의 대권을 박탈하고 민씨정권을 타도하여 친일적인 조선 정부를 수립하려는 의도에서였다. 이어서 일제는 조선군의 무장마저 강제로 해제시키고 무기와 탄약을 몰수하여 용산의 일본병영으로 수송케 하였다.[8] 이와 같이 일본군이 경복궁을 강점한 상태에서 附日開化派에 의하여 이른바 김홍집 1차 내각이 수립되었으며, 이 정권에 의해 甲午更張이 추진되었다.

척사유생들은 이러한 일련의 위기사태를 침략행위로 간주하고 반침략투쟁을 개시한 것이다. 그 징후는 갑오변란이 일어난 지 1개월 여 후인 7월 말에 나타났다. 청풍의 유생 徐相轍 등이 안동지역에서 의병을 일으킨 것이다. 서상철은 격문에서 甲午變亂이 직접적 요인이 되어 기병하였음을 분명히 밝히고 있다.[9] 砥平의 유생 安承禹 역시 이때 고향에서 의병봉기를 시도하였다.[10] 柳麟錫 역시 의병을 봉기하면서 발표한 격문인 〈檄告八道列邑〉에서

적 용어가 '甲午事變'·'甲午變亂' 그리고 '甲午倭亂' 등 세 종류로 사용되게 되었다. 단, 필자는 갑오의병의 중요 사례인 '安東義兵'의 檄文을 비롯하여 여러 의병의 격문에서 이 사건을 '變亂'(또는 '大變')이라고 지칭하고 있음을 보아 '甲午變亂'이라고 사용하였음을 밝힌다.

4) 黃　玹, 《梅泉野錄》(國史編纂委員會, 1955), 고종 31년 6월 20일, 146쪽.

5) 《東京朝日新聞》, 1894년 7월 29일, 〈京城23日の實況〉에 의하면, 대원군은 7월 23일 오전 11시경 입궐하였다.

6) 《東京朝日新聞》, 1894년 8월 9일, 〈王城事變後聞〉과 9월 2일, 〈王妃其他の還宮〉에 의하면 閔妃는 安洞에 있다가 9월 1일 환궁하였다 한다.

7) 《日省錄》, 1894년 6월 22일.

8) 《東京朝日新聞》, 1894년 7월 31일, 〈韓國軍器の精鋭〉.

9) 朴周大, 《羅巖隨錄》 제3책, 〈湖西忠義徐相轍布告文〉.

10) 朴貞洙, 〈下沙安公乙未倡義事實〉(《獨立運動史資料集》 1, 독립운동사편찬위원회,

"마침내 갑오년 6월 20일 밤에 이르러 우리 조선 삼천리 강토가 없어진 셈이다"[11] 라고 통분하고 있다. 洪州 을미의병의 총수였던 金福漢과 李偰은 갑오변란을 전후하여 승지직을 버리고 낙향하여 의병봉기를 준비하였다.

일제는 갑오변란을 일으켜 조선을 무력으로 장악하고 개화를 구실로 한 침략정책을 수행하고자 하였다. 그러나 조선의 실권자인 閔妃의 반대에 직면하였으며 급기야 러시아 세력과 제휴하려는 민비의 시도에 1895년 8월 20일 을미사변을 일으켜 민비를 시해하였다. 이는 국제적 범죄행위로 조선을 식민지화하려는 침략행위의 일환으로 취해진 것이 분명하다. 너무나 비참한 민비의 시해소식에 접한 한국인들은 일제와 친일정권에 대하여 적개심이 솟구치지 않을 수 없었다. 그럼에도 일제는 자신들의 책임을 일체 부인했으며 친일내각도 오히려 폐비조치를 내리는 지경에 이르렀다. 이에 유성에서의 文錫鳳 거의를 시작으로 유생을 중심으로 항일 의병이 봉기하게 된 것이다.

한편 의복제도는 수차의 개정을 거쳐 점차 서양식 복제로 바뀌어 갔다. 이 의복제도개정은 유생들의 주체적인 문화인식에 충격을 가져와 반일의병의 봉기에 중요한 요인으로 작용한 것으로 보인다.

1894년 9월의 갑오경장 때 의복제도의 개정문제가 구체적으로 제기되었다. 군국기무처에서 의제개정 의안을 상정하였던 것이다. 같은 해 12월에는 칙령 제17호를 반포하여 관복을 더욱 간소화시키고자 하였다. 또한 관민 다같이 흑색의 周衣를 입도록 하였다. 이것이 이른바 乙未變服令의 요체이다. 이러한 을미변복령이 반포되자 재야 유생들은 반대의 뜻을 표명하였다. 이는 유인석이 을미변복령이 반포된 뒤 〈乙未毁服時立言〉을 발표하여 "天地 聖賢 先王 父祖에 죄를 지은 것이니 살아서 장차 어찌하리요"[12]라고 절규하고 있는 것으로 입증이 되고 있다. 崔益鉉도 을미변복령이 내리자 〈請討逆復衣制疏〉를 올려 의제를 바꾸는 것이 불가함을 역설하였다.[13]

요컨대 전통적인 의복제도, 곧 선왕의 법복을 조선의 문화적 긍지의 한 척

1971), 350~351쪽.

11) 柳麟錫, 《毅菴集》 권 1, 疏 〈檄告八道列邑〉.

12) 柳麟錫, 《毅菴集》 권 4, 疏 〈乙未毁服時立言〉.

13) 崔益鉉, 《勉菴集》 권 4, 疏 〈請討逆復衣制疏〉.

도로 인식하고 있던 유생들은 變服令의 반포로 인해 심각한 문화적 위기의식에 사로잡히게 되었다. 그들에게 있어 복제의 개정은 그 자체에만 국한되는 것이 아니라 인류의 지선극미한 전통문물의 단절을 의미하는 것으로 인식되었다. 특히 '陰邪'로 상징되는 흑색의 복제를 채택한 데 대해서는 더욱 그러한 성향이 강하게 드러났다.

김홍집 내각은 을미사변이 있은 지 불과 3개월이 지난 1895년 11월 15일 斷髮令을 선포하였다. 이때 내세운 단발의 명분은 '위생에 이롭고 작업에 편리하기 때문'이라는 것이었다. 그러나 유교 윤리가 일반인들의 생활에 깊이 뿌리내려져 있던 조선사회에서 상투는 곧 인륜의 기본인 효의 상징으로 인식되었다. 그러므로 단발령이 내리자 유생들은 이것을 신체적 박해로, 더 나아가 인륜의 파멸로 받아들이게 되었고 그 반감은 절정에 달하였다. 단발령 공포는 백성들의 뜻과는 배치되는 일부 매판관리 집단에 의한 자의적 조치였다. 학부대신 李道宰마저도 단발령이 공포된 직후 사직상소를 올리고 단발령을 철회할 것을 요구하였다. 그는 단발령이 사회적 · 문화적 현실을 고려하지 않은 일방적 처사임을 비난하였다.[14] 단발령에 대한 재야 유생들의 반향은 더욱 커 극단적인 위기의식에 사로잡혀 단호한 행동을 보였다. 그 중에서도 유인석은 이러한 단발령에 대하여 변복령과 동일한 인식의 차원에서 華夷論적 가치관에 입각해 통박하였다. 그는 상투와 圓袂의 수호 여부에 따라 華夷와 人獸의 구별이 난다고 보았다. 이에 의하면 상투와 원몌가 華와 人을 상징하고 수구와 자주를 의미하는데 비해 삭발과 변복은 夷와 獸를 상징하고 개화와 예속을 의미하는 것이다.[15]

요컨대 유교통념의 사회에서 단발령은 한민족의 문화적 자존의 표상이던 상투를 제거함으로써 전국민의 울분을 자아냈다. 강요된 단발령은 결과적으로 정치 · 사회 · 문화의 제영역에 걸쳐 큰 혼란을 야기시켰던 것이다. 그리하여 단발 강요에 대한 반감은 개화 그 자체를 증오하는 감정으로 발전하였고, 이것은 또 일본화로 받아들여져 반일의식으로 연결되었다. 즉 유생들은 개화를 상징하는 단발령을 인륜을 파괴하여 문명인을 야만인으로 전락케 하는

14) 黃 玹, 《梅泉野錄》, 192쪽.

15) 柳麟錫, 《毅菴集》 권 4, 疏 〈乙未毁服時立言〉.

처사로 받아들이게 되었다. 그 결과 전통질서를 수호하려는 유생들은 반침략·반개화의 의병을 봉기하여 이를 회복하고자 한 것이다.

의병봉기를 가능토록 한 사상적 요인으로는 유생들의 중심 이념체계라 할 수 있는 衛正斥邪論과 일반 농민층까지 널리 퍼져 있던 '斥倭洋倡義論'이 있다.

위정척사론은 조선조 지배이념인 주자학 사상과 그 질서를 지키고 반주자학적 체계를 이단시하여 부정하는 사상적 체계를 말한다. 선초 이래 위정척사론에 의하여 배척된 이단의 대상은 불교·도교 등이었으나 근대에 들어서 특히 西學, 洋物, 倭가 주요 배척대상이 되었다. 위정척사론은 1860년대 대두하였다. 병인양요를 전후하여 서양세력의 침략에 李恒老·奇正鎭 등 유생들이 상소를 통하여 서양의 침투를 반대한 것이다. 이 시기 유학자들은 '衛正'이면 '斥邪'는 뒤따르는 것으로 인식하는 태도를 보여주었다. 그 결과 외양책보다는 내수책을 강조하였다. 李恒老의 ① 尊體統 ② 開言路 ③ 繕武備 ④ 用德人과 奇正鎭의 ① 練兵 ② 求言 ③ 結人心은 대표적 내수책이라 할 수 있다. 한편 이들이 외양책으로 주장하는 척사론은 洋學과 洋物 배척론이니 양학의 전파는 주자학 질서를 흩뜨려 풍속을 금수화하며 양물의 보급은 서양의 경제적 예속을 가져옴을 지적하여 이를 배척한 것이다.

위정척사론은 지역에 따라 學派가 형성된 특성이 있다. 대표적인 학파로는 華西學派·蘆沙學派·南塘學派·定齋學派를 들 수 있다.[16] 이 학파를 중심으로 조선말 민족운동의 전형적 형태인 의병투쟁을 일으킨 의병지도자가 출현하였다. 이항로의 제자 金平默·柳重敎·崔益鉉의 위정척사운동 및 의병투쟁 그리고 유인석과 그의 문인 安承禹·徐相烈 등의 제천의병진 결성 후의 의병투쟁, 노사학파로는 奇宇萬과 奇參衍의 장성·광주일대에서의 의병투쟁이 그 대표적 예이다.

위정척사론은 1894년의 갑오변란과 1895년의 을미사변 및 변복령과 단발령 공포가 동인이 되어 전국적으로 확대되었다. 이 시기 국내외적인 정세변

---

16) 金祥起, 〈南塘學派의 형성과 衛正斥邪運動〉(《한국근현대사연구》 10, 1999).
朴敏泳, 〈華西學派의 형성과 衛正斥邪運動〉(위의 책).
洪英基, 〈蘆沙學派의 형성과 衛正斥邪運動〉(위의 책).
權五榮, 〈定齋學派의 형성과 衛正斥邪運動〉(위의 책).

화는 유생들로 하여금 위정보다는 척사를 우선하도록 강요하였다. 척사의 대상도 왜가 중심이 되었다. 그러나 중요한 사실은, 유생들은 기존의 행동양태인 상소운동보다는 의병투쟁이라는 직접적인 무력투쟁의 방법으로 발전적 변화의 모습을 보여 주었다는 점이다. 이것은 추상적이고 원거리에 있는 서학이나 서양이 아닌 직접적이고 노골적인 일제의 침략을 물리치고자 한 것이며, 유생들은 개화를 곧 왜화로 인식하는 태도를 확고히 하게 된 것을 말해 준다. 이에 따라 유생들은 농민과 용병적 성격을 띠기도 하였던 포수들을 동원하여, 민족과 국가 그리고 주자학 질서를 회복하기 위한 의병투쟁을 전개하였다.

斥倭洋倡義論이란 동학농민군들이 주창했던 '斥倭洋倡義'의 이념을 말한다. 농민을 중심으로 한 민중세력들은 '척왜양창의'의 구호 아래 일본의 제국주의적 침략과 정부의 일련의 정책을 반대하는 반제국 · 반봉건의 동학농민전쟁을 전개한 바 있다. 일제의 무력 진압에 뜻을 이루지 못하고 패산하여 은거 상태에 있던 이 민중세력은 각지에서 의병이 봉기하자 비록 유생들과의 계급모순을 극복하지는 못하였으나 일본군과 개화파 정권의 구축이라는 공동의 목표를 달성하기 위해 신분을 숨기고 의병부대에 들어가 항일전을 수행하였다. 민중들은 자신들의 척왜양창의론이 유생들의 항일이념인 위정척사론에 입각한 '對日決戰論'과의 이념적인 공통성을 확인할 수 있었다. 그 결과 민중세력은 이념적 기반과 사회경제적 이해를 달리했던 유생 주도의 갑오 · 을미의병에 일부나마 합류할 수 있었다. 또한 농민전쟁을 경험한 이들의 군사력과 투쟁력은 의병의 투쟁을 발전시키는 구실을 할 수 있었다. 1895년 9월 祥原의병의 경우, 이미 해산된 동학농민군에게 의병참여를 권유하여 이들이 의병대열에 동참한 것은 이를 입증하는 사례인 것이다.

2) 갑오의병의 전개

조선인의 반일운동은 불평등조약인 강화도조약의 체결 전후부터 조짐이 보이기 시작하였으나 구체적인 행동이 나타나기 시작한 것은 1884년부터이다. 甲申政變이 비록 개화당의 3일천하로 끝나고 그 주역들이 망명을 떠나기는 하였으나 유생을 중심으로 한 재야 지식인들은 金玉均을 비롯한 개화파들을 '甲申凶賊'이라고 하며 처벌할 것을 요구하였다. 陽城의 李敎爽 같은 유생은 구체적으로 의병을 초모하여 '賊臣'인 개화당과 '外敵'인 일본을 상대로 '決死抗戰'할 것을 계획하기까지 하였다. 고종의 해산칙유를 받고 자진 해산하였지만 당시 유생들의 개화당에 대한 인식과 항일적인 분위기를 짐작할 수 있게 한다.[17]

그러나 항일 의병투쟁은 1894년 6월 21일 일어난 갑오변란이 직접적 계기가 되어 개시되었다. 척사유생을 비롯한 조선인들은 갑오변란을 민족존망의 위기상태로 받아들였다. 더욱이 한반도에서 청일전쟁이 일어나고, 일본의 사주를 받는 친일적 개화정권의 정치사회적 정책을 일본화를 위한 예속정책으로 인식한 조선인들은 무력적인 투쟁으로 일본세력을 구축하고자 하였다. 그중에서 지평의 安承禹, 홍주의 安昌植, 안동의 徐相轍, 상원의 金元喬, 철원의 洪範圖 등은 무력 투쟁을 위한 의병을 모집하기까지 한 대표적인 의병장들이라고 할 수 있다. 이중에서 안승우·안창식·홍범도의 경우는 비록 모병단계에서 끝나고 구체적인 항전은 1895년 을미사변 이후에 나타나지만, 서상철·김원교의 경우는 무력투쟁을 전개하였다.

안승우는 경기도 지평출신으로 이항로 문하의 유생이다. 그는 1894년 여름 고향인 지평에서 700여 명의 의병을 모집하였다. 그러나 동학농민군이 마침 그 지역에 들어와 활동하고 있었으므로 일을 그르칠 것을 염려하여 중지하였다. 홍범도는 1907년 함경도 일대에서 포수를 거느리고 의병을 일으켜 활발히 투쟁한 의병장으로 알려져 있다. 그러나 그 자신이 작성한 자필이력서에 의하면 자신이 1894년 철원에서 300여 명의 의병을 모아 일본침략군과 대항하고자 했다고 기술하고 있다.[18] 물론 이 사실을 알려주는 다른 자료를 찾을 수 없어 사실여부를 확인하기는 어려우나 그가 이 시기 반일의식에 눈떴음은 분명하다.

홍주지역에서 청양의 유생인 안창식을 비롯한 朴昌魯·李世永·李鳳學 등이 1895년 4월에 장곡에서, 6월에는 청양장터에서 기병하기로 하는 등 을미

---

17) 《高宗實錄》 권 21, 고종 21년 11월 27일, 〈陽城義兵倡首李敎爽疏〉.
18) 《레닌기치》, 1989년 4월 11일, 〈적위병 및 붉은 빠르티잔의 이력서〉.

사변 직전까지 일련의 항일의병봉기를 계획, 준비하였다. 비록 이들의 활동은 군사활동으로 발전되지는 못하였으나 을미사변 직후인 1895년 9월부터 의병초모와 무기수집을 추진시켰으며 단발령 공포 직후인 1895년 12월 초 김복한 등과 홍주의병을 일으키기에 이르렀던 것이다.

한편 안동의 서상철, 상원의 김원교 등은 의병을 모집하여 무력투쟁을 전개하기까지 한 대표적인 의병장들이라고 할 수 있다.[19] 안동지역에서의 의병활동은 서상철에 의해 추진되었다. 서상철은 종형인 서상렬을 통하여 柳重敎의 문인이 된 것으로 보인다. 이로써 그의 학문적 연원이 화서학파에 닿고 있음을 알 수 있다.[20]

서상철은 갑오변란으로 경복궁이 유린당하고 고종이 핍박당함에 이에 분기하여 기병하였다. 그는 韓麟錫·李馨載·韓守東 등과 함께 격문을 발표하고 1894년 7월 25일 안동향교에서 거의하고자 한 것이다. 계획했던 안동의거는 안동부에 의해 강제로 정지당하였다.[21] 서상철은 계속 의병을 초모하여 상주의 태봉에 있는 일본병참부대를 공격하였다. 그러나 의병은 다수의 사상자를 내고 청풍 일대로 후퇴하였다. 그 후의 안동의병의 행방은 알 수는 없으나 서상철은 단양의 곤지암 지역으로 피신했던 것으로 알려진다.[22] 이 서

---

19) 金祥起, 〈朝鮮末 甲午義兵戰爭의 展開와 性格〉(《한국민족운동사연구》 3, 1989).

20) 徐相烈, 《敬菴集》 권 1, 雜著, 〈搬移堤川長潭記〉.
徐相轍(1859~1932)의 자는 子由, 호는 敬殷이라 한다. 본관은 달성으로 서울에서 태어났으나 제천의 청풍으로 이거하여 살았다. 1860년(경신년, 철종 11년) 徐省의 9대손인 敎淳의 장자로 태어났고, 國輔의 장자인 浩淳에 입양되었다. 이로써 제천의병 소토장 서상렬과는 6촌간이 됨을 알 수 있다(《大丘徐氏世譜》 己未原譜 참조). 그는 서상렬을 따라 제천의 청풍으로 이거하여 거주하면서 화서학파의 도맥을 승계한 유중교의 가르침을 받았다(《長潭講錄》 참조). 이 《長潭講錄》에 의하면, 1889년 11월 하순 실시한 강회에서 서상철이 《孟子》의 梁惠王篇 沼上章을 강학하였음을 알 수 있다. 그리고 이때 서상철의 인적사항을 "子由, 庚申生, 達城人, 靑風居住"라고 기록하고 있다. 그리고 1891년 3월 25일 강회에서도 '大學經一章'을 강했다. 한편 1891년 9월 27일 유중교가 '주인'의 자격으로 실시한 향음례에 '觀廳位'로 참석했음이 확인된다.

21) 李晩燾, 《響山日記》(國史編纂委員會, 1985), 1894년 7월 14일·7월 20일.

22) 《舊韓國外交文書》(高麗大 亞細亞問題硏究所, 1967~1973), 《日案》 3, No. 3231 忠淸道東徒制壓狀況通報에 의하면 서상철이 昆池岩으로 피한 것이 탐지되었다고 나타나 있다. 여기에서 곤지암은 충북 단양군 매포읍 상시리 소재의 곤지암으로 확인된다(具玩會, 《韓末의 堤川義兵》, 集文堂, 1997, 46쪽). 즉 청풍에

상철의 안동의병은 비록 뚜렷한 전과를 내지는 못하였으나 갑오변란 직후 청일전쟁이 전개되고 있던 1894년 7~9월간에 경상도 북부지역과 충청북도 일부 지역에서 동학군이 아닌 의병세력이 일본군과 무력투쟁을 전개한 점에서 그 의의가 있다 하겠다.

상원의병은 전 관료 출신인 김원교에 의해 1895년 7월 22일 상원관아를 공격하면서 시작되었다. 김원교는 일본과 개화정권을 '天敵'이라고 표현하고 있듯이 반침략·반개화의 이념으로 의병을 봉기하였다. 상원의병은 상원관아에서 무기와 탄약, 그리고 미곡 등을 탈취한 후 관군과 일본군의 추격소식에 황해도 재령의 장수산성으로 이동하였다. 상원의병은 장수산성까지 이진하면서 봉산·재령 등지에서 동학 접주들에게 통문을 돌려 의병에 참여할 것을 알렸다. 이에 따라 동학군의 일부가 장수산성으로 합류하기도 하였다. 김원교는 부대를 정비하고 1895년 8월 6일 '평안도창의사 김'이란 이름으로 격문을 발표하고 8월 10일 제천의식을 거행하고 해주부를 공격하고자 하였다. 그러나 해주부의 관군과 일본군이 연합하여 8월 12일 장수산성을 포위하고 방화하면서 공격하자 의병부대는 평안도 덕천방면으로 이진하여 그 후 9월 중순까지 투쟁을 계속하였다.[23]

3) 을미의병의 전개

(1) 을미사변과 을미의병의 개시

1895년 8월 20일 민비가 일제에 의해 시해된 을미사변이 발생하였다. 이러한 일제의 만행에 조선인의 분노는 드디어 폭발하기에 이르렀다. 李建昌·洪承憲·鄭元夏·李南珪 같은 관료들은 왕후의 폐위에 반대하며 국모의 원수를 갚아야 한다는 상소를 올렸으며, 서울을 비롯하여 지방 각지에서 의병의 조짐이 거세어져 갔다. 폐비조칙이 공포되던 1895년 8월 23일 서울에서는 창의소 고시문이 나붙었으며, 9월 초에는 "왕후의 폐서인에 신하된 자로서

거주하던 서상철은 자신의 집 근처에 은신한 것이다.

23) 金祥起, 앞의 글(1989).
과학백과사전출판사, 《조선전사》 14 (1980), 26~27쪽.

復讐討賊의 의거가 없는가" 라는 내용의 고시문이 지방에도 나돌았다.[24] 그리고 서울의 종로에는 8월 20일의 왕비시해는 훈련대가 아닌 일본인의 소행임을 알리며 일본인에 대해 적개심을 품은 내용의 방이 붙었다.[25]

을미사변 직후 '國讐報復'을 기치로 한 항일의병이 봉기하였다. 이 을미의병은 1895년 9월 18일 무과 출신으로 진잠현감을 역임한 文錫鳳이 儒城에서 처음으로 봉기하였다.

문석봉은 1894년 11월 양호소모사에 임명되어 12월 초부터 공주감영에서 근무하면서 연산·은진·진산·여산은 물론 청산·보은 등지에까지 수차례 출정하여 동학군 진압에 출중한 공을 세웠다. 문석봉의 동학군 진압작전이 성공적으로 이루어지자 연산을 비롯한 인근의 사민들이 진잠지역에 그의 선정비를 세우기까지 하였다. 이와 같은 유생들로부터의 신망은 그가 항일 의병을 일으키는 데 결정적인 기반이 될 수 있었다.

문석봉은 충청도 유성의 場垈에서 창의하여 대장에 추대되어 先鋒에 金文柱, 中軍에 吳亨德, 軍餉에 宋道淳 등 지휘부를 조직하였다. 이들 외에 진사 金鍾律과 영장 崔殷東 등이 유성의병에 참여하였다. 의병의 병사층을 확인하기는 어려우나 동학군을 진압할 때 휘하에 있던 인물들이 다수 참여하였으며 의병의 숫자는 600여 명에 달했다. 이와 같이 의진을 편성한 문석봉은 通文을 각지에 발송하여 을미사변을 천고에 없는 대변으로 규정하고 의병을 일으켜 적을 토벌, 사직을 건져야 한다고 호소하였다.

유성의병은 공격의 목표를 공주부 관아로 잡고 우선 회덕현을 급습, 무기를 탈취하였다. 이어서 주민들의 의병 참여를 권유하고 10월 21일에는 진잠으로 들어가 군수 李世卿에게 동참할 것을 요구하였으나, 이세경은 오히려 의병의 동태를 관찰사에게 보고하는 등 협조를 거부하였다. 진잠에 입성한 지 일주일 후인 10월 28일 유성의병은 공암을 거쳐 공주를 향해 진격하였다. 공주부 관찰사 李鍾元은 전중군 白樂浣과 이인 찰방 具完喜에게 각각 100명씩 이끌고 대응케 하였다. 의병부대는 이들과 공주 와야동에서 일전을 겨루었다. 그러나 의병은 관군과의 전투에서 패하고 말았다. 문석봉은 패산 후

24) 李晩燾, 《響山日記》, 1895년 9월 10일.
25) 《東京朝日新聞》, 1895년 11월 23일, 朝鮮時事(11월 12일 京城發), 〈不穩の揭榜〉.

중군 오형덕 등과 함께 경상도 고령·초계 등지에서 재봉기를 준비하였다. 그러나 결국 고령현감의 고변으로 12월 24일 체포되어 대구부에 구금되고 말았다. 문석봉은 1896년 봄 최은동·오형덕과 함께 탈출에 성공하였다. 그 해 4월 원주로 내려가 '都指揮'가 되어 각도 의병장들에게 통문을 돌리면서 재봉기를 시도하였다. 그는 불행히 그 해 11월 병사하여 기병한 뜻을 이루지 못하고 말았으나 유성의병은 을미사변의 비보에 즉각적으로 일제와 친일내각에 항거하였음을 실증한 점에서 그 의의는 크다.[26]

단발령 공포 직전의 의병활동으로는 유성의병 이외에도 강계의병이 있다. 1895년 11월 단발령 공포 직전 金利彦이 만주의 三道溝에 거점을 두고 초산군 아전출신 金奉鉉, 동학접주였던 金昌洙(金九)와 함께 압록강 양안의 포수 300여 명을 모병하여 의진을 결성한 것이다. 이들은 민비의 시해에 항거하는 격문을 발표하고 압록강을 건너 高山里를 점령하고 다시 강계읍으로 진격하였다. 관군의 반격으로 패전하고 말았지만, 김창수는 信川으로 남하하여 재기병을 시도하였다.[27]

(2) 단발령 공포와 을미의병의 확대

가. 경기·강원지역

을미사변으로 유성·강계 등지에서 의병봉기가 일어나고, 전국 각지에서 봉기계획이 진행되고 있을 때인 1895년 11월 15일(양력 12월 30일) 김홍집 내각은 단발령 공포를 강행하였다. 고종의 강제 단발소식과 관리들의 단발 강요 및 행패는 유생들로 하여금 의병봉기의 불을 붙이기에 충분하였다. 단발령 공포 후 전기의병은 전국적으로 확대되었다. 그러나 그 중에서도 이천·춘천·제천·홍주·강릉·안동·진주·장성·나주 등 남한지역을 중심으로 봉기한 특성이 있다.

이천의병은 단발령 공포 다음날인 1895년 11월 16일 봉기하였다.[28] 서울

---

26) 金祥起, 〈朝鮮末 文錫鳳의 儒城義兵〉(《歷史學報》 134·135, 1993).
27) 金 九, 《白凡逸志》.
金亨振, 《路程略記》.
28) 柳漢喆, 〈金河洛義陣의 義兵活動〉(《한국독립운동사연구》 3, 1989).

에 있던 金河洛·具然英·申龍熙·金泰元·趙性學 등 젊은 유생들이 경기도 이천으로 내려가 이천 화포군 도영장 方春植을 영입하고 포군 100여 명을 포섭하여 이천의병을 결성한 것이다. 주도자인 김하락은 우선 이천의 梨峴에 진영을 설치하고 구연영을 양근과 지평 방면에, 조성학을 광주 방면에, 김태원을 안성 방면에, 신용희를 음죽 방면에 파견하여 의병을 소모케 하였다. 이들은 閔承天의 안성의병과도 연합하여 민승천을 창의대장으로 삼고 김하락은 도지휘, 조성학은 도총, 신용희는 우군장, 구연영은 중군장, 김태원은 선봉장을 맡아 항일투쟁에 돌입하였다. 이천의병은 1896년 1월 17일 이천의 백현에서 일본군과의 첫 전투를 승리로 이끌었다. 그리고 광주군수를 처단한 광주의병과 前司果 沈相禧가 조직한 여주의병이 합세해 와 이들과 함께 2월 28일 남한산성을 점령하고 서울 진공계획을 수립하였다.

이천의병이 남한산성을 점령하자 정부에서는 참령 張基濂에게 1개 혼성대대의 병력을 주어 이를 공격하게 하였다. 장기렴부대는 일본군의 지원을 받으며 20여 일 공격해 왔으나 의병의 반격으로 격퇴당하였다. 그러나 후군장 朴周英과 좌군장 金龜元이 관군의 꾐에 빠져 3월 22일 문을 열어주고 말았다. 김하락 등은 박주영 3부자를 처단한 후 산성을 탈출하여 이후 안동·의성·경주 등지로 이진하면서 의병활동을 계속하였으나, 김하락은 영덕에서 신돌석부대와 합세하여 항쟁하던 중 전사하였다. 심상희는 선봉장 김태원과 함께 제천의진에 합류하였다.

춘천의병은 강원도 관찰부 소재지인 춘천을 중심으로 활동한 의병을 말한다. 이 지역은 이항로의 학통을 이은 柳重教·柳弘錫·李昭應 등 척사론자들이 집중적으로 거주하고 있어 의병봉기의 분위기는 성숙되어 있었다. 춘천의병은 1896년 1월 춘천유생 鄭寅會가 군인 成益煥과 상인 朴玄成을 포섭하고 포군 400여 명과 함께 춘천관찰부를 습격, 점령하면서 시작되었다.[29] 이들은 단발한 박초관을 처형하고 전 유수인 탐관오리 閔斗鎬의 생사당을 파괴한 후 봉의산에 진영을 설치하였다. 이어서 인근의 농민과 보부상의 의진 참여로 의진이 확대되었으며 1월 20일 당시 명망이 높던 이소응을 대장으로 추

29) 오영섭, 〈춘천지역의 을미의병운동〉(《북한강유역의 유학사상》, 한림대 아시아문화연구소, 1998).

대하였다. 춘천의병은 신임관찰사 겸 선유사인 曺寅承을 가평에서 체포하여 처단하고 서울을 향하여 진격하였다. 그러나 가평 벌업산에서의 관군과의 전투에서 패하고 말았다. 대장 이소응은 그의 종제 李晉應과 李景應에게 의진을 위임한 뒤 지평을 거쳐 제천의병에 합류하였다. 그 후 이진응은 전사했으며 이경응은 강릉의 민용호부대에 합류하여 항전을 계속하였다.

강원도 지역에서는 춘천 이외에 강릉을 중심으로 관동의진이 결성되었다. 여주출신의 閔龍鎬는 1월 30일 평창·영월·정선지방의 포수로 의진을 구성하여 강릉부 관할 9군을 총괄한 '關東九郡倡義所'를 설치하였다.[30] 민용호는 우선 강릉부의 친일 경무관 高俊錫을 처단하였다. 그 후 관동의병은 삼척·울진 등지에서 병력을 보충하고 일본군 거류지인 원산을 공격하였다. 그러나 3월 19일 안변의 仙坪 전투에서 의병은 악천후로 화승총을 발사할 수 없어 강릉으로 퇴각하였다. 민용호는 각 지역의 의병장에게 격문을 보내어 상호 협력할 것을 호소하였다. 이에 영양의 金道鉉이 60여 명의 의병을 이끌고 합세하였으며, 삼척의 金鑢卿 의병장과 연합하여 葛夜山城 전투를 치렀다. 5월부터 경군과 일본군이 강릉지방에 파견되어 민용호부대를 끈질기게 추격하였다. 9월초 민용호부대는 고원·영흥·정평에서 활약하다가 9월 18일 함흥을 점령하였다. 그러나 일본군의 공격에 결국 개마고원을 넘어 만주로 들어가 후일을 기약하였다.

나. 충청지역

충청도지역에서의 의병의 항일전은 충주부의 제천과 홍주부의 홍주에 의병의 본영이 설치되어 전국 의병을 선도하는 등 중심 역할을 수행하였다.

제천의병은 1896년 1월 12일 安承禹·李春永이 거의한 지평의진에서 비롯되었다. 이들은 지평의 포군장 金伯善을 비롯한 포수 400여 명을 주병력으로 하여 1천여 명의 의병을 이끌고 원주관아를 점령하였으며, 이어서 1월 17일 제천에 무혈 입성하였다. 이때 서상렬이 李弼熙·吳仁永·裵是綱 등과 함께 의진에 참여하였다. 이필희를 대장에 추대한 지평의병은 단양군수를 구금시

30) 朴敏泳, 〈閔龍鎬의 江陵義兵 抗戰에 대한 硏究〉(《한국민족운동사연구》 5, 1991).

키고 일본군과 관군과의 장회나루 전투에서 큰 승리를 거두었다. 그러나 일본군과 관군의 계속된 추격에 의진을 영월로 옮기지 않을 수 없었다.

유인석은 이 소식을 듣고 요동행을 포기하고 제천의병의 총대장에 추대되었다. 곧 유인석은 의진을 제천으로 옮겨 관아를 접수하고 관아 뒷산인 아사봉에 본영을 설치하였다. 이어 중군장에 이춘영, 전군장에 안승우, 후군장에 申芝秀, 선봉장에 김백선, 소모장에 서상렬을 임명하고 격문을 띄워 전국민의 항일전에의 참여를 호소하였다. 제천의병은 단발을 강요한 단양군수 권숙과 청풍군수 서상기를 처형하고 2월 17일 충주성을 점령, 충주관찰사 김규식을 처단하였다. 이어서 천안군수 金炳肅, 평창군수 嚴文煥을 처형하고 선유사 신기선을 잡아 가두었다. 소모장 서상렬은 안동부 일대에서 7읍의 맹주로 추대되어 예천군수 柳仁馨을 처단하고 안동의병과 연합작전을 펴기도 하였다. 이로써 제천의병은 충주부를 중심으로 중부지역 일대를 장악하는 세력권을 형성하였다.

제천의병은 수안보와 가흥에 주둔하고 있던 일본군의 격퇴를 주요 목표로 삼아 작전을 폈다. 그러나 2월 26일 수안보전투에서 이춘영이 전사하고 충주성 공방전에서는 朱庸奎가 전사하는 등 큰 손실을 입었다. 제천의병은 3월 5일 다수의 희생자를 낸 채 충주성을 포기하고 제천으로 후퇴하였다. 유인석은 안승우를 중군장으로 삼아 전열을 정비하였다. 이때 李康秊이 의병을 이끌고 의진을 찾아와 유인석과 사제의 의를 맺었다. 이강년은 유격장에 임명되어 이후 다수의 전투에서 큰 전과를 올렸다. 이 외에도 영춘에서 權灝善이 포수를 이끌고 왔으며 李明魯의 횡성의병도 합류하였다. 그러나 3월 27일 선봉장 김백선 처형사건이 일어났다. 가흥전투에 원군을 보내지 않은 중군장 안승우와의 불화 때문에 군기문란죄를 적용하여 처형한 것이다. 김백선의 처형은 병사들의 사기를 떨어뜨렸다. 더욱이 그를 추종했던 병사들은 군진에서 이탈하기까지 하였다. 제천의병은 결국 5월 25일 제천의 남산전투에서 관군과 일본군의 집중적인 공격을 받고 패하여 서행의 길을 택하게 되었다. 이후 제천의병은 단양·충주·원주·영월·춘천·양구 그리고 안변·영흥·맹산·덕천·운산을 거쳐 8월 24일 초산에서 압록강을 거쳐 중국의 회인현으로 들어갔다. 그러나 懷仁縣宰의 제지를 받고 8월 29일 무장해제를 당하였으며 유인석 등 21명을 제외한 219명은 강제 귀국당하였다. 유인석 일행은 심양으로 들어가 심양현에 군사지원을 요청하였으나 일본과의 전쟁의 사단을 일으킬 수 없다고 거절당하였다. 유인석 일행은 중국의 원병을 기대하기 어렵다는 사실을 깨닫고 元世凱에게 가려던 길을 돌려 1896년 9월 고구려 구토인 通化縣 五道溝로 들어가 '復古制 斥倭獨立'을 위한 기지로 정하고 재기를 준비하였다.[31]

홍주의병은 지방의 선비들과 金福漢을 비롯한 관료출신들에 의해 일어났다. 이들의 거의계획 추진은 1895년 11월 15일 단발령이 공포된 후 구체화되어 나타났다. 11월 28일 100여 명에 이르는 홍주 일대 유생들이 化城에서 향회를 실시하고 군사활동을 결의하기에 이르렀다. 180여 명의 민병이 모집되었으며, 다음날 安炳瓚·蔡光默이 이들을 인솔하여 홍주성에 입성하였다. 12월 1일 저녁에는 정산과 청양의 李鳳學·李世永·金正河 등 수백 명이 성안에 들어왔으며, 12월 2일에는 朴昌魯가 士民 수백 명을, 청양의 선비 李彰緖는 청양군수 鄭寅羲의 명령을 받아 수백 명을 인솔하고 각각 홍주부에 집결하였다. 이들이 안병찬·채광묵의 민병 180여 명과 합세하여 홍주 관아를 점령하였다. 김복한의 지시로 민병들은 경무청을 부수고 참서관과 경무관을 동문 밖으로 끌어내어 결박 구타하였다. 관찰사 李勝宇는 이 기세에 눌려 의병에 참여할 것을 승복하였다. 의병들은 '尊華復讐'의 기를 세우고 거의방략을 협의하였다. 다음날 홍주부내에 창의소를 설치하고 김복한을 수석으로 추대하였다. 김복한은 홍주부 관할 22개 군과 홍주군내 27개 면에 통문을 띄워 의병에 응모하기를 청하였다. 김복한은 이설·안병찬·李相麟 등과 함께 창의소에서 지휘하였으며, 宋秉稷·蔡光默·朴昌魯·鄭濟驥 등은 의병초모와 산성수리를 위하여 파견되었다. 청양군수 정인희는 창의소를 별도로 청양읍내에 설치하고 홍주부에 연락을 취해 포군 5백 명과 화포 1천 자루를 관찰사에게 요청하였다.

그러나 창의소를 차린 지 하룻만인 12월 4일 관찰사 이승우는 배반하고 말았다. 그는 유생들의 권유와 위협에 마지못해 거의에 참여는 하였으나 실

31) 金祥起, 〈1895-1896년 堤川義兵의 思想的 淵源과 展開〉(《白山朴成壽敎授華甲紀念論叢 韓國獨立運動史의 認識》, 논총간행위원회, 1991).

패를 두려워하였다. 관찰사는 거의의 뜻을 번복하고 김복한·이설을 비롯한 23명을 구금시켰다. 이들 중 김복한·이설·洪楗·안병찬·송병직·이상린(이상 홍주의병 6의사) 이외의 17명은 모두 무죄 석방시키고, 1월 12일 김복한 등 6명을 법부의 훈령에 따라 서울의 한성재판소로 이송하였다. 2월 23일 고등재판소 재판장 이범진이 이들을 불러 공초를 하고 25일에는 실형을 선고하였으나 이날 밤 자정 임금의 특지로 전원 사면 석방되었다.

한편 홍주지역 유생들은 의병의 재기를 시도하였다. 李根周·趙儀顯·安昌植·鄭寅羲 등이 그 대표적 인물이다. 특히 청양군수 정인희는 12월 6일 정산읍에 진을 치고 분연히 일어났다. 12월 7일 공주를 향해 진격하였으며 공주부의 具完喜 부대와의 치열한 전투를 정산의 철마정 일대에서 벌이기까지 하였다. 한편 이세영은 홀로 홍주를 빠져나가 1896년 2월 아관파천 후 남포에서 의병을 다시 일으켰다. 이때 같이 거의한 인사에는 黃載顯·李寬·金弘濟 등이 있다. 이 거사 역시 성공을 보지 못하고 패하고 말았지만 이세영 등 홍주지역 유생들의 끈질긴 항쟁의 모습을 알 수 있다.[32]

다. 영남지역

진주의병은 1896년 2월 17일 노응규에 의해 安義에서부터 시작되었다. 이때 그와 함께 거의한 인물로는 덕유산 기슭에 위치한 長水寺의 승려로 徐再起를 비롯하여 鄭道玄·朴準弼·崔斗元·崔斗淵 등 그의 문인과 그 외에 林景熙·成慶昊 등이 있다. 노응규는 서재기를 선봉장에 임명하는 등 의병진을 편성하고 그날로 진주로 진격하였다. 진주향교에서 공격의 기회를 살핀 노응규 의진은 2월 20일 새벽 순식간에 진주성을 점령하였다. 진주성을 점령한 노응규는 고종에게 倡義疏를 올려 "節士는 목숨을 경솔히 버리지 않으며, 義理를 붙잡는 것은 君子의 의무이옵기에 적개심을 이기지 못하여 의병을 일으켰다"고 거의의 뜻을 밝혔다. 또한 그는 "석달안에 왜적을 축출하고 선왕의 문물과 토지를 회복할 것"을 천명하였다.

노응규 의병진이 진주성을 점령하자 진주부민들도 鄭漢鎔을 대장으로 의

---

32) 金祥起, 〈1895~1896년 洪州義兵의 思想的 淵源과 展開〉(《尹炳奭敎授華甲紀念 韓國近代史論叢》, 지식산업사, 1990).

병진을 결성하여 성 밖에 진을 쳤다. 노응규는 성안에 招賢館을 임시로 설치하고 인근에 榜文을 내걸고 ① 경륜이 뛰어난 자 ② 도략이 過人한 자 ③ 籌術에 능통한 자 ④ 臂力이 過人한 자를 초빙하여 각 지역의 치안과 행정을 담당케 하고자 하였다. 노응규는 또 한편으로 의병초모를 위해 각 면리에 전령을 보내 매 2호당 군사 1명씩을 내게 하는 한편, 임진왜란 때 진주수성전에서 순절한 3壯士 및 義妓祠에도 제사를 올려 지역 주민의 의기를 고무시켰다.

이와 같이 부대를 정비한 진주의병의 수는 수천 명에 달했으며 대구부에서 파견된 관군을 두 차례에 걸쳐 격파하고 다수의 전리품을 노획하여 의병의 사기는 더욱 고무되었다. 노응규는 점차 활동범위를 넓혀 부산과 근접한 함안, 김해 일대까지 진출하여 일본군 수비대와 치열한 접전을 전개하였다. 이때 의령 출신의 李淸魯 부대도 합세하였다. 그러나 관군의 이간책으로 토착세력인 鄭漢鎔이 배신하였다. 진주의병은 관군에 진주성을 빼앗겼으며 선봉장 서재기마저도 안의의 서리들에 의해 살해되었다. 결국 노응규는 안의의 서리들에 의해 부친과 친형이 살해당하는 아픔을 겪고 의병을 해산하였다.[33)]

경상북도 지역에서는 안동부를 중심으로 안동의병이 결성되었다. 안동은 1881년 전개되었던 영남만인소의 진원지였다. 1894년 갑오변란과 청일전쟁에 항거하여 청풍의 유생 서상철이 안동지역에서 의병을 일으켰음은 이러한 안동의 사상적 특성과 관련이 크다.

단발령 공포소식을 듣고 金道和·金興洛·柳止鎬 등 대표적인 안동 유생들은 통문을 돌려 의병을 일으키기로 결의하였다. 1896년 1월 초 의병을 모아 1월 17일 안동관찰부를 공격, 점령하였다. 안동향교에 본영을 설치하고 참봉 權世淵을 대장으로 추대하였다. 이때 李晩燾·李中麟 등이 예안에서 의병을 일으켜 안동의병에 합세하였다. 그러나 안동을 탈출한 관찰사 金奭中이 경군을 이끌고 의병진을 불시에 공격하자 의병진은 1월 29일 안동에서 퇴각하고 말았다. 이후 金道鉉·柳時淵은 청량산에서, 李相龍·柳昌植은 고운사에서 의진을 수습하여 김도화를 대장에, 柳蘭榮을 도총에 추대하고 2월 중순 다시 안동부를 공격하였다. 의병의 총공격에 관찰사 김석중은 도망가다가 문

33) 朴敏泳, 〈愼菴 盧應奎의 晉州義兵 抗戰 硏究〉(《尹炳奭敎授華甲紀念 韓國近代史論叢》, 지식산업사, 1990).

경의 이강년 부대에게 체포되어 처단되었다. 김도화가 이끄는 안동의병은 제천의병의 소모장 徐相烈이 안동지역에 남하하자 그를 안동을 비롯한 의성·영양·예천·청송 등 7읍의 의병대장에 추대하고 연합작전을 전개하여 예천군수 柳仁馨, 의성군수 李觀永, 영덕군수 鄭在寬 등을 처단하고 함창군 태봉에 주둔하고 있던 일본군을 공격하였다. 태봉전투는 4일간에 걸쳐 계속되었다. 그러나 3월 29일 대구에서 증파된 일본군의 공격에 의병은 예천·풍기 방면으로 후퇴하였다. 4월 2일 일본군은 안동으로 침입하여 부내의 노약자와 부녀자를 무차별 학살하고 민가 1000여 호를 불태우는 만행을 저질렀다. 친일정부조차 일본에 항의하였으며 신임 관찰사 李南珪도 항의 사표를 제출하였으니 그 참상을 짐작할 수 있다. 안동의병은 정부의 권유로 해산하고 김도현만이 민용호부대와 연합하여 항전하다가 10월 15일 영양군 청기면에서 부대를 해산하였다.[34)]

한편 김천·선산 그리고 상주 등지의 유생들은 을미사변의 소식을 듣고 이에 통분, 상호 연락을 취해 거의를 실현시켰다. 우선 상주의 유생 李起燦은 목천에 거주하는 친척인 李起夏와 함께 許蔿를 찾아가 의병을 일으킬 것을 협의하였다. 이때 허위는 이미 金山(현재의 김천)과 龜城지역에서 진사 趙東奭·柳道夔 등과 비분강개하며 의병을 규합하고 있었다. 이기찬은 이들과 합세하여 1896년 2월 11일 군사적 요충지인 김산으로 들어가 의병근거지로 삼았다. 이곳에는 이미 향반출신인 呂永韶·呂中龍 등이 중심이 되어 통문을 띄우고 거의를 준비하고 있었다. 이들은 김산군수 李範昌을 영입하여 관민이 합세한 의병을 조직하고자 하였다. 그러나 이범창은 관찰사 李重夏의 친척으로 거사를 무산시키는 데 뜻이 있었으며 거사일을 2월 22일로 늦추도록 하고 감영으로 가버렸다. 이러한 가운데 상주·선산측의 이기찬·허위 등이 의병을 이끌고 김산에 들어와 김산 지역의 여영소 등이 이끄는 의병과 연합하여 3월 10일 김산향교에서 의병을 일으킨 것이다. 이 부대 이름을 金山義陣이라고 부른다.[35)]

---

34) 金祥起, 〈1895~1896년 安東義兵의 思想的 淵源과 抗日鬪爭〉(《史學志》 31, 1998).
權大雄, 〈1896년 靑松義陣의 조직과 활동〉(《한국근현대사연구》 9, 1998).

이기찬은 이때 운집한 의병들에 의하여 창의대장에 추대되었다. 이어서 의진의 진용을 갖추었으니 趙東奭을 軍門都摠, 姜懋馨을 贊劃, 許蔿를 參謀將, 李時佐와 呂永韶를 書記, 梁濟安을 中軍, 尹鴻采를 先鋒에 임명하고 인근에 격문을 발송하여 국난에 처하여 모든 이가 의병대열에 나서서 국치를 설욕할 것을 천명하였다. 김산의병은 김산 장날에 읍으로 들어가 수백 명의 의병을 모집하고 김산군의 무기고를 습격하여 무장하는 등 군세를 강화하였다.

김산의진은 대구부를 공격하기 위해 군량 확충과 모병을 계속해 나가던 중 3월 14일 知禮에서 관군을 맞아 전투를 수행하게 되었다. 그러나 연합부대로 형성된 김산의병은 지휘체계의 미비와 전투력의 열세로 패퇴하고 말았다. 이후 의병장 이기찬을 비롯한 주력부대는 부득이 충청북도 黃澗으로 이진하지 않을 수 없었다. 흩어졌던 장졸들이 사방에서 모여들었으며 이기찬은 이들을 훈련시켜 재기를 준비할 수 있었다. 또한 의병중 민가를 약탈하는 이를 체포, 효수하여 군율을 엄정히 하였으며, 영동군수 閔致純에게 가렴주구의 죄를 추궁하였다. 이 소식을 듣고 인근의 수령들이 도망하는 자가 속출하였다. 4월 5일 김산의병은 구성면 도곡천에서 경상감영의 관군과 대치하게 되었다. 그러나 이 접전에서 의병들은 패하였다. 의병장 이기찬은 여영소·여중용·양제안 등 지휘부를 이끌고 황간으로 돌아왔다. 그 후 김산의진은 속리산 아래 帳內에서 전투를 치렀으며, 문경으로 옮겨 李康秊 부대와 합세를 기도하기도 하였다. 그러나 계속되는 고종의 哀痛詔書와 義兵解散勅諭를 받고 의병을 해산하였다.36)

라. 호남지역

전기의병의 봉기가 전국적으로 확산되고 있을 때 호남지역에서는 장성·나주·광주지역을 중심으로 의병봉기를 준비하였다. 대표적 인물은 장성의 유생인 奇宇萬·기삼연·고광순 등으로 이들은 통문을 돌려 의병봉기를 촉구하였다. 여기에 제천의병장 유인석의 격문에 자극을 받아 1896년 3월 초 광주향교에 창의본부를 두고 光山會盟所를 설치하였다. 한편 나주에서도 아

35) 權大雄, 〈金山義陣考〉(《尹炳奭敎授華甲紀念 韓國近代史論叢》, 지식산업사, 1990).
36) 李起燦, 《止山遺稿》(필사본) 참조.

전 출신인 金蒼坤을 중심으로 의진이 결성되었는데 나주 관속들도 의진에 가담하였으며 해남군수 鄭錫珍의 지원까지 받았다. 나주의병은 참서관 安淙洙를 처단하고 위세를 떨쳤다. 안종수가 개화정책을 강요하며 의병봉기를 방해하였다는 것이 처벌의 이유였다.37)

광산회맹소 대장 기우만은 나주의병에 연락을 취하여 의병의 연합을 꾀하고자 하였다. 그러나 이겸제가 이끄는 관군의 나주의병 공격에 해남군수 정석진이 처형을 당하고 의병과 연락을 취하던 남양군수 閔鍾烈도 체포되었다. 한편 정부에서는 선유사 신기선을 파견하여 의병해산을 종용하자 기우만은 그 해 4월 의병을 해산하였다. 기삼연은 이에 항거하여 장성으로 돌아가 의병활동을 계속하던 중 전주진위대에 체포되었다.

마. 북한지역

함흥지방에서는 평강 출신의 崔文煥이 거의하여 1896년 2월 함흥부를 점령하고 참서관 睦裕信과 주사 皮相國 · 洪秉瓚을 처단하고 각지에 포고문을 발표하였다. 함흥의병은 특히 일본 상인의 경제적 수탈에 항거하여 일어난 특성을 지닌다. 함흥의병은 민용호의 관동창의군과 연합작전을 펴 9월 함흥을 재점령하기도 하였다. 해주에서는 포수들이 중심이 되어 거의하였다. 원래 이들은 동학군에 가담하여 李祖鉉이 이끄는 친위대에 의해 체포, 구금되어 있었다. 이들은 전국적으로 의병이 일어나자 3월 20일 파옥하고 경무관 李敬善 등을 처단하고 관찰사 李鳴善을 감금한 후 거의하였다. 그러나 친위대의 반격으로 패산하였다.

의주에서는 유생 趙尙學이 압록강을 넘나들며 의병활동을 전개하였다. 그 외 문화군 의병들은 군청을 습격하여 군수 洪在駿을 구금하고, 장연군에서는 의병 11명이 체포되어 희생당하기도 하였다. 평산의 유생들은 의병봉기를 계획하다가 유인석이 의병장에 추대되었다는 소식을 접하고 兪致慶 등은 제천의병에 참여하였으며, 수안의 유생 宋尙奎도 의병을 계획하다가 제천의병에 참여하였다. 이처럼 북한지역의 의병항전은 반개화주의적이면서 근왕적인 특

37) 洪英基, 〈1896년 羅州義兵의 結成과 活動〉(《李基白先生古稀紀念 韓國史學論叢》, 一潮閣, 1994).

성을 갖고 있기는 하나 남한지역에 비해 해주의 포수군이나 함흥부에서와 같이 반침략성이 두드러진다.

4) 갑오·을미의병의 사회적 기반과 성격

갑오·을미의병의 참여층은 지휘부와 병사층에 따라 유생과 평민으로 대별되어 나타난다. 지휘부는 주로 관료출신의 양반유생 또는 재지유생들로 구성되었다. 그 중에서도 화서학파·노사학파·정재학파·남당학파 등 위정척사계열의 유생들이 중심이었다. 화서학파 유생들은 제천의병·춘천의병·진주의병·강릉의병·의주의병 등 가장 활발한 의병세력을 형성했던 것으로 보인다. 정재학파에는 안동의병 등 경상북도 지역 의병세력이 이에 포함된다. 기우만 등의 장성의병은 노사학파 인물들에 의해 조직된 대표적인 의진이라 할 수 있다. 한편 홍주의병은 남당 한원진의 학문적 영향을 받은 자들이 중심이라는 점이 밝혀져 이들을 남당학파라고 명명하고 있다. 홍주의병은 동시에 화서학파의 학문적 영향을 받기도 한 것으로 알려진다. 이들 척사계열의 의병 중 다수는 동학농민전쟁시 동학군을 진압하는 데 참여했던 것으로 보여 동학농민전쟁과 의병투쟁의 정치사상적인 차이를 실감나게 한다. 그러나 지휘부에는 유생만이 아닌 吏族이나 평민들도 다수(전체의 약 14%) 포함되어 있음이 확인된다. 심지어 나주의병의 경우는 이족 출신이 지휘부의 44%나 차지하고 있으며, 해주의병의 경우는 전원이 포수 출신인 것으로 보아 갑오·을미의병의 지휘부에 평민 출신의 참여율이 예상외로 높음을 알 수 있다. 또한 유생이라 할지라도 선대 중에 현직을 역임한 의병장을 찾기가 쉽지 않을 정도로 몰락한 양반층이 많았던 것으로 보인다. 그 결과 경제적 기반이 상당히 취약한 편이었으며 이러한 점은 의병 전력의 약화를 초래하게 하였다.

병사층에는 일부의 유생도 포함되었으나 주로 평민층으로 구성되었다. 그 중 포수가 주요 전투력이었으며, 그 밖에 소작농민을 비롯하여 보부상, 해산군인, 소수의 청군과 잠적성이 강한 동학교도가 참여한 것으로 보인다. 그러나 갑오·을미의병의 지휘부와 병사층간의 상호 관계는 효율적이지 못했다. 즉 전투수행 능력보다는 신분 또는 성분에 대한 차별적인 태도가 지나치게 강조된 측면이 있다. 그 결과 전력의 약화를 초래하였으며 결국은 전투의 패인으로 작용되기도 하였다. 여기에서 계급문제가 민족문제보다 우선시 되는 사상적 한계성을 노출시키고 있음을 볼 수 있다.[38]

이와 같이 갑오·을미의병은 尊華攘夷論에 철저한 斥邪的 성격을 띤다 하겠다. 즉 갑오·을미의병의 지휘부를 이룬 인물들은 존화양이론에 입각하여 제국주의세력의 정치경제적 침략에 주자학 질서를 수호하려는 위정척사운동을 전개한 바 있으며, 1894년 이후 일제의 무력적 침략에 민족의 생존권 회복을 위한 반침략 의병투쟁을 전개하기에 이른 것이다. 또한 갑오·을미의병의 사상적 연원은 홍주의병장 김복한이나 제천의병의 주도 인물들이 宋時烈의 학통을 잇고 있으며 특히 송시열의 존중화론에 입각한 북벌론적 인식에서 의병을 일으키고 있음을 볼 수 있다. 이러한 사상적인 영향으로 갑오·을미의병은 이념적으로 위정척사론에 철저했다. 또한 상원의병·유성의병·강계의병·이천의병 등과 같이 비록 특정한 학파에 속하지는 않더라도 유성의병에서 볼 수 있듯이 존화양이론에 입각한 척사적 성격을 띠고 있다.

둘째, 갑오·을미의병의 성격으로 근왕성을 들 수 있다. 안동의병의 격문에서 갑오변란으로 궁궐이 불법 점령당하고 고종이 핍박당한 일을 거의의 이유로 밝히고 있음을 볼 수 있다. 또한 유생을 비롯한 조선인들은 을미사변을 당하자 이를 천고에 있을 수 없는 '大變'으로 인식하였으며, 더욱이 시해된 민비를 폐위시키는 조치에 이르러는 죽음으로써 국모의 원수를 갚고자 거의하게 되었다. 이와 같은 갑오·을미의병의 주요 이념에서 '主辱臣死'의 정신으로 임금에 충성하고자 하는 근왕적인 성격을 살필 수 있다. 그러나 이러한 근왕적 내지는 충군애국적 국가관은 국왕을 전제로 한 국가의 독립, 즉 왕조의 복구에 궁극적인 목표가 있었다 할 것이다.

셋째, 갑오·을미의병의 성격으로 반침략성을 들 수 있다. 의병들은 1894년 갑오변란을 일제의 침략행위로 규정하였다. 청일전쟁 역시 조선의 국권을 위협하는 것으로 파악하였다. 특히 갑오변란은 유인석 등 척사유생들에게 망국적 위기의식을 느끼게 하였다. 관직에 있던 김복한·이설 등 유생들도 경

38) 金祥起, 〈甲午乙未義兵의 參與層과 擧義理念〉(《仁荷史學》 3, 1996).

복궁이 일본군에 점령당하는 사태에 접하고 관직을 사퇴하고 낙향하여 의병봉기를 준비하였다. 1894년 7월 안동에서 시작된 갑오·을미의병이 일본군의 격퇴를 최고의 목표로 삼았음은 물론이다. 의병들의 최종 목표는 일본군에 의해 점령된 경복궁의 탈환이었다. 이에 따라 의병들은 단일부대로 혹은 연합부대를 편성하여 서울 공격을 시도하였으며, 이를 수행할 수 없게 되자 지방에 주둔하고 있던 일본군 수비대를 주요 공격 대상으로 삼아 무력 항쟁을 전개하였다. 제천의병이 수안보에 있던 일본군 수비대를 점령하기 위한 전투를 수차례 감행하다가 이춘영 등 다수의 의병장들이 희생되었음은 잘 알려진 사실이다.

넷째, 갑오·을미의병의 성격으로 반개화성을 들 수 있다. 척사유생들은 개화는 곧 중화의 질서를 무너뜨리고 인륜을 파괴하여 금수로 만들 뿐 아니라 국가마저 멸망에 이르게 한다고 보았다. 척사유생들은 이와 같은 반개화론, 나아가 개화망국론에 입각하여 중화질서의 회복과 국가의 독립을 위해 거의한 것이다.

이들의 반개화투쟁은 갑오경장 반대투쟁으로 발전되었다. 즉 갑오경장의 일환으로 추진되는 변복령과 단발령을 반대하였으며 동시에 지방제도 개편과 군사제도 개편 등 행정제도의 개편을 반대하였다.[39] 이른바 '개혁'이란 허울 속에 취해진 갑오경장의 정책들을 '倭化'라고 규정, 반대투쟁을 전개한 것이다. 유생들이 의병을 일으켜 직접적인 군사활동에 들어가 군수나 관찰사를 처단하면서 그들을 '倭郡守'·'倭觀察'이라 하였음은 의병의 반개화적인 성격을 말해주는 단면이라 하겠다. 비유생 의병장의 경우에도 반개화적인 면이 강했다. 예컨대 이족들에 의해 주도된 나주의병의 경우에 거의한 직후 맨 먼저 참서관 안종수를 처단하였다. 안종수는 신사유람단의 隨員으로 일본의 신식 문물을 시찰한 관리로 서양의 근대농법 소개서인 《農政新編》을 펴내기도 한 개화파 인물이다. 그가 나주에 부임하여 단발을 강요하였으며 이 일로 의병들에게 처단된 것이다.

다섯째, 이와 같은 갑오·을미의병의 척사적 성격은 유생의병의 경우에는

39) 金祥起, 〈甲午更張과 甲午乙未義兵〉(《國史館論叢》 36, 1992).

반동학적 성격을 동시에 띠게 하였다. 갑오·을미의병은 지휘부의 정치적 성향을 보면 1894년 동학농민전쟁시 동학농민군들을 진압하는 데 적극적이었던 인물들이 참여하고 있는 특성을 보여준다. 그 중에 유성의병의 문석봉, 홍주의병의 김복한·안병찬, 나주의병의 정석진, 제천의병의 김백선 등은 관군의 신분으로 또는 유회군을 편성하여 동학군과 직접 무력투쟁을 한 경험이 있는 이들이다. 그리고 유인석을 비롯한 제천의병과 춘천의병의 지휘부, 예안이나 안동·진주·장성·김천의병의 지휘부 역시 비록 동학군과의 무력충돌의 경력은 없었을지라도 위정척사론에 입각하여 반동학적인 태도에 있었던 것은 분명하다. 따라서 이들이 지휘한 의진에 동학군의 참여는 사실상 기대하기 어려웠다.

그런데 갑오·을미의병 중에 비유생 의병부대의 하나인 해주의병은 동학에 참여했던 이들이 주동했으며, 상원의병의 경우에는 해산된 동학군에게 연락을 취해 의병에 참여시킬 정도로 친동학적인 성격을 보여주고 있어 지역적 특성을 보여준다. 이와 같은 북한지역 의진의 경우는 갑오·을미의병의 부분적인 현상으로 보인다.

이상과 같이 갑오·을미의병은 남한지역을 중심으로 전국 각지에서 치열한 반개화·반침략 투쟁을 전개하였다. 갑오·을미의병의 무장투쟁은 위정자와 일제 침략군에게 큰 위협을 주었다. 단발령은 철회되었으며 고종은 아관파천을 단행하여 일제의 침략행위에 대한 반대의사를 행동으로 보여주었다. 아관파천 직후 김홍집·어윤중 등 개화파 관리들은 처단되었으며 침략정책의 일환으로 추진되던 개화정책은 비판되어 실효를 보지 못하였다. 또한 갑오·을미의병은 표면적으로 해산되었지만 제천의병의 경우는 끝까지 고종의 해산조칙을 거부하고 만주로 들어가 재기의 항전을 준비하였다. 그리고 다수의 의병장들은 1905년 을사조약을 전후하여 의병의 기치를 다시 세우고 전국적으로 민족수호를 위한 항일투쟁을 재개하였다. 따라서 갑오·을미의병은 투쟁의 치열성과 지속성, 그리고 성과면에서 한말 민족운동사에서 차지하는 위치가 크다 할 수 있다.

〈金祥起〉

2. 을사의병

1) 을사의병의 재기

1894년 청일전쟁 이후 전국 각지에서 봉기하였던 갑오·을미의병(전기의병)은 아관파천 직후인 1896년 봄 그 세력이 급격히 위축되어 활동이 거의 종료되었다. 국왕이 의병해산을 명하게 되자, 여기에 항거할 명분을 상실하였을 뿐만 아니라 경군이 각지로 파견되어 의진을 압박한 까닭에 더 이상 활동이 불가능해졌던 것이다.

을사의병(중기의병)은 1904년부터 1907년 전반기에 걸쳐 일어나 활동한 의병을 가리킨다. 곧 이 의병은 1904~1905년의 일련의 일제 침략책동에 항거하여 일어난 이후 1907년 8월 대한제국 군대 강제해산을 계기로 격화되는 정미의병 이전 단계의 의병을 말하는 것이다.

을미의병에 참가하였던 인물들은 1896년 의진 해산 이후 직함과 신분, 그리고 개인적인 성향에 따라 다양한 활동 노선을 걸었다. 의병장 혹은 중요 참모의 경우에는 元容八·鄭雲慶·李世永·金道鉉·盧應奎·李康秊 등의 경우와 같이 을사의병으로 재기하거나, 金道和·金福漢 등의 경우와 같이 은거하거나, 李相龍·具然英의 경우에서 보듯이 일부는 계몽운동자로 변신하거나, 또 許蔿·노응규·閔龍鎬 등의 예에서 보이듯이 관직으로 진출하는 등 그 동향이 비교적 다양하였다. 한편 을미의병에 일반 병사부로 참가하였던 농민층의 경우에는 해산 이후 1897~1904년간에 펼쳐진 농민운동에 적극적으로 참여하였던 것으로 보인다. 英學黨·南學黨·草賊·火賊·活貧黨·東學黨 등의 이름을 걸고 항쟁한 경우가 그 대표적 사례이다.[1]

일제는 1904년 2월 러일전쟁을 도발함과 동시에 한국에 대한 군사적·정치적 압박을 더욱 강화시켜 갔다. 개전 직후 강요한 한일의정서를 근거로

---

1) 趙東杰,《韓國民族主義의 成立과 獨立運動史硏究》(지식산업사, 1989), 37~40쪽 참조.

1904년 3월 한국주차군사령부를 설치하고 4천여 명의 일본군이 한국에 주둔한 뒤 이듬해 말에는 2개 사단 규모의 일본군이 한국 전역에 배치됨으로써 한국민을 강압적으로 압박하였다. 그리고 같은 해 8월에는 한일협약이 늑결되어 재정·외교 등 일본인 고문이 막강한 권한을 행사하는 소위 고문정치를 실시하게 됨으로써 일제의 침략은 더욱 노골화하였다. 일제의 이러한 대한침략 책동은 러일전쟁이 종료된 뒤 1905년 11월 19일 을사조약을 늑결함으로써 그 극에 달해, 대한제국은 실질적으로 국권을 상실하고 말았다.

러일전쟁 이후 을사조약이 늑결되는 시기에 한국민의 반일 적개심은 한층 팽배했고, 국권수호를 위한 반일투쟁도 더욱 격렬하게 전개되었다. 을사의병은 이러한 시대적 배경하에서 재기하게 된다. 이 시기에 을미의병 때의 항전 경험을 축적한 의병들이 상당수 재기 전선에 투신하였으며, 이들이 결국 전국적으로 의병항전을 촉발시키는 역할을 하게 되는 것이다.

을미의병 이후 의병이 재기하게 되는 시기는 1904년 무렵부터이다. 곧 1904년부터 《皇城新聞》이나 《大韓每日申報》 등에서는 의병 관련 기사가 산견되고 있다. 이들 자료에 의거할 때 1905년 가운데서도 화적·賊黨·民擾·匪徒 일진회·의병 등의 기사가 특히 많은 5월부터 11월까지 7개월 동안에 2백여 회의 사건 기사가 실려 있다. 그 가운데서도 특히 의병으로 명시되어 있는 것이 다음과 같이 40여 회에 이른다.[2)]

〈표〉 1905년의 의병기사

장 소	내 용	보 도 일 자
죽산·충주	50명 가량의 의병이 各里에서 侵奪錢糧함	《皇城新聞》 5. 10
괴산·진천·淸安	1천여 의병이 일어나 충주에 군대를 주둔시킴	5. 15
죽산·안성·음죽·양지	각처의 의병이 各村을 侵奪錢糧함	5. 16
진천	朴載萬 등 70여 명의 의병이 入邑하여 재물 탈취	5. 19
靑山	匪類 2백여 명이 의병이라 칭하며 부민의 재물 탈취	5. 22

2) 趙東杰, 위의 책, 41~43쪽의 표 전재.

청안·제천	의병 150명 기마 조총으로 위협 奪財	5. 24
경기·충북	각처에 비류 의병이 창궐하므로 청주와 수원진위대 파병	5. 27
충주·청주	義匪 3백여 명과 접전	5. 29
죽산	의병 20명과 일본 헌병대 소속 순검과 교전	5. 29
서울	일진회장 尹始炳이 군부에 보낸 의병 소탕 공한(의병이 마필·총·창을 收聚하고 응모자에게는 20元씩 하급하니 不忍坐視 卽行消除할 방법이라고)	5. 29
廣州	의병 2백 명이 부민의 재물과 총기를 奪去	6. 6
보은	의병 2백 명이 모병하고, 총기 40여 柄과 재물 기백 냥 取去	6. 8
楊根	의병 45명이 持銃入來하여 일진회를 공격, 재물 탈거, 방충	6. 14
砥平	의병이 단발자 1명과 일진회원 9명을 포살(군수 파면당함)	6. 15·19·20
홍천	의병 4명이 일진회원 拉去 구타	7. 12
원주	의병 원용팔 각국 공관에 성명서 발송	《大韓每日申報》 8. 24
永春	포군 30, 종사 수십 명의 의병이 포군을 모병함	9. 8
단양	원용팔의 의병 격문이 단양 북면 향약소에 來致	9. 8
충북	의병이라 하며 錢穀討索, 총검수탈이 횡행	9. 10
영월	의병 작폐가 우심했는데 원주진위대가 진압	9. 13
정선	원용팔 의병 2백여 명 내도(원주진위대와 일진회가 체포)	9. 20
홍천	서석면과 동면에 의병 2백 명 주둔	9. 29
강릉	영월·정선·평창에 의병 누백 명(포군으로 방비함)	9. 29
영월	원용팔 피체 후 餘黨 40여 명이 掠奪財産	10. 2
영춘	의병 정운경 체포	10. 18
충청·경상	의병은 동학당처럼 주문을 외우다	10. 18
光熙門	의병 6명을 일헌병이 체포	10. 26
청산	義兵之類가 인근 지방에 在在團結이라	10. 27
풍기	의병 2백 명 읍내 점령, 원주진위대와 교전	10. 28
단양	의병 창궐로 진위대 파병 요구	10. 29
보은	의병 30~40명이 화양동 주둔	10. 31

청풍	의병 50명 출현	10. 31
懷仁	의병 40여 명이 吏廳에 유숙	10. 31
보은	金東周 의병 50여 명과 교전(속리산 僧軍도 관군 합세)	11. 7
영천	3백 명의 의병이 梧麓洞 班家를 습격(9월 14일)	11. 11
영천	의병 150명 入邑, 夕飯과 군수전 2천 냥 탈거	11. 11
영천	의병 22명 내습(9월 18일)	11. 11
봉화	의병 4~5백 명 내습	11. 11
延豊	의병 2백여 명 원주진위대와 전투	11. 26

결국 을사의병은 을미의병 해체 이후, 1904년 러일전쟁 이후 한일의정서 등 일련의 침략정책이 강제로 시행되는 과정에서 여기에 반발하는 운동이 의병으로 일어났다. 이러한 의병의 배경에는 위에서 언급한 여러 형태의 농민운동이 자리잡고 있었던 것이다. 그러나 주천과 단양 일대에서 일어난 원용팔과 정운경 의병을 제외하고는 을사조약 늑결 이전 단계에서 일어난 여러 의병에 대해서는 현재 명확하게 그 실체가 파악되지 않고 있는 실정이다.

2) 전국 의병의 활동

(1) 경기 · 강원도

경기 · 강원도 일대는 충북지방과 더불어 을미의병 시기 화서학파를 중심으로 의병세력이 특히 강성하였던 지역이다. 유인석의 제천의병으로 대표되는 이들 의병 성원들은 의진 해산 후 대체로 향리에 은둔해 있으면서 재기항전의 기회를 노리고 있었다. 그러므로 이들은 1904~1905년 일제침략이 가속화되는 시점에 도처에서 재기항전에 나서 전국 의병을 선도하게 되는 것이다.

을사조약이 늑결되기 두 달 전인 1905년 8월 중순경에 일어난 원용팔(일명 元容錫) 의병의 경우가 그 대표적인 사례이다.[3] 柳重敎(이항로의 高弟)의 문인

3) 원용팔 의병은 1980년대까지 을사의병의 선구 내지는 효시로 언급되어 왔었

이었던 원용팔도 을미의병 당시 여주 일대에서 활동하던 沈相禧 의병, 그리고 제천의병의 중군장을 지내는 등 폭넓은 활동을 한 뒤 잠적해 있던 인물이었다.[4)]

원용팔은 지방인사 朴受昌 등의 협조하에 동지 8명과 함께 1905년 8월 16일 원주 楓亭에서 거병한 뒤 군사모집에 들어갔다. 酒泉(현 영월군 주천) 일대에서 포군 수십 명을 모은 다음 단양·영춘·영월 등지를 거쳐 9월 3일에는 정선까지 진출하였다. 이 무렵에는 전력이 상당히 강화된 것으로 보여 포군이 2백여 명에 달하였다는 기록도 보인다.[5)] 이어 이 부대는 강릉 봉평과 홍천 瑞石 등지를 전전한 다음 원주 방면으로 이동하였다. 그 동안 한때 1천여 명에 달하던 의진의 군세는 원주진위대장 김구현이 일진회원들을 동원, 의진 와해공작을 펼친 결과 4백여 명으로 격감하게 되었다. 이러한 상황에서 원주 弓谷에서 유숙하던 원용팔 의병은 9월 25일 진위대의 공격을 받아 와해되었으며, 원용팔도 횡성에서 체포되고 말았다. 이로써 이 의병은 활동이 종료되었으며, 서울로 압송된 원용팔은 1906년 3월 45세의 나이로 옥중 순국하였다.[6)]

1905년 9월 원용팔 의병이 해체된 뒤, 동지 정운경이 단양에서 다시 의병을 일으켰다. 정운경 역시 을미의병 때 제천의병의 전군장으로 활약하였던 인물로, 원용팔 의병이 해체되었다는 소식을 듣고 李圭錫 등 동지들과 함께 항일구국의 기치를 올렸던 것이다. 이에 영춘·제천·청풍 등지에서 3~4백 명의 의병을 모을 수 있었다. 그러나 정운경 의병도 본격적인 활동을 시작하기도 전에 원주진위대의 급습을 받아 해체되고 말았다. 정운경은 영춘에서 체포되고, 의병을 후원하였던 유생 朴世和도 청풍에서 체포됨으로써 항일구국의 꿈은 무산되었던 것이다. 그 뒤 정운경은 서울로 압송되어 평리원의 재판을 받고 1906년 10월 황주의 鐵島로 유배당하였다.[7)]

다(독립운동사편찬위원회 편, 《독립운동사》 1, 1971, 334쪽 ; 윤병석, 〈의병의 항일전〉, 《한국사》 19, 국사편찬위원회, 1984, 398쪽).

4) 元容正, 〈卜隱〉(《昭義新編》, 國史編纂委員會, 1975), 243쪽.

5) 《大韓每日申報》, 1905년 9월 20일, 〈義兵漸熾〉.

6) 權寧培, 〈舊韓末 元容八의 義兵抗爭〉(《韓國民族運動史硏究》, 于松趙東杰先生停年紀念論叢 2, 나남출판, 1997), 230~234쪽 참조.

7) 鄭雲慶, 〈同遊錄〉(《獨立運動史資料集》 1, 獨立運動史編纂委員會, 1971), 575~576쪽.

원용팔 · 정운경 의병 해체 후에도 인근 각지에서는 산발적인 의병 항전이 꾸준히 지속되고 있었다. 강원도 홍천에서는 朴長浩가 서석면 일대에서 의병을 일으켜 항전에 들어갔다. 유중교의 문하에서 수학한 가평 출신의 박장호는 당시 홍천 笙谷(서석면 소재)에 거주하고 있었다. 또한 이 시기에 양구에서는 崔道煥 의병, 양평 · 여주에서는 李範疇, 죽산 · 안성에서는 朴錫汝 의병 등이 지역 산발적 형태로 활동하고 있었다.8)

(2) 영남지방

영남지방에서도 1905년 말 특히 지형적으로 활동이 유리한 충청 · 경상도 접경의 산악지대를 거점으로 수십, 수백 명으로 편제한 의병들이 우체소를 습격하고 전선을 절단하는 등 항전을 벌이고 있었다. 1905년 10월 중순 2백여 명의 의병이 순흥우체소를 습격한 일과, 같은 달 17일 3백 명의 의병이 영천우체소를 습격한 거사 등이 이 시기 의병항전의 두드러진 예이다. 따라서 일제는 한국 진위대의 출동에만 의병 탄압을 기대하던 방침을 바꾸어 10월 하순경부터는 헌병대를 직접 투입하는 조처를 취하였다.9) 이와 같이 항일의병의 분위기가 점차 고조되던 상황에서 을사조약이 늑결되자, 의병의 기세는 요원의 불길처럼 확산되어 갔다.

경북 영양에서는 을미의병 때 활동한 김도현이 재기항전의 기치를 들었다. 을사조약 폐기 상소를 올린 김도현은 1906년 1월 하순 통문을 돌려 거의를 촉구한 뒤 50~60명의 포군을 주축으로 1백여 명을 모아 항일의 기치를 들었다. 그러나 미처 활동에 들어가기도 전에 안동진위대의 탄압으로 의진은 해체되고, 주장 김도현도 체포되고 말았다.10)

1906년 봄 삼척에서는 前都事 金夏奎가 의병을 일으켰다. 이 의진에는 강릉 출신의 전 군수 黃淸一이 가담하여 크게 성세를 떨쳤고, 한때 영해의 申乭石 의병과도 서로 호응하며 항일전을 수행하기도 하였다. 그러나, 이 의진

8) 독립운동사편찬위원회 편, 《독립운동사》 1(1971), 340쪽.
9) 위의 책, 339~340쪽.
10) 金康壽, 〈韓末 義兵將 碧山 金道鉉의 義兵活動〉(《北岳史論》 2, 國民大, 1990), 233쪽 참조.

도 김하규·황청일 등의 핵심 인물들이 체포되면서 해산하게 되었고, 그뒤 이들은 정운경과 함께 황주 철도로 유배되었다.[11] 한편, 울진에서도 1906년 초에 金顯奎가 의병을 조직하여 그 일대에서 명성을 떨치기도 하였다.

1906년 전반기에 들어 영남지역에서 특히 활동이 두드러졌던 의진이 신돌석 의병이다. 을미의병 때에도 참여한 것으로 전해지는 신돌석(본명 申泰鎬 혹은 申泰浩)은 1906년 4월 향리인 영해 福坪(현 영덕군 축산면 부곡동)에서 1~2백 명의 장정을 규합하여 의병을 일으켰다.[12]

'寧陵義兵將' 신돌석을 주장으로 한 이 의진은 4월 하순경 영양읍을 공략, 총포·화약 등 다수의 군비를 노획한 것을 비롯해[13] 영양·청송 등지에서 토호들로부터 군수품을 수집하는 한편, 출동한 안동수비대를 상대로 전투를 수행하고 있었다. 이후 일월산 일대를 근거지로 한 신돌석 의병은 5월 하순경 3백여 명에 이르렀으며, 6월 들어 일시 울진 읍내를 장악할 만큼 군세를 떨치고 있었다.[14]

이에 일제는 정부로 하여금 1906년 6월 대구·원주·경주 등지에 주둔중이던 진위대 병력을 이곳으로 출동시키도록 조치하였다. 이때 대구진위대 2백 명은 正尉 朴斗榮의 지휘하에 영덕 방면으로 출동하였고, 원주진위대 1백명도 참령 李承七의 지휘하에 평해 방면으로 남하하였다. 이들 양 진위대는 합동작전을 펴 평해 부근에서 협공을 가하였다.[15] 그러나 신돌석 의병은 이와 같은 일본군과 관군의 연합공격에도 당황하지 않고 돌격전으로, 혹은 유인전으로 적군의 공세를 훌륭히 차단해 냈다.

이 무렵 신돌석은 휘하 의병을 이끌고 산악지대와 해안선을 따라 다시 영해지방으로 회군, 영해읍을 성공적으로 공략하였다. 영해 공략을 앞둔 이 의진은 격문을 발하여 "막중한 의병진을 효유한다고 하면서 감히 대의에 항거하니 그 죄가 하나요, 병정을 청하여 빌어다가 의병진을 치려 하니 그 죄가 둘이요, 倭學을 설치하여 사람을 무도한 지경에 빠지게 하려 하니 그 죄가

11) 鄭雲慶, 〈同遊錄〉, 559쪽.
12) 獨立運動史編纂委員會, 〈申將軍實記〉(《獨立運動史資料集》 3, 1971), 411쪽.
13) 《皇城新聞》, 광무 10년 5월 14일, 〈英陽郡義擾〉.
14) 김정미, 〈한말 경상도 영해지방의 의병전쟁〉(《大丘史學》 42, 1991), 27~30쪽.
15) 《皇城新聞》, 광무 10년 5월 30일·6월 15일·6월 30일.

셋이다"라고 하여 당지 군수의 죄상을 성토하고 의병항전의 정당성을 천명하였다.[16] 영해군에 머물면서 사기를 고양시킨 신돌석 의병은 다시 인접한 영덕으로 진출, 7월 초에 영덕읍을 공략하기에 이르렀다.[17]

그 뒤 신돌석 의병은 1906년 11월경 일월산과 백암산 · 대둔산 · 동대산 일대로 근거지를 옮기고 요해지를 의지하여 활발한 유격전을 벌였다. 이어 1907년 봄에는 다시 중군장 白南壽와 金致憲 등 휘하 의병들과 함께 주민들의 절대적인 지지 원조하에 친일파 처단에 주력하였다.[18]

신돌석 의병은 이후 1907년 7월까지 관아 습격 등 대규모 공격활동을 멈추고 의병 소모와 친일파 처단 등의 활동을 벌이면서 영해 · 영덕 · 평해 등지를 주로 전전하고 있었다. 이어 8월 20일에는 3백여 명의 의병이 다시 영양읍을 공격하여 분파소와 관아를 공략하는 등 활동을 재개하였다.[19]

정미의병 시기인 1907년 하반기 이후에도 신돌석 의병은 활동을 지속해 갔다. 그리하여 이강년 · 柳時淵 등의 의병과 긴밀한 협조하에 연합작전 등을 구사하면서 내륙 깊숙히 진출, 1907년 11월 한때는 순흥까지 점령하는 등 경북 북동부지방을 전전하면서 신속한 기동력과 위력적인 유격전술을 바탕으로 활발한 항일전을 펼쳐갔다. 그러나 신돌석은 1908년 11월 변절한 부하 金相烈 형제에게 타살되어 순국하고 말았다.

한편, 경북 남동부지방에서는 정환직 · 정용기 부자를 중심으로 한 山南義陣이 그 위세를 크게 떨쳤다. 산남의진은 중추원의관 鄭煥直이 고종으로부터 의병봉기를 독려하는 밀지를 받은 것을 계기로 편성되었다.[20] 정환직은 長子 鄭鏞基와 함께 거병 문제를 의논한 끝에 자신은 그대로 서울에 머물러 있으

---

16) 독립운동사편찬위원회 편, 앞의 책, 392쪽.
김정미, 앞의 글, 31쪽.
《皇城新聞》, 광무 10년 7월 3일, 〈義兵揭榜〉.
17) 《皇城新聞》, 광무 10년 7월 9일, 〈盈德義兵〉.
18) 독립운동사편찬위원회 편, 앞의 책, 392~393쪽.
《皇城新聞》, 광무 11년 1월 5일 · 2월 7일.
19) 김정미, 앞의 글, 34쪽.
20) 李純久 編, 《山南義陣史(山南倡義誌 上)》(《獨立運動史資料集》 1), 381쪽.
———, 《山南倡義誌 下》(《한국독립운동사연구》 4, 독립기념관 한국독립운동사연구소, 1990, 影印所收), 633쪽.

면서 의병을 후원키로 하고, 정용기가 향리인 영천으로 내려가 거병토록 하는 방침을 세웠다. 그리고 이들은 궁극적으로 지방에서 군세를 크게 진작한 뒤 서울 진공을 최종 목표로 설정해 놓았다.[21]

영천으로 내려온 정용기는 평소의 지기인 李韓久 및 재종제 鄭純基 등과 더불어 거병 계획을 확정하고, 1906년 3월 정용기를 대장으로 하고 다음과 같이 대규모의 편제를 갖춘 산남의진을 편성하였다.[22] 또한 通諭文·격려문 등을 돌려 의병을 소모하고 의병항전에 협조해 줄 것을 당부하였다.

창의대장 鄭鏞基
중군장 李韓久 참모장 孫永珏
소모장 鄭純基 도총장 李鍾崑
선봉장 洪龜燮 후봉장 徐鍾洛
좌영장 李景久 우영장 金泰彦
연습장 李圭弼 도포장 白南信
좌익장 鄭致宇 우익장 鄭來儀
좌포장 李世紀(일명 李錫) 우포장 鄭完成
將營執事(將營守衛) 崔基輔(崔錄) 軍門執事 李斗圭

산남의진은 편성 초기에 벌써 1천여 명에 달하는 대부대를 이루었다. 거의가 유생들인 의진의 핵심 참모들은 이미 영남 각지에서 독자적인 활동을 벌이고 있었거나, 의진 결성에 큰 역할을 한 인물들이었다.[23] 편성 직후에 산남의진은 관군의 압박으로 곤경에 처해 있던 신돌석 의병을 돕기 위해 영해를 향해 행군을 개시하였다. 하지만, 의진이 4월 28일 경주 관내의 牛角(현 영일군 신광면 우각동)에 당도하였을 때 경주진위대장 참령 申錫鎬의 간계에 걸려 대장 정용기가 체포되어 대구 경무청으로 압송되고 말았다.[24]

정용기 피체 이후 중군장 李韓久가 의진을 이끌었다. 이한구가 이끄는 산

21) 윤병석,《한말 의병장 열전》(독립기념관 한국독립운동사연구소, 1991), 242쪽.
22) 독립운동사편찬위원회 편, 앞의 책, 351~353쪽.
裵勇一, 〈山南義陣考〉(《한국민족운동사연구》 5, 1991), 146쪽.
權寧培, 〈山南義陣의 組織과 活動〉(《歷史敎育論集》 16, 1991), 137쪽.
23) 權寧培, 위의 글, 137쪽 참조.
24) 李純久 編,《山南義陣史》(《獨立運動史資料集》 3), 384~385쪽.

남의진은 영천·江口·淸河 등지에서 관군과 일본군을 상대로 수차 전투를 치르기도 하였지만, 7월 하순 전력 소모로 일단 해산하기에 이르렀다.[25]

그 후 산남의진은 1906년 9월 정용기의 석방을 계기로 재편되었다. 이때 정환직은 정용기에게 이듬해 5월까지 병력을 모아 태백산 줄기를 타고 강릉으로 북상, 전열을 정비한 다음 서울로 입성토록 지시해 놓았다. 의병을 서울에 입성시켜 일제 통감부를 타도하고 매국적들을 제거하기 위한 것이었다.[26] 의진을 재편한 정용기는 의병 모집을 위해 격문을 발표하는 한편, 창의의 배경과 그 정당성을 밝히는 상소를 올리기도 하였다. 이에 따라 각지로부터 의병이 합류해 와 전력이 한층 강화될 수 있었다. 즉 부산·대구 방면에서는 金賢極·柳花實이 화약을 운반해 오고, 안동에서 金石井, 동해 방면에서 林中虎, 의성지방에서 朴泰宗, 경주지방에서 權奎燮 등이 각기 일단의 의병을 거느리고 합류해 왔던 것이다. 여기서 산남의진은 대장 정용기 이하 전 부서를 새롭게 재편하였다.[27]

재편된 산남의진은 영천·경주·청하·청송 등지에 분대를 두고 이를 근간으로 활동하였다. 그 결과 뛰어난 기동성을 확보할 수 있었고, 나아가 인근 의진과의 연합작전을 원활하게 수행할 수 있었다.

산남의진의 일차적 활동목표는 정환직과 일찍이 밀약한 강릉으로의 북상이었다. 산남의진이 실제로 활동을 재개하는 시기는 1906년 7월에 이르러서이다. 그 동안 5월까지 강릉에 의병을 집결시키기로 한 약속을 지키기 위해 북상하던 중 청송지역에서 일군과 조우하는 가운데 시일은 점차 천연되고 있었던 것이다.

그 동안 산남의진은 관동으로의 북상이 여의치 않게 되자 청하·청송에서부터 죽장·포항·영천에 이르기까지 각지를 전전하면서 신돌석 등 인근 의병과 연합으로, 혹은 독자적으로 관군 및 일본군과 수차에 걸쳐 교전을 치렀다. 그러던 중 8월이 되어 禹在龍을 비롯한 일부 해산군인들이 의진에 가세해 와 전력이 크게 향상될 수 있었다. 이에 정용기는 각지의 분대에 북상 명

25) 權寧培, 앞의 글(1991), 138~139쪽.
26) 權寧培, 위의 글, 142쪽.
27) 독립운동사편찬위원회 편, 앞의 책, 389~390쪽.

령을 내려 부대별로 관동 방면으로 이동하도록 조처하였다. 그리하여 將營都所(지휘본부)를 영일군 죽장면 梅峴里로 정하고 정예병 1백여 명을 이곳에 주둔시켰다.[28]

그러나 이 무렵 의진의 주둔지를 탐지한 일본군이 立巖里(죽장면) 後原의 험준한 지대를 거점으로 야음을 틈타 맹공을 가해 왔다. 마침 임무를 수행하고 귀환하던 이세기·우재룡·김일언 등이 거느리던 일단의 의병은 장영도소의 군사들과 함께 용감히 항전하였다. 하지만 의진은 끝내 괴멸되고 대장 정용기 이하 중군장 이한구, 참모장 손영각, 좌영장 권규섭 등의 핵심 인물들이 전사하고 말았다.[29] 산남의진의 2차 재기항전은 이로써 종료되었다. 그 후 정환직과 崔世允에 의해 인솔되는 산남의진은 1908년까지 경북 일대에서 활발히 활동하게 된다.

한편 신돌석 의병과 산남의진이 활동에 들어간 시기에 인접한 진보·영덕 등지에서는 유시연 의병이 일어나 활동하고 있었다. 유시연은 을미의병 때 안동의병의 선봉장을 지냈던 인물로 그동안 李鉉圭·신돌석 등의 우국지사들과 교유하며 시세를 관망하고 있었다. 1906년 봄부터 활동에 들어간 유시연 의병은 특히 진보·영덕·평해 등지가 주요한 활동무대였으며, 신돌석 의병과 긴밀히 연락을 취하면서 공동작전을 수행하기도 하고, 1907년 8월의 군대해산 후에는 관동 방면으로 진출하여 이강년 의진과도 공동보조를 맞추면서 항일전을 효과적으로 전개해 나갔다.[30]

(3) 호서지방

호서지방에서는 의병항전 전 시기에 걸쳐 항일전이 시종일관 활발하게 펼쳐졌다. 그 가운데서도 충북의 제천·단양·충주 일대와 충남의 홍성 일대가 그 중심지였다. 전술하였듯이 단양·제천 일대에서는 1905년 하반기에 원용팔과 정운경 등이 활동을 재개하고, 또 1907년 전반기에는 이강년이 擧義함

---

28) 윤병석, 앞의 책, 254쪽.
29) 독립운동사편찬위원회 편, 앞의 책, 580쪽.
　　윤병석, 위의 책, 254쪽.
30) 柳奎元 編,《柳義士傳》(《獨立運動史資料集》 3), 213~215쪽 참조.

으로써 을미의병 시기 유인석을 정점으로 하였던 제천의병의 항전 전통을 계승하고 있었다. 한편, 홍주(현 홍성) 일대에서도 을미의병 시기 金福漢·安炳瓚 등이 주축이 되어 활발하게 벌어졌던 항일전의 맥락을 이어, 을사조약 이후 대규모 의병이 편성되어 활동에 들어갔다.

을사의병 시기의 홍주의병은 1906년 3월 15일경 대흥군 光水(현 光市)에서 1차 의병이 편성되면서 활동이 시작되었다.[31] 이 시기 의병 편성의 주도적 역할을 한 인물은 李偰이다. 을미의병 해산 이후 은둔해 있던 이설과 김복한은 을사조약 늑결 직후 함께 상경하여 조약을 성토하고 그 폐기를 주장하는 상소를 올렸으나 오히려 경무국에 수감되어 옥고를 치렀다. 1906년 2월 석방된 이들은 고향으로 돌아와 곧바로 의병 재거를 계획하고 동지 안병찬, 을미사변 이후 定山에 낙향해 있던 전참판 閔宗植 등과 연락하며 의진 편성에 착수하였다. 이설의 권유를 받은 민종식이 의병에 참여하게 되자, 계획은 구체화되었다.[32] 마침내 안병찬·朴昌魯·李世永 등이 1906년 2월 하순 정산 天庄里 민종식의 집에 모여 거병 절차를 논의한 뒤 3월 중순 광수에서 봉기하였다.[33]

이때 모인 의병의 규모는 3~6백 명 정도였던 것으로 추정된다. 이 의병의 편제는 창의대장 민종식 휘하에 종사관 洪淳大, 中軍司馬 朴潤植, 참모관 朴昌魯, 軍司馬 안병찬, 儒會長 柳濬根, 運糧官 成載翰 등으로 갖추어져 있었다.[34] 이와 같은 거병 과정과 편제로 볼 때 1차 홍주의병은 을미 홍주의병과 밀접한 관련을 가지고 있으며 그 전통을 계승한 것으로 이해할 수 있다. 박창로·안병찬·蔡光默·이세영 등의 핵심 인물들이 역시 을미 홍주의병을 주도하였던 인물들이기 때문이다.[35]

---

31) 을사의병 시기 홍주의병의 활동에 대해서는 柳漢喆의 〈洪州城義陣(1906)의 組織과 活動〉(《한국독립운동사연구》 4, 1990)에서 그 전모를 분석적으로 소상하게 밝혔다. 본문의 홍주의병 관련 서술은 그 주지를 따랐음을 미리 밝혀둔다.

32) 李 偰, 《復菴集》 권 5, 〈與閔允祖書〉, 104쪽.

33) 홍주의병의 起兵 날짜는 기록에 따라 1906년 정월부터 3월 중순에 걸쳐 상이하게 나타나기 때문에 현재로서는 확단하기 어렵다. 그 가운데 안병찬과 임승주의 기록에서 3월 중순(15일, 17일)으로 되어 있으므로 이에 따른 것이다.

34) 宋容縡, 《洪州義兵實錄》(洪州義兵遺族會, 1986), 307쪽.

35) 柳漢喆, 앞의 글, 10쪽.

이 의병은 광수를 떠나 홍주성을 향해 진격하였다. 의병 진영에서는 이때 홍주성 관군도 의병에 참여토록 요청하였으나 홍주목사가 거절함으로써 계획에 차질을 가져왔다. 이에 하는 수 없이 의병은 광수로 회진한 뒤 다시 공주 공략을 위하여 출발하였다. 그러나 공주·서울에서 파견된 2백여 명의 '토벌군'이 청양에 도착해 있다는 정보를 입수하였기 때문에 의진은 다시 청양 合川(化城面)으로 이군하게 되었다. 하지만, 이곳에서 일본군의 공격을 받아 의병은 사방으로 패산하였으며, 안병찬·박창로·朴容根을 비롯하여 40여 명이 체포됨으로써 1차 홍주의병은 해체되고 말았다.

그러나 1차 홍주의병 해산 후 전주로 피신한 의병장 민종식은 진안·장수·무주 등지에서 의병을 모집한 뒤 전북 礪山을 거쳐 충남 서천으로 다시 이동, 재기항전에 착수하였다.[36] 여산 주둔 당시에는 30여 명 정도의 소부대였으나 서천지역에서 약 3백 명을 소모함으로써 재기의 발판을 마련할 수 있었다. 이에 민종식은 藍浦를 경유하고 1906년 5월 11일 鴻山 芝峙에서 李容珪·金光祐·趙義洙·이세영 등과 함께 창의를 선포하였다. 이로써 2차 홍주의병의 활동이 개시되었다. 이 무렵 의병의 규모는 4백여 명 정도로 추산된다.[37]

홍주의병은 이후 九兵洞·文章洞을 지나 서천읍으로 들어갔다. 이때 의진의 규모는 1천여 명에 육박하였다. 이와 같은 성세를 타고 庇仁·板橋를 거쳐 남포에 이르렀을 때는 군세 1만을 호칭하였을 정도로 그 규모가 엄청나게 커졌다. 행군 도중 서천과 남포 등지에서는 상당수의 총포와 탄환을 수집하기도 하였다. 또한 의병에 비협조적이던 서천군수 李鍾奭과 남포군수 徐相喜를 감금하고 그 관인을 취해 의병을 소모하였다. 한편 4일간 남포에 유진하는 동안에 보령의 우국유생 柳濬根 이하 33명의 '儒會軍'이 합세해 옴으로써, 의병이 이 일대 유생들로부터 전폭적인 지지와 후원을 받고 있었음을 보여준다.[38]

---

36) 成德基, 〈義士 李容珪傳〉(《獨立運動史資料集》 2, 1971), 329쪽.
37) 《皇城新聞》, 광무 10년 5월 7일.
38) 《皇城新聞》, 광무 10년 5월 25일.
宋容縡, 앞의 책, 310쪽.

민종식이 이끄는 홍주의병은 이후 다시 보령을 경유한 뒤 結城에 도착, 하루를 지낸 뒤 5월 19일 홍주성 攻城에 들어갔다. 의병들은 三神堂里에서 대항하는 적을 일거에 격파하고 홍주성을 향하여 포화를 퍼부었다. 남문 성벽에 의지하여 저항을 시도하던 적군은 이내 성을 포기하고 거류 일인들과 함께 북문으로 탈출, 예산 방면으로 도주하였다. 이로써 홍주성은 당일 완전히 의병의 수중에 들어갔다.[39] 홍주성 공략 무렵 의병의 군세는 자료에 따라 5천 명으로 기록한 경우도 있으나 이는 과장된 숫자로 보이며, 실제로는 5~8백여 명 정도였던 것으로 추산된다.[40]

홍주성 점령 소식이 사방으로 전해지자 李侙과 安恒植, 그리고 尹錫鳳·蔡光默 등의 명망지사가 합류해 오고, 韓桂錫·郭韓一은 향리에서 각각 의병을 소모한 뒤 가세해 왔다. 그리하여 전성기인 홍주성 점령 직후의 의병 군세는 '총을 가진 군사가 6백 명, 창을 가진 군사 3백 명, 유회군이 3백 명' 등 모두 1천 2백여 명에 달하였던 것으로 추산되고 있다.[41] 이 무렵 홍주의병은 다음과 같이 대규모의 편제를 갖추고 본격적인 항일전을 준비하게 되었다.[42]

대 장	閔宗植		
참모장	金光佑 趙義洙 蔡光默	중군장	鄭在鎬 李世永
유격장	蔡景燾	좌군장	尹弼求 尹炳日 洪淳大
우군장	李秉年 李範九 宋淳默	소집장	池禹範
소모관	李晩植	수문장	崔璇在
수성장	趙炳舜	선봉장	李南珪 朴永斗
후군장	鄭海燾	서 기	文奭煥
운 량	朴濟賢	餉 官	朴潤植

39) 독립운동사편찬위원회 편, 앞의 책, 356쪽 참조.
40) 柳漢喆, 앞의 글, 17~18쪽 참조.
41) 成德基, 〈義士 李容珪傳〉, 335쪽.
42) 柳漢喆, 앞의 글, 19쪽.
成德基, 〈義士 李容珪傳〉, 317쪽.
그러나 본문 편제 가운데 마지막 참모사 명단 부분 대신에, 위와 같은 자료인 〈義士 李容珪傳〉(331쪽)에는 "참모사 李侙, 돌격장 南啓元 安炳琳 郭漢一"로 기술되어 있다. 현재로서는 서로 다른 두 명단간의 차이나 사실관계를 확인할 수 없다. 독립운동사편찬위원회 편, 《독립운동사》 1(357쪽)에서는 뒤의 자료를 따랐다.

좌우소모장	崔相集 嚴淳榮	좌익장	李相龜
우익장	申鉉斗	참 모	安炳瓚 朴昌魯 安恒植 申復均
儒兵將	柳濬根	儒兵所養官	閔廷植
유격장	金光鉉 尹相培		
참모사	李東珪 李侙 南啓元 安炳琳 安敎憲 朴始林		

일제는 홍주성 함락 다음 날부터 공주·수원·서울 등지로부터 경찰·헌병대를 출동시켜 성 안의 동정을 정탐하는 한편, 의병에 대한 공격을 가해왔다. 하지만, 의병측에서는 입성과 동시에 일제 군경의 공격을 예상하고 군사를 6대로 나누어 4대문과 요해지를 엄중히 수비하고 있었기 때문에 20일부터 수차에 걸친 적의 공격을 효과적으로 막아낼 수 있었다.

이와 같은 상황에서 일제는 통감 伊藤博文이 직접 진두지휘하여 홍주의병 '토벌'에 착수하게 되었다. 그에 따라 소위 한국주차군사령관 長谷川好道는 재경성 남부수비대 사령관 本條에게 필요한 병력을 홍주 방면으로 파견하여 헌병 및 경찰관과 협력하도록 지시하였다. 동시에 주차군사령관은 헌병대장에게 홍주 주재 헌병을 위의 파견부대와 연합, 그 수비대장의 지휘를 받도록 명령하였다. 그리고 남부수비대 사령관은 보병 제60연대장에게 대대장을 지휘관으로 하는 보병 2개 중대, 기병 소대로 편성된 부대를 현지로 급파하는 동시에 전주수비대 보병 1개 소대도 '작전'에 참여토록 조치하였다.[43)]

일제의 홍주의병 탄압 전략의 핵심은 대량학살에 있었다. 홍주의병에 대해 피의 보복을 감행함으로써 이 무렵 전국적으로 점차 확대되어가던 의병의 기세를 消盡시키려던 심산이었다.

일제의 대규모 군경 연합부대는 5월 31일 새벽 야음을 틈타 대대적인 공격을 가해왔다.[44)] 새벽녘에 기습공격을 받게 된 성 안의 의병들은 크게 놀라 당황하지 않을 수 없었다. 시가전을 벌이면서 대항하였지만 한번 흐트러진 전열은 이미 돌이킬 수 없었다. 이때의 전황을 일제 보고서에서는 다음과 같이 기록하고 있다.

---

43) 柳漢喆, 위의 글, 24쪽.
44) 朝鮮駐箚軍司令部編, 《朝鮮暴徒討伐誌》(《獨立運動史資料集》 3, 1971), 677쪽.

> 31일 오전 2시 30분 藤소위가 인솔하는 제2중대 1소대는 서문 밖의 독립가옥에 방화하고 맹렬한 사격으로 적을 견제하고, 星기병소위는 오전 2시 50분에 폭파병을 이끌고 동문으로 진격, 총과 투석을 무릅쓰고 오전 3시 10분 큰 폭음과 함께 문짝을 飛散시켜 돌입구를 터놓자 돌격대는 곧 성내로 돌입하였다. 북문은 오전 3시 30분 폭파하였다. 폭도는 우리의 신속 과감한 돌입으로 인해 크게 혼란을 일으켜 그 대부분은 가옥 내에서 우리를 사격하고 다른 일부는 큰길에서 縱射를 해 와 마침내 시가전을 야기하였다. 이때 날은 아직 새지 않아 수색이 곤란하였으므로 우선 적의 퇴로를 막기 위해 제4중대는 주로 동문에서 남문을 거쳐 서문에 이르는 성벽을, 제2중대는 주로 서문에서 북문을 거쳐 동문에 이르는 성벽을 점령하고, 헌병 및 경찰 일부는 동문과 북문을 감시하였다. 동이 틀 무렵부터 옥내 수색을 개시하여 사력을 다해서 저항하는 자는 사살하고 그렇지 않은 자는 포획하여 오전 7시 30분 성 내외의 수색을 완료하였다(《獨立運動史資料集》 3, 1971, 676~677쪽).

이와 같이 일제 군경은 31일 새벽 성을 점령한 뒤 아침 7시 30분까지 '가택수색'까지 완료함으로써 소위 작전을 종료하였던 것이다. 그 결과 홍주성 안에 있던 의병과 민간인은 거의 1천여 명 가까이 희생된 것으로 추정되는 엄청난 참변을 당하고 말았다.[45]

이때 민종식을 비롯한 일부 참모들은 성을 탈출하였으며, 참모장 김상덕과 채광묵·성재평 등을 위시한 80명은 순국하고 말았다. 그리고 윤석봉·이상두·신현두·유준근 등 80여 명은 체포된 뒤 서울로 압송되어 심문을 받았다. 그 결과 윤석봉 이하 70여 명은 석방되고, 나머지 남규진·유준근·이식·신현두·이상구·문석환·신보균·최상집·안항식 등 9명은 일본 對馬島로 압송 억류당하였다. 또한 중군장 이세영도 그해 6월에 체포된 뒤 서울 경무청으로 압송되어 심문받은 후 그해 겨울 종신 유배형을 받고 황해도 황주의 鐵島(三田面 소재)로 유배되었다.[46]

홍주성 함락 후 의병들은 해미·청양 등지로 분산 탈출하였다. 이들은 그 후에도 도처에서 소규모의 의진을 다시 편성하고 항일전에 들어갔다. 먼저

---

45) 《大韓每日申報》, 1906년 6월 6일, 〈洪州慘景〉. 한편 일제의 공식 보고서에서는 사실을 축소 왜곡시켜 의병측 사망자를 82명으로 기록하고 있다(朝鮮駐箚軍司令部編, 《朝鮮暴徒討伐誌》, 677쪽).

46) 독립운동사편찬위원회 편, 앞의 책, 360쪽 참조.

이용규는 그해 7월에 청양 柤峙에서 군사 4백 명을 모은 뒤 부여·노성을 지나 연산 富興里에서 일본군을 만나 교전을 벌였다.[47] 그러나 훈련 부족과 화력 열세로 패전하고 말아, 조병두·채경도·오상준 등의 참모들은 체포되고 군사들은 흩어졌다. 이용규는 그 뒤 같은 해 8월경에는 온양 石岩寺에서, 그리고 9월에는 공주 蘆洞에서 다시 거병을 시도하였으나 끝내 실패하고 말았다.[48]

그 뒤 1906년 10월 중에는 예산지방의 지사들을 중심으로 재거 논의가 활발하게 일어나 거사 계획을 구체화시켜 11월 20일을 기하여 예산읍을 공략한 뒤 이곳을 활동 근거지로 삼기로 결정하였다. 여기에 동참한 중심 인물들은 이용규와 그의 족형인 전참판 李南珪를 필두로 곽한일·박창로·이만식 등이었다. 그리고 의병장에는 다시 민종식을 추대하기로 결의하였다. 그리고 그 휘하 중군장에 황영수·정재호, 운량관에 박윤식, 참모에 곽한일·이용규·김덕진 등을 선임하고 항일전을 준비하게 되었다.

그러나 이와 같은 재거 계획은 미처 실행되기도 전에 일진회원의 밀고로 11월 17일 일제 군경의 습격을 받아 수포로 돌아가고 말았다. 그리고 이남규·이충구 부자를 비롯해 곽한일·박윤식·이석락·이용규 등 핵심 인물들은 일경에 체포되어 갖은 악형을 당하였다. 그 밖에도 각지로 흩어진 朴禹日·孟順良·홍순대·안병찬·이근주·한계석 등 다수의 홍주의병은 충청도·전라도 일대에서 1907~1909년까지 간헐적으로 항일전을 수행하면서 의병항전의 전국적인 파급 확산에 적지 않은 영향을 주었다.[49]

한편 을미의병 때 진주의병을 인솔하였던 盧應奎는 1906년 가을 충북 황간에서 전참봉 徐殷九·嚴海潤 등과 함께 재기항전의 기치를 들었다. 노응규의 황간의병은 일제 시설물 및 경부선 철도·열차를 그 주요 파괴대상으로 삼고 활약하는 한편, 일본군과도 교전을 벌여 척후병을 패퇴시키기도 하였다. 그러나 불행히도 노응규 이하 서은구·엄해윤 등 핵심 인물들이 1907년 1월 황간분파소 순검들에게 일시에 체포됨으로써 그 활동이 종료되고 말았다.[50]

---

47) 成德基, 〈義士 李容珪傳〉, 332쪽.
48) 成德基, 〈義士 李容珪傳〉, 333쪽.
49) 柳漢喆, 앞의 글, 30~31쪽 참조.

1907년 5월에 들어서는 제천에서 이강년이 安成海·白南奎 등과 함께 의병을 일으켰다. 을미의병 때 제천의병에 遊擊將으로 참전한 전력을 가진 이강년은 무관(宣傳官) 출신인 까닭에 군사에 밝았을 뿐만 아니라 용병술이 뛰어난 인물이었다. 이때부터 그는 이듬해 7월 청풍 까치성[鵲城]전투에서 체포될 때까지 1년 3개월 동안 경상도와 강원도, 그리고 충청도 일대를 돌며 태백산맥을 중심으로 민긍호·신돌석 의병 등 인접 부대와 긴밀한 연계하에 일제 군경을 상대로 연승을 거두어 그 명성을 드날리게 되었다.[51]

(4) 호남지방

을사조약 늑결 이후 호남지역에서 일어난 대표적인 의진 가운데 하나가 전북 태인에서 일어난 崔益鉉 의병이다. 최익현 의병은 을사의병 가운데서도 호남지역을 대표할 뿐만 아니라 의병의 전국적 파급에 상당한 영향을 주기도 하였다.

李恒老의 문하에서 수학한 최익현은 일찍이 관계로 진출해 호조참판, 의정부찬정, 공조판서, 궁내부특진관 등의 중요 관직을 두루 역임한 원로였다. 개항 이후 그는 기회가 있을 때마다 일제의 침략과 정부의 개화시책을 규탄하는 등 재야의 여론을 대변하는 척사적 입장을 견지해 왔다.[52]

최익현이 의병에 투신하게 되는 것은 을사조약 늑결을 계기로 해서이다. 그는 조약 늑결을 곧 국망으로 인식하고, 〈請討五賊疏〉와 〈倡義討賊疏〉 등의 상소에서 구국을 위한 민족의 진로를 밝히고 의병에 동참할 것을 천명하였다.

최익현은 거병의 준비단계로 지사들을 모으고 항일의지를 결집키 위해 1906년 초에 魯城 闕里祠에서 원근의 유림을 모아놓고 강회를 열었다. 이어 3월에는 전북 태인의 鍾石山 밑에서, 거병 과정에서 실무를 전담하게 되는 林炳瓚을 만나 구체적인 거사 계획을 수립하게 되었다. 다음으로 그는 담양의 龍湫寺로 내려가 奇宇萬 등 호남의 명유지사들과 회동하고, 113명에 달하

---

50) 《皇城新聞》, 광무 11년 2월 4일.
《官報》號外, 광무 11년 7월 11일, 〈彙報〉, 637~638쪽.

51) 정제우, 《운강 이강년 의병장》(독립기념관 한국독립운동사연구소, 1997), 66쪽.

52) 尹炳奭, 〈勉菴 崔益鉉의 衛正斥邪論과 湖南義兵〉(《韓民族獨立運動史論叢》, 朴永錫敎授華甲紀念論叢, 탐구당, 1992), 3~5쪽 참조.

는 지사들의 〈同盟錄〉까지 작성하기에 이르렀다. 또한 순천·樂安·홍양·여수·돌산·광양·장흥·보성·강진·해남·완도 등 호남 각지에 격문을 보내 거병에 동참할 것을 촉구하였다.[53]

이와 같은 준비 끝에 최익현은 1906년 6월 4일 태인 武城書院에서 74세의 고령으로 구국의 기치를 들었다. 崔濟學 등의 문인지사들을 주축으로 편성된 80여 명의 최익현 의병은 즉시 태인 본읍을 향해 행군을 개시하였다. 태인군수 孫秉浩가 저항을 포기하고 달아나, 의병은 무난히 태인성을 점령할 수 있었다. 그리고 鄕長과 首書記를 불러 관아의 무기를 접수하는 한편, 군사들을 모아 전력을 강화시켰다.

거병 후 최익현 의병은 전주를 치기 위해 북상하려던 원래의 계획을 수정, 정읍으로 내려갔다.[54] 그곳에서는 군수 宋鍾冕이 저항을 포기한 채 의진에 항복해 왔다. 이에 총포 등의 무기류와 1백여 명의 병력을 확보한 뒤, 당일 행군을 계속한 끝에 內藏寺로 들어갔다. 이때 홍덕 선비 高石鎭이 金在龜·姜鍾會 등과 함께 포군 30여 명을 거느리고 합세해 와 의진의 사기를 고무시켰다. 이 무렵 의병의 군세는 3백여 명에 이르렀다. 이에 내장사 뜰에서 좌, 우익을 갈라 잠시 군사를 조련한 의진은 龜岩寺를 경유한 뒤 6월 7일 순창읍으로 들어갔다.[55]

의병이 순창읍으로 진격해 들어가자 군수 李建鎔도 최익현 앞에 나와 투항하였다. 결국 최익현 의병은 무성서원 거병 후 태인·정읍·순창에 이르기까지 별다른 난관 없이 무혈입성할 수 있었다. 또한 蔡永贊·黃均昌·金甲述·楊允淑 등이 인근 각지에서 수십 명의 포군을 거느리고 합류해 옴으로써 전력도 더욱 강화되었다. 이 무렵 최익현 의병의 군세는 5백여 명에 육박하게 된다.[56] 이날 의병을 추격해온 전주 경무고문지부 소속 일경 10여 명을 상대로 승전을 거두어 의진의 사기는 한층 고무되었다.[57]

53) 윤병석, 앞의 책, 200쪽.
崔濟學, 《勉菴先生倡義顚末》(《獨立運動史資料集》 2, 1971), 65~75쪽.
54) 黃 玹, 《梅泉野錄》(國史編纂委員會, 1955), 382쪽.
55) 崔濟學, 《勉菴先生倡義顚末》, 84쪽.
56) 독립운동사편찬위원회 편, 앞의 책, 378쪽.
崔濟學, 《勉菴先生倡義顚末》, 84쪽.

최익현 의병은 다음 날 남원 진출을 시도하기 위해 곡성으로 갔다. 그곳 군수 宋振玉 역시 수성을 포기한 채 의병을 영접하였다. 그러나 남원의 방어 태세가 견고하다는 판단하에 稅錢·양곡 등만 접수하고 군사를 소모한 뒤 순창으로 돌아왔다.

최익현 의병은 거의 후 태인·정읍·순창·곡성 등 호남 각지를 행군하면서 민간에 의기를 불어넣고 군사를 모아, 순창에 재차 주둔할 무렵에는 8백여 명에 달하였다. 그러나 성세에 비해 화력이 빈약했기 때문에 실제 전력은 열악한 실정이었다.[58]

순창을 근거지로 최익현 의병이 활동의 폭을 넓혀 가자, 일제는 정부로 하여금 의병 탄압을 종용하고 나왔다. 이에 광주관찰사 李道宰는 6월 11일 고종의 선유조칙과 관찰사 告示文을 의진에 보내 와 해산을 종용하였다. 최익현은 이를 단호히 거절하였다. 일제의 압력을 받은 정부에서는 전주관찰사 韓鎭昌에게 진위대를 동원해 의병을 해산시키라는 훈령을 내렸다. 한진창은 전주와 남원의 진위대를 출동시켜 6월 11일 순창 외곽을 봉쇄하고 읍의 북쪽인 錦山에는 전주진위대가, 동쪽인 大同山에는 남원진위대가 각각 포진해 읍내 관아의 客館을 중심으로 포진하고 있던 의진을 압박해 왔던 것이다.[59]

최익현은 처음에 이들이 일본군인 줄 알고 즉시 전투태세에 돌입했었다. 그러나 얼마 뒤 척후병의 보고로 이들이 일본군이 아니라 진위대임을 알고는 동족상잔의 비극을 피하기 위해 진위대측에 다음과 같은 간곡한 통첩을 보냈다.

> 우리 의병은 왜적을 이 땅에서 몰아내고자 하는 목적으로 싸울 뿐 동족간의 살상은 원치 않는다. 진위대도 다같은 우리 동포일진대, 우리에게 겨눈 총구를 왜적에게 돌려 우리와 함께 왜적을 토멸하도록 하자. 그리함으로써 후세에 조국을 배반했다는 오명을 씻을 수 있으리라(崔益鉉, 《勉菴集》 3, 〈연보〉, 184쪽).

---

57) 林炳瓚, 《遯軒遺稿》(《義兵抗爭日記》, 韓國人文科學院, 영인본, 1986) 권 6, 〈倡義日記〉, 206쪽.
58) 위와 같음.
59) 윤병석, 앞의 책, 204쪽.
林炳瓚, 《遯軒遺稿》, 206쪽.
崔濟學, 《勉菴先生倡義顚末》, 88쪽.

그러나 진위대 군사들은 이러한 호소를 묵살한 채 일제히 공격을 가해 왔다. 일시에 급습을 받은 의병 진영은 중군장 정시해가 전사하는 등 와해되고 말았다. 이때 최익현을 비롯해 탈출을 포기하고 순창 객관 椽廳에 모여 있던 임병찬·고석진·金箕述·文達煥·林顯周·柳鍾奎·趙愚植·趙泳善·崔濟學·羅基德·李容吉·柳海瑢 등 13인의 의사들은 그대로 체포되어 전주로 압송되었다. 이로써 최익현 의병은 종막을 고하고 말았다.60)

최익현 의병은 활동기간이 10여 일에 불과하고 격전 한 번 없이 해산하고 말았지만, 그 여파는 컸다. 이를 계기로 호남 각지에서 의병의 기세가 점차 고조되어 갔던 것이다.61)

이에 앞서 전남에서도 을사조약 늑결 직후 명유 기우만 등이 조약 파기와 매국적 처단을 주장하는 상소를 올리는 등 항일 분위기가 고조되어 갔다. 이에 따라 시국을 토론하는 유생들의 궐기와 회합이 몇 차례 이어졌다. 그러나 이러한 행사가 擧義로까지 계기적으로 발전하지는 못하였다. 1906년 봄에도 기우만과 李恒善 등이 최익현·임병찬 등과 서로 연락을 취하며 거사 계획을 의논하였으나 역시 거병 단계에는 도달하지 못하였다.62)

최익현 거병 이후, 광양에 은거 중이던 前主事 白樂九가 1906년 가을 의진을 편성하고 구국항전의 기치를 올렸다. 그는 원래 동학농민전쟁 때에는 招討官으로 실전을 치른 경험이 있었으며, 이 무렵 전남 광양 산중에 은거하던 중 동지 10여 명과 함께 수백 명의 주민을 모아 의진을 편성하기에 이르렀다.63) 이에 우국지사들인 金相璣·李恒善·盧元執·蔡相淳·柳秉禹 등이 의진에 참여하고 도처에서 장정들이 모여들어 수백 명의 군세를 가지게 되었다. 그리고 백낙구는 司令長에 추대되어 이 의진을 통솔하였다.64)

의병 편성 직후 백낙구는 인근 각지로 격문을 돌려 항일전의 명분을 천명

---

60) 崔益鉉, 《勉菴集》 3, 〈연보〉, (민족문화추진회, 1978), 184~185쪽.
林炳瓚, 《遯軒遺稿》, 207쪽.
崔濟學, 《勉菴先生倡義顚末》, 88쪽.
61) 李一龍 譯, 《韓末 全南義兵戰鬪史》(全南日報印書館, 1977), 20~23쪽 참조.
62) 奇宇萬, 《松沙集》 附錄, 〈年譜〉 고종 42·43년.
63) 黃　玹, 《梅泉野錄》, 395쪽.
64) 독립운동사편찬위원회 편, 앞의 책, 397쪽.

하는 한편, 의병 소모에 적극 호응해 줄 것을 주민들에게 당부하였다. 그리고 장성의 기우만, 담양(昌平)의 高光洵·이항선 등과 연락하여 각지의 군사들을 모아 11월 6일 순천읍을 공략하기로 계획을 수립하였다. 하지만 모인 군세가 미약하였기 때문에 오히려 백낙구를 비롯하여 종사 7명이 체포되고 말았다. 그 가운데 종사 安致命과 金奉九는 탈옥하였으나, 백낙구 등은 광주 경무서로 이송되어 심문을 받았다. 그 뒤 백낙구는 1907년 봄 석방되자마자 다시 의병에 투신, 태인에서 일본군과 교전 중 전사하고 말았다.[65]

한편 남원지방에서는 草溪郡事를 지낸 梁漢奎가 지리산 일대를 근거지로 삼고 영·호남지역으로부터 1천여 명의 병력을 모아 활동에 들어갔다. 양한규 휘하의 정예병 1백여 명은 1907년 2월 13일 밤 참봉 柳秉斗, 진사 朴在洪 등과 함께 진위대가 주둔한 남원성을 기습 공격하여 성공적으로 성을 점령하였다. 이 날이 설날이었으므로 경비가 허술하였던 것이다. 그리하여 남원성의 4대문은 의병의 파수하에 들어가고, 진위대의 무기 등 군수품 일체를 접수하였다.[66]

하지만 주장 양한규가 진위대를 추격하던 중 전사함으로써 의진의 사기가 급격히 떨어졌다. 다음날에는 관군이 반격해 들어오자 사기가 저하된 의병은 참패를 당해 성을 탈출한 뒤 지리산 일대로 흩어지고 말았다. 그리하여 지리산 아래 운봉을 근거지로 삼던 양한규의 처남 朴鳳陽을 비롯해 박재홍, 상인 梁文淳 등의 간부들은 체포되어 전주를 거쳐 서울로 압송되고 말았다.[67]

담양군 창평 출신의 고광순은 1907년 1월 봉기하였다. 그는 기우만·奇參衍 등과 함께 을미의병에도 참가하였던 인물로, 을사조약 체결 이후 더욱 분개한 나머지 지사들을 규합하면서 재기 기회만 노리고 있었다. 최익현 의병이 순창을 점령할 무렵에는 여기에 합류하기 위해 왔으나 이미 의진이 해산된 뒤였다.[68] 그 뒤 고광순은 1월 24일 昌平에서 高濟亮을 副將, 尹永淇·朴

65) 李一龍 譯, 앞의 책, 20~23쪽.
黃 玹, 《梅泉野錄》, 395·413쪽.
66) 宋相燾, 《騎驢隨筆》(國史編纂委員會, 1955), 112~113쪽.
67) 《全北義兵史》 下(全北鄉土文化硏究會, 1992), 66쪽.
黃 玹, 《梅泉野錄》, 406쪽.
68) 黃 玹, 《梅泉野錄》, 383쪽.

基德 등을 참모로 창의의 깃발을 세웠다. 이때 남원의 양한규로부터 연합 제의를 받은 고광순 의병은 곧 남원으로 진출하였다. 그러나 양한규 의진이 즉시 와해되고 말았기 때문에 퇴각하지 않을 수 없었다. 고광순 의병은 4월 25일 화순읍을 점령하여 주민들의 환영을 받았다. 이튿날 다시 同福으로 진군한 의진은 광주에서 파견된 관군과 圖馬峙에서 교전 끝에 사방으로 패산하고 말았다.69)

고광순을 중심으로 한 광주 부근의 의병들은 그 뒤 산속으로 숨고 혹은 기회를 보아 진격하는 등 수시로 유격전을 벌여나갔다. 특히 1907년 8월 이후로는 몰려드는 해산병을 규합, 1천여 명에 달하는 대규모 부대가 되어 지리산 花開洞 일대를 근거지로 항전을 지속하고 있었다. 그러나 고광순과 고제량은 1907년 10월 연곡사 전투에서 전사 순국하였다. 하지만 그 휘하에 있던 의병은 운봉·함양·순창·정읍 일대에서 항전을 계속하게 된다.70)

또한 梁會一의 주도하에 편성된 雙山義所는 양한규·고광순보다 다소 늦은 1906년 4월 하순 거병하였다. 綾州(화순과 보성의 군계)의 桂棠山에 자리잡고 있던 이 의진은 거병 직후 능주와 화순 郡衙를 습격하여 무장을 강화하였지만, 이튿날 福川 刀摩峙에서 패전 끝에 해산하고 말았다. 그 뒤 林昌模 등 이 의진의 성원들은 1908년까지 각지로 분산해 지속적인 활동을 계속해 갔다.71)

(5) 양서지방

한말 의병은 지역적으로 중·남부지방에 집중되어 있었다. 북부지방에서는 정미의병 때에 가서야 의병의 기세가 점차 활발해지는 경향을 보여준다. 의병이 시종일관 북부지방에 비해 중·남부지방에 집중되던 양상은 당시 사회적 여건에 비추어 자연스런 현상으로 이해할 수 있다. 곧 19세기 후반의 시

---

69) 독립운동사편찬위원회 편, 앞의 책, 402쪽.
黃 玹, 《梅泉野錄》, 413쪽.

70) 독립운동사편찬위원회 편, 위와 같음.
李一龍 譯, 앞의 책, 12·26~27쪽.

71) 趙東杰, 〈雙山義所(和順)의 義兵城과 武器製造所 遺址〉(《한국독립운동사연구》 4, 1990), 6~11쪽.

대상황에서 정치·사회·경제 등 제반 영역에 걸친 활동의 중심이 중·남부 지방이었을 뿐만 아니라 인구 역시 이 지역에 집중되어 있었기 때문이다.[72] 이 점을 감안하고 을사의병 시기에 북부지방에서 일어난 의병의 개황을 살펴보면 다음과 같다.

관서지방에서는 을사조약이 늑결된 직후인 1905년 12월 평북 龍川 일대에서 의병이 일어났다. 이 의병은 유생 全德元이 金斗燮 등의 지사들과 함께 주도하였다. 전덕원은 1905년 초 서울에 올라와 十三道儒約所에 가담하여 일제의 침략을 성토하고, 을사조약 때는 조약 파기와 매국적 처단을 촉구하는 상소를 하는 등 구국운동을 벌이던 우국지사였다. 고향으로 돌아온 그는 桂行蹇·김두섭 등 여러 지사들의 호응을 얻고, 가산을 처분한 군자금으로 무기를 준비한 뒤 거병하였다. 그러나 이 의병은 실제 활동에 들어가기도 전에 일제 군경의 급습을 받아 전덕원 등의 주모자들이 체포됨으로써 해산하고 말았다. 그뒤 전덕원은 1906년 봄에 석방되어 재기항전을 도모하였으나 朴櫟來 등의 동지들과 함께 다시 체포되고 말았다.[73]

한편, 해서지역은 을미의병 때 제천의병과 긴밀히 연계되어 있었으며, 그 후 1900년대에도 유인석이 평산(山斗齋)을 근거지로 부단히 왕래하며 항일의식을 고취하며 문인들을 양성하고 있었기 때문에 항일 분위기가 고조되고 있었다. 을사조약 이후 전국 각처에서 의병이 재기하는 등 항일운동이 거세게 일어나자, 해서지역에서도 우국지사들간에 모임과 왕래가 빈번해지고 구체적인 거의 움직임이 활기를 띠게 되었다.

그 가운데 신천·장연·송화·재령 등지에서는 '正東義旅大將' 禹東鮮 주도하에 金斗行·趙允奉·康萬石·張東燦·高益均·李振台 등이 모여 을사조약을 규탄하면서 의병을 일으켰다. 우동선 의병은 구월산 月精寺에 근거지를 두고 일제 군경을 격파하고 일제 침략시설을 파괴하는 등의 활동을 벌였다. 특히 산간 지세를 이용하는 유격전으로 적군을 궁지로 몰아넣으면서 끈질긴 항쟁을 계속하였고, 1907년 정미의병 때에는 해산군인까지 가세하여 한층 강화된 전력으로 그 기세를 더욱 떨쳐갔다.[74]

---

72) 朴敏泳, 《大韓帝國期 義兵硏究》(한울, 1998), 9~10쪽.
73) 《韓國獨立運動史》(愛國同志援護會, 1956), 58쪽.

한편 평산을 중심으로 한 兪致慶·邊錫玄 등 화서학파 계열 인물들의 거병 분위기는 1907년 9월에 朴正彬을 主將으로 하는 평산의진의 편성으로 결실을 맺고 해서지방의 의병전쟁을 주도하게 된다.

3) 을사의병의 의의

을사의병은 을미의병 봉기 이후 10여 년 동안 변화된 시대적 여건을 변수로 여러 가지 면에서 발전된 형태로 항일전을 전개하였다. 이 단계의 의병은, 이전의 을미의병과, 1907년 하반기에 들어 계기적으로 연속되는 정미의병을 염두에 둘 때 과도기적 성격을 노정하고 있다. 그렇지만 보다 거시적인 안목에서 볼 때, 을사의병은 을미의병보다 정미의병에 더 가까운 투쟁양상과 성격을 보여준다. 전국적으로 확대 발전되는 의병전쟁의 양상이 이 단계에서 점차 형성되어 갔던 점에서 그러하다. 이러한 사실을 염두에 두고, 을사의병의 전반적 성격과 의의를 정리하면 다음과 같다.

을사의병은 일제침략이 한층 강화되는 어려운 객관적 조건 위에서 활동을 시작하게 되었다.[75] 1904년 이후에는 수도 서울에 일제의 소위 조선주차군사령부가 설치되고, 러일전쟁을 수행하기 위한 일본군 정예병력까지 전토를 침략하고 있었다. 그리고 이를 이어 1904년에는 한일의정서와 한일협약을 강요한 뒤 1905년 을사조약을 늑결함으로써 일제의 한국침략은 직접적이고도 절박한 국권침탈의 단계에 접어들게 되었던 것이다. 이러한 시기에 의병에 투신한다는 것은 국가와 민족 앞에 일신을 불사르는 살신성인의 구현이었다.

을사의병은 을미의병의 한계로 지적되는 지역성과 학통성, 혈연성을 어느 정도 극복해 가는 경향을 보여준다. 위에서 언급한 전국 의병의 활동 개황은 현재 확인된 의병 가운데 비교적 규모가 큰 단위 의진에 해당되는 것이며, 그 밖에도 전국 각처에서 수많은 의병이 활동하고 있었다는 사실을 결코 간

---

74) 鄭濟愚, 〈韓末 黃海道地域 義兵의 抗戰〉(《한국독립운동사연구》 7, 1993), 11~12쪽 참조.

75) 柳漢喆, 〈中期義兵史(1904~1907) 연구의 성과와 과제〉(《한국근현대사연구》 1, 한국근현대사연구회, 1994), 232쪽 참조.

과해서는 안 된다. 곧 이 시기에 이르면, 전국적으로 단위 의병의 빈도수가 그만큼 증가하고, 또 그에 따라 단위 의병 구성원의 수도 현저히 줄어드는 추세가 나타난다. 을미의병 때 통칭 수만에서 수천에 이르던 대단위 부대가 이 시기에 와서는 수백, 수십 명을 단위로 편성되던 것이 일반적인 경향이었다. 그만큼 의병이 정예화되어 가고 있었던 것이다.

이와 같은 경향은 또한 의병에 참여하는 신분층이 저변으로 확대되어 가던 사실과도 밀접한 연관을 가지고 있다. 1904~1905년간 을사의병의 초기 단계에서 이미 을미의병 시기에 보이지 않던 농민층을 주축으로 한 '농민의병'이 다수 출현하면서 의병 재기의 발판을 마련하게 되었다. 즉 동학농민전쟁과 을미의병, 그리고 광무농민운동으로 연속되는 투쟁 경험을 토대로 1904년 러일전쟁과 함께 강요된 한일의정서와 한일협약 등 일제 침략을 계기로 '민족적 농민'은 그들의 조직을 의병으로 전환시켜 간 것이다. 또 을사의병 시기에도 을미의병과 같은 양반 유생 의병장이 다수였다고 하더라도, 박장호·고광순처럼 순수 유생도 없지 않았으나, 최익현·민종식·정환직 등 관료 출신 인사가 많았다는 점도 주목된다. 이러한 경향은 이 시기가 斥邪보다 국가의식이 더 절박하게 닿아 있었음을 보여주는 결과로도 해석할 수 있다.76) 다시 말해 이 시기의 의병은 을미의병에서 지향한 '復讐保形'보다 발전된 더욱 선명한 救國 노선을 지향하고 있었던 것이다.

을사의병 단계에서는 또한 전술상의 변화도 점차 나타나고 있다. 단위 의병의 수는 늘어나고 편제 성원의 수가 감소하는 경향은 이 시기에 정미의병의 보편적 전술인 유격전의 형태가 등장하게 되는 것을 의미하는 것이기도 하다. 그러므로 이 시기에는 산악지대가 의병의 근거지로 점차 그 비중을 더해가게 된다. 그만큼 일제 군경을 상대로 한 전투가 치열해져 갔음을 의미하는 것이다.

을사의병은 다음 단계의 정미의병으로 間斷없이 계기적으로 발전하고 있다. 이 시기의 의병은 일제 군경에 비해 여전히 화력면에서 절대적 열세에 놓여 있어 큰 전과를 올릴 수는 없었다. 그러나 을사의병 단계에서 활동하던

76) 趙東杰, 앞의 책, 51~57쪽 참조.

각지의 의병은, 홍주의병과 산남의진, 그리고 호남의 여러 의병의 예에서 단적으로 보이듯이, 1908년 군대해산 이후 전력을 한층 강화하며 활동의 폭을 더욱 넓혀 전국적으로 확대 발전되어 가는 의병전쟁의 초석을 다져 놓게 된다. 곧 을사의병은 다음 단계에서 더욱 확대 심화되는 정미의병의 기반과 여건을 마련해 가는 과정으로 그 역사적 의의를 설정할 수 있을 것이다.

〈朴敏泳〉

3. 정미의병

1) 군대해산

(1) 정미7조약

1907년 7월에 광무황제(고종)가 강제퇴위당하고(7월 18일) 이어 丁未七條約(7월 24일)이 체결되었고, 8월 1일에는 한국군의 무장해제가 강행되었다. 황제를 퇴위시키고 군사·재정·사법 등 내정권을 탈취하고 한국군을 해산시키기까지 불과 14일밖에 걸리지 않았다는 사실은 일제가 사전에 치밀하게 계획하고 그 수순에 따른 것임을 알 수 있다.

정미7조약은 조약문에서 보듯이 입법·행정(2조)·사법(3조)·관리임명(5조) 등 통치권 전반에 걸친 탈취행위였고 2년 전에 강제체결된 을사 5조약을 한층 강화하여 대한제국의 나머지 주권마저 박탈하는 조약이었다.[1] 그래서 《대한매일신보》(1907년 7월 27일)는 "한국 독립의 余痕이 去하였다. 이 나라가 비록 이름은 그렇지 않으나 실제로는 일본에 의뢰함을 作하였다"고 하면서, "이제 통감은 이 나라에서 無冕之王이 되었다"고 개탄하였다.

그러나 정미7조약이 노린 가장 중요한 목적은 한국군을 해산하는 것이었고 그렇게 함으로써 한국 주권의 핵심인 兵權, 즉 군사권을 탈취하려 했던 것이다. 병권 탈취와 피침략국 국왕의 제거는 제국주의 열강이 약소국을 식

1) 《駐韓日本公使館記錄》, 1907년, 往電.

민지화하는 데 있어 반드시 거치도록 되어 있는 절차의 하나였다. 일제는 한국민의 저항을 최소화하기 위해 국왕을 살해하기에 앞서 국왕을 퇴위시켰고 병권장악을 위하여 국군해산을 단행하였다. 이 부분은 공개되지 않은 정미조약의 비밀 〈부수각서〉 속에 감췄다. 〈부수각서〉 제3항에 보면, 군대해산의 방법과 해산군인의 사후처리 문제를 세밀히 규정해 놓고 있다.[2)]

즉 〈부수각서〉에 따르면 한국군 장교는 그대로 유임시킨다. 그러니 안심하고 군대해산에 협조하도록 조처하고 사병들만 해산시킨다고 속이고 있다. 당시의 한국군 장교는 모두 양반 출신이거나 부정부패한 고관집 자제들이었다. 그들을 해산에서 제외한 이유는 사병들의 반항에 장교가 합세하지 않도록 하기 위한 것이었다. 그래서 군대해산 때 많은 장교들이 사병들을 배신하는 결과를 가져왔다.

더욱 주목되는 것은 해산 사병들은 멀리 間島 땅으로 보내어 황무지 개간사업에 종사하게 한다는 조항이었다. 당시의 간도 땅은 문자 그대로 황무지로서 사람이 살 수 없는 죽음의 땅이었다. 그러므로 지금껏 군인으로 봉사해온 사람들을 일시에 死地로 보낸다는 것이었으니 비정한 처사였다.

일제가 한국의 군사권을 박탈하려는 음모는 멀리는 임오군란이 일어난 1882년으로 거슬러 올라가지만 가까이는 1904년 6월에 시작되었다. 1904년 2월 러·일전쟁을 도발한 일제는 한국을 점령한 상태에서 한국 정부에 대해 각종 침략조약을 강요하게 되는데, 그 때 성안된 그들의 소위 '對韓方針' 가운데에는 한국군의 처리방안이 포함되어 있었다. 즉 1904년 6월 14일 사이토(齋藤三郞, 주한일본공사관부무관)가 작성한 〈한국에 있어서의 군사적 경영요령〉에 따르면 당시 7개 연대에 달한 한국군을 대폭 감축시켜 무력화시켜야 한

---

2) 《駐韓日本公使館記錄》, 1907년, 日韓協定履行關係 覺書 3項.

1. 육군 1개 대대를 존치하여 皇宮守衛의 任에 當하게 하고 기타는 이를 해산할 것.
2. 軍部를 비롯한 육군에 관계되는 官衙를 全廢할 것.
3. 교육받은 士官은 한국군대에 머물 필요가 있는 자를 제외하고 기타는 일본군대로 부속시켜 실지연습을 시킬 것.
4. 해산한 下士卒 가운데 경찰관의 자격이 있는 자는 이를 경찰관으로 채용하고 기타는 가급적 實業에 종사토록 할 것. 그 방법은 예컨대 ① 間島로 이주시켜 개간에 종사시킬 것 ② 屯田法으로 황무지 개간에 종사시킬 것.

다고 강조하고 있는 것이다.

> 병제개혁이라는 명의와 구실로 한국군대 7개 연대를 대부분 해산시켜 궁중을 호위하고 황제를 안심시킴에 족한 근소한 병력만 남겨두도록 함으로써 오로지 한국이 일본의 무력에 의지하도록 노력하여야 하며 오늘의 이 호기를 놓쳐서는 안된다(《日本公使館記錄》, 1904년, 外部).

이처럼 한국군대 해산은 1904년 2월에 이미 주한일본공사 사이토가 정부에 강력히 권고한 한국군 감축안이었는데, 결국 겉으로는 병제개혁이라 하면서 실질적으로는 한국의 군사권을 탈취하여 한국으로 하여금 오로지 일본의 군사력에 의존하도록 만들려고 한 음모였던 것이다.

사이토의 이같은 한국군 감축안은 이듬해인 1905년 4월에 단행된 元帥府 해체로 구체화되었다. 아직 을사 5조약이 체결되기 7개월 전이었다. 이 소위 병제개혁으로 인하여 한국군의 원수부가 해체되었을 뿐 아니라 1만 6천 명의 한국군 병력이 8천 명으로 반감되고 말았다. 원수부도 일제가 만든 기구였고 그것을 부셔 없애는 것도 그들의 소행이었던 것이다.[3)]

1905년 당시에 8천 명이었던 한국군은 2년 뒤 7천 명으로 줄어들었으며 겨우 궁궐을 지킬 정도의 侍衛隊(2개 연대 약 5천 명)가 서울에 주둔하고 지방의 주요 도시에는 8개 鎭衛大隊(약 2천 명)가 분산 주둔하고 있었다. 그러므로 1907년의 소위 군대해산은 이미 있으나마나한 한국군에 최후의 일격에 지나지 않았던 것이다.

(2) 서울 시위대의 해산

정미7조약을 체결한 일제가 무엇보다도 서둘러야 했던 우선적 사항이 한국군의 해산이었다. 이미 허약해질대로 허약해진 한국군이었으나 그래도 군대인 만큼 사전에 치밀한 계획을 세워 무장해제를 해야만 저항을 막을 수 있었고 만일의 사태에 대비할 수 있었다.

그래서 일제는 해산에 앞서 한국군에 지급된 소총과 탄환을 철저히 관리

---

3) 《魚潭小將回顧錄》 1.

·통제하는 조처를 내렸으며 봉급지급의 중단, 한국군 병사들의 영외출입 금지, 화약·탄환·창고의 접수 등을 차례로 명령하였다.[4] 그러나 그것으로도 마음이 놓이지 않아 통감 이토는 본국에 일본군의 증파를 요청하였던 것이다.

> 목하 경성에는 약 6천 명의 한국군이 있어 언제 봉기할지 모를 상황에 있으니 그 무기를 빼앗을 필요가 있다. 아울러 다수 우세한 병력이 필요하기 때문에 일본으로부터 조속히 출병시킴이 긴요하다(《日本公使館記錄》, 1907년, 海牙密使事件及日韓協約條約).

이리하여 일본 정부는 본국의 제12사단에서 1개 혼성여단을 편성하여 한국에 급파하였다. 이로써 1개 사단밖에 없던 주한 일본군이 1개 사단과 1개 여단으로 증강되었고 이와는 별도로 총기 6만 정이 서울에 급송되었다.[5]

증원된 1개 여단과 총기 6만 정은 7월 31일 경부선을 거쳐 부산에서 용산역에 도착하였고, 그와 때를 맞춰 그날 밤 10시 40분 해산조칙을 발표하였다.

> 짐이 생각건대 冗費를 절약하여 利用厚生之業에 응용함이 급무라. 현재 군대는 용병으로서 상하일치, 國家安全之防衛에 부족한지라. 他日 징병법을 발표하여 공고한 병력을 구비할 때까지 황실시위에 필요한 자를 빼고 모두 일시 解隊하노라.
>
> 내각총리대신 이완용
> 군부대신 이병무
> (《官報》 號外, 광무 11년 8월 6일)

이완용은 또 "군대 해산시 인심동요치 아니하도록 예방하고 위법폭동자를 진압하기 위해 이를 통감에게 의뢰한다"는 조칙을 발표함으로써 일본군이 한국군의 저항을 진압하도록 위임케하였다.[6]

이리하여 1907년 8월 1일 아침 서울의 시위대를 먼저 해산하게 되는데, 그들이 꾸민 〈군대해산 방법〉은 다음과 같다.[7]

---

4) 《明治編年史》, 1907년 7월 26일, 〈福岡日日〉.
5) 《駐韓日本公使館記錄》, 1907년, 甲種文書.
6) 《官報》 號外, 광무 11년 8월 6일.
7) 《駐韓日本公使館記錄》, 1907년, 日韓協約履行關係.

1. 군부대신은 군지휘관을 소집하여 조칙을 전하며 또 이를 공시한다.
2. 군지휘관은 군부대신의 조칙을 부하에 전하며 이 때 일본병 약 2개 중대를 동행한다. 필요할 때는 무력을 사용한다.

또 〈군대해산 순서〉는 다음과 같다.

1. 시위보병 1대대를 남겨둔다.
2. 해산 병사에게 장교는 1년 반 상당의 금액, 하사 이하는 1년 상당의 금액을 은급금으로 지급한다.
3. 군사학에 소양이 있는 장교는 일본군에 부속시킨다.

이와 같이 회유조항이 붙어 있었으나 모든 회유책이 해산 당일 수포로 돌아간 것이 명백해졌다.

8월 1일 새벽 7시, 서울의 한국군 지휘관들은 일본군사령관 하세가와(長谷川)에게 불려가 치욕의 해산조칙을 듣고 부대에 돌아와 사병들 몰래 모든 총기와 탄약을 무기고로 반납케하여 무장해제한 뒤, 오전 10시까지 훈련원으로 집합시켰다. 훈련원은 동대문 운동장 앞 을지로 6가의 현재 국립의료원 자리에 있었다.

부대에서 훈련원까지 가는데 무장한 일본군이 앞뒤에서 경계하였으니 그 모습은 마치 전쟁포로와도 같았다. 훈련원에 제일 먼저 도착한 부대는 기병대(대장 김기선)였고 이어 제1연대 제3대대와 시위연대 제3대대 병사들이 들어섰다. 그러나 오전 10시 현재 겨우 600명 밖에 훈련원에 도착하지 않았으니 대부분의 병사들이 탈영한 것을 알 수 있다. 그래서 예정시간보다 4시간이나 늦은 오후 2시에 해산식이 거행되어 1시간만인 오후 3시에 식이 끝났다.

때마침 소나기가 퍼붓는 가운데 병사들은 굴욕의 조칙을 들어야 했고 은급이라 하여 비에 젖은 종이돈을 받아 쥐어야 했다. 어떤 이는 받자마자 지폐를 찢어 버렸다.

최종경례

어제 상오 10시부터 각 부대 병정들을 훈련원에 소집하고 해산식을 거행할새 일본군이 사면에서 둘러싸고 철통같이 경계하였고 한국 위관들은 의기소침하여 대대장이 효유한 후 장졸이 서로 작별의 인사를 나누고 장교는 다음 명령을 기다리고 하사는 80원, 1년 이하자는 25원씩을 받았다(《大韓每日申報》, 1907년 8월 2일).

그러나 은급을 받아 훈련원을 나선 병사들은 울분을 참지 못해 받은 돈을 찢는가 하면 민간복을 사 입으면서 눈물을 흘렸다는 것이다.8)

(3) 남대문 전투

한국군 강제해산에 반대하는 무장봉기는 서울 시위 1연대 1대대 대대장 육군 참령 朴昇煥이 자결함으로써 시작되었다. 박승환의 시위 1대대는 남대문 서편에 자리하고 있었다.

박참령은 8월 1일 신병을 핑계삼아 해산조칙 소집에 불응하고 중대장 김재흡을 대신 보냈다. 김재흡이 돌아와 해산조칙이 내렸다는 보고를 받은 박참령은 각 중대장을 집합시켜 모든 병기를 무기고에 반납토록 하고 자신은 대대장실에 들어가 유서를 쓰고 자결하였다. 유서에는 "군인으로서 나라를 지키지 못하고 신하로서 충성을 다하지 못하면 만번 죽어도 애석할 것이 없다"는 글귀가 쓰여 있었다. 참으로 한국군인의 애국정신을 들어낸 표본이라 할 것이다. 이날 박참령 이외에도 제2연대 1대대 부위 吳義善과 정교, 사병 각각 한 명이 자결하여 그 뒤를 따랐다.

박참령이 죽음에 앞서 부르짖은 "대한제국만세" 소리와 한 방의 총성은 시위 1대대 영내를 뒤흔들어 놓았다. 흥분한 병사들은 방금 반납한 무기를 되찾기 위해 무기고로 몰려갔다. 무기고는 순식간에 부셔지고 병사들은 정의의 총을 들었다. 이때가 8월 1일 아침 8시 조금 지났을 때였다.9)

박승환의 시위 제1연대 제1대대 바로 옆에는 제2연대 제1대대가 있었는데 박승환의 자결 소식을 듣고 이에 호응하는 함성을 올렸다. 제2연대 병사들도 무기고를 부수고 총을 들었다. 제2연대 대대장 이기표 참령이 며칠전 면직당한 바로 그 부대였다. 두 시위대가 궐기하자 즉각 일본군이 공격해 왔다. 일

---

8) 《大韓每日申報》, 1907년 8월 2일.
9) 《官報》 3864호, 융희 원년 9월 6일.

본군은 시위 1연대와 2연대의 두 대대를 접수하기 위해 남대문 안에 진을 치고 있었기 때문에 총성을 듣자마자 돌격해 왔다. 그러나 南相悳 참위가 지휘하는 제2연대가 맹사격을 가해 격퇴하였다.[10)]

이에 일본군은 남대문 누상에 기관총 3문을 설치하고 돌격작전을 감행하였다. 일본군의 선두에 선 지휘관은 러일전쟁 당시 여순 전투에서 19명의 적병을 사살하여 도깨비 대장으로 이름난 가지하라(梶原)였다. 그러나 용감한 한국군의 항전 앞에 무릎을 꿇고 사살되고 말았다. 일본군은 한국군 병영에 폭탄을 투척하여 시위대 제2연대의 항전을 진압하였다. 무려 3시간에 걸친 혈전이었다.[11)]

한편 시위 제1연대의 항전은 11시 40분까지 4시간이나 계속되었으나 결국 탄환이 떨어져 한국군은 후퇴하지 않을 수 없었다. 더욱이 한국군이 갖고 있던 소총은 구식으로 그 위력이 약했고 일분군은 신식 소총에 기관총 그리고 수류탄까지 사용하여 화력에 있어 압도적으로 우세하였다.

그러나 이같은 불리한 조건에도 불구하고 한국군은 '적군도 찬양해 마지않는' 영웅적 혈전을 벌였고 이후 며칠 동안은 일본인들이 경의를 갖고 한국과 한국인에 관해 말하지 않을 수 없게 만들었던 것이다. 일본군은 이 전투에서 가지하라 대위와 특무조장 구마모토(熊本), 조장 하라노(平野) 등 4명의 전사자와 다수의 전상자를 냈으며 한국군은 장교 13명 사병 57명이 전사하였다.

그러나 이토록 한국군측에 전사자가 많았던 것은 전투상황에서 일어난 것이 아니라 수색작전에서 빚어진 무자비한 학살행위로 인한 것이었다. 일본군은 민가로 숨은 한국군을 수색하는 과정에서 천인공노할 잔혹성을 드러냈다.[12)]

> 본 기자의 목격에 거하건대 한성내 소요에도 일인의 잔혹과 만행이 多有한지라. 무죄한 양민이 포탄을 맞는가 하면 서소문 내 영내에 있던 한국군 1명은 총검에 20여 창을 맞았다고 하는데 3창이면 족히 일어날 수 없는 것을 그렇게

---

10) 《大韓每日申報》, 1907년 8월 29일.
《官報》 3877호, 융희 원년 9월 21일.
11) 《大韓每日申報》, 1907년 8월 29일.
12) 《大韓每日申報》, 1907년 9월 5일.

많이 찔렀으며 더욱이 그들 한국군은 모두 총을 가진 자가 아니었다고 한다(《日本公使館記錄》, 1907년 甲種文書, 8월 1일, 戰鬪報告 南大門附近戰鬪 詳鈑).

이처럼 서울 시위대의 항전은 단 하루에 끝났으나 그 소식이 지방진위대에 전해짐으로써 사태는 크게 확대되었다.

(4) 지방진위대의 항전

1907년 8월 1일 일제는 서울 시위대를 해산한 데 이어 지방진위대를 해산하기 시작하였다. 지방진위대에 대한 해산 일정은 8월 3일의 개성과 청주진위대를 필두로 4일에 대구, 5일에 안성, 6일에 공주·해주·평양, 7일에 안주, 8일에 수원, 9일에 광주·의주, 10일에 홍주·원주, 11일에 강화·문경, 13일에 강릉·남포, 14일에 전주, 16일에 안동, 17일에 울산·진주, 19일에 경주, 23일에 강계, 24일에 함흥, 9월 3일에 북청 등의 차례로 약 1개월에 걸쳐 진행되었다.

한편 일제는 장교만은 그대로 두겠다던 약속을 어기고 9월 3일, 1,225명을 대량 해고하였다. 나머지 장교들도 1909년 9월 30일 〈군부폐지령〉에 따라 모두 군에서 쫓겨나고 말았다.

서울 시위대의 항전 소식은 즉각 지방 진위대로 알려졌다. 먼저 궐기한 부대는 8월 10일 해산 예정으로 있던 강원도 원주진위대였다. 원주진위대의 대대장은 洪裕馨이었는데 8월 2일 소집령을 받아 상경하였다. 그 사이 대대장 대리 金德濟와 특무장교 閔肯鎬가 극비리에 봉기계획을 세워 8월 5일 하오 일제히 무기고를 부수고 1,200정의 소총과 4만 발의 탄환을 확보하였다.13)

무기를 든 병사들은 원주시내로 일제히 진출하였다. 그리고 우편취급소와 군청 그리고 경찰서를 습격하여 원주시를 점령하였다. 이 소식을 들은 원주진위대의 여주 분견대도 이튿날 죽음을 같이 하겠다고 하면서 원주본대에 합류하였다.14)

원주에서도 일부 장교들이 사병들을 배신하였다. 대대장 홍유형은 서울에

13) 《大韓每日申報》, 1907년 8월 20일.
14) 《官報》 3877호, 융희 원년 9월 21일.

서 돌아오는 길에 砥平義兵들에게 붙들렸는데 야음을 타서 도주하였다. 그 밖의 장교 10명도 모두 도주하였다.[15] 이리하여 김덕제와 민긍호 두 장교가 지휘하는 가운데 일본군과 싸우게 되었다. 8월 6일 충주수비대 소속의 일본군 20명의 공격을 받았으나 2시간의 접전 끝에 이를 격퇴하였다.

급보에 접한 서울의 일본군은 기관총 4문, 공병 1개 소대를 포함한 2개 중대를 원주에 급파하였다. 이 부대가 원주에 도착한 것이 8월 10일이었는데 원주시내에는 한 사람의 한국군 병사도 없었다.[16] 모두 철수한 것이다. 원주진위대 병사들은 민긍호가 이끄는 부대와 김덕제가 이끄는 두 부대로 나누어 각각 충주·제천 방면, 강릉·양양 방면으로 이동하였는데 이 두 부대가 강원도 의병의 핵심이 되었으며 13도 창의군의 중심 부대가 되기도 하였다.

원주진위대에 이어 강화진위대가 궐기하였다. 강화진위대는 수원진위대의 강화분견대였는데,.8월 9일 池弘允·劉明奎·李東輝 등을 선두로 무기고를 장악하고 읍내로 진출하여 일본 순사와 일인을 사살하고 군수 鄭景洙를 동문 밖에서 처형하였다. 이튿날인 8월 10일 일본군이 강화 갑곶에 상륙하자 매복하고 있던 한국군이 기습하여 10여 명의 사상자를 내게 했다. 그러나 다음날 기관총을 앞세운 일본군 2개 중대가 증파되어 강화성은 함락되었고 한국군 병사 600여 명은 바다를 건너 황해도 해주와 통진방면으로 탈출하여 그 지역의 의병부대에 합류하였다.[17]

이 밖에도 홍주분견대는 해산에 반대하여 집단탈영을 감행하였으며 진주진위대도 봉기계획을 세워 추진하다가 실패하였다. 그러나 봉기에는 실패하였으나 거의 모든 한국군 병사들이 의병부대에 합류하였다.

2) 중부지역의 의병전황

(1) 중부지역의 의병전환

이상과 같이 한국군의 강제해산에 반대하여 일어난 서울시위대와 지방진

15) 위와 같음.
16) 《駐韓日本公使館記錄》, 1907년, 甲種文書 〈原州鎭衛隊의 蜂起〉.
17) 《駐韓日本公使館記錄》, 1907년, 〈江華分遣隊의 蜂起〉.

위대의 항전은 전국 의병의 봉기를 유발하였다. 즉 1907년 8월의 한국군 해산은 의병항쟁을 일찍이 보지 못한 영역과 규모로 확대시켰으며 그 구성과 성격 또한 크게 전환시켰다. 1907년 말까지 전황은 거의 전국으로 확대되었고 1908년에는 그 절정에 이르렀다. 남쪽으로는 제주도로부터 북쪽으로는 간도·노령·연해주에 이르기까지 의병전쟁의 파장이 미치지 않은 곳이 없었다. 전선없는 전쟁이 한반도를 휩쓸었다해도 과언이 아니었다. 목가적인 한국의 농촌마을들이 일본군의 방화로 초토화되었고 평화적인 양민이 학살당하였다. 그러나 의병들은 매국노 일진회원들을 처단하고 지주와 양반의 재물을 빼앗아 군량미로 충당하였다. 교통은 두절되고 상업은 마비되었다. 이 때문에 대일농산물 수출은 격감하고 일제상품의 농촌침투는 일시 중단되었다. 재한일인들은 농촌에서 도항으로 쫓겨가고 그들의 토지투기는 위축되었다. 모든 말단 행정기능은 마비되고 세금징수는 정지되었다. 소작료와 고리대 이자의 징수가 중단되고 군수, 면장의 사표가 사태를 이루었다.[18]

1907년 여름에 시작된 의병전쟁은 그 해 가을까지 치열하게 계속되었다. 3년 동안에 걸친 항쟁을 통해 의병들은 일본군과 일본인 그리고 부일 매국노들에게 심대한 타격을 가하였다. 일제는 의병항쟁으로 막대한 전비와 인명을 소모하였으며 직접·간접으로 입은 손실 또한 컸다. 그들은 한국에 대한 경제적 제수탈을 저지 당하였으며 한국병합의 음모를 일시 중단해야만 했다.

상해에서 발간되는 한 영문일간지(1909년 8월 23일)가 전한 한국특별통신은 의병전쟁으로 말미암아 일제가 겪은 수난을 다음과 같이 보도하였다.

> 한국은 실로 흥미있는 나라이다. 일본인은 한국에서 경제적 승리를 얻었다고 하지만 병력을 증가하거나 관리를 주입하지 않으면 실업계가 일종의 마비증에 걸린다. 적어도 통계상으로는 나타나 있지 않지만 유감스럽게도 오늘날 여러 사업들이 정지되고 있다는 사실은 세상이 다 알고 있는 일이다. 실례를 들면 목포의 한 시가에는 일본상점이 즐비하게 있었으나 오늘날 이들 상점은 폐점상태에 있다. 또 인천에서는 일본상인의 5분의 1은 실패하여 이미 본국으로 돌아갔다고 한다. 한국민의 불타는 애국심과 일본인 자신에게도 책임이 있는 의병에 의한 교통두절은 앞에서 말한 상업거래의 한 장해가 되었음이 분명하다. 이리

18) 朴成壽, 《獨立運動史硏究》(創作과 批評社, 1980), 146쪽.

하여 주둔병이 증가함에 따라 더욱더 한국인이 시장을 멀리하게 되었다(《暴徒編冊》, 復命書 〈全羅道義兵戰爭이 미친 影響〉).

1907년 8월초 강원·충북·경북 등 각도의 의병이 먼저 봉기하였다. 격문이 나붙고 함성이 울리면 군중은 운집하여 경찰분파소와 군아, 우편취급소를 부수고 방화하였다. 8월 5일 원주진위대가 봉기하기 전에 이미 중남부 여러 곳에 의병들이 일어나 군읍을 습격하였다는 기록이 보인다. 즉 8월 3일 밤 충북 청풍의병은 청풍읍을 습격하여 경무분파소에 밀려들어 파괴하고 양총 3정과 순검모, 군도, 제복 등을 노획하였으며 순검을 붙잡아 몰매를 가했다. 때마침 선유차 청풍읍에 유숙하고 있던 청풍 관찰사 李鎬成은 기겁을 하여 도주해 버렸다.

같은 날 문경에도 의병이 나타나 우편소청사가 파괴되고 '소내 금고 기타 물건 용지 등을 모조리 파괴'하고 우송인 島田一磨를 사살하였다. 또 친일파의 가옥 30동도 불태웠다. 8월 4일 아침에는 경기도 양근읍에 다수의 의병이 진입하자 우편취급소장(일인)은 놀라서 가족을 데리고 도망하였다. 양근읍을 습격한 의병은 조인환이었다. 8월 5일 저평읍에도 150명의 의병이 나타났다. 이들 역시 저평군내 농민들이었으므로 대부분이 무기를 갖지 못하였다.

이날 하오 원주진위대 병사들이 원주읍을 점령하였다고 해서 결코 이상하지 않았다. 강원도 원주 일대는 《大韓新聞》이 보도한 바와 같이, 10여 년 이래의 의병 근거지였기 때문에 순식간에 불길이 퍼져갈 수밖에 없었다.

> 원주폭동의 폭도가 1천여 명에 달하여 일경과 포화상접하기 시작했다고 한다. 詳報는 아직 듣지 못하였으나 道聽塗說에는 전의병장 柳麟錫·金夢虎 등이 10여년 전부터 禍胎를 釀出하던 소굴이라 이를 盤據하여 작금에 해산병의 폭동이 일어났다. 원주를 중심으로 동으로 횡성·강릉·평창·정선을 연결하고 남으로 충주·단양·제천을 연락하여 서북으로 이천·여주·지평·양근 등 제군이 향응하여 6~7백 리 지방에 창궐한 형세가 일익 증가한다고 한다.

두 부대가 이동한 각 지방에는 許俊·李康秊·金生山·邊鶴基·曺仁煥 등 여러 의병이 할거하고 있었다. 이미 8월 7일 중원분파소(충주)를 습격한 의병들 속에 다수의 한국군 병사가 섞여 있었던 사실로 미루어 봐도 의병세력이 얼마나 신속하게 펴져 나갔는가를 짐작할 수 있다. 중원분파소를 습격한 의병들은 일인 경무보조원 2명을 포박하여 처단하고 무기와 탄약을 노획하였다.

8월 10일 여주의병은 한강을 항행하는 일인목선을 안창강변에서 기습하여 일인 20명을 총살하고 적재화물 일체를 노획하였다. 여주의병은 20일 여주읍을 포위하여 일경 9명과 3시간을 교전, 2명을 사살하고 읍을 점령하였다. 8월 11일 영천군내에 의병 300명이 일어나 분파소, 우편국을 습격하고 철도노선을 파괴하였다.

이같은 강원·충청·경기 등 중부지역의 의병에 대하여 일본군 사령관은 8월 6일 서울 주둔 보병 제47연대 제3대대장 下林소좌로 하여금 보병 2중대를 인솔케하여 현지에 급파하였다. 5일간의 행군 끝에 8월 10일 원주에 도착한 下林부대는 중도에 아무런 저항도 받지 않았을 뿐만 아니라 원주에도 그냥 입성할 수 있었다. 그러나 일본군은 원주지역에서 단 한 사람의 그림자도 보지 못했고 원주부근의 소탕에 힘썼으나 며칠 동안 조금도 얻는 바 없었다. 일본군의 예봉을 피한 의병들은 이미 각 지방으로 확산되어 현지에는 없었으며 인민들은 일본군의 야만적 수색을 피해 각처로 피난하고 말았다. 의병들은 8월 12일 여주읍을 점령하여 서울 원주간의 도로를 차단하였고 계속하여 음죽·장호원을 장악하였다. 이리하여 원주의 일본군은 고립상태에 빠졌고 여주의병의 병력은 수천 명에 달하였다.

춘천방면으로 진출한 민긍호의 한 부대(50~80명)는 8월 14일 홍주읍을 점령하였다. 그들도 우편취급소와 '일본전당국'을 파괴하고 일본가옥을 소각하였다. 8월 15일에도 의병들은 경기도 죽산읍(의병 100명)을 각각 점령하여 일인과 친일배를 처단하였다.

같은 날 충북 체천에서도 한국군 장교가 지휘하는 의병이 일본군 1소대를 포위 습격하였다. 일본군은 청풍군으로 탈출하려 하였으나 그 곳에도 다수의 의병이 있다는 정보가 있고 후방에도 의병의 추격이 있어 우왕좌왕하며 밤새 도망하였다. 이처럼 우세한 공격을 시도한 의병의 지휘관이 누군지는 명확치 않으나 제천 방면에는 朴汝成(대장, 평강인, 35세), 趙東教(소모장, 청풍인, 30세)의 의병과 신성대의 의병이 할거하여 제천 일대는 완전히 의병 천하였다. 이 지방은 후일 일본군의 잔악한 토초작전으로 거의 잿더미가 되었다.

8월 15일 새벽 자정, 경기도 수원역에 돌연 흑복의 의병 수십 명이 나타나 사격을 가하였다. 이들 의병은 수원군내 의병 400명의 일부로 추측된다. 또 경기도 남양군민 수백 명은 동읍 우편취급소에 몰려들어 투석전을 벌였다. 20일에도 그들은 3백여 개의 돌을 우편취급소에 던져 사무실을 전파하였다.

강원도 인제읍에도 8월 17일 330명의 의병이 진입하여 군아와 서기청 그리고 분파소를 파괴하였고 서기와 순검을 사살하였다. 그들의 일부는 동읍 일진회 사무소를 산산히 파괴하였다. 이로 인해 일인 遞送夫와 보좌원은 재빨리 도망가고 말았다. 인제읍을 습격한 의병들은 양구지방의 의병이었다. 양구·화천·인제 일대는 강원도 의병의 본거지로 많은 부대가 활동하고 있었다. 의병장 池龍起(약 500명)를 비롯하여 신창현·권득수·박장호·황양수·김봉기·최도환·김가·조가 등 군소 의병장이 농민들을 지휘하고 있었던 것이다.

한편 원주진위대의 일부 병사를 이끌고 강원도 동해안 쪽으로 진출한 김덕제 부대는 그곳 의병과 합세하여 3천 명의 대부대를 이루었다. 8월 14일 평창·진부를 점령한 부대원 수백 명은 우편국원 2명을 사살하였다. 이미 8월 3일 대화에서 체송인 1명을, 5일 평창에서 우편취급인 2명이 살해된 바 있으니, 김덕제 부대의 도래는 이 곳 민중항쟁에 큰 힘을 주었다. 강원지방에도 의병들이 일어나 일본 어부를 추방하였다. 강릉 부근에는 특히 일본 어부가 많이 상주하여 때때로 사건이 일어나도 그 때마다 통신의 편리가 결핍되어 있어 집무상 불편이 많다고 불평한 현지 일본관리는 "금번 폭도가 봉기하여 일개 중대와 경찰관 11명이 토벌에 나섰으나 지금처럼 우편에만 의존하여 통신함은 매우 불편하기 때문에 차제에 지급 개통하여 주기를 무망"하였다.

강릉의병의 봉기에 놀란 일본군은 원산 주둔 보병 50연대 제2중대를 군함에 실어 급파하였다. 일본군 사령관은 고립상태에 빠진 충주와 원주의 일본군을 구출하기 위해 또 다른 1개 소대를 증파하였다. 이 증원소대는 장호원에서 150명에 달하는 의병부대로부터 공격을 받았다. 이보다 앞서 16일에도 충주수비대 6명이 장호원에서 피습되어 그 중 2명이 사살되었고 19일에도 이천 부근에 나타난 공병 1분대가 의병의 공격을 받아 도주하였다.

사태가 이에 이르자 일본군 사령관 하세가와(長谷川)는 중대병력이나 소대병력의 동원으로 사태를 수습할 수 없다는 사실을 깨달았다. 즉 원주와 충주 부근의 폭도세력은 갈수록 광폭하여 각지로 전파되었으나 이에 대한 下林支隊의 행동은 여의치 않아 맹렬한 응징적 토벌을 개시할 필요를 느낀 것이다. 이는 다름아닌 야만적인 일본군의 방화 살육 작전을 의미하였다.

하세가와는 우선 충주에 대대병력을 급파하였다. 즉 서울 주둔기병(제17연대)과 보병(제51연대·52연대)으로 구성된 대대병력을 차출하여 8월 18일 철도편으로 조치원까지 수송, 다시 도보로 충주에 행군시켰다. 하세가와는 또 1개 소대(서울 제51연대)를 보내 춘천수비대를 보강하고 그 주력을 홍천 방면으로 진출케 하였고 동해안의 삼척에도 1개 중대(원산 보병 50연대)를 파견하여 정선 방면으로 진출시켰다. 그는 다시 1중대(대전 보병 제14연대)를 안동·영천 방면으로 파견하여 동남부를 담당케 하였다. 이리하여 일본군은 8월 20일까지 춘천·원주·충주·영천·삼척·강릉을 잇는 포위망을 형성하였다.

그러나 이러한 포위작전은 조금도 의병의 활동을 꺾지 못하였다. 8월 21일 이천의병은 수십 주의 전신주를 도괴시켰고 파주에서도 329칸의 전선을 절단하여 일본군의 통신망을 착란시켰다. 23일 충주수비대로 군량을 호송하던 일본군(서울 보병 51연대 1개 중대)은 도중 이포에서 1,000여 명에 달하는 의병에 포위되어 전사자 1명을 내고 여주로 퇴각하였다. 이튿날 일본군은 여주수비대의 후원하에 이포를 역습하였으나 의병은 이미 자취를 감추고 없었다. 일본군은 이포와 부근 촌락을 모조리 소각하였다. 광주에는 남대희의 의병대가 일본군을 노렸고 전 시위 1연대의 중대장 허준이 지휘하는 이천의병(400명)은 30일 일본군 1개 소대를 포위하여 그 중 1명을 사살하여 이를 쫓아버렸다.

한편 대대병력으로 증강된 충주수비대의 일부는 8월 23일 청풍·제천으로 진입해 전읍에 방화하여 초토화시켰다. 그러나 제천의병(약 360명, 산포 1문)은 이날 적의 본거지 충주를 포위공격하고 있었다.

의병들의 행동은 8월 20일 이후 더욱 민활해졌고 그 전투구역도 더욱 확대되었다. 순홍(27일 의병 400명, 순사 1명 사망), 영춘(15일 순사 1명 사망), 청산(의병 300명), 옥천(28일 민중 60명, 군아 파괴, 일인 5명 사망, 괴산(30일 의병 300

명), 간성·고성(28일) 등 제읍이 잇달아 의병의 세력하에 들었다.

이리하여 8월 30일 長谷川은 伊藤博文에게 다음과 같은 전문을 발송하였다.

> 각 지방폭도가 쉽사리 진정되지 않음은 그들의 출몰이 不絶하고 폭도와 보통인과의 구별이 불명하기 때문이다(《駐韓日本公使館記錄》, 1907년, 電受).

이는 초기 의병이 민중폭동으로 비롯되었음을 암시하였고 이제 수습될 수 없는 국면에 도달하였다는 사실을 말해 주었다. 9월 이후 이듬해 봄까지 항쟁은 더욱 치열히 전개되고 더욱 광범하게 퍼져 갔다. 1907년 가을과 겨울 그리고 1908년 봄은 의병항전 최고의 시기였던 것이었다.

(2) 남부·북부지역으로의 확전

이상에서 보았듯이 정미의병은 중부지방을 중심으로 먼저 일어났고 이어 남부와 북부지방으로 확대하여 갔다. 즉 1907년 8월 중부 일대를 휩쓴 의병항쟁은 강력한 지방진위대 병사를 주축으로 전개되었다. 화승총과 창검으로 무장한 농민들도 전열을 가다듬었다. 일제는 가혹한 무력탄압으로 이에 응수하기 시작했다. 폭도진압을 빙자하여 일본군은 유례없는 초토화작전을 감행하였다.

그러나 의병들은 월등히 우수한 일본군을 맞이하여 과감한 기습 포위작전으로 일본군의 진출을 저지하였다. 9월에 들어서자 항쟁은 남한 일대를 휩쓸기 시작하였다. 마을마다 격문이 나붙고 왕년의 용장들이 다투어 일어났다. 마침내 항쟁의 불씨는 북부지방으로도 번져갔다.

일제는 항쟁을 폭동으로 규정하고 의병을 폭도시하였다. 그들의 소위《暴徒編冊》제30호〈暴徒의 梗槪〉를 그대로 옮겨 초기 의병항쟁의 전개과정을 살펴보면 다음과 같다.

> 1907년 8월 1일 서울 종로에 시위대 병사들의 망동이 일어나자 강원도 원주진위대가 해산 명령에 불복하여 폭발하였다. 그들은 양민을 해치고 관헌을 습격하였다. (일본군) 토벌대에 潰亂당하자 그들은 四散하여 각지에 잠복하고 불량배와 결탁하여 각지를 횡행하고 민심을 선동함으로써 강원도 지방폭도의 선

> 구가 되었다. 그들의 일부는 다시 충청북도로 들어가 그곳 흉포의 徒를 모아 500명으로 충주성을 습격하였다. 그러나 원래 그들은 오합지중이므로 한번 토벌대와 충돌하면 곧 분쇄 사산하여 감히 완고한 저항을 하지 못했다. 그러나 그들의 一類는 각도에 침입하였고 동서가 이에 호응 창궐을 極하기에 이르렀던 것이다. 강화도 한국군 병사의 일부는 황해도에 들어가 북방의병의 선구가 되었다. 7월 중순의 경성 탈영병 폭행 이래 수개월 동안에 그들 一類는 이미 경성·강원도·충청남북도·경상남북도·황해도 각지에 彌蔓하게 되었다.
>
> 1907년 12월에 이르러 경북의 폭도는 점차 남하하여 전라남북도에 미치고 또 그 일부는 경상남도에 출몰하였다. 황해·강원도의 폭도는 점차 북상하여 평안남도 동부와 함경남도 남부에 이르렀다. 더욱이 11월 하순 함경남도 북부 북청지방의 포수와 지방무뢰의 도당이 일진회원의 전횡에 분개하고 총기 압수에 불복하여-일본 병사, 순사를 습격살해-작년(1907년) 3, 4월에는 그 여파가 마침내 평안북도 일부 순창·희천군 지방에까지 미쳤다. 또 최근에는 함경북도의 종성·무산군 지방에도 봉기하기 시작하였다(《暴徒編冊》 30, 暴徒의 梗槪).

이처럼 1907년 8월부터 확대 발전한 항쟁은 놀라운 속도로 전국을 휩쓸었다. 이것은 이미 이전의 의병항쟁의 단순한 연속 또는 재발로만 볼 수 없었다. 당시의 농민들은 이 항쟁을 한일간의 '戰役' 즉 전쟁으로 보았지 단순한 난리로 보지 않았다. 농민들만이 아니라 의병들 자신이 당당한 독립군으로 자처하고 이를 국제적으로 호소하기에 이르렀다. 이인영·허위·이강년·민긍호 등 여러 의병장의 부대 1만 명이 양주에 당도 서울 탈환을 꾀할 때 13도창의대장 이인영은 명백히 그들이 국제법상의 교전단체임을 천명하였다. 의병의 서울탈환 계획은 그 후에도 수없이 되풀이되었다. 국권회복은 의병들의 궁극적 목적이었기 때문이다. 의병전쟁은 1908년 이후 1910년까지 3년간 끊임없이 계속되었다. 1908년과 1909년의 의병전투 상황을 정리하면 다음의 〈표 1〉·〈표 2〉와 같다.[19]

---

19) 필자가 이용한 일본측 통계는 첫째 〈폭도에 관한 제통계표〉(1909년 경무국조사)이다. 〈표 1〉에 보는 바와 같이 이 통계는 1908년 전후반기를 통틀어서 집계한 (엄격히 말하면 1907년 12월부터 1908년 12월 말까지의 13개월간) 도별 통계이다. 둘째는 〈표 2〉에 보듯이 1909년 전반기(2월부터 6월까지의 5개월간)에 관한 도별 통계 〈暴徒事件彼我損害調査〉로서 역시 경무국 고등계 조사이다. 그러므로 전자는 13개월간의 交戰數와 交戰義兵數이지만 후자는 단 5개월간의 숫자이다. 이 두 통계에 나온 숫자를 합하면 1907년 12월부터 1909년 6월까지의 약 1년 반 동안(1909년 1월 제외)에 의병이 일본경찰과 교전한 횟

〈표 1〉 1908년 각도 의병의 전투상황

도 별	전투횟수	(%)	전투의병수	(%)
전 남	274	(13.9)	10,544	(12.7)
강 원	273	(13.8)	18,599	(22.5)
황 해	232	(11.7)	7,998	(9.7)
전 북	219	(11.1)	9,960	(12.0)
충 남	217	(11.0)	7,666	(9.2)
경 북	158	(7.9)	5,702	(6.9)
경 남	153	(7.7)	3,328	(4.0)
충 북	113	(5.7)	6,815	(8.0)
평 남	108	(5.5)	1,391	(1.7)
함 남	99	(5.0)	6,438	(7.8)
경 기	78	(4.0)	1,453	(1.8)
평 북	41	(2.1)	2,590	(3.1)
함 북	11	(0.6)	283	(0.3)
합 계	1,976	(100)	82,767	(100)

〈표 2〉 1909년 각도 의병의 전투상황

도 별	전투횟수	(%)	전투의병수	(%)
전 남	547	(31.5)	17,579	(45.6)
전 북	273	(15.8)	5,576	(14.5)
경 기	165	(9.5)	3,453	(9.0)
경 북	161	(9.3)	3,667	(9.5)
충 남	138	(7.9)	1,003	(2.5)
강 원	124	(7.2)	2,468	(6.4)
황 해	111	(6.4)	2,148	(5.5)
충 북	66	(3.8)	832	(2.2)
경 남	61	(3.6)	934	(2.4)
평 남	61	(3.6)	540	(1.4)
평 북	17	(0.5)	123	(0.3)
함 남	14	(0.9)	270	(0.7)
함 북	–	–	–	–
합 계	1,738	(100)	38,593	(100)

위의 통계는 일본 경찰이 낸 무성의한 숫자이지만, 이를 통해 대체의 추세

수는 무려 3,714회에 이르고 있으며 연인원 121,360명의 의병이 이에 참전하고 있다. 일본경찰의 통계가 일반적으로 사실을 과장하기보다 줄이고 있다는 점을 감안할 때 이 숫자가 보여준 전쟁의 양상은 우리가 지금 상상하는 것보다 훨씬 규모가 컸던 것을 알 수 있다.

는 알 수 있을 것이다.

위의 통계로 미루어 제2차 의병전쟁은 주로 강원·경기 이남(전투횟수가 전체의 75.5%(1908) 내지 88.6%(1909)를 차지하고 있다)에서 전개되었고, 북한에서는 산발적으로 일어났던 것을 알 수 있다. 황해·평남북, 그리고 함남북의 의병은 1908년에 총전투횟수의 24.3%, 1909년에는 11.4%를 차지한 데 불과한 것이다.

1907년 8월 의병전쟁이 일어나자 일본군은 전국의 민간이 소유한 총포 화기를 압수했다. 함흥관내에서는 압수된 신식 소총이 3,144정, 화승총이 1,939정으로 집계되어 있어 전국에서 가장 많은 총기를 압수당했다. 이 지방에는 호랑이를 잡는 포수가 가장 많았고 신식 소총 역시 가장 많았던 것을 생각하면, 북한 포수들은 의병봉기에 시기를 놓친 것으로 추측된다.

위의 통계에서 특기할 만한 사실은 제2차 의병전쟁의 중심지가 전남·강원·전북·황해·충남·경북·경남 등지였다는 것이다. 특히 강원도 의병은 1908년에 가장 강력했고, 1909년에는 전남 의병이 가장 강성하였다. 이 통계가 보여주는 또 하나의 특징은 1908년의 전투의병수가 1909년의 그것보다 2배 이상이나 많았는데, 전투횟수는 거의 비슷하다. 이것으로 미루어 보아 1년 사이에 1회의 전투당 평균 의병수가 절반으로 줄어든 것을 알 수 있다. 즉 초기에 의병은 대부대가 행동을 같이 했는데, 뒤에는 소부대로 분산되어 활동한 사실을 알 수 있는 것이다.

의병이 이처럼 적은 병력으로 분산 활동한 이유는 일본군의 소위 攪拌작전 때문이었다고 추측된다. 교반작전이란 토벌군을 세분하여 한정된 국지에 포위하여 수색을 실행하고, 전후좌우로 몇 번이나 되풀이 왕래되거나 기병적 수단을 써서 의병을 현혹시키는 교란작전을 말한다. 이같은 일본군의 작전에 대응하여 의병들은 부대를 소조로 나누어 유격전을 벌였던 것이다. 그러나 이 때문에 초기에 의병의 대부대가 지방의 중요 시읍을 공격, 점령하는 데 성공한 데 반하여, 후기에는 차차 산간벽지로 물러서서 일본군을 기습하는 작전을 벌이지 않을 수 없게 되었다.

의병전쟁이 장기전으로 돌입하자, 1909년 7월 극비리에 한국을 병합하기로 결정한 일제는 전쟁을 하루속히 종식시킬 필요를 느꼈다. 그 일환으로 그들은 그 해 9월 남한 대토벌작전을 개시한 것을 비롯하여, 이듬해 봄 황해도와 강원도에 대한 대대적인 토벌작전을 실시하였다. 특히 남한 대토벌작전은 전남 의병에 대한 대규모의 지리산 포위 수색작전으로 잔인무도한 살육작전으로도 유명하였다. 1909년 5월 목포 일본인 상업회의소가 통감부에 호소한 바에 다르면, 전남 각지의 의병으로 말미암아 "일본인은 10리 길도 안전하게 걸어갈 수 없으며, 험악의 도가 오히려 이전보다 배가되어 생명과 재산의 피해가 수백 건에 이르고, 교통은 두절되고, 농사와 상업이 위축되어 직간접의 피해가 막대하다"고 할 정도였다.

남한 대토벌은 전남 전체를 육로와 행상으로 완전포위하여 동남으로 '그물질하듯 빗질하듯' 좁혀 들어가는 작전으로 일찍이 일본군이 대만 독립군을 진압하는데 사용했던 수법이었다. 일본군은 모두 한복으로 변장하였고, 모든 도민은 출입을 금지하여 위반자는 가차없이 살상하였다. 약 2개월간에 걸쳐 감행된 이 도살작전에서 沈南一 등 의병장이 사살당하고, 朴道京 등 의병장이 체포되어 처형되었으며, 이어 전개된 강원도와 황해도 대토벌로 전국의 의병부대가 섬멸당하였다. 그리고나서 일제는 1910년 8월 한일합방을 선언하였으니, 무력정복에 의한 병합이었다.

(3) 의병장들의 의병활동

가. 호남의병－전남

가) 기삼연

奇三衍(1851～1908)은 전남 長城에서 진사 奇鳳鎭의 4남으로 태어났다. 그의 집안은 전통적인 儒家 가문으로서 奇正鎭·奇山度와 함께 한말 의병전쟁에 참전한 인사가 많이 배출된 집안 출신이다. 그는 일찍이 글을 시작하였다. 특히 兵書를 겸하여 공부하였으며 문장에 능하였고 필법이 독특하였다.

을미왜란과 단발령이 내려지자 1896년 2월 장성에서 기우만과 함께 거의하였다. 기삼연은 스스로 군무를 담당하여 백마를 타고 왕래하면서 의병을 모집하였기 때문에 당시 사람들은 그를 白馬將軍이라고 하였다. 그러나 그가 나주와 장성을 중심으로 의병을 모집하고 있을 때, 학부대신 申箕善과 李謙濟가 관병 500명을 거느리고 와서 선유함으로써 일단 의병을 해산하고 다시 거의할 것을 기약하였다. 그러나 이 역시 일진회원의 밀고로 탄로되어 결국 전주진위대에 체포되어 전주감영에 수감되었다가 다시 서울 平理院에 이감되었다. 여기서 그는 4개월만에 탈옥에 성공하여 은신생활을 하며 기회를 엿보다가 가족을 거느리고 산중으로 들어가 피신하였다.

1907년 한국군이 해산되자 9월에 영광 隨緣山 石水庵에서 다시 의병을 모아 훈련시킨 후, 의병진을 편성하여 '湖南倡義會盟所'라 이름하여 재기를 꾀하였다. 이 때 편성된 의진의 진용은 다음과 같다.

大將 奇參衍
統領 金容球
參謀 金燁中 金鳳樹
從事 金翼中 徐錫球 全垂鏞 李錫庸
先鋒 金 準
中軍 李哲衡
後軍 李南奎
運糧 金泰洙
總督 白孝仁
監紀 李英華
左翼 金昌鰒
右翼 許景和
砲隊 金基淳

이상의 의진 명단으로 보더라도 기삼연의 창의회맹소는 호남의병의 원류라 할 수 있다.

기삼연은 격문을 지어 사방에 돌려 민중의 협력을 촉구하고 적에게 부역하는 자는 처단하고 그 재산을 몰수할 것이라고 경고하였다. 그리고 격문 끝에 평민이 일인 한 사람을 죽이면 100냥을 주고, 순검이나 일진회원이 일인 한 사람을 죽이면 죄를 면해주고 두 사람을 죽이면 상금 100냥을 준다고 첨가하여 포고하였다.

이같이 봉기한 기삼연은 그 후 茂長·法聖浦·高敞·長城 등지에서 활약하였다. 같은해 9월 23일 고창 文殊庵으로 진군 중 접근해 오는 적을 맞아 교전하여 적에게 막대한 피해를 입혔다. 이 때 牟陽의 吏民들이 의병에게 적극 협력하여 기밀을 알려 주었을 뿐 아니라 군기와 군량을 공급해 주기도 하였다. 이 전투에서 특히 金準의 공이 컸으며, 아군 3~4명이 전사하였다. 다시 많은 적군이 내습해 온다는 정보를 듣고 군사들이 흩어지고 무기를 버리고 탈출하였으나 고을 사람들이 무기를 수습해 두었다가 틈을 타서 보내주고 군사도 점차 모여들어 기세를 떨치게 되었다.

이렇듯 주민들의 협력을 적지않게 받았지만 모여드는 군사들의 식량과 닥쳐오는 추위에 대비해야만 하였다. 마침 법성포에 근처 郡에서 거둔 많은 稅穀이 적재되어 있다는 정보를 입수하였다. 12월 7일 백여 명이 먼저 법성포 순사 주재소를 기습 공격하여 소각시킨 후 倉穀을 탈취하고 남은 것은 모두 백성들에게 나누어 주었다. 또한 장성 舞童村에 이르러 적을 만나 격전을 벌여서 적 5, 6명을 살상했으나, 아군도 흩어졌다. 이 때의 전투양상은 소단위의 유격전이었다. 특히 김준의 유격전이 큰 성공을 거두었다. 그러나 날씨가 점차 추워지자 도망병이 생겨났다.

다시 흩어진 군사들에게 연락하여 동짓날에 영광을 공격하려 하였는데 기밀이 누설되었으며, 추위로 병든 군사들이 많아서 뜻을 이루지 못하였다. 이에 犀牛山 속에서 군사를 휴식시킨 후, 나주의 古幕院을 공략하려다가 중도에서 군대를 철수하였다.

기삼연은 의진을 이끌고 담양 金城으로 들어갔다. 이곳은 험준한 곳이었으므로 이 곳에서 설을 지낼 계획이었던 것이다. 그러나 밤에 큰 비가 내려 노숙하는 사졸들의 옷이 젖어 추위에 견디지 못하고 있을 때, 수비의 허술함을 틈타 적이 불의에 내습 공격하였다. 많은 사상자를 낸 끝에 결국 완전 포위당하여 피아간에 사상자가 40~50명이나 발생한 격전을 치렀다. 기삼연이 최후를 각오하고 있을 때, 요행히 갑자기 안개가 깔려 의진을 이끌고 북문으로 탈출할 수 있었다. 이곳을 탈출한 그는 순창 福興山으로 들어갔다. 부상으로 의병활동의 한계를 느낀 기삼연은 장졸들에게 각자 집으로 돌아가 설을 쇠고 정월 보름에 다시 모이도록 하자며 해산명령을 내렸다.

기삼연이 九水洞 촌가에 잠복하여 설을 쇠면서 정월 초하룻날 아침 설상을 받았을 때, 갑자기 들이닥친 적 수십 명에 의해서 체포되어 담양으로 압송되고 말았다. 담양에서 다시 광주로 압송되어 수감된 기삼연은 자신의 참패에 대하여 다음과 같은 시를 남기고 있다.

> 출사하여 이기지 못하고 먼저 죽으니(出師未捷身先死)
> 일찍이 해를 삼킨 꿈은 또한 헛것이던가(呑日曾年夢亦虛)

이 시로 미루어 보아 그는 자신의 의병활동이 끝내 성공하여 일인들을 한반도 밖으로 물리칠 수 있을 것으로 확신하고 있었던 것이다. 그러한 확신이 꺾였을 때, 그의 비통한 심회를 담담하게 노래하고 죽음을 맞았던 것이다.

이 때 마침 선봉장 김준은 창평에서 일군 토벌대장 요시다(吉田)를 죽이고 그 잔졸들을 추격하다가 기삼연이 체포되었다는 소식을 듣고 정병 30명을 이끌고 탈환전을 벌였으나 이미 기삼연은 경무서에 수감된 뒤였다. 요시다 이하 다수의 일병이 사상한 것에 대한 복수로 일인들은 기삼연을 무수히 난자하였으며, 기삼연은 결국 이튿날인 1908년 1월 2일 광주시 西川橋 밑 백사장에서 적의 흉탄에 쓰러져 순국하였다.

나) 김태원

전남 나주군 文平面 渴馬里에서 태어난 金泰元(1870~1908)은 어려서부터 지략이 웅대하였으며 벼슬은 順陵參奉에 그쳤으나 국운이 기울자 국사에 부심하였다. 을미왜란과 단발령이 내려지자 金河洛·趙性學·具然英·申龍熙 등과 합세하여 누구보다도 먼저 의진을 조직하여 利川·楊根·砥平·廣州·安城·陰竹 등지에서 활약하였으며, 1896년 2월 말경에는 일시 제천의진과 합세하여 적군과 전투를 벌이기도 하였다.

을사조약 이후 국정이 일제에 의해 전횡되자 김태원은 아우 金律과 함께 1907년 7월 호남에서 다시 의병을 일으켰다. 그 해 9월에는 기삼연이 장성에서 거의하였다는 말을 듣고 일가인 金燉과 의논하여 군사를 이끌고 합세하여 '湖南倡義會盟所'의 선봉장이 되었다. 9월 9일에는 고창의 일군을 무찔렀으며, 의진의 전세를 확장할 목적으로 김태원은 기삼연과 영역을 달리하여 활약할 것을 결의하였다. 1907년 10월 4일에는 申德淳과 정읍 내장사에서 만나서 창의하는 일을 의논하고 서로 합세하기로 하였다.

이 때 의병이 이미 수백 명이 되었으므로 광주의 일본군영을 무찌르고 목포를 깨뜨릴 계획을 세워 광주로 격문을 띄웠다. 그리고 군사를 거느리고 순창 回文山으로 들어가 무기를 감추어 두었던 곳을 찾아갔으나 이미 적에게 빼앗긴 뒤였다. 다시 회문산으로 회군하였을 때 적군의 내침을 당하게 되었다. 이 때는 밤길 1백여 리나 걸어온 군사들이 모두 휴식하고 있을 때였다. 이 전투에서 都督의 임무를 맡고 있던 신덕순이 체포되어 정읍으로 압송되고 의진은 일시에 무너지고 말았다.

김태원은 다시 의진을 규합하여 12월 나주·함평·장성·무안 등지를 신출귀몰하듯 휩쓸어 함평 주재소를 습격하여 일인 순사를 사살하고, 수차례 토벌대와 접전하고 이어서 그 지휘자 川端曺長과 부하를 사살하는 등 적에게 큰 타격을 가하였지만, 의진의 피해도 적지 않았다.

이즈음 체포당한 부하들의 재판기록을 보면, 김태원의 활약상과 규모를 짐작할 수 있다. 나주에서 미곡상을 하던 당시 34세의 趙正仁은 수백 명과 함께 4백여 정의 총기를 휴대하고 나주·함평·장성 등지에서 일본군과 전투한 혐의로 1908년 6월 체포되어 교수형을 선고받았다. 또 한 사람의 부하인 18세의 沈守根은 조정인의 명을 받아 나주 佳山에서 탄환 제조하는 현장을 경비하다가 4월에 체포되어 조정인과 함께 교수형을 선고받았다. 그리고 무안군 金洞面 玉洞에서 살던 尹元擧는 12월 14~15일경 김태원과 그의 부하들에게 숙식을 제공한 혐의로 체포되었다. 이 때 李應文으로부터 돈 23관을 기탁받았다고 하는데 물론 이 돈은 김태원의 거사 자금의 일부였다.

1907년 12월 이후 기삼연과 합진하여 영광에 있는 적의 소굴을 소탕하고자 먼저 법성포에 불을 질러 공격하여 큰 성과를 올렸다. 이것은 11월 25일 참모장 金翼中과 李南奎가 전사한 것에 대한 보복전이었다. 다시 그는 광주·나주로 옮기고 기삼연은 장성으로 돌아갔다. 이 때 동생 金律의 의진은 沙湖에 있었는데, 김율이 본래 기삼연의 문인으로서 博士라 칭해졌으므로 그의 진을 박사진이라 일컬었다. 때마침 김율의 진이 적의 공격을 받아 흩어졌으므로 선봉장 曺京煥, 도포장 崔東鶴과 상의하여 의진을 동복·창평 등지로 옮겼다.

창평의 芝谷에 도착하여 하루를 머물고 舞童村으로 진군한 것이 1908년 1월 1일이었다. 이 날은 순창 九水洞에 은신하고 있던 기삼연이 체포된 날이

기도 하였다. 한편 김태원은 적장 요시다가 이끄는 기마병에 쫓기게 되었다. 요시다는 10척 장신으로 용력이 뛰어났으나 접전 끝에 사살되었다. 그러나 김태원도 부하 姜吉煥·趙德寬이 전사당하는 등 형세가 심히 위급하였는데 다행히 김율의 군사가 협공하여 적을 물리칠 수 있었다. 이 전투에 李雲善이 참여하였는데, 김태원이 전사할 때까지 함께 활약하게 된다. 그 뒤 그는 다시 조경환의 부하가 되어 활약하였으며 1909년에 체포되어 7년형을 선고받았다. 그리고 李敏英 역시 그의 부하로서 5년형을 받았다. 그 후 김태원의 의진은 장평 月平에 머물렀다.

김태원은 자신의 정신적 지주였던 기삼연의 사후에도 조금도 굴하지 않고 맹렬하게 적과 싸워 용명을 떨쳤다. 세력 확대를 위하여 李大克과 결탁하기도 하였는데 이 때부터 김태원은 스스로 대장이라 칭하였고 군도를 차고 쌍안경을 가지고 다녔다. 동작이 기민하여 신출귀몰하였으므로 당시 일인들의 주목을 끌었을 뿐만 아니라 동료 의병들간에도 높이 평가되고 있었다.

1908년 3월 21일 장성군 廣谷에서 부하 약 80명을 이끌고 잠복 활동하다가 토벌대의 포위 공격을 받고 암굴에 은거하였다가 밤을 타서 탈출하였으며, 그 후 10여 차례 적의 공격을 받았다. 다시 나주 博山村에 은신하여 지병을 치료하다가 적에게 발각되었는데 김태원의 지병이 너무 악화되어 대전할 수 없는 상황이었다. 결국 4월 25일 漁等山에서 20여 명의 동지들과 함께 적에게 사살당하여 순국하였다.

김태원은 일찍이 의병을 일으켜 적병 수백을 살상하였으나, "兵은 精銳가 중요한 것이지 숫자의 많고 적음은 중요하지 않다"고 역설하여 늘상 거느린 부하는 30~40명에 지나지 않았다. 이렇게 의병활동에서 정예주의를 지켜 부하 훈련에 치밀하였기 때문에 김태원의 부하였던 사람들이 그의 사후, 각기 의병장이 되어 각지에서 의병항쟁을 전개한 것이 결코 우연한 일이 아니었다. 김태원의 부하로 유명한 의병장은 曺京煥과 全海山 그리고 吳聖述 등이 있다.

다) 김영백

전남 장성군 北二面 達城里 출신인 金永伯(1880~1910)은 정미조약이 체결되고 이어서 한국군마저 해산당하여 일제침략이 노골화되어 가자 국권을 회복할 목적으로 의병을 일으켰다.

그는 1907년 10월 장성군 북이면에서 곤봉을 들고 동지 약 1천 명을 규합하여 부하를 삼고 스스로 대장이 되었다. 선봉·중군·후군장·좌우익장·군량관 등의 부서를 두고 부대를 편성하였으며, 총 2백 정을 준비하였다. 한편으로 자금·탄약·식량·피복 등을 군민들로부터 징발하여 군비를 갖추었다.

그 후 장성을 중심으로 광주·고부·정읍·태인·부안·흥덕·고창·순창 등의 각 고을을 무대로 활약하였다. 1908년 3월 4일 정읍 丹谷里에 주둔하고 있는 일본수비대 보병과 격전을 벌였다. 9월 21일 方丈山 산록 白溪洞에서 일본수비대의 기병과 헌병 및 순사대와 교전하였다. 10월 상순에는 정읍군 鰲峴에서 헌병과 교전하였다.

1909년 1월 말경 동군 북이면 上谷里에서 수비대 기병과 교전을 벌였고, 2월 중순에는 동군 북일면 東山里, 2월 말에는 흥덕군 細谷里에서 교전하였으며, 4월 11일에는 동군 一東面 九水橋, 4월 중순에는 고부군 江古里, 4월 말에는 흥덕군 一南面 鍮店里에서 각각 일헌병과 교전하고 상호간에 다수의 사상자가 발생하였다. 마침내 그는 12월 적에게 노출되어 하는 수 없이 일헌병대 고부 분견소에 자수하고 말았지만 12월 20일 재판에서 교수형을 선고받고 몇 차례의 항소 끝에 마침내 교수형이 확정되어 순국하였다.

이같이 그의 활약은 타의 추종을 불허할만 하였지만, 진중 일기류를 남기지 않아 일본측 자료 밖에 남아 있지 않는 것이 유감이다. 또한 신분상의 차이 때문인지 양반 출신인 전해산과는 가까운 지역에서 활약하였으면서도 연합전선을 전개하지 않았을 뿐만 아니라 전해산은《全海山陣中日記》에서 그를 다소 무시하는 듯한 의중을 내비치고 있음을 엿볼 수 있다.

라) 심남일

전남 咸平郡 月也面 새터에서 출생한 沈南一(1871~1910)은 일찍이 학문을 닦아 四書三經에 능통하였으며 향리에서 鄕校掌議와 道議事 등을 역임하고 서당의 훈장도 지낸 바 있는 향반이었다.

러일전쟁 후 일제의 침략이 노골화되고, 1905년 11월 을사조약이 늑결되자 통분을 금할 길이 없어 거의할 것을 결심하였다. 그는 의병장 김태원의 아우 金律의 부장이 되어 장성·영광·함평·남원·보성·영암·장흥 등지에서 투쟁을 벌여 많은 전과를 거두었다.

김율이 전사하자 스스로 대장이 되어 군율을 엄히 하고 진용을 재정비하였다. 이 때 그의 예하 장병들과 그 구성을 보면 다음과 같다.

先鋒將 姜武景 林萬善 張仁甫
中軍將 安贊在 朴士化
後軍將 盧炳友 羅聖化 崔友平 金聖載
都統將 金道淑
統 將 柳致先 孔盡淑
軍糧將 李世昌
護軍將 姜達周 鄭官午
旗軍將 張文然 李德三
都 砲 張京先 金判玉 宣道明
募 事 權澤 鄭榮兌
書記 겸 募事 廉元淑

그리고 향리에서 도학으로 명성을 떨쳤기 때문에 규율을 엄히 하고 민폐를 적게 하기 위하여 민가의 재물을 약탈하거나 부녀자를 겁간하거나, 가축을 희생시키는 일 등에 대하여 엄히 처단할 것을 공포하였다.

1907년 11월 1일 함평군 新光面에서 기치를 올려 의병을 모집하고 훈련하기 시작하여 이듬해 2월 13일 南平으로 행군하면서 적과의 접전을 감행하였다. 그의 첫 접전은 3월 7일 강진면 吾治洞에서 있었다. 적병 수백 명을 맞아 아침 6시부터 밤 10시까지의 장시간에 걸친 교전 끝에 수십 명을 살상하고 무기를 다수 노획하여 의병들의 사기는 하늘을 찌르는 듯하였다.

이어서 4월 15일 장흥 藿岩에서 적 3명을 사살하고, 6월 19일 남평 長淡院 전투에서 적 5명을 베고, 6월 25일 능주 老狗頭에서 적 5명을 사살하고 말 2필과 무기를 노획하였다. 7월 30일에는 영암 沙村 전투에서 적 10여 명을 죽이고, 8월 1일 나주 盤峙에서, 9월 20일 장흥 新豊에서, 10월 9일 해남 城內에서, 10월 27일 능주 石亭 등지에서 모두 백여 명을 살상하였다.

이와 같이 전투에서 큰 성과를 올렸으나 불행하게도 심남일과 선봉장 강무경이 병석에 눕게 되었다. 그리고 다음해 봄까지 접전일기에 기록이 없었던 점으로 미루어 보아 이 기간 동안 추위와 병고로 인하여 은신하고 있었던 것으로 보인다.

이듬해인 1909년 3월 다시 격렬한 교전을 재개하였다. 3월 8일 대장서리 姜鉉秀·朴奉柱가 나주 月橋里에 유진하였다가 밤에 남평 雲三洞에 집합하여 船洞으로 옮기는데, 探馬隊로부터 적이 내습한다는 정보를 얻었다. 그는 미리 의병을 요소요소에 매복시켰다가 적 5명을 사살하자 적은 榮山浦로 달아났다. 이에 보다 적극적인 전투를 전개하기로 계획하고 한편으로 영산포의 적을 격동시키면서 인근의 의병부대에 통기하여 연합작전을 꾀하였다.

이 때 전북의 全垂鏞·李大局·吳仁洙, 전남의 安圭洪·金如會·柳春信 등의 호응을 얻을 수 있었다. 이 중에 특히 안규홍과는 끝까지 유기적 관계를 맺게 되었다. 그는 전군을 5부대로 나누어서 동쪽 大峙·大巷峯·月任峙·德龍山 꼭대기·屛岩峙에 각기 매복시켜서 적의 내습에 대비하였다. 다음날 새벽부터 능주·광주·나주·남평·영암으로부터 내습해 온 적병과 접전하여 적 70여 명을 사로잡고 수십 명을 사살하였다. 아군의 희생도 적지 않았으며 본진의 총독 朴基春·좌익장 朴汝洪·우익장 朴泰煥이 전사하였다.

3월 11일 계속하여 적의 내침이 있을 것으로 예상하여 능주 風峙의 좌우에 잠복하고 대기하고 있는데, 이웃 12고을의 적병 4백여 명의 포위 공격을 받아 백여 명을 죽였는데도 적병이 물러가지 않았다. 하는 수 없이 징을 쳐서 전병을 불러들여 杜門 북쪽으로 후퇴하였다.

4월 2일에는 장흥 牛山에 주둔하고 있었다. 그 곳은 능주 헌병이 매달 5차례씩 20여 명이 장흥을 통과하는 곳이었다. 이 날 강현수가 의병 20명을 거느리고 매복하고 있다가 포를 터뜨려 적 8명을 사살하자 나머지는 모두 달아났다. 그리하여 대포 2문과 다수의 무기를 포획할 수 있었다.

5월 12일 보성 泉洞에 주둔하고 보성의 창의장 안규홍과 石虎山에서 만나 연합작전을 계획하였다. 작전 수행을 위해 중군장 安贊在와 통장 김도숙에게 군량을 백리 밖에서 운반해 오도록 하고, 후군장 김성재와 호군장 강달주에게 군사들을 잘 먹이게 하는 등 만반의 준비를 갖추게 하였다.

보성의 왜장이 산상에 올린 의병의 깃발을 보고 50명 군사를 거느리고 내침해 오자 이들과 격전하여 적 5명을 사살하였다. 그 후 안규홍과 장래의 전략을 기획할 때, 이세찬이 적은 군사로 많은 적을 감당하지 못하는 것은 정한 이치이니 남북도의 의병이 합세해야 한다고 건의하였다. 모두 그 말을 옳게 여겨 각지의 의병부대와 연락하여 연합전선을 구축하여 가던 중 의병을 해산하라는 황제의 조칙이 내려지게 되었다. 협박에 못이겨 내려진 조칙인 줄 번연히 알면서도 1909년 7월 21일 영암군 金磨面 古引洞에서 자진 해산하지 않을 수 없었다.

의병을 해산한 후, 그는 강무경과 함께 능주로 잠행하여 前의 전투지였던 풍치의 바위굴 안에서 신병을 치료하던 중 8월 9일 이를 탐지한 일군에게 체포되었다. 9월 2일 광주로 이송되었다가 12월 15일에 대구 감옥으로 이감되었다. 두 곳의 감옥에서 '10월 20일 광주 담판'과 '12월 15일 담판', 그리고 '대구 담판' 등의 글을 남겨 놓고 있다. 그는 끝까지 일제에 굴하지 않고 그들의 불의를 질책하였으며 마지막으로 고국산천에 그의 丹心을 터뜨리는 시를 읊으면서 1910년 7월 23일 대구감옥에서 39세를 일기로 순국하였다.

마) 안규홍

전남 보성군 鳥城面 德山里에서 태어난 安圭洪(1879~1911)은 일찍이 부친을 여의고 편모 슬하에서 자랐으며 가세가 빈한하여 남의 담살이(머슴)로 모친을 극진히 봉양한 효자였다.

1907년 군대해산을 계기로 구국의 함성이 높아가자 거의할 목적으로 一心契를 조직하였다. 한편 주인에게 某日에 논일(벼농사일)을 할터이니 일꾼들을 대접할 준비를 해달라고 알린 후에 은밀히 담살이 동지 수십 명을 규합하였다. 거사일이 되어 동지를 모으고 주인에게 몰려가 국사를 도모하려고 하나 우리에게 재물이 없으니 군사 물자를 조달해 줄 것을 강청하여 군량과 자금을 받아냈다. 그리고 일찍이 은밀하게 밀약받았던 동리의 참봉 安極에게 무기와 자금을 제공받을 수 있었다.

이같이 준비를 갖추고 있을 때, 1908년 2월 관북 출신 姜性仁이 무장한 의병 수십 명을 이끌고 와 합세하여 병력이 70여 명으로 불어났다. 이들을 보성 桐巢山에서 훈련을 시켰는데, 강성인은 본래 성격이 난폭하고 잔악하여 민폐가 컸다. 그가 다스리고자 하나 고쳐지지 않자 하는 수 없이 강성인을 포박하여 죄상을 밝힌 후 참형에 처하였다. 이로써 군기는 바로 잡히게 되었다. 그 후 농군을 소모하여 대오를 정비한 후, 안규홍이 의병대장으로 추대되었는데 그 편제는 다음과 같다.

大 將 安圭洪
副 將 廉在輔
參謀將 宋基休
先鋒將 李貫會
左右翼將 鄭寄贊 張載模 宋敬會 孫德浩
遊擊將 安宅換 蘇輝千
參 謀 吳周一 羅昌運
書 記 任淨鉉
軍需將 朴濟鉉

그는 비록 배우지 못하여 문자를 몰랐으나 천성이 뛰어나고 결백하며 과감하였기 때문에 많은 농민군이 그를 따랐다.

한편 안규홍 의진이 보성을 중심으로 결성되었다는 정보를 입수한 일병들이 보성군 鳥城, 筏橋, 順天을 연결하는 토벌진을 구성하여 포위 섬멸전을 전개하려 하였다. 그는 평소 樵路地理(나무꾼이 다니는 길)에 밝은지라 일군에 대한 기습 작전을 계획하고 있었다.

1908년 2월 적이 定時에 출동하여 수색하고 있음을 간파하고 미리 보성 동쪽 8㎞ 떨어진 巴靑의 험한 지점에 복병을 마련해 두었다. 마침 일대에서 최강을 자랑하는 미도(永戶)·히라이(平井)의 두 부대가 골짜기로 들어왔을 때, 복병들이 총탄을 퍼부었다. 적병 부대장들이 쓰러지고 전군이 궤멸하여 의병 부대는 많은 전리품을 노획한 후, 다시 大院山으로 들어갔다. 이것이 巴靑大捷이다.

이후 일군은 그의 부대를 의병 부대 중 최강의 부대로 지목하게 되었다. 파청대첩 후, 적의 신예부대는 보복전을 펼쳐 대원산 사찰을 포위하고 필사적으로 공격해 들어왔다. 그러나 의병은 사찰 문루와 장벽에 의지하여 분전한 끝에 여유있게 적을 격퇴할 수 있었다. 그러나 同福을 탈환하기 위해 雲月峙로 진군하다가 棲鳳山에서 적과 부딪쳐 많은 희생자를 내었고, 특히 참모 나창운이 전사하는 등의 손실을 보았다. 이에 장경선을 참모로 임명하고 병력을 증강한 후 1908년 8월 24일 眞山에서 일군 수비대 및 기병과 격전을 벌여 일군 5명을 중상시키는 등 대첩을 거두었다. 이 전투가 眞山大捷이다.

그 후 그의 의병진은 화약과 군량을 준비하여 공격태세를 갖추어 1909년 3월 25일 圓鳳의 적병을 기습하여 크게 승리하였다. 이 때 그는 소병력을 한산한 곳으로 보내어 약탈을 가장하는 등 적의 눈을 속이고 정예부대를 거느리고 원봉 기병 주둔소를 야습하는 작전을 썼다. 일군 와타나베(渡邊)少將은 의병 토벌부대를 격려하러 왔다가 말을 타고 도주하고 말았다. 이 전투에서 다량의 무기와 화약·군량을 획득하였으므로 의병진을 재편하는 데 크게 도움이 되었다.

그가 이끄는 의진은 다시 순천으로 이동하여 일군 대부대를 습격하였다. 처음에는 큰 전과를 거두었으나, 안택환·임정현 등이 전사하였다. 이어 송기휴를 유격장으로 임명하고 전투를 계속하였으나 일병 증원부대가 도착하여 포위당하게 되었다. 그는 의병을 상인과 농민 등으로 가장시켜서 포위망을 탈출하여 바닷가에 결집시켰다. 다시 밤에 배를 타고 고흥으로 빠져 나올 수 있었다.

그러나 의병의 수는 줄고 무기도 빈약하여져서 정면 공격을 감행할 수 없는 형편이 되었다. 이에 작전을 바꿔 유격·기습작전으로 성과를 거두며 전전하다가 송기휴가 전사하게 되었다. 할 수 없이 거점을 장흥 白沙로 옮겨 전세가 불리하게 된 원인을 규명하였다. 모든 것이 일진회의 밀고 때문인 것이 밝혀지자 그들을 색출하여 시장에서 공개로 총살시켰다. 그리고 일인 첩보대장을 사살하고 8월에는 270명의 의병을 총동원시켜 순천군 洛西面 上右里 소재 일진회를 습격하여 친일 주구들을 처단하고 9월 25일 3백여명의 의병을 거느리고 광양의 白雲山으로 들어가 근거지로 삼았다. 1909년 5월 이후, 함평의 심남일과 연합전선을 펴하고자 수 차례의 회합을 갖기도 하였다.

그리고 보성·순천·흥양·여수·돌산·광양·곡성·남원·구례·장흥·순창 등지에서 게릴라 활동을 재개하였다. 적은 토미이시(富石)대위를 중심으로 토벌대를 구성하는 한편 의병의 가족들을 동원시켜 각종의 귀순공작을 전개하였다. 토벌대의 대병력이 전라도를 북쪽에서부터 포위방을 압축하면서 남쪽으로 몰아 내려왔다. 소위 '남한대토벌'이라는 것이었다.

그는 하는 수 없이 의병을 해산시키고 고향으로 돌아가던 중 9월 25일 보성군 鳳德面 法化村에서 부하 염재보·정기찬과 함께 토미이시의 부대와 광주경찰서 일경에게 체포되었다. 그는 곧 광주에서 대구감옥으로 이감되었으며, 1911년 5월 5일 교수형에 처해져 망국의 한을 안고 순국하였다.

나. 호남의병－전북

가) 이석용

전라북도 임실 출신의 李錫庸(1878~1914)은 러일전쟁에서 승리한 일제가 우리 나라의 재정간섭을 강화하자, 1906년 임실·장수·진안·남원·함양·순창·곡성 등지에서 동지를 얻고 조정을 비롯하여 전국의 동포, 그리고 일본 정부와 세계 열강들에게 격문·통고문·규탄문·건의문 등을 선포하면서 민족의 주권확립에 노력하였다.

1876년 개항 이후 李僎은 일제의 침략상에 대하여, "예로부터 오랑캐가 중국 땅을 침략하여 화친을 강요하고 땅을 빼앗은 예는 많았지만 근세의 왜놈들처럼 반복무쌍한 짓은 없었다. 개화한 이래로 세계 각국이 왕래하여 온갖 변이 일어나게 되었으나 저 왜적이 그 틈에 끼어 교활하고 간사하기가 다른 나라와 비교되지 않았다"고 기록하고 있다. 이 글을 통해서 우리는 당시 유생들이 일제의 침략을 어떻게 인식하고 있었는가를 잘 알 수 있다.

이석용은 1907년 2차 의병전쟁 때 궐기하였으나 단발문제는 계속 끊이지 않았다. 즉 1908년 2월의 기록을 보면, "저녁에 桐花 장터에 당도하여 머리 깎은 사람을 매 때리고 백성들을 좀 먹은 任·長들을 불러들여 역시 매를 때렸다. 머리 깎는 데 앞장선 괴수놈들을 잡아 때리고 그 도당에게 일체 갓·망건을 쓰고 출입할 것을 부탁했다"는 것이다. 또 같은 해 4월 22일 "旺方里를 지나다가 머리 깎은 사람이 갓·망건을 쓰고 각근히 지공하며 나에게 심심한 치하를 하는 것을 보았다. 이 때에 近邑의 난민들 사이에 마음을 고친 자가 많았으나 죄를 입을까 두려워서 심한 자는 문을 닫고 머리를 길렀다"는 것이다. 이처럼 이석용의 기록을 통해서 보듯이 단발반대는 의병들의 일관된 전투구호의 하나였으며 단발은 곧 일제침략에 대한 굴복을 의미하고 있었다. 따라서 후기 의병장이었던 이석용의 1908년 기록에도 역시 단발령에 대한 저항의식이 나타나고 있는 것이다.

한편 이석용이 궐기한 1907년 이후의 의병전쟁은 10여 년 전의 을미의병과 사뭇 상황이 달랐다. 1905년 을사조약의 늑결에 이어 1907년 8월 강제로 군대해산으로 국권침탈이 노골화되자 1907년 이석용은 전북 임실에서 거의하여 일제을 구축하기 위한 대열에 나서게 된다. 이석용은 먼저 1906년 임실·장수·진안·남원·함양·순창·곡성 등지에서 동지를 얻고 조정을 비롯하여 전국의 동포, 그리고 일본 정부와 세계 열강들에게 결문·통고문·규탄문·건의문 등을 발포하였다.

이어서 8월 우리 나라 군대가 강제 해산당하자, 같은 고향의 전해산이 서신을 보내 함께 거의하여 토적할 것을 의논하였다. 이때 기삼연이 영광 隨緣山 石水庵에서 회맹하여 湖南倡義所를 구성하자, 전해산과 더불어 종사 중 한 사람이 되었다. 그러나 기삼연의 의진에 입진하지 않고 독자적인 의진구축이 필요함을 절감하여 뒤에 연합할 것을 기약하고 고향으로 돌아왔다.

《倡義日錄》에는 "지금 오랑캐 놈들이 도성 안에 가득차 있어 임금과 신하는 처소를 잃어버릴 지경에 이르렀사오며, 단군과 기자가 베푼 풍교는 요원해지고, 요순의 道學은 땅에 떨어졌아오나 무릇 혈기있는 사람이면 어찌 누구인들 역적을 토벌하고 원수를 갚을 생각이 없겠사옵니까. 다만 대의를 만천하에 펼치고자 하는 것이 원이오나, 성공하고 못하는 것은 예측할 바 못되옵니다"라고 하여, 8월 26일 이석용이 아버지와 하직하며 고하는 글이 실려 있다. 8월 27일 이석용은 부모 곁을 떠나 임실군 성수면 소재 上耳庵에서 이미 모집된 의병들과 함께 회의를 가졌다. 8월 29일에는 야음을 틈타서 삼봉에서 황사현으로 이동하였다. 여기서 재차 동지들과 창의계획을 숙의하였다. 이에 의진을 '의병창의동맹'이라 명명하고, 진용을 정비하였다. 이 때 구성된 의병진의 조직은 다음과 같다.

義兵大將	李錫庸		
先　　峰	朴萬華	崔德逸	宋判九
後　　軍	金士範	尹明善	金成鶴
中　　軍	呂桂穆	朴雲瑞	金成學
總 指 揮	朴甲洪	郭子儀	朴宗文
參　　謀	全海山	韓士國	李光三
連　　絡	洪允武	朴成武	尹炳俊
補　　給	韓圭武	朴金東	朴文局
道路部長	金士元	金公實	金成傈
運　　糧	吳畸烈	趙榮國	金學文

의진의 조직을 끝마친 이석용은 9월 5일 의진을 이끌고 백암을 출발, 홍도령에 이르러 진열을 정비한 뒤, 곧바로 장수 배룡리로 들어갔다. 그는 이곳저곳으로 옮겨 다니면서 의병을 모으는 한편, 방을 붙여 민심을 안정시켰다. 9월 12일 그는 마이산에서 의병궐기대회를 개최하였다. 그는 그 동안 모집하였던 의병들을 마이산 南麓 龍岩 위에 집합하게 하였다. 그는 우선 일부 의병들로 하여금 나무를 베어 단을 쌓게 하고 소를 잡아 하늘에 제사를 드렸다. 그는 용암 위에 제단이 마련되자 제단 정면 위에 '湖南義兵倡義同盟團'이라 크게 써서 깃발로 걸게 하였다. 그리고 의병들에게는 '義兵倡義'라고 쓰여진 수건을 머리에 동여매게 하였다. 이 자리에 집합한 의병은 모두 500여 명이었으며, 부근의 부모형제와 장정들이 모여 주위 산봉우리에서 파수를 보았으니, 이 날의 거사를 성원하기 위해 모여든 민중들의 수까지 합하면 1,000여 명에 달하였다고 한다.

이같이 하늘을 우러러 맹약한 뒤, 그는 다시 의병들이 지켜야 할 약속 〈義陣約束〉 15개 조항과 〈義令〉을 의병들에게 선포하였다. 먼저 〈의진약속〉 15개조를 보면 다음과 같다.

一. 우리의 창의는 오로지 왜인을 이 땅에서 몰아내자 할 뿐이니 왜인이라면 대소인을 막론하고 보는대로 죽이되 청나라나 서양인들은 상하지 말 것.
一. 왜군돌의 재물은 모조리 거두어 의병들의 군자금으로 삼을 것.
一. 오늘의 가장 급선무는 의병운동이므로 문벌과 귀천을 가리지 않고 오로지 인물 본의로 쓰되 그 용맹과 재능에 따라 적소에 배치할 것.

一. 군중에 기용되는 弓匠·工匠·의원들이 가진 기능을 십분 발휘할 것이며 의병들은 이들을 각별히 보호할 것.
一. 복을 입고 있는 상가나 서당의 훈장들은 각별히 보호하고 예의에 벗어나지 말 것.
一. 군자금과 군량미는 왜인들 것을 빼앗아 쓰되, 동포 중 부호들은 의로써 타일러 자발적으로 의연금을 내도록 할 것.
一. 무기는 되도록 왜병들 것을 빼앗아 쓰도록 힘쓰고, 工匠 기술자들은 이것을 우리 손으로 만들거나 고쳐 쓰도록 연구 노력할 것.
一. 청색으로 군복을 삼되 낮에는 황토색 복장도 무방하다.
一. 군례는 상하 구별을 엄히 하여 존장에 실례를 범하지 말 것.
一. 군중에서는 말다툼, 의견충돌이 절대금물이니 일치단결 할 것.
一. 적을 업수이 여김은 패전의 원인이니 경거망동을 삼가할 것.
一. 상하질서를 엄히 하고 백난중이라고 사기를 잃지 말 것.
一. 왜병, 순검, 한국인 순검, 방장, 영수원들은 보는대로 잡되 한국인들로서 개과천선하는 자는 관용을 베풀 것.
一. 백성들의 재물을 빼앗거나 부녀자를 범한 자, 사리사욕을 취한 자는 가장 엄하게 다스린다.
一. 왜병대장을 죽인 자는 상으로 일백 냥을 내리고 왜인을 사로잡는 자는 10냥을 상주어 공을 드러낸다.

〈義兵十條〉라는 명목으로 義令에 제시된 군규를 보면, ① 국가에 충성하는 것(勤王事), ② 명분을 바르게 하는 것(正名分), ③ 선비들을 존경할 것(敬士類), ④ 민심을 안정케 함(安民心), ⑤ 의병들을 배불리 할 것(接軍旅), ⑥ 자금의 충족(足軍用), ⑦ 무기의 관리(出品機), ⑧ 군률의 기강을 세움(揚律令), ⑨ 매국도당을 물리침(擊邪黨), ⑩ 유공자의 포상(定功賞)의 내용들로 이루어져 있다.

이처럼 조직과 군률을 정한 의진은 9월 13일에는 진안읍을 기습하여 적장에게 총상을 입힌 뒤 그들의 복장·양총·비단·문서 등을 노획하는 대첩을 거두었다. 또한 우편소를 습격 파괴하여 우편물을 소각하고 전선을 모조리 끊어버리기도 하였다. 16일에는 內源寺 골짜기에서 적병 10여 명을 사살하기도 하였다. 10월 8일 화암리 後方山에서 적과 접전하였으나 일본군과의 병력 차이로 많은 의병을 잃고 진안·용담·정천·임실·순창 등지를 거쳐 태인·남원 등지에서 전투를 벌였고, 11월 14일 聖壽山에서 의진을 재편하였다. 11월 17일 장수읍을 공격하여 일본군을 남원으로 후퇴하게 하였으며, 12월

25일 진안 무술촌에서 적 2명을 사살하였다. 1908년 3월 5일 진안 矢洞, 3월 14일 馬根峴, 3월 17일 殊流山, 3월 27일 館村驛, 4월 30일 嘉水里 등지에서 적과 접전하였다. 이때 휘하의 봉수·덕홍 등 승려와 박철규·허천석 등 소년의병이 전사하였다. 1909년 9월 의진을 해산한 뒤 잠행하며 유랑하던 중 1912년 성수면 삼청리에서 불잡히고 말았다.

이석용은 전주지방법원에서 공판을 받을 때, 재판장에게 거의의 목적을 "日人을 배척하기 위해서"라고 밝히고 있으며 "일본의 충실한 신민이 되지 않겠느냐"는 재판장의 질문에 대하여 "차라리 대한의 鷄犬이 될지언정 너의 나라 신민이 되기를 원치 않는다"는 답변을 하여 불굴의 애국의지를 나타냈다. 또한 "데라우치(寺內正毅) 총독과 을사오적을 죽이지 못한 것과 동경과 大阪을 불사르지 못한 것이 한"이라고 말했다. 이같이 이석용은 재판정에서 원수에 대해 경의를 표할 수 없으므로 기립할 수 없다고 끝까지 꿋꿋한 기개를 굽히지 않고 사형선고를 받았다.

나) 전해산

전라북도 임실 출신인 全海山(全垂鏞 또는 金基泓, 1897~1910)의 가계는 사족이었지만 농민과 별로 차이가 없었던 전형적인 잔반유생이었다. 그는 농사일을 하면서도 학문 연마에 힘써 李鎭龍 문하에 수학하면서 인근에 수재로 이름을 날렸다. 그는 송병선·최익현 등의 문하에서 호남의 젊은 재사들과 교류하면서 시국에 대한 안목을 넓혀갔다. 그리하여 사장류에 박식하고 춘추대의 정신에 입각한 실천유학자로 성장해 갔다.

1907년 한일신협약이 강제로 체결된 이후, 전해산은 이석용이 창의하자 그의 倡義同盟團에 참모로 참여하여 투쟁하였다. 그는 1907년 8월부터 1908년 3월 남원 少川戰鬪에서 일본군에 패해 이석용이 의진을 일시 해산할 때까지 7개월간 이 의진에서 투쟁하였다. 창의동맹단의 구성은 다음과 같다.

大將	李錫庸
先鋒	朴萬華　崔德逸　宋判九
中軍	呂雲瑞　金雲瑞　金成學　金士範　尹明春　金成鶴
參謀	全海山　韓士國　李光三

總指揮	朴甲洪	郭子儀	林宗文
補給	韓圭武	朴金東	朴文局
連絡	洪允武	朴成武	尹秉俊
道路副長	金士元	金公實	金成慄
軍糧	吳琪勲	趙榮國	金學文

창의동맹단의 활동에 대해서는 《海山倡義錄》이나 《湖南倡義錄》에 자세히 전하는 바가 없어 잘 알 수 없다. 그 후 金泰元의 패잔병들이 군사를 다시 모으고 장차 대장을 추대하려 한다는 소문을 듣고 그곳에 가서 대장으로 추대되어 1908년 8월부터 1909년 4월까지 독자적인 투쟁을 시작하였다. 이 때 결성된 의진이 大同倡義團이다. 그 구성원을 보면 다음과 같다.

大同義兵大將	全海山
先鋒將	鄭元執
中軍將	金元範
後軍將	尹東授
護軍將	朴永根
都統將	李凡振
斥倭將	林長澤
參謀將	李鳳來
參　謀	金永俊　金　燉　金公三　李聖化

이 의진의 지도부는 寒士, 농민, 해산군인 등으로 구성되어 있었으며 의병들은 인근에서 모집된 농민들이 대부분이었다. 그러나 의진의 전력을 강화하기 위하여 산포수들을 합세시키는 경우가 많았으며 하급 간부를 임명할 때 총쏘는 능력이 뛰어난 자를 우선으로 꼽았다. 대동창의단의 편제는 의병 열명마다 什長을 두었고 십장 위에는 都什長, 도십장 위에는 都砲를 두었으며, 도포 위에는 선봉을 두었다. 선봉 위에는 대장을 두고 있다. 일본측 기록인 전해산의 심문조서 《全南警秘 第49號》에는 1908년 8~9월 경 최전성기에는 일시 부하가 300명을 넘었다고 기록된 것으로 미루어 그 규모가 상당히 컸던 것을 알 수 있다.

전해산이 거느린 대동창의단이 항상 대규모의 부대를 유지하면서 투쟁한 것은 아니었다. 그는 지도부를 從事라 불렀고 종사들은 각기 독자적으로 반독립적 투쟁을 하고 있었다. 항상 주변 가까운 곳에서 일정한 간격을 두고 이동하면서 상호 보완관계를 유지하면서 일본군의 토벌에 대처하였다.《全海山陣中日記》는 전해산 자신이 직접 지휘하고 있던 의진의 규모를 전하고 있다. 그는 대동창의단의 여느 종사들처럼 20~100명의 병력을 거느리고 밤을 이용하여 이동하면서 게릴라식 전법으로 투쟁하였다.

이 의진이 보유하고 있던 무기를 보면, 화승총, 개량화승총인 천보총, 개량탄환, 화약 외에도 신식총을 사용하고 있었는데, 그 수효는 극히 적었다. 신식총은 일본군과 접전한 후 노획한 것이거나 선교사의 호신용 소총을 구득한 것이었다. 또한 일본 헌병대에서 통역으로 일하는 한인을 통해서 일본군 군수품을 구득하는 경우가 있었고, 해안 도서가 많은 호남에서는 청국의 상인들이 밀무역하는 신식총을 은밀히 구득하기도 하였다. 신식총의 탄환 또한 청나라 상인들이 공급했지만 그 값이 너무 비싸고 구하기조차 어려워 거의 사용되지 않았다고 한다.

전해산은 훈련되지 않은 군사, 전술에 밝지 못한 지도부, 빈약한 무기와 군수에도 불구하고 장성·영광·나주·무안·함평 등 당시 호남 24개 군 가운데 중서부 지방을 완전히 장악하기도 하였다. 또 이에 그치지 않고 임병찬과 같은 명사들이 걱정했던대로 일본의 미곡 수탈이 무역이라는 미명하에 자행되면서 이 지역 주민들의 생계를 위협하고 있었으므로 이를 막기 위하여 영광 서해를 거쳐 부안에 들어가 이 지역을 공략하려 했으나 뜻을 이루지 못하였다

전해산 의진은 1908년의 佛甲山에서 일군과 전투를 벌였으며, 9월 27일에 나주 石門洞에서 적을 대파하여 위명을 크게 떨쳤다. 이어서 10월 16일의 大明洞, 10월 24일 大峙, 11월의 古幕兵站 전투에서 많은 전과를 올렸다. 이같이 전해산이 활약했던 지역을 개관해 볼 때, 일본군이 소위 '남한대토벌'을 위한 방편으로 천안과 영산포에 헌병분견대를 배치하고 이 지역을 축으로 군사행동을 전개한 것도 전해산의 활동과 무관하지 않다. 이렇게 전해산은 호남 특히 전라남도 중서부 지방에 걸쳐 해안과 내륙에서 두루 활약했다.

일본군과의 직접적인 전투 외에도 土倭, 즉 부일분자를 상대로 활동하기도

하였다. 즉 헌병보조원·순경·일진회원·세금징수원·친일부호·가짜 의병의 무리였다. 그는 격문을 지어 부일분자들을 경계하고 있는데, 그 내용은 대체로 인륜의 회복을 통해서 천도를 실현해야 하는 이유를 설명하고 당시 인륜이 상실되어 분별이 없어졌기 때문에 일어나는 여러 가지 불합리한 현실들을 지적하고 있다. 따라서 전해산 의진이 세력을 유지했던 장성·영광·나주·함평·부안 등지에서는 일본군, 경찰 수비대들이 활동하기가 어려웠고 사왜의 무리들인 부일부호·일진회원·세금영수원·해산군인을 빙자한 부랑자 및 가짜 의병들은 근신하지 않을 수 없었다.

그러나 1909년에 이르러 한국을 완전한 식민지로 점령하고자 획책하던 일제가 '남한대토벌작전'을 전개하자, 1월 17일 일시 고향으로 돌아가 마지막 인사를 하고, 고향 일대에 〈본고을 反黨에게 보내는 격문〉을 띄웠다. 그리고 2월 22일 의병들을 거느리고 火山을 거쳐 宮冠山으로 행군하여 3월 27일 영광 梧桐峙에 이르러 적에게 포위되어 접전하였으나, 형세가 불리하여 많은 사상자를 낸 끝에 간신히 포위망을 뚫고 탈출하여 의병들은 일시 해산하였다. 그 뒤 장수 古萊山의 서당에서 훈장을 하면서 지내던 중 曺斗煥·李景五의 밀고와 金顯奎의 인솔로 일병에게 붙잡혀 영산포 일본 헌병대로 압송됨으로써 2년간에 걸친 전해산의 의병활동은 막을 내리게 되었다.

다) 문태서

文泰瑞(1889~1913)는 경남 안의군 서상면에서 태어나 17세 이전까지 고향에서 한학을 공부하였으며 17살이 되던 해인 1897년 전라북도 장수군에 정착하였다. 그는 한학에도 열심이었지만 이미 구국의 의지를 갖춘 열혈청년으로 자랐다. 그는 을사조약이 체결되자 모든 집안일을 부인에게 맡긴 뒤 금강산에 입산하였다. 금강산에는 당시 용병술과 총포기술이 국내에서 으뜸으로 알려진 박처사라는 사람이 있어서 문태서는 그에게 무예를 전수받았다고 한다.

문태서는 보호조약의 체결 소식을 듣고 박처사에게 하산을 고하고 서울로 돌아왔다. 그는 최익현을 찾아가 일본의 보호정치반대운동을 전개하다가 호서 등지를 거쳐 다음 해 5월 경 덕유산에 도착하였다. 그 곳에서 그는 동지를 규합하여 최익현과 연합활동을 전개하고자 하였으나 최익현의 순창패전 소식을 듣고 독자적으로 의병을 일으켜 활동하기로 결심하고 여러 지사들을 찾아가 의병항쟁에 관한 자문을 구하였다.

문태서는 덕유산을 중심으로 1908년 경남 안의에서 의병을 모아 거의하고자 하였다. 그는 먼저 덕유산을 중심으로 수렵을 일삼던 포수 10여 명의 호응을 얻어 덕유산 통도사에 주둔하고 있던 중 일본 헌병 5명이 진안·용담으로부터 무주·안성을 거쳐 무주읍내로 향하고 있다는 정보를 입수하고 그들을 추격하여 육박전 끝에 체포 사살하였다. 그 뒤 장수 방면으로 행군하던 중 장수군 계내면 양악에서 朴春實 부대를 만나 그 부대를 흡수하여 합군하게 되면서 순식간에 상당수의 의병을 얻게 되었다. 그는 곧 인근에 격문을 발송하고 의병모집의 대의을 밝혀 사람들에게 협력을 호소하였다. 어느 정도의 의병이 모여들자 구체적인 의진을 조직하였다. 그는 자신의 의병진을 호남의병이라 칭하고 스스로 호남의병장이 되었다. 그 진용을 보면 다음과 같다.

大　將　文泰瑞
秘　書　朴守文
先鋒將　朴春實
中軍將　全誠輔
後軍將　申託光

이렇게 하여 의병의 세가 점차 확대되자 무주·장수 등지로 활동무대를 넓혀갔다. 문태서 의진에 대한 첩보를 입수한 일본 병영에서는 그 의진을 섬멸하려는 계획을 세웠다. 그러나 일본 병영의 책략을 이미 짐작하고 있던 문태서는 의병진을 장수의 계북 방면으로 이동 행군하면서 적을 유도하였다. 그는 의병들이 적과 싸우기에 편리한 계북면 농소·어전·문성 등지에 이르자 일제히 공격 명령을 내렸다. 이 싸움에서 일본군 15명을 사살하였고 20명을 사상하였으나 의병 7명이 죽고 25명이 부상당하였다. 그러나 적으로부터 25자루의 총기를 획득하기도 하였다.

장수 계북 방면에서의 전투를 승리로 이끈 문태서는 의병진을 덕유산 구천동으로 이동하였다. 1908년 12월 하순 그는 무주군 부남면 방면으로 출동한다는 정보를 흘리고 부남면 고창곡으로 미리 출병하였다. 일본군이 고창곡으로 출병하자 미리 양쪽 언덕에 잠복시켜 놓은 부대에게 돌격명령을 내렸다. 이로써 지리적으로 불리한 일본군은 앞 뒤 좌우에서 한꺼번에 급습해오는 의병을 당해내지 못해 전군이 몰살당하고 말았다. 이 전투에서 적군은 43명이 사살 당하고 총기 50자루를 빼앗기는 참패를 맛보았다. 일본군은 고창곡에서의 막대한 피해와 참패를 복수하고 문태서가 이끄는 의병을 섬멸하고자 거창·합천 등 7개 읍에 주둔하고 있던 수비대 200여 명으로 하여 연합토벌대를 편성하여 덕유산 일대를 완전 포위하고 전투태세를 취하여 포위망을 좁혀왔다. 그러나 문태서는 지리에 밝아 험준한 산골짜기를 이용하여 공격해 오는 일본군을 완전 섬멸하는 전과를 올렸다.

이렇게 되자 날이 갈수록 그를 찾아오는 의병들의 수가 늘어나면서 700여 명이 넘는 대부대가 되자, 박문영·전성보·신택광·박춘실을 의병장으로 임명하여 장수군 계북면 土沃洞·구천동, 무주군 안성면 칠연계곡, 덕유산 남쪽 경남 거창지역에 각각 주둔하게 하였다. 이러한 소부대로의 재편성 이후 문태서가 직접 지휘하는 의진은 봉곡에서의 잠복을 통하여 일본군 9명 사살, 무주군 안성면 장항리에서 일본군 3명 사살, 거창읍에서 일본헌병대 대장 1명과 헌병 2명 사살, 덕유산에서 일본군 수비대와의 교전 끝에 일본군 3명을 사살하는 등의 큰 전과를 올렸다.

문태서는 덕유산에 의병을 집결 휴식을 취하고 있을 때, 일본군이 7읍 연합부대를 편성하여 진격해 오고 있다는 첩보를 입수하였다. 그는 일본군을 깊은 골짜기로 유인하고 매복의병들에게 일본군이 골짜기 깊숙이 들어왔을 때 사격할 것을 명령하였다. 이 싸움은 하루종일 계속되었고 의병이나 일본군 다 함께 수많은 사상자가 발생하였다. 이 싸움으로 일본의 7읍 연합부대장 및 장교 3명과 군졸 32명이 사살되었다. 일본군은 참패를 당하였지만 문태서의 의병진 또한 적지 않은 손실을 입었다.

덕유산 전투에서 승리한 문태서 의진의 사기는 그 어느 때보다 더 고양되었다. 문태서는 서울에 있던 일본 통감부를 직접 습격하여 통감 이토를 암살할 계획을 수립하게 되었다. 문태서는 우선 1대에 30명 씩 3대로 편성하고 1

대를 선발대, 3대는 군량 및 기타 물자의 수송을 맡게 하였다. 먼저 1대를 출발시키고 그 다음 2대, 3대의 순으로 출발시켰다. 제1대가 북진하던 중 충북 옥천군 이원역을 지나려 할 때, 일본 사람들이 경부철도를 이용하여 한국에서 생산된 중요한 물자들을 수송하려고 차에 싣고 있음을 보게 되었다. 이것을 본 의병들은 그대로 지나칠 수가 없어 이원역을 습격하여 일본의 경비병과 일본 사람들을 사살하고 역사와 화물차에 방화 소각하였다. 이것이 유명한 伊院驛燒却戰이었다. 그러나 이 사건으로 말미암아 통감부에서는 옥천 이원역을 습격한 문태서의 호남의병을 철저히 토벌할 것을 명령하였다. 따라서 문태서의 호남의병대가 계획하였던 경성 통감부 습격과 이토의 살해계획은 이루지 못하고 말았다. 애석한 일이었다.

이원역소각전 이후 일본군의 신무기와 맞서 정면공격을 한다는 것은 어렵다고 판단하고 문태서는 모든 의병을 덕유산으로 일단 회군하게 하였다. 그는 회군한 뒤, 무주·장수·거창·함양·안의 등 각 지역으로 분산시켜 유격전을 감행할 수 있도록 모든 대원을 재편성하였다. 이렇게 의병을 재편성하여 각 지역에서 유격전을 전개하고 있을 때, 한일합병의 비보가 들려왔다. 이로써 문태서의 호남의병도 일본관헌이나 그에 따른 시설물을 습격하는 등 항일지하운동으로 들어가지 않으면 안되었다.

문태서는 합방후에도 덕유산 일대에서 활동하다가 1912년 경남 안의현 서상면 생가에 잠시 은신 중 적에게 체포되어 이듬해 2월 4일 옥중에서 순국하였다.

라) 양윤숙

梁允淑은 본명이 寅泳으로서 전라북도 순창군 구림면 국화리에서 태어났다. 양윤숙은 1906년 4월 최익현이 순창에서 의병을 일으키자 이에 호응하여 최익현 의진에 참가하였으나 최익현이 아군 진위대에 체포되어 의병이 해산되자 귀가하여 은신하였다.

1907년 정미의병이 일어나자 이듬해 그는 순창군 구림면 국화촌의 뒷산인 回文山에서 의병을 조직하였는데, 그 의진의 구성을 보면 다음과 같다.

都總督　梁允淑
左先鋒　崔　華
右先鋒　任恂鎬
中　軍　崔山興
後　軍　李國贊
餉　官　徐基俠
敎鍊官　韓自善

총인원 1천 2백여 명에 화승총 270정과 칼 30자루로 무장하였으며, 기병과 동시에 다음과 같은 격문을 발표하였다.

義 檄 文

난신들의 발호로 오백년 사직이 무너지고 삼천리 강토가 금수의 나라로 변했다. 開化章程은 선왕의 법도가 아니니 斥和의 大義와 열사의 節義로 백성을 위해 목숨을 바칠 때가 왔다. 비록 무기는 날카롭지 않으나 도탄에 빠진 민생을 구하고 나라를 바로 잡기 위해 일본의 충신이 된 대한의 난적들을 처단하고 말 것이다.

義所大將　梁寅泳
中　　軍　崔山興

이리하여 그는 1909년 말 이른바 '남한대토벌작전'으로 적에게 체포되기까지 1년간 호남 일대에서 용명을 널리 떨쳤다.

1908년 8월 향관 서기협이 부하 22명을 인솔하여 순창군 무림면 화암리에서 일본군과 교전하여 전과를 올렸으며, 1908년 9월에는 중군 최산흥이 40여 명을 인솔하고 구림면 국화촌에서 남원 수비대를 기습하기도 하였다.

1909년 정월에 이국찬이 12명의 병력으로 서면 죽전리의 순창 수비대 10여 명을 공격하였으며, 11월 22일에는 최산흥이 60명의 병력으로 임실군 강진면 갈담리의 왜군 기병대가 사용하고 있는 민가를 습격하여 소각하기도 하였다.

이와 같이 그는 향리인 순창을 중심으로 의병항쟁을 계속하였으며, 1909년 가을 일군의 대토벌로 거점을 잃고 은신하였다가 그 해 12월 3일 경에 마침내 김제군 월산면 봉월리에서 김제 수비대에 체포되었다. 체포 당시의 경찰

조서에 따르면, 부하 의병에 대해서는 일체 함구하였다고 하며 국가를 위해 죽을 따름이라고 소신을 밝혔으나, 일제는 이를 왜곡 기록하고 있다. 왜냐하면 그에 대한 죄목이 이른바 내란죄였으며 이에 방화죄를 추가하여 교수형을 내렸기 때문이다.

마) 양진여

전라남도 光山 출신인 梁振汝(1862~1910)는 의병을 일으키기 전에 가족을 처가가 있는 전남 장성군 甲鄕面 杏亭里로 옮긴 후, 가산을 정리하여 10여 곳에 주막을 차려 군자금을 마련하는 한편 담양 三人山에서 인재를 길렀다.

1907년 6월 드디어 양진여는 아우 東骨과 함께 그 동안 규합한 동지 30여 명을 거느리고 거의했다. 격문을 각처에 보내어 의병을 모으니 순식간에 3백여 명이 모여들었다. 이에 의진을 조직하였으니 그 구성을 보면 다음과 같다.

倡義大將 梁振汝
都 統 將 安判九
中 軍 將 朴聖日
左 翼 將 金處中
右 翼 將 金翼之
砲 隊 將 尹平元

진용이 갖추어지자 엄격한 군령을 내려 토왜 투쟁을 하되 절대 양민을 해쳐서는 안된다고 명령하였다.

그 해 9월 초순 이후 양진여가 이끄는 의진은 정읍·순창·고창·담양 등지의 헌병 분견소를 공격하여 많은 전과를 올렸고, 이듬해 1월 하순에는 전남 장성군 非峙에서 일본군 광주 수비대장 요시다(吉田)소좌가 이끄는 대부대의 포위 공격을 받아 격전을 벌였다. 무기의 열세로 인하여 의진의 피해가 컸다.

양진여는 또다시 증모하여 의진을 가다듬고 일본군을 쳐부술 기회를 엿보던 중, 그 해 2월 김태원 의병장이 援兵 요청을 해 오자 우익장 김처중 외 50여 명의 의병을 파견하여 無等村 전투에서 일본군을 물리치게 하였다.

양진여는 의병항쟁을 하는 동안 의병 모집을 위해 분주하게 다녀야 했는데, 모병에 필요한 군자금은 가산을 정리한 돈과 주민들로부터 거둔 돈 이외에도 부인 朴順德이 담양 인근 고을 10여 곳에서 주막업으로 번 돈이 들어 있었다. 부인 박씨는 주막에서 얻은 정보를 남편 양진여에게 알려 주어 일본군의 움직임을 정확히 파악하여 대처할 수 있게 도와주었다. 그가 이끄는 의진은 적게는 수십 명에서 많게는 수백 명 규모였는데, 전술방식도 유격전·합동전 등 갖가지 형태로 적을 현혹하였다.

한편 일제는 신출귀몰한 양진여를 붙잡기 위해 혈안이 되었는데, 그들은 헌병 보조원, 일진회원 등 부일배를 동원하여 의병 증모와 군자금 모금 활동을 위해 광주 지방을 나갔던 양진여를 기습 공격하는 등 온갖 수작을 다 기울였다.

> 10월 26일 수괴 양진여가 이끄는 폭도 수색을 위해 나까고지(中小路) 군조 이하 7명, 순사 4명이 광주군 新村에 출장 중 이 마을 동쪽 산 위에서 약 20여 명의 적을 공격하여 이를 격퇴했는데, 5명을 죽이고 화승총 4정을 노획했다.
>
> 11월 5일 趙·馬 두 警視가 이끄는 제2특설 순사대로 하여금 전북 경계에 도량하는 수괴 양진여 일당의 수색을 위해 1주일간 광주·장성·영광·나주 지구를 수색하게 했다(《全南暴徒史》, 1908년 11월 5일).

그 해 11월 중순에 양진여는 의진 본부를 담양에서 장성군 北下面 藥水里로 옮겼다. 이미 부일배들의 밀고로 인해 의진의 본부가 일제의 표적이 되었기 때문이다. 그 무렵 전남 지역의 의병들은 속속 담양군 대전면 한재[大峙] 부근으로 몰려들었다. 각 지역의 의병장들이 회동하거나 통문을 보내 광주 수비대를 유인하여 섬멸하기 위한 작전이 전개되었다. 여기에 참여한 의진으로는 '대동창의단'을 이끌었던 전해산을 비롯한 제장들이 참여했는데, 일제의 기록(《전남폭도사》)에는 전해산 의진이 300여 명, 심남일 의진이 150여 명, 양진여 의진 100여 명에 이르렀다고 기술하고 있다.

당시 한재를 중심으로 연합작전에 참여한 의진은 양진여 의진, 영광에서 온 전해산 의진 300여 명, 화순과 동복에서 온 양상기 의진 200여 명, 영산포에서 왔던 姜士文 의진 및 조경환 의진 각 100여 명 등 연합의진의 규모는 900여 명이 넘었다.

이 연합의진에 대해 주목할 만한 것은 군대 해산 후 양진여의 뜻에 따라 일본 경찰 노릇을 하면서 기밀을 탐지해 오다가 탈출한 양진여의 아들 양상기가 독립부대를 이끌고 참여했던 점이라 하겠다. 그리고 이 연합의진은 12일 동안 격렬한 전투를 벌였는데, 11월 25일 의병 토벌로 악명이 높았던 야마다(山田)소위가 이끄는 토벌대의 기습 공격을 받았던 양진여 의진은 많은 적을 베었지만 의진의 피해도 막심했으며, 양진여마저 총상을 입었는데, 일제는 당시 상황을 다음과 같이 기록하고 있다.

> 11월 25일 야마다(山田)소위 이하 20명의 토벌대가 우다(宇田)특무조장이 이끈 토벌대와 大峙에서 교전한 적을 추적하여 藥水亭에서 적정을 파악한 뒤, 다시 진군하여 무명 고지에서 적장 양진여가 이끄는 1백여 명의 적을 발견하고 우회하여 적이 秋月山 꼭대기에 둔전하는 것을 기다렸다가 불의에 기습, 15명을 죽이고 1명을 포로하고 砲 1문, 화승총 7정을 노획하였다(《全南暴徒史》, 1908년 11월 25일).

호남의병과 일제와의 치열한 전투는 1909년 봄까지 계속되었지만 증파된 일본 정규군·헌병대·변장대 등을 비롯하여 헌병보조원이나 일진회원 등으로 구성된 부왜 밀정들로 인해 의병들은 점차 산 속으로 몰리게 되었고, 양진여가 이끄는 의진도 예외는 아니었다. 1908년 11월 하순부터 12월 상순까지 의병항쟁을 위해 연합의진에 참가했던 양진여는 추월산 전투에서 입은 상처를 돌볼 겨를도 없이 의진을 이끌었지만 의병들의 사기는 떨어져만 가고 있었다. 이에 양진여는 과감한 결단을 내려 의진의 규모를 축소한 후 신춘 공세를 위한 준비에 들어갔다.

양진여가 군자금 조달과 새로운 의진 편성을 위해 전남 중서부 지역을 순회하고 있을 때, 부일배들의 밀고로 인해 일본군의 기습 공격을 받기도 했지만 용케도 위기를 벗어날 수 있었다. 이듬해 봄부터는 소규모 의진을 편성, 본격적인 유격전을 벌여 광주·나주·영광·장성 등지의 일본 헌병 분견소를 공격했는데, 양진여는 이 유격전에서 또다시 크고 작은 총상을 입게 되었다.

이 무렵 일제는 순종의 이름으로 '의병해산' 조칙을 내렸는데, 양진여는 눈물을 머금고 이 조칙에 따랐으니, 이 때가 1909년 6월 하순이었다. 양진여는 총상으로 인하여 만신창이가 된 몸을 제대로 가눌 길 없어 부하의 등에 업힌 채 담양 갑향골로 향했고 그 곳에서 상처 치료에 전념하다가 일본 헌병대에 붙잡히고 말았다. 일본 헌병대에 의해 체포된 양진여는 광주 감옥을 거쳐 대구 감옥으로 옮겨져 이듬해 3월 5일 교수형을 받아 순국하였다.

《전남폭도사》에 양진여와 양상기 부자 의병장에 관한 내용은 16번(양진여 9번) 등장하지만 실제 소규모의 유격전을 벌였던 것과 부일배를 처단했던 사건들을 기록한다면 그 횟수는 수십 차례가 넘으리라고 짐작된다.

바) 박도경

밀양의 한미한 가정에서 태어난 朴道京(1874~1910)은 어려서부터 언변과 기개가 뛰어났다. 그는 을사조약이 늑결되고 앞에서 기술한 기삼연이 의병을 일으키자, "이제는 내가 죽을 자리를 얻었도다"하고 동지들을 모으고 무기를 수집하였다.

당시 그가 살고 있던 牟陽(지금의 고창)의 무기고에는 좋은 砲가 많이 저장되어 있었다. 이러한 정보를 기삼연에게 알리자, 기삼연이 당시 文殊寺에 주둔하고 있던 의진을 이끌고 모양현을 공격하였다. 이 때 박도경은 현내의 동지들과 내응하여 창고의 무기를 모두 꺼냈다. 적과의 접전에서 왜적 수명을 살상하였으나 의진의 희생도 34명이나 되었다. 훈련되지 않은 기삼연 의진은 무기를 버리고 철수하였으나 박도경은 무기를 거두어 감추었다가 군사가 모이는 날에 비밀리에 기별하여 운반해 가게 하였다.

당시 박도경은 기삼연 의진에서 金翼中・徐錫球・全垂庸・金致坤・朴永建・鄭元淑・成喆修 등과 더불어 從事로 활약하였다. 그리고 統領에 金容球, 참모에 金燁中과 金鳳樹가 임명되었다. 박도경은 아들과 함께 전남 각지에서 일군과 교전하여 많은 성과를 올렸다. 이때 기삼연 의진은 무장・법성포・고창・장성 등지에서 위세를 떨치고 있었다.

1907년 9월 영광에서는 砲隊(砲射隊長)로서 활약하였다. 그 후 몸소 千字砲를 둘러메고 대원들을 지휘하여 광주・담양・순창 등지에서 활동하여 별명을 박포대라 하였다. 1908년 1월 의병장 기삼연이 광주에서 순국한 뒤, 박도경은 격문을 돌리고 金公三과 함께 흩어진 군사를 수합하여 本陣을 세우고 스스로는 砲士將이 되고, 김공삼은 선봉, 金一文을 砲將으로 임명하고 의진을 지휘하였다. 그러나 기삼연 의진은 주요 의장들에 의하여 나뉘어 지휘되었기 때문에 의진의 의기가 다소 떨어지는 듯하였다. 이에 김공삼과 의논하여 여러 진을 합하여 강대한 세력을 구성할 계획을 세웠다.

제일 먼저 김영엽이 군사를 이끌고 오자 합진하기를 청하였는데 그 뜻은 광주를 습격하여 기삼연의 원수를 갚고자 하였던 것이다. 그러나 김영엽이 유종여 등에게 피살되는 사건이 일어났고, 박도경은 군사를 거느리고 가서 하수인 2인을 잡아 처형하였으나 유종여는 놓쳐 버렸다. 의진을 이끌고 다시 장성으로 옮겨 군사를 교련하는 한편 군자금을 모금하였다. 그 동안 기삼연 의진에서 함께 활약하던 金準 등이 광주 어등산에서 순국하여 점차 형세가 어려워져 갔다.

1909년 2월에 체포된 부하 朴爾日이 일제의 심문에, "부하는 110명이고 선봉장 李道云·중군장 孫道演·都十將 具連繹과 좌우익장 및 참모를 거느렸다" 라고 供述하고 있는 것을 볼 때, 1909년에 들어서면서 박도경 의진의 규모는 다소 확대된 듯하다. 무기는 총 139정, 칼 24자루 등으로 의진 중에서 비교적 무력이 강력한 편에 속하였다.

1909년에는 상당수의 호남의진이 해체되어 형세가 외로워졌기 때문에 전해산 의진과 밀접한 관계를 유지하여, 이른바 '大同昌義團'의 제2진 의병장으로 활동하였다. 그가 이끈 의진은 대체로 藍浦·扶安 등 해안가에 의지하여 활약하였다. 4월 20일에 부하 100여 명을 거느리고 부안 上西面에서 일본 기병대와 교전하였다. 그 후 점차 적의 포위망이 좁혀져 의병항쟁을 전개하기 힘들어지자 그는 의진을 해산하고 加峽 산중으로 은신하였으나 그의 은신처마저 적에게 노출되자 "내가 여기 있으니 마음대로 잡아가라"고 하면서 스스로 체포되었다. 체포된 뒤에도 적을 꾸짖는 말을 잠시도 쉬지 않았다고 한다. 옥중에서는 수 많은 고초를 겪었으나 그는 끝내 의연하게 자세를 흐트려뜨리지 않았으니 사람들이 그를 의로운 사람이라고 칭송하였다.

사) 이규홍

전라북도 익산 출신인 李奎洪(1881~1928)은 태어나면서부터 총명한 재질에

다 학문에도 착실하여 17, 8세에 문장과 명망이 알려지게 되어 나이 20의 약관에 중추원 의관직에 올랐다. 1905년 왜적의 늑약을 당하자 이에 격분한 이규홍은 "의사는 자신이 국가 존망지추를 당하여 신민으로서 망국의 참상을 안연히 좌시할 수 없다"고 하면서 어떠한 구국운동에도 참여하여 신명을 바쳐 싸워보겠다는 결심을 굳혔다. 이규홍의 이러한 애국심의 격동은 전통적인 가훈에 의한 부친의 애국심은 물론 부친과 교류가 많았던 李始榮 선생에게 감화된 탓으로 추측된다.

때마침 완산·홍주·전의 등지에서 의병의 움직임이 있었고 최익현이 태인 종성리 임병찬 집에 머물면서 거의를 도모하고 있다는 소식을 듣고 이규홍은 그의 나이 26살 되던 1906년 4월 하순경에 박이환·문형모와 더불어 종성리에서 약 4㎞ 떨어진 종석산의 여막에 찾아가 임병찬에게 예를 올려 제자가 됨과 동시에 다시 최익현을 찾아가 거의에 동참할 것을 맹약하였다. 이규홍이 최익현을 찾아간 것이 윤 4월 8일이었는데, 동월 13일 태인 武城書院에서 열리는 강회를 계기로 거의할 것이라는 말을 듣고 이규홍은 高山과 益山의 포수를 초모하여 이에 합세할 것을 약속하였다.

이규홍은 부친의 도움을 얻어 군기의 조달과 병정의 모집을 서둘렀으나 워낙 시일이 촉박하여 무성서원 의거일에 맞추기가 어렵게 되었다. 하는 수 없이 12일에 임병찬에게 글을 올려 익산지방의 의병을 출동하기에는 시일이 너무 촉박하여 무성서원 발군에 맞추기가 어렵게 되었으니 의병의 모집과 군자가 갖추어지는 대로 며칠 뒤 뒤쫓아 종군하겠다는 뜻을 알렸다.

이후 박이환과 문형도, 그 밖에 몇 사람을 각 지방에 파견하여 산포수를 불러모으고 뜻을 같이 하는 지사들을 규합하였으나 11월 21일에야 겨우 발정하였다. 군병의 숫자는 밝힌 바 없으나 《梧下日記》에는 약간의 군기와 동지 수십 인이 발정했다고 기록하고 있다. 이 때는 최익현 휘하의 의병이 무성서원을 출발하여 정읍을 거쳐 순창에 주둔하였을 때였다. 이규홍의 의병진은 순창으로 직행하기 위하여 전주를 거쳐 22일에 임실 길담에 도착하였다. 이 때 순창에 주둔한 최익현 의병진은 왜병의 지휘를 받은 전주·남원·광주의 관병에 포위되어 거의 무너져 흩어지는 어려운 지경에 이르고 있었다. 이튿날인 23일 마지막까지 버티고 있던 최익현·임병찬 외 11명마저 관병의 손에 체포되었다. 이러한 형세 속에서 이규홍은 감히 진군할 용기를 내지 못하고 하는 수 없이 인솔했던 의병들에게 다음 기회를 얻어 재기할 것을 약속하면서 해산을 명하고 27일에 귀가하였다.

이듬해 1907년 2월 임병찬이 대마도에서 귀국하자 이규홍은 곧 동월 10일 박이환·문명모를 대동하고 임병찬을 찾아가서 최익현 선생의 유지를 받들기 위해 재거할 것을 의논하였다. 그러나 일제의 감시가 심하여 선불리 행동할 수가 없었고, 그 해 5월에는 의병봉기를 막기 위한 兵站이 각 처에 설치되더니 8월에는 마침내 한국군이 해산되어 국권이 완전히 일제의 수중에 넘어가고 말았다. 이 때 서울에서는 시위병들의 항전이 벌어지고 해산당한 군인들이 전국에 흩어져 의병전쟁에 참여하기에 이르렀다.

이러한 정세에서 이규홍은 그 해 9월 동지 박이환·문형모와 상의하여 재거의 뜻을 모으고, 먼저 동지 몇 사람을 각처에 파견하여 모름지기 의병을 일으켜 왜적을 격퇴해야 할 때가 되었다는 결론을 얻었다. 이규홍은 박이환·문형모와 더불어 밤을 새워가면서 거의에 대한 구체적인 방략을 세워 나갔다. 10월 16일 이규홍은 임병찬에게 서한을 띄워 "나라가 망하여 가는 때를 당하여 비록 우매하지만 장차 거의를 단행코자 한다"는 의도를 밝히고 지도를 바란다는 뜻을 전하였다. 여기에 대하여 임병찬은 "신중을 기하여 거의하라"는 지시를 내렸다.

이로부터 가재를 정리하여 얻은 수만원의 자금으로 군사를 모으고 병기를 준비하자, 이 소문을 들은 각 처의 동지들이 모여들었다. 《오하일기》에는 이 때 초모에 응한 의병들의 수가 257명, 구입한 양총이 100여 자루, 화승총이 200여 자루, 탄환이 20여 두, 화약이 10여 두라고 기록되어 있다. 그런데 동생 李奎連이 쓴 가장에 보면, 11월 초 관동에서 출병할 때, 출진 이후 고산·진안·장수·용담 등 8군의 전투에서 활약한 의병들의 수를 모두 합하면 천여 명이라고 하였다.

출병 당시 의병진의 구성을 보면 다음과 같다.

義兵將　李奎洪
副　將　박이환

參謀長 문형모
參 謀 宋致玉 金鳳佑 安宗文 崔寬鎬 金好 金漢靖 李相根
第一支隊長 趙在榮
第二支隊長 柳池明
第三支隊長 韓性信
第四支隊長 李原伯
第五支隊長 任成白
第六支隊長 崔周敬
第七支隊長 金文玉

1907년 11월 6일은 출진하기로 계획된 날이었다. 이 날 오후 관동을 떠난 의군은 익산·여산·고산을 거쳐 9일에 용담 대불리에 이르렀다. 여기서 이규홍은 거의한 뜻을 하늘에 고하면서 결사보국할 것을 맹세하고 군기를 엄수하여 승전을 기약하는 고천제를 올렸다. 이규홍의 의진은 11월 15일 고산군 가금리에서 처음으로 왜군과 접전을 벌였다. 이 전투에서 일본군 29명을 사살하였으나 아군도 21명이 전사하는 치열한 공방전이 벌어졌다. 가금리는 제2지대장 유지명이 거주하는 지역이었다. 이 때 이 지역에서 의진에 합류한 의병이 백여 명에 달했다고 전해진다. 이 지역은 또 고선·여산·익산 삼군의 접경지역으로서 평야지에 근접하여 있으면서도 심산유곡과 구비구비 연결된 산령으로 요새지가 많다는 조건 때문에 의진과 왜군은 여산과 익산 땅까지 일진일퇴를 거듭하며 10여 일이나 전투를 계속하였다. 이규홍 의진은 12월 5일부터 둔지를 진안·장수·용담 등지의 산간으로 옮겨가면서 왜병과 전투를 계속하였다. 이 때의 전과는 왜병 44명이 죽고 아군은 7명이 전사하였다.

의진은 용담 주차천에서 1908년 새해를 맞았다. 의진은 새해의 명절에도 한곳에 머물러 있을 수가 없어서 초사흘에 이르기까지 진산·금산 등지를 계속 행군하면서 왜군과 접전하였고 그 결과 왜병을 56명 죽이고 아군 57명이 전사하였다. 출진한 후 왜군 129명을 사살한 것은 대단한 전공이었지만 85명이란 아군의 살상은 치명적인 손상이 아닐 수 없었다. 《오하일기》에는 당시 전투현황을 상세하게 설명하고 있지는 않지만, 산간지대를 누벼야만 하는 의병들의 어려운 조건과 환경 속에서 난관을 헤치면서 고투한 의병들의 노고를 낱낱이 기록하고 있어서 당시 의병들의 애국심을 짐작케 해주고 있다.

일제는 이른바 토벌대를 동원하여 의병들을 공격하였는데 무기의 강약이나 군사의 규모 등 모든 면에서 왜군을 당할 수 없어 의병들은 장기항쟁에 들어가야만 했다. 1908년 2월 초순 일병과 합세한 관군토벌대는 의병의 가족들을 붙잡아 가거나 포살하는 한편 자수한 의병들에 대해서는 죄를 사면한다는 방을 전국에 유포함으로써 의병들의 사기를 꺾으려 하고 있었다. 이규홍은 이 때 남은 잔병들을 이끌고 여기저기 옮겨 다니다가 4월 15일 공주에 도착하였을 때에는 수하에 남은 의병들의 수가 10여 인에 불과하였고 참모진도 박이환과 문형모뿐이었으므로 결국 의진을 해산하여야만 했다.

의진을 해산한 후, 이규홍은 부장 박이환, 참모장 문형모와 더불어 익산·고산·여산·태인·옥구·임피·용안·함열·정읍 등지를 숨어 다니면서 재기의 기회를 노리고 있었다. 그러던 중 1913년 임병찬이 장차 호남 각지의 의사를 규합하여 재기하였는데, 이 때 이규홍은 문형모를 내세워 이에 동참하였다. 그 결과 1914년 3월에는 대한독립의군부가 창립되고 문형모·박이환과 함께 익산·임피 등지의 대표가 되어 활약하였다.

그러나 이 때의 거의 계획마저 일제에 발각되어 모두 수포로 돌아갔다. 이규홍은 1917년 10월 일본경찰의 급습을 받아 충청남도 대덕군 산내면 五道山城에서 일본경찰과 교전 끝에 탈출, 1918년 중국으로 망명하였다. 상해에서는 대한민국 임시정부 지도자와 접촉, 김규식의 독립청원서 제출을 위한 여비로 1,300원을 제공하였으며, 만주로 옮긴 뒤에는 김좌진에게 군관학교 운영자금으로 3,000원을 헌납하기도 하는 등 독립운동에 적극적으로 협력하였다.

아) 김동신

金東臣(1871~1933)은 충남 회덕군 출신으로 1906년 3월 15일 홍주에서 기병한 閔宗植 휘하에 들어가 선봉장이 되었다. 그는 민종식에게 전라남북도에서 기병할 것을 약속한 후, 약 30명의 의병을 이끌고 전북 무주군 덕유산 紫原庵으로 들어가 유진하면서 거사 준비를 서둘렀다.

이 때 민종식이 먼저 홍주에서 기병하였지만 그 후 행방을 알 수가 없었으므로 김동신은 전라북도를 잠행하면서 동지들을 규합해 나갔다. 한국군 해산 후, 의병전쟁이 크게 확대되어 가자 그는 전북 정읍군 내장산 白羊寺에서 奇宇萬·高光洵과 더불어 기병할 것을 의논하고 인근 부락으로 통문을 돌려 의병을 모집하는 한편 군기를 모았다.

1906년 9월 10일 80여 명의 의병을 거느리고 순창의 우편 취급소와 警務顧問 分派所를 습격하여 이곳을 점령한 후 관물을 노획하였다. 그의 순창 거의는 이 해 9월 15일 고광순의 同福 순사주재소 습격과 더불어 군대 해산 후 전라남북도에 있어서의 의병 봉기의 선구를 이루는 것이었다.

이듬해 8월 4일 80여 명의 의병을 거느리고 남원 沙場에서 일군과 격전하여 적 2명을 사살하고 적에게 큰 피해를 입혔다. 동년 8월 11일 고광순 의진과 함께 鷹嶺에서 적을 공격하기로 약속하고 행군하여 구례 蓮谷寺에 당도하니 그 지역은 천혜의 험지로서 의병근거지로 적합하였다. 그가 세운 單旗에는 '머지 않아 국가를 회복한다'라는 뜻으로 '不遠復'이라는 세 글자를 썼다. 그리고 6시 경에는 80여 명의 의병을 거느리고 구례 순사주재소를 습격하여 일본 군경을 격퇴시킨 후 군기를 노획하였다.

그 해 8월 17일 오전에 약 80명의 의병을 거느리고 경남 함양군 左田에서 일군경 20여 명과 격전을 벌여 적에게 큰 피해를 입혔다. 9월 4일에는 의병 600명을 거느리고 경남 안의군 月城에서 일병 40명을 공격하였고, 9월 15일 의병 100명을 거느리고 이석용 의진과 합진하여 전북 용담군 深原寺에서 일병 47명과 종일토록 격전을 벌여 적에게 결정적인 타격을 입혔다.

1908년 2월 약 100명의 의병을 거느리고 전북 용담군 九郞 일대에서 일병과 교전하여 일군에게 큰 타격을 주었다. 그리고 전북 무주군 篁川面 三谷里에서 일군과 다시 교전하였다. 3월 6일 스스로 '三南義兵大將'이라 칭하고 800여 명의 의병을 거느리고 경남 거창군 梅學 일대에서 일병 70여 명과 교전하였다.

이와 같이 호남·경남 일대에서 종횡무진 혁혁한 전과를 올리면서 활약하던 중 뜻하지 않게 신병이 생겨 남몰래 고향인 충남 회덕군 炭洞面 德津洞에서 치료하다가 대전경찰서 일경에게 탐지되어 6월 8일 체포되었다. 그가 체포될 때 辭令書 2매, 일기장과 통문 28통, 왕복문 38통, 주민에게 낸 명령서 7통, 잡서 1봉 등 그간의 그의 활약상을 담은 일체의 기록문서가 있었는데 모두 일경의 손으로 넘어간 것은 매우 유감스런 일이다.

3) 이강년의 의병활동

(1) 이강년의 활동

李康秊(1858~1908)은 철종 9년(1858) 경북 문경군 가은면 도태리에서 이기태의 아들로 태어났다. 자는 樂仁 호는 雲崗이며 전주가 본관이다. 어머니 남씨가 태양을 삼키는 꿈을 꾸었다 하여 아명을 出陽이라 불렀다고 한다. 성장하면서 8척 2촌의 장신에다 勇力이 출중하였고 兵書에 조예가 깊어 일찍부터 장군감으로 지목되었다.

그는 1880년 23세라는 젊은 나이에 무과에 급제하여 折衝將軍行龍驤衛副司果의 선전관이 되었으나, 1884년 갑신정변이 일어나자 사직하고 낙향하였다. 1895년 명성황후가 시해되고 단발령이 내리자, 1896년 1월 11일 가산을 정리하여 문경에서 의병을 일으켜 안동관찰사 金錫中과 수검 李浩允·金仁覃을 체포하여 農巖 장터에서 효수하였다. 이어 제천으로 유인석을 찾아가 그의 師門이 되었으며 유인석 의병진의 유격장으로서 문경·평천·조령 등지에서 활약하였다. 이 해 4월에 張基濂이 거느린 관군과 제천에서 싸워 패한 다음, 유인석이 요동으로 망명하자 그는 의병을 해산하고 은신하였다. 그러나 1897년 5월 유인석을 찾아 요동으로 갔다. 그러나 그 해 7월 다시 귀국하여 단양 금채동에 우거하였다.

단양 금채동으로 돌아온 후 10년간 의암 유인석의 문인으로서 학문에 정진하였으며 화서 이항로의 문집을 간행하는 데 중추적 역할을 담당하였다. 화서 이항로의 문장목판은 지금도 제천에 소장되어 있다. 이 목판은 불교의 팔만대장경에 필적하는 유학경전으로 널리 알려질 필요가 있다.

1905년 을사조약이 강제 체결되자 이강년은 또다시 거의할 것을 결심하여 1907년 4월에 을미 때의 옛 동지 安成海와 함께 제천에서 궐기하였다. 그 뒤 1908년 7월 충북 청풍의 까치성 전투에서 체포될 때까지 1년 3개월간 단양·제천·원주·연풍·영월·횡성·강릉·청풍·충주·문경·예천·영주·봉화·안동 등 경북·강원·충북 일대를 돌며 태백산맥을 중심으로 일군과 치열한 접전을 벌여 의병항쟁사에서 지울 수 없는 전적을 남겼다. 그의 엄청난 전투 경력은 申議官의 〈창의가〉에 자상하게 기록되어 있다.

그러나 가장 자상한 기록으로는 이강년의 《雲崗倡義日錄》이 있다. 이 일록에 적혀 있는 주요 전투상황을 열거하면 아래와 같다. 가장 큰 전투는 1907년 8월 3일의 갈평전투였는데 지금 그곳에 기념비가 서 있다.

〈표 3〉 운강 이강년의 항일전력

날짜(음)	격 전 지	의병측		일군측		비 고
		사	상	사	상	
1907 7. 7	堤川 풍기 道村			500여	13	일진회원 등 2명을 처단
7. 30	문경 主屹樓					일군을 공격
8. 2	문경 毛項嶺					좌우 선봉이 일군을 공격
8. 3	문경 葛坪					대승하여 屍滿山野라 할 정도였다
8. 4	문경 갈평		3			
8. 6	문경 大成寺			8		
8. 8	문경 赤城		수명	36		후군장 申泰元 전패
8. 18	단양 楡峙					
8. 27	영월					전황 불리
8. 29	영월 德浦 獨山					
9. 3	병두			순검1		
9. 6	延豊			4		
9. 16	제천 杻峙					일군 200여 명을 사로잡는 대승
9. 27	竹嶺		1	30		
10. 1	죽령					일군 200여 명을 사로잡는 대승
10. 2	鷹岩					
10. 5	단양 故里坪		수십명			일군 80여 명을 사로잡다
10. 6	小白山頂					전황 불리
10. 10	順興					순흥의 일군을 습격

10. 21	楡峙					패전
10. 23	풍기 栢子洞	3				일군 100여 명을 사로잡다
10. 25	避禍里					패전
11. 12	復上洞	7	10			대패
10. 21	錢洞 月桂峯			3	3	
12. 3	낭천 看尺里		2	4		
12. 5	경기도 乾川			3		
1908 2. 17	경기도 龍沼洞					일군 100여 명을 사로잡다
2. 20	경기도 待淸里					
2. 26	경기도 葛基洞					일군을 유인한 뒤 격파
3. 12	인제 百潭寺	수십명		수백명		
3. 30	강릉	수명				전황 불리
4. 1	下寺洞					
4. 3	홍천 북면					
4. 4	襄陽城					斬獲甚衆
	안동 西壁					일군 수백여 명을 사로잡다
4. 6	봉화 乃城					
4. 8	안동 才山	10여명	8			
5. 23	제천 五美里			민간인2		일군을 유인한 뒤 격파
6. 4	청풍 까치성	7				이강년 피체

따라서 이강년은 1907년 8월 1일의 군대 해산 이전에 의병을 일으켰다. 군대 해산이 단행되자 민긍호의 원주 진위대가 봉기하였고 이강년이 그들과 연합했다. 그리하여 이강년과 민긍호는 강원도·충청도·경상북도 일대에 걸쳐 용맹을 떨치던 양대 의병장으로 일제 군경들이 크게 두려워하던 인물이 되었던 것이다.

이강년은 무과 출신으로 구식군대의 맹장이었고, 민긍호는 신식군대의 대표적인 의병장이었으니 신구 한국군의 조화로운 연합이었다고 할 수 있다.

한편, 이강년이 재기하였다는 소식을 들은 광무황제는 전판서 沈相薰을 은밀히 이강년에게 보내어 都體察使를 제수하면서 다음과 같은 密詔를 내려 독려하였다.

> 아, 나의 죄가 크고 악이 충만하여 황천이 돌보지 않으시니, 이로 말미암아 강한 이웃이 틈을 엿보고 역신이 권세를 농락하여 4천년 종묘사직과 3천리 강토가 하루 아침에 오랑캐의 수중으로 넘어갔도다. 생각하면 실날같은 나의 목숨이야 아까울 것이 없으나 종묘사직과 만백성을 생각하니, 이것이 애통하도다. 여기에 선전관 이강년으로 都體察使를 삼아 七路에 勸送하니, 良家의 才子로 각기 의병을 일으키게 하고 召募將에 임명하여 印符를 새겨서 쓰도록 하라. 만일 명을 좇지 않는 자가 있으면 관찰사와 수령들을 먼저 베어 罷出하고 처분하여 강토를 보전하고 사직을 수호함에 목숨을 다하여라. 조서를 비밀히 내리는 것이니 그리 알고 모든 일을 거행하라(獨立運動史編纂委員會 編, 《獨立運動史資料集》 1, 223쪽).

이강년 부대는 민긍호 부대와 연합하여 충청북도 관찰부 소재지인 충주 공략에 나섰다. 이강년은 제천－청풍－충주로, 민긍호는 제천－주포－충주로 길을 나누어 충주를 향해 진군하였다. 이강년은 8월 23일 충주에 먼저 도착, 功城 준비에 들어갔는데, 민긍호는 도중에 박달재에서 일군과 조우, 격전을 벌이는 바람에 충주 도착이 늦었다. 이에 이강년은 단독으로 충주공략전을 벌였으나, 일군 2개 소대의 완강한 저항에 부딪쳐 끝내 실패하고 말았다.

그러나 이강년은 단양을 거쳐 죽령을 넘어 경북 풍기·문경 지역으로 이동해 갔다. 이곳에서 그는 여주의 金賢圭 의병부대와 합류한 뒤, 조령과 문경 서쪽의 梨花嶺에 병력을 배치, 전열을 가다듬었다.

이처럼 경상·충청 양도의 관문인 문경이 의병의 수중에 들어가자, 일군은 이 일대에 대한 의병 '토벌작전'을 벌였다. 이강년 의병부대는 일군과의 전면전을 피하기 위해 문경 동북쪽의 葛平으로 이동하였는데 일군이 그곳까지 추격해오자, 이강년은 우선봉 白南圭, 좌선봉 河漢瑞, 우군선봉 權用佾, 도총독장 李萬源 등을 출동시켜 적을 격파한 다음 단양 방면으로 북상하였다. 일군의 추격이 계속되자, 이강년 부대는 다시 영춘으로 이동, 그곳의 李明相 부대와 청풍의 趙東教 부대를 합병하였고, 소모장 元建常이 삼척지방의 의병들을 거느리고 합류해와 의진이 크게 강화되었다.

9월 25일 이강년 부대는 赤城을 거쳐 영춘에서 일군과 교전을 벌인 뒤 다시 영월로 북상하였다. 그 곳에서 10월 6일 일군과 또 격전을 벌이고 다시 영춘으로 남하하여 남한강을 건너 제천 宋寒으로 진출하였다.

10월 21일 일제가 보낸 강원도 선유사 洪祐哲 일행이 원주에서 酒泉 방향으로 간다는 정보를 입수하여 백남규·권용일이 이끄는 의병을 上栶峙에 매복시켜, 일군의 호위를 받으며 가는 선유사 일행을 기습하여 일대 타격을 가하였다. 홍우철은 간신히 원주로 되돌아 갔다. 이강년 부대는 그 뒤 단양을 지나 죽령으로 남하하였다.

의병이 교통요로인 죽령에 출현하게 되자, 일군은 병력을 죽령 방면으로 집중시켜 의병을 제압하려 하였다. 이에 11월 10일 죽령에서 일군과 치열한 접전을 벌인 이강년 부대는 소백산을 거쳐 재차 영춘－의풍－고치령을 지나 순흥 공략에 나섰다. 여기에는 울진 일대에서 용맹을 떨치던 申乭石 의병진도 동참하였다. 두 부대는 순흥의 일군분견소, 경찰서 등을 파괴한 다음에 이강년은 義豊으로, 신돌석은 西壁으로 각기 이동하였다.

의풍으로 이동한 이강년은 군인 출신 邊鶴基를 우군장으로 임명하는 등 전열을 가다듬는 뒤 영춘으로 남하해 갔다. 그러나 11월 26일 영춘 동쪽에서 일군과 조우하여 격전을 벌이게 되었는데 從事 朱範淳·鄭億童이 전사하는 등 큰 손실을 입었다. 이에 이강년은 일군과의 조우를 피하면서 죽령으로 남하, 그 일대를 전전하면서 도총독장 이만원, 소모장 이중봉, 선봉장 권용일 등과 함께 흩어진 병력을 모아 전열을 수습해 나갔다.

그 뒤 이강년은 12월에 경기 지역을 향해 북상길에 올랐다. 단양을 지나 제천으로 향하던 중 이강년이 병을 얻어 12월 16일 전군이 임현 부근에서 잠시 유진하게 되었는데, 이 때 기습공격을 가해와 참모 元荷汀·申櫶·申明熙, 소모장 李重鳳 등 10여 명이 포로로 잡히는 등 참패를 당하고 말았다. 부근의 菊杜寺에서 잠시 요양하던 이강년은 그 비보를 듣고, "내가 거의한 지 12년에 이와 같은 참패를 당한 적은 일찍이 없었다"고 탄식하였다.

이강년은 이 때 이인영으로부터 13도창의군의 서울 탈환작전에 참가해 달라는 서신을 받고 서울을 향해 북상하기로 했다. 이강년은 태백산맥을 따라 강원도 홍천·화천을 거쳐 1908년 1월 8일 마침내 경기도 지역에 당도하였으나 목적지인 서울은 멀기만 하였다. 요소요소에 일본군이 깔려 있었기 때문에 도저히 이를 뚫고 나가기에는 힘이 벅찼던 것이다. 그리하여 이강년은

4월 초순에 하는 수 없이 강원도로 퇴각하고 말았다. 즉 화천 간척리, 인제를 거쳐 4월 10일에 설악산 백담사에 도착하였던 것이다.

그러나 이 사실을 안 일본군 500명은 4월 13일 백담사를 공격해 왔고 이강년은 보기좋게 적을 무찔렀다. 백담사전투는 이강년 부대가 거둔 대첩중 하나로 꼽힌다. 이어 이강년 부대는 설악산 신흥사를 거쳐 영월로 남하하였다. 이 때 마침 백남규·권용일 양인이 그 동안 모집한 4천 명의 의병을 거느리고 본진에 합류해와 의병들의 사기가 한층 고무되었다.

이강년은 새로운 활동 근거지를 확보하기 위해 재차 안동 서벽으로 이동하였다. 이때 영주수비대 소속 일군이 서벽으로 접근하고 있다는 보고를 받고 선봉장 백남규·권용일과 우군장 변학기 등으로 하여금 길목을 지키게 하고 成益賢의 삼척의병이 이들을 지원토록 하여 일본군을 포위 섬멸시켰다. 그는 승세를 몰아 서벽 남쪽의 乃城으로 진격, 그 곳에 주둔하고 있던 일군과 치열한 격전을 벌인 끝에 대승을 거두었다.

그러자 禮安수비대 소속 일군이 의병을 추격하여 다가왔다. 일군은 위장전술을 펴 '義兵大陣'이라 쓴 깃발을 앞세우고 다가왔다. 이강년 의병은 이들을 맞아 집중사격을 가한 끝에 대승을 거두었다.

그는 이후 황지·상동·제천·평창 등지를 전전하며 일군과 혈전을 거듭하였는데 애석하게도 그 동안에 전력이 크게 소모되어 있었고, 더욱이 6월 28일에는 평창 부근의 獅子山에서 원주수비대의 공격으로 큰 타격을 입어 더 이상 항전을 계속할 수 없게 되었다.

이강년은 잔여 의병을 이끌고 영월을 거쳐 청풍으로 남하하던 중 鵲城에 잠시 유진하게 되었다. 그러자 이것을 탐지한 제천수비대 일군이 이곳으로 진격해 왔다. 이강년 부대는 이들을 맞아 최후의 일전을 벌였으나, 전세가 기울어 도선봉 河漢瑞 등을 비롯한 주요 간부들은 전사하고, 이강년은 왼쪽 발목에 총탄이 적중, 행보를 옮기지 못하여 포로가 되고 말았다. 이로써 태백산맥을 중심 무대로 경상·충청·강원 일대에서 용명을 날리던 이강년 의진은 종말을 고하게 되었는데 1908년 7월 2일의 일이었다. 이강년은 이때 다음과 같이 분한 마음을 시로 읊었다.

무정하다 탄환이여
발목을 상하여 나아갈 수 없구나
차라리 심장에나 맞았으면
욕보지 않고 요경(瑤京)에 갈 것을(《海東義士雲崗李康秊先生略史》, 33쪽).

이강년은 적에게 잡힌 뒤에도 비굴한 행동을 조금도 하지 않았다. 상처의 치료는 물론 음식도 거절하였다.

그는 충주·수원을 거쳐 7월 8일 서울 용산의 일군사령부로 압송되었고, 19일에는 다시 평리원으로 이송되어 재판을 받았다. 일군사령부에서 심문을 받을 때 그는, "보고 싶은 자는 이토 히로부미 뿐이다. 너희 무리와는 말하지 않겠다"고 크게 호령하고, 또 평리원에서는 원장 朴濟璿의 물음에 '더러운 자'와는 말하고 싶지 않다고 하면서 다음과 같이 글로서 답하였다.

내가 거의한 것은 먼저 5적과 7적을 단죄하고 왜적을 박멸해 위로 나라의 철천지 원수를 갚고 아래로 도탄에 빠진 생민을 구하고자 함에서였다.

그 뒤 이강년은 9월 23일 사형을 선고받고 10월 13일 오전 10시에 51세를 일기로 사형이 집행되어 순국하였다. 그는 죽기에 앞서 장자 承宰와 종제 康壽에게 주는 유서 그리고 전국의 의병들에게 다음과 같은 告訣文을 남겼다.

너의 아비는 평생에 血衷을 품어 나라를 위해 죽고자 하였다. 이제 뜻대로 되었으니 무슨 여한이 있으랴. 너는 놀라지 말고 정신을 차려 동생과 함께 내가 죽은 뒤 3일 안으로 薄葬토록 하라(《大韓每日新報》, 1908년 10월 15일, 〈訣長子承宰書大略〉).

나는 양심이 격동함을 참을 수 없어 병신년(1896) 이래로 13년간에 두 번 義旗를 들고 일어나 30여 회전에서 賊酋 백여 명을 참수하였다. … 이 몸은 尊華攘夷의 大義에 죽는 것이니, 이제는 그 날이 되었다. 동지들에게 바라는 것은 賊勢가 성하다 하여 본래의 뜻을 어기지 마시고 더욱 큰 의리로 매진하시어 광명한 날을 기다리시라(《雲崗倡義錄》, 告訣八域同志, 295쪽).

한편 이강년이 피체된 뒤 중군장 金尙台가 유지를 받들어 백남규 등과 더불어 영호남 각지를 전전하며 항전을 계속하였다.

(2) 무기와 전술

의병이 사용한 기본 화기는 화승총이었다. 아주 드물게 洋銃을 사용하고, 활·창·칼 등을 사용하는 경우까지 있었다. 일제의 통계에 따르면 전남 의병의 6%가 양총을 사용하였으나 94%가 화승총을 사용하고 있었다. 그러나 강원도 의병은 27%나 양총을 사용하였고, 함남에서는 양총이 35%까지 차지하는 높은 비율을 보였다.

의병의 기본 화기인 화승총의 사정거리는 불과 10보인데다 散彈이기 때문에 적에게 치명상을 입힐 수 없는 결함을 가지고 있었다. 그러나 화약과 철환을 비교적 쉽게 입수할 수 있다는 이점을 가지기도 했다. 일본군의 29식 장총과 맞서 싸우는 데 가장 불리했던 점은 비가 오거나 바람이 불면 화승총을 쓸 수 없다는 데 있었다.

이 때문에 의병들은 유격전과 기습작전, 그리고 복병작전을 쓰지 않을 수 없었다. 초기의 의병들은 일본군과 정면대결을 시도하고 守城戰을 벌이기도 하였으나, 이것의 불리함을 깨달은 뒤부터는 유격전으로 전환하였다. 이름난 의병장은 모두 유격전에 능란한 사람들이었다. 이강년·신돌석이 그 좋은 예이다. 유격전에는 중군·좌익·우익장 그리고 선봉장 따위의 편제가 불필요했고, 이름은 그대로 두었으나 실질적으로는 독립된 소부대로 활동하는 것이 관례였다. 또 의병을 지원하는 조직으로 좌종사가 있어, 마을마다 이들이 의병에게 재정적 지원와 정보를 제공하였다.

의병은 본질에 있서 민군이었고 자연발생적 의용군이었으므로, 상부조직과 하부조직이 정규군의 경우와 같지 않았다. 양구의 金鳳鳴 부대를 보면 대장 김봉명, 총독 趙允甫로 되어 있고, 함남 포수군 林昌根 부대의 경우에도 임창근이 正督인데 부독으로 車道善·洪範圖 두 사람을 두었다. 이처럼 상부조직이 집단적인데다 하부조직은 10명 미만의 인원으로 哨十을 만들고 이를 주거별로 편성하였다. 김봉명이나 임창근 부대의 경우 말고도 다수의 지휘부와 소수의 부대 편성이라는 특징이 우리의 눈길을 끌고 있다.

또 신분과 관련하여서도 간부[先鋒]·都砲·都什長·什長 등을 선발하는 데 있어 양반과 상민을 구별하지 않고 그 재주를 시험하여 능력에 따라 임명하는 경우가 있었다. 전해산 부대에서는 의병들에게 임금을 지불하여 민폐를 방지하는 데 힘쓰기도 하였다.

의병은 또 군사훈련을 실시하고 군가를 지어 사기를 올렸고, 전장에서는 북을 치거나 호라를 불어 진격신호로 삼았다. 또 백색의복이 전투에 불리함을 알고 청색으로 물을 들여 군복으로 삼고, 적군에게 심리적인 위협을 가하는 한편, 위장술을 쓰기도 하였다.

(3) 의병의 조직과 군율

가. 십장제와 군율

백암 박은식은 "義兵은 民軍이다"[20]고 말한 바 있다. 의병이 관군이 아니라 민군이라고 한다면, 민군은 어떤 조직, 어떤 작전으로 싸웠을까 하는 의문을 갖게 된다. 원초적 의병집단은 농촌마을 주민의 자기방어로 시작되었다고 할 수 있다.[21] 우리 나라 촌락은 전통적으로 鄕約·鄕規·洞契 또는 村契로 결속된 공동체조직으로서 독자적인 자치단체로 존속하여 왔다. 민군은 바로 이러한 촌락공동체를 바탕으로 조직되었던 것이다.[22]

향촌행정의 최저 단위는 '五家作統'의 원칙에 따라 조직되었으며 그 군사행정은 '十戶一兵'의 원칙에 따라 선발되는 것이 상례였다. 10호 1병의 원칙에 따라 소집된 민병들은 다시 '十兵一哨'의 원칙에 따라 편성되었으니 그 장을 哨十長이라 하였다.[23]

이와 같이 의병의 기본 편성단위는 전통적인 십장제를 바탕으로 하고 있었는데, 그 상부조직은 전해산의 진중일기에서 보는 바와 같이 卒兵－什長－都什長－都砲－先鋒－大將의 수직관계로 구성되어 있었다.

유명한 호남의병장 심남일 의진의 경우도 포졸, 기사, 보병, 庶事를 10명으로 편성하고 統長이 이를 지휘하는 것을 원칙으로 삼고 있으며 엄격한 군율을 정하여 의병으로서의 품위를 손상하지 않도록 명령하고 있다. 즉 그의 〈告

20) 박성수, 《獨立運動史硏究》(創作과 批評社, 1980), 265～266쪽.
21) 金龍德, 〈鄕約新論〉(《朝鮮後期鄕約硏究》, 鄕村社會史硏究會, 1990), 11～29쪽.
22) 鄭景鉉, 〈19세기의 새로운 國土防衛論－茶山의 「民堡議」를 중심으로－〉(《韓國史論》 4, 서울大, 1978), 331～336쪽.
23) 《駐韓日本公使館記錄》, 1907년 雜, 楊口邑 暴徒討伐誌에 習得한 軍案.

示軍中文〉에 보면 9항의 군율을 어긴 자는 亂軍이요, 賊軍이요, 盜軍이라고 경고하고 있다.

참고로 심남일 의진의 군율을 살펴보면 매우 엄격했던 것을 알 수 있다.

① 의병이란 명칭을 한 이상 군사가 지나가는 곳에서 만약 무뢰한 행위가 있거나 혹은 몽둥이로 촌백성을 두들기거나 남의 내정에 함부로 들어가거나 하는 것은 바로 亂軍이니 죄의 경중에 따라 처단한다.
② 지나가는 부락에서 만약 재물이나 곡식을 빼앗는 일이 있으면 이것은 賊軍이니 참형에 처한다.
③ 혹시 부녀자들을 겁탈하거나 또는 사람을 살해하는 일이 있으면 이것은 逆軍이니 용서없이 처단한다.
④ 혹시 소나 말을 약탈하거나 닭과 개를 함부로 죽이는 일이 있으면 이는 盜軍이니 경중에 따라 처벌한다.
⑤ 의병소의 장령이라 칭하고 假印을 찍어서 민간에 토색질하는 일이 있으면 이는 포군이니, 동중에서 자세히 조사해서 잡아 올리면 의병소로부터 처참한다.
⑥ 읍이나 府中을 지나갈 적에 혹시 창고 자물쇠를 임의로 부수거나 관가의 물건을 빼앗는 일이 있으면 나라에서 떳떳한 형벌이 있으니 관가에 보고하여 처벌한다.
⑦ 지나가는 각처의 전답의 곡물을 보호하여 한길로 조심해 다닐 것이며 만약 함부로 밟아 넘기는 자가 있으면 죄를 준다.
⑧ 복병했을 적의 포소리가 들리면 일제히 放砲하여야 하며, 만약 머뭇거리기만 하고 발포하지 않으면 죄를 받는다.
⑨ 호군장이 징을 치면 일제히 모여 함께 밥을 먹어야 하며, 앞당겨 오는 자도 죄에 해당하고 뒤에 떨어져 오는 자도 죄에 해당한다.

이상을 일일이 시행해야 한다. 만약 등한시하고 명령에 따르지 않으면 각각 통솔자에게 책임을 묻는다.

(獨立運動史編纂委員會 編,《獨立運動史資料集》3, 572쪽).

나. 작전과 민간의 지원조직

가) 속오작대

운강 이강년의 속오작대법은 의병부대의 기본편제를 거의 완벽하게 보여주는 실례로 주목된다.[24] 속오작대법에 따르면 먼저 병사 10명이 좌우 2열

---

24) 이 자료는 필자가 운강의 증손 李麟揆로부터 제공받은 것으로서 말미에 운강

종대로 서고 선두에 隊長 1명, 후미에 小兵 1명이 서는 것이 의병군 최하 단위의 기본대형이다. 이것이 곧 隊이다.

각 대는 각각 셋으로 묶어 3개대 36명을 1旗로 하여 旗總 1명이 이를 통솔한다. 이 36명 단위의 旗는 다시 셋씩 묶어서 3기가 1哨로 편성되며 哨長 1명이 이를 통솔한다. 따라서 1초는 모두 108명이 되며 기총 3명과 초장 1명을 포함한 112명이 1초의 총원이 되는 것이다.

이와 같이 의병군의 하부 단위인 초는 3대 3기 즉 3. 3의 원칙으로 편성되는데, 그 위의 상부 단위는 5. 5의 원칙에 따라 조직된다. 즉 5哨 5營의 원칙에 따르는 것인데, 초는 中哨와 左右哨 그리고 전후의 5초이며 이들 5초를 1營으로 묶어 營司 1명이 이를 지도하되 營 역시 중영과 좌우영 그리고 전후영의 다섯으로 나누어 5영이 된다. 즉 5초 5영이라는 5. 5형식이 상부 편대의 원칙이었으며 하부 편대는 3대 3기였으니 3. 3형식이었다.

속담의 3. 3. 5. 5라는 말은 삼사인 또는 오륙인이 떼를 지어 가는 모양을 말하나 그 실은 군중을 3대, 3기, 5초, 5영으로 묶어 조직화한다는 군대편성의 원리를 말하는 것이다. 앞에서도 지적한 바와 같이 1초는 112명이므로 5초는 560명이다. 이 560명이 1영이 되고 560명으로 구성된 영을 다시 다섯으로 묶으면 5영의 총병력이 2,500명이나 된다. 이 2,500명을 총지휘하는 자가 營將이다.

의병의 인사계통을 살펴보면 영장은 먼저 5명의 영사를 선발하는 것으로 시작하여 선발된 영사로 하여금 각각 예하의 다섯 초장을 선발케 한다. 선발된 초장은 다시 각자가 세 명의 기총을 선발하고 기총은 또 세 명의 대장을, 대장은 11명의 병사를 선발하는 것으로 인사의 모든 차례가 끝난다.

그러나 선발할 때 유의할 일은 서로 의지와 기상이 부합하는 사람들로 짝지어 대를 편성해야 한다는 것이며, 영사와 초장 그리고 그 아래 기총까지는 각각 認旗를 수여하여 깃발에다가 그 성명을 기입하도록 한다. 즉 主將旗(총대장기)에는 5영사의 성명을 기입하고, 營司旗에는 5초장의 성명을 기입하도록 한다. 또 哨長旗에는 3기총의 성명을 기입케하고, 旗總旗에는 3대장의 이

의 자필서명이 붙은 귀중한 의병의 留陣, 行進, 號令法指針書(모필수사본)이다. 그러나 乙未, 丁未 어느 시기에 작성된 것인지 분명치 않다.

름을 기입하도록 하여 대원들로 하여금 제각기 자기 소속이 어딘지를 알게 하였다.

이와 같이 편대가 끝나면 여러 서기들로 하여금 군안을 작성하여 성문화하고 교령(명령)의 하달을 시험하고 징과 북 등을 쳐서 알리는 신호와 눈으로 보고 아는 표시를 주지시켜야 한다.

이 자료는 그 밖에도 행진법과 金鼓令을 기술하고 있으며, 作隊, 행진, 金鼓의 법은 "모름지기 수만 번의 연습을 통해 자기 몸과 팔을 다루듯 하고 손가락을 움직이듯 해야 한다"고 강조하면서 "허다한 절목과 기관을 어찌 한 폭의 종이에 그리겠으며 기록할 수 있겠는가"라고 끝맺고 있다.

이강년은 무과 출신이므로 민병을 조직화하는 데 있어서 옛날 속오군의 편제를 그대로 따랐던 것이다. 본질에 있어서 향군이었던 속오군은 임진왜란과 정묘호란을 통해 전국적으로 실시되어 오다가 19세기에 이르러서는 유명무실하게 되었다. 19세기 초 정약용이 民堡議를 제창하고 1867년 申觀浩가 《民堡輯說》을 써서 다시 이 제도의 부활이 강조되었던 것이다.[25]

신관호의 《민보집설》에 보면, "무릇 堡는 5인으로서 伍로 하고 2伍로서 隊로 하고 3대로서 旗로 한다"고 하면서, 기는 公·小·中·大·元의 5기로서 堡로 삼는다고 규정하고 있다. 민보는 軍旅이므로 반드시 절제가 있어야 하는데, 만일 귀천을 같은 伍에 있게 하면 貴者는 편하게 일하고 賤者는 고역을 맡게 되므로 일을 고루 나누어 하기 위해서는 귀족은 귀족끼리 編伍하고 천족은 천족끼리 편오하여야 한다고 주장하고 있다.

민병의 기본편제와 대동소이함은 물론 儒軍과 民軍이 따로 편성되었던 초기 의병의 편성이 민보체제를 그대로 계승하고 있다는 사실을 알 수 있다.[26]

나) 의 조

의병은 스스로 군율을 제정하여 약탈 토색질을 엄금하고 있다. 그것은 따로이 군자금 조달의 정당한 방법이 있었기 때문이다. 《운강창의록》 말미에

---

25) 車文燮, 《朝鮮時代軍制硏究》(檀國大出版部, 1973).
許道善, 〈「鎭管體制復舊論」硏究〉(《國民大論文集》, 1974).
鄭景鉉, 앞의 글 참조.

26) 朴周大, 《羅巖隨錄》(國史編纂委員會, 1980), 66~74쪽.

나오는 將任錄 가운데 좌종사 100명이 곧 군자금의 조달자였고 그 중 60%가 양반, 40%가 평민이었다.[27]

지금도 민병에 군자금을 제공했다고 주장하는 의병 후손들이 많이 있으나 대개 구체적인 자료를 제시하는 데 실패하고 있다. 李胄承(1868~1946, 충북 제천 寒所 北壹里)의 〈義助〉(1902. 12)에 따르면 의병의 군자금이 동계(촌계) 형식으로 거출되고 있었던 사실을 알 수 있다.[28]

〈의조〉에 기록된 사람의 인원은 모두 123명인데 각각 12냥에서 1냥까지 의조금을 내고 있다.[29] 구체적으로 말하면 10냥이 3명, 5냥이 9명, 4냥이 3명, 3냥이 17명, 2냥이 19명, 나머지 72명이 1냥씩 내고 있다. 또한 職銜이 있는 사람이 총 123명 중 43명이고 나머지 80명은 직함이 없다.[30] 또 이와는 별개의 대장(연대미상)에는 소를 팔아 군비에 충당한 사실이 기록되어 있는데 '以軍備賣牛'라고 명기된 것 이외에는 '入用放賣' 등의 암호로도 표시되어 있다. 이 자료가 연대미상인 점에 아쉬움이 남으나 소 팔아 의병댔다는 소문이 적지 않았는데 그것이 사실임이 드러났다.

다시 말해서 의병은 민군이기 때문에 국고의 지원이 전혀 없는 것이 원칙이었으며 민이 스스로 부담하지 않을 수 없었다. 그 부담원칙은 각호의 재력에 따라 분배한다는 것이었다. 이 원칙에 따르게 되면 부민이 군자금을 대고, 빈민이 민병으로 나아간다는 결과가 된다. 물론 이것은 외형상 신분적인 향촌규제에 따른 것으로 불응자에 대해서는 군율에 따라 처단하였다. 일제는 의병의 이같은 향촌기반을 파괴하기 위해 헌병보조원제를 채택하여 분열정책을 썼다고 볼 수 있다.

---

27) 朴成壽, 앞의 책.

28) 李胄承은 1895년 을미의병 때 아우 李肇承을 유인석 의군의 종사로 보내고 자신은 이강년 부대의 좌종사로 군자금을 갹출한 인물이다(《雲崗倡義錄》 將任錄 참조). 그리고 후손의 증언에 따르면 1910년 이후에도 계속 간도로 자금을 송금한 것으로 되어 있다. 본 〈義助〉는 1902년의 것이므로 의병전쟁과 직접 관계가 없다. 그러나 이것을 통해 의병 군자금 모금방법이 어떤 것이었는지 유추할 수 있다고 본다.

29) 이 의병 명단 속에는 유인석·이강년 등 유명인이 포함되어 있고 각각 5냥과 1냥을 내고 있다.

30) 內譯하면 幼學이 24명, 主事 5명, 進士 3명, (前)郡守 2명이며, 同知 郎廳 參奉 中軍 都正 閑良 宣傳이 각 1명 씩이다.

이상과 같은 의병의 향촌조직과 민병조직을 재건하여 군정부를 수립하려던 운동이 곧 大韓獨立義軍府였다. 일제의 무단통치에 대항하여 지하 의병왕국을 건설하려던 이 계획은 돈헌 임병찬에 의해 계획, 실천되었다. 이 운동은 1912년 9월 고종의 밀칙을 받아 전라도순무총장으로 임명받음으로써 시작되었다. 그의 조직과 방략은 〈管見〉·〈定等〉에 잘 요약되어 있다.[31]

이상에서 살펴본 바와 같이 의병의 편제와 향촌조직의 결합은 전통적인 향군체제에 기반을 두고 있었으며, 이 때문에 의병은 강력한 항쟁력과 끈질긴 지구력을 유지할 수 있었다고 본다. 또한 의병의 이같은 조직원리는 1910년 이후의 간도의병으로 계승되었으며 독립군 또한 이를 계승하고 발전시켰다. 따라서 대한독립의군부에서 볼 수 있는 군정부체제는 그대로 독립군 계열단체에 계승되면서 단지 그 정치이념을 바꾸어 나간 데 지나지 않다고 보는 것이 의병에서 독립군으로의 이행과정이라 할 수 있다.

〈朴成壽〉

4. 의병전쟁의 발전

1) 서울진공작전의 실패와 근거지문제

(1) 13도 의병부대의 서울진공작전

1907년대 후반기에 들어서면서 해산군인을 흡수한 의병전쟁은 양적으로나 질적으로 비약적인 발전단계를 맞이하게 된다. 그 활동지역은 일제침략의 거점으로 되어 있는 도시들과 그 도시를 연결하는 철도 및 간선도로를 제외한 광범한 지역을 포괄하게 되었다.

31) 林炳瓚, 《義兵抗爭日記》(韓國人文科學院, 1986).
申圭秀, 〈大韓獨立義軍府에 대하여〉(《邊太燮博士華甲記念 史學論叢》, 三英社, 1985).
李康五, 〈한말전북지역의 의병활동〉(《전북지역독립운동사》, 광복회 전라북도지부, 1989).

여기서 제기된 새로운 과제는 종래 분산적으로 전개되고 있던 의병부대간의 연계를 강화하여 일제의 군사 및 경찰력에 대항하는 문제였다. 그 중심부대가 李麟榮이 인솔하는 關東 의병부대였다.

당시 강원도 원주에서 기병한 李求載와 李殷瓚은 경북 문경에 거주하는 이인영을 찾아가 총대장이 되어 주기를 권유했다. 이인영은 부친이 병중에 있었음에도 불구하고 드디어 관동의병대장으로 추대를 받고 원주에서 출진했다.

관동 의병부대는 원주로부터 춘천·양주로 진출하면서 각도 의병장에게 다음과 같은 격문을 띄웠다.

> 용병의 요체는 고립을 피하고 일치 단결하는 데 있다. 각도의 군사를 통일하여 둑이 무너지는 형세를 타서 近畿지방으로 밀려돌면 온 천하를 우리 보물로 하기는 불가능하더라도 한국문제를 해결하는 데 유리하게 될 것이다(崔海淸, 《大韓每日申報拔萃錄》, 靑丘大學 出版部, 50쪽).

격문에서 이인영은 각도 의병장에게 서울을 둘러싼 경기지방으로 진출하기를 호소하였다. 동시에 그는 金世榮을 서울에 잠입시켜 각국 영사관에 의병부대는 애국단체이니 정의와 인도를 주장하는 여러 나라들이 국제공법상의 전쟁단체로 인정하고 성원해 주기를 요구했다.

뿐만 아니라 그는 다음과 같은 대한관동창의대장 이인영의 이름으로 해외동포에게 보내는 격문(Manifest to all Coreans in all parts of the world)을 발표했다.[1)]

> 동포들이여. 우리들은 단결하여 우리 조국을 위해 몸 바쳐 우리의 독립을 회복하지 않으면 안된다. 우리들은 전세계를 향하여 야만적인 일본인의 혹심한 부정과 난폭함을 호소하지 않으면 안된다. 그들은 교활하고 또 잔인하며 진보와 인도의 적이다. 우리들은 모든 일본인과 그 스파이 앞잡이 및 야만의 군대를 쳐부수기 위하여 최선을 다 하여야 한다.

---

1) 《日本外交文書》 제41권 제1책에 수록되어 있는 샌프란시스코 주재 小池 총영사가 본국 정부 林외무대신에 보낸 전보 속에 1907년(광무 11) 9월 25일자의 大韓關東倡義大將 李麟榮의 명의로 된 격문(영문)이 들어 있다.

보는 바와 같이 대한관동의병장의 이름으로 발표한 각국 영사관 및 해외 동포에 대한 호소문은 당당한 항일전쟁선언이라 하겠다. 그러나 유감스럽게도 1905년 11월의 을사조약에 의하여 한국의 외교권은 박탈당했다. 따라서 13도 의병부대의 서울 진공작전은 국제적인 고립 속에서 진행하지 않을 수 없었다.

그러나 경기도 양주의 大陣所에는 각지에서 분산적인 활동을 지속해 온 약 1만 명의 의병부대가 집결했으며 그 중에는 양총을 소지한 약 3천 명의 해산 군인이 포함되어 있었다.

여기에서 이인영을 중심으로 각 지방 의병장들이 협의하여 13도 창의대진소가 다음과 같이 편성되었다.

十三道義兵總大將	李麟榮
軍師長	許 蔿
關東倡義大將	閔肯鎬
湖西倡義大將	李康秊
嶠南倡義大將	朴正斌
鎭東倡義大將	權重熙
關西倡義大將	方仁寬
關北倡義大將	鄭鳳俊
湖南倡義大將	文泰洙(본명 泰鉉)

양주에 집결한 의병수는 앞에서 언급한 바와 같이 약 1만 명이나, 그 주력부대는 강원도 원주지방으로부터 민긍호·이구재·이은찬이 인솔한 6,000명이다. 먼 거리에서 활동하고 있던 의병부대들은 극히 그 일부분이 참가하지 않을 수 없었으니 각 지역을 대표하는 창의대장이 반드시 그 지역을 대표하는 의병장은 아니다. 따라서 13도 창의대진소라 되어 있지만 그 실질적 내용은 이인영을 총대장으로 하는 관동 의병부대에 각도 대표가 참가한 정도가 아닌가 생각된다.

하여간 13도 창의부대는 서울을 향하여 진격을 시작했다. 1908년 정월에 군사장 허위는 선발대 300명을 이끌고 동대문 밖 30리의 지점까지 접근했으며 후속 부대들이 그 뒤를 따랐다.[2)]

물론 이와 같은 대대적인 작전이 비밀리에 진행될 수는 없는 일이다. 일본군에서는 이미 그 동향을 탐지하고 선발대에 대한 선제공격에 나섰다. 선발대는 후속부대와의 연락이 단절되어 후퇴하지 않을 수 없었다.

선발대가 후퇴한 후에 진공과 후퇴를 배합한 제2차, 제3차의 작전계획은 없었다. 서울 진공을 계획한 유학자들의 정신은 고귀하나 대부대를 일사불란하게 통솔해서 그 작전을 승리로 이끌만한 병법가는 없었다.

뿐만 아니라 총대장 이인영이 전열에서 이탈하게 되었다. 즉 고향에서 병중에 있던 부친의 부고가 전달된 것이다. 그가 전열에서 떠나는 이유는 다음과 같다.

> 나라에 불충함이 부모에게 불효함이 되며, 부모에게 불효함이 나라에 불충함이 된다. 그 道는 하나이며 둘이 아니다. 고로 나는 차라리 나라 풍속에 따라 3년상을 입어 효도를 다한 후에 재기하겠노라.

유교사상으로 본다면 부자관계에서의 효는 '天合'이고, 군신관계에서의 충은 '義合'이다. 효는 '천합'이기 때문에 끊을 수 없지만 충은 '의합'이기 때문에 '의'에 맞지 않으면 군신관계에서 물러설 수도 있다. 그런 의미에서 효를 우선시킨 이인영은 훌륭한 유학자라 하겠다.

그런데 13도 의병총대장이란 그의 공적인 입장은 어떻게 되겠는가. 유교사상은 사와 공, 효와 충, 왕조와 국가가 연결되어 있어서 분리할 수 없는 사상체계이다.

여기에 항일의병전쟁의 지도사상으로서의 유교사상의 한계가 보인다. 의병장이 지역적 혹은 전국적인 명성만을 가지고 의병장이 되는 한, 또는 의병장 자신이 그러한 유교사상을 극복하지 못하는 한, 항일의병전쟁을 국민적인 저항운동으로 발전시킬 수 없다는 한계를 보여준다.

따라서 1907년 12월의 서울진공작전은 종래의 의병전쟁의 최고 정점을 보

---

2) 宋相燾,《騎驢隨筆》(국사편찬위원회, 1955)의 〈李麟榮〉에는 선발대를 지휘한 것이 이인영으로 되어 있다.
그러나《大韓每日申報》, 1909년 9월 21일, 〈義兵總大將 李麟榮의 略史〉에는 3백 명의 선발대를 軍師長이 지휘한 것으로 되어 있다. 총대장이 선발대를 지휘했다고는 생각할 수 없기 때문에 후자의 기사를 취하기로 한다.

여주는 반면에 그를 발전시키기 위해서 무엇을 극복해야 하겠는가라는 무겁고도 큰 사상적 과제를 노출시켰다고 볼 수 있을 것이다.

결국 부친의 3년상을 위하여 고향에 돌아간 이인영은 노모와 두 아들을 거느리고 충청도 黃澗에 이주하여 은신 중 1909년 6월에 대전헌병대에 체포되었다. 그는 당당히 자기 소신을 토로하고 일제의 침략을 규탄함에 있어서 하나도 굴하는 빛이 없었다. 일제의 관헌도 그를 '義士'로서 대우하지 않을 수 없었다.[3] 그 해 9월 20일에 서울에서 처형되었다.

(2) 유인석의 지구전론과 근거지 문제

柳麟錫은 두말할 필요도 없이 청일전쟁 직후인 1896년부터 의병장으로 등장한 의병전쟁의 선구자요, 李恒老를 연원으로 하는 위정척사학파의 정맥에 속하는 유학자이다.

13도 창의대진소가 서울진공작전을 벌이고 있을 무렵, 그는 각기병을 치료하기 위하여 서울에 체류하고 있었다. 그는 대진소에 〈與諸陣別紙〉[4]를 보내어 속전속결론이 아주 위험하다는 것을 경고함과 동시에 지구전론을 전개하고 있다.

〈별지〉에서 그는 지금 동남지방의 의병진이 近畿지방에 모여 서울에 입성한다는 소문이 들려오는데, 이것은 쾌사가 아닌 것은 아니나 대단히 위험하다고 경고하고 있다.

그는 간고한 투쟁경험이 있었고 적의 역량을 잘 알고 있었기 때문에 이와 같은 경고를 하지 않을 수 없었던 것이다. 과연 서울진공작전은 일대 장거이기는 하지만 적의 전투역량을 충분히 타산한 작전이라곤 말 할 수 없다.

〈별지〉는 이어서 지금 취할 수 있는 상책은 각 지방의 의병부대들이 서로 연계해서 지구전을 벌이는 것이다. 그래서 일제가 통치체계를 정비하고 확립하는 것을 막는 것이다.

만약에 이와 같은 상책이 불가능하면 '北計'가 만전책이다. 지구전을 하려면 근거지가 있어야 하기 때문이다. 그러면 근거지를 어디에 구축할 것인가. 첫

3) 宋相燾, 《騎驢隨筆》, 李麟榮.
4) 柳麟錫, 《毅菴集》 권 25.

째는 지리적 조건을 고려해서 백두산과 그 주변 고을에 두어야 한다.

> 생각건대 백두산은 일국의 뿌리이다. 그 주변에 있는 무산·삼수·갑산·장진·자성·후창·강계 등 여러 고을은 절험해서 지키기에 요충지가 될만 하다. 여기에 의거하면 큰 일을 할 수 있다.

또한 이 지역에는 무장투쟁을 지속할 수 있는 인적 및 물적 조건이 구비되어 있다.

> 서북인들은 强勁하고 포를 쏘는 데 능숙하다. 뿐만 아니라 이 지역은 북간도와 서간도에 연결되어 있는데 우리 동포가 아주 많다. 듣건대 우리에게 호응할 기세가 있다 하니 이와 서로 연결하면 병력도 기를 수 있고, 財穀도 마련할 수 있고, 또한 무기도 만들거나 살 수 있다.

마지막으로 이 지역은 청·러시아와 연결되어 있으니 국제적 조건이 유리하다. 그러나 청은 약하고 러시아는 강하기 때문에 우선 러시아 접경 지역에 근거지를 건설하는 것이 유리하다고 보았다.

이와 같이 근거지를 구축해서 여기에 전국의 정예부대를 집결시켜 활동을 시작하면 그것이 타 지방에 파급될 것이다. 그래서 좋은 기회를 기다려서 전국이 움직이면 대사를 이룩할 수 있는 것이 아니겠는가. 이것이 유인석이 제기한 근거지 구상의 내용이다.

(3) 근거지 구상에 나타난 유인석 사상

유인석의 '북계'에 의한 근거지 구상은 독창적이면서 완벽한 민족독립운동의 전략적 방침을 제시한 것이라 하겠다.

사실 1920년대부터 30년대에 걸친 민족독립운동은 '북계'에서 제시된 전략적 방침 그대로 중국 동북지방에 창설된 근거지에 의거해서 끈질기게 지속할 수 있었던 것이다.

그런데 근거지를 건설하기 위해서는 근거지에 군중을 결속시켜야 한다. 왜냐하면 군중이 있어야 그 속에서 청소년들을 선발해서 무장부대를 양성할 수도 있고, 또한 군중이 있어야 무장부대에 대한 후방공급이 가능하다. 그러기 위해서는 근거지 군중이 생활하기 위한 경제적 기반을 튼튼히 다지는 것이 선결적인 문제로 제기된다.

유인석의 근거지 구상은 되풀이하거니와 완벽하고 정당하다. 그러나 그 구상은 실현된 바가 없다. 왜 그런가. 그 이유는 근거지 군중을 결속시키기 위한 그의 지도이념이 너무나 정신주의적이었고 유교적이었다는 데 있다고 본다.

유인석은 1908년 8월에 노령 블라디보스톡으로 망명하여 煙秋에서 崔才亨·李範允 의병부대에 합류한다. 유인석은 여기에 항일 의병전쟁을 위한 근거지를 두자는 것이었다. 그래서 근거지 군중을 결속하기 위한 지도이념으로 1909년 7월에 발표한 것이 〈貫一約〉이다.

〈관일약〉의 내용은 다양하지만 通告에 의하면 그 요지는 다음과 같다.

> 인석은 생각이 짧아 외람된 일이기는 하지만 一約을 지어 〈관일약〉이라 한다. 愛國·愛道·愛身·愛人으로서 언약하고 마음을 같이 하여 서로 통합을 하나로 한다. 그러기 위하여 우선 이 땅에 사는 諸賢이 일심단체가 되어 일국이 일심단체가 되게 하고, 먼저 保身·守道하여 나아가서는 국권회복을 기하고 인류를 구하기를 원한다(柳麟錫, 《毅菴集》 권 37).

그가 인식한 한국의 위기란 구체적으로 國亡이요, 道蔑이요, 身不保요, 人盡滅이다. 따라서 국망에 대치하는 애국이요, 도멸에 대치하는 애도요, 신불보에 대치하는 애신이요, 인진멸에 대치하는 애인이 된다. 이것이 '四愛'다.

결국 〈관일약〉이란 마음을 '4애'에 두어 一以貫之하고, 모든 사람이 마음을 같이하여 일이관지하는 것이라 하겠다.

그러면 '4애'의 첫 머리에 있는 '애국'이라 할 때, 유인석은 나라의 개념을 어떻게 이해하고 있는가.

> 나라란 무엇인가. 삼사천 년의 단(檀君)·기(箕子)의 옛 강토의 나라이며, 오백여 년의 聖神文治의 나라이며, 희(伏羲)·농(神農)·당(陶唐=堯)·우(有虞=舜) 이래 華脈이 기거하던 곳, 이름하여 소중화 예의의 나라이다(柳麟錫, 《毅菴集》 권 42, 〈貫一約〉 序).

요약해서 말한다면 그가 이해하고 있는 나라란 '화맥을 계승하고 있는 소중화의 나라'라 하겠다. 이와 같은 '화맥'이 '四愛'에 관통되어야 한다는 것(一以貫之), 바로 이것이다.

그의 근거지 지도이념은 이와 같은 '화맥'을 우선 근거지에서 확립하고 그것을 전국에 확대시키는 것이 바로 국권회복이 되겠다.

일제가 한국합방을 하자 그는 문인들에게 앞으로 이에 대처하기 위한 세가지 방향으로서 '處義三事'를 제시했다.[5] 첫째는 保華於國 즉 나라에 화맥을 보존하는 것이다. 이것은 합방에 의해서 불가능하게 되었다. 둘째는 자기 몸에 화맥을 지키는 守華於身이요, 셋째는 화맥을 지키기 위하여 殉死하는 以身殉於華이다. 결론적으로는 자기 몸에 화맥을 지키는 수화어신의 길을 택했다.

당시 한국에서는 항일의병전쟁과 병행해서 개화사상을 내용으로 하는 애국계몽운동이 군중적인 규모에서 확대되고 그 속에서 민권사상이 확대되었다. 특히 청소년간에 그렇다. 그 누가 목숨을 걸어서 화맥을 지키기 위한 근거지를 건설하고 그것을 확대하기 위한 전쟁터로 나가겠는가.

만약에 가능하다면 일제 권력이 미치지 못하는 산간벽지에 유생들을 모아서 공자묘를 모시고 儒者村을 건설하는 정도가 고작일 것이다.

(4) 서울 진공 실패 후의 분산활동

경기도 양주의 13도 창의대진소에 집결한 의병부대 중에서 가장 유력한 의병장들은 허위를 비롯하여 이강년·민긍호·이은찬 등이다. 서울진공작전이 실패한 후 그들은 분산해서 활동을 계속하고 있다.

허위 의병부대는 임진강 유역에 진출해서 朴宗漢·金秀敏 의병장들과 연합하여 경기도에서 황해도 지역으로 활동 범위를 확대시켰다. 일본군측 문헌에도 다음과 같이 허위부대의 활약에 대하여 쓰고 있다.

> 번번히 통고를 발하여 납세 및 미곡 반출의 정지를 명령하고 군자와 양식의

---

5) 柳麟錫, 《毅菴集》, 〈年譜〉 경술 8월 8일.
姜在彦, 〈한국독립운동의 根據地문제－1910년 전후의 두가지 사상적 대응－〉(《근대한국사상사연구》, 한울, 1983) 참조.

징발을 위하여 한국인 순사와 헌병보조원에게 협박장을 보내며, 통신선로를 저해시키고 관공서를 습격하는 등 도발이 심했다(朝鮮駐箚軍司令部 編, 《朝鮮暴徒討伐誌》, 119쪽).

허위 의병대의 핵심 부대는 강화도에서 군대해산에 대항하여 궐기한 池弘允·延基羽가 이끄는 해산 군인들이었다. 그러나 1908년 6월에 허위는 경기도 永平郡의 산중 마을에서 일본 헌병대에 체포되어 서울에 압송되었다. 헌병대 사령관의 심문에 대하여 그는 태연자약하게 다음과 같이 반박하고 있다.

사령관 : 병을 주창한 자는 누구이며 의병대장은 누군가.
허 위 : (크게 웃으며) 의병을 주창한 자는 이토(伊藤博文)이고, 대장은 나다. 이토가 우리 나라를 빼앗지 않았다면 의병은 일어나지 않았을 것이다. 그러니 이토가 아니고 누가 주창하였겠는가(黃玹, 《梅泉野錄》, 융희 2년).

捨身取義를 결심하고 의병전쟁에 투신한 의병장들의 기골있는 모습의 일단을 우리는 허위에서 볼 수 있다. 그는 같은 해 10월에 처형되었다.

이강년 의병부대는 강원도의 금강산으로부터 인제 부근에서 적들의 포위와 추격을 뚫으면서 충청북도 제천 방면으로 남진한 다음 안동·봉화 등 경상북도 북부의 소백산맥을 주름잡아 맹렬한 투쟁을 전개하였다. 그는 이미 1896년 1월부터 문경지방에서 의병투쟁에 투신한 맹장으로서 당시는 유인석 의병부대의 유격장으로 활약하였다.

1907년에 충청북도 제천에서 재기한 후 허위가 체포된 같은 시기인 1908년 6월에 충청북도 청풍에서 전투중에 부상을 당해 체포되었다. 죽기에 앞서 남긴 〈告訣八域同志〉에서 그는 다음과 같이 쓰고 있다.

병신년(1896)으로부터 13년 또다시 의병의 깃발을 들고 재거하여 피를 흘리며 싸우기를 큰 싸움이 30여 회요, 죽인 적의 우두머리가 백여 명이다. 불행히도 금년 6월 4일에 화살이 떨어지고 빠져나갈 길이 막혀 총알에 맞아 체포되었다(國史編纂委員會, 《韓國獨立運動史》 1, 資料編 〈雲岡李康年告訣八域同志〉).

그는 平理院에서 재판을 받게 되었다. 검사는 한국 사람이었다. 본래의

義禁府가 평리원으로 개명되어 있었다. 검사와 다음과 같은 문답을 하고 있다.

> 이강년 : 금부가 우리 나라의 官府인데 왜 倭酋가 여기에 있는가.
> 검　사 : 나도 또한 한국 사람이지 일본 사람이 아니다.
> 이강년 : 과연 한국 사람이라면 어찌 머리를 깎고 검은 옷을 입었는가.
> (검사가 말이 없으니 다음과 같이 크게 호통을 쳤다)
> 이강년 : 내가 받들고 싶은 것은 天顔이요, 보고 싶은 것은 伊藤이다. 어찌 너와 이야기 하겠는가.
> 검　사 : 나는 임금의 뜻을 받들고 추지를 임금에게 전한 다음에 그 결정에 따르는 것이다. 公에게 원컨대 실정을 이야기 해주기 바란다.
> 이강년 : 나는 너같은 醜類와 이야기하고 싶지 않다.
>
> (宋相燾,《騎驢隨筆》, 李康年).

이강년은 붓과 종이를 달라고 해서 다음과 같이 썼다.

> 내가 거의한 것은 우선 5적과 7적을 치고 이어서 왜적을 몰아내어 위로는 나라의 원수를 갚고 아래로는 생민을 도탄으로부터 구제하자는 것이었다. 체포된 것이 불행이다(宋相燾,《騎驢隨筆》, 李康年).

검사가 5적과 7적은 누군가고 묻자 이강년은 어리석은 백성도 다 아는 일인데 벼슬아치를 하는 네가 모른다면 개나 돼지만도 못한 놈이라고 욕을 퍼부었다. 같은 해 10월에 처형되었다.

이강년이 체포된 후 그 의병부대는 중군장 金尙台를 의병장으로 해서 경상북도·강원도·충청북도를 연결하는 일월산과 소백산맥 일대를 근거지로 해서 완강한 투쟁을 계속했다.6)

처음 중군장 김상태는 이강년과 더불어 생사를 같이 하기로 맹서하였다. 그러나 왜적에게 저지 당하여 오랫동안 의병부대에 합류하지 못하다가 이강년이 먼저 잡혀 죽었다. 김상태는 이강년의 원수를 갚지 못하면 죽어서 그를 만날 수가 없다고 하고 남은 병졸을 거두어 영남과 호남간을 유격하여 수삼년에 이르렀다. 마침내 왜적에게 잡혀 대구 일군사령부에 구치되었다. 그는

---

6) 李康秊,《雲岡先生倡義日錄》권 2.

마지막까지 적을 꾸짖고 굴하지 않다가 밥을 먹지 않고 스스로 목숨을 끊었다. 아들 源箕에게 유언하기를 이강년의 무덤 곁에 묻어 주면 황천에 가서도 서로 의지하겠다고 하였다.

1907년 8월에 민긍호는 한국군의 해산에 반대하여 원주에서 궐기한 의병장의 한 사람이다. 특히 민긍호 의병부대는 유생들이 이끄는 의병부대와 달라서 무장과 훈련이 잘 된 원주진위대였다.

양주의 창의대진소에 결집한 의병 약 1만 명(실질적으로는 8천 명 전후) 중에서 민긍호·이구재·이은찬이 인솔한 의병수가 6천 명이었으니 이것이 대진소의 주력부대라 하겠다.

서울진공작전이 실패한 후 민긍호는 양주로부터 적들의 포위 공격을 물리치면서 원주 雉岳山으로 남진했으나, 1906년 2월에 체포되었다. 그 부하들이 한사코 그를 탈환하기 위해 저항하자 일본군은 그를 사살하고 말았다.

1896년 이래 경상북도·강원도·충청북도가 접경하는 이 지역의 산악과 그 주변의 산간마을은 이강년과 민긍호 부대의 근거지였을 뿐만 아니라 전국적인 의병전쟁의 핵심 지역이었다. 따라서 이 지역의 의병전쟁을 지휘해온 이강년과 민긍호의 체포는 의병전쟁의 전반적인 추세에 결정적인 타격이 아닐 수 없었다.

이인영을 설득해서 관동창의대장으로 추대하여 원주에서 기병한 것이 앞에서도 언급한 이은찬이다. 이인영이 부친의 삼년상을 입기 위하여 귀향한 후 그는 잔여 부대를 거느리고 경기도 양주와 포천 일대에서 투쟁을 계속했다. 그러나 그도 한국인 간첩 朴魯天 등의 유인책에 빠져 서울의 적정을 탐지한다고 1908년 3월에 용산역에 잠입했다가 일본 경찰에 체포되었다.

일제 문헌도 이은찬의 고결한 인격과 그에 대한 지방민의 협력에 대하여 다음과 같이 격찬을 아끼지 않고 있다.

> 이은찬은 강원도 원주군 부흥사면의 유생으로 천성이 영리하고 또 재기가 있어 항상 정의를 표방하여 교묘하게 민심을 모았다. … 또 식량 및 군자금과 같은 것도 직접 영세민에게 요구하지 않고 각 면장이나 동장 등에게 통고하여 일반 사람으로부터 징수시키고, 구입품에 대한 대금지불 같은 것도 일찍이 그 기일을 어긴 적이 없으며, 혹은 군표와 유사한 증표를 발행하여 이를 물자로

바꾸어 후일 반드시 통화와 교환하는 등 힘써 민심수습에 부심했다. 그러기 때문에 완미한 지방민은 이들을 환대하고 토벌대에 대하여 그들의 행동을 감추어 줄 뿐만 아니라 보초가 되어 폭도 소재지의 주위를 경계하고 혹은 밀정이 되어 관헌의 행동을 통고하는 등 음으로 많은 편의를 제공했다(朝鮮駐箚軍司令部 編, 《朝鮮暴徒討伐誌》, 151~152쪽).

체포된 그는 일본 검사의 심문에 대하여 다음과 같이 불굴의 의지를 보여 주고 있다.

검 사 : 당신은 왜 叛逆했는가.
이은찬 : 당신들이 우리 나라를 빼앗았으니 우리는 거의하여 나라를 회복하고자 한 것이다. 어찌 반역이라 할 수 있겠는가.
검 사 : 당신의 나라는 옛날에는 청국을 섬기다가 지금은 일본을 섬기게 되었다. 당신의 이와 같은 거사가 어찌 불가하다 하지 않겠는가.
이은찬 : 당신들은 개명인을 자처하고 있지만 狗皮를 입은 자들이다. 우리 나라가 청국을 섬겼다 하더라도 청국은 조금도 우리의 국권과 강토를 침해하지 않았다. 다만 일년에 한 번 修信使를 파견한 데 불과하다. 당신들은 우리 국권을 박탈하고 생령을 살육하고 우리 강토로 하여금 하나의 식민지로 만들었다. 너희들을 어찌 청국에 비길 수 있겠는가(宋相燾, 《騎驢隨筆》, 李殷瓚).

검사는 말문이 막혀버렸다. 이은찬도 결국 1909년 6월에 처형되었다.

이상에서 보는 바와 같이 1907년 12월에 양주 창의대진소에 집결한 가장 유력한 의병장 중에서 1908년에 접어들면서 민긍호는 2월, 이은찬은 3월, 허위와 이강년은 6월에 각각 체포되고 말았다.

서울진공작전은 시위운동으로서는 큰 의의가 있었다고 하겠다. 그러나 종래 의병투쟁을 전개하던 지역을 떠나서 대중적 기반이 없는 지역에 집중한 의병부대들이 입은 타격은 너무나 크다.

이 시기를 고비로 해서 그 후 의병전쟁은 오히려 창의대진소에 결집하지 않은 의병부대에 의하여 지속되었고, 또한 의병장의 계층별 구성에서도 유생 출신 의병장들이 크게 후퇴한 대신, 보다 평민적 성격이 농후한 새로운 계층 출신 의병장들이 등장하게 되었다. 거기에 1908년 3월의 스티븐스(D. W.

Stevens) 저격사건이 起爆劑가 되어 의병전쟁의 새로운 앙양을 가져오게 되었다.

2) 의병전쟁의 새로운 앙양과 평민 의병장들

(1) 스티븐스의 저격과 의병전쟁

서울진공작전이 실패한 후 의병전쟁의 추세는 일시 수세에 빠지게 되었다. 그런 중에 1908년 3월 미국의 샌프란시스코에 가까운 오클랜드역에서 張仁煥·田明雲 의사가 스티븐스를 저격한 사건이 일어났다.

스티븐스는 1904년 8월의 제1차 한일조약에 의하여 일본 정부가 추천한 한국 정부의 외교고문으로 친일반한적인 미국인이다. 그 배후에는 러일전쟁에서 일본을 지원하고 전쟁의 결과 일본에 의한 한국의 보호국화에 찬동한 미국 정부의 극동정책이 있다.

스티븐스를 저격한 사건이 의병전쟁에 미친 영향에 대하여 일제 문헌은 다음과 같이 쓰고 있다.

> 3월 하순에 전 한국 정부 고문 겸 통감부 촉탁이었던 스티븐스가 미국에서 排日主義者인 한인에게 살해되었다. 그 소식이 한국내에 전해지자 이것이 동기가 되어서 형세가 일변하고 賑勢가 또다시 격증되어 폭도봉기 이후 미증유의 熾盛을 이루어 그 소요 구역이 확대되었다(朝鮮駐箚軍司令部編, 《朝鮮暴徒討伐誌》, 97~98쪽).

그 결과 1908년 6월에는 전국의 의병장수가 241명, 의병수가 32,415명에 달했다고 기술하고 있다.

전국에서 활동하고 있는 241명의 의병장은 종래와 다른 성격의 의병장이라 하겠다. 즉 종래와 같이 전국적으로 지명도가 높은 유학자와 白面書生인 문인들이 의병부대의 지도부를 구성한 것과는 달리, 그 지명도가 좁은 지역에서 알려질 정도의 무명인사가 많이 등장하게 되었다는 것이다.

일반적으로 의병부대의 규모는 의병장의 지명도에 따라 규정된다. 많은 무명의병장이 등장하게 된 결과 의병부대의 규모가 적어진 대신, 의병활동의 기동성이 민활하게 되고 게릴라전에 의하여 적들에 대한 교란작전이 활발히 진행되었다.

다음 통계는 1908년을 전후한 시기의 의병전쟁의 추세를 여실히 보여주고 있다.

〈표 1〉 반일의병투쟁의 상황

연 도	전 투 횟 수	참 가 의 병 수
1907	323회	44,116명
1908	1,452	69,832
1909	898	25,763
1910	147	1,891
1911	33	216

* 1907년은 8~12월간의 집계.
1911년은 1~6월간의 집계.
전거는 《朝鮮暴徒討伐誌》 附集 제3표에서 작성.

〈표 2〉 1908~1909년의 각 지방별 의병투쟁상황

도 별	전 쟁 횟 수				참 가 의 병 수			
	1908(후반기)		1909(전반기)		1908(후반기)		1909(전반기)	
경 기	78회	(4.0%)	165회	(9.5%)	1,453명	(1.8%)	3,453명	(9.0%)
강 원	273	(1.38)	124	(7.2)	18,599	(22.5)	2,468	(6.4)
황 해	232	(11.7)	111	(6.4)	7,998	(9.7)	2,148	(5.5)
충 북	113	(5.7)	66	(3.8)	6,815	(8.0)	832	(2.2)
충 남	217	(11.0)	138	(7.9)	7,666	(9.0)	1,003	(2.5)
전 북	219	(11.1)	273	(15.8)	9,960	(12.0)	5,576	(14.5)
전 남	274	(13.9)	547	(31.5)	10,544	(12.7)	17,579	(45.6)
경 북	153	(7.7)	61	(3.6)	3,328	(4.0)	934	(2.4)
경 남	158	(7.9)	161	(9.3)	5,702	(6.9)	3,667	(9.5)
평 남	108	(5.5)	61	(3.6)	1,391	(1.7)	540	(1.4)
평 북	41	(2.1)	17	(0.5)	2,590	(3.1)	123	(0.3)
함 남	99	(5.0)	14	(0.9)	6,438	(7.8)	270	(0.7)
함 북	11	(0.6)	—		283	(0.3)	—	
합 계	1,976	(100)	1,738	(100)	82,767	(100)	38,593	(100)

* 전거는 《韓國獨立運動史》 1, 295~296쪽의 표에 의함. 이 표는 韓國政府內部警務局의 조사통계로 경찰대가 관여한 전투횟수 및 의병수를 나타낸 것.
姜在彥, 《韓國近代史硏究》(한울, 1982), 324쪽.

〈표 1〉에서 일목요연하게 알 수 있는 것은 1908년이 의병전쟁의 최고조기라는 점이다. 동시에 주목해야 할 것은 1909년부터 의병전쟁이 점차 곤란하게 되어 하향선을 걷게 되는데 〈표 2〉가 보여주고 있는 바와 같이 1909년 전반기로부터 전투횟수나 참가 의병수에 있어서 전라남도 및 전라북도가 타지방을 압도하고 있다는 사실이다. 이 문제는 관련 부분에서 집중적으로 언급하고자 한다.

그러면 장인환·전명운의사는 왜 스티븐스를 저격했는가. 스티븐스는 1908년 3월에 임시휴가를 얻어 미국에 귀국하게 되었다. 그런데 샌프란시스코에 상륙한 이 자는 기자회견석상에서 일제의 침략정책을 극구 찬양하면서 다음과 같은 요지를 말하고 있다.

① 일본은 한국을 보호한 이후 유익한 일을 많이 했다. 그리하여 양국 국민의 교제는 점점 친밀해지고 있다.
② 일본이 한국을 통치하는 방법은 미국이 필리핀을 통치하는 것과 같다.
③ 조선에 신정부(일제의 괴뢰정부)가 조직된 이후 여기에 끼지 못한 정치인들은 일본에 반대하고 있지만 농민이나 일반 민중은 전과 같이 정부의 학대를 받지 않으므로 모두 일본인을 환영하고 있다(鄭喬, 《大韓季年史》 권 9, 융희 2년).

이 담화내용이 신문에 보도되자 현지 한국거류민의 자치단체인 公立協會(1905년 4월에 결성)는 회의를 소집하여 그의 진짜 의도를 알기 위하여 담판하기로 결정하고, 공립협회 總代인 崔有涉을 비롯하여 鄭在寬·文讓穆·李學鉉 등 4명을 대표단으로 선출했다.

스티븐스는 공립협회 대표단의 항의에 대하여 다음과 같이 버티고 있다.

한국에 이완용과 같은 충신이 있고 伊藤博文이 있는 것은 한국과 동양의 행복이다. 내가 한국 정황을 보니 太皇帝(왕위를 박탈당한 고종)의 실덕이 심하고, 완고한 수구당은 백성의 재산을 수탈하고, 민중은 우매하여 독립의 자격이 없다. 말하자면 일본이 탈취하지 않았다면 이미 러시아에게 병합되었을 것이다. 내가 일본의 정책을 찬양한다고 신문에 게재한 내용은 사실이다(鄭喬, 《大韓季年史》 권 9, 융희 2년).

이에 분개한 두 의사가 워싱턴으로 가는 그를 오클랜드역에서 대기하다가 저격한 것이다. 그에게 명중한 권총탄은 장인환의 것이었다. 장인환은 25년, 전명운은 95개월의 형을 언도받았다.

당시 공립협회의 기관지 《공립신보》는 〈奸賊 須知分 砲擊顚末〉이란 표제로 두 의사의 의거를 자세히 보도했으며 한국내서는 《大韓每日新報》가 《공립신보》의 기사를 그대로 전재하여 국내에서 알게 하였다. 동시에 두 의사에 대한 재판을 독립재판이라 하고 그 승리를 위하여 투쟁할 것을 호소했다.

당시 스티븐스 저격사건의 영향이 한국내에서 파급되는 것을 일본 정부가 얼마나 두려워했는가에 대해서는 《대한매일신보》 사장 베델(E. T. Bethell)을 한국에서 추방하기 위하여 영국 정부에 외교교섭을 벌이고 있는 데서도 알 수 있다.7)

스티븐스 저격 후의 의병전쟁의 확대에 대처하기 위하여 일본 정부는 같은 해 5월에 종래의 일본군 1개 사단, 1개 여단, 기마병 파견대(4개 중대), 2,000여 명의 헌병대에 추가하여, 2개 연대의 군대를 증파함과 동시에 일진회원을 중심으로 헌병대 보조원 4천 명을 모집하고 있다.

뿐만 아니라 의병전쟁에 대한 탄압 무력인 일본군, 헌병, 경찰에 대한 통일적인 지휘체계를 확립하기 위하여 韓國駐箚軍司令官 하세가와 요시미치(長谷川好道)를 중심으로 헌병대 사령관 아카시 겐지로(明石元二郞), 이완용 정부 內部 경찰국장 마츠이 시게루(松井茂)로 수뇌부를 구성하였다.

또한 각 지방에 대한 헌병과 경찰의 포치망을 더욱 조밀히하는 조치를 취하고 있다. 1908년 현재로 헌병의 경우에는 51管區, 452分遣所, 13파출소에 2,374명의 헌병과 4,234명의 헌병보조원을 배치하고 있다. 경찰의 경우에는 70경찰서, 3分署, 339주재소에 4,960명을 배치하였다.

이와 동시에 일본군의 대부대에 의한 기동작전권과 배합하여 각 지방의 헌병·경찰에 의한 주류거점을 조밀히 포치함과 동시에 지휘부와 주류거점 및 주류거점 상호간을 연결하는 도로망과 통신망을 건설하기 위하여 포로가 된 의병들과 지역주민들을 강제동원하고 있다. 뿐만 아니라 이완용 괴뢰정권은 1908년 9월에 內部訓令으로 〈자위단규칙〉을 발표하여 의병부대의 탄압에

7) 필자는 영국 정부에 대한 일본 정부의 외교교섭과 한국에서의 베델재판에 대하여 자세히 언급하였다(姜在彦, 〈국권회복을 위한 언론과 그 수난〉, 앞의 책).

한국인을 동원하여 자위단을 조직하는 조치를 취하고 있다. 헌병과 경찰이 통제하는 자위단은 호구조사에 관한 일, 개인이 소유하는 무기의 수거에 관한 일, 경제에 관한 일, 적정을 탐지하여 관헌에 보고하는 일 등을 담당케 하였다. 물론 헌병보조원이나 자위단원은 한국말을 잘하고 지형과 민정에 익숙하였다. 즉 종래의 의병 대 일본군경간의 대립관계를 '以韓制韓' 정책에 의하여 한국인간의 적대관계로 전환시키자는 조치이다.

일제는 이와 같은 '이한제한' 정책에 의한 한국인 내부의 분열을 이용하여 의병과 군중과의 연계를 단절시키고, 군중 속에 숨어 있는 의병과 그 중심 인물을 내탐하여 체포하는 데 큰 위력을 발휘하게 되었다.

따라서 의병전쟁의 전기간을 통하여 1908년은 의병부대들이 가장 위세를 떨친 반면에 1909년부터 하향선을 걷게 되는 고비가 되었다. 의병전쟁은 더욱 간고하게 되었고, 의병활동지역의 주변 마을에 대한 초토화작전에 의하여 일반 군중의 피해도 가속도로 증가되었다.

(2) 평민 의병장들의 활동

앞에서도 언급한 바와 같이 1908년에 접어들면서 전국적으로 저명한 허위·이강년·민긍호·이은찬 의병장들이 체포되어 일제 침략에 대한 타협없는 불굴의 의지를 보여 주면서 순국했다.

또한 1908년이 의병전쟁의 전기간을 통하여 최고조를 이루게 된 데는 평민 의병장들의 역할이 크다. 그들에게 별로 당당한 檄文이나 倡義錄 등이 있는 것은 아니나, 역시 그들의 역할을 간과할 수 없다. 그 대표적인 예로서 申乭石·金秀敏·洪範圖를 들 수 있다.

경상북도와 강원도가 접경하는 日月山이 신돌석 부대의 활동무대이다. 이와 연결하는 지역이 또한 이강년 부대의 활동무대이다. 그러므로 경상북도·강원도·충청북도가 연결하는 이 지역은 한말 의병전쟁의 가장 유력한 핵심지역의 하나로 되었다.

신돌석도 이강년과 같이 1896년의 乙未義兵에 참가한 역전의 의병장이다. 을사보호조약이 체결되고 통감부가 설치되자 그는 1906년 3월 3백 명의 의병부대를 조직하여 또 다시 궐기하였다.

재기한 신돌석 부대의 주된 근거지는 일월산을 중심으로 한 영덕·영해·평해지방인데, 이 지역에 대한 일본군의 누차에 걸친 포위작전이 실패하고 있다. 그때마다 일본군 기록에는 "단지 구축하는 데 그치고 수괴를 놓쳤다"라고 쓰고 있다.

이와 같이 신돌석부대가 일정한 지역을 떠나지 않고 활동을 지속할 수 있었던 것은 그 지역 농민들과의 깊은 연계가 없이는 불가능한 일이다. 즉 우세한 일본군의 포위에 대해서는 의병들을 농민 속에 분산시키고, 정보망을 통해서 파악한 적의 약한 고리에 의병들을 집중시켜서 기습하는 게릴라전법이다.

누차에 걸친 포위 소탕작전에 실패한 일본군은 신돌석의 부하를 매수하여 암살하는 전술을 썼다. 1908년 11월에 월동을 위하여 부대를 일단 해산하고, 자기도 영덕 訥谷에 사는 부하 金相烈의 집을 찾아갔다. 일제에 매수된 김상렬 형제는 술 대접을 받고 깊은 잠에 빠진 그를 도끼로 찍어 살해하였다.

朴殷植은 신돌석에 대하여 다음과 같이 기록하고 있다.

> 신돌석은 경상도 영덕 사람인데 사납고 날쌔어 날아다니는 것 같았다. 匹馬單槍으로 적을 무수히 죽이니, 일병들이 온갖 계책을 써서 생포하려 하였으나 잡지 못하였다. 이리하여 많은 현상금을 붙였더니 그 부하의 속임수에 빠져 죽었다(朴殷植, 《韓國獨立運動之血史》, 〈各地義兵의 略歷〉).

1908년 6월에는 이강년이 체포되고, 11월에는 신돌석이 암살당한 후 강원도와 충청북도를 연결하는 경상북도 북부지역의 의병활동은 쇠퇴의 길을 걷게 되었으나 그 후에도 주로 이강년 계열의 잔존 부대들에 의한 소규모 활동이 지속되었다.

임진강 유역을 중심으로 허위 부대와 호응하여 의병투쟁을 전개한 김수민은 한국군이 해산되자 경기도 북부 長湍에서 기병했다.

그 후 김수민은 李鎭龍 부대가 활동하고 있는 황해도 지역에까지 진출하여 경기도 장단으로부터 황해도 瑞興 일대에 이르기까지 임진강을 넘나들면서 신출귀몰의 게릴라전을 전개하였다. 김수민 부대가 능숙하게 게릴라전을 전개할 수 있었던 것은 역시 농민군적 성격을 가지고 있었을 뿐만 아니라 褓負商을 조직하여 적의 동향을 정확히 파악하고 있었다는 데 있다.

박은식은 김수민에 대해서도 다음과 같이 기록하고 있다.

> 김수민은 경기도 장단 사람이다. 그는 힘이 세고 사격을 잘하여 백발백중이었으며 스스로 탄약을 제조하여 사용하였다. 13도 總都督이 되어 의병 2천 명을 거느리고 장단의 德蔭洞에 웅거하여 군량을 저축하고 보부상들을 모집하여 정찰대로 삼아 원근에 배치하였다. 그리하여 적과 교전해서 누차 승리를 거두었으나 적이 대부대를 이끌고 와서 공격하니 그의 군사는 무너지고 자신은 도망하여 버렸다. 이리하여 재거를 기도하려고 비밀리에 입경하여 인력거꾼 노릇을 하며 적정을 탐지하다가, 마침내 일본 밀정에게 체포되어 1908년 12월 17일에 죽임을 당하였다(朴殷植, 《韓國獨立運動之血史》, 〈各地義兵의 略歷〉).

경기도에서는 1908년 3월에 이은찬이, 6월에는 허위가 체포된 후에 11월에는 김수민이 서울에서 체포당하여 12월에 처형되었다.

그러나 김수민이 체포된 후에 延基羽는 이은찬 부대의 잔존 병력을 이끌고 경기도 麻田·장단으로부터 황해도의 兎山 지방에 걸쳐서 姜基東 부대와 연계하여 의병투쟁을 계속했으며, 황해도에서도 平山 지방을 중심으로 이진용·韓貞萬 부대들이 각지에 출몰하면서 투쟁을 계속하고 있다.

함경도 지방은 산포수가 가장 많은 지방이다. 그들은 화전민으로서 농사도 하지만 수렵이 주된 생업이다. 총포와 화약은 그들의 생활수단이다.

그런데 군대 해산 이후 의병전쟁의 확대를 막기 위하여 일제의 괴뢰가 된 한국 정부는 1907년 9월 6일에 〈총포 및 화약류 단속법〉을 발표하여 민간에 있는 총기와 화약류를 수거하기 시작했다. 그것은 산포수로부터 생활수단을 박탈하는 악법이었다.

당시 홍범도는 함경남도 북청군 安山社에서 산포수들의 상호부조 조직인 捕捐隊의 책임자로 있었다. 바로 산포수들에게는 일제를 반대하는 문제와 생활을 지키는 문제가 결부되어 있었다. 홍범도는 車道善과 더불어 산포수를 중심으로 여기에 북청진위대의 해산병까지 포섭해서 의병부대를 조직했다.

홍범도·차도선 의병부대는 1907년 11월에 일진회원인 안산사 면장 朱道翼을 처단함으로써 의병전쟁의 봉화를 올렸다. 이어서 의병부대는 厚峙嶺에서 총포를 수거하여 북청으로 운반하는 호위부대를 습격하여 노획한 신식무기와 탄약으로 무장을 강화하였다. 험준한 산악과 민첩한 행동, 그리고 사격술에 능숙한 홍범도 의병부대는 각지에 신출귀몰하면서 1908년 12월에 노령 연해주로 넘어갈 때까지 위력을 발휘했다.

박은식은 홍범도에 대해서도 다음과 같이 쓰고 있다.

> 홍범도는 평안도 陽德 사람인데, 이사하여 함경도 甲山에 우거하면서 사냥꾼 노릇을 하였다. 그는 체격이 훤칠하고 의지와 기개가 헌거로왔으며, 비록 글은 배우지 못하였으나 천성적인 의협심이 있어, 남을 도우는 일을 급무로 삼았으므로 사람들이 많이 따랐다. 1907년 겨울에 차도선·宋相鳳·許槿 등 여러 사람들과 더불어 의병을 일으켜, 북청의 후치령 전투에서 일본 장교 미야베(宮部)의 중대를 섬멸시켰으며 잇따라 黃水院·三水 등지에서도 대소의 교전이 있었다. 그러나 마침내 역부족으로 패배하고 江北(간도지방)으로 들어가서 사냥을 생업으로 삼았다. 1919년에 우리 겨레의 독립운동이 있게 되니, 범도는 그 동지와 함께 다시 의병의 기치를 들고 나와 鳳梧洞의 대첩이 있었다(朴殷植, 《韓國獨立運動之血史》, 〈各地義兵의 略歷〉).

이상에서 언급한 바와 같이 1908년에 종래 의병전쟁의 전반적인 추세를 좌우할 정도로 규모가 큰 의병장들이 의병전쟁의 대열에서 떠나게 되었다. 그 결과 별로 지명도가 없는 평민 의병장들이 인솔하는 소규모의 의병부대들이 각지에 분산하여 일본군경을 교란시키는 게릴라전을 전개하고 있다. 일제의 문헌에도 다음과 같이 쓰고 있다.

> 전년(1908) 7월부터 올해 6월까지 1년 사이에 매월 출동한 폭도의 총수는 시종 약 3천 명인데, 적의 세력이 거의 대체로 고정된 景況을 보이며, 뿐만 아니라 그들의 행동은 때가 지남에 따라 점점 교묘함을 극하며 그 첩보, 근무 및 경계법 등은 점점 교묘히 도가 높아졌고, 행동은 점점 민첩해져서 때로는 우리 토벌대에 대하여 우롱하는 듯한 태도로 나오기도 한다. 그 세력은 때에 따라 성쇠가 있지만, 아직은 무시할 수 없는 상황이며 평정이 언제 끝날 것인지 우려하기에 이르렀다.

1908~1909년에 걸쳐서 의병장의 압도적인 대다수가 평민 의병장이 차지하게 되었다. 예를 들어 1908~1909년의 의병장과 副將의 계층별 구성에 관

한 연구에 의하면,[8] 일본군, 헌병, 경찰이 조사한 의병장 및 부장 430명 중 직업과 신분이 분명한 사람이 255명이다.

255명 중에서 유생·양반이 64명(25%), 농업이 49명(19%), 士兵이 35명(14%), 무직 및 火賊이 30명(12%)으로 되어 있으며, 기타 포군(13명), 광부(12명), 主事·서기(9명), 장교(7명), 군수·면장(6명), 상인의 순으로 되어 있다.

또한 1908년에 귀순하거나 투항한 의병장 및 부장 28명 중 8명(28%)이 양반 출신이고 나머지 21명(72%)이 평민 출신이다. 뿐만 아니라 의병의 경우에는 2,198명 중 양반이 겨우 57명(2.7%)인데 비하여 평민이 2,141명(97.3%)이다.

의병부대원의 압도적인 대다수가 평민이라 하더라도 의병장이 유생·양반 출신인가 평민 출신인가에 따라 그 지도사상과 부대 내부의 階序질서에 현격한 차이가 생기는 것은 당연하다.

의병장의 계층별 구성이 평민화될수록 비록 의병부대가 소규모화·분산화되더라도 그 활동은 민첩하게 될 것이며 군중과의 연계가 강화되어 상호간의 변신이 자유롭게 되기 마련이다.

(3) 한국합방안의 결정과 이토 히로부미의 저격

종래 이토 히로부미(伊藤博文)는 일본에 의한 '보호정치'의 목적이 '한국의 자치'를 증진시키는데 있다고 공언하여 왔다. 이렇게 공언해 온 이토 히로부미의 진의가 어디 있었던간에 일본 지배층 내부에서도 '합방'을 주저하는 듯한 이토 히로부미에 대한 반발이 있었고, 또한 일진회도 이에 반발하여 일본 정계에 대하여 통감의 교체를 요구한 바도 있었다.

그런데 1909년 4월에 이토 히로부미는 일본 수상 가츠라 타로(桂太郎), 외무상 고무라 쥬타로(小村壽太郎)와의 3거두 회의에서 〈한국합방에 관한 건〉을 비밀리에 결정하고, 7월 4일에는 각의 결정해서 천왕의 勅裁를 받았다. 바꾸어 말한다면 대한정책을 공식적으로 '보호'의 가면을 벗어 던지고 합방에로 전환시킨 것을 의미한다.

---

8) 朴成壽, 〈1907~10년간의 의병전쟁에 대하여〉(《韓國史硏究》 1, 1968).

〈한국합방에 관한 건〉의 내용은 다음과 같다.

① 적당한 시기에 한국의 합방을 단행할 것.
② 합방의 시기가 도래할 때까지는 합방의 방침에 의거하여 충분히 보호의 실권을 거두어 실력의 부식을 도모할 것.
(日本外務省,《日本外交年表竝主要文書》상, 215~216쪽).

동시에 합방의 시기가 도래할 때까지의 구체적인 방안으로 〈對韓施設大綱〉을 결정하고 있다. 그 내용은 다음과 같다.

① 帝國 정부는 이미 정한 방침에 따라 한국의 방어 및 질서를 담당하고, 이를 위하여 필요한 군대를 한국에 주둔시키며, 또한 가능한 한 다수의 헌병 및 경찰관을 한국에 증파하여 충분히 질서유지의 목적을 달성할 것.
② 한국에 관한 외국교섭사무는 이미 정한 방침에 따라 우리 손에 장악할 것.
③ 한국철도를 帝國鐵道院의 관할로 이양시키고, 동 철도원의 감독하에 남만주철도와의 사이에 밀접한 연락을 취하여 우리의 대륙철도의 통일과 발전을 도모할 것.
④ 되도록 많은 본국인을 한국내에 이주시켜 우리 실력의 근저를 깊게 함과 동시에 일한간의 경제관계를 밀접히 할 것.
⑤ 한국 중앙정부 및 지방관청에 재직하는 본국인 관리의 권한을 확장하고 더욱 민활하게 하여 통일적인 시책의 시행을 기할 것.

이토 히로부미는 1909년 4월에 3거두회의에서 '합방'의 방침이 결정된 이상 '한국의 자치'를 증진시키기 위한 '보호정치'를 공언해 온 자기가 통감의 자리에서 물러서는 것이 적당하다고 생각하였다. 그래서 1909년 6월 14일에 그는 부통감 소네 아라스케(曾禰荒助)를 통감으로 승진시키고 자기는 樞密院 의장이 되었다.

일본 정부가 한국의 합방방침을 결정했다 하여 그 실현이 그리 쉬운 일이 아니었다. 한국 민중이 의병전쟁을 비롯한 여러 가지 형태로 완강하게 저항하고 있었을 뿐만 아니라 세계 열강과의 이해충돌도 예상되었다.

특히 〈대한시설대강〉의 ③에서 보는 바와 같이 일제는 한국을 발판으로 해서 만주 침략을 노리고 있었다. 당연히 만주에 적지 않은 기득권을 가지고 있던 러시아와의 충돌이 예상되었다.

러시아는 러일전쟁에서 비록 일본에 패전했지만 세계 육군대국으로서의 잠재력은 무시할 수 없는 존재였다. 러시아와의 타협이 없이 한국 합방을 강행하기란 거의 불가능한 일이었다. 일제가 한국을 합방하기 직전인 1910년 4월에 러시아 정부의 승인을 받고, 7월 4일에는 그를 성문화한 '제2차 러일협약'이 성립되었다는 사실을 상기할 필요가 있다.

이토 히로부미가 1909년 10월 26일에 러시아 재정대신 코코프체프와 회담하기 위하여 만주 하얼빈을 방문한 목적은 한국과 만주에서의 러일 양국간의 이해관계를 조절하는 데 있었다.

안중근 의사가 그를 저격한 것이 바로 이 때였다. 안중근은 의병장의 한 사람이다. 1907년에 연해주로 망명한 그는 金斗星을 총독, 李範允을 대장으로 하는 의병부대의 참모중장이 되었다. 1908년 6월에는 3백 명의 의병부대를 인솔해서 함경북도에 진출했으나 1개월 반에 걸친 전투에서 패배를 당하여, 또다시 연해주로 넘어갔다. 안중근 의사는 이토 히로부미가 하얼빈을 방문하는 기회를 이용하여 1대1로 대결한 것이다.

그가 旅順 법정에서 이토 히로부미의 15개 항목의 범죄사실을 고발하고 의병투쟁은 '한국의 독립전쟁'이기 때문에 자기를 암살범이 아니라 국제법상의 전쟁포로로서 취급하라고 요구한 이유가 여기에 있다.[9]

3) 호남지방의 의병전쟁과 남한대토벌작전

(1) 호남지방의 의병전쟁

일본군의 새로운 공세, 소위 '남한대토벌작전'은 1909년 9월 1일부터 시작된다. 그에 앞서 호남지방의 의병전쟁에 대하여 개관하기로 한다.

두말할 필요도 없이 한말의 의병전쟁을 선도한 지도사상은 衛正斥邪思想이다. 그 사상의 2대 연원이 경기도의 華西 李恒老(1792~1868)와 전라남도의 蘆沙 奇正鎭(1798~1876)이다.

9) 市川正明, 《安重根と日韓關係史》(原書房, 1979)에 수록되어 있는 공판기록.

1907년 8월에 한국군이 해산되자, 호남지방에서 의병전쟁의 봉화를 올린 것이 1907년 9월에 전라남도 장성에서 奇三衍이 결성한 '湖南倡義會盟所'라 하겠다. 그는 기정진의 從姪이 된다. 따라서 회맹소의 수뇌부 구성은 주로 유생으로 되어 있었다. 수뇌부의 구성원들은 다음과 같다.10)

大將 奇三衍
統領 金容球
參謀 金燁中·金樹鳳
從事 金翼中·徐錫球·全垂鏞(全海山)·李錫庸·金致坤·
　　 朴永健·鄭元淑·成喆修·朴道京
先鋒 金 準(金泰元)
中軍 李哲衡·金奉奎
後軍 李南奎
軍糧 金泰洙
總督 甘孝仁
監器 李永和
左翼 金昌馥
右翼 許景和
砲隊 金基淳

회맹소란 명칭 그대로 여러 의병부대의 연합체이다. 이미 호남지방에서는 을사보호조약 이후 전라북도 순창에서 거의한 최익현의 의병투쟁이 실패한 뒤에 불이 꺼지고 있었으나 회맹소가 깃발을 올린 데 자극을 받아 의병활동이 활기를 회복하게 되었다.

기삼연 자신은 1908년 정월에 체포되어 光州에서 총살되었으나 회맹소의 수뇌부들은 각지에서 의병세력을 온존하면서 그 대열을 확대시키고 있었다.

기삼연이 중심이 된 '호남창의회맹소'의 수뇌부는 그 중심이 유생들이다. 그러나 기삼연은 김봉규나 박도경과 같은 평민 의병장들을 대담하게 수뇌부에 등용하여 중책을 맡기고 있다. 그는 1896년의 '乙未義兵' 때에도 역시 전라남도 장성에서 거의를 계획하다가 전주진위대에 체포된 바가 있다.

10) 金義煥, 〈奇三衍〉(《抗日義兵將列傳》, 正音社).

이 무렵 고종의 宣諭에 의하여 유생의병장들이 의병부대를 해산하자 그는 "선비와는 함께 일을 할 수 없구나"고 한탄하였다 한다.

기삼연이 총살된 후 김용구가 都統領으로서 그 부대를 인솔해서 투쟁을 계속하였다. 그러나 그도 1908년 4월에 일본군과의 격전중에 총상을 입었다. 그 부대를 인계받아 투쟁을 계속한 것이 박도경이다. 기삼연이 체포된 직후인 1908년 2월의 상황은 다음과 같다.

① 장성 社倉 부근 : 약 50~150명의 집단 1개와 40~50명의 집단 1~2개, 의병장 김용구와 김준(김태원).
② 태인~순창 간 : 약 50~60명 내지 10~20명의 집단이 각처에서 출몰, 의병장 이철형(이진사).
③ 영광~함평 간 : 약 50~60명 내지 20~30명의 집단 1~2개, 의병장 김율·조성인
④ 무장 : 약 20~30명의 집단 1개, 의병장 불명.
(洪淳權,《韓末 湖南地域 義兵運動史硏究》, 서울대 출판부, 1994, 107쪽).

앞에서 언급한 바와 같이 기삼연이 총살된 후에 그 후계자가 된 것이 김용구이다. 그도 부상을 당하여 장성의 白岩山에 은신하게 되었으나 기삼연-김용구의 인맥에 속하는 의병장들이 다음과 같이 각처에서 분산활동을 전개하고 있다.

기삼연 의병부대의 봉기 이후 호남지역에서는 새로운 의병부대들이 여기 저기서 봉기하였다. 이들 새로운 의병부대들이 모두 그렇다고는 할 수 없지만 이들 가운데 많은 의병부대들은 기삼연의 연합 의진과 직접·간접으로 연관을 맺고 있었다. 이 시기에 일제측으로부터 집중적인 탄압을 받았던 金泰元·金聿 형제를 비롯하여 金容球·이석용·吳聖述 등은 독립부대를 이끌고 독자적으로 활동하면서도 형식적으로는 기삼연의 참모 내지는 部將의 역할을 겸하고 있었던 것이다. 그런가 하면 이들보다 다소 늦게 독립부대를 형성한 朴道京·曺京煥·金公三·全海山 등의 의병장들도 기삼연의 의병봉기에 참가한 인물들이며, 또 1908년 이후 새롭게 출현한 의병부대들 가운데 상당수는 이들의 의병진으로부터 재차 분화된 의병부대들이었다(洪淳權,《韓末 湖南地域 義兵運動史硏究》, 102쪽).

전라남도 장성을 중심으로 한 '호남창의회맹소'와는 독자적으로 전라북도에서도 李錫庸 부대가 활약하고 있다.

그는 1907년 8월에 진안에서 거의한 후 임실·남원·장수 등지에서 적극적인 의병투쟁을 전개하였다. 1907년에 접어들면서 일본군경의 공세가 강화되자 1908년 3월에 일단 의병을 해산하고 '休兵待時之計'로 들어갔다. 그러나 1913년 10월에 임실경찰서에 체포되었다. 그는 사형을 선고받은 전주에서의 공판에서 다음과 같은 문답을 하고 있다.

> 문 : 책을 많이 읽었다는데 과연 그런가.
> 답 : 4서3경에 諸般百家語(諸子百家)도 또한 섭렵했다.
> 문 : 재산은 있는가.
> 답 : 寒士에게 어찌 재산이 있겠는가.
> 문 : 어떤 목적으로 감히 폭도가 되었는가.
> 답 : 너희들 일본인을 배척하기 위해서다.
> 문 : 통솔한 부하가 3백 명이라 하는데 과연 그런가.
> 답 : 그렇다.
> 문 : 조선은 일본에 합방된 후 帝恩이 망극하여 일반 臣民 모두 기뻐하는데 당신은 충실한 신민이 될 생각은 없는가.
> 답 : (크게 웃으며) 오히려 대한의 鷄犬이 된다 하더라도 너희 나라의 신민은 되고 싶지 않다.
> 문 : 의병이란 명칭을 쓰면서 인명을 살해하고 마을에 방화하고 공금을 강탈한 것은 불법이 아닌가.
> 답 : 背韓附日者에 대해서는 죽이지 않을 수 없고 방화하지 않을 수 없다. 공금에 대해서는 본래 대한의 국세이다. 군주가 잃은 것을 신하가 취하고, 부친이 잃은 것을 자식이 취하는 것은 이치가 당연한 일인데 어찌 불법이라 하겠는가(國史編纂委員會, 《韓國獨立運動史》(1), 資料篇, 〈湖南倡義大將李錫庸全州公判記〉).

그는 판사가 사형을 선고해서 퇴장한 후에 집안 일에 대하여 부탁하고 싶은 일이 있다 하여 자식과의 면회를 요구했다. 아들이 앞에 나서자 그는 태연하게 다만 '孝'와 '友'에 관한 수어를 유촉하였을 뿐이었다.

전라남북도에서도 기삼연이나 이석용 같은 유생 출신 의병장이 선구적 역할을 하였으나 1909년 후반기에 들어서서는 그 양상이 달라지게 되었다. 앞에서 게재한 <표 2>를 살펴보면 우리는 1908년 후반기에 최고조에 달한 의병전쟁이 점차 하향선을 걷게 된 1909년 전반기에 전라남북도가 전국적으로 보아 의병전쟁의 중심 지역으로 되는 추세를 쉽게 알 수 있다.

의병전쟁이 최고조에 달한 1908년 후반기의 전국적인 전투횟수는 1,976건에 달한다. 이 시기 전라남도에서의 전투횟수는 270건(13.9%)으로 강원도의 272건(13.8%)과 거의 비슷하다. 이 양자가 1, 2위를 차지한다.

전라북도는 219건(11.1%)으로서 황해도의 232건(11.7%), 충청남도의 217건(11.0%)과 거의 비슷하다. 이 시기의 전투횟수는 전라남도, 강원도, 황해도, 전라북도, 충청남도의 순이다.

또한 1908년 후반기에 각 지방에서의 일본군경과의 전투에 참가한 의병수로 본다면 전국적인 참가 의병수 82,767명 중에서 강원도가 압도적으로 18,599명(22.5%)을 차지하여 1위이고, 전라남도의 10,544명(12.7%), 전라북도의 9,960명(12.0%), 황해도의 7,998명(9.7%), 충청남도의 7,666명(9.0%)의 순으로 된다.

즉 전투횟수는 전라남도와 강원도가 거의 비슷한데, 그에 참가한 의병수로 보아 강원도가 압도하고 있다는 사실은 의병부대의 규모가 전라남도에 비해서 크다는 것을 말해 준다.

그런데 1909년 전반기에 접어들면서 지방별로 본 의병전쟁의 양상이 일변한다. 이 시기 전국적인 전투횟수가 1,738건인데, 전라남도가 31.5%를 차지하는 547건, 전라북도가 15.8%를 차지하는 273건, 양자를 합치면 47.3%를 차지하는 820건이다.

뿐만 아니라 전투에 참가한 의병수로 보더라도 전라남도가 45.6%를 차지하는 17,579명, 전라북도가 14.5%를 차지하는 5,576명, 양자를 합치면 전국적인 참가 의병수의 60.1%가 되는 13,155명이 전라남북도에 집중하고 있다.

고쳐 말한다면 전반적인 의병전쟁이 하향선을 걷게 된 1909년 전반기에 전국적인 전투횟수의 47.3%, 참가 의병수의 60.1%가 전라남북도에 집중한 셈이 되겠다.

전라남도를 진원지로 하는 의병활동은 직접 전라북도에 확산되었을 뿐만 아니라 해상의병투쟁으로 파급되었고 제주도에까지 미치게 되었다.

> 전라남도 의병이 봉기하여 해상을 왕래하면서 남한의 등대를 습격하고 드디어는 제주에 들어갔는데, 高承天·金光一(金先一의 오자) 등이 또한 이에 합세하였다(黃玹, 《梅泉野錄》 권 6, 융희 3년 기유).

당시 제주도에서는 高承天을 의병장으로 추대하여 李中心·金萬石(별명 金先一) 등이 중심이 되어 1909년 3월에 거의할 예정으로 준비에 착수했다. 그런데 고승천·김만석 등이 사전에 체포되어 3월 4일에 총살을 당하자 실패하고 말았다.11)

이와 같이 1909년 전반기에 접어들면서 여타 지방에서는 겨우 산발적이며 소규모적인 저항이 지속되는 속에서 전라남도와 그 외곽지역에서는 날이 갈수록 의병의 기세가 왕성해지고 있다. 뿐만 아니라 군중과 의병이 일체가 되어 상호간에 서로 변신하면서 전지역을 뒤덮게 되었다.

1909년 전반기만 하더라도 전라남도 지역에는 관내의 수비대 외에 타도로부터 병력을 증원하여 토벌작전을 벌였으나 별로 효과가 없었다. 또한 1909년 4~5월에 이 지역에 헌병임시파견소를 45개소나 증설하고 7월부터 약 1개월에 걸쳐서 토벌작전을 전개했으나 결국 "마치 지엽만 치고 근간을 베지 못했다"라고 한탄하고 있다.

일본군 측에서는 종래의 제12여단 대신에 일본 본토에서 파견된 2개 연대를 여기에 투입하여 종래와 다른 새로운 전술을 짜기 시작했다. 일본군측은 이 지역에 대한 토벌작전이 어려운 이유를 다음과 같이 보고 있다.

> 그러나 폭도의 행동이 매우 교묘해져, 백주에 양민으로 변장하고 공공연하게 郡衙 소재지를 배회하여 官署의 동정을 정찰하고, 만약 기회가 있으면 바로 刺客的인 행동을 감행하여 총기·탄약·財貨를 약탈하고, 혹은 虛를 틈타 저격기습을 시도하는 등 隱現出沒을 파악하기 어려운 자들이다(朝鮮駐箚軍司令部 編, 《朝鮮暴徒討伐誌》, 135~136쪽).

즉 의병부대의 행동방식은 백주에 공공연하게 지방의 중심지에 들어가 정찰하고, 적의 허점이 있으면 기습하는 전형적인 게릴라전술이다. 이러한

11) 高昌錫, 〈1909년 濟州의 義兵運動〉(濟州道 編, 《濟州抗日獨立運動史》, 제2장, 1996).

행동방식은 의병과 군중이 일체가 되지 않고서는 불가능한 전술이 아닐 수 없다.

원래 의병과 일본군과의 전투는 '화승총과 38식 소총과의 싸움'이었다. 화승총과 38식 소총의 성능의 차이는 엄청나게 크다.

> 유효 사정거리 400야드(약 800m)에 매분 8내지 10발을 사격할 수 있는 정예무기 앞에서 의병들은 먼저 화승에 불을 붙여 들고 다른 한손으로 철환과 화약을 비벼 넣어 사격했으니 차마 볼 수 없는 전투광경이었다. 화승총의 유효사정거리는 불과 20보 내외였다니까 이런 고대 무기로 3년 동안 막강의 일본군과 대적한 의병의 감투정신에 우선 경탄하지 않을 수 없다.
> (朴成壽, 〈1907~10년간의 의병전쟁에 대하여〉, 《韓國史硏究》 1, 1968).

그런데 전라도에서는 종래의 화승총을 개량하여 雷管式 화승총이 보급되어 있는데도 일본군은 큰 관심을 돌리고 있다.

> 폭도는 2월(1908년) 이후 화승총의 개조에 고심하여 4월 초순까지는 그 대부분을 뇌관식으로 개조했다.

화승총을 뇌관식으로 개조했다 해서 38식 소총에 따를 수 있는 것은 아니다. 하여간 근대적인 장비로 잘 조직되고 훈련된 일본군경에 대하여 어제까지 농민이거나 산포수들이었던 의병들이 그 나름대로 창출한 전술이 바로 게릴라전술이라 하겠다.

'남한대토벌작전'이 실시되기 직전의 전라남도의 의병활동에 대하여 일본군측이 파악하고 있던 실태에 의하면 대원 200명 이상의 유력한 의병부대만 하더라도 영광과 무안지방에 할거하는 전해산 부대(500명), 능주 부근에 할거하는 沈南一 부대(500명), 보성 부근에 할거하는 安圭洪 부대(450명), 역시 보성 부근에 할거하는 林昌模 부대(300명), 광양 부근에 할거하는 姜武京 부대(300명) 등이다.

100명 이상의 의병부대도 黃俊性(150명), 金京久(130명) 등 6개 부대가 활동 중에 있었다. 전라북도의 의병부대는 100명 이하의 소부대였다. 그 중에서도 특히 일본군이 주목하고 있던 부대는 다음과 같다.

> 전라남도의 폭도 가운데 거괴인 심남일·강무경·安桂洪(安圭洪)·임창모 등의 일당은 약간 그 취향이 달라서 부하의 비행을 엄하게 戒飭해서 약탈을 금하고, 오로지 한국인을 선동하여 폭동의 영속과 도당의 강대에 힘쓰는 자들 같다.
> 그리하여 그들의 목적은 이 폭동의 영속적이고 항구적인 지속에 의하여 실질적으로는 일본의 대륙정책의 실패를 가져오게 하고, 통감정치의 부당함을 명시케 하여, 마침내는 열국으로 하여금 이에 간섭케 함으로써 한국의 독립을 安固하게 할 수 있다는 망상을 품고 있는 자들이다(金正明 編《朝鮮獨立運動》,〈臨時韓國派遣隊의 南韓討伐實施報告의 件〉, 82쪽).

이 시기 전라남도의 의병부대들은 종래 기삼연이 조직한 유생 중심의 '호남창의회맹소'와는 그 규모에 있어서나 성격에 있어서 확연히 구별되는 양상을 띠게 된다. 앞의 인용문에서 알 수 있는 의병장들의 전략사상은 이미 유교적인 위정척사사상을 뛰어 넘고 있다. 군중과 일체가 된 의병부대에 대한 토벌작전은 스스로 군중을 휩쓸게 하는 무차별적 학살이 되지 않을 수 없다.

이미 앞에서 언급한 바와 같이 일본 정부는 1909년 7월 4일에 한국합방에 관한 기본 방침을 결정하였다. 그 목적을 달성하기 위해서는 마지막으로 호남지방의 의병부대들을 소탕하는 것이 초미의 문제로 부각되지 않을 수 없었다.

(2) 일본군의 남한대토벌작전

1909년 9월 1일부터 시작되는 남한대토벌작전의 목적을 일본군측은 다음과 같이 말하고 있다.

> 특히 전라남북도는 광활한 수십리의 기름진 평야를 가까이 두고 있고, 지세가 바다에 닿아 있으며 좋은 항구가 적지 않아 선박교통이 편리함에도 불구하고, 비교적 몽매하여 발전의 기운이 보이지 않는 것은 어째서인가. 다름 아니라 폭도가 창궐하여 지방산업의 발달을 저해하고, 政令의 보급을 방해하고 각지를 황폐화시킨 때문이다(金正明 編,《朝鮮獨立運動》〈臨時韓國派遣隊의 南韓討伐實施報告의 件〉, 84~85쪽).

즉 한국 제일의 곡창지대인 전라남북도는 '몽매'한 의병들의 투쟁에 의하여 일본세력을 부식할 수 없고, 또한 해상 의병들의 활동에 의하여 쌀을 일본에 반출할 수 없다는 말이다. 당시 일본에 대한 한국의 가장 많은 수출품이 쌀이었고, 한국에 대한 민간자본의 가장 매력있는 투자대상도 곡창지대의 토지였다. 따라서 전라남북도는 일제의 경제침략의 주된 대상이 아닐 수 없었다. 바로 이 지역에 대한 경제침략의 길을 트자는 것이 이 작전의 첫째의 목적이었다.

> 또한 전라남북도의 한국인은 청일·러일전쟁에서 한번도 우리 군대의 활동을 목격한 바 없었기 때문에 아직도 그 진가를 모르고, 임진년(임진왜란)의 옛날을 몽상하여 일본인을 멸시하는 풍조가 있다. 이 기회에 단호하게 대토벌을 결행하고 파견대의 전력을 기울여 전라남도의 산야를 유린해서 賊徒를 하나도 남김없이 근절하고, 南陬·北陸·산간·도서의 한국인에 이르기까지 皇軍의 엄숙함과 용감한 武威에 경탄하고 전율케 하여 일본 역사상의 근본적인 명예회복을 해야만 한다(金正明 編,《朝鮮獨立運動》〈臨時韓國派遣隊의 南韓討伐實施報告의 件〉, 84~85쪽).

임진왜란 당시 전라남도는 이순신 장군이 이끄는 수군의 근거지였으며, 육상에서의 의병투쟁에 의하여 일본 육군도 이 지역에는 침입을 못했다. 따라서 이 기회에 일본군의 위력을 보여줌으로써 일본 역사상의 명예회복을 하자는 것이 둘째의 목적이었다.

그들의 작전계획에 의하면 그 범위는 전라남도를 중심으로 그 외곽에 해당하는 전라북도 남부와 경상남도 동부를 포괄하는 광활한 지역이다. 이 지역에 임시파견대 2개 연대와 헌병·경찰을 투입하고, 해상에는 水雷艇 4척을 배치하자는 것이다. 그들은 작전기간을 9월 1일부터 40일로 책정하여 세 단계로 나누고 있다.

> 제1기 (9월 1일~15일)
> 일본군경을 경비부대와 행동부대로 나누어서 우선 경비부대로 포위망을 형성한다. 전라남도 외곽에 해당하는 전라북도 남부의 장화도·부안·태인·갈담·남원으로부터 경상남도 동부의 화개·하동·고포를 연결하는 외곽선과, 전라남도를 둘로 나누어서 서북쪽으로부터 동남쪽으로 관통하는 법성포·영광·삼거리·서창·능주·보성·서동·소록도·각석도·황제도를 연결하는 선에 경비

부대를 포치하여 포위망을 형성한다. 행동부대는 이 포위망 안에서 '攪拌的 방법'으로 주야를 가리지 않고 토벌·수색·검거를 반복한다.

제2기(9월 16일~30일)

잔존 의병들을 전라남도 서남단의 반도부에 몰아 넣어서 포위망을 압축하여 역시 '교반적 방법'으로 뿌리 채 소탕한다.

제3기(10월 1일~10일)

전라남도 서남각의 여러 섬들을 소탕한다(金正明 編, 〈全羅南北道 討伐實施計劃에 관한 件〉, 79~81쪽).

일본군이 말하는 새로운 전술로서의 '교반적 방법'이란 다음과 같다.

토벌군을 세분하여 한정된 지역 내에서 교반적인 수색을 하고 전후좌우로 왕복을 반복하여 奇兵적인 수단을 써서 폭도로 하여금 우리의 행동을 엿볼 여유가 없도록 함과 동시에, 해상에서도 수뢰정·경비선 및 소수부대로 연안 도서 등으로 도망가는 폭도에 대비하도록 하는 등 포위망을 조밀하게 하여 드디어는 그들이 진퇴양난에 빠지도록 하는 것이다(朝鮮駐箚軍司令部 編, 《朝鮮暴徒討伐誌》, 150쪽).

즉 일본군의 '교반적 방법'이란 전라남도 의병과 군중이 일체가 된 게릴라 전술에 대처하기 위한 새로운 전술이라 하겠다.

처음에 일본군의 작전계획은 10월 10일까지 마무리할 예정이었으나, 10월 30일까지 연장하여 마을간의 왕복을 차단하고 한 마을을 2회 이상, 경우에 따라서는 10여 회에 걸쳐 수색을 반복했다. 9월 1일부터 2개월간에 걸친 토벌작전으로 전라남도를 중심으로 한 그 외곽 일대는 살육·방화·약탈·폭행 등으로 생지옥이 되었다. 전라남도 출신 유생 黃玹은 당시의 처참한 상황을 다음과 같이 서술하고 있다.

왜인들이 길을 나누어 호남의병을 수색함에 있어서, 위로는 珍山·錦山·金堤·萬頃으로부터, 동으로는 晉州·河東으로부터, 남으로는 木浦로부터, 사방 둘레를 그물치듯이 해놓고 순사를 파견하여 마을을 수색하였다. 집집마다 빗질하듯이 뒤지면서 조금이라도 혐의가 있으면 즉시 살육하기 때문에 행인들이 스스로 없어지고 이웃 마을끼리도 통행이 불가능했다. 의병들은 삼삼오오 사방으로 흩어졌으나 숨을 곳이 없기 때문에 강한 자는 앞으로 돌진해서 싸우다가 죽

> 고, 약한 자는 기어 달아나다가 칼을 맞았다. 점차 쫓기어서 강진·해남에 이르니 달아날 곳이 없어 죽은 자가 수천 명에 이르렀다(黃玹,《梅泉野錄》권 6, 융희 3년).

2개월에 걸치는 작전기간 중에 앞에서 언급한 200명 이상의 의병부대를 거느리는 의병장 중에서 전해산을 제외한 심남일·안규홍·임창모·강무경을 비롯한 103명의 의병장과 4,138명의 의병들이 자수·체포·피살되었다. 전해산도 은신중 12월에 체포되었다.

'남한대토벌'의 결과 한국합방의 마지막 걸림돌이었던 전라남도의 의병활동은 1909년 말까지 사실상 마무리되고 일제의 경제침략이 본격적으로 시작되었다. 일본군측도 그 성과를 다음과 같이 자랑하고 있다.

> 금번의 토벌이 채 끝나기도 전에 이미 농업경영자 및 상인 등이 연이어 내륙에 진입하여 아주 일찍 사업에 착수하는 자도 볼 수 있다. 이제야 비로소 착실한 일본인의 식산흥업이 결실을 거두고 일본인의 대한사업의 발흥을 촉진시킬 뿐만 아니라 한국인을 개발유도하는 데도 커다란 효과를 인정할 수 있게 되었다(金正明 編,《朝鮮獨立運動》, 〈臨時韓國派遣隊의 南韓討伐實施報告의 件〉, 92쪽).

일본군을 뒤따라 일본인 지주와 상인들이 곡창지대를 노려서 쇄도하는 모습을 일목요연하게 알 수 있다. 또한 토벌작전의 경제적 효과에 대하여 일본군측은 다음과 같이 말하고 있다.

> 한국 度支部의 의뢰에 의해 행동부대로 하여금 보조화폐를 산포케 한 것은 장차 이 화폐의 유통을 원활히 하고 화폐제도를 정리하는 데 도움되는 바가 크다고 하여 당국자의 감사를 받은 바이다.

당시 한국 정부의 재정고문으로 있던 메가다(目賀田種太郎)는 일본자본을 무제한으로 한국에 침투시키기 위한 '화폐정리사업'을 추진하고 있었다. 그러기 위하여 구화폐를 회수하고 신화폐를 보급시키고 있었다. 그런데 구화폐로서의 白銅貨와 葉錢의 유통지역이 각각 다르게 되어 있었다.

엽전 유통지역은 전라남북도와 경상남북도 및 함경남북도이다. 특히 일본 민간자본이 노리고 있던 전라남북도와 경상남북도에서는 완강히 신화폐를 거부하고 의연히 엽전이 통용되고 있었다. 이것은 이 지역에 대한 경제침략의 큰 걸림돌이 아닐 수 없었다.

일본군은 '남한대토벌작전'과 병행하여 엽전을 회수하고 일본화폐와 무제한 교환할 수 있는 신화폐를 보급하는 데 큰 역할을 하였다는 것이다.

하여간 '남한대토벌작전'이 종료된 후에 소부대에 의한 의병들의 게릴라전은 지속되었으나 일제가 한국을 합방하는 데 지장이 될만한 저항투쟁은 기본적으로 없어졌다고 말할 수 있다. 1910년에 접어 들면서 이미 유명무실화된 한국의 주권을 송두리째 박탈하기 위한 작업에 박차를 가하게 되었다.

4) 합방 전후의 의병활동

일제의 침략에 대한 한국 군중의 과감한 항거투쟁에도 불구하고, 중일전쟁 및 러일전쟁에서 승리한 일본의 군사력에 압도되어 1910년 8월 29일에 한국은 완전한 일제 식민지로 전락하였다.

그렇다고 하여 의병활동이 완전히 종식된 것은 아니었다. '남한대토벌작전' 후에 의병투쟁의 2대 중심지는 황해도와 경상북도 북부의 일월산 주변이었다.

황해도에서는 李鎭龍 부대에 속하는 韓貞萬·孔泰元·金貞安·崔順巨 등의 部將들이 서로 연합과 분산에 의해 신출귀몰한 게릴라전을 전개하였다. 그 양상은 다음과 같다.

> 이진용·한정만·공태원은 경기도 長湍, 황해도 延安·白川·載寧·遂安을 횡행하며 각각 40~50명의 부하를 거느리고 延基羽와 더불어 기맥을 통하였다.
>
> 이진용은 積城 紺岳山을 근거지로 삼고, 연기우와 이진용은 여러번 일본 연합부대와 싸워서 이겨 살상이 심히 많아 일인들이 이들을 가장 두려워 했다.
>
> 일본 수색대가 이진용 군대를 찾으면 흩어져서 민중의 촌락에 유숙하고 이진용은 그 부하와 더불어 농민 의복으로 갈아입고 그 종적을 감춘다. 이진용은 또 때로는 농민과 서로 섞이어 기차를 타고 서울을 왕래하면서 일본인의 동정을 살폈으니 그의 智勇은 이와 같았다(鄭喬, 《大韓季年史》 권 9, 융희 4년).

황해도에서의 게릴라전에 호응하여 경기도에서도 연기우·姜基東 부대들이 최후의 한 사람까지 투쟁을 전개하였다. 그들의 활동지역은 다음과 같다.

당시 의병장 연기우·강기동·田聖瑞·李漢京은 경기도의 楊州·抱川·朔寧·麻田, 그리고 황해도의 兎山·金川·재령 등지를 왕래하면서 각각 20~30명을 거느렸다(鄭喬, 《大韓季年史》 권 9, 융희 4년).

이와 같이 황해도와 경기도의 소부대는 농민과 일체가 되어 서로 변신하면서 일본 군경의 조밀한 포위망과 집요한 수색을 뚫고 신출귀몰한 게릴라전을 지속할 수 있었던 것이다. 물론 일본 군경은 이를 방치할 리가 없었다.

1910년 11월 25일부터 12월 20일까지는 '남한대토벌작전'에 참가한 임시파견대 중의 1개 대대에 헌병·경찰을 연합시켜, 일월산 주변의 안동·예천·영춘·봉화 일대를 포위하여 '교반적 방법'으로 소탕전을 전개하였다. 이어서 황해도에 대해서도 1911년 9월 하순부터 11월 초순에 걸친 40일 동안, 1개 여단의 병력을 여기에 집중시켜 역시 '교반적 방법'으로 수색·체포·살육을 감행하였다.

합방과 동시에 실시된 헌병경찰제도의 최고 정상에 위치한 헌병대 사령관 겸 경무총감 아카시(明石元二郎)는 헌병과 경찰간부들을 소집한 석상에서 다음과 같이 훈시하고 있다.

대체로 보아 오늘날은 이미 폭도봉기(의병전쟁)의 시기를 경과하였다. 물론 다시 봉기할 가능성이 없는 것은 아니지만, 내가 관찰한 바로는 장래의 위험은 인민의 문명이 진전됨에 따라 일어날 무정부주의·사회주의 등과 유사한 위험이라 하겠다. 그러나 불평분자들이 폭동으로 나타나는 행동에 대해서는 오히려 제압하기 쉽다. 제압하기 어려운 것은 위험한 비밀결사의 발생이다(小森德治, 《明石元二郎》 上, 452~453쪽).

과연 그는 탄압정책의 베테랑이었다. 바로 1914년 4~5월에 의병전쟁의 지도자급 인사들에 의한 비밀결사 獨立義軍府에 대한 대검거 사건이 발생했다.

그들은 일제의 총독정치에 대신하는 항일조직 독립의군부를 설치하여 중앙에는 과거에 최익현을 추대하여 전라북도 순창에서 이거했던 林炳瓚을 中央巡撫總將으로 삼고, 각 도에는 도순무총장, 각 군에는 군수, 각 면에는 향장을 배치하였다. 심각한 국권회복의 思念에서 나온 것으로 인정되는[12] 독립의군부는 사상적으로 최익현·허위·이인영 계열에 속하는 위정척사파가 중심이 되어 있다.

국내에서의 의병전쟁은 바로 1914년의 독립의군부사건을 고비로 조직적인 활동이 종말을 고하게 되었다.

1896년 이래 위정척사파에 속하는 한국의 유학자들은 나라와 민족의 운명을 건지기 위하여 바로 殺身成仁의 기지를 높이 들고 그 나름대로 피어린 투쟁을 계속해 왔다. 그들의 비장한 투쟁과 희생은 같은 유교문화권에 속하는 다른 나라에서는 도저히 볼 수 없는 한국 유학사의 마지막 페이지를 장식하는 장거가 아닐 수 없다.

5) 독립군 운동을 위한 근거지 창설

(1) 동만·남만의 한인사회

국내에서 의병활동이 종말을 고하게 되고 일제 식민지 권력이 대도시로부터 산간벽지의 구석구석까지 포치하게 되자 국권회복을 위한 국내에서의 독립운동은 비밀결사의 형태를 취하지 않을 수 없게 되었다.

따라서 무장투쟁을 지속하기 위해서는 그 근거지를 국외에 건설하는 문제가 제기되었으며, 그를 위해서는 무장투쟁을 지원하는 군중적 기반이 있어야 했다. 그 공간이 바로 이미 유인석이 지적한 대로 백두산 산줄기가 한국의 북방지역과 연결되는 동만과 남만이라 하겠다.

만주는 청나라가 중국을 정복한 후에 대대로 '封禁'의 성지로서 漢人이나 韓人의 이주를 금지해 왔다. 그것은 청나라 황실의 발상지이기 때문이다. 또한 중국을 지배하는 청나라 권력의 골간은 만주족에 의한 군사력인 八旗이다. 바꾸어 말한다면 만주족은 수렵생활에서 단련된 기마군단을 가지고 중국을 정복하였다. 청나라 황실은 무력을 연마하기 위한 수렵장을 보존할 필요가 있었고, 따라서 농경민족인 중국인이나 한국인이 이 지역에 침투하여 만주땅을 농지화하고, 만주족을 농민화하는 것을 가장 두려워 했다. 그러나 끝

12) 慶北警察局 編,《高等警察要史》(1934), 177쪽.

내 중국인이나 한국인의 침투를 막지 못하고, 19세 후반기에는 점차 봉금정책을 해제하지 않을 수 없게 되었다.

한국 사람이 일반적으로 북간도(동만)나 서간도(남만)라 할 때 '間島'란 지명은 1934년까지는 문헌에 따르면 間土·墾島·艮土(艮=동북방)·艮島란 지명이 자의적으로 사용되었다. 1934년 12월에 만주국은 종래 길림성에 소속되어 있던 延吉縣·汪淸縣和龍縣·琿春縣에, 봉천성에 소속했던 安圖縣을 통합하여 間島省을 설치했다. 이 때부터 間島라는 지명이 정착되었다.

다음으로 동만지방에 한국인이 이주하는 과정을 간단히 살펴보면 다음과 같다.

동만지방에는 봉금정책이 해제되기 이전부터 함경도지방 농민들의 '越江墾田'이 자주 있었다. 처음에는 '朝耕暮歸'라 하여 아침에 두만강을 건너서 밭을 갈고 저녁에 돌아왔다. '조경모귀'가 점차 '春耕秋歸'로 변하게 되었다. 즉 봄에 동만지방에 이주해서 농사를 짓고, 가을에 추수한 농산물을 가지고 돌아오는 현상이다. 자연히 동만지방에 정주하는 농민도 있기 마련이었다.

가장 대규모로 동만과 남만지방에 이주하게 된 것은 1869~1871년에 함경도지방의 대기근 때이다.

결국 청나라 정부도 집요하게 침투하는 한국 농민을 막지 못하여 1875년에 봉금정책을 해제하고, 1884년에는 길림성과 한국 정부 사이에 〈商民貿易地方章程〉이 체결되어 大摺子·下泉坪·頭道溝를 상호간의 무역을 위한 商埠地로 지정했다. 뿐만 아니라 길림성은 1885년에 越墾局을 설치해서 오히려 한국 이주민에 의한 농지 개간을 장려하게 되었다. 그 결과 한인 인구수가 급증하게 되었다.

동만지방에서의 한국 농민 중에는 청나라 사람처럼 '改風易俗'해서 귀화하여 지주가 되는 사람도 있었으나 대다수의 농민은 山東省 방면으로부터 이주해 온 중국인 지주의 소유지를 개간하여 소작하는 경우가 많았다.

당시 동만지방에서의 한인들은 청국 관헌에 의하여 거주권을 비롯한 제반 권익이 침해당하는 경우가 많았기 때문에 1902년에 北墾島管理使로 임명된 李範允은 한인들을 보호하기 위하여 사병단을 조직했다. 그런데 러일전쟁 당시 이범윤은 러시아편에 서서 일본을 반대했기 때문에 종전 후에는 煙秋로 자리를 옮겨 의병투쟁을 시작했다.

일본은 1907년 8월에 龍井村에 통감부 간도파출소(소장은 육군중좌 齋藤季治郞)를 설치하여 청나라 정부와의 사이에 소위 '간도문제'로 분쟁을 일으켰다. 결국 1909년에 간도협약이 성립되어 통감부 파출소를 폐쇄하는 대신 영사관을 설치했다.

1913년 현재 북간도 인구의 민족별 구성은 한인이 163,000명에 비하여 중국인은 49,000명에 불과했다.[13] 이것은 1909년 당시의 한인 82,900명에 비하여 불과 4년간에 배가한 것이다. 한국의 합방을 전후하여 홍범도 의병부대를 비롯하여 정치적인 이유로 망명하는 인구수가 급증했기 때문이다.

일반적으로 서간도라 하는 남만지방에로의 이주도 사정은 동만지방과 비슷하다. 이 지역에 한인들이 대략적으로 이주한 시기는 동만지방과 같이 함경도지방에 대기근이 있었던 1869~1871년이라 한다.

한국 정부는 1898년에 徐相懋를 西邊界管理使로 임명하여 이 지역의 한국이주민에 대한 행정사무를 관장하도록 했다. 그 당시 이미 한국이주민은 8,722호에 37,000명이었다 한다.

그 후에 이 지역에 鄕約을 설치하여 향약장에는 李容泰(의정부 참찬), 부향약장에는 서상무가 겸임하고 派員에는 李完求를 임명하였으나, 1909년부터 향약을 폐지하고 한국이주민의 완전한 자치제도가 인정되었다.[14]

이와 같이 동만과 남만에는 한국이 합방되기 전에 이미 상당수의 한인들이 주로 생활상 이유로 이주하여 근거지 창설을 위한 군중적 기반이 굳어지고 있었다.

특히 한말에 민족주의적 역사관이 대두하여 만주의 遼東지방이 외국땅이 아니라 단군의 자손들의 혈맥을 잇는 부여→고구려의 故土라는 사관이 풍미했다.

申采浩는 1908년에 《大韓每日申報》 지상에 50회에 걸쳐서 〈讀史新論〉을 연재하고 있는데, 여기서 그는 한국민족을 형성한 중심 종족이 단군의 후예로서의 부여족이라고 다음과 같이 강조하고 있다.

---

13) 牛丸潤亮・村田懋麿 編, 《最新間島事情》(朝鮮及び朝鮮人社, 1927), 122쪽.
14) 牛丸潤亮・村田懋麿 編, 위의 책, 76~77쪽.

> 부여족은 곧 우리의 신성한 종족인 단군 자손이다. 4천년 동안 이 땅의 주인이 된 종족이다(丁海廉 編譯, 《申采浩 歷史論說集》, 現代實學社, 1995, 15쪽).

이와 같이 요동지방이 부여→고구려의 고토라는 민족주의사관은 이 지역에 한국민족의 명맥을 이어가기 위한 독립군의 근거지 창설에 대한 역사적인 정당성을 제시해 주는 것으로 되었다. 그러나 현실적으로는 이 지역이 청나라의 영토였기 때문에 여러 가지 복잡한 문제가 제기되지 않을 수 없었다.

(2) 신민회의 근거지 창설

신민회는 1907년에 미국에서 귀국한 안창호가 중심이 되어 결성한 비밀결사로서, 애국계몽운동의 일익을 담당했다.

신민회는 교육과 殖産에 의한 실력양성을 우선해서 결정적인 기회를 포착해서 국권을 회복하자는 것이 그의 정치노선이다. 개화파의 사상적 계보에 속하는 신민회는 위정척사사상을 지도이념으로 하는 의병전쟁에 대하여 비판적이었다.

그러나 신민회는 일제에 의하여 한국이 합방되자 독립군운동을 위한 근거지를 창설하기 위하여 남만지방에로의 이주를 계획했다. 즉 실력양성운동으로부터 독립군운동으로 정치노선을 전환시킨 것이다.

우선 李哲榮·李始榮·李會榮 등의 6형제를 비롯한 신민회의 선발대들이 가산을 팔아서 얻은 자금을 가지고 출발하였다. 그들은 독립군운동의 근거지를 奉天省 柳河縣 三源堡 鄒家街로 결정했다. 여기에서의 근거지 건설은 목적의식적으로 신민회의 사상을 구현시키기 위한 활동과 결부되어 있는 데 특징이 있다. 1911년 4월에 삼원보에 모인 이주민들은 大孤山에서 노천대회를 개최하여 '耕學社'를 결성하고 李相龍을 초대 사장으로 선출했다.

경학사의 '경'은 산업이요, '학'은 교육이다. 바로 신민회의 정치노선을 연장시킨 것이다. 그러나 '학'이란 단순한 교육이 아니라 독립군의 간부를 양성하기 위한 것이고, 그를 위하여 신흥강습소를 설치했다. 무관학교란 명칭을 피한 것은 청국 관헌과의 마찰을 회피하기 위한 수단이었다.

만주땅이 옛날 부여→고구려의 고토라 하더라도 현재는 청나라 영토이며 그 주권하에 소속된다. 따라서 '경'과 '학'을 결부시킨 근거지 건설을 위해서는 선차적으로 외국인으로서의 거주권을 비롯한 제반 권리가 보장되어야 한다.

이상룡은 1913년의 〈敬告南滿州僑居同胞文〉에서 종래의 산업과 교육에 권리를 추가하여 3대 강령을 정식화했다.[15] 3대 강령 중에서도 '권리는 우리 생명의 근저'이기 때문에 최우선해야 하며 권리를 쟁취하는 방법은 團合 밖에 없다고 선언하고 있다.

즉 경학사는 근거지 군중을 결속시키고 생활하기 위한 산업과 교육을 진행하고 나아가서는 근거지 군중이 결속해서 권리를 쟁취해야 한다고 강조하고 있는 것이다.

우리는 앞에서 유인석의 근거지 사상을 살펴 봤다. 그 내용은 한 마디로 요약해서 근거지에 '華脈'을 보존하고, 군중을 결속시키는 방법으로써 향약을 발전시킨 '貫一約'이었다. 군중과의 생활과 유리된 너무나도 道學的이고 초현실적인 구상이었다.

신민회의 근거지 구상이 결실되고 계속 발전할 수 있었던 원인은 무엇인가.[16] 근거지 군중이 놓여 있는 생활적 현실에 입각하여 그 과정에 부닥친 문제들을 하나하나 풀어가는 實學的인 지도이념이 아니겠는가.

〈姜在彦〉

5. 의병전쟁의 특징과 의의

구한말의 의병은 일본제국주의의 침략을 맞아 한국의 주권을 지키기 위하여 봉기한 민병이었다.[1] 민병이라고 해도 관군을 지원하는 등의 단순한 민

---

15) 李相龍, 《石洲遺稿》 권 5.
16) 경학사의 발전과정에 대해서는 姜在彦, 〈한국독립운동의 근거지 문제－1910년 전후의 두가지 사상적 대응－〉(앞의 책) 참조.

1) 의병 봉기에 대해서 종래에 이해되던 것과는 달리, 근래에 새로운 연구가 발표되어 주목된다. 을미의병에서 文錫鳳·李昭應·金河洛·柳麟錫·李春永·閔龍鎬·盧應奎·鄭寅羲 등 의병의 주류가 왕실 척족의 종용을 받아 봉기했다

병이 아니라 관군의 위치를 초월한 민족의 군대라는 성격을 가지고 있었다. 그것이 관군과 함께 또는 관군의 보조적 위치에서 작전을 수행한 임진왜란과 병자호란, 또는 병인양요와 신미양요 때의 의병과 다른 점이다. 그러한 성격은 1904년부터 일어난 중기의병 이후의 의병전쟁에서 더욱 분명하게 부각되고 있었다. 구한말의 의병항쟁을 '의병전쟁'이라고 이름하는 것도 민족의 군대로서 항쟁했다는 데에 이유가 있는 것이다.

한말 의병전쟁은 1894년 일본군이 경복궁에 난입한 갑오왜란에 항거하여 일어난 후 3·1운동 직전인 1918년까지 계속되었다. 시기문제에 대하여는 뒤에서 상론하겠지만 이 시기에는 의병전쟁외에도 개화와 개혁운동, 동학농민전쟁, 광무농민운동, 계몽운동 등의 민족운동도 전개되고 있었으므로, 이 글은 그러한 여러 민족운동과의 관계에 유의하면서 정리하였다.

1) '전쟁'이라 하는 이유

전쟁은 원래 국가간의 무력충돌을 말하고, 전쟁 의사를 결정할 당국의 대내적인 결정 절차에 의한 충돌이어야 국제법상 전쟁이라 말한다. 그러한 결정 절차를 밟지 않은 일부 무장부대간의 충돌은 사변이라 하는 것이 일반적이다.[2] 그렇다면 한말 의병도 일부 무장부대에 지나지 않았다고 생각할 수 있다. 더구나 대한제국이 엄연히 존재하였고 전쟁 의사를 결정할 국왕과 정부가 전쟁 의사를 결정하지 않았다면 전쟁이라고 말할 수 없다고 할 것이다.

그러나 당시의 대한제국 국왕과 정부는 국민이나 민족의 의사를 대변할

는 것이다. 그리고 양반 서자 출신자가 많았다는 사회적 성격도 밝히고 있다(吳瑛燮, 〈乙未義兵運動의 政治·社會的 背景〉, 《國史館論叢》 65, 1995, 227쪽). 이 방면에 관한 연구를 더욱 심화하면 진실이 분명하게 밝혀지겠지만 을미의병이라고 해도 모두 그런 것은 아니다. 봉기의 심리에 起家功名 의식이 있었다는 것은 기왕의 연구에서도 지적되고 있었다.

2) 일본에서 만주사변이나 상해사변이라고 말하는 것이 그러한 뜻에서 사용한 것이다. 실제는 침략전쟁이었으나 정부 차원에서 책임을 회피하기 위하여 부대 단위의 무력충돌인양 꾸몄다. 즉 만주 주둔군의 무모한 무력행사가 빚은 사변이라 했던 것이다.
라이샤워(민두기역), 〈일본제국의 승리와 비극〉(《동양문화사》 하, 을유문화사, 1969), 679쪽.

처지에 있지 못하였다. 특히 1904년 2월 23일 한일의정서가 체결된 이후부터는 대한제국의 주권의 행사인 통치행위가 일본제국주의의 '시정개선의 충고'[3]라는 명목의 간섭으로 제약을 받았다. 그 후에도 그 해 8월의 한일협약으로, 이듬해 11월의 을사조약의 소동 후 통감부의 설치로, 1907년 7월의 한일신협약으로, 통치권의 제약은 심화되었다. 주권의 본질인 최고·유일·절대·불가분의 성격은 1904년 2월부터 가시적으로 잠식되고 박탈당하여 결국 1910년에 이르러 대한제국은 멸망하고 만 것이다. 때문에 1904년 한일의정서가 체결되면서 대한제국의 국왕과 정부는 민족의 의사를 대변할 처지에 있지 못하였다. 따라서 전쟁 의사도 결정할 처지가 못되었다. 그럴 때 민족의 의사를 결정하는 것은 제도권의 형식적 당국자가 아니라 민족 그 자체인 것이다.

그런데 민족 자체라면 모호하기 그지 없다. 거기에서 구체적으로 민족운동의 주류를 형성했던 것이 무엇인가를 추적해서 민족의 대표 의지를 포착해야 할 것이다. 그리하여 민족운동의 주류의지와 행동양식을 민족의 대변자로 보아야 한다. 그러면 구한말 민족운동의 주류는 무엇이었던가. 그것은 당시의 사람도 의견이 갈리고 있었지만 오늘날의 학설도 일치한 것 같지가 않다. 일제 침략에 항거한 의병운동이 민족운동의 주류를 형성했고 의병의 의지가 민족의 양심과 의지를 대변했다고 믿는다.[4] 그러므로 의병운동을 민족의지를 표현한 성격의 호칭인 의병전쟁이라고 한 것이다.

민족운동의 세계사적 유형은 민족혁명운동과 민족해방운동 및 민족통일운동으로 나눌 수 있는데 역사의 정상 궤도라면 반봉건적 민족혁명운동이 선행 과제가 되어야 할 것이다. 그래서 한국의 경우에도 그것이 개화, 개혁운

---

3) 한일의정서 제1조 : 대한제국 정부는 대일본제국 정부를 확신하여 시정개선에 관하여 그 충고를 용(容)할 사.

4) 필자의 구한말 의병에 대한 의견은 다음의 연구물에 나타나 있다.
조동걸, 《의병들의 항쟁》(민족문화협회, 1979).
——, 〈한말 의병운동의 민족주의상의 위치〉상(《한국민족운동연구》 1, 1983) ; 《한국민족주의의 성립과 독립운동사연구》, 지식산업사, 1989).
——, 〈한말 의병운동의 민족주의상의 위치〉하(《한국민족운동연구》 3, 1985, 위의 책).
——, 《한말 의병전쟁》(독립기념관 한국독립운동사연구소, 1989).

동이나 동학농민전쟁으로 나타났는데 그러한 민족혁명운동의 추진 중도에 제국주의의 침략을 받았을 때는 민족혁명운동과 더불어 반제국주의운동인 민족해방운동, 즉 독립운동을 전개해야 했다. 그 때 어느 것을 우선하고 상위개념으로 설정해야 할 것이냐의 문제는 역사조건에 따라 다른 것이다. 그런데 적어도 1904년 일제의 침략이 본격화된 때부터는 민족해방운동이 앞서야 했던 것이다. 그러므로 구한말 민족운동에서 계몽운동보다 의병전쟁이 민족의 중심 이념이었고 민족운동의 주류 의지였다고 이해되는 것이다. 계몽운동도 구국운동의 일환으로 전개된 사실은 부정하지 않는다.[5] 그러나 의병전쟁과 비교했을 때, 근대지향적이기는 해도 구국이념의 성격이 모호했거나 소극적이었던 것은 사실이다. 그러므로 의병전쟁을 민족운동의 주류로 이해할 수 밖에 없는 것이다.

2) 의병전쟁사의 시기구분 문제

구한말 의병전쟁의 성격이나 특징은 그에 대한 시기구분의 논의를 검토하면 총괄적인 이해에 접근할 수 있다. 의병전쟁의 시기를 연구자에 따라 2시기 · 3시기 · 4시기 · 5시기로 구분하고 있다.

2시기는 전기와 후기로 구분한 것인데,[6] 전기는 1896년에 해산한 유림 중심의 척사의병을 가리키고, 후기의병은 을사조약을 전후하여 봉기한 구국의병을 일컫는다. 그와 같이 일단 전후기로 구분하고 다음에 후기의병을 다시 세분할 수 있다는 관점인데, 이 방법은 의병의 주체적 성격을 기준하여 척사의병과 구국의병으로 대별했다는 데에 의미를 가지고 있다.

3시기 분류는 두 가지 방법으로 나타나고 있다. 첫째는 을미의병, 을사(병오)의병, 정미의병으로 구분한 것인데,[7] 의병 봉기의 동기를 중시하여 봉기

---

5) 조동걸, 〈한말 계몽주의의 구조와 독립운동상의 위치〉(《한국학논총》 11, 국민대, 1989), 47쪽.

6) 김의환 외, 〈의병항쟁사〉(《독립운동사》 1, 독립운동사편찬위원회, 1970), 121쪽. 박성수, 《독립운동사연구》(창작과 비평사, 1980), 10쪽.

7) 뒤바보, 〈의병전〉(《독립신문》 上海版, 1920년 4월 27일~5월 29일). 신석호, 〈구한말 의병에 대하여〉(《사총》 1, 고려대, 1958).

연도의 干支를 사용하여 이름한 것이다. 봉기 연도가 고정되어 있고 시간적 단면을 중시했다는 한계를 가지고 있다. 다음에는 근래의 연구자간에 전기, 중기, 후기로 나누고 있는 것이 설득력을 가지고 확산되고 있는 것이다.[8] 봉기 연도가 연구 진행에 따라 변하고 있으므로 연도가 고정되지 않으면서 전체상을 성격에 따라 구분한 장점이 있다. 그러나 1910년 대한제국이 멸망한 후의 의병은 독립군으로 처리했는데 의병의 이념이나 조직이나 방법 등의 주체는 변하지 않았는데도 독립군으로 처리해야 하는 어려운 문제가 있다.

4시기 분류는 앞의 3시기 구분에서 후기의병을 1909년 9~10월의 일제의 소위 '남한대토벌작전'을 기준하여 다시 분기한 방법이다.[9] 남한대토벌작전을 전후하여 의병이 해외로 이동하여 독립군으로 전환해 간 시기를 전환기의병이라 이름하였다. 의병이 독립군으로 전환해간 역사발전 상태를 중시한 시기 구분이다. 이 경우는 의병전쟁의 하한선을 1914년 독립의군부의 해체, 또는 1915년 蔡應彦 의병의 해체에 두고 있다. 이 경우는 해외라고 할지라도 아직 대한제국이 존재한 1910년 이전부터 독립군이라 해야 하는가의 논란이 있을 수 있다.

5시기 구분은 위의 4시기의 1915년까지를 전환기의병이라 하고 잔여의병이 1919년 3·1운동까지 집으로 돌아가지도, 해외로 망명하지도 못한채 즉, 독립군으로 전환하지 않고 국내에서 의병방식으로 항전하고 있던 사실에 주

조지훈, 〈한국민족운동사〉(《한국문화사대계》, 고려대 민족문화연구소, 1965).
윤병석, 《의병과 독립군》(세종대왕기념사업회, 1977).
조동걸, 앞의 글(1983).

8) 김상기, 〈의병전쟁에 대한 연구성과와 과제〉(《한국사론》 25, 국사편찬위원회, 1995).
유한철, 〈중기의병사(1904~1907)연구의 성과와 과제〉(《한국근현대사연구》 1, 한국근현대사연구회, 1994).
박민영, 《구한말 서부변경지역의 의병연구》(한국정신문화연구원 박사학위논문, 1996).
권영배, 《격문류를 통해본 한말 의병항쟁의 성격》(경북대 박사학위논문, 1996).

9) 강재언, 〈반일의병전쟁의 역사적 전개〉(《조선근대사연구》, 한울, 1970).
신용하, 〈한말 의병운동의 기점의 새 제안〉(《한국독립운동사의 재조명》, 한국독립운동사연구소, 1989).
정제우, 〈구한말 국권회복운동의 특성〉(《한국독립운동의 이해와 평가》, 한국독립운동사연구소, 1995).

목하여 말기의병 시기를 설정한 경우이다.[10] 이것은 의병의 주체성격의 변화는 거의 없었다고 하더라도 대한제국이 멸망한 후인데 너무 오래까지 의병으로 이해하는 것은 무리라는 비판이 있을 수 있다.

이상과 같은 시기구분에서 사소한 의견차이는 많으나 크게 문제되는 것은 1910년 대한제국이 멸망한 이후의 의병을 의병으로 보지 않고 독립군으로 이해되어야 한다는 주장이 있는데,[11] 이것은 의병의 성격이나 개념을 규정하는 데 있어 근본적인 문제이므로 주의 깊은 논의가 있어야 한다. 대한제국이 멸망하였으므로 멸망전의 국권수호를 위한 의병이 아니라 국권회복을 위한 독립군으로 이해되어야 한다는 것이다. 상당한 이유가 있다고 생각한다. 그러나 객관적 조건을 보면 그렇지만, 역사해석에는 주체적 조건을 보아야 한다. 주체조건은 변하지 않았는데 객체조건만을 보면 1910년 8월 29일까지는 의병이라 하고 30일부터는 독립군이라 해야 한다는 극단 논리가 발생하게 될 것이다. 그러므로 주체조건을 고려하여 1910년 전이라도 독립군으로 전환한 경우가 있었던가 하면, 반면 대한제국이 멸망한 1915년이라도 의병으로 존재한 경우가 있었다고 이해되는 것이다.

그리하여 주체조건으로 보아서 이념이나 조직과 항전방법이 의병전쟁의 연장선상에 있었다면 의병으로 이해하는 것이 좋을 것 같다. 가령, 姜基東이나 채응언의 의병이 1910년 이후에도 국내에서 전과 다름없이 계속 항전하고 있었다면 의병전쟁의 범주에 포함해서 보는 방식인 것이다. 다만 대한제국의 멸망이라는 객관 조건이 변하고 있었으므로 전과는 다르게 독립군적 의식이 심화된 의병이었다는 점이 특징인 것이다.

3) 이념상의 특징

전기의병은 위정척사를 위한 척사의병이 주류를 형성하고 있었다. 위정척사란 용어는 정조 때부터 사용한 것으로 자료에서 발견되고 있는 것은 알려

---

10) 조동걸, 〈의병운동과 3.1운동과의 관계〉(《한국민족주의의 성립과 독립운동사 연구》).

11) 김상기, 앞의 글, 359쪽.

진 바인데, 그 때는 천주교를 배척하는 문제를 논의하는 가운데 사용하였다. 그러나 척사의 주체이념인 성리학은 조선왕조의 지도이념이었으므로 위정척사사상은 조선 초기에 원류를 두고 있다고 하겠다. 그러나 그 때는 위정의 의식은 있어도 척사의 논리는 당장에 필요하지 않았다. 성리학을 부정하려는 구체적인 객관적 작용이 대두하지 않았기 때문이다. 따라서 당시에는 성리학의 확산만이 과제였다. 그리하여 향교와 서원, 향약과 가묘의 설치를 추진하면서 성리학 지배체제를 수립해 갔다. 그러한 가운데 사림파가 집권하는 조선 중기를 맞게 된 것이다. 조선 중기에는 성리학에 철저한 사림파가 집권했던 이유외에도 임진왜란이 일어나 성리학의 본산인 명나라의 원조를 받게 되어 성리학의 확산이 더욱 촉진되었다. 그리하여 명나라와 국경을 초월한 성리학의 보편주의 의식과 질서가 형성되기에 이르렀다. 서양 중세의 가톨릭 보편주의와 같은 성격의 역사 현상이었다.

그런데 병자호란 후 명나라가 멸망하자 성리학 국가로는 조선만 남게 되어 당시의 성리학자는 우선 중국에서 성리학을 복원하는 것이 지상과제요 임무라고 생각하였다. 그리하여 청나라를 정벌하는 북벌론을 일으켰던 것이다. 이제 위정에 머물지 않고 척사를 위한 구체적인 행동과 정책을 세우기에 이른 것이다. 북벌은 성사시키지 못했지만 북벌론 의식은 조선왕조의 지도이념으로 자리잡게 되었다. 그 후 북벌론 의식은 위정척사의 논리로 다듬어지면서 척사의 상대도 청나라에서 천주교로, 다시 서양제국주의로, 다시 일본제국주의로 변화해 갔다. 그것은 성리학을 위협하는 객관적·현실적 변화에 따른 변화였다. 그와 같이 위정척사의식은 일시에 형성되어 폭발한 것이 아니라 조선시대 북벌론에서 구체화된 사상으로 그 후 실학의 북학론에 맞서, 또 동도서기론이나 개화론에 맞서 계승되어 오다가 일제침략을 맞아 폭발한 것이다. 그것이 전기의병이었다. 그들의 의식과 논리는 조선이 성리학을 보존하고 있다는 것이 자랑스러웠고 그러한 조선을 침략하는 일제에 항거한다는 것이 자랑스럽다는 것이다. 그러므로 용감히 의병으로 봉기했던 것이다. 때문에 그러한 전기의병을 척사의병이라 한 것이다. 이 때의 춘추대의는 척사로 이해하였다. 다음에 척사의 주인공을 국왕으로 보았기 때문에 척사의병은 모두 근왕성을 가지고 있었던 것은 물론이다.[12]

그렇다고 전기의병이 모두 척사의병은 아니었다. 1894년 갑오왜란을 계기로 일어난 안동의 徐相轍 의진이나 상원의 金元喬 의진은 척사를 전제하지 않고 충군 논리에 입각한 근왕병의 성격을 가지고 있었다.13) 즉 이때의 춘추대의는 충군에 있었다. 1895년 을미사변과 단발령을 계기로 성리학 질서가 붕괴되는 위협에 당면하여 척사의병이 비로소 봉기했는데 그때도 강릉의 閔龍鎬 의진, 진주의 盧應奎 의진은 척사보다 충군의식이 앞섰던 경우로 이해된다.14) 그외는 거의 척사의병이지만 춘천·경주·나주의진의 경우처럼 복합적인 성격을 가진 경우도 있었다.15)

척사의병의 성격이 가장 강렬한 의진은 柳麟錫의 호서의진과 奇宇萬의 광산의진이라 할 것이다.16) 그것은 李恒老와 奇正鎭으로 이어진 학통에 연유한 것으로 이해된다. 이항로 문인의 봉기가 근래 새로운 연구의 주장대로 왕실 척족의 종용을 받아 봉기했다고 하더라도,17) 그들의 문서나 구호는 척사논리로 메워져 있었다.

중기의병부터는 구국의병으로 발전하였다. 성리학자라고 해도 성리학이 존립할 국가가 위태로운 형편에 성리학을 위해서도 먼저 국가를 보전하는 것이 급선무였기 때문이다. 전기의병은 유생이 주도했는데 중기의병의 경우에 유림이라고 해도 崔益鉉·閔宗植·鄭煥直의 경우처럼 관료 출신자가 주도했던 이유도 거기에 있었다.

중기의병은 1904년 2월 한일의정서를 계기로 일어난 의병에서 비롯된다.

---

12) 이러한 위정척사사상에 대하여 백범 김구가 1946년 8월 17일 유인석 묘소를 참배할 때의 추도문에서 흥미롭게 표현한 구절이 있어 소개해 둔다.
"… 華夷의 論과 尊明의 說에 이르러는 민족의식이 了別되기 전이라, 幾百年間 傳襲도 잇스려니와 敵을 排退하기에 급하던 때라 論을 華夷에서 끄러왓스니, 文字 비록 舊를 承하나 敵을 치는 반면, 국가에 대한 忠이 매츠니 우리는 선생의 衷을 깁히 헤치어 皮膜을 넘어 그 內含한 민족적 충성을 洗發코저 하나이다 …"

13) 김상기, 〈조선말 갑오의병전쟁의 전개와 성격〉(《한국민족운동사연구》 3, 1989).

14) 권영배, 앞의 책.

15) 조동걸, 《한말의병전쟁》(독립기념관, 1989).
———, 《독립군의 길따라 대륙까지》(지식산업사, 1995), 59·86쪽.

16) 박민영, 〈의암 유인석의 위정척사운동〉(《청계사학》 3, 1986).

17) 오영섭, 앞의 글.

즉, 을사조약의 소동이 일어나기 전에 한일의정서나 그 해 8월의 한일협약으로 나타난 일제의 침략에 항거하여 곳곳에서 의병이 봉기하고 있었던 것이다. 이때 許蔿·元容八·鄭雲慶 등과 같이 유림일 경우도 없지 않으나 보다 더 많았던 것은 활빈당 등의 농민운동 조직이 의병으로 전환해 간 경우였다. 1896년 전기의병이 해산한 후 전국에서 농민항쟁이 일어났는데 자료에 남학당·영학당·동학당·북대·남대·초적·화적으로 기록되어 있는 것이 그때의 농민조직이었다.

그들은 1900년 무렵부터 활빈당으로 정비되어 가다가 1904년부터 의병으로 전환해 갔다. 활빈당이 의병으로 전환한 대표적인 경우가 申乭石 의진이다. 의병으로 전환하기 전의 1896년부터의 남학당·활빈당 등의 농민항쟁을 광무농민운동이라고도 하지만,[18] 광무농민운동의 이념은 반봉건성이 우세하였다. 그러나 1904년 한일의정서와 한일협약으로 표현된 일제의 침략을 맞아 반봉건이 실현될 근거인 국가가 위태롭게 되어 활빈당운동은 의병으로 전환했던 것이다. 그러므로 그 때의 이념은 반제국주의적 구국이념이었다.

이와 같이 중기의병에서는 유림의병이었다고 하더라도 전기의병과 같은 척사이념은 부차적이거나 잠복하고 구국이념이 중심 개념으로 부상하였다. 광무농민운동 조직에 의한 농민의병일 경우는 말할 것 없다. 여기에서 주의할 것은 농민의병일 경우에는 그 모체가 광무농민운동에서 보인 반봉건성이라는 점이다. 그러므로 의병전선에 농민의병의 반봉건 의지가 크게 영향을 미칠 것을 예상할 수 있는 것이다.

그러한 이념상의 특징은 후기의병에서 일반적 성향으로 나타났다. 후기의병은 1907년 7월의 광무황제(고종)의 퇴위와 정미조약(한일신협약) 그리고 8월의 군대 해산 등의 망국사태를 맞아 민족적인 규모의 의병봉기와 더불어 해산군인이 의병전선에 대거 참전하면서 시작되었다. 이때의 이념은 다원적이고 다양하였다. 李康秊·李麟榮·李錫庸처럼 전통 유림의 충군적인 성향도 있었고, 許蔿·閔肯鎬처럼 충군적이지만 근대국가를 지향한 성향도 있었고, 洪範圖·金秀民·延基羽·池龍起·安圭洪처럼 평민의병이 추구하는 반봉건

18) 조동걸, 〈의병운동의 한국민족주의상의 위치〉(《한국민족주의의 성립과 독립운동사연구》), 39쪽.

적인 성향을 가진 경우도 있었다. 그리고 이념이 분명하지 않은 수많은 의진이 전국에서 항전을 전개했다. 이념이 분명하지 않은 의병이 많았다는 것은 바로 이념이 다양했다는 것을 의미하고 혹은 목표가 뚜렷하지 못했다는 이야기도 된다. 사실, 의병전쟁이 민족운동의 주류를 형성하고 있었음에도 불구하고 구시대의 논리를 극복하고 새 정치이론을 제시하지 못한 것이 한계였다.

의병이 근대국가 이념을 확실히 갖추게 되는 것은 전환기의병에 이르러 해외에서 계몽주의자와 함께 독립군으로 전환하는 가운데 성취한 일이었다. 그 때 계몽주의자는 의병의 정의론과 무장방략을 수용하였고, 의병은 계몽주의자의 근대국가 이론을 수용했던 것이다. 연해주에서 의병과 계몽주의자가 연합한 13도의군의 결성이 대표적인 사례라 하겠다.[19]

대부분의 의병이 독립군으로 전환한 뒤의 잔여 의병이 식민통치 속에서 항전을 계속한 경우도 있었는데 그러한 말기의병의 이념은 그전의 것을 발전시킬 형편이 못되었던 것은 식민지하에서 어쩔 수 없는 일로 이해된다.

4) 조직상의 특징

의병이 민병이었던만큼 부대의 편성도 정규 군대의 조직처럼 규모를 갖춘 것이 아니었다. 또 당초에 유림에 의해서 비롯된 의병 조직이었으므로 전통시대의 편성 방법을 따르고 있었다. 그것은 후기의병까지 전투부대를 전군·중군·좌군·우군·후군 방식으로 편성하고 있었던 사실이 말해주고 있다. 여기에서도 의병이 새로운 변화에 대처하여 근대 군대조직으로 발전하지 못한 한계를 엿볼 수 있다.

인원 구성은 시기에 따라 달랐다. 전기의병에서 지휘부는 유생이 맡았고, 병사는 대부분 농민이었다. 지휘를 맡은 유생 가운데 무신이나 무과 출신자

---

19) 조동걸, 〈안중근의사 재판기록상의 인물 김두성고〉(《춘천교육대학 논문집》 7, 1969).
——, 〈안동유림의 도만 경위와 독립운동상의 성향〉(《대구사학》 15, 1978).
윤병석, 〈13도의군의 편성〉(《사학연구》 36, 1983).

는 극히 드물었다.[20] 갑오의병인 안동의진의 徐相轍이나 을미의병인 남한산성의진의 沈相禧·閔丙天·李麟榮·金河洛, 홍주의진의 金福漢·李偰, 광산의진의 奇宇萬·高光洵, 나주의진의 李鶴相, 춘천의진의 李昭應·柳弘錫, 강릉의진의 閔龍鎬, 제천의진의 柳麟錫·安承禹·徐相說·李春永·朱庸奎, 문경의진의 李康秊, 안동의진의 權世淵·金道和, 선성의진의 李晩燾, 영양의진의 金道鉉, 의성의진의 金象鍾, 경주의진의 李韓久, 김산의진의 李起燦, 진주의진의 盧應奎 등 모두 글하는 선비들이었다. 다만 갑오의병으로 상원의 金元喬와 을미의병으로 강경의진의 金利彦은 문무 성분이 불확실하고 또 이강년이 무과에 급제했다는 설이 있으나 그것도 확실치 않다. 그러니까 전기의병은 임진왜란 때의 의병보다 더 유생의 성격이 짙었다. 하급장교격으로 포수가 많이 기용되었던 것은 임란 등의 전통시대 의병과 비슷하였다.

유생들의 집결 범위는 갑오의병인 서상철의 경우는 그가 청풍 유생인데 고향을 떠나 안동에서 기의한 것은 유림의 본고장을 근거했다는 의미로 이해되지만, 이듬해 을미의병의 경우는 강릉의 민용호 의진을 제외하고는 모두 향토성과 학통성에 따라 집결했다. 그리고 당시 전국을 8도에서 23관찰부로 행정구역을 개편할 때였는데 8도 감영 소재지에서는 의병이 집결한 사례가 없고, 새로 관찰부가 된 춘천·강릉·안동·진주·나주·홍주·충주 등지에 집결한 사례가 많았다. 그것은 행정개편에 따른 행정력의 공백을 이용했던 것으로 짐작된다. 조직의 향토성은 단발령을 집행하는 관찰사나 군수에 대한 직접적 저항을 의미하고, 학통성은 척사이념을 실현하려는 사상과 이론의 동질집단의 형성을 의미한다.[21]

병사의 역할을 담당한 농민은 유생 지주를 따라 출전한 소작농민, 동학농민전쟁 후 동학잔당을 색출하고 있던 당시에 그를 피하여 잠적한 동학농민, 다음에 의병이든 관군이든 보상을 찾아 모인 용병적인 포수농민으로 구분할 수 있다. 어느 경우라고 해도 농민이 주체적으로 참전한 것이 아니었으므로

---

20) 전기의병장 가운데 이필희·서상열이 무과 급제자란 기록이 있다.
元容正, 《昭義新編》(國史編纂委員會, 1975), 234쪽.
이정규, 《육의사열전》 해당조 참조.

21) 조동걸, 〈한말 의병운동의 한국민족주의상의 위치〉(《한국민족주의의 성립과 독립운동사연구》), 28~32쪽.

을미의병은 수적으로는 농민이 많았더라도 농민의식이 반영된 의병은 아니었다. 그러므로 을미의병에서 농민의 위치는 종속성을 면하지 못한다. 그러나 의병으로 일단 집결하여 전투까지 경험하면서 새로운 농민으로 변질하고 발전했던 사실은 주목되어야 한다. 즉, 을미의병은 농민조직이 새로 발생할 기회가 되었던 것이다. 그것을 입증하는 것이 1896년 의병이 해산한 후 전국적으로 파다하게 일어난 영학당·남학당·동학당·초적·화적·북대·남대 등의 농민조직이었다. 이러한 다양한 농민조직은 1900년 무렵부터 활빈당으로 개편되어 갔지만 그것을 광무농민운동으로 파악할 수 있다.[22]

활빈당 등의 광무농민운동은 앞에서 말한 바와 같이 1904년부터 중기의병으로 전환해 갔다. 그러므로 중기의병의 조직은 농민의병에서 비롯되었다. 그 때 조직상의 특징은 활빈당과 다를 바가 없었다. 그리하여 전기의병과는 달리 농민 독자적인 의병이 나타난 것이 중기의병의 특징이었다. 농민 독자적 의병은 신돌석 의진에서 보는 바와 같이 지휘부와 병사가 모두 농민으로 구성되어 있었다. 그런가 하면 1904년 8월 한일협약과 특히 이듬해의 을사조약 문제를 계기로 유림의병이 크게 일어난 것도 중기의병의 특징이었다.[23] 그런 경우 지휘부는 유림, 특히 관료 출신자로 구성되어 있었지만 병사부는 대개 농민이었다. 농민이라고 하더라도 전기의병과 같은 종속성에서는 탈피해 가고 있었던 것으로 보아야 한다.

후기의병의 조직상의 특징은 다양하였다. 이강년·이석용·고광순·허위·이진용·이인영 의진처럼 유림을 중심으로 한 의진이 있었던가 하면 홍범도·김수민·안규홍·지용기 의진처럼 평민의진도 있었고 민긍호·연기우·金圭植 의진처럼 해산 군인의 의진도 있었다.[24] 의진의 구성원도 중기의병과

22) 조동걸, 〈지계사업에 대한 정산의 농민항요〉(《사학연구》 33, 1981 ; 위의 책).
23) 김의환, 〈면암선생의 의병활동〉(《나라사랑》 6, 1972).
배용일, 〈산남의진고〉(《논문집》, 포항실업전문대학, 1982).
유한철, 〈홍주의진의 조직과 활동〉(《한국독립운동사연구》 4, 한국독립운동사연구소, 1990).
24) 신용하, 〈홍범도 의병부대의 항일무장투쟁〉(《한국독립운동사연구》 1, 1986).
———, 〈민긍호 의병부대의 항일무장투쟁〉(《한국독립운동사연구》 4, 1989).
홍순권, 《한말 호남지역 의병운동사연구》(서울대 박사학위논문, 1991).
정제우, 《구한말 의병장 이강년연구》(인하대 박사학위논문, 1992).

비교했을 때 유생에서 천민에 이르기까지, 또 군인·상인·관리 등 신분이나 직업도 다양하여 의병전쟁이 국민전쟁의 성격을 나타내고 있었다는 것을 알 수 있다.

부대조직에서 중기의병까지는 대부대 단위가 일반적이었으나 후기의병부대는 소부대의 활동이 많아졌다. 특히 1908년 5월 서울진공작전을 끝내면서 대부대의진을 지휘하던 이강년·민긍호·허위 등의 의병장이 체포되거나 전사한 뒤에는 유격전을 수행하기 편리한 소부대조직이 일반화되었다.

특히 1909년 9, 10월의 일제의 소위 '남한대토벌작전'으로 의병이 큰 타격을 입은 뒤에는 유격전투의 소부대만 존속할 수 있었다. 하물며 1910년 대한제국이 멸망한 후 식민통치 속에서 항전한 의병은 말할 여지가 없었다. 후기의병이 소부대의 유격 조직으로 개편되어 항전할 때는 의병전선이 민중화되고 있었다는 점이 주목된다. 그때 양반 유생이 참전하고 있었다고 하더라도 재산은 의병 자금으로 소진하였고 일본군이 집조차 불태워 경제적 기반을 상실하고 있었다. 그리고 산중에서 노숙하며 쫓고 쫓기는 유격전투를 수행하자면 전통 유생이나 양반의 행색과 의식으로는 불가능하였다. 결국 유생도 민중화되어 가지 않을 수 없었다. 그럴 때는 지휘부와 병사층이 따로 구성되지 않고 양반이든 상놈이든 전투 능력이 뛰어난 의병이 지휘를 맡았고 따라서 상놈 대장 밑에 양반 병사가 소속하는 사례가 얼마든지 존재할 수 있었던 것이다.

5) 활동상의 특징

의병전쟁의 시기별 활동상을 보면, 전기의병은 전투의병 외에 시위의병도 적지 않았다. 의병을 일으켜 단발령을 감행하려는 관리를 처단한 경우라고 하더라도 전투태세를 미리 갖추었던 의진이 아니었다. 춘천관찰사·충주관찰사·안동관찰사 등 고급 관리를 처단한 경우도 어디까지나 처단이었지 전투에서 전사시킨 것은 아니었다. 그런 가운데 관군이 공격해 오면 그 후부터

홍영기, 《대한제국시기 호남의병연구》(서강대 박사학위논문, 1993).

전투의병으로 전환한 경우가 많았다. 그러나 중기의병부터는 전투의병만 존재하였다. 중기의병에서는 최익현·정용기·신돌석·민종식 의진에서 나타나듯이 대부대 작전이 일반적이었다. 그러므로 민종식의 홍주의진이나 정용기의 산남의진처럼 패전할 때는 희생이 대량으로 발생할 수밖에 없었다.

1907년부터의 후기의병에서는 의병전쟁이 더욱 활기를 띠었다. 그것은 해산 군인이 참전한 까닭이었다. 그러나 실제의 전투는 승전한 경우도 적지 않았으나 패전을 거듭했다. 일본군은 정규군이었고 중화기로 무장하고 있었으므로 그에 대적하기란 용이하지 않았다. 그리하여 의병전쟁이 최고조에 이른 1907년 12월부터 1908년 5월까지의 서울탈환작전을 고비로 의병전선은 유격전투로 전환해 갔는데, 특히 1909년 9, 10월의 일제의 '남한대토벌작전'에서 크게 타격을 받고 모두 소부대에 의한 유격작전으로 변하였다. 일본군의 전면적 반격을 맞아 대부대조직으로는 이동이 어려웠고 효과적인 공격을 수행할 수 없었기 때문으로 이해된다.

전투지역은 전국에 걸쳤는데 전기의병은 처음에 향교에 집결하여 관아를 중심으로 한 들판에서 전투가 전개되었다. 그것은 의병이 처음부터 전투를 목표한 것이 아니라 단발령을 저지하는 등의 관리의 활동을 봉쇄하려는 데 목적이 있었다는 것을 의미한다. 그런데 중기의병부터는 홍주의진이나 태인의진, 그리고 남원의진의 경우처럼 읍성이 무대가 되었다가 산성으로 이동하여 싸운 사례가 많았다. 아직까지 대부대작전을 수행하고 있었던 사정을 이해할 수 있다. 후기의병에서는 산악이 무대가 되어 점점 깊은 산 속으로 들어가 유격전을 전개하였다. 그때 지리산과 태백산, 그리고 추가령지구대와 개마고원은 의병전쟁의 훌륭한 무대로 이용되었다. 소부대의 유격전이 전개된 의병전쟁의 추이를 말해 주고 있다.

다음에 전쟁 이론은 전기와 중기의병은 전통시대의 병법을 따랐다. 그런데 1907년 군대해산 후 해산 군인이 참전하면서 전술과 전투 양상도 변화하였다. 그러나 의병전선이 유격전으로 변모하자 이론을 앞세울 겨를이 없었고, 결국 천차만별의 전투 양상을 나타냈다.

전기 의병은 평소의 옷을 그대로 입고 무장도 갖추지 않은 경우가 적지 않았다. 무장을 했던 경우는 포수들의 화승총이 고작이었다. 그러므로 유인석의 제천전투나 민용호의 원산진격 전투에서 보여주는 바와 같이 전투중에 비만 오면 전투 능력을 상실하고 패전하였다. 기록상 군복을 입은 경우는 閔龍鎬 의진이 강릉에서 원산 진격을 앞두고 제복을 만들 때, 한복에 황색을 입혔고 장교는 소매 끝에 검은 줄테를 둘렀다.[25] 그리고 중기의병 때 林炳瓚의 문서인 《갑진일기》에 군복의 규정이 발견되는데 연령의 干支에 따라 청·홍·황·백·흑색으로 상하의를 염색하도록 했다고 한다.[26] 그외는 제복을 입었다는 기록이 발견되지 않는다.

중기의병부터 自起銃을 사용했다는 기록이 나타난다. 정환직·신돌석·최익현 의진이 관아를 습격하여 뇌관을 타격, 폭발시켜 총을 쏘는 근대식 자기총을 압수하여 사용하였다. 후기의병은 군대해산 후이기 때문에 자기총을 사용한 것이 일반화되어 갔다. 혹간 천보총과 한식총이란 이름이 기록에서 발견되는데 그것은 화승총을 자기총으로 개조하거나 장총을 단총으로 개조한 것을 가리켰다.[27] 후기의병 당시 梁會一과 林昌模 의진이 무기를 제조하던 유적이 지금도 전남 화순군 증리 중조산 밑에 있어, 의병이 무기를 생산했던 실상을 전해주고 있다.[28] 후기의병에서도 군복은 별도로 있을 수 없었다. 구한국군의 복장을 구해 입거나 일본군의 군복을 노획하여 입은 외에는 평상복을 입었다. 평상복이 농민으로 가장하기 쉬웠으므로 오히려 유리한 경우가 많아 유격전에서는 일반적으로 이용되었다.

이러한 의병전쟁에서 특히 후기의병은 의병전쟁사를 대표할만큼 여러 가지 특징과 의미를 가지고 있다. 무엇보다도 먼저 지적할 것은 후기의병은 해산병의 합류로 전투 조직이 크게 향상되었다는 점이다. 그리하여 의병전쟁이 독립전쟁의 양상과 성격을 나타내게 되었다. 특히 그전까지만 해도 활발하지 않던 북부지방에서 후기의병부터 의병이 크게 일어나 전국이 의병전쟁의 격

---

25) 閔龍鎬, 《關東倡義錄》(國史編纂委員會, 1984).
조동걸, 《독립군의 길따라 대륙을 가다》(지식산업사), 29쪽.

26) 김의환, 〈을사조약과 후기의병〉(《독립운동사》 1, 독립운동사편찬위원회, 1971), 371쪽.

27) 이일룡, 《秘錄 한말 전남의병전투사》(전라남도 경무국, 《전남폭도사》 번역본, 전남일보사, 1977), 58쪽.

28) 조동걸, 〈雙山義所의 의병성과 武器製造所 遺趾〉(《한국독립운동사연구》 4, 1990).

전장이 되었던 점은 곧 본격적인 독립전쟁을 예고하는 현상이었다고 해야 할 것이다. 현상만의 이야기가 아니었다. 1907년 말부터 전개한 13도 연합의진의 서울진공작전은 비록 성공하지 못했다고 하더라도 의병전쟁의 격조와 높은 수준을 웅변하고 있는 역사적 계획이었고 그의 실천이었다고 해야 할 것이다.

6) 의병전쟁의 의의

의병전쟁은 무엇보다 먼저 수천년 문화민족의 전통을 입증하였다는 점을 기억해야 한다. 비록 근대화에는 늦었던 대한제국이었지만, 문화의 전통을 자부하며 일제 침략에 항전하였다. 그 문화의 전통은 침략자 일본을 가르쳐 준 문화였으므로 의병들의 자부는 더욱 높을 수밖에 없었다. 세계사적으로도 일본제국주의의 침략을 맞아 항거한 한국인의 항전이 원시적 본능에 의한 반발이 아니라 문화적 근거에 기초한 이념적 항전이었다는 것을 대변해 주고 있다. 수천년간 키워온 조선 신사도(선비)의 유형을 사육신과 생육신형으로 나눈다면, 의병은 사육신의 전통을 계승함이요. 생육신의 전통은 自靖論으로 이어졌다고 하겠다.

두번째는 의병전쟁이 항전하여 결국은 패전하고 말았으나 거기에서 잃었던 것은 인명과 재산이었지만 귀중한 정신적 유산을 얻었다. 그리하여 그 정신적 유산 위에서 독립운동이 꽃필 수 있었던 것이다. 즉, 의병들이 전사한 무덤과 그들의 집이 불탄 잿더미 위에서 정의는 꽃피고 역사는 발전했던 것이다. 국내외 독립운동가가 자신들의 독립운동 전통을 이야기할 때, 누구나 의병들의 항전을 앞세웠던 사실이 그것을 말한다.

세번째는 그와 같이 의병전쟁은 독립운동의 단서를 열었다는 의미에서 주목되지만 독립운동에서도 독립군의 기초가 되었다는 점이 중요하다. 1908년부터 연해주에서 柳麟錫·李範允·安重根·崔在亨 등을 중심으로 한 의병은 독립군 형성의 선구적 조직이 되었고,[29] 洪範圖를 비롯한 함경도 의병은 그

29) 윤병석, 《의병과 독립군》(세종기념사업회, 1977).
조동걸, 앞의 글(1969).

대로 독립군으로 전환해 간 사례였다.[30] 신민회의 계몽주의자가 만주로 망명하여 독립군기지를 개간한 사실도 의병전쟁과 계몽운동의 통합성격으로 이야기하는 것이다.[31] 그것은 곧 계몽운동이 해외로 이동하면서 이념은 계몽주의가 갖는 근대주의에 있었다고 하더라도 독립운동 방략은 의병 노선으로 전환했다는 것을 의미한다. 그리하여 의병전쟁을 계승한 독립군의 독립전쟁이 독립운동 방략의 주류를 형성했던 것이다.

네번째로 의병전쟁이 진행되면서 당초의 척사의병이 1904년부터는 근왕적 구국의병으로, 1907년 후기의병부터는 근왕주의도 서서히 탈피하면서 민족의식이 부상해 갔다. 그리고 당초에 양반 유생을 중심으로 한 의병조직이 특히 후기의병에 이르면 그러한 신분제적 봉건성을 극복하면서 평민이 주도한 의진이 확대되어 갔다. 그와 같은 변화는 의병전쟁이 근대적 성격으로 발전해 갔다는 것을 의미한다. 그와 같은 의병전쟁이 보여준 근대적 성장은 의병전선에 참전한 봉건적 유생의 자기 변화에 의해서 달성한 것이기도 하지만, 농민의병의 참전에 의한 평민적 역할의 결과로 이해된다.

다섯째는 의병전쟁을 통하여 농민조직이 크게 발전하였다는 점이 큰 의미를 갖는다. 농민조직은 1894년 동학농민전쟁으로 역사에 크게 부상하였으나 그것이 일제의 침략을 받아 파괴되었는데, 그것이 다시 의병 봉기와 더불어 결집되어 1900년을 전후한 광무농민운동을 통하여는 동학이나 의병에 의지하지 않고 독자적 농민조직으로 발전해 갔던 것이다. 그의 대표적 조직이 활빈당이었고 그것은 또 중기의병의 기초 조직이 되어 의병전선의 봉건성 탈피에 기여했던 것은 앞에서 말한 바와 같다.

여섯째는 의병전쟁은 전민족의 반제국주의적인 항일이념의 표명이라는 점에서 중요하다. 일제의 통계를 따르더라도 의병전쟁에서 1907년 8월부터 1910년까지 일본군과 2,852회의 전투를 전개했고, 17,779명의 의병이 전사하였다.[32] 이는 의병이 전국토를 피로 물들이며 항전했던 사실을 전해 주고 있

유한철, 〈유인석의 의병근거지론－1907년 이후를 중심으로〉(《한국독립운동사연구》 8, 1994).

30) 박민영, 앞의 책.

31) 신용하, 〈신민회의 독립군기지 창건운동〉(《한국문화》 4, 서울대, 1983).

32) 朝鮮駐箚軍司令部, 《朝鮮暴徒討伐誌》(《獨立運動史資料集》 3, 獨立運動史編纂

다. 이와 같은 민족적 항전의 사실은 먼저 일제의 한일합방의 합법성 강변이 얼마나 거짓인가를 입증해 주는 가장 확실한 근거라는 점에서 주목해야 하지만, 다음에 당시 세계를 풍미하고 있던 제국주의 사조에 항전했다는 측면에서 보면, 인류의 자유와 평화를 위하여 항전한 세계사적 기록으로 중시해야 할 것이다.

일곱째는 의병전선에서 봉건성을 탈피하면서도 근대적 지도이념을 분명하게 제시하지 못한 한계를 가지고 있다. 특히 근대국가의 정치이론을 개발하지 못하여 의병전쟁의 합목적적 발전을 이루지 못하였다. 그러므로 의병이 근대적 독립군으로 발전하자면 계몽주의의 정치이론을 수용한 해외의 독립군기지에서 성취될 수밖에 없었던 것이다.

끝으로 전기의병 가운데 정치 파쟁에 편승하여 봉기한 의병이 있었고, 후기의병에서 잡범 방식의 의병이 있었다고 의병전쟁의 역사적 위치를 폄하하는 수가 있는데, 그런 경우가 있더라도 그것이 의병전쟁의 주류현상이 아니며 중심 개념이 될 수 없다는 점을 강조해 둔다.

〈趙東杰〉

委員會, 1971), 823~829쪽.

집 필 자

개 요 ……………………………………………………………… 유영렬

Ⅰ. 외교활동

1. 한반도 중립화 운동 ……………………………………… 박희호
2. 보호국화 저지 외교 ……………………………………… 박희호
3. 특사의 헤이그 평화회의 파견 …………………………… 박희호

Ⅱ. 범국민적 구국운동

1. 유생의 상소 투쟁 ………………………………………… 최창희
2. 시민의 투쟁 ……………………………………………… 김대길
3. 황무지개척권 반대운동 …………………………………… 최창희
4. 국채보상운동 ……………………………………………… 최창희
5. 의사·열사의 항쟁
   1) 장인환·전명운의 스티븐스 사살 ……………………… 최창희
   2) 안중근의 이토 히로부미 사살 ………………………… 김주용
   3) 이재명의 이완용 척살 미수 …………………………… 김주용

Ⅲ. 애국계몽운동

1. 애국계몽단체 ……………………………………………… 이송희
2. 애국계몽사상 ……………………………………………… 유영렬

Ⅳ. 항일의병전쟁

한국사 43

국권회복운동

편찬간행 **국사편찬위원회**

초판1쇄 2003년 11월 30일
2쇄 2013년 6월 4일

번각발행 **탐구당**

등록일 1950년 11월 1일
등록번호 서울 제 03-00993 호

주소 서울특별시 용산구 한강대로 62 나길 6
전화 (02) 3785-2211(대표)
팩스 (02) 3785-2272
홈페이지 www.tamgudang.co.kr
전자우편 tamgudang@paran.com

ISBN 978-89-8236-609-3
978-89-8236-566-9(세트)

값 22,000 원